北京大学中国古代史研究中心
新疆师范大学西域文史研究中心

西域文史

（第十九辑）

朱玉麒　主编

科学出版社
北　京

内 容 简 介

《西域文史》是由北京大学中国古代史研究中心与新疆师范大学西域文史研究中心合出的学术论集，本辑发表与西域相关的学术论文17篇，内容涉及考古、语言、历史、文学、民族、学术史等方面。

本书适合于从事西域考古、语言、历史、文学、民族等相关学科的专家学者及大专院校相关专业师生参考阅读。

图书在版编目（CIP）数据

西域文史. 第十九辑 / 朱玉麒主编. -- 北京 : 科学出版社, 2025. 6.
ISBN 978-7-03-082758-6
Ⅰ. K294.5；K36
中国国家版本馆CIP数据核字第2025LJ1659号

责任编辑：郝莎莎 / 责任校对：邹慧卿
责任印制：肖 兴 / 封面设计：邱 炯 陈 敬
封面题签：冯其庸

科学出版社 出版
北京东黄城根北街16号
邮政编码：100717
http://www.sciencep.com

北京中科印刷有限公司印刷
科学出版社发行 各地新华书店经销
*
2025年6月第 一 版 开本：787 × 1092 1/16
2025年6月第一次印刷 印张：24 3/4 插页：2
字数：580 000

定价：218.00元

（如有印装质量问题，我社负责调换）

Center for Research on Ancient Chinese History
Peking University
Center for Studies of Literature & History on the Western Regions
Xinjiang Normal University

Literature & History of the Western Regions

Vol. XIX

Zhu Yuqi Editor-in-Chief

Science Press
Beijing

《西域文史》编委会

目　录

Contents

西汉经敦煌与西域间交往史事编年

——以敦煌出土汉简为主的探讨

魏迎春　郑炳林

敦煌汉简特别是悬泉汉简极大丰富了西汉敦煌史事、西汉政府经敦煌郡与西域诸国间交流交往的历史记载，尽管这些记载中很多是琐碎而且不完整的，但是通过对这些细碎纪年简的勾勒排年，能够将西汉时期敦煌与西域的历史面貌展现出来。从敦煌汉简特别是悬泉汉简的记载看，这类内容主要表现在以下几个方面：第一，西域诸国派遣使者或使团经敦煌至西汉政府的记载，这是最主要的内容，涉及了大量的政权、人名、名物等。第二，西汉政府经敦煌郡派遣到西域诸国间使者的记载，这些使者有政府高级官吏，也有中下级官吏，又包括很多专业技术人员，这在敦煌汉简中有细节性记载，可以同《汉书》相互印证。第三，西汉政府派遣到敦煌、西域进行戍守屯田吏士的记载，又包括移民到敦煌西域的百姓和罪犯，西汉政府在敦煌西域屯田的历史悠久，驻守军队的身份形形色色，他们来来往往都在悬泉置留下很多记载。第四，敦煌太守及其属县官员、两关都尉等巡县遣使敦煌以外诸郡的事迹在汉简中多有记载，这些记载涉及敦煌郡境内，也有向丝路沿线诸郡和中原地区遣使的记载。第五，敦煌汉简中有中原诸郡向敦煌郡遣使的各种记载。第六，敦煌悬泉置运送使者和物资及其内容日常运作的记载。这些大大小小的记载不仅将西汉悬泉置的经营史事展现出来，也将敦煌郡和西域地区的史事记录了下来。

本文主要根据悬泉汉简纪年简的相关记载，将西汉经敦煌与西域诸国史事纪年进行排列编年，并略作笺释，通过纪年的形式，将西汉敦煌西域史事展现在学术界面前，方便学术界研究利用。编年所引纪年简，悬泉汉简简文据甘肃简牍博物馆等编《悬泉汉简》，其他敦煌汉简简文，引自白军鹏《敦煌汉简校释》，文中不一一注引，读者可据编号在上述出版物中检索。还有部分未公布简，由甘肃简牍博物馆朱建军同志提供，在此致谢。本文征引相关出文献的出版情况，注明如下：

白军鹏《敦煌汉简校释》，上海：上海古籍出版社，2018年。

甘肃简牍博物馆等编《悬泉汉简（壹）》，上海：中西书局，2019年。

甘肃简牍博物馆等编《悬泉汉简（贰）》，上海：中西书局，2020年。

甘肃简牍博物馆等编《悬泉汉简（叁）》，上海：中西书局，2023年。

甘肃简牍博物馆等编《悬泉汉简（肆）》，上海：中西书局，2024年。

始元四年（前83）十一月某国王使者以下五十五人献畜。

悬泉汉简Ⅴ92DXT1311③：330ABC记载："始元四年十一月庚寅，效谷长武谓县泉置啬夫吏：/王使者以下五十五人食生孰及献畜，已廪、未廪各如牒。/给法所当得，如律令。/掾广，佐明友。"简文虽然没有记载这批客使来自西域哪个地方政权，但是我们根据记载使者身份有王使者看，他们是西域诸国中某国王往派遣的使者所率领的五十五人使团，是一个级别比较高的使团，所以悬泉置驿站须按照规定标准进行接待。

始元年间（前86—前80）汉遣使乌孙。

悬泉汉简87—89DXC：52AB记载："……计字意遣乌孙曰：至使者奉始元……行在所以令为□一……/……□如律令。辖子。"从简文内容得知，汉昭帝始元年间（前86—前80）西汉政府曾遣使乌孙，很可能是为联合乌孙共同对付匈奴事，《汉书·西域传》记载汉昭帝时解忧公主上书称匈奴发骑田车师，联合车师共侵乌孙，希望西汉出兵救之。"汉养士马，议欲击匈奴。"[①]西汉这次派遣使者前往乌孙，就是协商联合攻打匈奴，简文印证了《汉书·西域传》的记载。

元凤四年（前77）诏伊循候章持楼兰王头诣敦煌。

居延汉简303.8记载："诏伊循候章发卒曰：持楼兰王头诣敦煌。留卒廿人，女译二人，留守□。"简文虽未记载时间，我们根据《汉书·西域传》《汉书·傅介子传》得知傅介子刺杀楼兰王事件发生于汉昭帝元凤四年。《汉书·傅介子传》记载："介子谓大将军霍光曰：'楼兰、龟兹数反复而不诛，无所惩艾。'介子过龟兹时，其王近就人，易得也，愿往刺之，以威示诸国。"……于是白遣之。介子与士卒俱赍持金币，扬言以赐外国为名。至楼兰，楼兰王意不亲介子，介子阳引去，至其西界，使译谓曰：'汉使者持黄金锦绣行赐诸国，王不来受，我将之西国矣。'即出金币以示译，译还报王，王贪汉物，来见使者。介子与坐饮，陈物示之。饮酒皆醉，介子谓王曰：'天子使我私报王。'王起随介子入帐中，屏语，壮士二人从后刺之，刃交胸，立死。其贵人左右皆散走。介子告谕以'王负汉罪，天子遣我来诛王，当更立前太子质在汉者。汉兵方至，毋敢动，动，灭国矣！'遂持王首诣阙。"[②]由此得知居延汉简记载伊循候章等持楼兰王头诣敦煌的时间是元凤四年。Ⅰ90DXT0109S：293记载："急前王送……/光叩头言……"，这很可能是敦煌地方政府安排押送楼兰王头前往长安所上的简书。

元凤四年（前77）楼兰王以下二百六十人东入朝奉献，悬泉置派传车马前往敦煌运送行资。

悬泉汉简Ⅱ90DXT0115②：47记载："楼兰王以下二百六十人，当东，传车马皆当柱敦……"根据相邻汉简Ⅱ90DXT0115②：48记载："……军卫尉臣嘉、右将军典属国

① 《汉书》卷九六下《西域传下》，北京：中华书局，1962年，3905页。
② 《汉书》卷七〇《傅介子传》，3002页。

臣奉世承御史大夫玄成下右扶风厩，承书以次为驾，当舍传舍……”应当是西汉昭帝、宣帝时期。又根据《汉书·西域传》《汉书·傅介子传》记载元凤四年（前77）傅介子刺杀楼兰王，西汉更立在汉者王弟尉屠耆为楼兰王，更名其国为鄯善。由此推知楼兰王入朝的时间应当在元凤四年。根据《汉书·西域传》记载楼兰王入朝主要发生汉武帝时期，赵破奴以轻骑七百虏楼兰王；太初四年（前101）玉门关都尉任文受诏引兵捕楼兰王，后遣归国。天汉二年（前99）西汉以开陵侯将楼兰兵击车师，楼兰未因之入朝。征和元年（前92）楼兰王死，楼兰更立新王，亦遣质子于汉，“汉遣使诏新王，令入朝，天子将厚赏”③。西汉政府按照惯例责成楼兰王入朝觐见，楼兰王则以新立国未定为辞推脱。征和四年（前89）遣开陵侯将楼兰、尉犁、危须六国兵别击车师，已不见楼兰王入朝。因此汉简记载楼兰王率二百六十人入朝只能在元凤四年，亦尉屠耆出任楼兰王之后，根据惯例楼兰新王须入朝奉献接受西汉皇帝的厚赐，这枚汉简记载就是尉屠耆被立为新楼兰王后，按照惯例率部下入朝觐见西汉皇帝经过敦煌郡悬泉置的记录。

元凤五年（前76）十一月遣羌译男子妾南。

悬泉汉简Ⅴ92DXT1511⑤：2AB记载：“元凤五年十一月丙子朔辛卯，尉史宣敢言之：戎邑给敦煌郡羌译一人，有请诏，今谨遣羌译板里男子妾南，以县牛车传送续食，谒移过所县道官，给法所，当得舍传舍，敢言之。/十一月辛卯，戎邑丞舍移过所县道官河津关，往来复传，如律令。掾留见，守令史建德□□。元凤五年九月丙申过东。”西汉经敦煌与南山羌交往在汉简中留下很丰富的记载，Ⅰ90DXT0109S：94记载：“多者五十，少者廿日，羌徒……”敦煌到南山羌间的行程，在这里标注很明确，最多时长为五十天，最短为二十天。

元平元年（前74）十一月使户籍民迎天马敦煌郡。

悬泉汉简Ⅱ90DXT0115④：37记载：“元平元年十一月己酉，制诏：使户籍民迎天马敦煌郡，为驾一乘，传载奴一人。御史大夫广明下右扶风，以次为驾，当舍传舍，如律令。”Ⅰ91DXT0309③：8记载：“元平元年六月庚……”或与迎接天马事有关。《史记·大宛列传》记载李广利征大宛得胜：“宛乃出其善马，令汉自择之，而多出食食给汉军。汉军取其善马数十匹，中马以下牡牝三千余匹，……与盟而罢兵。”④《汉书·西域传》记载汉武帝遣李广利前后十余万人连四年攻打大宛，大宛“献马三千匹”后，“宛王蝉封与汉约，岁献天马二匹”⑤。这一约定一直得到双方遵守。《汉书·冯奉世传》记载：“大宛闻其斩莎车王，敬之异于它使，得其名马象龙而还。”⑥Ⅱ90DXT0313②：39记载敦煌郡悬泉置：“……送天马，渲日除毕已……”ⅡT0111③：56记载：“……莫御奉献马诣行……”这些西域诸国奉献马的记载。从李

---

③ 《汉书》卷九六上《西域传上》，3877页。

④ 《史记》卷一二三《大宛列传》，北京：中华书局，1959年，3177页。

⑤ 《汉书》卷九六上《西域传上》，3895页。

⑥ 《汉书》卷七九《冯奉世传》，3294页。

广利征大宛之后，大宛进献天马变成一种约定的常规活动，大宛的使者经敦煌郡前往长安，很可能都与献天马有关。

本始五年（前69）二月悬泉置过送长罗侯。

悬泉汉简Ⅰ90DXT0209⑤：17记载："入糜小石二石。本始五年二月乙卯，县泉厩佐广意受敦煌仓啬夫过，送长罗侯。"《汉书·宣帝纪》记载：本始二年（前72），"匈奴数侵边，又西伐乌孙。乌孙昆弥及公主因国使者上书，言昆弥愿发国精兵击匈奴，唯天子哀怜，出兵以救公主。秋，大发兴调关东轻骑锐卒，选郡国吏三百石伉健习骑射者，皆从军。御史大夫田广明为祁连将军，后将军赵充国为蒲类将军，云中太守田顺为虎牙将军，及度辽将军范明友、前将军韩增，凡五将军，兵十五万骑，校尉常惠持节护乌孙兵，咸击匈奴。"三年（前71）正月，"戊辰，五将军师发长安。夏五月，军罢。祁连将军广明、虎牙将军顺有罪，下有司，皆自杀。校尉常惠将乌孙兵入匈奴右地，大克获，封列侯"[⑦]。《汉书·西域传》记载昭帝时公主上书称匈奴与车师联合侵乌孙，请求汉朝出兵救之，"汉养士马，议欲击匈奴。会昭帝崩，宣帝初即位，公主及昆弥皆遣使上书。……汉兵大发十五万骑，五将军分道并出。……遣校尉常惠使持节护乌孙兵，昆弥自将翖侯以下五万骑从西方入，至右谷蠡王庭，护单于父行及嫂、居次、名王、犁污都尉、千长、骑将以下四万级，马、牛、羊、驴、橐驼七十余万头，乌孙皆自取所虏护。还，封常惠为长罗侯。是岁，本始三年也。汉遣惠持金币赐乌孙贵人有功者"[⑧]。又《资治通鉴》载汉宣帝本始三年初："上复遣常惠持金币还赐乌孙贵人有功者，惠因奏请龟兹国尝杀校尉赖丹，未伏诛，请便道击之。帝不许。大将军霍光风惠以便宜从事。惠与吏士五百人俱至乌孙，还，过，发西国兵二万人，令副使发龟兹东国二万人，乌孙兵七千人，从三面攻龟兹。……王执姑翼诣惠，惠斩之而还。"[⑨]

地节四年（前66）姑墨等入朝奉献。

悬泉汉简Ⅱ90DXT0213③：149记载："敦煌守部骑司马行大守事，遣敦煌宋弘迎自来姑墨副使须犁、贵人就为，鼙发□勒……□不蒲苏辜√蒲苏舒持√兹都蒲持卢狐塞呼√资狐得呼屠勒皆奉献，诣行在所。以令为驾一乘，轺传……"根据同批出土汉简Ⅱ90DXT0213③：147记载："地节四年二月癸巳，效……/四人当□□酒肉前承□……/白大守府，将骑□转酒五斗……"这次姑墨副使入朝应当在汉宣帝地节四年。

元康元年（前65）八月敦煌郡悬泉置广意等杂诊胡人病死。

悬泉汉简Ⅱ90DXT0113⑤：26记载："元康元年八月癸卯朔辛亥，县泉厨啬夫广意敢言之：爰书……/广意，即与戍卒秦德等四人，杂诊胡人死，不审名√都吏广

---

⑦　《汉书》卷八《宣帝纪》，243—244页。

⑧　《汉书》卷九六下《西域传下》，3905页。

⑨　《资治通鉴》卷二四，北京：中华书局，1956年，800—801页。

宗……”从简文得知，有胡人经过悬泉置死亡，悬泉置啬夫广意连同戍卒秦德等四人勘验上报。都吏又名都邮，西汉主管都察管理，就是说西汉经过悬泉置的胡客如果出现死亡，厩置主管协同多人对死者进行勘验，需要将死因上报敦煌郡主管官吏。这里表明胡人，就说明这些胡人是来自西域进行商业贸易的自来客，不是代表政府进行贡赐贸易的使节，是属于西域一般商胡，或者客使。悬泉置啬夫广意还见于Ⅱ90DXT0112③：1的记载：“元康元年八月辛亥，县泉厨啬夫广意敢言之廷，龟……”悬泉置啬夫广意，负责勘验这次胡人死亡的原因，给出合理的解释并予以上报。悬泉汉简中元康元年纪年简，还有Ⅱ90DXT0114③：499：“元康元年九月癸酉朔辛卯，亭长宪□□筑敢言之延□徒日，作簿一编，敢言之。”根据ⅡT0214③：164记载：“进熹里李广意”，他是效谷县进熹里人。而广意之名还见载于悬泉汉简多枚，我们从这些汉简的记载中得知，广意在出任啬夫之前，曾于本始五年就担任悬泉置佐一职，参与过接待长罗侯常惠令史的事务。另外同时期悬泉置还有一个名叫孟广意的人，Ⅴ92DXT1311③：63记载：“初元年十一月中，厩佐孟广意亡当负以三月戊子赦令除。”他曾于甘露三年、四年出任悬泉置厩佐、上掾之职。ⅡT0216③：136记载：“甘露三年正月庚辰朔庚辰，县泉厩佐广意敢言之：爰书传马一匹，騂，乘，左剽，齿十八岁，高五尺七寸，名曰昔，老病中强上，饮食不尽度，即与啬夫义、御稷明等五人杂马病，守丞曾寿，前病中强上，审证之它如爰书，敢言之。”Ⅱ90DXT0115④：33记载：“甘露四年十一月甲辰朔辛未，县泉置丞禄敢言之。谨移：十月尽十二月，粟簿一编，敢言之。上掾广意、佐世。”甘露三年（前51）十一月广意的职务变成了厩佐、上掾。Ⅱ90DXT0315②：10记载：“论劾广意等写移狱以律令。”Ⅰ90DXT0309③：88记载：“□□壬午，敦煌大守常乐、骑千人禹行长史事，仓长广汉兼行丞事，谓效谷、广至、冥□，书到，如护部使者书，如律令。\掾德，守属广利，助府佐广意、富昌。”Ⅰ90DXT0309③：236AB记载：“神爵二年三月丙午朔甲戌，敦煌大守快、长史布施、丞德谓县、郡库：大守行县，阅传车被具多/敝，□为调易，□□□书到，遣吏迎受，输敝被具郡库，相与校计，如律令。/掾坚来，守属敞，给事令广德，佐广意。”

元康元年（前65）十月遣将田车师军候将诣田所。

悬泉汉简ⅡT0214③：45记载：“元康元年十月乙巳，前将军臣增、大仆臣延年承制诏侍御史曰：将田车师军候强将士诣田所，为驾二封轺传，载从者一人。传第二百卅。御史大夫吉下扶风厩承书：以次为驾，当居传舍，如律令。”ⅡT0215②：198记载：“□□□年□月□□□□□……/制诏侍御史曰：将田车师……/二封，轺传一乘，……”ⅡT0215②：292记载：“将田车师己校右曲……”ⅡT0216②：529记载：“……甲辰，将田车……”

元康元年（前65）龟兹王绛宾与夫人来朝。

悬泉汉简Ⅰ90DXT0114①：112AB记载：“·右使者到县置，共舍弟一传，大县异传舍如式。龟兹王、王夫人舍，次使者传。堂上置八尺床卧一，张阜若青帷。阁内□上四卧，皆张帷，床内置。传舍门内张帷，可为贵人坐者，吏二人道。三。”关于这次龟兹王夫妇入朝奉献的时间，《汉书·西域传下》记载：“时乌孙公主遣女来至京师学鼓琴，汉遣侍郎乐奉送公主，过龟兹。龟兹前遣人至乌孙求公主女，未还。会女过龟兹，龟兹王留不遣，复使使报公主，主许之。后公主上书，愿令女比宗室入朝，而龟兹王绛宾亦爱其夫人，上书言得尚汉外孙为昆弟，愿与公主女俱入朝。元康元年，遂来朝贺。王及夫人皆赐印绶。夫人号称公主，赐以车骑旗鼓，歌吹数十人，绮绣杂缯琦珍凡数千万。留且一年，厚赠送之。”⑩《资治通鉴》汉宣帝地节四年（前66）记载：“乌孙公主为龟兹王绛宾夫人。绛宾上书言：‘得尚汉外孙，愿与公主女俱入朝。’”⑪悬泉汉简T0214③：19记载：“右乌孙公主女少夫遗质子马一匹，牡。”少夫是细君公主之女。又Ⅱ90DXT0214②：101记载：“……谨案置御正月逋三人，二月逋四人，迫使者龟兹王。”又Ⅰ91DXT0405④A：24记载：“出送龟兹王传车二乘，白车四乘□□……”此三简虽无纪年，但言公主女或龟兹王，当与前事相关。

元康二年（前64）冯奉世经敦煌出使大宛，杀莎车王，传首京师，更立其昆弟子为莎车王。奉世西至大宛，得其名马象龙而还。

悬泉汉简Ⅱ90DXT0214②：240记载：“效谷长合檄马行，谁使行之，行迎马□……/雒马诣檄急，以何马行之。”这次从西域引进马匹活动很可能就是元康二年冯奉世从大宛引进名马象龙的事情。《资治通鉴》卷二五汉宣帝元康元年记载：“上令群臣举可使西域者，前将军韩增举上党冯奉世以卫候使持节送大宛诸国客至伊循城。会故莎车王第呼屠征与旁国共杀其王万年及汉使者奚充国，自立为王。……奉世与其副严昌计，以为不亟击之，则莎车日强，其势难制，必危西域，遂以节谕告诸国王，因发其兵，南北道合万五千人，进击莎车，攻拔其城。莎车王自杀，传其首诣长安，更立他昆弟子为莎车王。”⑫此即年前冯奉世赴大宛事。

元康三年（前63）四月长罗侯常惠行文军司马憙与校尉褒过敦煌。

悬泉汉简Ⅱ90DXT0213③：5记载：“元康三年四月戊寅，前将军臣增、后将军臣舜、长罗侯臣惠，承/制诏侍御史曰：军司马憙与校尉褒□为驾二封轺传，载从者一人。/二石六斗，二石二斗，廿五石八斗。”

元康三年（前63）十月贵人十二人从者十四人诣行在所。

悬泉汉简Ⅱ90DXT0113④：131记载：“……七十，元康三年十月。”同批出土编号相邻、撰写字体相同的汉简Ⅱ90DXT0113④：132记载：“……□贵人十二人，从者十四……”很可能记载的是同一件事情。

---

⑩　《汉书》卷九六下，3915页。

⑪　《资治通鉴》卷二五，823页。

⑫　《资治通鉴》卷二五，825—826页。

元康四年（前62）正月后将军卫尉赵充国行御史大夫事下丞相从事。

悬泉汉简Ⅱ90DXT0111③：73记载："元康四年正月己丑朔丙申，后将军卫尉充国行御史大夫事，下丞相承书从事下当用者。"Ⅱ90DXT0111③：74记载："元康四年正月己丑朔乙未，后将军卫尉充国行御史大夫事，下丞相承书从事下当用者。"这两枚汉简记载的是同一人同一件事。《汉书·赵充国传》记载元康年间对西羌用兵："上以破羌、强弩将军数言当击，又用充国屯田处离散，恐虏犯之，于是两从其计，诏两将军与中郎将卬出击。强弩出，降四千余人，破羌斩首二千级，中郎将卬斩首亦二千级，而充国所降复得五千余人。诏罢兵，独充国留屯田。"明年五月赵充国请罢屯兵振旅而还。"罢遣辛武贤归酒泉郡太守官，充国复为后将军卫尉。"⑬

元康五年（前61）危须王遣副使奉献橐驼言事诣行在所。

悬泉汉简Ⅰ91DXT0310③：13记载："危须王遣副使疎□□□□□……奉献橐佗言事，诣行在所，以令为驾一封传。元康五年……敦煌大守快、长史布施、丞汉德谓敦煌：以次为驾，当舍传舍，如律令。"敦煌太守快还见载悬泉汉简Ⅱ90DXT0114S：165记载："六月庚申，敦煌大守快、丞□□敢告……/入令长丞与三老孝弟力田明白，扁……"

神爵元年（前61）三月于阗、渠犁、疏勒、乌孙、莎车诸国客经敦煌奉献，十二月经敦煌郡悬泉置返回。

悬泉汉简Ⅰ91DXT0309③：19记载："□□元年三月……侍谒者臣德，承制诏御史曰：□□□太守丞贺君为卫候王君副/使送于阗王、渠犁、疏勒诸国客，为驾二封轺传，载从者一人……"这里时间残缺，根据同批出土编号相邻汉简Ⅰ91DXT0309③：20记载："乌孙、莎车王使者四人、贵人十七，献橐佗六匹，阳赐记教。/□□□。十二月簿至，今不移，解何。"应当是同一批客使，记载内容很可能与送于阗王诸国客有关。同批出土汉简纪年简编号相近的有神爵五年八月（Ⅰ91DXT0309③：4）、神爵三年五月（Ⅰ91DXT0309③：5）、神爵四年十一月（Ⅰ91DXT0309③：9）、神爵二年八月（Ⅰ91DXT0309③：23）、神爵二年三月（Ⅰ91DXT0309③：26）、神爵四年五月（Ⅰ91DXT0309③：37）、神爵二年十一月（Ⅰ91DXT0309③：51）、神爵二年（Ⅰ91DXT0309③：56）、神爵二年四月（Ⅰ91DXT0309③：59）、神爵三年九月（Ⅰ91DXT0309③：65）等，只有少部分元康年间纪年，我们推测本简文"□□元年三月"，应当是"神爵元年三月"。《汉书·宣帝纪》记载元康五年（前61，神爵元年）"三月，行幸河东，祠后土。诏曰：'朕承宗庙，战战栗栗，惟万事统，未烛厥理。乃元康四年嘉谷玄稷降于郡国，神爵仍集，金芝九茎产于函德殿铜池中，九真献奇兽，南郡获白虎、威凤为宝。朕之不明，震于珍物，饬躬斋精，祈为百姓。东济大河，天气清静，神鱼舞河。幸万岁宫，神爵翔集。朕之不德，惧不能任。其以五年为神爵元

⑬ 《汉书》卷六九《赵充国辛庆忌传》，2992页。

年’”[⑭]。悬泉汉简中保存的神爵元年纪年简共有16枚，除一枚为神爵元年二月之外，其余皆为神爵元年三月以后纪年简。Ⅰ91DXT0309③：207记载：“神爵元年二月癸丑朔乙巳，……□谨移县泉厩佐□□书……/佐禹√长富。”根据记载神爵年号的使用只能在神爵元年三月之后才能使用，但是悬泉汉简中已经有神爵元年二月纪年简，很显然这是有问题的，疑二月为三月之误或者二月是追记简文。

神爵二年（前60）正月长罗侯常惠送少主经敦煌。

悬泉汉简Ⅰ91DXT0309③：215记载：“神爵二年正月丁未朔己酉，县泉置啬夫弘敢言之：遣佐长富将传迎长罗侯敦煌，禀小石九石六斗，簿入十月，今敦煌音言不簿入，谨问佐长富，禀小石九石六斗，今移券致敦煌，□□。”同批出土汉简Ⅰ91DXT0309③：309记载到长罗侯经过鱼离置接待情况：“……鱼离置为长罗侯军吏士置传一封轺□。”同批出土汉简Ⅰ91DXT0309③：126记载：“埒蒌右候以下，少主马六匹，乘马六匹，私马二匹。”记载就是长罗侯送少主至敦煌的情况。同批出土编号相邻汉简Ⅰ91DXT0309③：127记载：“九月丙戌，效谷长安世、丞舒国谓：县泉置啬夫弘写移，今遣佐安国□□□受养食，毋令羸瘦如大守府书律令。印曰效谷长印，九月丁亥亭长发以来。掾延年，佐安。”应与少主马有关。根据《汉书·西域传》记载，乌孙因常惠上书愿以汉外孙元贵靡为嗣，结亲重婚，元康二年汉以常惠为副使，凡持节四人送少主至敦煌[⑮]。此处记载送使者，应当是西汉遣使乌孙敦促乌孙迎接少主前往乌孙结亲事。

神爵二年（前60）三月莎车王夫人使者渠代等六人经敦煌奉献。

悬泉汉简Ⅰ91DXT0309③：228记载：“神爵二年三月甲戌……莎车王夫人使者渠代等六人来□□毕卩，以次为驾一乘，以载从者六人，至广至□□□□□不食戊午出。丞□众……”按：根据《汉书·西域传》记载：“宣帝时，乌孙公主小子万年，莎车王爱之。莎车王无子死，死时万年在汉，莎车国人计欲自讬于汉，又欲得乌孙心，即上书请万年为莎车王。汉许之，遣使者奚充国送万年。万年初立，暴恶，国人不说。莎车王弟呼屠征杀万年，并杀汉使者，自立为王，约诸国背汉。会卫候冯奉世使送大宛客，即以便宜发诸国兵击杀之，更立它昆弟子为莎车王，还，拜奉世为光禄大夫。是岁，元康元年也。”[⑯]这是新莎车王被立后遣使入朝的记载，也是《汉书》没有记载的历史事件，这个记载可以补充《汉书·西域传》记载的不足。

神爵二年（前60）四月使乌孙长罗侯常惠侍少主相夫往来敦煌经悬泉置。

悬泉汉简Ⅰ91DXT0309③：59记载：“神爵二年四月戊戌，大司马车骑将军臣增承/制诏侍御史曰：使乌孙长水校尉长罗侯臣惠与斥候王利国、侯君周国、假长寿□□

---

⑭ 《汉书》卷八《宣帝纪》，259页。

⑮ 《汉书》卷九六下《西域传下》，3905页。

⑯ 《汉书》卷九六上《西域传上》，3897页。

中乐安世、陈盖众□□意非延年奉书迎，/为驾二封轺传，十人共传，二人共载。十月□。/御史大夫吉下扶风厩承书，/以次为驾，当舍传舍，如律令。”按：根据《汉书·西域传》记载，汉宣帝本始三年常惠持节护乌孙兵击匈奴被封为长罗侯，元康二年乌孙与西汉结亲重婚失败，乌孙狂王与解忧公主关系紧张，汉使卫司马魏和意、副候任昌出使乌孙，合谋击杀乌孙王失利，被围赤谷城数月，都护郑吉发诸国兵救之得解围。从汉简记载时间推测，西汉使乌孙是在日逐王投降汉朝之前。《汉书·西域传》记载：“元康二年，乌孙昆弥因惠上书……”[⑰]《资治通鉴》载汉宣帝神爵二年汉少主相夫至敦煌，“乌孙昆弥翁归靡因长罗侯常惠上书：‘愿以汉外孙元贵靡为嗣，得令复尚汉公主，结亲重婚，畔绝匈奴。’诏下公卿议。大鸿胪萧望之以为：‘乌孙绝域，变故难保，不可许。’上美乌孙新立大公，又重绝故业，乃以乌孙主解忧弟相夫为公主，盛为资送而遣之，使常惠送之至敦煌。未出塞，闻翁归靡死，乌孙贵人共从本约立岑娶子泥靡为昆弥，号狂王”[⑱]。就是说元康二年（前64）乌孙昆弥与西汉达成乌孙议元贵靡为嗣尚公主结亲重婚约定，西汉政府选定相夫为人选并进行语言等培养，神爵二年由长罗侯常惠持节护送公主至敦煌。Ⅰ91DXT0309③：309记载：“……鱼离置为长罗侯军吏士置传一封轺□。”Ⅱ90DXT0214②：298记载：“……县泉置度侍少主长罗侯用吏。”少主指少主相夫，侍少主长罗侯，就是指长罗侯常惠护送少主相夫经过悬泉置的记载。

神爵二年（前60）七月王君将于阗王以下千七十四人经酒泉禄福、敦煌渊泉西行。

悬泉汉简Ⅰ91DXT0309③：134记载：“各有数，今使者王君将于阗王以下千七十四人，五月丙戌发禄福度用庚寅到渊泉。”相近编号悬泉汉简Ⅰ91DXT0309③：132纪年简时间为神爵二年七月乙巳朔戊辰和Ⅰ91DXT0309③：130元康四年九月，由此推测此次于阗王入朝应当在神爵二年七月或者元康四年九月前后。王君作为迎送使者还在悬泉汉简Ⅱ90DXT0114④：41记载：“……君、张君、王君送乌孙诸国客过置食费直。”关于王君作为使者经过敦煌悬泉置，还见载于Ⅴ92DXT1812②：315：“出粟十石，迎使者赵君、王君。”Ⅱ90DXT0314③：68记载：“县泉置啬夫弘敢言之：效谷遣厩佐富昌、御翟奴，持传马使者王君柱，往来廪各如牒，书到簿入……”使者王君携带大批物资前往西域，经过悬泉置，悬泉置派遣厩佐和御者持传马运送。使者王君所护送的物资很可能就是于阗王等人入朝奉献的物资。Ⅱ90DXT0213③：142记载“……前送胡客使者王君来/……赵子赣所愿子赣”，王君护送西域来的胡客的记录。王君送西域客使经过敦煌的有明确记载的纪年简有三个时间，即元康四年（前62）、永光四年（前40）、建昭二年（前37）。悬泉汉简《悬泉置元康四年十月尽十二月丁卯鸡出入簿》（Ⅰ90DXT0112③：113—130）中记载到王君，“出鸡一只，以食使者王君所将客，留宿，再食东。”“出鸡一枚。以食使者王君一食东。”ⅡT0214②：495AB记载永光四

⑰ 《汉书》卷九六下《西域传下》，3905页。

⑱ 《资治通鉴》卷二六，汉宣帝神爵二年（前60），860页。

年正月王君作为携带一批客使经过悬泉；Ⅱ90DXT0115②：18记载建昭二年四月王君作为迎客使经过悬泉置。我们认为王君带领于阗王等一千七十四名诸国客应当发生在汉宣帝神爵二年（前59），匈奴日逐王归附西汉，郑吉率领西域诸国兵马五万人迎接日逐王，为了庆祝这次胜利，西汉政府命王君前往西域迎接于阗等国客使到长安奉献。王君作为使者的活动时间有两个阶段，一个是汉宣帝元康年间至神爵年间，一个是汉元帝永光年间至建昭年间。

神爵二年（前60）八月西汉车骑将军韩增下令敦煌、酒泉迎日逐王。十一月敦煌郡效谷县广利里郭市等七人送日逐王往来。

悬泉汉简Ⅱ90DXT0313③：5记载："神爵二年八月甲戌朔□□，车骑将军臣□□谓御史□□：制诏御史□□侯□□□敦煌、酒泉迎日逐王，为驾一乘，传别□载，……御史大夫……如律令……"这里的车骑将军应当是韩增，根据《资治通鉴》记载，五凤二年（前56）五月："车骑将军韩增薨。五月，将军许延寿为大司马、车骑大将军。"[19]Ⅰ91DXT0309③：167记载："广至移十一月谷簿：出粟六斗三升，以食县泉厩佐广德，所将助御效谷广利里郭市等七人，送日逐王往来。"另外根据匈奴日逐王降汉的时间，敦煌悬泉汉记载神爵二年（前60）中央政府车骑将军臣增下令酒泉、敦煌郡准备迎接日逐王，十一月日逐王经悬泉前往长安，敦煌到长安的时间一般为六十天，由此推知日逐王道达长安为神爵三年（前59）二月，汉宣帝在日逐王"将诣京师"之后，封日逐王为归德侯，郑吉为西域都护，封安远侯。《汉书·西域传》将郑吉为西域都护、封安远侯的时间记载在神爵三年："其后日逐王畔单于，将众来降，护鄯善以西使者郑吉迎之。既至汉，封日逐王为归德王，吉为安远侯。是岁，神爵三年也。"[20]其中特别注明是"既至汉"，就说日逐王已经到达长安，即诣行在所。神爵二年十一月才经过敦煌悬泉置，他到达长安应当是神爵三年初，说明封日逐王为归德王、郑吉为安远侯应当是在神爵三年。《汉书·宣帝纪》记载神爵二年"秋，匈奴日逐王先贤掸将人众万余来降。使都护西域骑都尉郑吉迎日逐，破车师，皆封列侯"[21]。表明日逐王是在车师完成受降，这里记载是秋天，没有记载具体月份，悬泉汉简记载八月西汉中央政府下令敦煌、酒泉迎接日逐王，说明事件发生的时间要在此前，很可能是七月。《汉书·匈奴传》记载"日逐王素与握衍朐鞮单于有隙，即率其众数万骑归汉。汉封日逐王为归德侯。"[22]《汉书·西域传》记载："其后日逐王畔单于，将众来降，护鄯善以西使者郑吉迎之。既至汉，封日逐王为归德侯，吉为安远侯。是岁，神爵三年也。"[23]《汉书·郑吉传》记载："神爵中，匈奴乖乱，日逐王先贤掸欲降汉，使人与郑吉相闻。吉发渠犁、龟兹诸国五万人迎日逐王，口万二千人、小王将十二人随吉至河曲，颇

---

⑲　《资治通鉴》卷二七，870页。
⑳　《汉书》卷九六上《西域传上》，3873—3874页。
㉑　《汉书》卷八《宣帝纪》，262页。
㉒　《汉书》卷九四上《匈奴传上》，3990页。
㉓　《汉书》卷九六上《西域传上》，3873—3874页。

有亡者，吉追斩之，遂将诣京师。”[24]河曲，《资治通鉴》胡三省注曰：“黄河千里一曲，此当金城郡界。”[25]将河曲比勘为金城河九曲之地。我们从悬泉汉简记载得知，日逐王经过悬泉置迎接日逐王为驾一乘，敦煌郡派遣效谷县广利里郭市等七人护送东行，就是说日逐王与其十二王随郑吉到达河曲，肯定不在金城郡，而在敦煌以西的地方，我们推测应当在塔里木河与开都河交汇的地方[26]。另外Ⅰ90DXT0114③：8记载：“出钱九十，买肉十八斤。以食使者卜君所将外国从者九人，人再食，积十八食，食一斤。”根据相邻汉简Ⅰ90DXT0114③：9记载：“神爵三年十月壬午，史领县泉置移效谷案簿，余粟廿石，传马……”卜君所将外国使从者九人，应当是神爵三年十月经过悬泉置的，他们应当同日逐王属于同一批进入西汉的外国客使，和可能是匈奴日逐王部属。日逐王降汉之后对匈奴的影响是巨大的，根据《汉书·宣帝纪》记载：神爵二年九月后，“匈奴单于遣名王奉献，贺正月，始和亲”[27]。

神爵二年（前60）十一月敦煌太守快使守属充国送牢羌、琅何羌奉献诣行在所。

悬泉汉简Ⅰ90DXT0210③：6记载：“敦煌大守快使守属充国送牢羌斥候、羌候琅何羌□君彊藏奉献诣行在所，以令为驾二乘传。人十二，十一月辛未留宿。神爵二年十一月癸卯朔丙午，敦煌太守……以此为驾，当舍传舍，如律令。”同批出土编号相邻汉简Ⅰ90DXT0210③：7记载：“□□□□物色亟……吏共购为事□共购钱直十万四千……”当与这批使节有关。按：《汉书·宣帝纪》记载神爵元年三月西羌反，四月遣后将军赵充国、强弩将军许延寿击西羌。六月“即拜酒泉太守辛武贤为破羌将军，与两将军并进”。“夏五月，羌虏降服，斩其首恶大豪杨玉、酋非首。”[28]《汉书·赵充国传》记载：“元康三年，先零遂与诸羌种豪二百余人解仇交质盟诅，上闻之，以问充国，对曰：‘羌人所以易制者，以其种自有豪，数相攻击，势不壹也。往三十余岁，西羌反时，亦先解仇合约攻令居，与汉相距，五六年乃定。至征和五年，先零豪封煎等通使匈奴，匈奴人至小月氏，传告诸羌曰：汉贰师将军众十余万人降匈奴。羌人为汉事苦。张掖、酒泉本我地，地肥美，可共击居之。以此观匈奴欲与羌合，非一世也。间者匈奴困西方，闻乌桓来保塞，恐兵复从东方起，数使使尉黎、危须诸国，设以子女貂裘，欲沮解之。其计不合。疑匈奴更前使至羌中，道从沙阴地，出盐泽，过长坑，入穷水塞，南抵属国，与先零相直。臣恐羌变未至此，且复结联他种，宜及未然为之备。’后月余，羌侯狼何果遣使至匈奴藉兵，欲击鄯善、敦煌以绝汉道。充国以为：‘狼何，小月氏种，在阳关西南，势不能独造此计，疑匈奴使已至羌中，

㉔ 《汉书》卷七〇《郑吉传》，3005—3006页。

㉕ 《资治通鉴》卷二六，汉宣帝神爵二年（前60），859页。

㉖ 参见郑炳林、陈晶晶《西汉经敦煌郡与匈奴在西域地区的争夺》，《中国社会科学院大学学报》2023年第6期，83—84页。

㉗ 《汉书》卷八《宣帝纪》，262页。

㉘ 《汉书》卷八《宣帝纪》，261—262页。

先零、罕、开乃解仇作约。到秋马肥，变必起矣。’”[29]破羌将军辛武贤从敦煌出兵击败南山羌，南山羌经敦煌归附西汉，这是南山羌经敦煌郡悬泉置入朝奉献的记载。Ⅱ90DXT0314②：61记载：“……□小月氏臣请事……”当指此。

神爵三年（前59）正月某君所将诸国客过悬泉。

悬泉汉简Ⅰ91DXT0309③：161记载：“神爵三年正月乙巳，县泉置啬夫弘敢言之：……君所将诸国。”

神爵三年（前59）三月广至守丞德以私印行事，移悬泉置为构校郭市等七人送日逐王所廪事。

悬泉汉简Ⅰ91DXT0309③：165记载：“神爵三年三月辛丑朔己酉，广至守丞德以私印行事移县泉府，移举一牒簿，出食过律程承余付受，多不相应，今写举移各如牒，书到，令史可构校所禀广至县置粟石斗。掾安国，佐长舒。”同批出土编号相近汉简Ⅰ91DXT0309③：167、Ⅰ91DXT0309③：168记载：“广至移十一月谷簿：出粟六斗三升，以食县泉厩佐广德所将助御效谷广利里郭市等七人送日逐王，往来三食，食三升，校广德所将御故禀食县泉，而出食，解何？”

五凤元年（前57）二月使者段君将疏勒王子橐驼三匹经悬泉置入朝奉献。

悬泉汉简ⅡT0216③：137记载：“五凤元年二月丁酉朔己未，县泉厨佐富昌敢言之。爰书：使者段君所将疏勒王子橐佗三匹，其一匹黄牝，二匹黄乘，皆不能行，罢亟死。即与假佐开、御田遂……复作李则、耿癸等六人杂诊橐佗。丞可。置前橐佗罢亟死，审它如爰书，敢言之。”使者段君活动的时间汉宣帝五凤年间至甘露年间，五凤元年二月将疏勒王子奉献入朝大概是规模最大的一次。Ⅴ92DXT1813③：11记载：“……以食使者段君所将客私马百九匹，匹一钧东。”这里段君所送客私马百九匹，很可能与这次疏勒王入贡奉献有关。疏勒王作为奉献的物品是橐驼三匹，而与疏勒王入贡奉献还有其他客使或者商贾，他们携带前往西汉进行贸易的是马匹，而且这些马匹数量很大。段君出使还见于Ⅱ90DXT0111②：31记载：“出马二匹、粟四斗，送段君使西茭一石。三月辛卯县泉啬夫……”

五凤元年（前57）五月持传马十四匹送使者乐君、杜君廪广至。

悬泉汉简Ⅰ91DXT0309③：87AB记载：“元凤五年五月戊午朔甲戌，广至丞广移县泉府书曰：诸出谷相付受先移□□□/谓簿出，今县泉置厩佐禹、广德，持传马十四匹，送使者乐君、杜君，禀广至稊稗。/印曰广至丞印。/……以来。掾安国，啬夫延年，佐富昌。”同批出土相邻编号Ⅰ91DXT0309③：88记载：“□□壬午敦煌大守常乐、骑千人禹行长史事、仓长广汉兼行丞事谓效谷、广至、冥安：书到，如护部使者

[29] 《汉书》卷六九《赵充国辛庆忌传》，2972—2973页。

书，如律令。/掾德，守属广利，助府佐广意、富昌。”Ⅰ91DXT0309③：89记载：“小石四石二斗，为大石二石五斗二升，书到，簿入五月为报，毋令缪，如律令。”可能记载与有关。相同记载还见于悬泉汉简Ⅰ91DXT0309③：205的记载：“五凤元年五月戊午朔庚辰，广至丞广谓县泉书曰：广至出穄穬二石五斗二升，□□，□/厩佐广德送使者乐君、副杜君传马食，移书县泉，簿入五□□。县泉书□□。/掾安国、佐富昌。”

五凤元年（前57）五月敦煌太守遣守属冯充国上伊循城都尉印绶。

悬泉汉简Ⅰ91DXT0309③：193记载：“敦煌大守遣守属冯充国上伊循城都尉登印绶，御史以令为驾，二封轺传，七月庚午食时过西。五凤元年五月戊午朔戊寅，敦煌大守常乐、丞贤谓敦煌：□□□为驾，当舍传舍，如律令。”

五凤三年（前55）二月西域都护安远侯郑吉经敦煌。

悬泉汉简ⅡT0214③：197记载：“……远侯吉……军。五凤三年二月辛亥，使护西域骑都尉安远侯吉谓敦煌：以次为驾，当舍传舍，如律令。”

五凤四年（前54）六月送车师王、乌孙诸国客经敦煌。

悬泉汉简Ⅱ90DXT0113④：122A+151A记载：“五凤四年六月丙寅，使主客散骑光禄大夫□扶承/制诏御史曰：使云中大守安国、故教未央仓龙屯卫司马鲜于武强，/使送车师、乌孙诸国客与斥候周充国，载先俱/为驾二封轺传，二人共载。御史大夫延年下扶风/厩，承书以次为驾，/当舍传舍，如律令。……/出钱五十，出钱卅，/出钱廿，出钱百，/出钱十，/出钱十八。”另外Ⅴ92DXT1311③：223记载：“……年六月丙寅朔庚辰，酒泉库令长寿，以近秩次兼行大守事、禄福仓丞未央兼行丞事谓：/……□得府佐梁禹，以诏书将护转敦煌郡。当舍传舍，从者如律令。”记载应当是一回事。车师、乌孙为主的诸国客，车师王与乌孙一起入朝奉献，表明车师从西域都护建立之后，成为前往乌孙的必经之地，西汉开始在车师进行屯田并关注对车师的经营，车师在西汉的地位逐渐提高。

五凤四年（前54）九月送渠犁军司令史过悬泉。

悬泉汉简Ⅱ90DXT0115③：98记载：“五凤四年九月己巳朔己卯，县泉置丞可置敢言之：廷移府书，书曰：到效谷移传马病死爰书：县泉传马一匹，骊，乘，齿十八岁，高五尺九寸，送渠犁军司令史。”送渠犁屯田诸郡的还有Ⅱ90DXT0213③：138的记载：“诏曰：渠犁司马丞谭明√张长霸更验问……/诏书为驾一封轺传，二人共……”这枚汉简的时间根据同批出土汉简纪年得知应当是初元年间。ⅡT0214③：292记载：“……□月己未朔戊辰，敦煌大守贤、长史奉憙、敦煌仓长广汉兼行丞事，谓效谷：移……传马病死爰书，县泉传马一匹，駹，牡，齿十二岁，高五尺九寸，送□将军司马令史刘承明。”渠犁是西汉政府在西域地区屯田诸郡的地方，有大量屯田戍守军队驻守在这里。并设置有屯田校尉，Ⅴ92DXT1309④：44记载“渠梨校尉梁君”，即是。

五凤五年（前53）二月送使者段君将客到渊泉置。

悬泉汉简ⅡT0214②：545记载："五凤五年二月丁酉朔戊午，渊泉长弘、丞贺移县泉置：遣/啬夫忠送使者段君所将客到渊泉廪茭，今□□案。"Ⅵ92DXT1222②：2记载："五凤五年二月丁酉朔庚申，敦煌大守步、长史奉憙、库丞捐之兼行丞事谓过所置：龙勒左尉张义为郡逐材酒泉郡中，乘用马二匹，当舍传舍，从者如律令。七月乙卯一食，东。"Ⅱ90DXT0313S：6AB记载："段君以不到干齐，讫今皆未还，王万为两置……"背面为骆驼画，应当与通使有关，如Ⅱ90DXT0112③：47记载："□□□□□，传马一匹，駠，乘，左剽，齿廿岁，高五尺六寸，名曰昔者。送使者常□，□福√佐广意。厩御何等等五人杂诊马疾，死，审证之。它如爰书，敢言之。"

五凤五年（前53）三月悬泉置迎使者孙君诣敦煌。

悬泉汉简ⅡT0215③：151记载："五凤五年三月丙寅朔……敦煌十一月戊戌□令史纪卿□县置传马迎使者孙君，置啬夫忠□……□诣敦煌，其一匹骓白牡，左剽，齿十一岁，高五尺八寸名，曰……"

甘露元年（前53）五月于阗诸国客经悬泉置。

悬泉汉简Ⅱ90DXT0113④：54A—61A《段君送于阗王用车简册》记载："传车二乘，送使者段君，其一乘折椟一所，幣尽不可用。一乘折柚幣绝，伤十五楅，不可用。传车一乘，送杅阗王，折椹，幣尽，伤一楅，不可用。盖五，其三复蒙敝，伤六栎，不可用。二单，蒙敝，伤十二栎，不可用。甘露元年五月乙丑朔癸未，悬泉置丞　敢言之，谨移传车三乘送客，折伤盖蒙，不可用，唯廷关书府请易谒报，敢言之。传车二乘，送使者段君，其一乘折辕一所，幣尽不可用。一乘折柚，幣绝，伤十五楅，不可用。传车一乘，送杅阗王，折椹幣尽，伤一楅，不可用。盖四，其二复蒙幣，伤六栎，不可用。二单蒙敝，伤十二栎，不可用。甘露元年闰月乙丑朔甲寅，悬泉置丞　敢言之，谨移传舍假佐，敢言之。通持折伤传车三乘，盖四□，唯廷关书府请易，敢言之。"由此得知，甘露元年五月十九日和闰月二十日于阗王等经过悬泉置。如果甘露元年闰五月，就是说间隔三十天时间于阗王一行从长安返回敦煌经过悬泉置。按照西汉敦煌郡至长安三千八百九十五里，行程五十九天，于阗王一行前往长安返回敦煌，光路途就要四个月时间，因此这个闰月应当是当年十月的闰月。关于使者段君，还见载于Ⅴ92DXT1813③：11记载："……以食使者段君所将客私马百九匹，匹一钧，东。"使者段君所将客私马很可能是西域诸国客奉献给西汉政府的马种。Ⅰ90DXT0114②：24记载："段君谒报敢言之……"Ⅱ90DXT0111②：31记载："出马二匹，粟四斗，送段君受故茭一石。三月辛卯县泉啬夫……"ⅡT0214②：545记载："五凤五年二月，渊泉长弘丞贺移县泉置，遣啬夫忠送使者段君所将客到渊泉廪茭。"ⅡT0216③：138AB记载："五凤元年二月悬泉置使者段君所将疏勒王子橐驼三匹经悬泉置，其二匹病不能行。"Ⅱ90DXT0313S：6A记载："段君以不到干齐，讫今皆未还，王万为两置……"

Ⅱ90DXT0313S：6B背面为骆驼画。从这些记载他主要负责西域南道诸国奉献的西汉使者，特别是于阗、疏勒诸国入朝奉献。

甘露元年（前53）七月龙勒县遣厩御斋持传马送扜弥客过。

悬泉汉简Ⅱ90DXT0115③：87记载："甘露元年七月甲午朔辛丑，龙勒令通、丞□移县泉书曰：遣厩御斋持传马送客过，稟/穬麦小石四斗五升，为大斗三斗，今写移书到，受簿以七月报丿，敬以书受簿入七月。/掾明，啬夫利亲。"这批客使就是相邻汉简记载的扜弥国使者，Ⅱ90DXT0115③：91记载："·谨先以证财物不以实，臧五百以上，律辩告爰书验问千秋辞曰：本与□□□千秋持传车至□□，驾一，軨靳辔各一匹，送扜弥王使者贵人到效谷，扜弥王使者乘汉所持车，毋軨辔，扜弥使者。"另外悬泉汉简ⅡT0214③：24AB记载："甘露元年七月甲午朔己亥，守令□守丞兔福写移县泉置书曰：厩佐延年持传马送丞相史任卿，所送敞□□□，穬麦小石五石九斗五升，茭四石一钧，今写券墨移。/掾良，佐延年。"ⅡT0214③：5记载："长罗侯仓头李渠子，当责效谷千人丞许得之，骑士乐成里杜延年、安处里赵中君、昌里杜中叔钱八千。"根据相邻同批出土悬泉汉简ⅡT0214③：6记载："·甘露元年七月己酉，县泉置啬夫弘敢言之廷，檄曰：遣……"长罗侯仓头李渠子经过敦煌郡悬泉置应当也是甘露元年七月。Ⅱ90DXT0115③：89记载："吏持不可用马，诣府，如律令。/七月丙午，效谷长禹、守丞骞告县泉置□□，谓甘井亭长广写移，令择骑马厚轻者二匹，易遣骑士尹定送诣□□□□谨养食，毋令羸瘦，以不可用。马付定，如律令□□□□□□。"Ⅱ90DXT0115③：91记载："·□谨先以证财物不以实，臧五百以上律辩告，爰书验问千秋，辞曰：本与汉昌、千秋持传车□乘驾一，靳䌌各一匹，送扜弥王使者贵人到效谷，扜弥王使者广汉所转车毋䌌，扜弥使者……"据此，这次所送客应当是西域扜弥使者。

甘露元年（前53）九月渊泉长弘、丞贺移悬泉持传马为使者周君柱。

悬泉汉简ⅡT0216③：3AB记载："甘露元年九月癸巳朔壬子，渊泉长弘、丞贺，移县泉：遣厩佐开，持传马为使者周君乐君柱，癛糜小石十六石二斗，为大石九石七斗二升。今写券墨，移书到，受簿入十月报，毋令缪，如律令。县泉掾禹，啬夫光，佐捐文。"

甘露元年（前53）十月使都护安远侯吉上书一封。

悬泉汉简Ⅰ90DXT0114③：62记载："使都护安远侯吉上书一封。□□元年十月庚辰日餔时，受遮要□□□□□□□□行。"简文残缺年号，根据郑吉于神爵二年封安远侯，所以这个记载只能是五凤、甘露、黄龙和初元几个年号中元年来判定，我们根据同批出土汉简中纪年简为本始、甘露年号，故认为是甘露元年。

甘露元年（前53）十一月破羌将军辛武贤驻敦煌，修渠积谷居卢仓以伐乌孙。

悬泉汉简Ⅱ90DXT0114④：374A+340A记载："甘露元年十一月壬辰朔丙午，效谷长禹、丞寿告遮要、县泉置：破羌将军将骑万人从东方来，会正月七日，今调米肉饴枣，假/吏甲卒牛车，助置载茭，各如牒，书到受作，毋令客到不办具，毋忽，如律令。掾德成，尉史广德。”Ⅰ91DXT0309③：221记载：“御史中丞臣强、守侍御史少史臣忠昧死言：尚书奏御史大夫吉奏，丞相相上酒泉大守武贤、敦煌大守快书言二事：其一事武贤前书穬麦皮芒厚，以廪当食者小石三石，少不足，丞相请郡当食廪穬麦者石加。”Ⅰ91DXT0309③：222记载：“十月己卯敦煌大守快、丞汉德敢告：部都尉卒人谓县，督盗贼史吉光刑世，写移，今□□□□□部督趣书到，各益部吏遮泄求捕部界中，明白大编书乡亭市里显见，令吏民尽知□□□□□□。”Ⅱ90DXT0114③：214记载：“破羌将军、西河大守臣武贤请假及长吏以下属□□□……/第卅二√十二斤。”这是辛武贤后出任西河太守派员经过敦煌的文献。《汉书·西域传下》记载：“初，肥王翁归靡胡妇子乌就屠，狂王伤时惊，与诸翖侯俱去，居北山中，扬言母家匈奴兵来，故众归之。后遂袭杀狂王，自立为昆弥。汉遣破羌将军辛武贤将万五千人至敦煌，遣使者案行表，穿卑鞮侯井以西，欲通渠转谷，积居卢仓以讨之。”颜师古注曰：“孟康曰：‘大井六通渠也，下泉流涌出，在白龙堆东土山下。’”[30]《资治通鉴》卷二七汉宣帝甘露元年载：“是岁，汉遣破羌将军辛武贤将兵万五千人至敦煌，通渠积谷，欲以讨之。”胡三省注曰：“时立表穿渠于卑鞮侯井以西。孟康曰：大井六，通渠也，下流涌出在白龙堆东土山下。”[31]虽然《汉书·西域传》没有注明时间，《资治通鉴》将时间比勘为甘露元年，完全与悬泉汉简记载相对应，唯悬泉汉简记载与史籍记载不同是“骑万人”，而史籍作“万五千人”，很可能史籍将穿渠校尉率领的吏卒五千人也计算进去了。Ⅱ90DXT0113④：152记载：“西合檄四，其一封凤博印，诣破羌将军莫府，一封雕秩候印，诣太守府，一封□延寿诣大司农卒史张卿治府，一封破旁封阳关都尉府。甘［露］……”四封檄文分别送给敦煌太守、破羌将军莫府、阳关都尉府和大司农卒史张卿治府，表明破羌将军辛武贤到敦煌之后，设置有自己的办事机构幕府。破羌将军辛武贤的还见于Ⅱ90DXT0114③：214记载：“·破羌将军西河太守臣武贤，请假及长史以下□□□……/第卌二，十二斤。”Ⅱ90DXT0114②：293记载：“十一月丁巳，中郎安意使领护敦煌、酒泉、张掖、武威、金城郡农田官常平，调均钱谷，以大司农丞印，封下敦煌、酒泉、张掖、武威、金城郡大守，承书从事，下当用者，破羌将军、军吏士毕已过具，移所给吏士，赐诸装卖□□。”Ⅱ90DXT0114③：214记载：“·破羌将军西河大守臣武贤请假及长吏以下，属□……/第卅二√十二斤。”

甘露元年（前53）十二月敦煌骑士昌利里胡赏等十人送劳边使者。

悬泉汉简Ⅴ92DXT1311③：305记载：“黄龙元年十二月戊辰朔，县泉置丞禄移敦煌，敦煌骑士昌利里胡赏等十人送劳边使者，廪马食粟小石六石，为大石三石六斗；茭七石二钧。今移名籍，书到，出入迎簿入正月□。”

---

[30] 《汉书》卷九六下《西域传下》，3907页。

[31] 《资治通鉴》卷二七，883页。

甘露二年（前52）正月军候丞赵千秋上书送康居王使者二人、贵人十八人。

悬泉汉简Ⅱ90DXT0213③：6+T0214③：83AB记载："甘露二年正月庚戌，敦煌大守千秋、库令贺兼行丞事敢告酒泉大守府卒人，安远侯遣比胥楗罢军候丞赵千秋，上书送康居王使者二人，贵人十人，从者六十四人，献马二匹，橐他十匹，私马九匹，驴卅一匹，橐他廿五匹，牛一。戊申入玉门关，已阅籍畜财财物。/东书三封：其一封安远侯上书，一封敦煌大守书，一封玉门上书。甘露二年二月辛酉日出时，受遮要御郭令报，依律令昼夜行。"

甘露二年（前52）二月使乌孙长罗侯惠遣斥候恭上书诣行在所。

悬泉汉简Ⅴ92DXT1311③：315记载："使乌孙长罗侯惠遣斥候恭/上书诣行在所。以令为驾一乘传。甘露二年二月甲戌，敦煌骑司马充行大守事、库令贺兼行丞事，谓敦煌：以次为驾，当舍传舍，如律令。"长罗侯常惠遣斥候恭上书诣行在所，很可能就是汇报乌孙势态，《汉书·西域传》记载："初，肥王翁归靡胡妇子乌就屠，狂王伤时惊，与诸翎侯俱去，居北山中，扬言母家匈奴兵来，故众归之。后遂袭杀狂王，自立为昆弥。汉遣破羌将军辛武贤将兵万五千人至敦煌，遣使者案行表，穿卑鞮侯井以西，欲通渠转谷，积居卢仓以讨之。"[32]上书内容很可能与此相关。

甘露二年（前52）二月长罗侯、乌孙公主上书经悬泉。

悬泉汉简Ⅱ90DXT0113④：65记载："上书二封：其一封长罗侯；一乌孙公主。甘露二年二月辛未日夕时，受平望译骑当富。悬泉译骑朱定，付万年译骑。"

甘露二年（前52）二月冯夫人及其行资经敦煌。

悬泉汉简Ⅱ90DXT0115③：96记载："甘露二年二月庚申朔丙戌，鱼离置啬夫禹移县泉置：遣佐光持传马十匹为冯夫人柱。廪穬麦小石卅二石/七斗，又茭廿五石二钧。今写券墨，移书到，受簿入三月报，毋令缪，如律令。"《汉书·西域传》记载："初，楚主侍者冯嫽能史书，习事，尝持汉节为公主使，行赏赐于城郭诸国，敬信之，号曰冯夫人。为乌孙右大将妻，右大将与乌就屠相爱，都护郑吉使冯夫人说乌就屠，以汉兵方出，必见灭，不如降。乌就屠恐，曰：'愿得小号。'宣帝征冯夫人，自问状。"[33]乌孙右大将副使随冯夫人一起入朝奉献，悬泉汉简Ⅴ92DXT1311③：28记载："乌孙右大将副使多巾鞮王孙……"就是悬泉置接待的记录。Ⅴ92DXT1312③：37记载："出米五斗。八月己未以食将军、夫人、从吏、从者足下。"从这个记载看，汉宣帝征冯夫人问状，右大将一起随行前往长安。Ⅰ90DXT0210①：98记载："啬夫为将军柱宜……"悬泉置运送这些将军的物资应当就是右大将前往长安携带的奉献的物品。另外我们根据Ⅰ90DXT0205②：23AB记载："□□□。白龙□□□。盘十七，

㉜ 《汉书》卷九六下《西域传下》，3907页。

㉝ 《汉书》卷九六下《西域传下》，3907页。

薪三故，故□□赤韦鱼爵卌六枚。君威坐前闲过将军夫人，得毋有它遣，叩头叩头。因……/白所市受贾掾钱二千；又之贾掾田得三千，其千二百与收贷吏张卿所买县泉奉直，谨得鸡三只一枚，以付就家李君仲，余钱度=钱市米麴，罿狗自使田持行它。”这里记载的将军、夫人很可能指的是冯夫人夫妇，“白龙”，当为白龙堆，即他们是经由白龙堆道进入敦煌的。Ⅱ90DXT0111①：312记载：“以给食请使者，以缭奴婢畜物付敦煌大守，太守受马，马畜入，官移直大仆。奴婢赎食传送诣将军莫［府］……/偿贾直如会宗言，颇可许，臣请敦煌大守受缭奴婢及自赎马畜，马畜入官，移直大仆。奴婢传送赎……”会宗是段会宗，缭，应当是冯嫽，将军幕府，应当是指破羌将军辛武贤的幕府，辛武贤在敦煌有两个时期，一个是元康年间对南山羌的战争时，一个是甘露二年准备征伐乌孙时。甘露二年破羌将军酒泉太守辛武贤率兵万人至敦煌，而到敦煌开幕府的将军只有辛武贤，所以这里记载的就是冯嫽进过敦煌时其携带的物资处置情况。

甘露二年（前52）三月都内令霸副候忠使送大月氏诸国客。

悬泉汉简Ⅴ92DXT1411②：35记载：“甘露二年三月丙午，使主客郎中臣超承制诏侍御史曰：顷都内令霸、副候忠，使送大月氏诸国客，与斥候张寿、侯尊俱，为驾二封轺传，二人共载，御属臣弘行御史大夫，事下扶风厩，承书以次为驾，当舍传舍，如律令。”另外Ⅴ92DXT1712⑤：1记载：“出粟四斗。以食守属唐霸所送乌孙大昆弥、大月氏所持……”是否为同批使节，还得进行考证。

甘露二年（前52）四月送破羌将军、穿渠校尉、使者冯夫人军吏远者至敦煌郡。

悬泉汉简Ⅴ92DXT1311④：82记载：“甘露二年四月庚申朔丁丑，乐官令充敢言之，诏书：以骑马助传马送破羌将军、穿渠校尉、使者冯夫人/军吏，远者至敦煌郡。军吏晨夜行，吏御逐马前后不相及，马罢亟，或道弃，逐索未得，谨遣骑士/张世等，以物定色，逐各如牒，唯府告部县官旁郡，有得此马者，以与世等，敢言之。”很显然这批过往的穿渠校尉和使者冯夫人军吏是从东边派遣到敦煌的，目的就是协助破羌将军开凿漕运水渠的。我们根据《汉书·西域传》的记载并对比悬泉汉简的记载，当时辛武贤带领的骑士万人，还有开凿水渠的水利工程人员五千人。当年十月穿渠校尉到达敦煌，当年十一月大规模的开凿漕渠的工程就动工修建。Ⅱ90DXT0114②：293记载到破羌将军：“十一月丁巳，中郎安意使领护敦煌、酒泉、张掖、武威、金城郡农田官，常平调均钱谷，以大司农丞印，封下敦煌、酒泉、张掖、武威、金城郡大守，承书从事下当用者，破羌将军、军吏士毕已过，具移所给吏士，赐诸装卖□□。”穿渠校尉还见于悬泉汉简Ⅴ92DXT1312④：21中的记载：“穿渠校尉丞惠光、私从者杜山羊，西。”穿渠校尉丞惠光，根据同批出土编号相邻汉简纪年为甘露三年、甘露四年，推知穿渠校尉惠光的时间应为甘露年间。Ⅴ92DXT1312③：17记载：“续穿第一渠东端，袤二里百步，上广丈三尺二寸至三寸，丈二尺八寸，深二尺七寸至八尺……”这条汉简记载的就是穿渠的记录。穿渠校尉率领的开凿水渠的士兵，还有水利工程人员，

Ⅱ90DXT0111③：69记载：“出粟一斗二升，十二月辛巳，以食长史仲子水工一人，凡二人往来食，食三升。”水工就是水利工程人员。

甘露二年（前52）五月悬泉置遣厩佐成持传马送客往来。

悬泉汉简Ⅱ90DXT0112③：6记载：“甘露二年五月己亥朔乙巳，冥安令阳移县泉置书曰：遣厩佐成持传马送客，往来过廪穬麦小石十一石九斗五升，为大石七石九斗六升，茭四石二钧，书到簿入五月报，有书，书到簿入五月。掾光，啬夫齐。”

甘露二年（前52）五月使者程等送赐妻一人，王太子二人，使者十八人。

悬泉汉简Ⅱ90DXT0114④：382记载：“甘露二年五月庚戌，大守属寿移冥安、广至、效谷、敦煌：使者程□……/出用牛车十两，王一人，赐妻一人，王大子二人，使者十八人，皆食孰□……/一人，柱县泉置，敦煌柱遮要，毋令使者到不办，毋忽，如律令。”Ⅱ90DXT0113④：174记载：“·县泉置甘露二年五月庚戌以来尽……”

甘露二年（前52）五月将田渠犁军候令史憙等更终罢诣北军。

悬泉汉简Ⅱ90DXT0115④：230记载：“将田渠犁军候令史□憙□它宗，更终罢诣北军。甘露二年五月癸未朔庚子，使都护西域骑都尉安远侯吉谓：/诏为驾一封轺传，二人共车载，有请……绪食给法所当得，如律令。”悬泉汉简记载经敦煌前往渠犁屯田资料很多，91DXC：59记载：“将田渠犁校尉史移安汉□□□送武，军司令史田承□□□□。谨长至罢，诣北军以传。诏为驾一封轺传，传乘为载。”Ⅱ90DXT0114③：468AB记载：“騩乘，齿十八岁，送渠犁军司马令史刘承明到遮要，病柳张立死，卖骨肉临乐里孙安所，贾/千四百。时啬夫忠服治爰书，误脱千，以为四百，谒定爰书，敢言之。/守啬夫富昌。”

甘露二年（前52）十一月穿治渠军猥候丞□万年漆光王充诣校属作所。

悬泉汉简Ⅱ0214③：73记载：“甘露二年十一月丙戌，富平侯臣延寿、光禄勋臣显，承制诏侍御史□，闻治渠军猥侯丞承万年汉光王充诣校属作所，为驾二封轺传，载从者各一人，轺传二乘。传八百卌四。御史大夫定国下扶风厩，承书以次为驾，当舍传舍，如律令。□□□尉史□□书一封，十一月壬子人定时受遮要……”富平侯延寿，指韩延寿。ⅡT0214③：76记载：“……医止宿甲戌平旦复道东行可七十里并海东北行□……”ⅡT0214③：94记载：“出米十四石九斗三升少。以食浚渠……”ⅡT0214③：95记载：“……□更徙第十一节浚渠，壹见予严使胡奴满家以粟食三驴。”ⅡT0214③：101记载：“·右吏士漕病死海濂……”Ⅴ92DXT1311③：351记载：“……□塞外穷穿海廉渠敞。”ⅡT0215③：175记载：“三千九百偿渠子敦煌市上，毕时□……共偿渠子钱八千，已爰书自证。……”ⅡT0216②：40记载：“·徒复作在县者，各有数，有可以助民修治沟渠者，务尽其力，其盗徒廪以久糜□……”

甘露二年（前52）乌孙入朝奉献驴三百匹、橐它百廿入塞经悬泉。

悬泉汉简ⅡT0214③：72记载："……将诣田部□□□□使护伯卿死言……入驴橐□□□用后□□□□上乌孙□如故令大守千秋……书言，即调驴三百匹，橐它百廿□□塞外转，余见皆□□□□□□□□□□□物故，毋以补□□。"根据相邻汉简Ⅱ0214③：73纪年为甘露二年十一月，简文记载敦煌太守千秋任职时间为甘露二年至四年、永光元年至四年，推测乌孙这次入贡发生在甘露年间。

甘露二年（前52）西域都护书佐田弘经敦煌。

悬泉汉简Ⅱ90DXT0115③：188记载："·都护西域骑都尉书佐田弘。甘露二年……"

甘露三年（前51）三月焉耆王大母副使者贪訾、危须王副使等经敦煌奉献。

悬泉汉简ⅡT0216③：41记载："……耆王大母副使者贪訾、王母副……甚副使者陛莎、危须王副使者……氏男子番□费皆奉献□□诣［行在所］……甘露三年三月乙酉朔庚子，敦煌长史奉憙行大守事谓敦煌：以次为驾，当舍传舍，如律令。"

甘露三年（前51）三月于阗、尉犁使者经敦煌。

悬泉汉简ⅡT0215③：131记载："……以食守属梁霜送于阗王大子、使者未都楗特言事。一食东。"没有记载具体时间，同批出土汉简ⅡT0215③：132记载："……敦煌大守遣守属宋迁送自来……"记载的很可能是同批使者，他们属于自来客。同批出土编号相邻汉简ⅡT0215③：133记载："尉梨贵人乌丹。丹三果衣过毋致没入。"ⅡT0215③：136记载："甘露三年三月甲申朔□□县泉置□□……"记载的时间很可能就是这批使者入朝的时间，即甘露三年三月。

甘露三年（前51）九月上郡迎吏骑士从军乌孙罢者敦煌郡。

悬泉汉简Ⅱ90DXT0115③：99记载："甘露三年九月壬午朔甲辰，上郡大守信、丞欣谓过所：遣守属赵称逢，迎吏骑士从军乌孙罢者敦煌郡，当舍传舍，从者如律令，十月。再食。"

甘露三年（前51）十月敦煌长史奉憙行太守事遣守属郝延寿送胡奴婢少府。

悬泉汉简Ⅴ92DXT1311④：79记载："甘露三年十月辛亥朔己巳，敦煌长史奉憙行大守事谓过所河津：遣守属郝延寿/送胡奴婢少府，乘用马二匹，当舍传舍，从者如律令。五月癸酉西。"Ⅴ92DXT1312④：18记载："敦煌长史奉憙行大守事，使守卒史邴常趣军，食郡中，以令为驾，一封轺传。甘露三年十月辛亥朔丙寅，敦煌长史奉憙行大守事谓敦煌，以次为驾，当舍［传舍］，如律令。"此二载当为同一件事。

甘露三年（前51）十月丞相属王彭护乌孙公主及将军贵人从者经敦煌。

悬泉汉简Ⅴ92DXT1412③：100记载："甘露三年十月辛亥，丞相属王彭护乌孙公主及将军、贵人、从者，道上传车马为驾二封轺传，有请诏御史大夫万年，下谓成，以次为驾，当舍传舍，如律令。”乌孙公主行经敦煌还见于Ⅱ90DXT0114③：522记载：“甘露三年十月辛亥朔，渊泉丞贺移广至、鱼离、县泉、遮要、龙勒，厩啬夫昌持传马送公主以下过，廪穬麦各如牒，今写券墨，移书到，受簿入十一月报，毋令缪，如律令。”Ⅱ90DXT0113③：37记载：“……悬泉啬夫敞付遮要佐霸送将军柱马。”Ⅱ90DXT0113④：6记载：“遮要置传马廿六匹，其十五匹东柱。”对于这位将军经过的时间，可据遮要佐霸，如Ⅱ90DXT0114②：213记载：“出粟六斗，朱利，河平五年正月甲戌，县泉啬夫光付遮要佐忠、霸送大农史食马□。”ⅡT0215③：36记载：“建昭五年十二月辛酉，县泉厩啬夫霸敢言之：廷遣遮要厩佐张顺送徒四人助。”Ⅴ92DXT1611③：305记载：“建昭五年十一月壬申朔。县泉厩啬夫霸敢言之：谨移传马出入簿一编，敢言之。”Ⅰ90DXT0110②：34记载：“出粟三石。建始五年正月庚申，县泉厩佐霸付敦煌厩佐宋昌，以食迎都护柱马。”霸的活动事迹反映出来的时间，主要在汉元帝时期，距离甘露年间比较近，这个时间段他已经调任悬泉置厩啬夫，时任遮要置佐霸所送将军柱马，应当就是随解忧公主入朝的乌孙将军，也就是解忧公主侍女冯夫人的丈夫乌孙右大将。Ⅱ90DXT0115③：415记载：“□□□［甘露三］年□月庚申，使乌孙长罗侯臣奉御史大夫延年下扶风厩承书。以次制诏侍御史曰：惠与军校尉史留□为驾，当舍传舍，从者如律令。为驾二封轺传，载从者一人。”这是西汉宣帝给诏书要求使用轺车和传舍前往行在所。

甘露四年（前50）三月云中郡使军候弘别使送乌孙诸国客。

1990年悬泉置遗址采集汉简90DXC：139记载：“甘露四年三月□□，使主客给事中侍谒者臣却平/制诏侍御史，自云中郡使军候弘，别使送乌孙诸国客与军候□世魏泉俱/为驾一封，轺传，二人共载。/御史大夫万年下扶风厩，承书以次为驾，当舍传舍，如律令。”悬泉汉简Ⅱ90DXT0115③：281记载：“甘露四年二月丙辰，敦煌□……/送传马六匹，付广至……”这条记载很可能与前记载送乌孙客有很大关系。

甘露四年（前50）五月屯田渠犁斥候丞王常赵忠更终罢诣北军。

悬泉汉简ⅡT0214③：67记载：“屯田渠犁斥候丞王常赵忠更终罢诣北军，诏为驾一封轺传，二人共载，有请。甘露四年五月□□朔庚子使都护西域……□候谓敦煌以……”悬泉汉简 ⅡT0215④：119记载：“……□□送使渠犁……”ⅡT0215④：118记载：“……客柱马惊，折枸一所，御董方……”送使渠犁和送客柱应当是同时进行的。

甘露四年（前50）六月敦煌伊循都尉臣大仓上书一封。

悬泉汉简ⅡT0216③：111记载：“敦煌伊循都尉臣大仓上书一封，……/甘露四年六月庚子上。”伊循都尉初置属敦煌太守管辖，后期属戊己校尉管辖。Ⅴ92DXT1310③：67 AB记载：“入上书一封，车师己校伊循司臣强。九月辛亥日下餔时，临泉译汉受平望马登，日下餔时。”Ⅴ92DXT1312③：44记载：“七月乙丑，敦煌大守千秋、长史奉憙、守部候修仁行丞事下当用者小府、伊循城都尉、守部司马、司马官候移县置、广校候、郡库，承书从事下当用者，如诏书。/掾平卒史敞，府佐寿宗。”甘露四年敦煌太守千秋、长史奉憙。应当是这个时期的汉简。

甘露四年（前50）十一月伊循城都尉大仓谓过所。

悬泉汉简Ⅴ92DXT1312③：5记载：“甘露四年十一月甲辰朔戊午……”Ⅴ92DXT1312③：6记载：“……伊循城都尉大仓谓过所县……/……舍传舍，从者如律令。”

甘露四年（前50）十二月长罗侯常惠遣使送尉犁王、王夫人使诣行在所。

悬泉汉简Ⅴ92DXT1511③：3记载：“甘露四年十二月□□遣长罗侯……使都……/守候张谭送尉犁王=夫人使诣舍，如律令……/□□以令传……三月甲辰东。”

黄龙元年（前49）六月使送康居诸国客。

悬泉汉简Ⅱ90DXT0114④：277记载：“黄龙元年六月壬申，使主客给事中侍谒者臣荣……制诏御史曰：使送康居诸国客卫候盖与副□……为驾二封轺传，二人共载。”ⅡT0214③：109A记载：“……传送康居诸国客卫候臣弘、副□池阳令臣忠上书一封，黄龙元年……/……鸡鸣时，时……”这两条记载的时间都是黄龙元年，但前者有月份，而后者没有月份。前者送康居诸国客的是卫候盖，而后者是卫候弘。就是说黄龙元年西汉为与康居通使，先后派遣两批使者前往康居国迎送康居入朝奉献事宜，前者是送康居国使者返回其国，而后者记载的是使者将送康居国使者回国后将经过上报给中央政府的文书经过敦煌转送的情况。

初元元年（前48）五月且末客使行经悬泉置。

悬泉汉简ⅡT0214③：328 A B记载：“初元元年五月丙申朔戊申，敦煌大守千秋、丞破胡谓县：遣/出禄米半斗，以付传舍□□且未传舍毋传食六石四升，传毋给食一石八斗六升。”同批出土相邻编号汉简ⅡT0214③：330 A B记载：“……□月丙午，效谷守邮书令史破胡告县泉√遮要置啬夫√，谓安民亭长光等，檄到，辨书过时券刺驿骑具所当食□坞赋除谨送迎，毋令客过不辨，有谴方循行，阅具不辨，毋状，皆毋……”记载的很可能是一件事。

初元二年（前47）正月韩光送且末使者经悬泉西行。

悬泉汉简Ⅱ90DXT0213③：130记载：“敦煌守部骑司马行太守事，遣……韩光送且末□□□使者□□□□□□□……行在所，□一乘传。五月庚申西。初元二年正月壬戌朔辛巳，敦煌守部骑司马贤行大守事、守部候修仁行丞事谓敦煌：以次为驾，当舍传舍，如律令。”这批以且末为主的使者经过悬泉的时间很可能是初元二年二月。

初元二年（前47）二月鄯善、且末、莎车、于阗、精绝、拘弥、渠犁、疏勒等西域南道诸国客经悬泉置。

悬泉汉简Ⅱ90DXT0213③：122记载："……□斗六升。二月甲午，以食质子一人，鄯善使者二人，且末使者二人，莎车使者二人，扜阗使者二人，皮山使者一人，疏勒使者二人，渠勒使者一人，精绝使者一人，传五人，拘弥使者一人。━。乙未，食渠勒副使二人，扜阗副使二人，贵人三人，拘弥副使一人，贵人一人，莎车副使一人，贵人一人，皮山副使一人，贵人一人，精绝副使一人。━。乙未，以食疏勒副使者一人，贵三人，凡卅四人。"Ⅱ90DXT0213③：123记载："……龟兹王使者陶□……"虽然简文没有记载时间，我们根据同批出土编号相邻汉简Ⅱ90DXT0213③：120、Ⅱ90DXT0213③：121皆为初元二年，而Ⅱ90DXT0213③：126汉简的纪年时间为初元元年，汉简Ⅱ90DXT0213③：130纪年为初元二年正月、Ⅱ90DXT0213③：131纪年为初元二年四月、Ⅱ90DXT0213③：132纪年为初元二年正月，此数枚汉简形式和撰写特点与Ⅱ90DXT0213③：122汉简一致，推断Ⅱ90DXT0213③：122简的时间应当是初元二年。又根据汉简Ⅱ90DXT0213③：135记载："……□□使都护西域骑都尉安远侯吉谓敦煌：……驾，当舍传舍，如律令。三月甲寅过东。"推断他们入朝奉献的时间应当在初元年间。

初元二年（前47）五月且末客经敦煌奉献。

1990年悬泉置遗址采集汉简90DXC：108记载："……□行大守事，遣□司空佐□□光送自来且末，得文属奉献言事，□驾一，乘传，五月甲申东。初元二年五月……"

初元二年（前47）七月西汉遣臣副意与斥候敞迎送大月氏客经敦煌。

悬泉汉简Ⅴ92DXT1210③：132记载："初元二年七月戊辰，使□□□□者□□□中郎丞，谨承制诏侍御史□□□大月氏□□□臣副意与斥候□敞赵□□，为驾二封轺传，二人共载。御史大夫万年下扶风厩，以次为驾，当舍传舍，如律令。四月丙寅过东。……"Ⅱ90DXT0115②：207记载："初元二年七月己巳，县泉置啬夫弘……"

初元二年（前47）八月送客经敦煌悬泉置。

1990年悬泉置遗址采集汉简90DXC：123记载："客上书一封。初元二年八月癸巳日中时，县泉骑置客付万年骑置□□□□□□□。"另外Ⅴ92DXT1812③：1记载："初元二年八月辛卯，县泉置厩佐弘付遮要御宋赋、王强等，以食传马□□□。"癸巳与辛卯间隔一日，癸巳日胡客向东上书一封，而隔一日悬泉置运送客使或者行资西行。

初元二年（前47）十月中以过使者赵君将客东。

悬泉汉简Ⅴ92DXT1311③：34记载："出米三石治酒三石。［初元］二年十月中以过使者赵君所将客东。”原简没有记载年号，仅有“二年”二字，根据同批汉简中纪年简中主要集中在汉宣帝甘露、黄龙和汉元帝的初元、永光年间，特别是汉元帝初元年间，共28枚，我们推测二年前应是初元二字。Ⅱ90DXT0114①：36记载：“……以食守属赵傰送自来客，一食，食三升，东。”赵君，或指赵傰。

初元二年（47）十一月送使者孙君到悬泉。

悬泉汉简Ⅴ92DXT1310③：74AB记载：“初元二年十一月丁巳朔壬申，冥安守长尉不禁、守丞光，移效谷县泉置厩佐尊，持传车一乘，驾三被具，凡廿六物，送使者孙君到县泉，县泉腾西□□券，付县置佐充世，夺留御徐偃传车及器物。充世还以车器物凡廿，付偃少六物。今写少物移书到令史，推逐毕必得。/掾望，佐寿。”

初元四年（前45）十月匈奴右贤王别去自立为郅支单于，人民六万余人。

悬泉汉简Ⅴ92DXT1211③：72ABC记载：“初元四年十月庚戌，居延都尉调、丞博敢告酒泉……/贤王别去自立为郅支单于，人民六万余人。今移……/斩驱屠台，愿留弓间车马牛□□……”

初元五年（前44）七月归义聊羌王使者奉献诣行在所。

悬泉汉简Ⅴ92DXT1210④：3记载：“……归义聊羌王使者男子……余输皆奉献诣……乘传。初元五年七月……仁行长史事……当舍传舍……”Ⅱ90DXT0213②：106记载：“出钱六十，买肉十斤，斤六钱。以食羌豪二人……”ⅡT0215②：349记载：“……□廖坐羌豪良输……”

初元五年（前44）七月行大守事司马张君送迎丞相史柱，大月氏入朝奉献马五十六匹。

悬泉汉简Ⅰ90DXT0114③：144记载：“初元五年七月壬申朔丁亥，万岁候广丞昌移效谷西乡，出縻小石十石一斗，为大石六石六升，付效谷仓佐充御肥赏，/□以食传马为行大守事司马张君送迎丞相史柱。今写券墨，移书到，愿令史受簿入八月报，毋令缪，如律令。”根据Ⅰ90DXT0114③：145记载：“出马五十六匹，送大月氏客，张谭父付效谷仓。五十六匹。”这批客使很可能是初元五年七月经悬泉置入朝奉献的。张君还见Ⅰ90DXT0112②：62记载：“张君所有物。”Ⅴ92DXT1813③：11记载：“以食使者段君所将客私马百九匹，匹一钧，东。”足见西汉政府从西域地区引进马匹数量之大。

永光元年（前43）二月敦煌太守守属汉刚送自来焉耆、危须、鄯善副使。

悬泉汉简Ⅴ92DXT1310③：162记载：“永光元年二月癸亥，敦煌大守守属汉刚送客移过所县置。自来焉耆、危须、鄯善王副使……/匹牛，牛车七两，即日发敦煌，檄到豫自办给法所，当得都尉以下逢迎客县界，相……”危须，很可能是后来的粟特国。就是说西汉元帝永光元年，西汉王朝已经同生活在中亚地区的粟特开始交往。他们是随同焉耆、鄯善的使者一起入朝奉献的。

永光元年（前43）二月车师左将军、将田车师司马令史经敦煌。

悬泉汉简ⅡT0216②：805记载："……永光元年二月庚子左将军……/……侍御史曰将田车师司马令……/……驾一封轺传，驾六乘传……"ⅡT0216②：852记载："车师常乐，出使……三石三斗九升，三石三斗九升自受。内□□穈麦五石三斗九升。"

永光元年（前43）四月使大月氏副右将军史柏圣忠将大月氏双靡翎候使者万若山副使苏赣皆奉献言事诣在所。

悬泉汉简Ⅴ92DXT1210③：132记载："使大月氏副右将军史柏圣忠，将大月氏双靡翎候使者万若山、副使苏赣皆奉献言事，诣在所，以令为驾一乘传。永光元年四月壬寅朔壬寅，敦煌大守千秋，长史章仓长光兼行丞事，谓敦煌，以次为驾，当传舍，如律令。四月丙午过东。"

永光元年（前43）七月送客往来受粟。

悬泉汉简Ⅱ90DXT0115②：84记载："永光元年七月丙寅朔……送客往来，禀凡小石一石四斗五升，……禀粟二石七斗谨受。"

永光元年（前43）十月敦煌守丞光谓效谷厩佐贺持译马送使者赵君孙君。

悬泉汉简Ⅴ92DXT1210③：131记载："永光元年十月乙未朔戊申，敦煌守丞光谓效谷厩佐贺：持译马送使者赵君孙君禀□/……律令。"

永光元年（前43）十一月冥安丞光谓效谷遣御持传马送迎客往来。

悬泉汉简Ⅰ90DXT0206②：11记载："永光元年十一月甲子朔丁丑，冥安丞光谓效谷：遣御持传马送迎客，往来过禀，各如牒，今写券墨，移书到，受簿入十一月报。毋令缪，如律令。"Ⅰ90DXT0206②：13记载："九日食□□□宿。十九日食长安里主人。七月廿五日发宿文光卌里。"这枚汉简可能就是这批客使使用过里程简。

永光元年（前43）十二月伊循城都尉迎子母发北军至伊循。

悬泉汉简Ⅱ90DXT0115②：66AB记载："伊循城都尉奉去迎子母五人，禀五月十五日食三石八斗，再八石四斗，至尉梨石一斗六升。行到官旁奉耆子母三人，禀四月餔食三石五斗，一月为四石五斗，至尉梨六斗。/□□□一百□二十□□□。永光元年十二月廿二日发北军，二年二月廿九日至敦煌，积五十九日。出阳关，积三月，三月五日发敦煌，十九日至文侯，积十五日，留四日。廿三日□□·闰月八日至伊循，积十六日。"文侯障是出阳关至伊循间的休整的地方，也是过往商贾必经之地，Ⅱ90DXT0115③：121+285记载："……□年三月甲辰朔甲寅，文侯鄣罢极死，出随赦主。"

永光二年（前42）正月将田车师己校候经敦煌悬泉。

悬泉汉简Ⅴ92DXT1312③：18记载："永光二年正月壬子，将军典属国臣惠……/制诏侍御史曰：将田车师己校候□……/乘用马为驾二封轺传，载从者……”同批出土编号相邻汉简Ⅴ92DXT1312③：19、Ⅴ92DXT1312③：20记载：“……甫侯臣嘉、右将军典属国臣惠……/……□王宗、王尊、李顺、王谊、田尊、田□干彭祖、程敞、尹承禄诣田所……/……乘传百六十。”记载的应当是同一件事。另外Ⅱ90DXT0115②：16记载：“五月壬辰，敦煌大守强、长史章、丞敞下使都护西域骑都尉、将田车师戊己校尉部都尉小府官县：承书从事下当用者，书到，白大扁书乡亭市里高显处，令亡人命者尽知之，上赦者人数大守府别之，如诏书。”同一时间的汉简还有ⅡT0215③：332记载：“永光二年正月癸亥朔甲戌，县泉厩佐贺敢言之，爰书司御肥常告曰：所葆养传马一匹，骍，乘，左剽，齿十一岁，高六尺，名曰赤兔。乃十二月戊申病中欬，涕出，饮食不尽度，马医万年诊治，不能偷，日益笃，今死，即与司御房益寿等杂诊，马死，身完，毋兵刃木索迹，病死，审皆证之它如爰书，敢言之。”Ⅱ90DXT0112①：42记载：“……师戊己校过禀假□……”Ⅱ90DXT0113⑤：28记载：“……佐张相送戊己校□……”Ⅱ90DXT0115②：173记载：“……骑士六人持马送戊校。”

永光二年（前42）六月使送龟兹、焉耆王使者、贵人。

悬泉汉简Ⅴ92DXT1210③：131：记载：“永光二年六月乙亥，左将军卫尉臣嘉、右将军□掾属臣奉世，承制诏御史曰：使送焉耆王北道客传马□□□□□□□文□/檄蔡宗辅俱/为驾一封轺传，二人共载。龟兹焉耆王使者三人、贵廿四人。献驴十匹，橐佗五匹，遣马三匹。正月癸卯东……”Ⅱ90DXT0214②：101记载：“……谨案置御正月逋三人，二月逋四人，迫使者龟兹王。”Ⅰ90DXT0209S：129记载：“……［龟］兹王使者……”应当是指龟兹王使者。Ⅴ92DXT1210③：133记载：“敦煌大守遣守属孙良，送使焉耆副王晏所将焉耆王副……/□□蒲犁□乌贪乌弋奇不□□□□龟兹王副使支籍……/□□□莫□步，得书皆奉献，诣行在所，以令为驾，八乘传。”

永光三年（前41）正月县泉置遣厩佐贺持传车马迎使者董君赵君所将客柱渊泉。

悬泉汉简Ⅰ90DXT0111②：3记载：“永光三年正月丁亥朔丁未，渊泉丞光移县泉置：遣厩佐贺持传车马，迎使者董君、赵君所将客柱渊泉，留禀茭，今写券墨移书，受簿入二月报，毋令缪，如律令。”董君还见载于Ⅰ90DXT0112④：12记载：“六月出粱米二斗，董君取以食客就人食，东。”使者赵君还见于Ⅱ90DXT0114③：141记载中：“□食。四月乙丑以食使者赵君，从者一人，凡二人，往来三食，西。”ⅡT0214②：357记载：“都吏董君高东迎将取五斗粟，未得钱。”

永光四年（前40）正月使者王君将客过悬泉置。

悬泉汉简ⅡT0214②：495AB记载：“永光四年正月辛巳朔乙未，效谷长武、丞亥谓县泉置佐益寿，持传马……/王君所将客过廪谷茭，各如牒，书到，受簿入正月。趣报，如律令……/县泉掾广、啬夫□佐。”

永光五年（前39）三月黄牡橐佗一匹至白龙堆中死。

悬泉汉简Ⅱ90DXT0115③：134记载："出黄牡橐佗一匹。永光五年三月己酉，至白龙堆中，罢极，死候光所，假出庄河渠主。"

永光五年（前39）五月将田车师己校尉长乐兼行戊校尉事经敦煌。

悬泉汉简ⅡT0215②：21 A B记载："永光五年五月甲辰朔己巳，将田车师已校尉长乐兼行戊校尉事、右部司马丞行/掾史意。"ⅡT0216②：573记载："……假传马送迎使者□□胡客……戊己校□谓过……律令。"ⅡT0216②：805记载："……永光元年二月庚子，左将军……/……侍御史曰：将田车师司马令……/……驾一封轺传，驾六乘传……"

永光五年（前39）六月康居王使者杨伯刀献橐驼事。

悬泉汉简Ⅱ90DXT0216②：877—Ⅱ90DXT0216②：883《康居王使者册》记载："康居王使者杨伯刀、副扁阗，苏韰王使者姑墨、副沙囷即贵人为匿等皆叩头自言：前数为王奉献橐佗入敦煌关。县次购食至酒泉昆归官，大守与杨伯刀等杂平直肥瘦。今杨伯刀等复为王奉献橐佗入关，行道不得食，至酒泉，酒泉太守独与吏直畜，杨伯刀等不得见所献橐佗。姑墨为王献白牡橐佗一匹，牝二匹，以为黄。及杨伯刀等献橐佗，皆肥，以为瘦。不如实，冤。永光五年六月癸酉朔癸酉，使主客部大夫谓侍郎，当移敦煌太守，书到验问言状。事当奏闻，毋留，如律令。七月庚申，敦煌太守弘、长史章、守部候修仁行丞事，谓县：写移书到，具移康居苏韰王使者杨伯刀等献橐驼食用谷数，会月年廿五日，如律令。/掾登、属建、书佐政光。七月壬戌，效谷守长合宗、守丞敦煌左尉忠谓置：写移书到，具写传马止不食谷，诏书报，会月廿三日，如律令。/掾宗、啬夫辅。"ⅡT0216②：884记载："己巳廿一日；庚午廿二日；辛未廿三日。"

永光五年（前39）七月使送于阗王诸国客卫司马参副卫候临过敦煌。

悬泉汉简ⅡT0216②：54记载："永光五年七月癸卯朔丁巳，使送于阗王诸国客。卫司马参、副卫候临移敦煌大守，一过不足以考功，致县略察长吏居官治状，侍客尤辨者。涉头、渊泉尽治所。"

永光五年（前39）十月悬泉厩佐建付遮要厩御穬麦五石以食送羌人马。

悬泉汉简Ⅱ90DXT0115②：27+69记载："出穬麦小石五石。永光五年十月己亥，县泉厩佐建付遮要厩御杨利亲折乐，以食送羌人马。"

建昭元年（前38）八月县置遣吏御持传马送迎客往来。

悬泉汉简ⅡT0214②：557记载："建昭元年八月丙寅朔辛巳，遮要厩啬夫鹿敢言之。谨写移它县置：遣吏御持传马送迎客往来过廪，今/券墨移，唯廷移龙勒、郡仓、敦煌、县泉、鱼离置、广至、冥安、渊泉，令簿入八月/报，毋令缪，敢言之。”

建昭元年（前38）九月遣吏御持传马送迎使者诸国客。

悬泉汉简ⅡT0216②：209记载：“建昭元年九月丙申朔，……遣吏御持传马，送迎使者诸国客，廪各如牒，县泉所廪出入/一岁，亟甚不所书□□月。如律令。”与之相邻的悬泉汉简ⅡT0216②：207记载：“勒国王使者比头廿七人，今贵人自□……”ⅡT0216②：208记载：“建昭二……煌大守强长史□谓□县□□□□□□□□□□□/移簿刺史治所，乘用马二匹，当舍传舍，从者如律令。”由此推知，建昭元年敦煌悬泉置派遣使者诸国客很可能就是过往的疏勒王使者比头和贵人等二十七人。ⅡT0216②：484记载：“客柱敦煌假郡库骑重车以送客……”

建昭元年（前38）十二月医偃奉诏治龟兹王降宾病满五岁还经敦煌。

悬泉汉简ⅡT0216②：767记载：“诏医偃√博，皆以请诏治龟兹王绛宾病，满五岁，咸以诏书为驾，□□轺传共载。建昭元年十二月乙未朔甲戌，□敦煌……□敦煌以次为驾当舍传舍从……”

建昭元年（前38）敦煌送使者行在所。

悬泉汉简Ⅴ92DXT1712②：42AB：“建昭元年□□辛卯朔癸巳，敦煌……使者行在所。敦煌大守通丞义……当舍传……/令为驾/□蓬□亭以□封轺。”

建昭二年（前37）三月乌孙诸国客皆奉献诣行在所。

悬泉汉简ⅡT0216②：702记载：“□□□国贵人□□国贵人□□□□□□□弥勒弥□……□□□□□乌孙国客皆奉献诣……三月戊申东。建昭二年三月癸巳朔辛丑，敦煌大守强、长史□守部候修仁行丞事谓敦煌：以次为驾，如律令。”Ⅰ90DXT0109②：34记载：“出钱二万二千三百五十……/以给乌孙诸国客献罢□……”至于这次乌孙诸国客奉献的时间，根据同批出土汉简中的纪年简为阳朔元年、阳朔二年、阳朔三年、鸿嘉五年、永始四年、永始五年、建平二年等和相邻汉简纪年时间为永始四年（前13），应当是汉元帝至汉成帝时期，或与前者记载有关。

建昭二年（前37）四月县泉置遣吏御持传马迎使者王君杜君所将客过敦煌。

悬泉汉简Ⅱ90DXT0115②：18AB记载：“建昭二年四月癸亥朔丙戌，渊泉丞驯移县泉置：遣吏御持传马迎使者王君、杜君所将客，廪如牒，今写券墨，移书到，簿入五月报，毋令缪，如律令。/掾猛，啬夫竟。”同批出土编号相邻的两枚汉简Ⅱ90DXT0115②：16记载：“五月壬辰，敦煌大守强、长史章、丞敞下使：都护西域骑都尉将田车师，戊己校尉部都尉小府官县承书从事下当用者，书到，白大扁书乡亭市里高显处，令亡人命者尽知之，上赦者人数大守府，别之如诏书。”Ⅱ90DXT0115②：17记载：“甚毋状，今移民所疾苦，各如牒，书到，光等长丞宿夜思维，改过厉精更始，务称府必有成功，校事其解随废不以为意者，致案且遣明都吏循行廉察，愿毋忽如律令。”敦煌太守强的任职时间是建昭二年至建昭四年间，所以这是同时期汉简。这批客使很可能是通过西域都护、戊己校尉奉献西汉政府的。这枚悬泉汉简虽然没有记载杜君所将客属于西域哪个国家，我们根据Ⅴ92DXT1611③：49记载：“出粟一斗二升。以食守属杜宫，送疏勒王副使者往来，积四食，食三升。西。”杜宫很可能就是杜君。由此推测杜君、王君所将的客就是疏勒王副使。

建昭三年（前36）正月都护史经悬泉置。

悬泉汉简Ⅱ T0216②：86记载：“建昭三年正月甲子，县泉厩啬夫遂成敢言之都护史……”同批出土编号相邻Ⅱ T0216②：85记载：“……升，以食守属尊送张君、使者公孙君莫府往……”记载内容很可能与西域都护关系密切。公孙君还见于Ⅰ90DXT0110②：11的记载：“……广至尉通行丞事移县泉置：遣吏御持传马送使者公孙君/……到，簿入正月报，毋令缪，如律令。掾政，啬夫汤。”公孙君前往的幕府应当就是西域都护府。

建昭三年（前36）三月效谷遣吏御送迎过客往来。

悬泉汉简Ⅰ90DXT0110①：10记载：“建昭三年三月丁巳朔丁丑，冥安丞光移效谷，遣吏御送迎过客往来过禀，今移券墨书到簿，入四月报如律令。掾建成啬夫得。”过客是对行经敦煌悬泉置驿站的客使的一种称谓。同批出土的Ⅰ90DXT0110①：24记载：“县泉置所自转，就家常利里冯柱牛车一两，粟卌一石。少一石。□。”Ⅰ90DXT0110①：32记载：“……使者所客，柱马廿匹，匹再食。”这些记载很可能与建昭三年悬泉置送迎这批往来客的行资有很大关系。我们从Ⅰ90DXT0110①：33记载：“亶带三币”看，这批使节的接待标准很高，又从Ⅰ90DXT0110①：34记载“六月余大将军衡鼓车亶带二，完”。这是西域诸国中某位以将军带队的使团。Ⅰ90DXT0110①：38记载：“李谭迎使者……”

建昭三年（前36）五月迎都护丞还诣行在所。

悬泉汉简Ⅴ92DXT1612②：24记载：“建昭三年五月丙辰朔丙子，遮要厩啬夫赏爰书：司御解未央告曰：所葆养传马一匹，……/不能偷，日益荐，今□即与复作张□等杂诊，马死身完，毋兵刃木索……”又根据同批出土编号相邻汉简Ⅴ92DXT1612②：25AB记载：“……月甲子，迎都护丞还诣……/……毋兵刃木索迹，病死，审……/……□它如爰书敢言之……/……伏伏年。”司御解未央于建昭三年五月二十二日上报所葆养马匹死亡，而后者记载悬泉置迎接都护丞还的时间是当月十日，很显然这匹马是送都护丞时被劳累过度而死亡的。都护丞是还时经悬泉置的，很可能是前往长安的回报西域事务的。

建昭三年（前36）六月悬泉置遣吏御持传马送迎使者诸国客。

悬泉汉简Ⅱ T0214②：553AB记载：“建昭三年六月丙戌朔丁未，渊泉守长=长守丞舜移县泉置：遣吏御持传马送迎使者诸国客，廪各如/牒，今写券墨，移书到，愿令史受簿入七月报，毋令缪，如律令。/掾延年啬夫竟。”同件事还见载于ⅡT0216②：48AB的记载：“建昭三年六月丙戌朔丁未，渊泉守长长、守丞舜移县泉置：遣吏御持传马，送迎使者诸国客，廪如牒，今写券墨，移书到，顷愿？令史受簿入七月报，毋令缪，如律令。/掾延年，啬夫竟。”

建昭四年（前35）三月敦煌遣吏御迎往客。

悬泉汉简Ⅴ92DXT1611③：109记载：“建昭四年三月辛亥朔，县泉厩啬夫敢言之：敦煌遣吏御迎往客，粟各如牒，书到愿令史簿入，敢言之。”

建昭四年（前35）八月自来山王使者经敦煌。

悬泉汉简Ⅴ92DXT1812②：59记载：“出粟三升，以食守属马，并送自来山王使者一食，食三升。”根据同批出土编号相邻汉简Ⅴ92DXT1812②：60记载：“入糜小石五石，传马六匹。为长史君柱建昭四年八月甲午，县泉厩佐董……”这两枚汉简编号相邻，很可能记载的是一件事。

建昭五年（前34）九月移车师戊己校尉以下。

悬泉汉简Ⅴ92DXT1812②：120记载：“九月甲戌，效谷守长光、丞立谓遮要、县泉置：写移书到，趣移车师戊己校尉以下，乘传，传到会月三日。如丞相史府书律令。/掾昌，啬夫辅。”根据同批出土编号相邻汉简Ⅴ92DXT1812②：121记载为建昭五年八月九日，九月甲戌应当是九月一日。Ⅰ90DXT0112①：27记载：“迎戊己校罢校尉置客往来食如牒前与政相□……”Ⅱ90DXT0115②：16记载：“五月壬辰，敦煌大守强、长史章、丞敞下使都护西域骑都尉，将田车师戊己校尉部都尉小府官县承书从事，下当用者，书到，白大扁书乡亭市里高显处，令亡人命者尽知之，上赦者人数，大守府别之，如诏书。”

建昭五年（前34）使持节姚君所将所将胡王使者过敦煌郡悬泉置。

悬泉汉简Ⅰ90DXT0210①：83记载：“持节使者姚君，用车一乘、马三匹，金城遣书佐一人，侍使者县易车厩吏御使者食，听县所上胡王使者贵。”没有记载时间。ⅡT0216③：82记载：“出钱七十二买肉廿五斤。以食使者姚君所送□副……”ⅡT0216③：128记载：“九匹送使者姚君。”ⅡT0214S：85记载：“□姚君用车一。”这些记载很可能与前面记载是一件事，这件入朝奉献的时间，根据ⅡT0215S：351AB记载“……建昭五年……道姚君立以同等”，应当发生于汉元帝建昭五年间。

建始元年（前32）四月诏书诣西域都护过悬泉置。

悬泉汉简Ⅱ90DXT0115③：37记载：“诏书一封，丞相之印章，诣使都护，西域骑都尉县厩置骑行，有请诏。建始元年四月庚戌昼漏上十八刻，起丞相府。”西汉中央政府经常以诏书诣西域都护，Ⅱ90DXT0115②：58记载：“西诏一封，檄二。诏书一封，车骑将军印，诣都护。合檄一，渊泉丞印，诣太守府。一檄，龙勒守尉叶庆印，诣贼曹敞。二月戊子日入时，鱼离御便以来即时付遮要。”

建始元年（前32）八月卫侯守副使送府属效谷县。

悬泉汉简Ⅰ90DXT0110②：43记载：“建始元年八月壬辰朔……/制诏御史曰：卫侯守副使送府属效……”卫侯一般是为出使的使者的加官。

建始二年（前31）八月敦煌大守等谓县泉置，称胡客数遣在道马少。

悬泉汉简Ⅱ90DXT0114②：291记载：“建始二年八月丙辰朔壬申，敦煌大守延、守部候强行长史事、丞义谓县□/言：胡客数遣在道，马□使外国，今少，恐乏调给，有书大司农□□□□。”ⅡT0214②：556记载：“制曰：下大司徒、大司空，臣谨案令曰：未央厩骑马，大厩马日食粟斗一升、叔一升，置传马粟斗一升，督叔一升。其当空道，日益粟二斗一升。长安、新丰、郑、华阴、渭成、扶风厩，传马加食，匹日粟斗一升。车骑马匹日用粟督各一升。建始元年丞相衡、御史大夫谭。”

建始二年（前31）九月使者送客。

悬泉汉简Ⅴ92DXT1812②：259：“建始二年九月庚寅，县泉厩啬夫欣敢言之：使者所送。”另外Ⅱ90DXT0214②：170记载：“出粟九斗，以食柱马六匹。建始二年九月乙巳，县泉厩啬夫欣付敦煌御吴登。”悬泉置用柱马六匹运送的这批货物很可能就是前者使者的货物。

建始二年（前31）十月持传车送迎客过悬泉置。

悬泉汉简Ⅱ90DXT0314②：331记载：“建始二年十月乙卯朔甲子，县泉厩啬夫欣敢言之：敦煌、广至、冥安、渊泉/移遮要、鱼离置，遣吏御持传车马送迎客过廪，今写券墨，移如牒，书到。”

建始二年（前31）十月遣吏御持传车马送迎客过。

悬泉汉简Ⅱ90DXT0314②：331记载：“建始二年十月乙卯朔甲子，县泉厩啬夫欣敢言之。敦煌、广至、冥安、渊泉移遮要、鱼离置：遣吏御持传车马送迎客过廪，今写券墨移如牒，书到。”

建始三年（前30）三月客过敦煌悬泉置。

悬泉汉简Ⅰ90DXT0210①：3记载：“出钱九百五十卩。以给民牛车一两送客五人至广至。建始三年四月己巳，少内啬夫辅付尊贤里孟延年，孟子出。卩。”

建始五年（前28）正月西域都护柱马行经敦煌。

悬泉汉简Ⅰ90DXT0110②：34记载：“出粟三石。建始五年正月庚申，县泉厩佐霸付敦煌厩佐宋昌，以食迎都护柱马。”这是送西域都护携带的行资物品。同批出土悬泉汉简Ⅰ90DXT0110②：33记载：“出粟六升。以食守属高博送自来乌孙小昆弥使，再食东。”通过分析我们认为乌孙小昆弥的使者是随同西域都护的使者一同进入敦煌前往长安的，因为乌孙小昆弥使者没有按照规定时间入朝奉献，所以将其称之为自来乌孙小昆弥使。西域都护是经由广校、益广等候官西行的，Ⅰ90DXT0110②：35记载：“都护使者移广校、益广候□□小□告南乡。”护送西域都护物资的是都护派遣的使者。另外Ⅰ90DXT0110②：56也记载：“者宜至大小昆弥”，Ⅰ90DXT0110②：57记载：“……□□诣置谭。”

建始五年（前28）将田车师左部中曲候令史礼罢将归经敦煌悬泉。

悬泉汉简Ⅱ90DXT0214②：137记载：“建始五年……将田车师左部中曲候令史礼调罢将/……候行丞……以次为驾诣北军，为驾一封轺传，有请当/……□……□□史。□□□/敦煌大守府吏。”

河平元年（前28）五月丞相商下大将以驿马百一十六匹送迎诸国客。

悬泉汉简Ⅰ90DXT0111②：35记载：“出茭八十七石，以食译马百一十六匹，送迎诸国客使者，积六百九十六食，食十五斤。”至于这批客使的时间，我们根据相邻汉简Ⅰ90DXT0111②：34记载的时间：“河平元年五月庚子朔癸卯，丞相商下大将……”另外我们从这两枚汉简的书法特征来看，似乎是一人书写。据此推测，这批客使经过敦煌的时间很可能是河平元年。其次当年十二月姑墨王使者为主的一批诸国客行经敦煌，是否是同一批客使，有待进一步研究。同批出土悬泉汉简中有Ⅰ90DXT0111②：44记载：“……假千人高放持摩迎广至西界。”Ⅰ90DXT0111②：38记载：“·桓迎送客小筑，令端正齐壹，功。”很可能与这次接待任务有关。

河平四年（前25）正月骊轩入贡。

悬泉汉简Ⅰ90DXT0111②：65记载：“·河平四年正月，吏为使者……”西汉河平四年正月派遣使者迎送使者行经敦煌是西域诸国中那个政权的客使，我们可以从其他简文的记载中得到信息。同批汉简Ⅰ90DXT0111②：123残片记载：“乌孙诸国客”，从书写特征上看似乎是同一片汉简断裂所致，如果记载为同一件事。另外Ⅱ90DXT0213③：78记载：“□□等五十七人与骊轩候奉亲□□使者义□……”记载到的西域诸国客使五十七人与骊轩候奉亲使者入朝的时间，我们根据相邻汉简Ⅱ90DXT0213③：79记载：“入麦廿石。河平四年正月丙辰，渊泉仓啬夫弘付县泉……”推测这批客使经过敦煌郡悬泉置的时间是河平四年正月，与前者记载应当是同一件事件。就是说，河平四年（前25）正月以乌孙为主的西域诸国客五十七人，和骊轩国的一批使团进入敦煌前往长安。

河平四年（前25）二月安守长合宗丞乐移效谷遣吏御迎使者张君往来。

悬泉汉简Ⅱ90DXT0214①：122记载："河平四年二月甲申朔乙未，冥安守长合宗、丞乐移效谷：遣吏御迎使者张君，往来过廪如牒，今写券墨，移书到，愿令史受入三月四时报，毋令缪，如律令。"Ⅱ90DXT0114④：38记载："……人。贵人一人，使者十四人。"Ⅱ90DXT0114④：41记载："□张君、王君送乌孙诸国客过置食费直。"张君王君所迎送的乌孙诸国客，很可能与河平四年二月悬泉置接待的张君经过悬泉置出使有很大关系。

河平四年（前25）二月河东太守舒遣皮氏佐司马带等送卒敦煌郡。

悬泉汉简ⅡT0215②：40记载："河平四年二月甲申朔癸卯，河东大守舒谓过所邑：遣皮氏佐司马带送卒敦煌郡，舍传舍，从者如律令。"相同记载还见于87—89DXC：25记载："河平四年二月甲……/为郡徙卒敦煌……"虽然后者记载时间并不全，但是我们从从残留的文字得知，应当是同一时间、同一事件内容。相同的记载还见于悬泉汉简Ⅴ92DXT1611③：250记载："河平四年二月甲申朔癸卯，河东大守舒谓过所县邑：遣□啬夫□□送卒敦煌郡，当舍传舍，从者如律令。五月戊寅西。"记载内容与ⅡT0215②：40稍微区别在派遣的人物及其官职，推知这次河东郡太守派遣前往敦煌郡是一大批戍卒，人数众多，因其护送其前往敦煌郡的人也很多。

河平四年（前25）十二月县泉置食匈奴使。

悬泉汉简ⅡT0214②：571记载："出粟小石二石七斗。河平四年十二月壬午，县泉置佐延年付遮要厩佐张忠，以食匈奴□□。"

河平五年（前24）正月使者董君过悬泉置。

悬泉汉简Ⅱ90DXT0214②：105记载："入粟小石二石四斗。河平五年正月己巳，县泉佐殷，受遮要啬夫敞。以食使者董君。"

阳朔元年（前24）十一月莎车贵人奉献。

悬泉汉简Ⅱ90DXT0111②：58记载："阳朔元年十一月乙亥史□阳朔……"Ⅱ90DXT0111②：59+74记载："莎车贵人失浅□自言：去年十一月中奉献到广至厩，驴一匹求不可得。"Ⅱ90DXT0111②：74记载："奉献到广至厩，马一匹奉不可得。"据悬泉汉简ⅡT0214②：447记载时间为阳朔元年十一月送自来客，莎车贵人很可能就是这批使者。另外根据Ⅰ90DXT0109②：23记载："……△阳朔元年六月甲子，受廷□马。……"动用兵马很可能是护送客使的。

阳朔元年（前24）十一月使广利为送自来客案居卢訾城、悬泉置。

悬泉汉简ⅡT0214②：447记载："阳朔元年十一月壬戌，使广利□为送自来

□□□案居卢訾城，所□□□□□……/当舍传舍，郡邸□□□□□。”

阳朔二年（前23）闰月羌胡译行书马幸瓜赐之等。

悬泉汉简Ⅱ T0215②：16记载：“入粟八斗。阳朔二年闰月甲辰，县泉吾子文，受遮要啬夫博，以食羌胡译行书马，幸瓜赐之等，传马。”

阳朔三年（前22）正月史君柱马过敦煌。

悬泉汉简Ⅱ 90DXT0214②：235记载：“出粟小石五石。阳朔三年正月癸巳，鱼泽守令史尊，付县泉置佐房赏，食长史君柱马。”

阳朔三年（前22）十月悬泉置柱马八匹。

悬泉汉简Ⅱ 90DXT0112①：36记载：“入粟一石四斗，以县泉柱马八匹。阳朔三年十月丁巳，县泉御宋憙受仓啬夫……”Ⅱ 90DXT0115①：102记载：“阳朔三年十月癸巳朔乙卯，县泉置佐护敢言之：爰书传马一匹，骓，乘，左剽，齿十岁，高五尺八寸，名曰趋昏。乃九月乙亥，病中涕出，饮食不尽度，马医官奴厩同诊治，久刺不能偷，敢言之。”这些马匹死亡很可能与运输货物有关。

阳朔四年（前21）二月送大昆弥使者都吏张掾西行遮要置。

悬泉汉简Ⅴ 92DXT1812②：58记载：“出粟三石马十匹。送大昆弥使者都吏张掾。阳朔四年二月戊申，县泉啬夫定付遮要厩佐常。”

阳朔四年（前21）三月送康居王质子。

悬泉汉简Ⅱ T0215④：17记载：“阳朔四年三月庚申朔戊戌，……送康居王质子，乘……如律令。”

鸿嘉二年（前19）五月使者柱马过悬泉置。

悬泉汉简Ⅱ 90DXT0114③：40记载：“出粟四斗。鸿嘉二年五月甲午，平望令史临，付效谷假佐徐充，以食使者柱马。泉。”

鸿嘉二年（前19）五月平望令临付效谷假佐徐粟四都以食使者柱马。

悬泉汉简Ⅱ 90DXT0114③：412记载：“出粟四斗。鸿嘉二年五月甲午，平望令史临付效谷假佐徐，充以食使者柱马。泉。”

鸿嘉三年（前18）正月为使者孟君及诸国客柱往来。

悬泉汉简Ⅱ 90DXT0214②：277记载：“鸿嘉三年正月甲戌朔己丑，鱼离置啬夫音敢言之：谨移县置，持传马为使者孟君及诸国客柱，往来过廪食，传马谷茭石斗数如牒，谒移其县簿入二月报，敢言之。”己丑，乃正月十六日。孟君还见于

Ⅱ90DXT0213①：10记载："……事谓县遣书佐张放与酒泉郡使者孟君、田君/……·三月丁酉东。"这枚汉简记载的内容很可能就是正月十九日入朝奉献的鄯善、山国诸国客的行资。使者孟君负责押送行李货物，而敦煌守属田忠负责护送鄯善、山国客使。

鸿嘉三年（前18）正月守属田忠送自来鄯善王副使姑彘、山王副使乌不滕，奉献诣行在所。

悬泉汉简Ⅱ90DXT0214②：78记载："鸿嘉三年正月壬辰，遣守属田忠送自来鄯善王副使姑彘、山王副使乌不滕，奉献诣行在所，为驾一乘传。敦煌长史充国行大守事、丞晏谓敦煌为驾，当舍传舍、郡邸，如律令。六月辛酉西。"山王，即山国王。根据Ⅱ90DXT0214②：277记载鸿嘉三年正月甲戌，已丑至壬辰，二者间隔两天，孟君及诸国客柱应当就是这批客使，正月壬辰，乃正月十九日。另外相邻悬泉汉简Ⅱ90DXT0214②：79记载："粟十八石，青中米九升半；上米三斗，青下米四升；中二石，脂十斤。四月癸丑佐宪受啬夫过客米斗石数。/出粟二斗，付纪掾，四月癸丑。"这可能就是悬泉置在接待这批客使之后的开支情况的上报材料。

鸿嘉三年（前18）二月敦煌守尉华送橐五十匹东到酒泉。

悬泉汉简Ⅱ90DXT0111①：300记载："……二石二钧。鸿嘉三年二月己酉，以食敦煌守尉华所送橐五十匹，匹二斗，东。酒泉。"西汉与西域间畜牧物种贸易市场有两处：敦煌和酒泉，西汉在敦煌、酒泉完成西域诸国奉献的畜牧物种的平直，并在酒泉或者敦煌完成价格支付。

鸿嘉三年（前18）三月遣守属单彭送乌孙大昆使者奉献诣行在所。

悬泉汉简ⅡT0214②：385记载："鸿嘉三年三月癸酉，遣守属单彭送自来乌孙大昆弥副使者薄游、左大将掾使敞单皆奉献诣行在所，以令为驾一乘传，凡二人，三月戊寅东。敦煌长史充国行大……/六月，以次为驾，如律令。"

鸿嘉三年（前18）闰月送大月氏客过敦煌。

悬泉汉简Ⅱ90DXT0214②：241记载："入粟三斗，马二匹。鸿嘉三年闰月乙亥，敦煌厩官章奴受县泉啬夫长送大月氏……"

鸿嘉四年（前17）四月使者护西域骑都尉印诣公车。

悬泉汉简Ⅱ90DXT0111①：38记载："……使者护西域骑都尉印诣公车。四月辛卯日中时受遮要啬夫博。"根据同批出土编号一起的汉简纪年时间皆为鸿嘉四年，推测这枚汉简的时间应当也是鸿嘉四年。

鸿嘉四年（前17）七月送使者韦君马过悬泉置。

悬泉汉简Ⅱ90DXT0111①：149记载："……石四斗。鸿嘉四年七月丁卯，县泉啬夫敞，付遮要置佐建，以食送使者韦君马。卩。”

鸿嘉四年（前17）八月□穜阳玉等四人盗铁、铜、橐他。

悬泉汉简Ⅱ90DXT0111①：116记载：“□穜阳玉等四人，共盗铁、铜、橐他三匹，又……”相邻Ⅱ90DXT0111①：115记载：“出粟廿石四斗，鸿嘉四年八月壬寅……”则前简时间亦当在此时。

鸿嘉四年（前17）九月丁酉送使客萧君所将胡客献良马十匹。

悬泉汉简Ⅱ90DXT0111①：21记载：“入麦四石，以食送使客萧君所将胡客马十匹。鸿嘉四年九月丁酉，县泉佐谭受敦煌厩啬夫褒。”这位萧君就是萧嘉，Ⅱ90DXT0111①：174记载：“出粟一斗八升，以食守属萧嘉，送西罕侯封调，积六食，食三升。”

鸿嘉四年（前17）九月辛丑献良马十一匹。

悬泉汉简Ⅱ90DXT0111①：36记载：“出粟四石四斗，以给驾献良马十一匹。鸿嘉四年九月辛丑，县泉置啬夫敞付遮要置佐党。”此次献马与前次献马仅仅相隔三天，足见当时使者往来之频繁。

鸿嘉四年（前17）九月送大行使者经悬泉置，马死。

悬泉汉简Ⅰ90DXT0110①：1记载：“鸿嘉四年十月丁亥，临泉亭长褒敢言之：谨案亭官牛一，黑，犗，齿八岁，夬鼻，车一两。”Ⅰ90DXT0110①：2记载：“还病涕出，饮食不尽度，马医同诊治，久刺豉药，不能偷，日益……”Ⅰ90DXT0110①：3记载：“乃九月甲寅送大行使者还，病中涕出，饮食不尽度，马医奴偃。”这应当是一组汉简，叙述的应当是同一件事情，就是鸿嘉四年十月临泉亭称用官牛一，又记载当年九月送大行经过有牲畜被劳累致死。根据同批出土相邻汉简的纪年为汉成帝建始四年（Ⅰ90DXT0110①：4）、永始二年（Ⅰ90DXT0110①：5）、阳朔二年（Ⅰ90DXT0110①：6、Ⅰ90DXT0110①：7）、建昭三年（Ⅰ90DXT0110①：10）等，将悬泉置迎送大行经过的时间定为鸿嘉四年不误。

鸿嘉五年（前16）二月悬泉置持传马送迎客往来。

悬泉汉简Ⅱ90DXT0111①：217记载：“鸿嘉五年二月壬戌朔辛未，县泉置啬夫□敢言之：遮要置樊□治所。遣吏御持传马送迎客往来过廪谷，谨写券墨移，唯治所拘校。受簿入……□□敢言之。”Ⅱ90DXT0114S：170记载：“……译马五匹，鸿嘉二年……”

永始三年（前14）渊泉假亭长许参送康居客（使）。

悬泉汉简Ⅱ90DXT0114③：318记载：“……渊泉假亭长许参送康居……”没有记载具体时间，我们根据Ⅱ90DXT0114③：316记载：“永始三年正月丙寅，右将军臣庆……”这两枚汉简应当是同时期简，很可能记载的同一件事。右将军臣庆某，就是辛庆忌，根据《汉书·赵充国辛庆忌传》记载：“辛庆忌字子真，少以父任为右校丞，随长罗侯常惠屯田乌孙赤谷城，与翎侯战新，陷阵却敌，惠奏其功，拜为侍郎，迁校尉，将吏士屯焉耆国。……元帝初，补金城长史，举茂材，迁郎中车骑将，朝廷多重之者。转为校尉，迁张掖太守，徙酒泉，所在著名。”汉成帝初征为光禄勋，迁左曹郎中，至执金吾，坐子杀赵氏，左迁酒泉太守，后复征为光禄大夫、执金吾，数年左迁云中太守，复为光禄勋，“其后拜为右将军诸吏散骑给事中，岁余徙为左将军。”㉞《汉书·百官公卿表》载辛庆忌为右将军在鸿嘉元年（前20），为左将军在永始三年㉟，则Ⅱ90DXT0114③：316所载右将军当为辛庆忌，正月其尚未改左将军。

永始三年（前14）七月戊己校尉使者过敦煌。

悬泉汉简Ⅰ90DXT0402④A：8记载：“永始三年七月戊申朔丙辰，县泉置啬夫敞敢言之。府记曰：□正月以给戊己校使者马藉辈/□□□□，使者署之，移仓曹。·谨右别取□米，偿如牒，敢言之。”ⅡT0216②：573记载：“……假传马送迎使者□□胡客……戊己校□谓过/……律令。”

永始四年（前13）八月出钱二万二千三百五十以给乌孙诸国客献罢。

悬泉汉简Ⅰ90DXT0109②：33记载：“永始四年八月壬申朔壬申，县泉……/传舍从者如律令。”同批相邻汉简Ⅰ90DXT0109②：34记载这次接待的内容：“出钱二万二千三百五十……/以给乌孙诸国客献罢□……”

元延二年（前11）三月遮要御李恽以送胡人马。

悬泉汉简ⅡT0215②：51记载：“出粟一石二斗。元延二年三月丙戌，县泉啬夫付遮要御李恽，以送胡人马。”

元延二年（前11）九月悬泉置以传马卅三匹送胡客。

悬泉汉简Ⅰ90DXT0116②：130记载：“出茭廿石。以食□传马卅三，□胡客。元延二年九月庚辰，悬泉。”

元延二年（前11）十月悬泉置过客。

悬泉汉简Ⅱ90DXT0114⑥：66记载：“［元］延二年十月过客民私马。”

元延四年（前9）六月骑马六十匹都吏王卿所送乌孙客。

悬泉汉简Ⅱ90DXT0114③：454记载：“出粟十八石，骑马六十匹，都吏王卿所送

㉞ 《汉书》卷六九《赵充国辛庆忌传》，2996—2997页。

㉟ 《汉书》卷一九下，831、836页。

乌孙客。元延四年六月戊寅，县泉啬夫䜣付敦煌尉史褒马。”

元延四年（前9）十月己校尉过悬泉置。

悬泉汉简Ⅰ91DXT0404④A：4记载：“元延四年十月丁未朔丙……/己校尉□□□□□□□□……”

绥和二年（前7）五月送使者吴君过敦煌。

悬泉汉简Ⅱ90DXT0111①：101记载：“□粟四斗，传马二匹，送使者吴君官属。绥和二年五月壬辰，效谷佐敞受县泉置。”

建平元年（前6）正月西域都护过敦煌。

悬泉汉简Ⅱ90DXT0214②：167记载：“出□四，直八百。建平元年二年正月中，县泉置佐戴忠、孟昌送迎都护，失亡□……”Ⅱ90DXT0214①：49记载：“……□□，四千五百。建平元年二年正月中，县泉置佐戴忠孟□……”编号相邻汉简Ⅱ90DXT0214①：48记载：“■右令史以下百二人，马百二匹，匹一斗五升，用粟十五石三斗，校尉候司马以用廿一石三斗。”西域都护经敦煌往返在悬泉汉简中有很多记载，Ⅱ90DXT0214②：48记载：“昭卿先来言，都护以下官属吏卅九人，敝车出百廿□□……”

建平二年（前5）三月罢戊校前曲候萌移过所。

悬泉汉简Ⅱ90DXT0212S：66记载：“建平二年三月丁亥朔甲辰，罢戊校前曲候萌移过所，出□□宜里田□……”

建平二年（前5）三月戊校左曲候永移过所。

悬泉汉简Ⅱ90DXT0113④：34记载：“建平二年三月丁亥朔甲辰，戊校左曲候永移过所：遣杜陵亭长李迎罢归县次，续食给法所当得，如律令。”

建平三年（前4）五月送都护麻君千人官属过悬泉置。

悬泉汉简Ⅰ90DXT0112②：41记载：“出传车三乘，完，送都护麻君、千人官属。其一乘……后乘毋横梯，驾一，被具皆……千人……被具皆。建平三年五月癸丑，悬泉置佐嘉□。”

建平五年（前2）二月送昆弥使者。

悬泉汉简Ⅰ90DXT0114①：70记载：“出鞇、靽各二，左部骑士高谊里。建平五年二月送昆弥使者□……”Ⅰ90DXT0114①：97记载：“……泉置骏养为昆弥……”

建平五年（前2）十一月遣卒史赵平送自来大宛使者侯陵奉献诣在所。

悬泉汉简Ⅱ90DXT0114④：57AB记载：“建平五年十一月庚申，遣卒史赵平送自来大莞使者乌陵奉献诣［行］在所，以……/乐哉县泉治。”

建平五年（前2）闰月迎昆弥。

悬泉汉简Ⅱ90DXT0114④：53记载：“出麦四斗。□。建平五年闰月壬寅，县泉啬夫，付宜禾书佐王阳，给食传马二匹迎昆□。”昆□，应为昆弥。

元始二年（2）二月西域都护守史猥、司马令史赵严罢诣北军。

悬泉汉简Ⅰ90DXT0112①：58记载：“元始二年二月癸未，西域都护守史猥、司马令史赵严罢诣北军，为驾一封轺传，有请□□诏。”

元始二年（2）二月少傅左将军臣丰、右将军臣建，承制诏御史，言发送乌孙归义侯侍子。

悬泉汉简Ⅰ90DXT0116S：14记载：“元始二年二月己亥，少傅左将军臣丰、右将军臣建，承制诏御史曰：候旦，发送乌孙归义侯侍子，为驾一乘轺传，得别驾载从者二人，御七十六。大□如……”悬泉汉简Ⅱ90DXT0114②：249记载：“■右大昆弥贵人卅……”与这条汉简同批出土的有元始四年（4）、元始五年（5）等纪年简，推知这批大昆弥使者入朝的时间大约就在元始年间，很可能元始二年二月发送的乌孙归义侯侍子一行。Ⅰ90DXT0206②：10记载：“大使五威者□□，□使使□……”Ⅰ90DXT0206②：16记载：“大使五威□”，应当指的是甄丰。Ⅱ90DXT0114③：44+32记载：“入西书。□□□□□□□□□□□蒲封一，广至长旁封诣府写传大使。”Ⅱ90DXT0114②：275记载：“入西皁布纬书二封，大司徒□□□诣府□□……/蒲封□□□□□□□□□□□诣府……/板檄一，护羌从事掾□□□□□……”Ⅱ90DXT0114②：89记载：“入西皂布纬书一封，大司徒印章，诣府。纬完□□。从事宋掾书一封，封破，诣府。”Ⅱ90DXT0114S：195记载：“……马驰行，其一封诣大司徒府；一封诣吏曹寿。二月甲子……”Ⅱ90DXT0114②：81记载：“都亭长郑段，十五束，八百一十。五月壬辰敦煌大伯为出东迎府渊泉。丿 卩”敦煌大伯当敦煌太守。上诸简应当是同时间的文献，很可能记载的都是一回事。Ⅲ92DXT0809④：26记载：“出东，合檄三，偏将军，皆炳威男印。章一诣积弩将军。一诣□弩将军。一诣五威右率；记一，祝掾印，诣部左督蓬唐恭。□□戊寅人定时临泉……”Ⅳ92DXT0317③：124记载：“……□郡诏书出亡右将军课奏，此尤为郡大事。”

元始二年（2）四月送西域都护马十匹。

悬泉汉简Ⅱ90DXT0115②：120记载：“入粟十石廪，遮要送都护马十匹√，再食。元始二年四月辛卯，遮要佐董彭，受县泉佐孟宪。”

元始三年（3）六月使者堂仲君柱鱼离马十二匹过悬泉置。

悬泉汉简Ⅰ90DXT0112①：3记载：“出穬麦小石二石。时为使者堂仲君柱鱼离马十二匹。元始三年六月庚戌，悬泉啬夫并付遮要佐齐相。”

元始五年（5）正月轺车送都吏赵卿、东部使郭卿。

Ⅱ90DXT0113①：31记载："……一乘轺驾，一被具，其一都吏赵卿所乘传，盖、屏泥因伏、簿土皆故敝。一乘都吏郭卿所乘，屏泥、因伏、簿土皆敝。元始五年正月戊子，县泉置御李隆付遮要御牛康。"

元始五年（5）三月西域都护上书诣行在所。

悬泉汉简Ⅱ90DXT0114②：206记载："出绿纬书一封，西域都护上诣行在所，公车司马以闻。绿纬孤署绳检皆完，纬长丈一尺。元始五年三月丁卯日入时，遮要马医王竟、奴铁柱付县泉佐马赏。"

元始五年（前5）四月入西域都护上公车司马书二封。

悬泉汉简Ⅱ90DXT0114③：401记载："入东绿纬书二封，西域都护上公车司马。元始五年四月乙巳日中，县泉啬夫凤受遮要御牛康，实时遣望行。"

元始五年（5）八月入东书诣使者董君所书经悬泉置。

悬泉汉简Ⅱ90DXT0214①：24记载："入东书一封，侍郎印，诣持节使者董君所。元始五年八月壬申日半时，县泉置佐受□□。"使者董君还见载于Ⅱ90DXT0214①：31的记载："……□付广至佐宫以食使者董君柱马十六匹。"悬泉置动用十六匹马运送使者董君的货物，足见董君所带领的使团规模之大，侍郎印给使者董君书信，很可能就是通知或者通报使者董君所押送的货物和携带的使团经过敦煌境的有关事宜。Ⅱ90DXT0112②：38记载："……卫司马刑君□卫候董君……"Ⅱ90DXT0113②：24记载到送莎车使者董并："出钱百六十，沽酒一石六斗。至。以食守属董并，√叶贺所送沙车使者一人、罽宾使者二人、祭越使者一人，凡四人，人四食，食一斗，至。"使者董君或即董并。

居摄三年（8）九月大阿右拂大司空卫将军丰、大司徒宴，下小府轻车将军宗伯、监御史使主兵主客。

悬泉汉简Ⅱ90DXT0114①：137记载："居摄三年九月乙巳朔己未，大阿右拂大司空卫将军丰、大司徒宴，下小府轻车将军宗伯、监御史使主兵主客。"Ⅱ90DXT0114②：275记载："入西皁布纬书二封，大司徒邯章，皆诣府，纬署皆……蒲封□□□□□□□□□□□□□□……板檄一，护羌从事掾印，□□□□□□□□□。"

始建国元年（9）十二月西域都护、玉门都尉上书诣王路四门。

悬泉汉简Ⅱ90DXT0115①：63记载："出东绿纬书四封，皆完。其一封西域都护上诣王路四门。二封玉门都尉上诣王路四门。始建国元年十二月己亥日蚤食时，遮要卒桥音付县泉佐杨博。己亥日蚤食时。"

始建国二年（10）八月西域都护副校尉但钦上书。

悬泉汉简Ⅲ92DXT0809④：49记载："入东绿单纬书一，西域都护副校尉臣钦上书，谨因县厩置，·维署纬皆完，始建国二年八月……/骑驰行诣行在所·始建国二年八月乙未昼漏下小卅刻上焉耆将付舍□□□。"钦，根据《汉书·西域传》《汉书·王莽传》记载，当时有西域都护但钦和戊己校尉郭钦，郭钦是始建国五年（13）匈奴单于杀戊己校尉刀护之后被王莽任命为戊己校尉的（《汉书》，4146页），天凤三年（16）随五威将王骏、西域都护李崇出征西域（《汉书》，3927页）。而始建国二年活动在西域地区的只有西域都护但钦，这里应指西域都护但钦（《汉书》，3927、4133页）。《汉书·西域传》记载："至王莽篡位，建国二年，以广新公甄丰为右伯，当出西域。车师后王须置离闻之，与其右将股鞮、左将尸泥支谋曰：……欲亡入匈奴。戊己校尉刀护闻之，召置离验问，辞服，乃械致都护但钦在所埒娄城，置离人民知其不返，皆苦而送之。至，钦则斩置离。""后三岁……匈奴大击北边，而西域亦瓦解。焉耆国近匈奴，先叛，杀都护但钦，莽不能讨。"[36]西域都护副校尉臣钦上书应当是上报王莽处置车师后王须置离和焉耆背叛的事情。Ⅲ92DXT0809④：68AB记载："入东单帛布，大尹君上书函县厩置，驿骑驰行，上行在所王路三门，受以闻绿书，皆完。始建国二年十月乙未昼漏上十刻，……蒲封书四，皆大尹印章，一诣左大尉，一诣广至，一诣冥安，一诣渊泉。檄一书一，破，诣左大尉，始建国二年十月丙申日食时，县泉驿儿孙匡受遮要佐董永，时行督邮檄还司匡言日食时使之。不平旦，日下餔到□□□□□□廷行。"这枚汉简上报的内容应当与前者相同。又简Ⅱ90DXT0114③：53记载："始建国元年四月丙午，置啬夫敞受从史崇。"Ⅱ90DXT0114③：54记载："·兵令十三当占缗钱，匿不自占以实，罚及家长戍边一岁。"当皆与前事相关。

始建国三年（11）十月出西合檄三，诣使者匽君、魏君、大将军司马储夫子。

悬泉汉简Ⅲ92DXT0907③：3记载："出西合檄三，其二都护中郎将印章，诣使者匽君、魏君，一诣牺和公孙掾。其一广至丞印，诣大将军司马储夫子。始建国三年十月癸酉日未出，县御徐骏付遮要佐董永。"

始建国天凤三年（16）闰月送军监使者卫候还迎。

悬泉汉简Ⅱ90DXT0114③：8记载："出粟九斗。以食送军监使者卫候，还迎传马五匹，再食，茭一石，东。始建国天凤三年闰月甲寅，置佐匡，付广厩啬夫□守。"Ⅱ90DXT0114③：11记载："广大里大夫王谭年卌九，宗室，二年正月宜禾尉丞舍人。"《汉书·西域传》记载："天凤三年，乃遣五威将王骏、西域都护李崇将戊己校尉出西域，诸国皆郊迎，送兵谷，焉耆诈降而聚兵自卫。骏等将莎车、龟兹兵七千余人，分为数部入焉耆，焉耆伏兵要遮骏，及姑墨、尉犁、危须国兵为反间，还共袭击骏

---

[36] 《汉书》卷九六下《西域传下》，3925、3927页。

等，皆杀之。”[37]监军使者卫候还迎的应当是王俊、李崇的军队。记载新莽时期五威将经敦煌征伐焉耆者，也在悬泉汉简中留有记录。如Ⅰ90DXT0206②：16记载：“大使五威□……/□□有□故□……”Ⅲ92DXT0807⑤：1记载：“……国将军崇新公前将军∨泊诸将……”又Ⅱ90DXT0114③：56记载：“今遣武将，东指西击，征伐不轨，诛讨殄灭，为民除咎，百万之师，军兴……”Ⅱ90DXT0114④：234记载：“·□□山有玄木，其叶县离。劳止将死，人莫之知。次兴兵合，数见别离。将见寡妇，诈卧诈起。苦止（竹简）”这当是天凤三年王骏、李崇出兵征伐焉耆的檄文。

Chronology of the Historical Interactions between the Western Han Dynasty and the Western Regions through Dunhuang: A Study Based Mainly on Han Bamboo Slips Excavated in Dunhuang

Wei Yingchun and Zheng Binglin

The unearthed Han bamboo slips from the Dunhuang region, especially the Xuanquan Bamboo Slips, disclose a large amount of historical facts regarding the interactions between the Western Han government and the Western Regions through Dunhuang. This significantly supplements the inadequacies in the surviving historical records of the Han dynasty. By sorting and compiling hundreds of chronological slips, we can learn the history of exchanges between the Han dynasty and the Western Regions from the early reign of Emperor Zhao (87 BC-74 BC) to the Xin dynasty period (9 AD-23 AD), spanning more than a hundred years. *Biography of Dawan* of *the Grand Scribe's Record* 史记·大宛列传and *Treatise on the Western Regions* of *the History of the Han Dynasty*汉书·西域传 only provide brief accounts of the interactions between the Western Han and the Western Regions during the reign of Emperor Wu (141 BC- 87 BC) and afterward. But the bamboo slips from Dunhuang, particularly the Xuanquan Bamboo Slips, contain numerous records of the diplomatic missions between the Western Han and various countries of the Western Regions. Many of these slips are chronological in nature, providing detailed accounts of the timing of diplomatic missions, the names of local powers in the Western Regions, and the names of the envoys involved. This information greatly supplements the records of exchanges between the Han court and various countries in the Western Regions, especially after the reign of Emperor Wu, and is of great significance for a comprehensive understanding of the relationship between the Western Han and the Western Regions.

---

[37] 《汉书》卷九六下《西域传下》，3927页。

《新唐书·东女传》史源考证

吴玉贵

《旧唐书》卷一九四《西戎传》（以下简称《西戎传》）和《新唐书》卷二二一（上、下）《西域传》（以下简称《西域传》）[①]，是研究唐代西域史、西北民族史和丝绸之路的最基础的两种史料。《西戎传》正传十四国，附传一国；《西域传》正传四十五国（上卷十六国，下卷二十九国），附传七十二国（上卷八国，下卷六十四国）[②]，内容超出《西戎传》数倍，保留了丰富的史料。

《西域传》与《西戎传》的关系如何，是研究《西域传》史料来源必须解决的一个基本问题。以下以表格的形式，试比较两传结构（表1）。

通过比较可以清楚看出，《西域传》完整保留了《西戎传》原有的篇章结构，但在四个地方插入了新的内容，即在《西戎传》第二篇《党项羌传》和第三篇《高昌传》之间，插入了《东女传》；第七篇《疏勒传》和第八篇《于阗传》之间，插入了《喝盘陀传》；第九篇《天竺传》和第十篇《罽宾传》之间，插入了《摩揭陀传》等四篇传记；第十一篇《康国传》和第十二篇《波斯传》之间，插入了《安国传》等二十五篇传记。由于新增插的内容大大超出了《西戎传》原来的体量，因而掩盖了两传结构的继承关系。

笔者按照史料来源，将《西域传》的内容分为781条，进行了系统分析研究，与《西戎传》十四篇正传史源相同的共有228条，其中43条内容溢出《西戎传》，溢出的内容全面分布十四篇传记之中。这种情形表明，虽然《西域传》与《西戎传》结构有明显的继承关系，但不能据此认定《西戎传》就是《西域传》的直接史料来源。推测最大的可能是，唐修《国史》的“四夷传”，应该是《西域传》和《西戎传》的共同史源。由于缺乏直接证据，我们只是将《西域传》内容多出《西戎传》条目的史源，归结为唐修《国史》“四夷传”，其他与《西戎传》相同的内容，作为“《旧唐书》或同源史料”对待[③]。

---

① 《旧唐书》（北京：中华书局，1975年）、《新唐书》（北京：中华书局，1975年）以及下文所引《隋书》（北京：中华书局，1973年）、《北史》（北京：中华书局，1974年）、《通典》（北京：中华书局，1988年）、《太平寰宇记》（北京：中华书局，2007年）、《大唐西域记》（北京：中华书局，1985年），都使用了中华书局点校本；《唐会要》使用了上海古籍出版社点校本（1991年）。

② 本文根据《新唐书·西域传》内容和史料来源，对立传数目作了重新统计，与中华书局点校本差别较大。详见表1。

③ 《泥婆罗传》2条、《党项传》1条、《高昌传》8条、《吐谷浑传》6条、《焉耆传》3条、《龟兹传》7条、《疏勒传》1条、《于阗传》2条、《天竺传》5条、《罽宾传》2条、《康国传》1条、《波斯传》2条、《拂菻传》2条、《大食传》1条，参见笔者著《新唐书西域传史源考证》“叙论”（未刊）。

表1　《西域传》与《西戎传》对照表

《旧唐书·西戎传》		《新唐书·西域传》		《旧唐书·西戎传》		《新唐书·西域传》	
1	泥婆罗	1	泥婆罗			24	史国等（那色波、咀蜜、镬沙、骨咄、揭职、乌苌、婆罗吸摩补罗、摩揭陀、迦摩缕波、狼揭罗、波剌斯、臂多势罗、漕矩吒、弗栗恃萨傥那、安咀罗缚、阔悉多、活国、俱兰、护密、识匿、商弥、朅盘陀、乌铩、疏勒、斫句迦、于阗）
2	党项羌	2	党项羌			25	宁远国
		3	东女国			26	勃律国
3	高昌国	4	高昌国			27	吐火罗国
4	吐谷浑	5	吐谷浑			28	挹怛国
5	焉耆	6	焉耆			29	俱兰国
6	龟兹	7	龟兹（跋禄迦、窣利、笯赤建国）			30	劫国
7	疏勒	8	疏勒国等（朱俱波、甘棠）			31	越底延国
		9	喝盘陀国			32	谢飓国
8	于阗	10	于阗（精绝、汗弥）			33	帆延国
9	天竺	11	天竺			34	石汗那国
		12	摩揭陀国等（那揭）			35	识匿国等（似没、役盘）
		13	乌茶			36	俱蜜国
		14	章求拔			37	护蜜国
		15	悉立			38	个失蜜国等（咀叉始罗、僧诃补罗、乌剌尸、半笯蹉、曷逻阇补罗）
10	罽宾等（勃律）	16	罽宾			39	骨咄国
11	康国	17	康国			40	苏毗等（多弥）
		18	安国等（东安）			41	伊吾
		19	曹国			42	师子国
		20	石国等（怖捍、窣堵利瑟那）	12	波斯国	43	波斯国等（陀拔斯单国、火辞弥、健达、多福、末陀提、习阿萨般、诃毗施、俱烂那、舍摩、威远、苏吉利发屋兰、苏利悉单、建城、新城、俱位）
		21	米国	13	拂菻国	44	拂菻国等（磨邻）
		22	何国	14	大食国	45	大食国等（拨拔力、人木、末禄、苫、都盘、勃达、岐兰、阿没、沙兰、罗利支、怛满）
		23	火寻国				

《东女传》也属于《西域传》新增加的传记。与其他新增传记不同的是，《东女传》是《新唐书》将《旧唐书》卷一九七《西南蛮传》下的《东女国传》，特别移到了《西域传》中。经本篇下文统计，《西域传》之“东女传”共有15条内容与《旧唐书》“东女国传”相同。这种情况，与《西域传》和《西戎传》的关系类似，因此本文仍将《新唐书·东女传》与《旧唐书·西南蛮传》相同的内容，作为“《旧唐书》或同源史料”。

《旧唐书·西南蛮传》外，本篇《附录》之《大唐西域记》卷四、《隋书》卷八三、《北史》卷九六《吐谷浑传》“女国附传”、《通典》卷一九三、《唐会要》卷九九、《太平寰宇记》卷一七九及卷一八六也都为“女国”或“东女国”立传（女国，《大唐西域记》作苏伐剌拏瞿呾罗国）。这些文献，都是研究《新唐书·东女传》史料来源的重要依据和参考，本文列为“附录”，并根据相关记载作了“校注”工作④。

《太平广记》引《梁四公记》提到，南朝梁时，传说有六个女国，分别在“四海西北”⑤“北海之东、方夷之北”“西南夷板楯之西”“昆明东南绝徼之外”“南海东南”“勃律山之西”⑥。由于缺乏相关史料，六女国详情已无法考知。根据正史或政书记载，唐人至少知道东海女国⑦、西海女国⑧、葱岭南女国、川西高原女国等四个女国，其中东海女国和西海女国明显得自传闻，姑置不论。川西高原女国和葱岭南女国，是见诸唐人正式记载的两个重要的西部政权，前辈或时贤已经做了很详尽的讨论⑨，为后续研究奠定了很好的基础。从文献生成的角度来看，葱岭南女国与川西高原女国问题的关键，是不同来源史料相混杂的问题。与以往研究不同，本文着重对《新唐书》及诸史“女国”或“东女国”传记做追溯史源的梳理，不专门进行史实或历史地理学的研究。

在正式分析《新唐书·东女传》史源之前，有必要参照下文史源研究的结果，首先对诸史《女国传》或《东女传》涉及的时限，作一个总体的说明。

《隋书》卷八三《女国传》开宗明义，称“女国，在葱岭之南”，明确指出《隋书》是专为葱岭南女国立传。《隋书》同卷《附国传》下又记载：“附国南有薄缘夷，风俗亦同。西有女国。其东北连山，绵亘数千里，接于党项。”（《北史》卷九六《附国传》同）《隋书》所载位于附国西南，与党项邻接的女国，就是川西女国。这两处记

④ 《北史》卷九七《女国传》，与《隋书》卷八三内容完全相同，不入“附录”。

⑤ “四海”，疑应作“西海”。

⑥ （宋）李昉等编《太平广记》卷八一《梁四公》，北京：中华书局，1961年，517—522页。

⑦ 《通典》卷一八六《女国》，5024—5025页；《梁书》卷五四《扶桑传》，809页。

⑧ 《通典》卷一九三《大秦》引杜环《经行记》，5266页；《旧唐书》卷一九八《大食传》，5135页。

⑨ 主要可参看山口瑞凤《东女国与白兰》，《东洋学报》第54卷第3号，1971年，1—56页；《吕思勉读史札记》下，上海：上海古籍出版社，1982年，1079—1084页；任乃强《隋唐之女国》，《任乃强民族研究论文集》，北京：民族出版社，1990年，212—235页；周维衍《隋唐两女国》，《历史地理》第8辑，1990年，204—211页；霍巍《从新出唐代碑铭论“羊同”与“女国”之地望》，《民族研究》1996年第1期，94—100页；周伟洲《苏毗与女国》，原刊《大陆杂志》第92卷第4期（1996年），收入作者著《边疆民族历史与文物考论》，哈尔滨：黑龙江教育出版社，2000年，17—39页；石硕《〈旧唐书·东女国传〉所记川西高原女国的史料篡乱及相关问题》，《中国藏学》2009年第3期，142—148页；等。

载表明，《隋书》的作者明确区分了葱岭南女国与川西女国。换言之，《隋书·女国传》专指葱岭南女国，与川西女国无涉。

与《隋书》类似，《通典》卷一九三《女国》也记载："女国，隋时通焉。在葱岭之南。"但同时在卷一八六《附国传》下又指出："附国南有薄缘夷，风俗亦同。西有女国。其东北连山，绵亘数千里，接于党项及诸羌。"杜佑在本条下自注称："按：其地接汶山，故为附焉。"《通典》有关川西女国的记载与《隋书》相同，但细节更详，应该出自相同史源。特别是杜佑的注文，径指川西女国在邻接汶山的地区，与葱岭南女国作了更清楚的切割。表明作者杜佑立传的女国，也是专指葱岭南女国。

《唐会要》卷九九在设立"东女国"节目的同时，还另立了"女国"专目（《太平寰宇记》卷一七九《东女国》、卷一八六《女国》同）。通过与《隋书》《通典》所见葱岭南女国的传记对勘，可以发现，虽然《唐会要》在以川西女国为记录对象的"东女国"下，掺入了葱岭南女国的内容[⑩]，但在"女国"目下，则只记述葱岭南女国的风俗[⑪]，并无窜乱。如所周知，《唐会要》成书经历了三个阶段。唐德宗时，由苏冕、苏弁兄弟编次高祖至德宗九朝故事，撰成《会要》40卷；到唐宣宗时，又由崔铉续撰德宗至宣宗事，成《续会要》40卷；北宋初年，再由王溥增补宣宗朝以后的史事，完成《唐会要》100卷。参照上文对《隋书》和《通典》的讨论，有理由认为，《唐会要》"女国"的内容，反映了苏冕《会要》或崔铉《续会要》的面貌；而"东女国"内容的窜乱，则是北宋初年《唐会要》最后成书时，王溥新增后出史料造成的结果。

以上讨论表明，在早期文献中，川西女国与葱岭南女国并没有混在一起。《大唐西域记》卷四、《释迦方志》卷上之"苏伐剌拏瞿呾罗国"，《隋书·女国传》、《通典·女国》、《唐会要·女国》、《太平寰宇记·女国》，都可以视为出现窜乱之前，专门记载葱岭南女国的史料。以上诸史传记对葱岭南女国的记载主要限于地域、风俗，对具体史事记载甚少。《隋书·女国传》称："开皇六年，遣使朝贡，其后遂绝。"[⑫]《通典·女国》"开皇中，遣使来贡"；《唐会要·女国》"贞观八年十二月，朝贡使至"（《太平寰宇记·女国》同），大概是目前汉文传统史料中仅见的葱岭南女国史事的记载。

新罗僧慧超的一段记载，可以为贞观以后汉文史料对葱岭南女国纪事的阙失，提供合理的答案。慧超曾在开元十五年（727）游历北天竺，他在阇兰达罗国下称："又一月程过雪山，东有一小国，名苏跋那具怛罗，属土蕃国所管。"[⑬]"苏跋那具怛罗"，就是《大唐西域记》之"苏伐剌拏瞿呾罗国"，也就是葱岭南女国。慧超的记述表明，由于葱岭南女国在唐初被吐蕃兼并，所以在唐高宗以后的汉文传统文献中再没有出现葱岭南女国的纪事；诸史《女国传》下记载的葱岭南女国的风俗，应该都来源于唐高宗以前的史料。

---

⑩ 参见本篇下文第［Ⅰ.8］条、第［Ⅰ.10］—［Ⅰ.12］条、第［Ⅰ.14］条"考证"。

⑪ 参见本篇下文第［Ⅰ.10］条、第［Ⅰ.11］—［Ⅰ.12］条、第［Ⅰ.14］条"考证"。

⑫ 参见《册府》卷九七〇《外臣部·朝贡》，北京：中华书局，1960年，11395页。

⑬ 慧超著、张毅笺释《往五天竺国传》一六《苏跋那具怛罗国》，北京：中华书局，2006年，51页。

与葱岭南女国的情况相反，唐高宗以后，川西女国与唐朝交往日益密切，记载也逐渐增多，到五代后晋修纂《旧唐书》时，遂将前代有关葱岭南女国的记载，掺入了唐代非常活跃的川西女国的传记之中[⑭]。也就是说，从《旧唐书》开始，葱岭南女国与川西女国开始混淆在了一起。这个判断，与上文对《唐会要》“女国”和“东女国”的讨论，是完全契合的。

需要特别强调的一点是，《旧唐书》将东女国置于“西南蛮”之下，称“东女国，西羌之别种”，明确指出是为川西女国作传，只是在川西女国的传记中，掺入了上述反映葱岭南女国风俗的六条内容。《新唐书》将《西南蛮传》“东女国”的内容，尽数移到了《西域传》，开篇即称“东女亦曰苏伐剌拏瞿咀罗”，进一步将两个女国的风俗、地望、国名等记载全部杂纂在一起，放在了葱岭南女国的传记之中，彻底混淆了不同地区、不同时代的两个政权。虽然《新唐书》本意是为葱岭南女国作传，但葱岭南女国在唐初就已消亡，内容非常有限，因此《新唐书·东女传》的纪事内容还是以川西女国为主。

以上认识是梳理《新唐书·东女传》史源的基本前提。

以下根据史料来源，将《新唐书·东女传》的内容分为三节二十九条（“节”和“条”，分别用罗马数字和阿拉伯数字表示）进行具体讨论。

［Ⅰ.1］東女亦曰蘇伐剌拏瞿(咀)〔呾〕羅〔一〕，

〔一〕蘇伐剌拏瞿咀羅　點校本“校勘記”：“《雲窗叢刻》、慧超《往五天竺傳》殘卷第五頁『咀』作『怛』。”今按，本篇《附錄》（一）《大唐西域記》卷四《蘇伐剌拏瞿呾羅國》第［Ⅰ］節、《釋迦方志》卷上《東女國》作“蘇伐剌拏瞿呾羅國”。《新唐書》東女梵名譯音，源自《大唐西域記》（參見下文本條及第［Ⅰ.3］條“考證”），與《往五天竺國傳》之“蘇跋那具怛羅”無關。點校本取《慧超往五天竺國傳》入校，未安。此據《大唐西域記》改。

［考證］《大唐西域記·婆羅吸摩補羅國》：“此國境北大雪山中，有蘇伐剌拏瞿呾羅國（唐言金氏），出上黃金，故以名焉。東西長，南北狹，即東女國也”（《釋迦方志》卷上《遺跡篇》略同）。《新唐書》本條所載東女國別名，應該直接源自《大唐西域記》。蓋唐高宗以後，葱嶺南女國無聞，而此前《大唐西域記》和《釋迦方志》又將葱嶺南女國稱作“東女國”，《新唐書》遂將川西之東女國，與《大唐西域記》記載的葱嶺南女國的梵文名附會在了一起。又，馮承鈞先生引伯希和考證，認爲《西域記》之蘇伐剌拏瞿呾羅國，是梵文Suvarnagotra之對音，意爲金氏；而《新唐書·西域傳》之悉立國，則是西藏語Gser-rabs（金氏）的對音，《新唐書》誤以一國兩傳（參見第十五篇《悉立傳》第［Ⅰ.1］條“考證”引）。又，五世紀中葉，吐谷渾王慕利延在北魏的逼迫下西越流沙，攻克于闐，在宋文帝元嘉二十七年（450）向南朝宋

⑭ 参见本篇下文第［Ⅰ.10］—［Ⅰ.12］条、第［Ⅰ.14］条、第［Ⅰ.18］条、第［Ⅰ.20］条“考证”。

求助，“獻烏丸帽、女國金酒器、胡王金釧等物”（《宋書》卷九六《鮮卑吐谷渾傳》。參見《北史》卷九六《吐谷渾傳》、《魏書》卷一〇一《吐谷渾傳》）。所獻物品中，至少“女國金酒器”就是慕利延留居于闐時得到的葱嶺南女國的出品。這與《大唐西域記》稱女國“出上金”，并得名“金氏國”正相契合。可參考。

［Ⅰ.2］羌別種也，西海亦有女自王，故稱“東”别之。

［考證］《舊唐書·東女國傳》：“東女，西羌之别種，以西海中復有女國，故稱東女焉。俗以女爲王。”（《唐會要·東女國》、《太平御覽》卷七九一《東女國》引《唐書》、《太平寰宇記·東女國》同），《新唐書》本條應出自《舊唐書》或同源史料。蓋唐高宗以後葱嶺南女國已被吐蕃兼併（參見本篇上文概説），故徑將川西 女國與“西海”女國爲對應，稱東女國；而在隋代及唐初，則將葱嶺南女國與西海 女國相對應，稱東女國。同是“東女”，分指兩處，一在葱嶺南，一在川西。本條内容未見《隋書·女國傳》、《大唐西域記》、《釋迦方志》上《蘇伐剌拏瞿呾羅國》、《通典·女國》、《唐會要·女國》、《太平寰宇記·女國》等記載，《新唐書》將《舊唐書》或同源史料川西 女國的内容，混入了葱嶺南女國的傳記（參見本篇下文第［Ⅰ.3］條“考證”）。

［Ⅰ.3］東與吐蕃、

［考證］《大唐西域記·蘇伐剌拏瞿呾羅國》：“東接吐蕃國，北接于闐國，西接三波訶國”（《釋迦方志》上同）。《新唐書》本條“東與吐蕃”及下文第［Ⅰ.5］條“西屬三波訶，北距于闐”，顯然出自《大唐西域記》。《新唐書》在“東與吐蕃”和“西屬三波訶，北距于闐”之間，插入了《舊唐書》記載川西 女國地理的（東與）“党項、茂州接”的内容，從而將不同地域、不同時代的兩個女國完全混雜在了一起。

［Ⅰ.4］党項、茂州接，

［考證］《舊唐書·東女國傳》：“東與茂州、党項接”（《唐會要·東女國》、《太平御覽》卷七九一《東女國》引《唐書》、《太平寰宇記·東女國》同），《新唐書》本條應出自《舊唐書》或同源史料，將記述川西 女國地望的内容，混入了葱嶺南女國的傳記（參見本篇上文第［Ⅰ.3］條“考證”）。

［Ⅰ.5］西屬三波訶，北距于闐，

［考證］《大唐西域記·蘇伐剌拏瞿呾羅國》：“北接于闐國，西接三波訶國。”（《釋迦方志》卷上同）《新唐書》本條與上文第［Ⅰ.3］條“東與吐蕃”，出自《大唐西域記》，屬于記載葱嶺南女國的内容。

［Ⅰ.6］東南屬雅州 羅女蠻、白狼夷。東西行盡九日，南北行盡二十日。有八十城。

［考證］《舊唐書·東女國傳》：“東南與雅州接界，隔羅女蠻及白狼夷。其境東西九日行，南北二十日行。有大小八十餘城。”（《唐會要·東女國》、《太平御覽》卷七九一《東女國》引《唐書》、《太平寰宇記·東女國》

同），《新唐書》本條源出《舊唐書》或同源史料，將川西女國的内容，混入了葱嶺南女國的傳記（參見上文第［Ⅰ.3］條"考證"）。

［Ⅰ.7］以女爲君，居康延川，巖險四繚，有弱水南流，縫革爲船。戶四萬，勝兵萬人。

［考證］《舊唐書·東女國傳》："俗以女爲王。（中略）其王所居名康延川，中有弱水南流，用牛皮爲船以渡。户四萬餘衆，勝兵萬餘人，散在山谷間。"（《唐會要·東女國》、《太平御覽》卷七九一《東女國》引《唐書》、《太平寰宇記·東女國》略同），《新唐書》本條明顯出自《舊唐書》或同源史料，將川西女國的内容，混入了葱嶺南女國的傳記（參見上文第［Ⅰ.3］條"考證"）。原文"散在山谷間"，被《新唐書》改寫成了"巖險四繚"。

［Ⅰ.8］王號賓就，官曰高霸黎〔一〕，猶言宰相也。官在外者，率男子爲之。

〔一〕官曰高霸黎　"高霸黎"，本篇《附錄》（六）《唐會要》卷九九《東女國》第［Ⅰ］節、《附錄》（七）《舊唐書》卷一九七《東女國傳》第［Ⅰ］節、《太平御覽》卷七九一《東女國》引《唐書》作"高霸"。按，《唐會要》下文載，高宗永徽七年正月，女國王"遣女使高霸黎文並其主男三盧等來朝"（參見下文第［Ⅱ.3］條"考證"引），懷疑《新唐書》衍"黎"字。

［考證］《舊唐書·東女國傳》："女王號爲'賓就'，有女官，曰'高霸'，平議國事。在外官僚，並男夫爲之。"（《唐會要·東女國》、《太平御覽》卷七九一《東女國》引《唐書》、《太平寰宇記·東女國》同）《新唐書》本條應出自《舊唐書》或同源史料，將川西女國的内容，混入了葱嶺南女國的傳記（參見上文［Ⅰ.3］條"考證"）。

［Ⅰ.9］凡號令，女官自内傳，男官受而行。

［考證］諸史女國傳或東女傳，未見與本條相近的記載，《新唐書》應另有史源。

［Ⅰ.10］王侍女數百，五日一聽政。

［考證］《隋書·女國傳》："［王］侍女數百人，五日一聽朝。"（《唐會要·女國》、《通典·女國》、《太平寰宇記》女國同）。即《新唐書》史源所本。本條見於《隋書·女國傳》、《唐會要·女國》、《通典·女國》，應是葱嶺南女國風俗，懷疑出自裴矩《西域圖記》（參見本篇下文第［Ⅰ.20］條"考證"）。惟《舊唐書·東女國傳》也稱"其王侍女數百人，五日一聽政"（《太平御覽》卷七九一《東女國》引《唐書》同），《唐會要·東女國》作"五日一聽政"，刪去"侍女數百人"。《舊唐書》、《太平御覽》引《唐書》、《唐會要·東女國》應是將葱嶺南女國的記載，混入了川西女國之下。

［Ⅰ.11］王死，國人以金錢數萬納王族，求淑女二立之，次爲小王〔一〕，王死，因以爲嗣，或姑死婦繼，無篡奪。

〔一〕次爲小王　懷疑“次”前應補“一爲女王”四字，説見下次本條“考證”。

［考證］《隋書·女國傳》：“復有小女王，共知國政。（中略）其女王死，國中則厚斂金錢，求死者族中之賢女二人，一爲女王，次爲小王。”《唐會要·女國》：“其王若死，無女嗣位，國人乃調斂金錢，還於死王之族，買女而立之。”（《通典·女國》《太平寰宇記·女國》同）《新唐書》與《隋書》《唐會要》略同，内容稍詳。蓋諸史同出裴矩《西域圖記》，《新唐書》保留内容較多（參見本篇下文第［Ⅰ.20］條“考證”）。《新唐書》“次爲小王”前無所承，可據《隋書》“一爲女王，次爲小王”，補“一爲女王”四字。《舊唐書·東女國傳》也記載：“女王若死，國中多斂金錢，動至數萬，更於王族求令女二人而立之。大者爲大王，小者爲小王。若大王死，即小王嗣立，或姑死而婦繼，無有篡奪。”（《唐會要·東女國》、《太平御覽》卷七九一《東女國》引《唐書》同，《太平寰宇記·東女國》有删節），將葱嶺南女國風俗，混入了川西女國。

［Ⅰ.12］所居皆重屋，王九層，國人六層。

［考證］《隋書·女國傳》：“王居九層之樓。”（《通典·女國》、《太平寰宇記·女國》同）《唐會要·女國》：“以女爲王，每居層樓。”可知本條應爲葱嶺南女國風俗，懷疑諸史同出裴矩《西域圖記》（參見本篇下文第［Ⅰ.20］條“考證”）。《舊唐書·東女國傳》：“其所居，皆起重屋，王至九層，國人至六層。”（《唐會要·東女國》、《太平御覽》卷七九一《東女國》引《唐書》、《太平寰宇記·東女國》同）將葱嶺南女國的風俗混入了川西女國（參見本篇上文第［Ⅰ.11］條“考證”）。

［Ⅰ.13］王服青毛綾裙，被青袍，袖委於地，冬羔裘，飾以文錦。爲小鬟髻，耳垂璫。足曳鞣釋。鞣釋，履也〔一〕。

〔一〕足曳鞣釋鞣釋履也　本篇《附録》（六）《唐會要》卷九九《東女國》第［Ⅰ］節、《附録》（七）《舊唐書》卷一九七《東女國傳》第［Ⅰ］節無“鞣釋，履也”四字，懷疑原爲注文，《新唐書》闌入正文。

［考證］《舊唐書·東女國傳》：“其王服青毛綾裙，下領衫，上披青袍，其袖委地。冬則羔裘，飾以紋錦。爲小環髻，飾之以金。耳垂璫，足履鞣釋。”（《唐會要·東女國》、《太平御覽》卷七九一《東女國》引《唐書》、《太平寰宇記·東女國》略同）《新唐書》本條應出自《舊唐書》或同源的史料。《新唐書》内容雖然較簡略，但保留了被諸史《東女國傳》删略的“鞣釋，履也”四字注文。《隋書·女國傳》《通典·女國》《唐會要·女國》未見相近的内容，本條應屬川西女國風俗。

［Ⅰ.14］俗輕男子，女貴者咸有侍男，被髮，以青塗面，

［考證］《隋書·女國傳》："其俗貴婦人，輕丈夫，而性不妒忌。男女皆以彩色塗面，一日之中，或數度變改之。人皆被髮，以皮爲鞋。"（《唐會要·女國》《通典·女國》《太平寰宇記·女國》略同）本條應爲葱嶺南女國風俗，諸史同出裴矩《西域圖記》（參見本篇下文第［Ⅰ.20］條"考證"）。《新唐書》"以青塗面"，《唐會要》作"以青、綠塗面"，《隋書》《通典》《太平寰宇記》作"以彩色塗面"，"彩色"蓋指青、綠兩種色彩，懷疑《新唐書》應補"綠"字。又，"被髮"，《唐會要》《通典》《太平寰宇記》作"男子被髮""婦人辮髮而縈之"，《新唐書》"被髮"上應補"男子"二字；《隋書》作"人皆被髮"，亦未安。又，《舊唐書·東女國傳》亦載，"俗重婦人而輕丈夫"（《唐會要·東女國》《太平寰宇記·東女國》同）。懷疑將葱嶺南女國的風俗，混入了川西 女國。

［Ⅰ.15］惟務戰與耕而已。

［考證］《大唐西域記·蘇伐刺拏瞿呾羅國》載，東女國"丈夫唯征伐田種而已"（《釋迦方志》上同）。《新唐書》本條應出自《大唐西域記》，反映了葱嶺南女國風俗。《隋書·女國傳》亦謂"國内丈夫惟以征伐爲務"（《太平寰宇記·女國》同），可參考。

［Ⅰ.16］子從母姓。

［考證］《唐會要·女國》："生子皆從母姓"。（《通典·女國》、《太平寰宇記·女國》同）《新唐書》本條應出自與《通典》同源的兩女國混淆之前的史料，反映了葱嶺南女國風俗。

［Ⅰ.17］地寒宜麥，畜羊馬，出黄金。

［考證］《大唐西域記 ·蘇伐刺拏瞿呾羅國》："出上黄金，（中略）土宜宿麥，多畜羊馬。氣候寒烈，人性躁暴。"《新唐書》本條應該是根據《大唐西域記》删略改寫而成，反映了葱嶺南女國風俗。又，《隋書·女國傳》："氣候多寒，以射獵爲業。出鍮石、朱砂、麝香、氂牛、駿馬、蜀馬。尤多鹽，恒將鹽向天竺興販，其利數倍。"（《通典·女國》《太平寰宇記·女國》同）《唐會要·女國》："土宜六畜，多駿馬。"《北史》九六《女王國》："風俗土著，宜桑麻，熟五穀。"《往五天竺國傳》一六《蘇跋那具怛羅國》："土地極寒也。"可參考。

［Ⅰ.18］風俗大抵與天竺同。以十一月爲正。巫者以十月詣山中，布糟麥，咒呼群鳥，俄有鳥來如雞狀〔一〕，剖視之，有穀者歲豐，否即有災，名曰鳥卜。

〔一〕有鳥來如雞狀　"雞"，本篇《附錄》（二）《隋書》卷八三《女國傳》第［Ⅱ］節、《附錄》（六）《唐會要》卷九九《東女國》第［Ⅰ］節作"雉"。

［考證］《隋書·女國傳》："俗事阿修羅神，又有樹神，歲初以人祭，或用獼猴。祭畢，入山祝之，有一鳥如雌雉，來集掌上，破其腹而視之，有粟則

年豐，沙石則有災，謂之鳥卜。”“入山祝之”至“名曰鳥卜”，與《新唐書》“咒呼群鳥”以下的内容相同，可知鳥卜是葱嶺南女國的風俗，源出裴矩《西域圖記》（參見本篇下文第［Ⅰ.20］條“考證”）。又，《舊唐書·東女國傳》：“文字同於天竺。以十一月爲正。其俗每至十月，令巫者齎（楮）〔肴〕詣山中，散糟麥於空，大咒呼鳥。俄而有鳥如雞，飛入巫者之懷，因剖腹而視之，每有一穀，來歲必登，若有霜雪，必多災異。其俗信之，名爲鳥卜。”（《唐會要·東女國》、《太平御覽》卷七九一《東女國》引《唐書》、《太平寰宇記·東女國》略同）應同出《西域圖記》，但將葱嶺南女國風俗的内容，誤植在了川西女國之下。

［Ⅰ.19］居喪三年，不易服，不櫛沐。

［考證］《舊唐書·東女國傳》：“其居喪，服飾不改，爲父母則三年不櫛沐。”（《太平御覽》卷七九一〈東女國〉引《唐書》略同）《新唐書》本條應出自《舊唐書》或同源的史料，反映了川西女國風俗。

［Ⅰ.20］貴人死，剝藏其皮，内骨甕中，糅金屑瘞之。王之葬，殉死至數十人。

［考證］《隋書·女國傳》：“其女王死，國中則厚斂金錢，求死者族中之賢女二人，一爲女王，次爲小王。（以上見本篇第［Ⅰ.11］條“考證”引）貴人死，剝取皮，以金屑和骨肉置於瓶内而埋之。經一年，又以其皮内於鐵器埋之。”（《通典·女國》《太平寰宇記·女國》略同）與《新唐書》本條差似，可知應出自同源史料。本條及上文第［Ⅰ.10］—［Ⅰ.12］條、第［Ⅰ.14］條、第［Ⅰ.18］條，内容與《隋書·女國傳》相似，且時有溢出《隋書》的内容，懷疑與《隋書》出自共同的史料來源。《隋書》六七《裴矩傳》引《西域圖記》“序”稱：“其東女國、南婆羅門國等，並隨其所往，諸處得達。”《西域圖記》說的“東女國”，就是指葱嶺南女國，表明《西域圖記》的正文，應該包括了葱嶺南女國的内容。懷疑見於《隋書》及《通典》、《唐會要》、《太平寰宇記》“女國傳”有關葱嶺南女國風俗記載的早期史源，應該就是裴矩《西域圖記》。《舊唐書·東女國傳》：“貴人死者，或剝其皮而藏之，内骨於瓶中，糅以金屑而埋之。國王將葬，其大臣親屬殉死者數十人。”（《太平御覽》卷七九一《東女國》引《唐書》同）保留内容較詳，但誤植在了川西女國名下。又，《通典·女國》載：“其女王死，國中貴人剝取皮，以金屑和骨肉置於瓶内而埋之，經一年，又以其皮納於鐵器埋之。”（《太平寰宇記》女國同）稱女王死後，由貴人剝皮納瓶掩埋，與《新唐書》本條及前引《隋書》《舊唐書》所載，貴人死剝藏其皮不同。按，取《通典》與上文《隋書》比較，“國中”以下，《通典》略去“則厚斂金錢，求死者族中之賢女二人，一爲女王，次爲小王，貴人”二十五字，且刪去了原文“貴人死”下的“死”字，由此將女國處理貴人遺骸的葬俗，誤植在了女王身上。《太平寰宇記》同誤。

［Ⅱ.1］武德時，王湯滂氏始遣使入貢，

［考證］《舊唐書·東女國傳》："武德中（618—626），女王湯滂氏始遣使貢方物。"（《唐會要·東女國》、《太平御覽》卷七九一《東女國》引《唐書》、《太平寰宇記·東女國》同）《新唐書》本條應出自《舊唐書》或同源史料。《新唐書·東女傳》本條及以下第［Ⅱ.2］—［Ⅱ.5］條、第［Ⅲ.1］—［Ⅲ.4］條，全部都是反映川西女國史事的内容。

［Ⅱ.2］高祖厚報，爲突厥所掠不得通。貞觀中，使復至，太宗璽制慰撫。

［考證］《舊唐書·東女國傳》："高祖厚資而遣之。還至隴右，會突厥入寇，被掠於虜庭。及頡利平，其使復來入朝。太宗送令反國，并降璽書慰撫之。"《新唐書》本條應出自《舊唐書》或同源史料。《冊府》卷九七〇《外臣部·朝貢》載，貞觀四年（830）"東女國王湯傍氏遣使入朝"，即《舊唐書》"及頡利平，其使復來入朝"所指。可知貞觀四年"入朝"的東女國使，就是女國王在武德年間（618—626）派出的使節，他們在返回女國途中被劫掠至突厥境内，未能回到故國。突厥汗國亡國後，再次從突厥境内入唐。《新唐書》刪略源史料過簡，稱"爲突厥所掠不得通。貞觀中，使復至"，不確。

［Ⅱ.3］顯慶初，遣使高霸黎文與王子三盧來朝〔一〕，授右監門中郎將。

〔一〕高霸黎文　點校本標點作"高霸黎文"，以"高霸黎"爲職官名，此據文意改。參見本篇上文第［Ⅰ.8］條"校注"〔一〕。

［考證］《唐會要·東女國》："永徽七年（650）正月，其國遣女使高霸黎文並其主男三盧等來朝。"按，永徽七年正月壬申，改元顯慶，二書表述稍有差歧，但顯然出自相同史源，《唐會要》更接近早期記載的原貌。《冊府》卷九七〇《外臣部·朝貢》亦繫于"顯慶元年正月"，與《新唐書》同。"王子"，《唐會要》《冊府》作"主男"。

［Ⅱ.4］其王斂臂使大臣來請官號，武后冊拜斂臂左玉鈐衛員外將軍，賜瑞錦服。

［考證］《舊唐書·東女國傳》："垂拱二年（686），其王斂臂遣大臣湯劍左來朝，仍請官號。則天冊拜斂臂爲左玉鈐衛員外將軍，仍以瑞錦製蕃服賜之。"（《唐會要·東女國》、《冊府》卷九六四《外臣部·封冊》、《冊府》卷九六六《外臣部·繼襲》同）《新唐書》本條應出自《舊唐書》或同源史料。《舊唐書》稱"仍以瑞錦製蕃服以賜之"，可知所賜服飾是專爲班賜女國使臣製作的。據《冊府》卷一七〇《帝王部·來遠》記載，貞觀二十一年（647），唐以鐵勒諸部置六府七州，鐵勒首領入朝，"沙漠之人素愛錦罽，帝既招來遐域，將賜其所好者，因（錦文）〔文錦〕所用舊縷而錯綜其色〔一〕，花葉翔走，事各殊形，或將班賜近蕃，酋首大爲榮寵"。可與"以瑞錦製蕃服"相參照。《新唐書》省略作"賜瑞錦服"，失去了源史料的重要信息。

〔一〕因錦文所用舊縷而錯綜其色　"錦文"，《唐會要》卷九八《霫國》作"文錦"，據乙正。

［Ⅱ.5］天授、開元間，王及子再來朝，詔與宰相宴曲江，封王〔趙〕曳夫爲歸昌王〔一〕、左金吾衛大將軍。後乃以男子爲王。

〔一〕封王曳夫爲歸昌王　“曳夫”，本篇《附録》（六）《唐會要》卷九九《東女國》第［Ⅱ］節、《附録》（七）《舊唐書》卷一九七《東女國傳》第［Ⅱ］節作“趙曳夫”，據補。

［考證］《舊唐書·東女國傳》：“天授三年（692），其主俄琰兒來朝。萬歲通天元年（696），遣使來朝。開元二十九年（741）十二月，其王趙曳夫遣子獻方物。天寶元年（742），命有司宴之於曲江，令宰臣已下同宴。又封曳夫爲歸昌王，授左金吾衛大將軍，賜其子帛八十匹，放還。後復以男子爲王。”《唐會要·東女國》同，惟“天寶元年”下有“五月”二字。《冊府》卷九七一《外臣部·封冊》：“唐玄宗天寶元年正月，封女國王趙曳夫爲歸昌王，授左金吾衛大將軍。”蓋開元二十九年十二月趙曳夫遣子獻方物，來年正月宴于曲江，封曳夫爲歸昌王，放還。《唐會要》“五月”懷疑是“正月”之誤。《新唐書》本條應出自《舊唐書》或同源史料，概稱“天授、開元間”，不出“天寶”，不確。又，《太平御覽》卷七九一《東女國》引《唐書》：“開元二十九年十二月，其王趙曳夫遣子獻方物，命有司宴于曲江，令宰臣已下同宴。又封曳夫爲歸昌王，賜其子帛，放還。復以男子爲王。”亦將賜宴、封王事總繫在了開元二十九年末來朝事下。

［Ⅲ.1］貞元九年，其王湯立（悉）〔志〕與白狗君及哥鄰君董臥庭〔一〕、逋租君〔弟〕鄧吉知〔二〕、南水君〔姪〕薛尚悉曩〔三〕、弱水君董避和、悉董君湯息贊、清遠君蘇唐磨、咄霸君董藐蓬皆詣劍南韋皐求内附。

〔一〕湯立悉　《通鑑》二三四貞元九年、《冊府》卷九七二《外臣部·朝貢》作“湯立志”。按，元和四年二月廿九日所立《諸葛武侯祠堂碑》碑陰題名有“西山南路招討兵馬使、銀青光禄大夫、試殿中監、歸化州刺史兼女國王、薊縣開國男湯立志”（《八瓊室金石補證》卷六八），據正。

〔二〕逋租君鄧吉知　本篇《附録》（六）《唐會要》卷九九《東女國》第［Ⅲ］節、《附録》（七）《舊唐書》卷一九七《東女國傳》第［Ⅲ］節作“逋租國王弟鄧吉知”。《舊唐書》卷一三《德宗紀》下作“逋租國王弟鄧告知”，據補“弟”字。

〔三〕南水君薛尚悉曩　《舊唐書·德宗紀》《舊唐書·東女國傳》《唐會要·東女國》作“南水國王姪薛尚悉曩”，據補“姪”字。按，《唐會要》下文薛尚悉曩本年受封試少府少監兼霸州長史，南水國王薛莫庭等人“並授銀青光禄大夫、試太僕卿”，也可證實薛尚悉曩并非南水國君。

［考證］《舊唐書·東女國傳》：“貞元九年（793）七月，其王湯立（悉）〔志〕與哥鄰國王董臥庭、白狗國王羅陀忽、逋租國王弟鄧吉知、南水國王

姪薛尚悉曩、弱水國王董辟和、悉董國王湯息贊、清遠國王蘇唐磨、咄霸國王董藐蓬，各率其種落詣劍南西川内附。”（《唐會要·東女國》、《太平御覽》卷七九一《東女國》引《唐書》、《太平寰宇記·東女國》同），《新唐書》本條應出《舊唐書》或同源史料，但漏書白狗國君羅陀忽的名字，且有奪字（參見上文本條“校注”〔二〕、〔三〕）。又，諸史多統稱本年内附者爲女、哥鄰、白狗、逋租、南水、弱水、悉董、清遠、咄霸等九國，但實際上九國情況是有所區别的。《冊府》卷九七七《外臣部·降附》：“德宗貞元九年七月，劍南西山羌女、哥鄰、白狗、逋租、弱水、南〔水〕王六國長率種落款附[一]，悉董國及清遠王、咄霸王皆歸化。”明確以女國等六國爲“款附”，悉董等三國爲“歸化”。《舊唐書》卷一三《德宗紀》：“劍南西山羌女國王湯立志、哥鄰王董臥庭、白狗王羅陀忽、弱水王董避和、逋租王弟鄧（告）〔吉〕知[二]、南水王姪尚悉曩等六國君王，自來朝貢。六國初附吐蕃，韋皋出西山討吐蕃，故六蠻内附，各授官秩遣之。”只記載了“款附”六蠻，不及“歸化”三國。諸史“六國”“九國”的區别，引起了史書的誤解。如《舊唐書》卷一四〇《韋皋傳》載：“皋又招撫西山羌女、（訶陵）〔哥鄰〕[三]、白狗、逋租、弱水、南水等八國酋長，入貢闕廷。”對比上文《舊唐書·德宗紀》、《冊府》卷九七七《外臣部·降附》，《舊唐書·韋皋傳》記載的就是所謂的“款附六蠻”，“八”爲“六”之誤字。《新唐書》卷一五八《韋皋傳》爲了湊足“八國”之數，增加了“歸化三國”中的清遠、咄霸二國，稱“西山羌女、（訶陵）〔哥鄰〕、南水、白狗、逋租、弱水、清遠、咄霸八國酋長，皆因皋請入朝”。但是本年降附者總共九國，《新唐書·韋皋傳》雖然湊足了八國之數，但同時“歸化”的悉董國却無可位置。畫蛇添足，徒增煩擾。特别需要關注的是，自天寶初年以後，“西山八國”（弱水西八國”）的稱呼屢見于相關史籍，如，天寶五載（746），郭虚己就任劍南節度使，“將圖弱水西之八國”（《顔魯公文集》卷六《鮮于仲通碑》）；天寶十一載（752）頒布的《劍南節度破西山賊露布》，也提到“西山戰士及八國子弟”、“八國招討副使”（《文苑英華》卷六四八）；貞元三年（787），韋皋上奏稱“今吐蕃棄好，暴亂鹽、夏，宜因雲南及八國生羌有歸化之心招納之，以離吐蕃之黨，分其勢”（《通鑑》卷二三二），都是顯例。從貞元十年（794）劍南節度使韋皋兼任“押近界羌、蠻及西山八國使”起（《通鑑》卷二三二），劉闢［永貞元年（805），《冊府》卷一七七《帝王部·姑息》］、高崇文［元和元年（806），《舊唐書》卷一四《憲宗紀》上］、李德裕［太和四年（830），《舊唐書》卷一七四《李德裕傳》］等人相繼擔任劍南節度使，在他們的署銜中都保留了“押西山八國使”的稱謂，從而使“西山八國”的表述進一步固定化。從這些史例可知，天寶以後，“西山八國”已成爲西南諸羌的泛稱，《舊唐書·韋皋傳》誤“六”爲“八”，《新唐書·韋皋傳》拼湊“八國”名數，都不能排除受“西山八國”泛稱的影響。

遺憾的是，迄今似乎還不清楚“西山八國”到底是指哪八國。

〔一〕南王　《舊唐書·德宗紀》、本篇《附錄》（六）《唐會要》卷九九《東女國》第［Ⅲ］節、《附錄》（七）《舊唐書》卷一九七《東女國傳》第［Ⅲ］、《通鑑》卷二三四貞元九年作“南水國王”，據補。上文《新唐書》本條作“南水君”。

〔二〕鄧告知　上文《新唐書》本條及《舊唐書·東女國傳》、《唐會要·東女國》作“鄧吉知”，據改。

〔三〕訶陵　上文《新唐書》本條及《舊唐書·德宗紀》《舊唐書·東女國傳》《唐會要·東女國》《通鑑》作“哥鄰”。按，唐訶陵爲南海之國，與西山諸羌部落無涉，此蓋涉音近誤作“訶陵”，據改。下文《新唐書》卷一五八《韋皋傳》同，不另注。

［Ⅲ.2］其種散居西山、弱水，雖自謂王，蓋小小部落耳。自失河、隴，悉爲吐蕃羈屬，部數千戶，輒置令，歲督絲絮。至是猶上天寶所賜詔書。

［考證］《舊唐書·東女國傳》：“其哥鄰國等，皆散居山川。弱水王即國初女國之弱水部落。其悉董國，在弱水西，故亦謂之弱水西悉董王。舊皆分隸邊郡，祖、父例授將軍、中郎、果毅等官；自中原多故，皆爲吐蕃所役屬。其部落，大者不過三二千戶，各置縣令十數人理之。土有絲絮，歲輸於吐蕃。至是，〔立〕（悉）〔志〕與之同盟，相率獻款，兼齎天寶中國家所賜官誥共三十九通以進。”（《唐會要·東女國》、《太平御覽》卷七九一《東女國》引《唐書》、《太平寰宇記·東女國》略同）“至是”云云，就是指本篇上文第［Ⅲ.1］條之貞元九年（793）。《新唐書》本條應出自《舊唐書》或相同史源，但表述方式改動較大。《舊唐書》“皆散居山川”之“山川”，疑應從《唐會要》、《新唐書》、《太平寰宇記》作“西山”。《新唐書》“其種散居西山、弱水”，《唐會要》作“其哥鄰等國，皆散居西山。弱水王即國初女國之弱水部落”（《太平寰宇記·東女國》同），懷疑《新唐書》刪節舊文不盡，將“弱水王即國初女國之弱水部落”之“弱水”，與上文“散居西山”牽合在了一處。

［Ⅲ.3］皋處其衆於維、霸等州，賜牛、糧，治生業。立（悉）〔志〕等入朝〔一〕，差賜官祿。

〔一〕立悉　應是“立志”之誤，說見本篇上文第［Ⅲ.1］條“校注”〔一〕，據正。

［考證］《舊唐書·東女國傳》：“西川節度使韋皋處其衆於維、霸、保等州，給以種糧耕牛，咸樂生業。立（悉）〔志〕等數國王自來朝，召見於麟德殿。授立（悉）〔志〕銀青光祿大夫、歸化州刺史；鄧吉知試太府少卿兼丹州長史；薛尚悉曩試少府少監兼霸州長史；董卧庭行至綿州卒，贈武德州刺史，命其子利囉爲保寧都督府長史，襲哥鄰王。立（悉）〔志〕妹乞悉漫頗有才智，從其兄來朝，封和義郡夫人。其大首領董卧卿等，皆授以官。俄又授女

國王兄湯厥銀青光祿大夫、試太府卿；清遠王弟蘇歷顛銀青光祿大夫、試衛尉卿；南水國王 薛莫庭及湯息贊、董藐蓬，女國唱後湯拂庭、美玉鉢、南郎唐，並授銀青光祿大夫、試太僕卿。”（《唐會要·東女國》、《太平御覽》卷七九一《東女國》引《唐書》、《太平寰宇記·東女國》略同）《新唐書》本條應出自《舊唐書》或同源史料，“皋處其衆於維、霸等州”，疑漏書保州。又，《舊唐書》“女國唱後湯拂庭”，《唐會要》同，《太平寰宇記》作“女國唱後使湯佛庭”，文意不詳，姑存疑。

［Ⅲ.4］於是松州羌二萬口相踵入附〔一〕。立（悉）〔志〕等官刺史〔二〕，皆得世襲，然陰附吐蕃，故謂“兩面羌”。

〔一〕松州羌二萬口　“口”，本篇《附錄》（六）《唐會要》卷九九《東女國》第［Ⅲ］節、《附錄》（七）《舊唐書》卷一九七《東女國傳》第［Ⅳ］節及《通鑑》二三四貞元十年作“户”。

〔二〕立悉　應是“立志”之誤，說見本篇上文第［Ⅲ.1］條“校注”〔一〕，據正。

［考證］《舊唐書·東女國傳》：“其年〖即貞元九年（793）〗，西山 松州生羌等二萬餘户，相繼内附。其黏信部落主董夢葱，龍諾部落主董辟忽，皆授試衛尉卿。立（悉）〔志〕等並赴明年元會訖，錫以金帛，各遣還。尋詔加韋皋統押近界羌蠻及西山八國使。其部落代襲刺史等官，然亦潛通吐蕃，故謂之‘兩面羌’。”（《唐會要·東女國》《太平寰宇記·東女國》略同）《新唐書》本條應出自《舊唐書》或同源史料。《舊唐書》“尋”，《唐會要》作“八月”；《太平寰宇記》作“至八月”，“其部落”下有“至今”二字，保留了更多早期史料的原貌。據此，韋皋加授“統押近界諸羌蠻及西山八國使”在貞元十年八月。《通鑑》卷二三四貞元十年“春，正月，劍南 西山羌蠻二萬餘户來降；詔加韋皋押近界羌蠻及西山八國使。”懷疑是在正月諸羌參加元會事下，終言八月任命韋皋之事。又，《全唐文》卷七四四盧求《成都記序》：“貞元中，韋令公 皋爲節帥，招復雲南，背蕃歸漢，十一月八日，置使安撫，兼統押西山八國近界羌蠻等使”，“十一月八日”與上文“貞元中”不協，疑是“十年八月”之誤。

以上通过对《新唐书·东女传》二十九条内容逐条讨论，发现有十五条内容与《旧唐书》相同，（第［Ⅰ.2］条、第［Ⅰ.4］条、第［Ⅰ.6］—［Ⅰ.9］、第［Ⅰ.13］条、第［Ⅱ.1］—［Ⅱ.2］条、第［Ⅱ.4］—［Ⅱ.5］条、第［Ⅲ.1］—［Ⅲ.4］条），可视为出自《旧唐书》或同源史料；有两条与《唐会要·女国》相同（第［Ⅰ.16］条、第［Ⅱ.3］条），可视为出自《唐会要》或同源史料；五条出自《大唐西域记》（第［Ⅰ.1］条、第［Ⅰ.3］条、第［Ⅰ.5］条、第［Ⅰ.15］条、第［Ⅰ.17］条）；六条推测出自裴矩《西域图记》）（第［Ⅰ.10］—［Ⅰ.12］条、第［Ⅰ.14］条、第［Ⅰ.18］条、第［Ⅰ.20］条）；只有一条史料来源不清楚（第［Ⅰ.9］条）。可知《新唐书·东女传》是在《旧唐书·东女国传》或同源史料的基础上，将不同来源的史料杂纂在一起，从而形成了今天见到的文本。

《东女传》文本中的种种失实或误解，最根本的原因是混淆了川西女国和葱岭南女国两个政权，并将两个政权的各种记载混编在了一起。这里简单举一个例证。《东女传》记载东女国地理范围称："东与吐蕃、党项、茂州接，西属三波诃，北距于阗，东南属雅州罗女蛮、白狼夷。东西行尽九日，南北行尽二十日。有八十城。"稍加梳理就会发现，这段记载前后矛盾，疑点很多，可是并不清楚为什么会出现这些问题。通过追溯史源就可以清楚知道，《新唐书》的记载，是将《旧唐书·东女国传》"东与茂州、党项接，东南与雅州接界，隔罗女蛮及白狼夷。其境东西九日行，南北二十日行。有大小八十余城"这段记载，与《大唐西域记》岭葱南女国"东接吐蕃国，北接于阗国，西接三波诃国"的记载，拼合在了一起，即在《旧唐书》"茂州"上增加了《大唐西域记》"吐蕃"；在"东南与雅州接界"上，插入了"西属三波诃，北距于阗"⑮，从而造成了记述的失实。单纯从史实真伪的角度来考察，不足以揭示这些失误形成的原因。

《附錄》（一）《大唐西域記》卷四蘇伐剌拏瞿呾羅國

［Ⅰ］此國［婆羅吸摩補羅國］境北大雪山中，有蘇伐剌拏瞿呾羅國，唐言金氏。出上黄金，故以名焉。東西長，南北狹，即東女國也。世以女爲王，因以女稱國。夫亦爲王，不知政事〔一〕，丈夫唯征伐田種而已。土宜宿麥，多畜羊馬。氣候寒烈，人性躁暴。東接吐蕃國，北接于闐國，西接三波訶國。

〔一〕夫亦爲王不知政事　前稱"世以女爲王"，"夫亦爲王"與上文不協。本篇《附錄》（二）《隋書》卷八三《女國傳》第［Ⅰ］節作"其國代以女爲王。王姓蘇毗，字末羯，在位二十年。女王之夫，號曰金聚，不知政事"。《附錄》（四）《通典》卷一九三《女國》第［Ⅰ］節、《附錄》（九）《太平寰宇記》卷一八六《女國》第［Ⅰ］節同。與《大唐西域記》不同，姑存疑。

《附錄》（二）《隋書》卷八三《女國傳》

［Ⅰ］女國，在葱嶺之南，其國代以女爲王〔一〕。王姓蘇毗，字末羯，在位二十年。女王之夫，號曰金聚，不知政事。國内丈夫唯以征伐爲務〔二〕。山上爲城，方五六里，人有萬家。王居九層之樓，侍女數百人，五日一聽朝。復有小女王，共知國政〔三〕。

〔一〕其國代以女爲王　"代"，《北史》卷九七《女國傳》作"世"，《隋書》避唐太宗諱改。又，《北史·女國傳》内容與《隋書》完全相同，本篇《附錄》只用作校勘，不另贅錄。

---

⑮ 本篇第［Ⅰ.2］—［Ⅰ.6］条"考证"。

〔二〕國内丈夫唯以征伐爲務　本句文意欠通，“國内”下疑有奪文。

〔三〕共知國政　“知”，本篇《附録》（四）《通典》卷卷一九三《女國》第［Ⅰ］節、《附録》（九）《太平寰宇記》卷一八六《女國》第［Ⅰ］節作“理”，避唐高宗諱改。疑原文或作“治”，形近訛“知”。

［Ⅱ］其俗貴婦人，輕丈夫，而性不妒忌。男女皆以彩色塗面，一日之中，或數度變改之。人皆被髮〔一〕，以皮爲鞋，課税無常。氣候多寒，以射獵爲業。出鍮石、朱砂、麝香、犛牛、駿馬、蜀馬。尤多鹽，恒將鹽向天竺興販，其利數倍。亦數與天竺及党項戰爭。其女王死，國中則厚斂金錢，求死者族中之賢女二人，一爲女王，次爲小王〔二〕。貴人死，剝取皮，以金屑和骨肉置於瓶内而埋之。經一年，又以其皮内於鐵器埋之。俗事阿修羅神，又有樹神，歲初以人祭，或用獼猴。祭畢，入山祝之，有一鳥如雌雉，來集掌上，破其腹而視之，有粟則年豐，沙石則有災，謂之鳥卜。開皇六年，遣使朝貢，其後遂絕。

〔一〕人皆被髮　本篇《附録》（四）《通典》卷一九三《女國》第［Ⅰ］節作“男子皆被髮，婦人辮髮而縈之”，疑《隋書》有奪文。又，《附録》（五）《唐會要》卷九九《女國》第［Ⅰ］節作“男子披髮，以青綠塗面，婦人辮髮而縈之”（《冊府》卷九六一《外臣部·土風》同）。

〔二〕“其女王死”至“次爲小王”　《通典》作“其王死，若無女嗣位，國人乃調斂金錢，得數百萬，還於死王之族，買女而立之”。文字差歧較著。《唐會要》亦稱“其王若死，無女嗣位，國人乃調斂金錢，還於死王之族，買女而立之”。疑“其女王死”下，應補“若無女嗣位”數字。

《附録》（三）《北史》卷九六吐谷渾傳附女王國

［Ⅰ］白蘭西南二千五百里，隔大嶺，又度四十里海，有女王國。人庶萬餘落，風俗土著，宜桑麻，熟五穀，以女爲王，故因號焉。譯使不至，其傳云然。

《附録》（四）《通典》卷一九三《女國》

［Ⅰ］女國，隋時通焉。在葱嶺之南。其國代以女爲國王，王姓蘇毗。女王之夫號爲金聚，不知政事。國内丈夫唯以征伐爲務〔一〕。山上爲城，方五六里，人有萬家。王居九層之樓，侍女數百人，五日一聽朝。復有小女王，共理國政。其俗貴婦人，輕丈夫，而性不妒忌。男女皆以彩色塗面，一日之内或數度變改之。男子皆被髮，婦人辮髮而縈之。其王死，若無女嗣位，國人乃調斂金錢，得數百萬，還於死王之族，買女而立之。其地五男三女，貴女子，賤丈夫，婦人爲吏職，男子爲軍士。女子貴者則多有侍男，男子不得有侍女。雖賤庶之女，盡爲家長，有數夫焉。生子皆從母姓。氣候多寒，

以射獵爲業。出鍮石、朱砂、麝香、犛里之反牛、駿馬、蜀馬。尤多鹽，常將鹽向天竺興販，其利數倍。亦數與天竺及党項戰爭。其女王死，國中貴人剝取皮，以金屑和骨肉置於瓶内而埋之〔二〕，經一年，又以其皮納於鐵器埋之。俗事阿脩羅神。開皇中，遣使來貢。

〔一〕國内丈夫唯以征伐爲務　“國内”下疑有奪文。參見本篇上文《附録》（二）《隋書》卷八三《女國傳》第［Ⅰ］節“校注”〔二〕。

〔二〕“其女王死”至“置於瓶内而埋之”　《隋書》作“其女王死，國中則厚斂金錢，求死者族中之賢女二人，一爲女王，次爲小王。貴人死，剝取皮，以金屑和骨肉置於瓶内而埋之。經一年，又以其皮内於鐵器埋之”，“國中”以下，《通典》略去“則厚斂金錢求死者族中之賢女二人一爲女王次爲小王貴人”二十五字，因刪略不慎，將女國處理貴人遺骸的葬俗，誤植在了女王身上。本篇《附録》（七）《舊唐書》卷一九七《東女國傳》第［Ⅰ］節作“貴人死者，或剝其皮而藏之，内骨於瓶中”，可證。《附録》（九）《太平寰宇記》卷一八六《女國》第［Ⅰ］節作“其女王死，國中貴人剥取皮，以金屑和骨肉置諸瓶内埋之”，疑從《通典》誤。

《附録》（五）《唐會要》卷九九《女國》

［Ⅰ］女國，在葱嶺之（西）〔南〕〔一〕。以女爲王，每居層樓，侍女數百，五日一聽政。其王若死，無女嗣位，國人乃調斂金錢，還於死王之族，買女而立之。其俗貴女子，賤丈夫，婦人爲吏，男子爲軍士。女子貴者，則多有侍男；男子貴，不得有侍女。雖賤庶之女，盡爲家長，猶有數夫焉。生子皆從母姓。男子披髮，以青、緑塗面，婦人辮髮而縈之。土宜六畜，多駿馬。貞觀八年十二月，朝貢使至。

〔一〕葱嶺之西　“西”，本篇《附録》（二）《隋書》卷八三《女國傳》第［Ⅰ］節、《附録》（四）《通典》卷一九三《女國》第［Ⅰ］節作“南”，與第十篇《于闐國等傳》《附録》（五）《隋書》卷八三《于闐傳》第［Ⅰ］節、《附録》（六）《北史》卷九七《于闐傳》第［Ⅰ］節“南去女國三千里”合；本篇《附録》（一）《大唐西域志》卷四《東女國》第［Ⅰ］節亦作“東接吐蕃國，北接于闐國，西接三波訶國”，據改。

《附録》（六）《唐會要》卷九九《東女國》

［Ⅰ］東女，西羌之别種。以西海中有女國，故稱東女國也。俗以女爲王。東與茂州党項接界，隔羅女蠻及白狼夷，有八十餘城。王所居名康延川，中有弱水南流，用牛皮爲船

以渡。戶口四萬。女王號爲“賓就”，有女官號曰“高霸”，評議國事。在外官寮，並男夫爲之。五日一聽政。女王若死，國中多斂錢〔一〕，動至數萬，更於王族求令女二人而立之。大者爲大王，小者爲小王。若大王死，則小王立，或姑死而婦繼，無有篡奪。其所居，皆起重屋，王至九層，國人至六層。其王服青毛綾裙，下領衫，上披青袍，其袖委地。冬則羔裘，飾以紋錦。爲小環髻，飾之以金。耳垂璫，足履鞣釋。俗重婦人而輕丈夫。文字同於天竺。以十一月爲正。每至十月，令巫者齎酒殽詣山中，散糟麥於空，大咒呼鳥。俄頃，有鳥如雉，飛入巫者懷中，因剖其腹視之，有一穀，來歲必登，若有霜雪，必多異災〔二〕。其俗信之，名爲鳥卜〔三〕。武德中，女王湯滂氏遣使貢方物。

〔一〕國中多斂錢　“錢”，本篇《附錄》（七）《舊唐書》卷一九七《東女國傳》第［Ⅰ］節、《太平御覽》卷七九一《東女國》引《唐書》作“金錢”。

〔二〕若有霜雪必多災異　本篇《附錄》（二）《隋書》卷八三《女國傳》第［Ⅱ］節作“沙石則有災”（《北史》卷九七《女國傳》同）。“沙石”意長。

〔三〕“五日一聽政”至“名爲鳥卜”　本條屬於葱嶺南女國的内容，與《唐會要》“東女國”即川西 女國無涉，懷疑王溥在《唐會要》最後成書時，將葱嶺南女國的内容，竄入了川西 女國的傳記之中（說見上文本篇篇首）。

［Ⅱ］永徽七年正月，其國遣女使高霸黎文並其主男三盧等來朝。垂拱二年，其王斂臂遣大臣湯劍左來朝，仍請官號。則天拜斂臂爲左玉鈐衛員外將軍，仍以瑞錦製蕃服賜之。天授三年，其主俄衍兒爾來朝〔一〕。萬歲通天元年，又遣使來朝。開元二十九年十二月，其王趙曳夫遣子獻方物。天寶元年五月，命有司宴之於曲江〔二〕，令宰臣以下同宴。又封曳夫爲歸昌王，授左金吾衛大將軍，賜其子帛八十匹，放還。後復以男子爲王。

〔一〕俄衍兒爾　本篇《附錄》（七）《舊唐書》卷一九七《東女國傳》第［Ⅱ］節作“俄琰兒”，《冊府》卷九六六外臣部 繼襲作“俄琰兒爾”。

〔二〕天寶元年五月命有司宴之於曲江　“五月”，《冊府》卷九七一《外臣部·封冊》作“正月”。按，開元二十九年十二月，趙曳夫入朝；正月，宴曲江，放還。《太平御覽》卷七九一《東女國》引《唐書》總記諸事于二十九年十二月之下，疑“五月”應是“正月”之訛。參見《新唐書》本篇第［Ⅱ.5］條“考證”。

［Ⅲ］貞元九年，其王湯立(悉)〔志〕〔一〕，與哥鄰國王 董臥庭、白狗國王 羅陀忽、逋租國王弟鄧吉知、南水國王姪薛尚悉曩、弱水國王 董辟和、悉董國王 湯悉贊，清遠國王 蘇唐磨、咄霸國王 董藐蓬，各率其種落詣劍南(四)〔西〕川内附〔二〕。其哥鄰等國，皆散居西山。弱水王即國初女國之弱水部落。其悉董國在弱水之西，故亦謂之“弱水西悉董王”。舊皆分隸邊郡，祖、父例授將軍、中郎、果毅等官。自中原多故，皆爲吐蕃所役屬。其部落，大者不過二三千，各置縣令十數人理之。土有絲絮，歲輸於

吐蕃。至是，立(悉)〔志〕與之同盟，相率獻款，兼齎天寶中國家所賜封告共三十九通以進。節度使韋皐處其衆於維、霸、保等州，給以種糧耕牛，咸樂生業。立(悉)〔志〕等數國王自來朝，召見於麟德殿。授立(悉)〔志〕銀青光祿大夫、歸化州刺史；鄧吉知試太府少卿兼丹州長史；薛尚悉曩試少府少監兼霸州長史。董臥庭行至綿州卒，贈武德州刺史，命其子利羅爲保寧都督府長史，襲哥鄰國王。立(悉)〔志〕妹乞悉漫頗有才智，從其兄來朝，封和義郡夫人。其大首領董臥卿等，皆授以官。俄又授女國王兄湯厥銀青光祿大夫、試大府卿，清遠王弟蘇歷顛銀青光祿大夫、試衛尉卿，南水國王 薛莫庭及湯悉贊、董藐蓬、女國唱後湯佛庭、美玉鉢、南郎唐並授銀青光祿大夫、試太僕卿。其年，西山 松州生羌等二萬餘戶相率内附〔三〕，其黏信部落主董夢葱、龍諾部落主董辟忽皆授試衛尉卿。立(悉)〔志〕等並赴明年元會訖，賜以金帛，各遣還。八月，詔加韋皐統押近界諸蠻及西山八國使。其部落至今猶代襲刺史等官，然亦潛通吐蕃，故謂之“兩面羌”。

〔一〕湯立悉　應是“湯立志”之誤，説見《新唐書》本篇第［Ⅲ.1］條“校注”〔一〕，據正。下同。

〔二〕劍南四川　本篇《附錄》（七）《舊唐書》卷一九七《東女國傳》第［Ⅲ］節、《附錄》（八）《太平寰宇記》卷一七九《東女國》第［Ⅱ］節作“劍南西川”，據正。

〔三〕松州生羌等二萬餘户　“户”，《太平寰宇記》及《新唐書》本篇第［Ⅲ.4］條作“口”。

《附錄》（七）《舊唐書》卷一九七《東女國傳》

［Ⅰ］東女國，西羌之别種，以西海中復有女國，故稱東女焉〔一〕。俗以女爲王。東與茂州、党項接，東南與雅州接界〔二〕，隔羅女蠻及白狼夷。其境東西九日行，南北二十日行。有大小八十餘城。其王所居名康延川，中有弱水南流，用牛皮爲船以渡。户四萬餘衆，勝兵萬餘人，散在山谷間。女王號爲“賓就”。有女官，曰“高霸”，〔三〕平議國事。在外官僚，並男夫爲之。其王侍女數百人，五日一聽政。女王若死，國中多斂金錢，動至數萬〔四〕，更於王族求令女二人而立之。大者爲王，其次爲小王。若大王死，即小王嗣立，或姑死而婦繼，無有篡奪。其所居，皆起重屋，王至九層，國人至六層。其王服青毛綾裙，下領衫，上披青袍，其袖委地。冬則羔裘，飾以紋錦。爲小鬟髻，飾之以金。耳垂璫，足履鞢韈。俗重婦人而輕丈夫。文字同於天竺。以十一月爲正。其俗每至十月，令巫者齎(楮)〔肴〕詣山中〔五〕，散糟麥於空，大咒呼鳥。俄而有鳥如雞〔六〕，飛入巫者之懷，因剖腹而視之，每有一穀，來歲必登，若有霜雪，必多災異〔七〕。其俗信之，名爲鳥卜。其居喪，服飾不改，爲父母則三年不櫛沐。貴人死者，或剝其皮而藏之，内骨於瓶中，糅以金屑而埋之。國王將葬，其大臣親屬殉死者數十人〔八〕。

〔一〕以西海中復有女國故稱東女焉　本篇《附錄》（八）《太平寰宇記》卷一七九《東女國》第［Ⅰ］節無“復”字，本句内容爲小字注文。疑是。

〔二〕東南與雅州接界　原點校本“界”字屬下句，作“東南與雅州接，界隔羅女蠻及白狼夷”。徑正。

〔三〕高霸　《新唐書》本篇第［Ⅰ.5］條作“高霸黎”。

〔四〕五日一聽政女王若死國中多斂金錢動至數萬　“女”，《太平御覽》卷七九一《東女國》引《唐書》作“令”，屬上。本篇《附錄》（四）《通典》卷一九三《女國》第［Ⅰ］節作“其王死，若無女嗣位，國人乃調斂金錢，得數百萬”。《附錄》（五）《唐會要》卷九九《女國》第［Ⅰ］節略同。疑《舊唐書》有奪文。

〔五〕令巫者齎楮詣山中　“楮”，《太平御覽》卷七九一《東女國》、卷八三八《麥》引《唐書》作“肴”，據正。《唐會要》作“酒殺”。

〔六〕有鳥如雞　“雞”，《唐會要》作“雉”。本篇《附錄》（二）《隋書》卷八三《女國傳》第［Ⅱ］節作“有一鳥如雌雉”（《北史》卷九七《女國傳》同）。

〔七〕若有霜雪必多災異　《隋書》《北史》作“沙石則有災”。“沙石”意長。

〔八〕“其王侍女數百人”至“死者數十人”　本節屬於葱嶺南女國的内容，與川西女國無涉，《舊唐書》將葱嶺南女國與川西 女國混淆在了一起（參見本篇篇首）。

［Ⅱ］隋 大業中，蜀王 秀遣使招之，〔一〕拒而不受。武德中，女王湯滂氏始遣使貢方物〔二〕，高祖厚資而遣之。還至隴右，會突厥入寇，被掠於虜庭。及頡利平，其使復來入朝。太宗送令反國，并降璽書慰撫之。垂拱二年，其王斂臂遣大臣湯劍左來朝〔三〕，仍請官號。則天冊拜斂臂爲左玉鈐衛員外將軍，仍以瑞錦製蕃服以賜之。天授三年，其王俄琰兒來朝。萬歲通天元年，遣使來朝。開元二十九年十二月，其王趙曳夫遣子獻方物。天寶元年，命有司宴於曲江，令宰臣已下同宴。又封曳夫爲歸昌王，授左金吾衛大將軍，賜其子帛八十匹，放還。後復以男子爲王。

〔一〕隋大業中蜀王秀遣使招之　據《隋書》卷四五《庶人秀傳》，仁壽二年，蜀王 秀被隋文帝召回京師廢爲庶人，幽居内省（《隋書》卷二《高祖紀》下同），煬帝繼位後，禁錮如故。此稱“大業中”遣使招致東女國，疑誤。

〔二〕武德中女王湯滂氏始遣使貢方物　“女王湯滂氏”，《太平御覽》卷七九一《東女國》引《唐書》作“女（王國）〔國王〕斂臂鈐湯湯滂氏”。

〔三〕湯劍左　《太平御覽》作“湯劍石”。

［Ⅲ］貞元九年七月，其王湯立（悉）〔志〕與哥鄰國王 董臥庭〔一〕、白狗國王 羅陀忽、逋租國王 弟鄧吉知、南水國王姪薛尚悉曩、弱水國王 董辟和、悉董國王 湯息贊、清遠國王 蘇唐磨、咄霸國王 董藐蓬，各率其種落詣劍南西川内附。其哥鄰國等，皆散居山川〔二〕。弱水王即國初女國之弱水部落。其悉董國，在弱水西，故亦謂之弱水西悉

董王。舊皆分隸邊郡，祖、父例授將軍、中郎、果毅等官；自中原多故，皆爲吐蕃所役屬。其部落，大者不過三二千戶，各置縣令十數人理之。土有絲絮，歲輸於吐蕃。至是〔立〕(悉)〔志〕與之同盟〔三〕，相率獻款，兼齎天寶中國家所賜官誥共三十九通以進。西川節度使韋皐處其衆於維、霸、保等州，給以種糧耕牛，咸樂生業。立(悉)〔志〕等數國王自來朝，召見於麟德殿。授立(悉)〔志〕銀青光祿大夫、歸化州刺史；鄧吉知試太府少卿兼丹州長史；薛尚悉曩試少府少監兼霸州長史；董臥庭行至綿州卒，贈武德州刺史，命其子利囉爲保寧都督府長史，襲哥鄰王。立(悉)〔志〕妹乞悉漫頗有才智，從其兄來朝，封和義郡夫人。其大首領董臥卿等，皆授以官。俄又授女國王兄湯厥銀青光祿大夫、試太府卿；清遠王弟蘇歷顛銀青光祿大夫、試衛尉卿；南水國王薛莫庭及湯息贊、董藐蓬，女國唱後湯拂庭、美玉鉢、南郎唐，並授銀青光祿大夫、試太僕卿。

〔一〕湯立悉　應是"湯立志"之誤，說見《新唐書》本篇第［Ⅲ.1］條"校注"〔一〕，據正。下同。

〔二〕皆散居山川　"山川"，本篇《附錄》（六）《唐會要》卷九九《東女國》第［Ⅲ］節、《附錄》（八）《太平寰宇記》卷一七九《東女國》第［Ⅱ］節作"西山"。按，《新唐書》本篇第［Ⅲ.2］條亦稱"其種散居西山、弱水"，疑"西山"是。

〔三〕至是悉與之同盟　"悉"，《唐會要》《太平寰宇記》作"立悉"，《舊唐書》當奪"立"字；又諸書"立悉"應是"立志"之誤（參見上文本條"校注"〔一〕），據補改。

［Ⅳ］其年，西山松州生羌等二萬餘戶，相繼內附。其黏信部落主董夢葱，龍諸部落主董辟忽，皆授試衛尉卿。立(悉)〔志〕等並赴明年元會訖〔一〕，錫以金帛，各遣還。尋詔加韋皐統押近界羌、蠻及西山八國使。其部落代襲刺史等官，然亦潛通吐蕃，故謂之"兩面羌"。

〔一〕立悉　應是"立志"之誤，說見本篇上文第［Ⅲ.1］條"校注"〔一〕，據正。

《附錄》（八）《太平寰宇記》卷一七九《東女國》

［Ⅰ］東女國，西羌之別種也，以西海中有女國，故稱東女國。俗以女爲王。東與茂州、党項接，東南與雅州接界〔一〕，隔羅女蠻及白狼夷。有八十餘城。王之所居名康延川，中有弱水南流，用牛皮爲船以渡。戶四萬餘衆。女王號爲賓就。在外官僚，並男夫爲之。王死，即于王族求令女立之，無篡奪。所居皆重起屋，王至九重，國人至六重。王服青毛綾裙，下領衫，其袖委地。重婦人，輕丈夫。文字同于天竺。以十一月爲正，每至十月，令巫者賫酒殽詣山中，散糟麥于空，大咒呼鳥，俄有鳥如雞，飛入巫者懷中，因剖其腹視之，有一穀，來歲必登，若有霜雪，必多災異〔二〕。其俗因之，名爲鳥卜〔三〕。

〔一〕東南與雅州接界　原點校本"界"字屬下文，作"東南與雅州接，界隔羅女蠻及白狼夷"。疑從本篇《附錄》（七）《舊唐書》卷一九七《東女國傳》第［Ⅰ］節斷句誤。徑正。

〔二〕若有霜雪必多災異　本篇《附錄》（二）《隋書》卷八三《女國傳》第［Ⅱ］節作“沙石則有災”（《北史》卷九七《女國傳》同）。“沙石”意長。

〔三〕“王死”至“名爲鳥卜”　本段屬於葱嶺南女國的内容，與《太平寰宇記》“東女國”即川西女國無涉，懷疑《太平寰宇記》從本篇《附錄》（六）《唐會要》卷九九《東女國》或史料來源相同的記載，將葱嶺南女國的内容，竄入了川西女國的傳記之中（參見本篇篇首）。

［Ⅱ］唐武德中，女王湯滂氏始遣使貢方物。自永徽七年至於天寶元年，朝貢不絕。貞元九年，其王湯立(悉)〔志〕與哥鄰國董卧庭〔一〕、白狗國王羅陀忿〔二〕、逋租國王弟鄧吉知、南水國王姪薛尚悉曩、弱水國王董辟和、悉董國王湯悉贊、清遠國王蘇唐磨、咄霸國王董藐蓬，各率其種落詣劍南西川乞内附。其哥鄰等國，皆散居西山。弱水王即唐初女國之弱水部落。其悉董王〔三〕，舊皆分隸邊郡，祖、父例授將軍、中郎、果毅等官。自中原多故，皆吐蕃所役屬。其部落，大者不過三二千戶，各置縣令十數人理之。土有絲絮，歲輸吐蕃。至是立(悉)〔志〕與之同盟，相率獻款，兼賫天寶中國家所賜官告三十九道以進。節度使韋臯處其衆于維、霸、保等州〔四〕，給以糧種耕牛，咸樂生業。立(悉)〔志〕等數國王自來朝，召見麟德殿，授立(悉)〔志〕銀青光禄大夫、歸化州刺史；鄧吉知試太府少卿兼丹州長史；薛尚悉曩試少府少監兼霸州長史；董卧庭行至綿州卒，贈武德州刺史，命其子利羅爲保寧都督府長史，襲哥鄰王。立(悉)〔志〕妹乞悉漫頗有才智，從其兄來朝，封和義郡夫人。其大首領董卧卿等，皆授以官職。又授女國王兄湯厥銀青光禄大夫、試太府卿；清遠王弟蘇歷顛銀青光禄大夫、試衛尉卿；南水國王薛莫庭及湯悉贊、董邈蓬，女國唱後使湯佛庭、美玉鉢〔五〕、南郎唐，並授銀青光禄大夫、試太僕卿。

〔一〕湯立悉　應是“湯立志”之誤，說見《新唐書》本篇第［Ⅲ.1］條“校注”〔一〕，據正。下同。

〔二〕羅陀忿　點校本“校勘記”：“『忿』，《舊唐書·西南蠻傳》、《唐會要·東女國》皆作『忽』，《資治通鑑》卷二三四作『忽』。”

〔三〕其悉董王　點校本“校勘記”：“按《舊唐書·西南蠻傳》：‘其悉董國，在弱水西，故亦謂之弱水西悉董王。’《唐會要·東女國》同，此蓋脫‘在弱水西故亦謂之弱水西悉董王’一四字。”

〔四〕節度使韋臯　點校本“校勘記”：“按《舊唐書·西南蠻傳》《唐會要·東女國》皆作‘西川節度使韋臯’，此蓋脫‘西川’二字。”

〔五〕女國唱後使湯佛庭美玉鉢　點校本“校勘記”：“‘使’，《舊唐書·西南蠻傳》《唐會要·東女國》無，蓋衍字。‘玉’，底本作‘王’，萬本同，據庫本及《舊唐書》《唐會要》改。”

［Ⅲ］其時，西山松州生羌等二萬餘口，相繼内附，其黏信部落主夢葱、龍諸部落主辟忽，皆授試衛尉卿。立(悉)〔志〕等並赴明年元會訖〔一〕，賜以金帛，各遣還。

至八月召韋皋統押羌蠻及西山八國使。其部落至今猶代襲刺史等官〔二〕，然亦潛通吐蕃，故謂之“兩面羌”也。

〔一〕立悉　應是“立志”之誤，說見本篇上文第［Ⅲ.1］條“校注”〔一〕，據正。

〔二〕其部落至今猶代襲刺史等官　本篇《附錄》（六）《唐會要》卷九九《東女國》第［Ⅲ］節同，《附錄》（七）《舊唐書》卷一九七《東女國傳》第［Ⅳ］節無“至今猶”三字。據此可以推測，《太平寰宇記》之《東女國》應出自與《唐會要》史料來源相同的記載，并非源于《舊唐書》。

《附錄》（九）《太平寰宇記》卷一八六《女國》

［Ⅰ］女國。隋時通焉。在葱嶺之南。其國代以女爲王，王姓蘇毗。女王之夫號爲金聚，不知政事。國内丈夫惟以征伐爲務。山上爲城，方五六里，人有萬家。王居九層之樓，侍女數百人，五日一聽朝。復有小女王，共理國政。亦數與天竺及党項戰爭。其女王死，國中貴人剥取皮，以金屑和骨肉置諸瓶内埋之〔一〕，經一年，又以其皮内于鐵器埋之。開皇中，遣使朝貢。唐貞觀八年，朝貢使至。

〔一〕“其女王死”至“置諸瓶内而埋之”　本篇《附錄》（二）《隋書》卷八三《女國傳》第［Ⅱ］節作“其女王死，國中則厚斂金錢，求死者族中之賢女二人，一爲女王，次爲小王。貴人死，剝取皮，以金屑和骨肉置於瓶内而埋之。經一年，又以其皮内於鐵器埋之”。《太平寰宇記》因刪略不慎，將女國處理貴人遺骸的葬俗，誤植在了女王身上。疑《太平寰宇記》從《通典》或同源史料而誤（參見《附錄》（四）《通典》卷一九三《東女國》第［Ⅰ］節“校注”〔一〕。

［Ⅱ］四至：段國《沙州記》云：“白蘭西南二千五百里，隔大嶺，又渡三十里海，即此女國也。”

［Ⅲ］土俗物産：其俗貴婦人，輕丈夫，而性不妬忌。男女皆以彩色塗面，一日之内或數變改之。男子皆披髪，婦人或辮髪而縈之。王死，若無女嗣位，國人乃調斂金錢得數百萬，還以死王之族，買女而立之。其地五男三女，貴女子，賤丈夫，婦人爲吏職，男子爲軍士。女子貴者則多有侍男，男子不得有侍女。雖賤庶之女，盡爲家長，有數夫焉。生子皆從母姓。氣候多寒，以射獵爲業。出鍮音偷。石、朱砂、麝香、犛音黎。牛、駿馬、蜀馬。尤多鹽，恒將向天竺國興販。俗事阿修羅神。

Historical Sources of *the Biography of Dongnü* of *Xin Tang Shu*

Wu Yugui

The Women's Kingdom in western Sichuan and the one in southern Congling were two political regimes in the western area of the Tang Dynasty. *The Biography of Dongnü* of *Xin Tang Shu* (lit. *New History of the Tang Dynasty*) 新唐书·西域传·东女传, however, confused these two regimes. Under the entry of the Women's Kingdom in southern Congling, the biography mixed the records of two Women countries, thus resulting in various inaccuracies or misunderstandings about the text of the biography. This article divides the content of *the Biography of Dongnü* into 29 items and analyzes their historical sources one by one. From the perspective of text generation, it provides a reliable literature basis for the interpretation of the content of *the Biography of Dongnü*.

《新唐书·西域传》史源研究

陈泽宇

《新唐书·西域传》是保留唐代西域历史地理资料最重要的史料之一，在篇目和内容上相较于《旧唐书·西戎传》有大幅增补，对其史源的探究尤为必要。《新唐书》史源研究始自北宋，吴缜《新唐书纠谬》已发其端，清儒赵翼、邵锡盟、王鸣盛等踵于其后，近代以来又有不少学者耕耘于此①。自《新唐书》成书以来，学者对其史源之研究可谓备矣，然而及至目前，尚未有专门探讨《西域传》史源的论著。学界对《新唐书》史源分析集中于各《志》②，对于《西域传》的研究多局限于与《旧唐书》《资治通鉴》《太平广记》等文献的对勘，对其新增内容关注不足。

本文将首先梳理《新唐书》编纂过程中所能借鉴的西域相关史料文献，以此利用文献进行史料溯源。无法从现存史料中溯源的文字，则通过其内容所反映的时代背景及语言特点进行推测。

一、《新唐书》修撰时所能及见隋唐西域文献

深入探究《新唐书·西域传》相较于《旧唐书·西戎传》所增添内容的史源，关键的一步是审视唐宋时期西域相关典籍的流传状况。为此，可以借助当时编纂的多种目录文献，包括正史的《经籍志》《艺文志》《崇文总目》《郡斋读书志》以及《直斋书录解题》等公私目录。这些书目记录了当时的存世书籍，提供了书名、作者、卷数等详尽信息，是研究古代文献流传的直接材料。据考证，《隋书·经籍志》为贞观年间“今考

① 参见吴缜《新唐书纠谬》，上海：商务印书馆，1935年，1页；赵翼著、栾保群等点校《陔余丛考》卷一一《新唐书得史裁之正》，北京：中华书局，2019年，253—254页；赵翼著、王树民校证《廿二史札记校证》，北京：中华书局，2013年，368、385页；王鸣盛著、黄曙辉校《十七史商榷》，上海：上海古籍出版社，2016年，964—965页；吴枫《“两唐书”说略》，《古籍整理学刊》1986年第3期，25—31页；黄永年《唐史史料学》，北京：中华书局，2015年，21页；谢保成《北宋前中期的唐史研究与〈新唐书〉重修中的几个问题》，《中国史研究》1997年第4期，106—117页等。

② 参见赵庶洋《〈新唐书·地理志〉研究》，南京：凤凰出版社，2015年，11—60页；张固也《论〈新唐书·艺文志〉的史源》，《吉林大学社会科学学报》1998年第1期，87—90页；马楠《〈新唐书·艺文志〉增补修订〈旧唐书·经籍志〉的三种文献来源》，《中国典籍与文化》2018年第1期，4—21页；孙晓辉《两唐书乐志研究》，上海：上海音乐学院出版社，2005年，48—82页。

见存”的官府实际藏书目录[③]；《旧唐书·经籍志》系删定《古今书录》而来，可反映开元年间官府藏书情况[④]；《崇文总目》成书于庆历元年（1041），主要以崇文三馆所藏图书编修而成，大致反映了宋仁宗朝书籍见存情况[⑤]；《郡斋读书志》与《直斋书录解题》则反映了南宋时期的藏书情况。

唯《新唐书·艺文志》较为特殊，是以《旧唐书·经籍志》为基础，参考《隋书·经籍志》、北宋馆阁藏书以及史传所载唐人所著书整理而成，并不能反映唐宋某一时期的书籍见存情况[⑥]。由于《新唐书·艺文志》资料来源复杂，其中书目存亡的记载亦不准确。记存实亡者，如梁载言《十道志》，《新唐书·艺文志》作十六卷，而《崇文总目》及《郡斋读书志》均作十三卷，应为宋代实际情况，则《新唐书》所载当为尚未散佚的卷数；记亡实存者，如《王会图》，《新唐书·艺文志》记曰亡，但据董逌《广川画跋》记载，其人崇宁五年（1106）于秘阁尚见《王会图》“总幅二十四，亡者十有二矣，其传制度，犹可概见”[⑦]，汤开建认为该图当亡于北宋末年靖康之乱前后[⑧]。既然如此，《新唐书》所载《王会图》亡佚的说法当来自某私修目录。由以上数例可知，《新唐书·艺文志》中所载书目存亡情况混乱，作为依据时当详加考证，但其保存不少不见其他书目的书籍，故列于表中。

那么，根据以上所列书目录则可大致反映西域典籍自唐流传至《新唐书》成书前后的情况（表1）。

表1　唐宋目录中西域文献的保存情况

	《隋书·经籍志》	《旧唐书·经籍志》	《新唐书·艺文志》	《崇文总目》	《郡斋读书志》	《直斋书录解题》
佚名《诸蕃风俗记》	二卷					
裴矩《西域图记》	称《隋西域图》三卷		三卷			
佚名《大隋翻经婆罗门法师外国传》	五卷					
程士章《西域道里记》	三卷	三卷	三卷			
韦节《诸蕃记》	称《诸蕃国记》十七卷					
韦机《西征记》			亡			

③ 《隋书》卷三二《经籍志一》，北京：中华书局，1973年，908页。

④ 《旧唐书》卷四六《经籍志一》，北京：中华书局，1975年，1961—1963页。

⑤ 张围东《宋代〈崇文总目〉之研究》，台北：花木兰文化工作坊，2005年，58页。

⑥ 王重民《中国目录学论丛》，北京：中华书局，1984年，107—108页；张固也《论〈新唐书·艺文志〉的史料来源》，《吉林大学社会科学学报》1998年第2期，87—90页；马楠《〈新唐书·艺文志〉增补修订〈旧唐书·经籍志〉的三种文献来源》，《中国典籍与文化》2018年第1期，4—21页。

⑦ 董逌《广川画跋》卷二《上王会图序录》，杭州：浙江人民出版社，2016年，27页。

⑧ 汤开建《唐〈王会图杂考〉》，《民族研究》2011年第1期，82页。

续表

	《隋书·经籍志》	《旧唐书·经籍志》	《新唐书·艺文志》	《崇文总目》	《郡斋读书志》	《直斋书录解题》
颜师古《王会图》			亡			
王玄策《中天竺国行记》		十卷	十卷			
李泰《括地志》		《序略》五卷	五百五十卷又《序略》五卷			
许敬宗《西域图志》			称《西域图志》六十卷			
梁载言《十道志》			十六卷	十三卷	十三卷	改称《十道四蕃志》，十卷
贾耽《海内华夷图》			称《地图》十卷	称《国要图》五卷		
贾耽《皇华四达记》			十卷	十卷		
贾耽《古今郡国县道四夷述》			四十卷			
高少逸《四夷朝贡录》			十卷	十卷		十卷
义净《大唐西域求法高僧传》		二卷	二卷	二卷	二卷	
道宣《释迦方志》			二卷			
玄奘《大唐西域记》			十二卷 又有《西域记》辩机十二卷	十三卷	称《西域志》十二卷	十二卷
佚名《西域行记》				一卷		

通过表1可以发现，宋代《新唐书》编纂时，隋唐以来有关西域的文献大部分业已亡佚，除保存至今的《大唐西域记》《释迦方志》及《大唐西域求法高僧传》外，依据宋代各目录，《新唐书》修撰时还能参考《十道四夷志》（包括《十道四蕃引》）、《皇华四达记》、《四夷朝贡录》等宋后亡佚的文献。除西域史地专著外，隋唐时期其他文献同样可为《新唐书》史官所参考，如《酉阳杂俎》中关于西域风俗的记载，《贞观政要》以及诸朝《实录》中诸国朝贡的吉光片羽，《唐会要》《唐六典》等政书保留的西域风土，正史《西域传》中保存的西域史料等。其中尤为重要者，当属《通典》。据考证，《通典》中保留了相当多的史籍残文，如《西域图记》《经行记》《西蕃记》等宋代已不可见的游记地志类文献[⑨]。除表中所载书目外，唐代西域典籍还有佚名《唐夷狄贡》、王名远《西域图记》、盖嘉运《西域记》、慧超《往五

⑨ 李锦绣《〈通典·边防·西戎〉"西域"部分序说》，《欧亚学刊》2005年第1期，138—141页。

天竺国传》以及杜环《经行记》等各志未载的久佚文献[10]。下文将据此对《西域传》的史源进行考证。

二、《新唐书·西域传》直接史源分析

《新唐书·西域传》的篇目和文字均是在《旧唐书·西戎传》基础上依照“文省事增”之原则增添删改而来。《西域传》最主要的文献来源为《旧传》自不必说，还有一种《新唐书》所引的重要史料，即官方档案资料。《新传》增补了众多诸国朝贡册封等记载，其来源当即唐代档案。目前所见保存有唐代官方档案的文献，有《册府元龟》《唐会要》等书。《新唐书·西域传》中较《旧唐书·西戎传》多出的朝贡册封内容绝大部分可在《册府元龟》等书中找到出处。本文因其所引内容甚广，不难考证出处，且此类史源探讨散见于前人研究，故不在此处详细列举。

下文将以引用内容由多至少排序，对《新唐书·西域传》中除以上所述史料之外的史源进行考证。

（一）玄奘《大唐西域记》

《新唐书·西域传》在编纂过程中借鉴了不少《大唐西域记》的内容，但并非原文袭用，而是根据“文省事增”的原则对其摘录改编。如《新唐书·西域传》各传国名多尊《旧传》，而将《大唐西域记》所使用的梵语国名作为各国别称补入，如康国“亦曰飒秣建”；安国“又曰捕喝”；石国“曰赭时”等[11]。《新唐书》中所列举的国名别称多出自《大唐西域记》，然亦有列举多个别称者，如帆延国“或曰望衍，曰梵衍那”[12]，后者为《大唐西域记》所出译名，而前者另有所本。

通过对比，可知《新唐书·西域传》在安西四镇、天竺诸国、石国、史国、俱兰、谢䫻及护蜜等国的记载上吸收了《大唐西域记》的记载，其袭用内容主要关于各国地理四至及风土人情，并依照“文省事增”原则对《西域记》原文进行修改。例如在《旧唐书》中有关于阗国四至风物的记载仅有约五十字，而《新唐书》则扩充至三百余字[13]。除于阗别名以及风俗外，还记载了“鼠壤坟”与“蚕种传入”两段玄奘在于阗亲耳听闻的传说[14]，较之《大唐西域记》原文，则文字缩减至不到一半，且就“鼠壤坟”传说而言，删减其助于阗王击退匈奴之传说，削弱了其神话色彩。

另外，《新唐书》在《龟兹传》《石国传》《史国传》《箇失蜜传》四传后大段袭用了《大唐西域记》内容以介绍四国附近各国地理及风俗情况。《龟兹传》记载了自

---

⑩　张固也《新唐书艺文志补》，长春：吉林大学出版社，1996年，117—137页。

⑪　《新唐书》卷二二一下《西域传下》，6243、6244、6246页。

⑫　《新唐书》卷二二一下《西域传下》，6254页。

⑬　《新唐书》卷二二一上《西域传上》，6235—6236页。

⑭　季羡林等校注《大唐西域记校注》卷一二《瞿萨旦那》，北京：中华书局，2000年，1017—1018、1021页。

跋禄迦途经素叶水城、千泉、呾逻私、笯赤建前往石国的路线及风物[15]；《石国传》记载自石国东南的怖捍经堵利瑟那（《大唐西域记》作窣堵利瑟那）至康国的风物及路线[16]；《史国传》是袭用《大唐西域记》内容最多的一传，记载由史国出铁门经吐火罗诸国一路南下，至大雪山（兴都库什山）向西直到摩揭陀后再折返向西北，由吐火罗经护蜜至西域南道的路线和风物[17]；《箇失蜜传》则记载了箇失蜜（《大唐西域记》作迦湿弥罗）至其"役属五种"的道里和风物[18]。上述四传所引内容简要记述了《大唐西域记》全书大部分内容，填补了《新唐书·西域传》对西域南道、吐火罗地区、天竺地区记载的空白。

将《新唐书·西域传》所引《大唐西域记》内容综合来看，其实已经相当于一部节本《大唐西域记》。但广泛袭用带来了负面影响。对于与西域隔绝已久的宋人而言，唐人记载的西域各国只是抽象的文字记录。西域国家数量甚多且国名异译复杂错乱，所以经常会出现将一国视作两国以及将两国视作一国的情况。如《新唐书》抄录《大唐西域记》的怖捍，其实就是单独有传的拔汗那；坐落于吐火罗叶护国的阿缓城，在《大唐西域记》中记为活国，到《新唐书》中则被理解成"活种"，其实当时的统治者是西突厥统叶护可汗直系后裔，并非他族；再如《大唐西域记》中有乌仗那和乌荼，《新唐书》则因两国读音相近而误以为一国，此类谬误在《西域传》中并不少见。

（二）杜佑《通典》

《通典》关于西域诸国的记载，除来源于正史外，另有"考其风俗物产及诸家所说而编之"者[19]。《新唐书·西域传》编纂时大量参考了《通典》，除源于裴矩《西域图记》的史料分析稍显复杂，拟于后文详述外，以下详细列举《新唐书》所袭用的《通典》内容，分析其史源。

1. 杜环《经行记》

《经行记》是唐代杜环所著西域行记。天宝十载（751），杜环于怛罗斯为大食所俘，淹留其地十余载，归国之后据其所见所闻著成《经行记》。该书保留了唐代中亚、西亚直到地中海的史地资料。《经行记》一书不见于唐宋各家目录，如今所见仅有其族叔杜佑所著《通典》保留部分残文。《新唐书·西域传》所引《经行记》内容，均能从

---

⑮ 《新唐书》卷二二一上《西域传上》，6232—6233页；季羡林等校注《大唐西域记校注》卷一《跋禄迦》至《赭时》，66—84页。

⑯ 《新唐书》卷二二一下《西域传下》，6247页；季羡林等校注《大唐西域记校注》卷一《赭时》至《飒秣建》，84—89页。

⑰ 按：《史国传》后附有《那色波传》，其文与《大唐西域记》描述睹货逻故地的文字雷同，当为史官误抄。《新唐书》卷二二一下《西域传下》，6247—6249页；季羡林等校注《大唐西域记校注》卷一《铁门》至卷一二《瞿萨旦那》，84—1033页。

⑱ 《新唐书》卷二二一下《西域传下》，6256—6257页；季羡林等校注《大唐西域记校注》卷三《呾叉始罗》至《曷逻阇补罗》，300—349页。

⑲ 《通典》卷一九三《边防九》，北京：中华书局，1988年，5260页。

《通典》中寻得原文，盖《新唐书》引自《通典》。

《新唐书·西域传》所引《经行记》内容集中于三个区域：碎叶、拂菻、大食。《新唐书》于《石国传》后插入碎叶地区道里风物的记载，介绍了勃达岭、细叶川（《经行记》作碎叶川）、热海等山川大泽以及碎叶城周边的异姓突厥与怛罗斯城，其记载最远至“西海”（应即咸海）[20]。相较《通典·边防九·石国》后所引《经行记》佚文而言，《新唐书》删去了碎叶城中交河公主所建大云寺及天宝十载（751）高仙芝兵败怛罗斯等事[21]。此外，《石国传》中药杀水分为真珠河与质河之记载亦源于《经行记》，然而原文只提到石国附近有此二河，并未说明共源于药杀水。《拂菻传》后记载了“北直突厥可萨部”的苫国以及拂菻“西南度碛二千里”的磨邻与老勃萨（《通典》作勃萨罗）的道里风俗，介绍了开颅出虫等技术、鬼市等风俗，鹘莽（波斯枣）等物产[22]。然而对比《通典·边防九·大秦》所引《经行记》，《新唐书》将西域宗教“寻寻法”理解为夷狄之“寻”种，又删去“大食法”和“大秦法”的内容，使“大食法”风俗“其俗每七日一假，不买卖，不出纳，唯饮酒谑浪终日”嫁接于“寻”种之后，曲解原意[23]。《大食传》中自“女子白皙，出辄障面”至“有千里马，传为龙种”的记载均袭用《经行记》，又记载了东部小国末鹿及其风俗，随后又重复介绍苫国的地理风物[24]。然相较《通典》所载原文，《新唐书》删去大量细节。

由于杜环是唐代西行最远且留下文字记录的人，其著作《经行记》对拂菻和大食的记录在当时可谓独一无二，所以《新唐书》丰富拂菻、大食的记载就必须参考《经行记》。[25]而唐代记载碎叶的文献，除《经行记》外，还有《大唐西域记》、许敬宗《西域图志》等。实际上，关于碎叶城，《新唐书》前文已经袭用了《大唐西域记》的记录，系于《龟兹传》后，只不过玄奘称之为素叶水城，《新唐书》编纂者应当是没有将素叶水城与碎叶城联系起来，故于《石国传》后又重新大段袭用了《经行记》的内容[26]。

2. 康泰《扶南传》

《扶南传》为吴时康泰所撰，不见于史志，又名《吴时外国传》《扶南土俗传》等，记载了赤乌六年（243）至神凤元年（252）七年间作者出使南海的经历与传闻，对扶南国记载较详。其书久佚，《水经注》《北堂书钞》《初学记》《通典》等书尚存残文。《通典》所引《扶南传》是关于天竺诸国的记载（表2）[27]。

---

⑳　《新唐书》卷二二一下《西域传下》，6246—6247页。
㉑　《通典》卷一九三《边防九》，5275页。
㉒　《新唐书》卷二二一下《西域传下》，6261页。
㉓　《通典》卷一九三《边防九》，5266—5267页。
㉔　《新唐书》卷二二一下《西域传下》，6261、6263页；《通典》卷一九三《边防九》，5280—5281页。
㉕　关于拂菻的记载，参见《新唐书》卷二二一下《西域传下》，6260—6262页，源于《通典》卷一九三《边防九》，5266—5267页；关于大食的记载，参见《新唐书》卷二二一下《西域传下》，6262、6263页，源于《通典》卷一九三《边防九》，5279—5280页。
㉖　《新唐书》卷二二一下《西域传下》，6246页；《通典》卷一九三《边防九》，5275—5276页。
㉗　《新唐书》卷二二一上《西域传上》，6237页；《通典》卷一九三《边防九》，5260页。

表2 《新唐书·西域传》与《扶南传》残文内容对比

《新唐书》	《扶南传》
曰舍卫；曰迦没路，开户皆东向；曰迦尸，或曰波罗奈，亦曰波罗那斯（《新唐书·天竺传》）	《扶南传》云："舍卫国隶属天竺。伽尸国一名波罗柰国，亦名波罗柰斯国（《通典·边防九》）

3. 法盛《历国传》

《历国传》是南北朝时期高昌僧人法盛所撰行记，记述西域天竺异闻，共二卷，佚于唐后。《通典》所引对"稍割牛"的记载是目前仅存的残文。而《新唐书》对稍割牛的记载则完全本诸《历国传》[28]。与《扶南传》相似，《新唐书》袭用此段亦是用以记载天竺诸国风土。《历国传》与《扶南传》乃《通典·边防九·天竺》同条共引，文字与《新唐书》差同，证明《新唐书》应转袭自《通典》。

4. 刘璠《梁典》

《梁典》为北周刘璠所著，其书久佚，据《周书·刘璠传》记载共有三十卷[29]，内容为梁代史事。《梁典》中因有对嚈哒的记载，故为《新唐书》所参考。

《新唐书》所引《梁典》内容为嚈哒与挹怛两种不同译名源流的解释，"滑国姓嚈哒，后裔以姓为国号，转讹又谓之挹怛焉"[30]。目前看来似为附会强解。嚈哒于6世纪后半叶遭突厥及波斯联合灭亡，至唐时已不存在统一完整的嚈哒帝国，仅在吐火罗斯坦有诸多自立为王，族群意识为嚈哒的小政权，来源各异，早已不存在所谓"王姓"。《新唐书》中记载挹怛国"治蓝氏城"[31]，蓝氏城即今阿富汗巴尔赫（Balkh）[32]，唐代又称缚底耶，据慧超记载"王住城名为缚底耶。见今大寔兵马，在彼镇押。其王被逼，走向东一月程，在蒲特山住"[33]，可知巴尔赫是吐火罗叶护曾经的都城，况且据塔巴里（Ṭabarī）记载屈底波在镇压吐火罗叛乱之后随即任命将领驻守巴尔赫[34]，都证明巴尔赫是吐火罗叶护领地。由以上可知，《新唐书》对挹怛的记载漏洞百出，一方面说明宋代史臣对该地区已不甚了解，另一方面也反映出唐代与其地交往甚少，文献不足征。

5. 韦节《西蕃记》

《西蕃记》为隋时韦节所撰，记述其于炀帝时出使西域的见闻。《隋书·经籍

㉘ 《新唐书》卷二二一上《西域传上》，6237页；《通典》卷一九三《边防九》，5260页。
㉙ 《周书》卷四二《刘璠传》，北京：中华书局，1971年，765页。
㉚ 《通典》卷一九三《边防九》，5259页。
㉛ 《新唐书》卷二二一下《西域传下》，6253页。
㉜ Daniel Balogh, *Hunnic Peoples in Central and South Asia Sources for their Origin and History*, Groningen: Barkhuis, 2020, p. 27.
㉝ 桑山正進編《慧超往五天竺國傳研究》，京都：臨川書店，1998年，23頁。
㉞ Abū Jaʿfar Muḥammad b. al-Ṭabarī, Translated by Martin Hinds. *The History of al-Ṭabarī, 23. The Zenith of the Marwānid House*, Albany: State University of New York Press, pp. 154-155.

志》中作《诸蕃国记》，十七卷[35]。其书久佚，新旧《唐书》书目录均不载其书，仅于《通典·边防九》有少量残文，记载挹怛又称挹阗一事。“挹阗”一名是韦节其“亲问其国人”所得[36]。《新唐书》“亦曰挹阗”[37]的说法最终来源当即《西蕃记》。

《新唐书》对以上诸书的引用内容与《通典》所引基本一致，鉴于各书久佚，可证明《新唐书》当系直接引自《通典》。

（三）王溥《唐会要》

《唐会要》是宋代王溥主编的唐代会要体史书，其书源自唐代的《会要》与《续会要》，其最终史源为官方档案[38]。由于官方档案为修史最基础之史料，《新唐书》中不少内容皆能自《唐会要》中找到相应出处。《唐会要》之记载亦多见于《册府元龟》等书，源流难辨。限于篇幅，本文仅列举《新唐书》所引而不见诸他书的《唐会要》史料如下（表3）[39]。

表3 《新唐书·西域传》与《唐会要》内容对比

序号	《新唐书》	《唐会要》
1	（康国）西北距西曹百余里，……北中曹五十里（《新唐书·康国传》）	又有中曹国，在西曹国之东，康国之北。……又有西曹国……东南去康国一百里（《唐会要》卷九九）
2	西曹者……南接史及波览，治瑟底痕城。东北越于底城有得悉神祠，国人事之。有金具器，款其左曰：“汉时天子所赐。”（《新唐书·曹国传》）	又有西曹国，治那密水南瑟底痕城……南与史国界接，北与波览国界接。其城东北四十里，有越于底城。内有得悉神……并有金银器。胡书题云：“汉天子所赐神器”（《唐会要》卷九九）
3	（石国）俗善战，多良马（《新唐书·石国传》）	石国，其俗善战，多良马（《唐会要》卷九九）
4	显庆三年，以瞰羯城为大宛都督府（《新唐书·石国传》）	显庆三年，以其地瞰羯城为大宛都督府（《唐会要》卷九九）
5	明年，王伊捺吐屯屈勒上言：“今突厥已属天可汗，惟大食为诸国患，请讨之。”（《新唐书·石国传》）	二十九年，其王伊吐屯屈勒遣使上表曰……今突厥已属天可汗，在于西头为患，惟有大食，莫踰突厥。伏乞天恩，不弃突厥部落。讨得大食，诸国自然安贴（《唐会要》卷九九）
6	城有神祠，每祭必千羊（《新唐书·史国传》）	中有神祠，每祭牛羊口（《唐会要》卷九九）
7	那色波，亦曰小史，盖为史所役属（《新唐书·史国传》）	其那色波国亦谓之小史国，为史国役属（《唐会要》卷九九）

---

[35] 《隋书》卷三三《经籍二》，987页。

[36] 《通典》卷一九三《边防九》，6250页。

[37] 《新唐书》卷二二一下《西域传下》，6253页。

[38] 〔美〕杜希德著、黄宝华译《唐代官修史籍考》，101—106页。

[39] 《太平寰宇记》西域诸国史料袭用了大量《唐会要》原文，此处所谓“不见诸他书”并不包括《寰宇记》。

续表

序号	《新唐书》	《唐会要》
8	俱兰，或曰俱罗努……与吐火罗接……南大雪山……出金精（《新唐书·俱兰传》）	俱兰国，前亦名俱罗弩国，与吐火罗接，南抵雪山，地险窄，物产惟出金精（《唐会要》卷九九）
9	师子，居西南海中……有棱伽山，多奇宝（《新唐书·师子国传》）	或云出狮子国。国在西南海中，有棱伽山，出奇宝（《唐会要》卷九九）

由上可知，《新唐书》所参考《唐会要》的史料大部分与曹、石、史三个粟特城邦相关，尽管不排除《新唐书》引用的史料还有更早来源之可能，但也反映出《新唐书》史官编纂史书时有意重视粟特诸国，为其旁征博引以增篇幅。

此外，《唐会要》在修撰过程中还参考了《唐夷狄贡》一书，为《新唐书·西域传》所袭。

《唐夷狄贡》，各书录除《宋史》外不见记载，《宋史·艺文志》史部地理类有《唐夷狄贡》一卷[40]。据《玉海》记载"贞观二十一年三月十一日，诏以远夷各贡方物，其草木杂物有异常者，所司其详录焉……书目有《唐夷狄贡》一卷，始于北突厥，终于师子国，而以杂记附焉。并唐贞观以来诸国贡献等事"[41]，可知其书成书于贞观二十一年（647），内容为自突厥至师子国朝贡的异域方物。

据《玉海》所述，可以发现《唐会要》中保留了贞观二十一年"所司"记录的各国方物，此当即《唐夷狄贡》佚文。其中不少内容也为《新唐书·西域传》采用，共有四事：《泥婆罗传》贞观二十一年献波棱、酢菜、浑提葱事[42]，《摩揭陀传》贞观二十一年献波罗树及太宗遣使取熬糖法事[43]，《波斯传》贞观二十一年献活褥蛇事[44]，同传贞观二十一年健达王献佛土菜事[45]。

《新唐书·西域传》从《唐夷狄贡》中袭用了泥婆罗、摩揭陀、波斯以及健达所贡方物的记录。但《唐夷狄贡》记载的国家远不止这些，根据《唐会要》记载，除上述四国外，贞观二十一年"诏所司详录"有所贡献的远夷还有叶护、康国、伽毗、罽宾、伽失毕、薛延陀、西蕃突厥、西藩咄禄可汗[46]，以及前文《玉海》中提到的北突厥和师子国，都应是《唐夷狄贡》中收录的朝贡国家。在上述国家中，康国、罽宾、师子三国于《新唐书·西域传》中有传，按照《新唐书》之原则，应在三国传中贞观二十一年条中补录《唐夷狄贡》的记载，但《新唐书·西域传》中三传并无贞观二十一年的任何记载，或为史官编纂时的疏失。

㊵ 《宋史》卷二〇四《艺文三·史类》，北京：中华书局，1985年，5156页。

㊶ 《玉海》卷一六《唐贞观夷狄贡》，扬州：广陵书社，2016年，301页。

㊷ 《新唐书》卷二二一上《西域传上》，6214页；《唐会要》卷一〇〇，1789页。

㊸ 《新唐书》卷二二一上《西域传上》，6239页；《唐会要》卷一〇〇，1796页。

㊹ 《新唐书》卷二二一下《西域传下》，6258—6259页；《唐会要》卷一〇〇，1797页。

㊺ 《新唐书》卷二二一下《西域传下》，6259页；《唐会要》卷一〇〇，1797页。

㊻ 《唐会要》卷一〇〇《杂录》，1796—1797页。

（四）段成式《酉阳杂俎》

《酉阳杂俎》是唐段成式所著的志怪小说集。在《新唐书·西域传》中袭用自《酉阳杂俎》的记录共有五处，分别为：《焉耆传》其国风俗节日事[47]、《龟兹传》其国斗羊马橐驼占卜事[48]、《宁远传》披甲相斗以卜岁善恶事[49]、《曹国传》野叉城事[50]、《大食传》拨拔力种事[51]，均为各国社会风俗的记载。

以上四条记载均最早见于《酉阳杂俎》，但其成书于中晚唐时期，当时焉耆其地已为回鹘所占，其族活动在河西走廊[52]；据《册府元龟》记载，宁远（即拔汗那）最后一次与唐朝建立联系是在宝应元年（762）[53]，即段成式出生约40年前，且天宝三载拔汗那已被唐赐名宁远[54]，《酉阳杂俎》中犹记为拔汗那。种种迹象证明，上表《酉阳杂俎》中的内容应有更早来源，但已难以详考。

（五）乐史《太平寰宇记》

《太平寰宇记》是北宋乐史主持编修的地理史志，乐史在编纂此书时，广泛引用了历代的地志、图经、正史、杂史以及笔记小说等多种文献资料，其中有关西域诸国的内容多源于《通典》《唐会要》等书（表4）。

表4　《新唐书·西域传》与《太平寰宇记》内容对比

序号	《新唐书》	《太平寰宇记》
1	白狗与东会州接，胜兵才千人（《新唐书·党项传》）	白狗国。亦西羌之别名。与会州连接，胜兵一千（《太平寰宇记》卷一八三）
2	明年，王伊捺吐屯屈勒上言（《新唐书·石国传》）	二十九年，其王伊捺吐屯屈勒上表曰（《太平寰宇记》卷一八六）
3	其王号“叶护”（《新唐书·吐火罗传》）	其王号叶护（《太平寰宇记》卷一八六）[55]
4	役槃，亦与康邻。出良马（《新唐书·识匿传》）	役槃与康国邻，出好马（《太平寰宇记》卷一八六）

表4中各段为除《新唐书》外仅见于《太平寰宇记》的内容。但《太平寰宇记》中四夷记载多采自《通典》及《唐会要》。此处《新唐书》所引《寰宇记》的文字或为

㊼ 《新唐书》卷二二一上《西域传上》，6288页；段成式著、许逸民校《酉阳杂俎校笺》前集卷四《境异》，北京：中华书局，2015年，453页。

㊽ 《新唐书》卷二二一上《西域传上》，6230页；《酉阳杂俎校笺》前集卷四《境异》，450页。

㊾ 《新唐书》卷二二一下《西域传下》，6250页；《酉阳杂俎校笺》前集卷四《境异》，454页。

㊿ 《新唐书》卷二二一下《西域传下》，6245页；《酉阳杂俎校笺》前集卷四《境异》，456页。

51 《新唐书》卷二二一下《西域传下》，6262页；《酉阳杂俎校笺》前集卷四《境异》，445页。

52 荣新江《龙家考》，《中亚学刊》第4辑，北京：北京大学出版社，1995年，144—160页。

53 《册府元龟》卷九七二《朝贡第五》，南京：凤凰出版社，2006年，11248页。

54 《新唐书》卷二二一下《西域传下》，6250页。

55 据《太平寰宇记》卷一八六校勘记记载，“其王号叶护”一句见于清乾隆五十八年南昌万廷兰刻本（即“万本”）不见于文渊阁四库全书本（即“库本”）。

《通典》或《唐会要》的佚文，或源于较二书更早的文献。

（六）吴兢《贞观政要》

《贞观政要》是由唐代吴兢所著的政论性史书，该书详细记录了唐太宗李世民的政治理念、治国方略、法令制度以及与臣下讨论和对话，在《新唐书·西域传》中有少量袭用。本文检出贞观十二年（638）疏勒、朱俱波、甘棠三国来朝事[56]、贞观中罽宾献马事[57]、贞观五年（631）康国请臣事共三事[58]。

《新唐书·西域传》对《贞观政要》的袭用内容集中在各国来朝时太宗与臣下的言论，并对原文进行删削简省。在远夷来朝时，太宗实行仁政以彰显德化，是这几段内容的基本叙述模式。根据陈寅恪观点，《贞观政要》实"《太宗实录》之分类节要本"[59]，黄永年则进一步认为"除取材《实录》外，还应'参详'了起居注、国史、等'旧史'"[60]。但《新唐书·西域传》中收录的太宗言论均能在《贞观政要》中找到原文，大概率还是源于《贞观政要》。

（七）贾耽《海内华夷图》

《海内华夷图》，成书于贞元十七年（801）[61]，是贾耽所绘制的地理图。其原图是否流传至《新唐书》编修时尚不明确，但《宋史·艺文志》载贾耽《国要图》一卷[62]，王国维即认为"盖贾氏于所进图外，又有略图，其著于《宋志》，盖宋时犹有残本"[63]。《宋史·乐黄目传》载乐史著《掌上华夷图》一卷[64]，辛德勇亦认为系利用贾耽原图"分为多幅小图，相互连缀，合为一册"[65]。《新唐书》编纂时两书皆存，应有参考之可能。然二书今已亡佚，惟脱胎于二书的北宋末年税安礼所著《历代地理指掌图》与伪齐阜昌七年（1136）《华夷图》中保存了《海内华夷图》诸国部分目录。此外，现存于日本的《混一疆理历代国都之图》碎叶水以东部分也被部分学者认为是以《海内华夷图》为底本[66]。

---

[56] 《新唐书》卷二二一上《西域传上》，6233页；吴兢著、谢保成集校《贞观政要集校》卷八，北京：中华书局，2009年，458页。

[57] 此事背景于《贞观政要》中为"突厥破灭，海内安宁"，与《新唐书》所言稍异。《新唐书》卷二二一上《西域传上》，6241页；吴兢著、谢保成集校：《贞观政要集校》卷一，37页。

[58] 《新唐书》卷二二一下《西域传下》，6244页；吴兢著、谢保成集校《贞观政要集校》卷九，477页。

[59] 陈寅恪《元白诗笺证稿》，北京：中华书局，2011年，144页。

[60] 黄永年《唐史史料学》，138页。

[61] 《旧唐书》卷一三八《贾耽传》，3784页。

[62] 《宋史》卷二〇四《艺文志三》，5152页。

[63] 王国维《选堂别集》卷三《伪齐所刊〈禹迹〉〈华夷〉两图跋》，《王国维遗书》第三册，上海：上海书店出版社，1983年，139页。

[64] 《宋史》卷三〇六《乐黄目传》，10112页。

[65] 辛德勇《石室賸言》，北京：中华书局，2014年，378页。

[66] 努尔兰·肯贾哈买提《碎叶》，上海：上海古籍出版社，2017年，36—70页。关于《混一疆理图》的图像及各种版本参见杉山正明《東西の世界図が語る人類最初の大地平》，《大地の肖像—絵図・地図が語る世界》，京都：京都大学学術出版會，2007年，54—83頁。

针对《华夷图》与《古今华夷区域总要图》的研究，主要是对地图绘制时间问题的讨论，至于其中保存了《海内华夷图》的部分文字并没有争议[67]。《华夷图》与《历代地理指掌图》中的《古今华夷区域总要图》中都记载了同样一段文字："唐贾魏公图所载，凡数百余国，今取其著闻者载之"[68]，贾魏公即贾耽，"图"学界均认为是指《海内华夷图》。此段文字说明了在两图中旁注的诸多国名均源自《海内华夷图》。但各位学者都忽略了对比两图所载"西域诸国"部分有何异同（表5）。

表5　《华夷图》与《古今华夷区域总要图》所载西域国名对比

《华夷图》	《古今华夷区域总要图》
西域诸国：且末、车师、四镇、渠犁、姑墨、温宿、尉头、山国、戎卢、扜弥、渠勒、皮山、精绝、俱位、休循、东安、捐毒、西夜、子合、依耐、蒲犁、乌秅、大宛、罽宾、难兜、危须、乌弋山离、党项、安息、大夏、月氏、建城、奄蔡、谢飓、高附、大秦、无雷、婼羌、蒲类、泽散、条支、丁零、波斯、束离[69]、嚈哒、师子、宁远、高昌、威远、苏毗、判汗、刧国、识匿、谷旁、小宛、桃槐、单桓、卑陆、德若、白题、泛栗、拘弥、骨咄、婆罗、康居、东女、舍摩、勃律、大食、新城、多弥、□□	西域诸国：楼兰、且末、车师、四镇、渠犁、姑墨、温宿、尉头、危须、山国、戎泸、杅弥、渠勒、皮山、精绝、莎车、休循、捐毒、乌孙、西夜、子合、蒲犁、判汗、乌托、大宛、罽宾、难兜、乌弋山离、条支、安息、大夏、月氏、天竺、康居、奄蔡、高附、小史、择散、坚弥呼得令[70]、短人、嚈哒、师子、波斯、怛般[71]、大盛尼渠末波[72]、揭盘陁、阿钩羌、迭是罗[73]、盘弋[74]、副货、弥[75]、曹、石、何、史、悒怛、吐火罗、大食、拂林

根据表5可以看出，两图中"西域诸国"内容重合度仅有半数左右，其中不少国家是西域历史上昙花一现的小国，实称不上"著闻者"。目录残本中保留了很多汉代所谓"西域三十六国"的内容，这对应着贾耽表文中"外夷以班史发源，郡县纪其增减，蕃落叙其衰盛"的记载。结合两图其他文字基本相同的情况来看，两图文字应当有同一来源，而这一来源应即《海内华夷图》。该图据说"广三丈，从三丈三尺，率以一寸折成百里"[76]，篇幅规模之大可谓古今罕见，以此来记载数百余国之名绰绰有余。而《华夷图》和《古今华夷区域总要图》只是民间流传的删减本，承载不了如此之多的文字，故

[67] 相关研究参见谭其骧《宋本历代地理指掌图·序言》，上海：上海古籍出版社，1989年，1页；曹婉如《中国古代地图集(战国—元)》，北京：文物出版社，1990年，31—41页；郭声波《〈历代地理指掌图〉作者之争及我见》，《四川大学学报》2001年第3期，89—96页；成一农《浅析〈华夷图〉与〈历代地理指掌图〉中〈古今华夷区域总要图〉之间的关系》，《文津学志》2013年第1期，156—163页；辛德勇《石室剩言》，326—393页等。

[68] 《宋本历代地理指掌图·古今华夷区域总要图》，5页；《华夷图》，引自美国国会图书馆拓本https://www.loc.gov/item/gm71005081/引证时间2024年4月12日。

[69] 当为东离之讹。

[70] 当为坚昆、呼得、丁令之讹。

[71] 当为悦般之讹。

[72] 明本作大卢尼渠末波，疑为伏卢尼、朱俱波。

[73] 当为叠伏罗之讹。

[74] 当为粟弋之讹。

[75] 疑为赊弥之脱文。

[76] 《旧唐书》卷一三八《贾耽传》，3786页。

都进行了不同程度删减，遂造成两图文字略有不同的情况。

《海内华夷图》与《新唐书·西域传》从所载国名上即可发现联系。其中与《新唐书·西域传》国名（或地名、族名）相同的有如下36国：四镇、俱位、东安、罽宾、党项、建城、谢飓、波斯、师子、宁远、高昌、威远、苏毗、劫国、识匿、骨咄、东女、舍摩、勃律、大食、新城、多弥、小史、朱俱波、揭盘陀、曹、石、何、史、怛怛、吐火罗、拂菻；在《新唐书》较旧书新增者有俱位、东安、建城、谢飓、师子、宁远、威远、苏毗、劫国、识匿、骨咄、舍摩、新城、多弥、小史、朱俱波、揭盘陁、曹、石、何、史、怛怛、吐火罗，共23国。也就是说这份《海内华夷图》目录残本中包含了大多数《新唐书》新增国家的名称。且其中宁远、识匿、苏毗、多弥、骨咄、俱位、新城几传记载于《册府元龟》《唐会要》及《通典》等其他文献中都皆无记载。由此可以推知，贾耽《海内华夷图》应是《新唐书·西域传》相关传记的重要史源之一。

（八）贾耽《皇华四达记》

《皇华四达记》是由唐代贾耽所著的地理志，今已亡佚。据《新唐书·艺文志》，该书共十卷。《皇华四达记》据榎一雄等学者认为系《古今郡国县道四夷述》“四夷述”部分之单行本[77]，但只是推测，并无实际根据[78]。《新唐书·地理志》记载：“其后贞元宰相贾耽考方域道里之数最详，从边州入四夷，通译于鸿胪者，莫不毕纪。其入四夷之路与关戍走集最要者七。”[79]随后记叙陆路五条、海路二条。一般认为，关于这七条唐代国际交通要道的内容源自《皇华四达记》[80]。由于残文篇幅有限，难以详考原书全貌，故在此仅用《新唐书·地理志》中的残文，考证出《西域传》袭用《皇华四达记》有如下两条（表6）。

表6 《新唐书·西域传》与《皇华四达记》残文内容对比

序号	《新唐书·西域传》	《皇华四达记》
1	由疏勒西南入剑末谷、不忍领六百里，其国也……开元中破平其国，置葱岭守捉，安西极边戍也（《新唐书·喝盘陀传》）	自疏勒西南入剑末谷、青山岭、青岭、不忍岭，六百里至葱岭守捉，故羯盘陀国，开元中置守捉，安西极边之戍（《新唐书·地理七下》）
2	于阗东三百里有建德力河，七百里有精绝国；河之东有汗弥，居达德力城，亦曰拘弥城，即宁弥故城。皆小国也（《新唐书·于阗传》）	于阗西……有宁弥故城，一曰达德力城，曰汗弥国，曰拘弥城。于阗东三百九十里，有建德力河，东七百里有精绝国（《新唐书·地理七下》）

由表6可见，《西域传》所引均是安西四镇相关内容。而残文中所载新城、师子在《新唐书》中俱有传，其内容亦不可考其出处，或许同为来自《皇华四达记》。

---

⑰ 榎一雄《賈耽の地理書と道理記の稱とに就いて》，《歴史学研究》第6卷第7号，1936年，81—88页。

⑱ 据今人辑本观之，《皇华四达记》之残文皆为唐朝边州至所谓“四夷”的路线及道里，鲜有具体某年史事的具体记载，一如前述《新唐书·地理志》所载《皇华四达记》残文之格式。而《古今郡国县道四夷述》保留至今的残文中存在内容详细的史事记载，与《皇华四达记》不同，两者应非简单的全本与节本之关系。

⑲ 《新唐书》卷四三下《地理志七下》，1146页。

⑳ 桑原隲藏《桑原隲藏全集》第三卷，東京：岩波書店，1968年，310頁。

（九）其他前朝文献

除以上各种所列文献外，《新唐书·西域传》袭用了大量正史西域传和其他西域史料的内容，但袭用时并没有一定之体例，作为已有唐代史料之补充。囿于宋人对西域地理知识的匮乏，导致所引史料很多都已过时，如《焉耆传》四至引《汉书·西域传》，将唐时早已不存的尉犁、乌孙作为方位坐标；更有甚者，出现了张冠李戴的情况，如《天竺传》中袭用《汉书·西域传》中捐毒国的记载，云天竺国“去京师九千六百里，都护治所二千八百里”[81]，汉代所设西域都护在乌垒，唐代安西都护在龟兹，并非一处，《新唐书》直接将汉代记载挪用唐代。其次更是将《汉书》中的捐毒国与天竺混同，据《汉书·西域传》载：“南与葱领属，无人民。西上葱领，则休循也。西北至大宛千三十里，北与乌孙接。”[82]可知此国在帕米尔高原[83]，与天竺相差甚远。

除以上所及袭自《汉书》两条外，还有《天竺传》“别城数百，皆置长，别国数十，置王”的记载系袭自《后汉书·西域传》[84]，《高昌传》中高昌辫发风俗源于《梁书》的记载[85]，《罽宾传》认为罽宾即隋时漕国之观点源于《隋书》[86]，《挹怛传》“俗类突厥”的描述最早见于《北史》[87]。除引用正史外，《新唐书·西域传》还引用了部分唐以前的地志与行记。如《龟兹传》中龟兹于阛置女肆的记载最早见于《太平广记》所引《十三州志》[88]，《乌荼传》中记载其国死刑者徙空山、视溲清浊以决狱等风俗源于《宋云行记》[89]。《十三州志》为北凉阚骃所撰，《宋云行记》则是北魏西行使者的亲笔记录，两者成书年代远早于唐，并不能说明唐代其地风俗尚且如此。

由此可知，《新唐书·西域传》在编纂过程中，广泛参考了唐代以前的西域资料，其核心内容主要聚焦于对西域各国的地理位置、风土人情等。然而，由于唐代时期西域各国的实际情况已与前朝有较大差异，《新唐书》中引用的前朝正史资料在很多方面并不能完全契合唐代的现实情况。

---

[81] 《新唐书》卷二二一上《西域传上》，6236页。

[82] 《汉书》卷九六《西域传》，3897页。

[83] 余太山《两汉魏晋南北朝正史西域传要注》，北京：中华书局，2005年，103页。

[84] 《新唐书》卷二二一上《西域传上》，6236页；《后汉书》卷八八《西域传》，北京：中华书局，1965年，2921页。

[85] 《新唐书》卷二二一上《西域传上》，6220页；《梁书》卷五四《诸夷传》，北京：中华书局，1973年，811页。

[86] 《新唐书》卷二二一上《西域传上》，6240页；《隋书》卷八三《西域传》，北京：中华书局，1973年，1857页。

[87] 《新唐书》卷二二一下《西域传下》，6253页；《北史》卷九七《西域传》，北京：中华书局，1974年，3231页。

[88] 《新唐书》卷二二一上《西域传上》，6230页；《太平广记》卷四八一《蛮夷二》，北京：中华书局，1961年，3965页。

[89] 《新唐书》卷二二一上《西域传上》，6240—6241页；杨衒之撰、周祖谟校《洛阳伽蓝记校释》卷五《城北》，北京：中华书局，2010年，185页。

三、《新唐书·西域传》的间接史源

除上述目前能够确定的直接史源外，有些宋初已佚的西域文献可能是《新唐书·西域传》的间接史源。根据前文所述，成书于隋唐时期至宋初已亡佚的西域史料，主要有裴矩《西域图记》、王玄策《中天竺国行记》、许敬宗《西域图志》、贾耽《古今郡国县道四夷述》等。《新唐书》编纂时并未直接参考，但可以通过宋初尚存的晚近西域文献进行转引，以高少逸《四夷朝贡录》最为可能。以下先对《新唐书·西域传》的间接史源进行分析，进而对其文本流传进行探讨。

（一）裴矩《西域图记》

《西域图记》是隋炀帝时期裴矩所著西域地理文献。《西域图记》于宋代书录中无载，惟戴表元《剡源集》与鲜于枢《困学斋杂录》所收《西域图》残卷经李锦绣考证为《西域图记》残本[90]，所载“止存四国”，内容亦与本文讨论无关。根据太平兴国年间成书的《太平寰宇记》所载《西域图记》内容完全同于《通典》可知，《西域图记》其时已佚。据白鳥庫吉、李锦绣等人考证，《通典·边防典》与《隋书·西域传》中保留了大量《西域图记》残文[91]。《新唐书·西域记》吸收了上述两书内容，可推知为部分文字源自《西域图记》。《何国传》之城门“四天子”绘画、《吐火罗传》之绝大部分以及《劫国传》《越底延传》的记载均可在《通典》或《隋书》中找寻出处，据李锦绣研究，以上内容皆来自《西域图记》[92]。

根据《西域图记》残文叙事特点也可推知《新唐书》保留《隋书》和《通典》未载的《西域图记》内容，以下详细论述：

（1）《新唐书·朱俱波传》的来源，可从《唐会要》和《通典》中找到部分来源，在《太平寰宇记》中可以找到完整对应内容[93]。朱俱波一名隋前不载，为西汉子合国故地，后魏称之朱居盘，朱俱波一名首次出现于《西域图记》序中，为所收录40国之一，仅有唐时贞观十年（636）一次朝贡，至高宗时则改称朱驹半[94]和朱俱半[95]。在《唐

---

[90] 李锦绣《〈西域图记〉考》，《欧亚学刊》（国际版）新1辑，北京：商务印书馆，2011年，359—374页。

[91] 白鳥庫吉《白鳥庫吉全集·西域史研究（下）》（卷七），東京：岩波書店，1971年，125—203页；李锦绣《〈通典〉西域文献要注》，上海：上海人民出版社，2009年；余太山则指出《隋书·西域传》的内容只是依据档案编撰,而无意复述裴矩《西域图记》，参见余太山《〈隋书·西域传〉的若干问题》，《新疆师范大学学报》2004年第3期，50—54页；而颜世明、高健则认为《隋书·西域传》的自然、人文地理史料或来自《西域图记》残本，参见颜世明、高健《裴矩〈西域图记〉研究拾零——兼与余太山、李锦绣二先生商榷》，《敦煌研究》2016年第3期，93—102页。

[92] 李锦绣《〈通典〉西域文献要注》，上海：上海人民出版社，2009年，39、35—34、240、241页。

[93] 《唐会要》卷九九，1775页；《通典》卷一九三《边防九》，北京：中华书局，1988年，5272页；《太平寰宇记》卷一八六《四夷十五 西戎七》，北京：中华书局，2007年，3563页。

[94] “九月，诏以石、米、史、大安、小安、曹、拔汗那、悒怛、疏勒、朱驹半等国置州县府百二十七。”《资治通鉴》卷二〇〇《唐纪十六》，北京：中华书局，1956年，6317页。

[95] 樊英峰《乾陵61蕃臣像补考》，《文博》2003年第3期，57页。

会要》和《太平寰宇记》中，关于朱俱波四至除《新唐书》所载者外，还有“去瓜州三千八百里”。而根据《隋书·裴矩传》载《西域图记》序，“发自敦煌，至于西海，凡为三道，各有襟带”[96]，以瓜州为四至坐标起点是《西域图记》特征之一[97]。李锦绣在其著作中即认为《通典》中关于朱俱波的记载来自《西域图记》，其说当是[98]。总之，《朱俱波传》很有可能全文来自《西域图记》。

（2）《喝盘陀传》四至风土记载绝大部分内容与《通典》一致。关于喝盘陀，目前所见除《新唐书》及《通典》有传外，仅《梁书》有相关记载[99]，但内容完全不同于前两书，《新唐书·喝盘陀传》应未参考《梁书》。《新唐书》述喝盘陀四至为“距瓜州四千五百里，直朱俱波西，南距悬度山，北抵疏勒，西护密，西北判汗国也”[100]，而《西域图记序》中则提到“其南道从鄯善，于阗，朱俱波、喝盘陀，度葱岭，又经护密……”[101]，可发现其记叙逻辑与《新唐书》相符，且四至以瓜州为坐标原点，可以基本判断出该传来源于《西域图记》。

（3）《新唐书·于阗传》在旧书基础上，袭用了大量《大唐西域记》内容，除此之外仍有少量新增内容来自他书。“瓜州赢四千里”[102]就表示此传也曾参考过《西域图记》。除此之外，诸如“其居曰西山城”；“王居绘室”；“然貌恭谨，相见皆跪。以木为笔，玉为印，凡得问遗书，戴于首乃发之。自汉武帝以来，中国诏书符节，其王传以相授”等内容都能从《通典》中找到对应内容[103]，也可推知来自《西域图记》。

（4）《东安国传》中，称四至为“东距何二百里许，西南至大安四百里”[104]，所谓大安即安国，“大”是针对东安别称小安而言。根据《西域图记》序所载，裴矩将安国与东安称为大、小安，除此之外未见其他用例，可知此条引自《西域图记》。

（5）《石国传》记载四至为“去京师九千里。东北距西突厥，西北波腊，南二百里所抵俱战提，西南五百里康也”[105]，其中“去京师九千里”不知出处，许序雅认为疑是根据《龟兹传》所记[106]，与《太平寰宇记》中作“当长安西北一万四百一十里”[107]不同。剩余部分可于《通典》中找到对应原文[108]，还有“南去鏺汗六百里，东南去瓜州六千里”系在段后，鏺汗即唐之拔汗那，在今费尔干纳盆地，隋代称之为鏺汗，且又以瓜州作为坐标原点，可证来源于《西域图记》，许序雅亦认为《石国传》曾参考隋代文

---

[96] 《隋书》卷六七《裴矩传》，北京：中华书局，1973年，1579页。
[97] 自汉至唐的官修史书除《西域图记》者外，多以京师（长安、洛阳或代）为坐标起点。
[98] 李锦绣《〈通典〉西域文献要注》，上海：上海人民出版社，2009年，38页。
[99] 《梁书》卷五四《诸夷传》，北京：中华书局，1973年，814页。
[100] 《新唐书》卷二二一上《西域传上》，6234页。
[101] 《隋书》卷六七《西域传》，1579页。
[102] 《新唐书》卷二二一上《西域传上》，6234页。
[103] 《新唐书》卷二二一上《西域传上》，6235页；《通典》卷一九二《边防八》，5225页。
[104] 《新唐书》卷二二一下《西域传下》，6245页。
[105] 《新唐书》卷二二一下《西域传下》，6246页。
[106] 许序雅《唐代丝绸之路与中原史地丛考》，北京：商务印书馆，2015年，96—97页。
[107] 《太平寰宇记》卷一八六《西戎七》，3568页。
[108] 《通典》卷一九三《边防九》，5275页。

献[109]。唯俱战提在《通典》中作苏对萨那（东曹），不知为何。

（6）《史国传》云史国“居独莫水南”[110]，与《唐会要》之“居近独莫水北”[111]不同，当非唐代官方记载。四至与《隋书》《通典》等同，且多出西距瓜州距离[112]，证明当源于《西域图记》。

（7）护蜜都城本传记为塞迦审城，而高宗时鸟飞州即设在护蜜，其治所曰摸廷城（或谓摸逵城、模达城）[113]与新唐书此传都城名称不同，且两唐书地理志胪列安西各羁縻府州时，俱言其国为护蜜多，也与新唐书本传国名译法不同，所以综合考虑护蜜条排除唐人记载的可能，而隋《西域图记》序中恰好提及护蜜国[114]，疑是。

由上可知，《新唐书》对《西域图记》的袭用集中在葱岭以西、波斯以东诸国传记中。

（二）王玄策《中天竺国行记》

《中天竺国行记》是唐初王玄策根据自己在太宗、高宗两朝三次出使天竺的经历撰写的游记，该书又称《西国行传》《西域行传》《王玄策行传》《王玄策传》等。今已不存，唯赖《法苑珠林》《诸经要集》等文献保留残文二十余条。据唐宋时期各书目录记载，仅《新唐书·艺文志》收录《中天竺国行记》十卷。《中天竺国行记》于张彦远的《历代名画记》中归入“古之秘画珍图，固多散逸人间，不得见之”的“古之秘画珍图”一类[115]，说明其书至晚唐便已经散佚。《新唐书·西域传》中天竺国附近记载不少内容集中在王玄策三次遣使这段时间内，疑是源于此书。

（1）《新唐书·天竺传》中提到“都城曰茶镈和罗城，滨迦毗黎河”[116]。按，迦毗黎水仅见于此段，而茶镈和罗城除此段外仅见于《新唐书·中天竺传》、《通典·边防九》以及《太平寰宇记·西戎七》，均为王玄策第二次遣使天竺时的记载，“吐蕃发精鋭千二百人，泥婆罗国发七千余骑来赴，玄策与其副蒋师仁率二国之兵，进至茶镈和罗城”[117]。故此段史源疑为《中天竺国行记》，同理《中天竺传》贞观二十二年（648）条亦然。

（2）《摩揭它传》中记载高宗时遣王玄策往摩诃菩提祠立碑事[118]，系对《中天竺国行记》的误读。《法苑珠林》引《中天竺国行记》云：“比汉使奉敕往摩伽陀国摩

---

[109] 许序雅《唐代丝绸之路与中原史地丛考》，99页。

[110] 《新唐书》卷二二一下《西域传下》，6247页。

[111] 《唐会要》卷九九《史国》，1777页。

[112] 《隋书》卷八三《西域传》，1855页；《通典》卷一九三《边防九》，5257页。

[113] 《旧唐书》卷四〇《地理三》，1650页；《新唐书》卷四三下《地理七下》，1137页；《唐会要》卷七三，1325页等。

[114] 《隋书》卷六七《西域传》，1579页。

[115] 张彦远《历代名画记》卷三《述古之秘画珍图》，杭州：浙江人民美术出版社，2019年，63、67页。

[116] 《新唐书》卷二二一上《西域传上》，6236页。

[117] 《通典》卷一九三《边防九》，5262页；《太平寰宇记》卷一八三《西戎七》，3502页，唯《新唐书》卷二二一上《西域传上》，6238页文字稍有修改。

[118] 《新唐书》卷二二一上《西域传上》，6239页。

诃菩提寺立碑。至贞观十九年二月十一日，于菩提树下塔西建立，使典司门令史魏才书。”[119]其中提到正使为李义表，副使王元策（即王玄策）。可证，摩诃菩提寺立碑事当发生于贞观十九年（645）王玄策第一次遣使时。此外，《摩揭它传》不言当时正使李义表立碑，而言王玄策立碑，显然是以王玄策自身视角叙述，当出自《中天竺国行记》。

（3）《章求拔传》与《悉立传》也应当源自《中天竺国行记》，因其所载章求拔仅有贞观二十年（646）其王因悉立国入朝，二十二年发兵入援王玄策事，为王玄策前两次遣使时事，而悉立“自古未通中国”，排除是鸿胪寺对使者的记录，综合看来只能源自《中天竺国行记》。但《通典》《唐会要》《册府元龟》等书俱为两国作传，文字与《新唐书》大致相同[120]，疑是官方档案参考《中天竺国行记》，而《新唐书》又继而参考官方档案。

（4）《党项传》中插入有关白兰羌的记载也有可能源自《中天竺国行记》，白兰羌除《新唐书》外仅《通典》有相关记载，但简略于新书，其四至提及“右与多弥接”[121]，而多弥据其本传，仅有贞观六年（632）朝贡事，后来即为吐蕃所并[122]，故知白兰羌此条记载至晚创作于唐初。《释迦方志·遗迹篇》的记载，据沈师琛考证是来自两次出使印度回来后向道宣所述[123]，其中提到“又西南至（吐谷浑）国界，名白兰羌，北界至积鱼城，西北至多弥国。又西南至苏毗国”[124]，疑《中天竺国行记》原文中有载白兰羌、多弥等国内容。又苏毗《新唐书》本传仅提及天宝年间内附事，但四至却以仅存在于唐初的多弥为坐标[125]，疑有部分源自王玄策记载，又经过玄宗朝以后的修改。

此外《泥婆罗传》中有贞观十五年（641）李义表与那陵提婆观阿耆婆沵池事；贞观二十二年泥婆罗助王玄策破天竺事，当出自《中天竺国行记》，因新旧《唐书》俱引[126]，姑且不论。

根据前文，《中天竺国行记》很有可能在《新唐书》编纂时已经亡佚，则《新唐书》只能转引自保存《中天竺国行记》的他书。据《法苑珠林》载：“依奘法师行传、王玄策传及西域道俗，任土所宜，非无灵异。敕令文学士等总集详撰，勒成六十卷，号为《西国志》，图画四十卷，合成一百卷。”[127]《西国志》即许敬宗等人编纂的《西域图志》（或名《西域国志》），“王玄策传”即《中天竺国行记》，《西域图志》实际

---

[119] 释道世著，周叔迦、苏晋仁校注《法苑珠林校注》卷二九《感通篇》，北京：中华书局，2003年，908页。

[120] 《通典》卷一九〇《边防六》，5178—5179页；《唐会要》卷一〇〇，1781页；《册府元龟》卷九六〇《外臣部五 风土第二》，11121、11126页。

[121] 《新唐书》卷二二一上《西域传上》，6215页。

[122] 《新唐书》卷二二一下《西域传下》，6257页。

[123] 沈琛《唐代吐蕃与尼波罗的交通——以汉藏文献与尼泊尔碑铭为中心》，《中国国家博物馆馆刊》2022年第12期，67—77页。

[124] 道宣著；范祥雍点校《释迦方志》卷上《遗迹篇第四》，北京：中华书局，2004年，14页。

[125] 《新唐书》卷二二一下《西域传下》，6257页。

[126] 《旧唐书》卷一九八《西戎传》，5289—5290页；《新唐书》卷二二一上《西域传上》，6213—6214页。

[127] 释道世著，周叔迦、苏晋仁校注《法苑珠林校注》卷二九《感通篇》，北京：中华书局，2003年，888页。

上是总集玄奘、王玄策诸书而成，也就是说《中天竺国行记》的内容被收录在《西域图志》中。

（三）许敬宗《西域图志》

《西域图志》又称《西域国志》《西域图》《西国志》等，是唐高宗时期许敬宗奉敕主持编纂的西域典籍。该书在唐宋之际的目录中仅见于《新唐书·艺文志》，宋代诸书目录不载，应是至宋已佚。

目前文献保存的《西域图志》残文有限，其中《唐会要》卷一〇〇中提到天宝年间王忠嗣上疏时曾引《西域图》一书，当即《西域图志》，文中记述了陀拔斯单、罗利支、都盘、渤达、阿没、岐兰、怛满、沙兰、石国、罽宾、东米、史国十二国的方域道里[128]。岑仲勉先生曾因《西域图》中记载大食与各国距离较近，而《西域图志》修撰时大食尚未深入中亚，与王忠嗣所言情势不符，故推断《西域图》并非《西域图志》，当为盖嘉运《西域记》[129]。颜世明则对此质疑，认为盖嘉运《西域记》并未有绘舆图的记载，且王忠嗣引《西域图》所述大食与诸国距离，可能依据行程时间计算而得，受自然地理与人为因素的影响。故《西域图》的记载并不能说明大食在《西域图》成书时的疆域拓展至中亚[130]。

事实上，此段结合西域诸国当时情况即可判定其成书时间。首先，王忠嗣所引《西域图》中称碎叶为碎叶国，考诸其他史料，称碎叶为国者另有如下三书：①《宋高僧传》卷一八《唐泗州普光王寺僧伽传》云何国为碎叶国之附属，时在龙朔初[131]；②《法华经玄赞要集》提及碎叶国人穿竭陀国过南海采宝，作者窥基也是高宗时人[132]；③《经行记》中也记载有碎叶国，其地历经多次兵燹，导致"城壁摧毁，邑居零落"[133]，俨然一副遗址模样。总而言之，碎叶被称为国的情况均发生在未被设为四镇的时期，即调露元年（679）以前或开元七年（719）以后。据乾陵蕃人石像铭文有"碎叶州刺史安车鼻施"[134]，可知碎叶在被设为四镇时，除"镇"外，唐朝官方亦称之为"州"。此外，在开元七年以后，碎叶转归突骑施，突骑施"稍攻得碎叶，即徙其牙居之，谓碎叶川为大牙，弓月城、伊丽水为小牙"[135]，把碎叶作为牙帐所在，则更谈不上独立成国。即便如

---

[128] 《唐会要》《新唐书》所载《西域图》佚文国名错讹颇多，此处据张星烺考证结果。参见张星烺《中西交通史料汇编》，717页。

[129] 岑仲勉《中外史地考证》，北京：中华书局，2004年，324—339页。

[130] 颜世明《许敬宗〈西域图志〉研究拾零——兼议道世〈法苑珠林〉的成书时间》，《图书馆理论与实践》2017年第2期，59—72页。

[131] 《宋高僧传》卷一八《感通篇第六》，北京：中华书局，1987年，448页。另外此处何国经张广达考证认为是位于碎叶东北的聚落，张广达《唐代六胡州等地的昭武九姓》，《北京大学学报》1986年第2期，77页。

[132] 《法华经玄赞要集》卷四〈前文〉：CBETA 2023. Q4, X34, no. 638, p. 255c4 // Z 1:53, p. 256d7 // R53, p. 512b7。

[133] 《通典》卷一九三《边防九》，5257页。

[134] 林幹编《突厥与回纥历史论文选集》，北京：中华书局，1987年，391—392页。

[135] 《新唐书》卷二一五下《突厥传下》，6066页。

内藤みどり等学者认为的那样突骑施的牙帐设在碎叶几公里处，而非碎叶城中[136]，成书于玄宗朝的盖嘉运《西域记》在记载此地时也更应标识出突骑施牙帐，而非以名不见经传的碎叶“国”作为地标。以碎叶国为地标的可能性，只有在西突厥故地上尚未出现以碎叶为牙帐的时期才会出现。而许敬宗《西域图志》成书时恰为西突厥汗国已经灭亡，突骑施尚未崛起的这段游牧权力真空期，这种情况下“碎叶国”才符合作为地标的条件。至于杜环所谓“碎叶国”或许只是对遗址的一种指称罢了。

其次，《西域图》残文中所言怛满国，经冯承钧、岑仲勉等考订为今乌兹别克斯坦铁尔米兹[137]，该城在第二次内战（the Second Fitna，680—692）中被前呼罗珊总督之子穆萨（Mūsā）占据，原国王被驱除[138]。怛满在704年（即武周长安四年）被奥斯曼·本·马斯乌德将军在粟特的伊赫施德（即粟特王）及骨咄（Khuttal）王公协助之下被攻陷[139]。大食军队入驻其国，怛满成为了倭马亚王朝之一部分，其后不见当地存在国王或迪赫坎（Dehgan）的记载。所以成书在开元年间的盖嘉运《西域记》不可能记载怛满为独立一国，《西域图》只能是许敬宗《西域图志》。

《新唐书·地理志》中根据上文《唐会要》记载，总结道：“天宝中，玄宗问诸蕃国远近，鸿胪卿王忠嗣以《西域图》对，才十数国。”[140]所谓“才十数国”只是根据王忠嗣上疏所列数国而言。但根据《唐会要》可知，王忠嗣上疏背景是“上因问诸蕃诸国远近”[141]，契机是天宝年间以陀拔斯单等国遣使来朝[142]，其中多国皆为首次来朝，玄宗不详其地理方位，故发诏询问。也就是说王忠嗣所引《西域图》并非全文，只是针对时事进行节选。事实上，王忠嗣所引《西域图》中所提及的国家已有20国左右，全本应当远超于此，并非《新唐书》所谓“才十数国”。《新唐书》能作如此判断说明至史官修撰时许敬宗《西域图志》已经亡佚了[143]。

---

[136] 内藤みどり认为突骑施建牙之处在今Chumyshskoe遗址。但又根据在碎叶城遗址（Ak-Beshim）发现大量突骑施钱币判断，碎叶城是突骑施可汗的副牙及经济中心。参见内藤みどり《西突厥史の研究》，東京：早稲田大学出版部，1988年，1—21页。

[137] 沙畹《西突厥史料》，327页；岑仲勉《中外史地考证》，335—339页。

[138] Robert Haug, *The Eastern Frontier Limits of Empire in Late Antique and Early Medieval Central Asia*, London, I.B. TAURIS, 2019, p. 101.

[139] Abū Jaʿfar Muḥammad b. al-Ṭabarī , Translated by Martin Hinds. *The History of al-Ṭabarī, 23. The Zenith of the Marwānid House*. Albany: State University of New York Press, 1990, p.90-107.

[140] 《新唐书》卷四三下《地理志七下》，1146页。

[141] 《唐会要》卷一〇〇，1797页。

[142] 《册府元龟》卷九六五《外臣部十·册封第三》，11179页；卷九七一《外臣部十六·朝贡第四》，11243页，朝贡事在天宝五载至六载，有陀拔斯单、罗利支、歧兰、怛满、渤达、都盘、阿没、沙兰、罽宾、石国、米国、史国等国，包含了王忠嗣上表中的所有国家，这些国家大多数在整个唐代只朝贡过一次，《唐会要》云王忠嗣上疏事在二年，疑为五年之讹。

[143] 吴玉贵根据《新唐书·西域传》所引《西域图》内容在阿没、怛满等国下记载较《唐会要》及《新唐书·地理志》更详，认为《新唐书·西域传》内容直接源自《西域记》或另有其他来源。根据本文上述判断，《新唐书》之《西域传》《地理志》以及《唐会要》所引内容都应来自王忠嗣所奏内容，可能各有不同程度之删减。吴玉贵观点参见王小甫、李安山、吴玉贵著《阿曼与中国关系史研究三种》，北京：中国社会科学出版社，2024年，516页。

《新唐书·西域传》于本传最后所载罗利支、都盘、勃达等六国的道里方位同于《唐会要》及《地理志》的记载[144]，是为间接引用《西域图志》之明证。

《西域传》中仍有不少可能间接源于《西域图志》的内容，需要逐条分析：

（1）俱兰，于《新唐书》中有传，除此传所载之外，《地理志》记载高宗时在俱兰城设有双靡州，属悦般都督府[145]。此国曾于贞观时期来朝，国王所上表文中自称“俱罗那国王”[146]，在天宝年间再次来朝被译作俱烂那[147]，可知俱兰一名仅在高宗朝时使用，又因其四至以吐火罗为坐标，符合《西域图志》“高宗遣使分往康国、吐火罗，访其风俗物产，画图以闻”[148]的特点，可以确定此段记载源于《西域图志》。

（2）《谢飓传》和《帆延传》需要结合起来探讨。据《谢飓传》记载谢飓“显庆时谓诃达罗支，武后改今号”[149]，可知诃达罗支这个名号仅在高宗时期使用，其强调显庆这一时期，应当是因为当时诃达罗支被唐朝划作条支都督府。同时期成书的《西域图志》也一定会对其地有所记载。确定了诃达罗支这一名号的使用时间，则可以发现《帆延传》的四至中“西北与护时健接，东南距罽宾，西南诃达罗支”的记载来源于显庆年间[150]，再结合其四至以吐火罗作为坐标基准则可以确定来自《西域图志》。再回到《谢飓传》，其四至以吐火罗为基准，说明其有部分来自《西域图志》。但其传又云“罽宾取其子弟持兵以御大食”[151]，可知在记录这段史料时，罽宾与谢飓保持着亲密血缘联系。谢飓于罽宾中独立发生在683年左右[152]，则《新唐书》记载应当更晚于此。根据慧超记载，开元时“其王即是罽宾王侄儿，自把部落兵马，住于此国，不属余国。亦不属阿叔”[153]，而据《谢飓传》：“景云初，遣使臣朝贡，后遂臣罽宾。”可知在唐人理解中罽宾和谢飓存在从属关系更是晚在710年以后，故此段内容应经过后人补充。

（3）《俱蜜传》中四至仅言“在吐火罗东北”[154]，以吐火罗为坐标记载，也应是源自《西域图志》。

（4）《陀拔斯单传》中所载不见于他书，但陀拔斯单一名已见于前文《西域图》残文，疑本传四至风土记载亦源自《西域图志》。

（5）除此之外，《新唐书》在很多国家传记中增加了关于其国城池数量的记载，

---

[144] 《新唐书》卷二二一下《西域传下》，6263页；《唐会要》卷一〇〇，1796—1798页；《新唐书》卷四三下《地理七下》，1154—1155页。

[145] 《新唐书》卷四三下《地理志七下》，1137页。

[146] 《册府元龟》卷九七〇《朝贡第三》，11230页。

[147] 沙畹《西突厥史料》，145、324页；张星烺《中西交通史料汇编》，1408、1070页；季羡林等注《大唐西域记校注》卷一二《屈浪拏》，973页。

[148] 《新唐书》卷五八《艺文志二》，1506页。

[149] 《新唐书》卷二二一下《西域传下》，6253页。

[150] 《新唐书》卷二二一下《西域传下》，6254页。

[151] 《新唐书》卷二二一下《西域传下》，6253页。

[152] 桑山正進《6—8世纪Kapisi - Kabul - Zabulの货币と发行者》，《東方学報》1993年1期，430—381页。

[153] 桑山正進編《慧超往五天竺國傳研究》，23頁。

[154] 《新唐书》卷二二一下《西域传下》，6255页。

在《唐会要》《册府元龟》这种保存官方档案的文献中均找不到出处，其记述之细致清晰，非普通行记所能比拟。据《唐会要》记载："龙朔元年六月十七日，吐火罗道置州县，使王名远进《西域图记》。并请于阗以西，波斯以东十六国，分置都督府，及州八十，县一百一十，军府一百二十六。"[155]可知高宗时期将广大西域地区纳入都督府，虽然属于羁縻性质，但唐朝对各国城池数量进行了详细调查。据《新唐书·艺文志》记载，《西域图志》修撰的缘由是"高宗遣使分往康国、吐火罗，访其风俗物产，画图以闻。诏史官撰次，许敬宗领之"[156]，可知《西域图志》在修撰过程中参考了王名远《西域图记》等使者报告[157]。则《新唐书》中新增诸国城池数量记载都极有可能来自《西域图志》的内容。其中记载城镇数量者，有康国、安国、东安、史国、宁远（拔汗那）、帆延诸国，高宗朝时康国被设为康居都督府[158]，安国被设为安息州、东安被设为木鹿州[159]；史国被设为佉沙州[160]，拔汗那被设为休循州[161]，帆延被设为写凤都督府[162]，均曾被设置为羁縻府州，其记载应源于《西域图志》。

尽管《西域图志》在《新唐书》编纂时期已经散佚，但《新唐书》在编纂过程中可能参考了《西域图志》的内容。平定阿史那贺鲁之乱后，唐朝将西域诸国册封为羁縻府州，这些国家的相关信息很可能被记录在《西域图志》中。《新唐书·西域传》中关于这些国家的地理方位和物产的记载，其来源当正是《西域图志》。根据贾耽《海内华夷图》西域诸国部分的目录复原，可以发现东安、谢飓（诃达罗支）、宁远（拔汗那）、骨咄、曹、石、何、史等国名均应出现在《西域图志》中。例如，东安国在唐代与中原的交流记录极为有限，仅见于显庆中被册封为羁縻府州的记载。然而，《海内华夷图》中对东安国的记载表明，贾耽在编纂时可能参考了《西域图志》。考虑到《海内华夷图》的篇幅庞大，不可能对每个国家都进行详尽的描述，因此，真正承袭《西域图志》详细记载的文献，很可能是与《海内华夷图》同时编纂并配合使用的《古今郡国县道四夷述》。

---

[155] 《唐会要》卷七三，1323—1324页。

[156] 《新唐书》卷五八《艺文二》，1506页。

[157] 李宗俊认为王名远即王玄策，但颜世明考证王名远《西域图记》的内容，或为显庆三年出使吐火罗的记载，或为龙朔元年调整都督府辖州的构想。《中天竺国行记》成书时间当在龙朔元年至三年，故王名远与王玄策为同一人之可能较小。参见李宗俊《唐敕使王玄策使印度事迹新探》，《西域研究》2010年第4期，11—22页；颜世明《许敬宗〈西域图志〉研究拾零——兼议道世〈法苑珠林〉的成书时间》，《图书馆理论与实践》2017年第2期，59—72页。此外李说在时间上也存在问题，根据其本人整理的时间线，龙朔元年初，王玄策第三次出使印度、吐火罗，同年六月即作为"吐火罗道置州县使"再次前往吐火罗，《西域图记》即是在此期间完成。《西域图记》内容包括于阗以西，波斯以东的广大区域的诸国记载，半年之内杀青，无乃太速乎？且依李说，出使吐火罗事在龙朔元年六月至龙朔二年五月之间，则是在不到一年之间从长安往返于吐火罗，并且在此期间对吐火罗各国设置羁縻府州，其说难从。

[158] 《新唐书》卷二二一下《西域传下》，6244页。

[159] 《新唐书》卷二二一下《西域传下》，6245页。

[160] 《新唐书》卷二二一下《西域传下》，6248页。

[161] 《新唐书》卷二二一下《西域传下》，6250页。

[162] 《新唐书》卷二二一下《西域传下》，6254页。

（四）贾耽《古今郡国县道四夷述》

《古今郡国县道四夷述》是贾耽所著的地理志，共四十卷，据《旧唐书·贾耽传》记载，成书于贞元十七年，与《海内华夷图》同时上表奏于德宗[163]。

据《崇文总目》记载，其时贾耽的地理著作仅存《皇华四达记》十卷。《玉海》卷15引《国史志》亦云"贾耽世所传有《皇华四达记》，余多残缺"[164]。表明在宋代，贾耽的《古今郡国四夷述》已佚[165]，因此《新唐书》的编纂者很可能并未直接参考到这部作品。成书于太宗时期的《太平寰宇记》中虽多次引用《古今郡国县道四夷述》，但其名称并不统一，有《郡国志》《郡国县道记》《古今述》《四夷述》等名，疑为乐史在编纂时并非直接引用该书，转袭别处所致。且乐史在《序》中提到"虽则贾耽有《十道述》，元和有《郡国志》，不独编修太简，抑且朝代不同"[166]，其中《十道述》即《贞元十道录》，仅四卷，若当时四十卷《古今郡国县道四夷述》尚存，则不会有"修编太简"之讥。再者，《太平寰宇记》中对西域的记载存在错误，将安国与那色波（小安国）称为"安息"与"小安息"，与汉时帕提亚王朝混同[167]。而贾耽于献书表文中曾强调"前西戎志以安国为安息，今则改入康居。凡诸疏舛，悉从厘正"[168]。倘若乐史得以参考《古今郡国县道四夷述》，则不会犯此错误。总之，此书于宋太宗时似已亡佚。

清人王谟在《汉唐地理书钞》中，辑录了贾耽《古今郡国县道四夷述》的残文，其中保存的西域史料极少，仅有大食国一条[169]，系《唐会要》所引《四夷述》[170]。新旧《唐书·大食传》均引用此条，盖源于《唐会要》，并非直接引用。

《海内华夷图》与《古今郡国县道四夷述》在贞元十七年同时被贾耽上奏给德宗，依据"左图右史"的传统理念，两者应是配合使用，内容互见。那么，《海内华夷图》中所记载的国家也应见于《古今郡国县道四夷述》，其中西域各国当有更为详细的记载。《新唐书·西域传》中不见于别处的朝贡记载或源于此。

（五）高少逸《四夷朝贡录》

前文论及，王玄策《中天竺国行记》、许敬宗《西域图志》、贾耽《古今郡国县道四夷述》三书至宋已佚，则《新唐书·西域传》只能为转引自他书记载。成书于唐中后

[163] 《旧唐书》卷一三八《贾耽传》，3784页。

[164] 《玉海》卷一五《唐皇华四达记》，290页。

[165] 然而王氏高丽时期所著《三国史记》与《三国遗事》中却记载着贾耽《四夷述》（亦称《古今郡国志》）的残文，这说明《古今郡国县道四夷述》在朝鲜半岛亡佚的时间或晚至南宋。但《三国史记·杂志第三》称之为《四夷述》，同书《杂志第四》及《杂志第五》称为《古今郡国志》，同书不同名，或为袭用前人记载所致。《三国遗事》卷一所载《四夷述》内容与《三国史记·杂志第五》相同，应系沿用前人著作所载。

[166] 《太平寰宇记》，1页。

[167] 《太平寰宇记》卷一八四《西戎五》，3519—3520页。

[168] 《旧唐书》卷一三八《贾耽传》，3786页。

[169] 王谟《汉唐地理书钞》，北京：中华书局，2006年，291—299页。

[170] 《唐会要》卷一〇〇《大食国》，1790页。

期且流传至宋代的四夷志，就目前可知者仅有高少逸《四夷朝贡录》十卷。该书在《高少逸墓志》中被称为《四夷立国记》[171]，据《玉海》“《四夷朝贡录》”条记载“会昌中讫于斯，朝贡莫知其（指黠戛斯）本原，李德裕因请序诸蕃谱系，命少逸同修”[172]。可知《四夷朝贡录》成书于武宗朝，是具有官方性质，针对四夷编纂的专著。《新唐书》编纂时，《四夷朝贡录》尚存。可以猜测，《新唐书·西域传》应曾参考《四夷朝贡录》，但囿于《四夷朝贡录》在宋代以后亡佚，且有关其书残文绝少，故只能通过蛛丝马迹对其内容进行推测。

《四夷朝贡录》修撰的最初原因是黠戛斯来朝。根据《唐会要》记载“会昌三年，其国遣使注吾合索呼之等七人来朝，兼献马二匹。以其久不修贡，且莫详更改之名。中旨访求。唯贾耽所撰《四夷述》，具载黠戛斯之号。然后知耽之通习荒情，洽而不误”[173]，即武宗时期能查阅到有关黠戛斯“更改之名”的史料只有贾耽的《古今郡国县道四夷述》。但《唐会要》及《册府元龟》都在“黠戛斯”条记载了这样一段文字：

> 开元中，安西都护盖嘉运撰《西域记》云：“坚昆国人皆赤发绿睛。其有黑发黑睛者，则李陵之后。故其人称是都尉苗裔，亦有由然。今有改称纥扢斯者，亦是北夷旧号。”臣按《国史》叙铁勒种类云：“伊吾以西，焉耆以北，旁白山则有契弊、乌护、纥骨子。”其契弊即契苾也。乌护则乌纥也，后为回鹘。其纥骨即纥扢斯也。由是而言，盖铁勒之种，尝以称回鹘矣。其转为黠戛斯者，盖夷音有缓急。即传译语不同。其或称戛戛斯者，语急而然耳。访于译史云：“黠戛是黄头赤面义。盖回鹘呼之如此”，今使者称自有此名，未知孰是。[174]

这段臣案的内容是出自何处呢？《旧唐书·贾耽传》中明确提及贾耽将《古今郡国县道四夷述》献给皇帝[175]，并收录其表文，符合前文中“臣案”身份特色。据《太平广记》记载“唐贾躭好地理学，四方之使乃是蕃虏来者，而与之坐，问其土地山川之所终始”[176]也恰恰印证了前文“访于译史”的特征。因此，自“臣案”以后的文字当极有可能是贾耽《古今郡国县道四夷述》原文。

李锦绣认为上引文是武宗朝吕述《黠戛斯朝贡图传》之内容[177]。根据李德裕《黠戛斯朝贡图传序》，其中提到：“天言以贾耽有陈平镇抚之才，得充国通知之敏，其所述作，该明古今，乃诏太子詹事韦宗卿、祕书少监吕述，往莅宾馆，以展私觌，稽合同异，覼缕阙遗。”[178]韦宗卿、吕述二人所谓“稽合同异，覼缕阙遗”当是指以贾耽的记

---

[171] 毛阳光主编《洛阳流散唐代墓志汇编三集》，北京：国家图书馆出版社，2023年，602—603页。

[172] 《玉海》卷一五三《四夷朝贡录》，2842页。

[173] 《唐会要》卷一〇〇，1785页。

[174] 《唐会要》卷一〇〇，1784页；《册府元龟》卷九九六《外臣部四十一》，11527页，文字略有异同。

[175] 《旧唐书》卷一三八《贾耽传》，3784—3786页。

[176] 《太平广记》卷一九七《博物》，1480页。

[177] 李锦绣《会昌、大中年间黠戛斯来唐的翻译问题》，《欧亚学刊》新9辑，2019年，85—104页。

[178] 李德裕《李德裕文集校笺》文集卷一八，北京：中华书局，2018年，24—27页。

载与黠戛斯使臣相核对，那么《黠戛斯朝贡图传》的记载应大部分沿袭自贾耽，并加之以修改补正。而在前述引文中，通篇未见有关引用贾耽文字的痕迹，故不太可能是《黠戛斯朝贡图传》的内容。

此外，宋人董逌《广川画跋》记载道："以图（笔者注：即阎立本《王会图》）察者，坚昆其人长大，赤发、白面、绿睛。而唐后得其国人，形质不长，面赤色，耳贯金银小环。王及国人，露首卷发，衣服同于突厥，貂鼠为帽，而又金装帽顶卷其末，与今图所见异。"[179]所谓"唐后得其国人"，即唐武宗时黠戛斯来朝一事。董逌发现《黠戛斯朝贡图传》与《王会图》中对黠戛斯人外貌的记载有所不同[180]。而《王会图》对黠戛斯人"赤发""绿睛"的记载又被盖嘉运《西域记》沿用。前述引文中"臣"引用盖嘉运《西域记》时，并未对所载黠戛斯人的外貌的描述提出质疑，说明当时并未得知黠戛斯人的真实样貌，可知并非《黠戛斯朝贡图传》。

《唐会要》中提到会昌年间以前，记录坚昆亦号"黠戛斯"者仅有贾耽。这引发了一个疑问：高少逸在编纂《四夷朝贡录》时，是否可能参考了贾耽的著作？关于《四夷朝贡录》的记载主要集中在黠戛斯朝贡的事件上，本文需要暂时超越《西域传》的范畴，对《新唐书》中关于黠戛斯的记载进行分析。

黠戛斯在约840年战胜回鹘，临时成为草原上的新霸主。然而，在《旧唐书》的四夷传中，对于黠戛斯的这一重要历史地位的政权却未有专门记载。相较之下，《新唐书》在《回鹘传下》一节中不仅增补了关于黠戛斯的内容，而且所占篇幅之大，已经足以媲美一篇独立的列传，不再仅仅作为回鹘传的补充。这种显著的篇幅和内容上的增加，可能说明《新唐书》在编纂过程中，对于黠戛斯的史料进行了更为详尽的搜集和整理，从而使得黠戛斯的历史地位和影响得到了更为充分的体现。然而，在《黠戛斯传》的记述中存在明显割裂，其传首先云"黠戛斯，古坚昆国也"，略述四至风俗，随后却又在后文重新叙述坚昆，同样简单介绍其四至，又在后文重新解释了一遍坚昆为何又名黠戛斯的原因，"后狄语讹为黠戛斯，盖回鹘谓之，若曰黄赤面云，又讹为戛戛斯"[181]，前文已经论证上述记载均为贾耽"访于译史"之成果，那么有关黠戛斯的记载则可推测为一个"层累"的结果。首先，贾耽根据所见所闻将坚昆有关内容记录在《四夷述》中，其中就包括坚昆后来被称为黠戛斯的记载；其次，高少逸因黠戛斯来朝而受李德裕之命修撰《四夷朝贡录》，以贾耽记载为根据，在此基础上又新增了一段介绍黠戛斯的"帽子"；最后，高少逸的记载被《新唐书》收录，可能仅仅是对文字进行有限修改。考察《册府元龟·外臣部·朝贡五》，从贾耽成书之贞元十七年（801）到会昌二年（842）四十多年见并无一例来自西域的朝贡记录。在河西尚被吐蕃占据，中西交流壅塞的时代，高少逸所著《四夷朝贡录》有关西域的内容恐怕不会在贾耽原书上有过多更新。此外，在《新唐书·西域传》中除备受北宋关注的党项以外，其他传记的记载最下

---

[179] 董逌《广川画跋》卷二《上王会图序录》，29页。

[180] 汤开建《唐〈王会图〉杂考》，《民族研究》2011年第1期，77—85页。

[181] 《新唐书》卷二一七下《回鹘传下》，1477—1480页。

限均在贞元年间，其中《摩伽陀传》中新增德宗时为那烂陀寺撰写钟铭事，不见别书记录，或为源于贾耽的记载。

《新唐书·西域传》除第二节所讨论的直接史源之外，还可能参考了裴矩《西域图记》、王玄策《中天竺国行记》、许敬宗《西域图志》、贾耽《古今郡国县道四夷述》等。以上四书至宋代《新唐书》编纂时均已亡佚，故只能通过其他文献间接引用。根据《法苑珠林》记载，《中天竺国行记》当收录于《西域图志》。据《华夷图》《历代地理执掌图》等材料，《西域图志》所载国家不少亦见于《古今郡国县道四夷述》之中。《新唐书》对黠戛斯的“层累”记载当为《四夷朝贡录》以《古今郡国县道四夷述》进行补充的结果。《新唐书》对黠戛斯的“层累”记载当为《四夷朝贡录》以《古今郡国县道四夷述》进行补充的结果。裴矩《西域图记》、许敬宗《西域图志》情况较为特殊。《西域图记》于《古今郡国县道四夷述》同年成书的《通典》中尚见引用，盖彼时尚存。许敬宗《西域图志》被后世引用较少，目前可见最晚为天宝年间王忠嗣奏《西域图》事。虽然《海内华夷图》的西域诸国目录中反映了引用《西域图志》的可能，《新唐书·西域传》中或存在“《中天竺国行记》—《西域图志》—《古今郡国县道四夷述》—《四夷朝贡录》”的转引链，但严格说来，并不能排斥被《四夷朝贡录》引用的可能性。故《西域图记》与《西域图志》两书存在为《古今郡国县道四夷述》或《四夷朝贡录》所引用两种情况。

四、结　　论

综上所述，《新唐书·西域传》是在《旧唐书》基础上对依照“文省事增”的原则进行删削简省，并参考其他文献编纂而成。能够确定《新唐书》直接参考过的文献主要有《大唐西域记》、《通典》、《唐会要》、贾耽《海内华夷图》、《酉阳杂俎》、《太平寰宇记》、《贞观政要》、贾耽《皇华四达记》等书。通过推测疑为《新唐书》间接史源的文献有裴矩《西域图记》、王玄策《中天竺国行记》、许敬宗《西域图志》、贾耽《古今郡国县道四夷述》。高少逸《四夷朝贡录》为《新唐书》所参考，其内容主要来源是《古今郡国县道四夷述》。总之，梳理《新唐书·西域传》西域文献的直接史源以及可能的间接史源情况如下图（图1）。

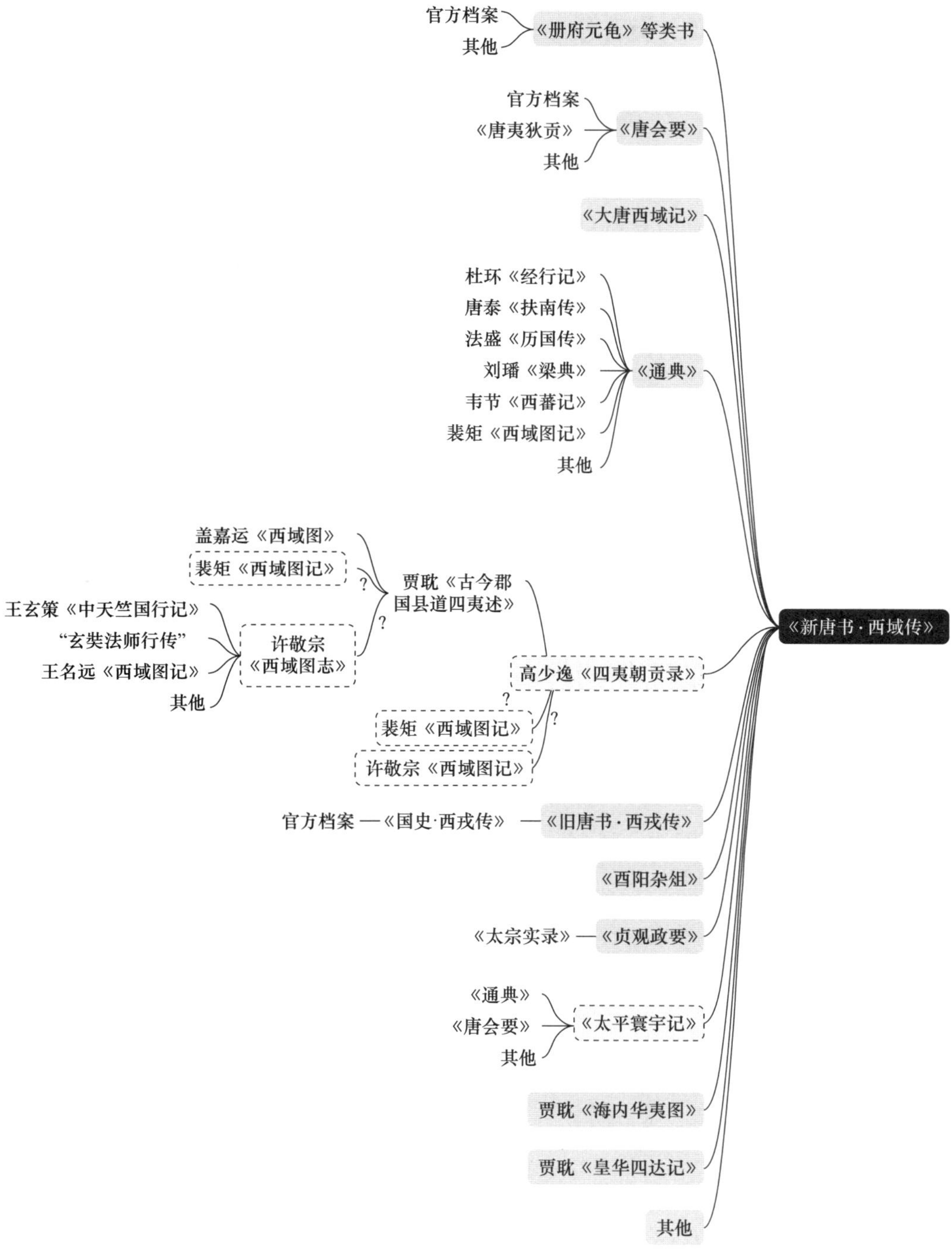

图1 《新唐书·西域传》史源文献图

以虚线为框者为本文推测内容

Historical Sources of *the Biography of the Western Regions* of *Xin Tang Shu*

Chen Zeyu

As an important material for the history of the Western Regions in the Tang Dynasty, *the Biography of the Western Regions* of *Xin Tang Shu*新唐书・西域传 has been significantly supplemented and improved in terms of titles and contents compared with *the Biography of Xirong* of *Jiu Tang Shu* (lit. *Old History of the Tang Dynasty*) 旧唐书・西戎传. This paper discusses the historical sources of *the Biography of the Western Regions* of *Xin Tang Shu* by comparing the texts. When *the Biography of the Western Regions* of *Xin Tang Shu* was compiled, some of its content directly quoted from the existing books at that time, such as *the Record of the Western Regions* 大唐西域记, *Tongdian* 通典, *Tang Huiyao* 唐会要, *Miscellaneous Morsels from Youyang* 酉阳杂俎, *Zhenguan Zhengyao* 贞观政要, *Huanghua sidaji* 皇华四达记 and *Hainei Huayitu* 海内华夷图. In addition, through comparison and analysis, this paper speculates that Pei Ju's裴矩 *Xiyu Tuuji* 西域图记, Wang Xuance's 王玄策 *Zhongtianzhu Guoxingji* 中天竺国行记, Xu Jingzong's许敬宗 *Xiyu Tuzhi* 西域图志 and Jia Dan's贾耽 *Gujin junguo xiandao siyishu* 古今郡国县道四夷述 are all the indirect sources of *Xin Tang Shu*, and Gao Shaoyi's 高少逸 *Siyi Chaogong Lu* 四夷朝贡录 is a copy of all these books, which was quoted in *Xin Tang Shu*.

四方之间

——中宗时代唐朝西部边疆的内在关联

刘晓恒

在唐朝和吐蕃漫长的交往过程中，后突厥作为影响唐朝边疆政策的外在因素，偶尔穿插在唐蕃关系研究的背景里。而在讨论唐突关系的研究中，吐蕃又时常成为制衡唐朝西部的重要存在。可以说，在探究唐朝分别与吐蕃、后突厥的外交关系时，总是无法完全脱离另一方的影响。而随着对汉文文献研究的深入、传统藏文文献的解读和敦煌藏文文献的发现，吐蕃与后突厥之间的关系逐渐清晰起来，以吐蕃或后突厥为中心点出发，考察其与周边民族的研究成果也层出不穷，岑仲勉、王尧、李学东等学者都关注到了吐蕃和突厥尤其是后突厥之间存在往来关系①，而杨铭《唐代吐蕃与西北民族关系史研究》一书和周伟洲《唐代吐蕃与北方游牧民族关系研究》一文，更是将草蛇灰线的史料线索汇总，较为完整地呈现出了吐蕃和突厥历史往来的面貌②。

不过，在讨论到三方关系交汇点时，目前的研究仍然围绕着武周时期突厥、吐蕃攻打凉州和玄宗时期突厥毗伽可汗献吐蕃赞普书这两个重要历史事件展开，并兼或讨论几条孤立史料③。有关中宗时代唐朝、吐蕃和后突厥三方在陇右地区的活动，考察并不详细，而在涉及金城公主入藏、唐割让九曲之地等具体问题上，更不会过多关注后突厥的影响④。

实际上，在中宗时代，后突厥的势力已经越过了关内道，甚至对陇右道和京畿地区

---

① 王尧、陈践《敦煌古藏文本〈北方若干国君之王统叙记〉文书》，《敦煌学辑刊》1981年辑，16—22页；岑仲勉《突厥集史》上，北京：中华书局，2005年，331页；李学东《合纵连横：开天之际唐蕃军事斗争的新趋向》，《宗教信仰与民族文化》2020年第1期，46—62页。汉文史料当中高宗至玄宗年间的“突厥”大多特指后突厥，即第二突厥汗国。

② 杨铭《唐代吐蕃与西北民族关系史研究》，兰州：兰州大学出版社，2012年；周伟洲《唐代吐蕃与北方游牧民族关系研究》，《周伟洲藏族史论文集》，北京：中国藏学出版社，2020年，171—196页。

③ 如吐蕃《大事纪年》即有猴年（公元720年）默啜使者至吐蕃致礼一事，时对应开元八年，汉文史料中无任何相关记载，即成孤悬史料。黄布凡、马德《敦煌藏文吐蕃史文献译注》，兰州：甘肃教育出版社，2000年，49页。

④ 中宗时代的唐蕃互动，关注焦点基本在双方的内部权力斗争和求和要求上，刘凤强在近期的研究中比较详细的探讨了外部因素，即唐朝所面临的突厥的压力，并指出唐蕃和好以应对突厥，是唐朝在当时唯一的出路，而唐朝与吐蕃盟好，也有要求吐蕃与突厥断绝关联的内容。不过有关中宗时期唐朝所遭受的突厥势力冲击以及三方关系内彼此的结盟、敌视和对抗，从史料展开探讨的方面还是可以有挖掘的余地。刘凤强《唐蕃首次会盟考》，《西域历史语言研究集刊》第2辑，北京：社会科学文献出版社，2020年，25—38页。

都造成了极大压力，其危害远胜武周时期在凉州、北庭地区的掠夺。随着后突厥对外战争重心的转变以及西域突骑施势力的兴起，唐朝如何在西方三个大势力之间展开外交活动，也成为了唐代中宗一朝在陆地疆域经营的重要面向。

一、兵临城下：神龙年间后突厥在关内道的活动

万岁通天元年（696），契丹李尽忠叛乱，后突厥趁势进入东北地区，并在河北、河东两道展开进攻。在成功控制了东北地区后，后突厥的进攻方向开始向南方转移，武周长安年间，后突厥势力越过黄河，进入关内道北部作战。

长安元年（701）五月，原先担任萧关道大总管的魏元忠出镇灵武，领灵武道行军大总管防御后突厥[⑤]，但很快被后者所击败：

时朔方军元帅魏元忠讨贼失利，归罪于副将韩思忠，奏请诛之。[⑥]

关内道北部的危机局势，也反映在了胜州都督王佖的墓志中：

大足元年（即长安元年），制授右武威卫将军。其年八月，奉敕检校胜州都督。属犬羊残孽，鸱枭逆谋，扰乱我边疆，凭凌我城郭，蜂屯万计，乌合千群。……彼众我寡，罢卒新羁。兵尽矢穷，空拳奋勇。以长安二年正月六日，苦战薨于横阵，春秋五十有一。[⑦]

也正是在同年，由突厥毗伽可汗领导的后突厥军队也已经纵深进入关内道内部，开始进攻灵、夏、盐一带的六胡州粟特人：

……säkiz yigirmi yašïma altï c(ub soγdaq) tapa sülädim. bodunuγ anta buzdum. tab(γačo)ŋ tutuq biš tümän sü kälti. ïduq bašda sünüsdüm. ol süg anta yoq qišdïm.……

我十八岁时（701）向六州粟特出征，我在那里打败了（粟特）人民。唐朝的王都督领五万军队到来，我们战于圣泉，在那里消灭了那些军队。[⑧]

毗伽可汗的向南侵略正与魏元忠退败、王佖战死的信息相符。在征服了六胡州粟特人之后，后突厥的下一步进攻自然指向了唐朝的边疆正州，长安二年，便发生了夏州和盐州被侵略的边疆危机：

二年春正月，突厥寇盐、夏等州，杀掠人吏。[⑨]

明年（即长安二年），寇盐、夏，掠羊马十万。[⑩]

在三受降城建立之前，后突厥实际控制区域已经到了黄河之北，以拂云祠（后来的

---

⑤ 《旧唐书》卷一九四上《突厥传上》，北京：中华书局，1975年，5170页。魏元忠担任萧关道大总管事迹见《资治通鉴》卷二〇七，北京：中华书局，1956年，6552页。

⑥ 《旧唐书》卷九三《王晙传》，2985页。

⑦ 《王佖墓志》，见吴钢主编《全唐文补遗》第四辑，西安：三秦出版社，1997年，400页。

⑧ 耿世民《古代突厥文碑铭研究》，北京：中央民族大学出版社，2005年，158—159页。

⑨ 《旧唐书》卷六《则天皇后纪》，130页。

⑩ 《新唐书》卷二一五上《突厥传上》，6047页。

中受降城）为中心“牧马料兵”，与唐朝邻境。虽然他们向南的侵略以劫夺物资为主而非移民屯驻，但通过征服党项、打击六胡州粟特人，后突厥势力的辐射范围显然覆盖了关内道北部，并控制了当地的蕃部。因此，关内道南部的降户集团成为了唐朝抵抗后突厥侵略的一支重要力量，关内道南部的党项人拓跋驮布便在这一时期参与了作战：

> 万岁年，以大首长检校党州司马。长安中，以破默啜贼功，特授游击将军、右威卫郎将，敕留宿卫。⑪

根据《新唐书·地理志》可知，党州是隶属于庆州都督府的党项羁縻州，以拓跋驮布为代表的这批党项人活跃在关内道南部。在后突厥向南进攻关内道时，居于北方的党项首当其冲被征服，而庆州地区的党项因为活动在盐州、夏州防线以南，因此避免了被大规模劫掠和控制。作为唐朝蕃部，他们也承担着向北御敌的任务，“破默啜贼功”即意味着南方的党项人向北与后突厥作战，还取得了一定的功绩。

正是由于后突厥在关内道北部的侵扰，在长安四年（704），唐朝调整了关内道六胡州的建制，将六胡州合为匡、长二州⑫，并以姚崇为灵武道行军大总管和安抚大使⑬。即使如此，关内道北方仍然处于混乱和不稳定的状态中，不仅有突厥叱利元崇构逆的事件⑭，突厥降户默子也在此时劫部落北奔突厥⑮。

中宗登基之后，对于后突厥的态度较之武周朝产生了更强硬的对抗变化。神龙初年，默啜遣使来朝，试图重申双方原本在长安三年达成的和亲计划：

> 长安三年，默啜遣使莫贺达干，请以女妻皇太子之子。武太后令太子男平恩王重俊、义兴王重明廷立见之。⑯
>
> 神龙初，默啜更请通和，先令延秀送款，始得归。⑰

在新皇登基后，唐突双方势必要重新交换态度，展开接触，这也是默啜在神龙初年遣使“更请通和”的原因。但这一次默啜遣使通和，史料中并没有记载唐朝的积极回应，相反在神龙元年六月，唐朝在关内道进一步布防，明确记载为“备突厥”：

> 唐中宗神龙元年六月，以左骁卫大将军裴思谅摄右御史台大夫，充灵武军大总管，以备突厥。⑱

---

⑪ 段志凌、吕永谦《唐拓拔驮布墓志——党项拓拔氏源于鲜卑新证》，《中国国家博物馆馆刊》2018年第1期，49—56页。

⑫ 《旧唐书》卷三八《地理志一》，1418页。

⑬ 《资治通鉴》卷二〇七，6573页。

⑭ 《旧唐书》卷九六《姚崇传》，3022页。

⑮ 《新唐书》卷一〇九《宗楚客传》，4102页。

⑯ 《旧唐书》卷一九四上《突厥传上》，5170页。《册府元龟》记载这一事件在长安二年六月，但册府此条上文为吐蕃求亲内容“……以表求婚，则天许之。会赞普卒”，显然吐蕃和亲事件并没有完结，后面当是有大段脱文，因此以《旧唐书》为准。

⑰ 《旧唐书》卷一八三《武延秀传》，4733页。武延秀回朝的时间，两《唐书》均记载为神龙初，惟《资治通鉴》在长安四年八月戊寅。按《资治通鉴》系年确切，当以《通鉴》为准，但如何解释两《唐书》神龙初默啜“更请通和”的记载，目前尚无学者讨论。笔者怀疑，默啜在中宗继位之后又遣使来朝，因与武延秀入朝时间相近，下文又称“先令延秀送款”，显然是将神龙初因中宗登基而遣使来朝的活动与长安年间因两国谈和而释放的武延秀混为一谈，拼合成前后关联的逻辑，其实这应当分别是长安与神龙年间的不同事件。

⑱ 《册府元龟》卷九九二《外臣部·备御五》，北京：中华书局，1960年，11648页。

同时，唐朝也对关内道边防人员进行了调整，游击将军穆泰就在神龙元年摄灵州丰安军副使[19]；在鸣沙之战前，灵武军大总管也更换为了沙咤忠义。显然，中宗登基后对后突厥采取了积极的防御姿态，这也是在长安末年唐朝于关内道安抚平定的成果基础上展开的活动，中宗的态度则更加坚决。而后突厥已经征服了边州的党项、进攻六胡州粟特人，控制力度深入当地蕃部，绝不会轻易放弃既得利益。某种程度上来说，双方在关内道的僵持不下，实际上是唐朝试图重新控制关内道与后突厥在关内道活动的利益之间有着根本矛盾，这也引发了唐朝和突厥之间的鸣沙之战。

有关鸣沙之战本身的讨论不再赘述[20]，但是从突厥碑铭中，还是可以挖掘出这一场战争的不同寻常。在《毗伽可汗碑》与《阙特勤碑》中，这场在唐代文献中被记录于神龙二年年末（706）的战争，却发生了毗伽可汗22岁（阙特勤21岁，即705年）时。很多学者都关注到了突厥文献和唐代文献的差异，但一般采纳岩佐精一郎的意见，认为突厥方面的史料记载错误，要根据汉文史料来校正突厥碑铭[21]，或者参考岑仲勉的意见，认为这一年的时间差是因为突厥计岁法不同而得出[22]。然而，如果结合当时的边疆局势，其实可以揭示出另外一种边疆面貌——唐突双方的战争实际上超过了一年，换言之，双方在关内道的冲突从神龙元年（甚至在长安末年）便已经开始，鸣沙之战只不过是最终决战而已。通过《阙特勤碑》中细致的战争记述，可以看出，唐朝与后突厥之间的战争不仅激烈，而且前后持续了不短的时间：

……bir otuz yašïŋa čača säŋünkä süŋüšdimiz. äŋ ilki tadïqïn čorïŋ boz (atïn tägdi，ol at anta) ölti. äkinti ïšbara yamtar boz atïγ binip tägdi. ol at anta ölti. üčünč yägin silig bägiŋ kädimlig toru γ at binip tägdi.ol at anta ölti.yarïqïnta yalmasïnta yüz artuq oqun urtï yüziŋä bašïŋa bir t(ägürmidi……) tägdükin türk bäglär qop bilirsiz. ol süg anta yoq qišdïmïz……

（他）二十一岁时，我们与沙咤将军作战。第一次他（阙特勤）骑tadïqïn啜的灰马进攻，马在那里死了。第二次他骑ïšbara yamtar的灰马进攻，马在那里死了。第三次骑yägin silig bäg的着马衣的栗色马进击，马在那里死了。（敌人）在他的甲胄和披风上射击了一百多箭，但未让一箭击中他的头部和脸部。突厥诸

[19] “神龙元年，摄□安军副使，又至神龙三年检摭定远域大使”，按穆泰在关内道活动，宜补为“丰安”。见王春等《甘肃庆城唐代游击将军穆泰墓》，《文物》2008年第3期，32—51页。

[20] 有关鸣沙之战的战争前后背景、战争历程和人员配置等，薛宗正已经有了比较完善的考察。薛宗正《突厥史》，北京：中国社会科学出版社，1992年，486—490页。朱建华、许震等人也对此做了探讨。朱建华《唐中宗景龙元年唐与突厥战役考》，《赤峰学院学报》2012年第5期，10—12页；许震《唐中宗神龙二年唐与突厥鸣沙之战考》，《重庆科技学院学报》2012年第8期，140—141页。

[21] 岩佐精一郎《突厥毘伽可汗碑文の纪年》，《東洋學報》第23卷4号，564页。岩佐在文章中认为，毗伽可汗应当是二十三岁，而非二十二岁，他的这一观点被许多学者认可、继承。但要注意的是，他直接认为《毗伽可汗碑》记载错误，用汉文史料校正突厥碑铭，但没有与《阙特勤碑》的内容进行比对，实际上，《阙特勤碑》中，阙特勤也是在705年参加的对“沙咤将军”的战争，这就证明后突厥南下关内道的时间就是神龙元年。而且要明确一点，沙咤忠义上任时期我们并不知晓，神龙二年十二月的鸣沙之战只能说明他在任时爆发此战争，但并不意味着阙、毗两人与沙咤将军的作战就等同于鸣沙之战。

[22] 岑仲勉《突厥集史》，898页。

官，你们知道他们（在那里）攻击他，我们在那里把那支队伍消灭了……[23]

分析这段材料可以注意到，后突厥与沙咤忠义的作战发生了三次，这一点从阙特勤三次所乘的马匹死亡可见。但目前有关阙特勤作战的研究，很多还是习惯性地将之视为了“鸣沙之战”一场战争中的描述，然而前两次进攻，只简略写到马匹死去，对于战争方面却无任何细节记录，第三次作战不仅记载详细，又描述阙特勤英勇作战的状态，且后面紧接歌功颂德的宣扬和胜利，与前两次作战大相径庭。显然，第三次战争辉煌的胜利，才是最终攻破鸣沙城、击败沙咤忠义的鸣沙之战，前两次记载无疑暗含着后突厥作战并没有成功的意思。

需要注意一点，包括鸣沙在内的灵武地区绝不可能在一日之内被突然攻破，势必持续了长时间的拉锯战，最终才引发了鸣沙兵败。在突厥碑文当中，毗伽可汗宣称与沙咤忠义的作战中消灭了唐军“八万人”[24]，实际上是自神龙元年开始，在与沙咤忠义不断交锋中达成的杀戮成就，绝非鸣沙之战一场战争中斩获的人数，所以将突厥碑铭记载的八万人与汉文史料有关鸣沙之战的战亡人数进行对比是不必要的[25]。

攻破鸣沙之后，后突厥向南进一步纵深，两日之后，便抵达了原州和会州：

> 十二月己卯（九日），突厥默啜寇灵州鸣沙县，灵武军大总管沙咤忠义逆击之，官军败绩，死者三万。丁巳（十一日），突厥进寇原、会等州，掠陇右牧马万余而去。[26]

突厥在南下寇原、会两州的同时，在后方仍然继续进攻。《骆思眘造像记》中记载骆思眘在神龙二年十二月十二日于灵武阵亡[27]，可见突厥在深入关内道南部的同时，也在灵武扩大了进攻规模、巩固鸣沙之战的成果。而突厥进攻的脚步也并未停止在关内道原州、会州和陇右，《韩国公张仁愿庙碑铭》的记载表明后突厥军队还向泾州深入：

> 先是突厥犯塞，乘胜入朔方，游骑至安定，守军不到，经略失守。虏乃驱监牧之騋牝，退存庐帐，进围聚邑，鸣弓跃马，规复漠南。[28]

安定，即原州之东的泾州安定县。突厥南下攻打至原州，向东即进入泾州，时唐朝“守军不到，经略失守”，泾州成为了突厥进攻的前线。与此同时，关内道周边州县的军队也严阵以待，时刻提防突厥来犯。考察《萧让墓志》，我们可以看到在突厥南侵会、原、泾之际，周边州县的反应：

㉓ 耿世民《古代突厥文碑铭研究》，129—130页。

㉔ 耿世民《古代突厥文碑铭研究》，159页。

㉕ 鸣沙之战的战死人数，汉文史料记载本身就有分歧：一种记载为战死人数六千“军败，死者六千余人”（《旧唐书》卷一九四上《突厥传上》，5170页）；另一记载为数万“不胜，死者几万人”（《新唐书》卷二一五上《突厥传上》，6047页，另外，《旧唐书·中宗纪》称死者三万）。对于鸣沙之战的死亡人数相关讨论也非常丰富，但基本绕不开非此即彼的材料选择，再加上突厥碑铭中“八万”数字，更是加剧了混乱。但是通过对北方边疆局势的分析，自神龙元年开始，唐突之间在关内道尤其是灵武地区，必然进行了多场战争，各种材料记载的不同数字，正反映了唐朝与后突厥不同阶段的斗争，因此不能简单地以一种记载否定另一种记载的正确性。

㉖ 《旧唐书》卷七《中宗纪》，143页。

㉗ 《骆思眘造像记》，见吴钢主编《全唐文补遗》第七辑，西安：三秦出版社，2000年，485页。

㉘ 《全唐文》卷三一八，北京：中华书局，1983年，3227页。

弱冠（706）宿卫，以判登科，授鄜州洛交主簿。属羯胡干纪，西郊不开，公张攻守之势以步之，开信顺之道以谕之，浃辰之间，凶丑自解，虽公不言赏，赏遂及。㉙

萧让出任鄜州洛交主簿的时候，“属羯胡干纪，西郊不开”，显然鄜州西边的道路因突厥南寇而闭塞，而作为洛交县主簿，萧让虽然没有直接参与抵抗突厥的军事活动，但其“张攻守之势以步之，开信顺之道以谕之”，反映了当时关内道其他地区在面对突厥来袭的临战状态。

不过，神龙年间的后突厥南侵并不局限于关内道，从凉州都督司马逸客的边疆经历中，可以看到陇右道也成为了突厥入侵的标靶：

又令检校凉州都督，兼赤水军及九姓、陇右诸军州节度等大使、同城道大总管，兼右御史中丞。神龙二年冬，匈奴大入，君密行计会，潜为机变。与朔方军大使张仁亶共为表里，遣赤水军副使中郎张真楷、将军陈家丘并九姓首领、贺兰都督契苾嵩等，各率蕃汉兵众，分麾直冲。凶寇及时剪馘，应机摧败。㉚

司马逸客出镇凉州，担任赤水、九姓等诸军州节度等大使以及同城道大总管，在神龙二年冬季之前，他就已经在河西展开了高强度防御和同城道行军。神龙二年冬季“匈奴大入”事件，与神龙二年十二月鸣沙之战同步发生，是后突厥对于凉州的入寇。晏殊《类要》中引《唐录政要》亦有这样的记载：

中宗神龙二年，突厥进寇凉、会等州而去。㉛

这证明，后突厥在攻打灵武及以纵深原、会两州的同时，也明确向凉州发动了进攻。神龙二年冬季后突厥大规模入寇灵武和凉州，无疑是神龙元年以来双方在关内道矛盾扩大化的表现，而出镇朔方的张仁愿又素来好杀，致使两国矛盾更加尖锐：

朔方总管张仁亶好杀。时有突厥投化，亶乃作檄文骂默啜，言词甚不逊。书其腹背，凿其肌肤，涅之以墨，炙之以火，不胜楚痛，日夜作虫鸟鸣。然后送与默啜，识字者宣讫，脔而杀之。匈奴怨望，不敢降。㉜

神龙三年（707）正月，在对抗战争中惨败的唐朝下令绝突厥和亲，与后突厥的关系降到了敌对的冰点，中宗下达了募猛士武艺超绝者各令自举、募能斩获默啜者封国王和内外官各进破突厥之策等命令，卢俌在此时即上著名的制衡突厥上疏㉝。有趣的是，在中宗命内外群官各进破灭突厥策之后，除了卢俌上奏，同时还涌现了多条在现在看来颇为滑稽的建议。按《全唐文》收录张鷟《龙筋凤髓判》中群官献讨平突策四条题名：

将军任季状称于蔚州飞狐口累石墙灌以铁汁一劳永逸无北狄之忧

㉙ 张永华等编《秦晋豫新出墓志搜佚三编》，北京：国家图书馆出版社，2020年，549页。

㉚ 洛阳市文物考古研究院编《藏石集粹（墓志篇）》，郑州：中州古籍出版社，2020年，122页。

㉛ 《晏元献公类要》卷三六，中国国家图书馆清抄本第十二册，善本索书号CBM1458，7页。《唐录政要》为唐昭宗时期江都尉凌璠所撰，记述内容自唐献祖讫唐僖宗，以干支编年，司马光《资治通鉴》中也有所征引。

㉜ 张鷟撰、赵守俨点校《朝野佥载》卷二，北京：中华书局，34页。

㉝ 《旧唐书》卷一九四上《突厥传上》，5171页。刘凤强指出，卢俌所进言的第三点“请购辩勇之士，班傅之俦，旁结诸蕃，与图攻取，此又掎角之势也”，可能与唐朝与吐蕃的谈判会盟有关。刘凤强《唐蕃首次会盟考》，31页。

又请削橛于塞上数千里钉以刺突厥马蹄断贼北道

将军宋敬状被差防河恐冰合贼过请差州兵上下数千里椎冰庶存通镇

中郎将田海请于旧长城堑东至辽海西至临洮各阔十步深三丈并仰审利害[34]

其中不乏离奇夸张的言论，但也恰恰反映了唐朝北方边疆时局的艰难和进退维谷的窘迫，在突厥势如风暴的席卷过程中，唐朝不仅要承受着突厥自万岁通天年间以来于东北地区猛攻的压力，又在神龙年间遭遇了突厥的大规模南侵，西北地区面临也着极大的危机。在这种情况下，神龙三年吐蕃悉董热入贡请婚，毫无疑问给了唐朝一个可以缓解边疆压迫的出口，而神龙年间唐朝与吐蕃谈判，也勾连着北方后突厥活动的一丝阴影。

二、观望与制衡：唐朝议亲态度的变化与后突厥战略重心的转移

武周久视至长安年间，吐蕃与唐朝在陇右和剑南地区频频发生摩擦。长安二年（702）九月，吐蕃遣其臣论弥萨来求和，却在十月又发生了吐蕃赞普将万余人寇茂州的事件。至长安三年（703）四月，吐蕃遣使献马千匹、金二千两以求婚，通过对吐蕃《大事纪年》和《甘元柬墓志》的记载比定[35]，武周朝对这一次吐蕃的求婚作出了回应：

寻而赞府请和，复以君为和亲使。君衔命绝域，受词适变，临机响应，思若有神。西夜服义，遂解辫而来宾，朝廷嘉之，拜鸿胪少卿，乃申前约，吐蕃复羞金帛之礼，随君而还，进位鸿胪卿、兼右金吾卫大将军，封丹阳郡公，别食封三百户。[36]

陈明迪指出，长安三年甘元柬出使吐蕃的官方身份是“和亲使”，其实就是武周朝廷派他前往，与赞普商议和亲之事[37]。但是，《甘元柬墓志》还有另外一处细节需要考察，按墓志铭所见，唐朝和吐蕃之间实际就长安三年达成的和约再次进行了讨论。甘元柬在长安三年时担任和亲使入吐蕃商谈相关事宜，回朝后加封鸿胪卿，并提到了吐蕃与唐朝“乃申前约”。这四个字非常关键，所谓“前约”，即长安年间由吐蕃赞普器弩悉弄和武后所敲定的和亲关系，证明唐朝将武周朝时与吐蕃的和亲关系延续了下来，而之

---

[34] 《全唐文》卷一七三，1768—1769页。这四条判词无确切纪年，吴玉贵指出中宗“命内外官各进平突厥之策”，这些上策当与此有关，而宋敬提出椎冰防河，正在冬季，时间符合，因此放置在此后。参考吴玉贵《突厥第二汗国汉文史料编年辑考》下编，北京：中华书局，2009年，821页。另外，考察田海请于旧长城堑东至辽海西至临洮鸿沟，唐朝以临洮抵御突厥，显然是突厥的势力已经逼近此地，按武周时期突厥在北方虽然势力昌炽，但于陇右地区的进攻并不多见，田海请堑旧长城至临洮，应当与神龙二年突厥突破关内道南部防线有关。

[35] 黄布凡、马德《敦煌藏文吐蕃史文献译注》，46页。《大事纪年》记载兔年（即公元703年）夏，赞普驻岭之沃贾，唐使者甘卿前来致礼。此唐使者“甘卿”即甘元柬。

[36] 陈长安主编《隋唐五代墓志汇编（洛阳卷）》，天津：天津古籍出版社，1991年，19页。

[37] 陈明迪、陆离《唐边疆治理与用人方略——甘元柬墓志所见六胡州与唐蕃和亲问题考释》，《中央民族大学学报》2023年第1期，155页。

所以要“申前约”，是因为唐朝和吐蕃的政权更迭。神龙元年，中宗登基，而吐蕃赞普器弩悉弄在长安四年（704年）冬季讨伐南蛮时死在军中，在赞普去世、中宗登基后，双方势必要对前朝所遗留的旧约进行处理，所以才有了《甘元柬墓志中》中“申前约，吐蕃复羞金帛之礼，随君而还”的记载。

结合与墓志同时出土的《唐甘元柬赐食实封敕刻石》，可以看到在神龙元年十一月十六日，甘元柬已经戴官号“鸿泸卿兼检校右金吾卫将军、上柱国丹阳县开国伯”：

门下：赏及班超，功由定远；恩加魏绛，利在和戎。鸿胪卿兼检校右金吾卫将军、上柱国、丹阳县开国伯甘元柬，夙践周行，特承委遇，器识标举，干能俊拔。早申攀附，潜翊宫闱，外辑强蕃，内安储位。遐登险阻，频冒风霜，岁月遽淹，松筠益茂。遂使葱岩效款，湟渚澄波，虽赞普云亡，而宏勋不昧。今鼎图伊始，宝命惟新，忠赤之志既弘，井赋之恩宜及。可特赐食实封三百户，主者施行。神龙元年十一月十六日。[38]

这就证明，“吐蕃复羞金帛之礼，随君而还”发生在神龙元年十一月甘元暕升任鸿胪卿之前，显然是因为再续旧约之功，“虽赞普云亡，而宏勋不昧”，唐蕃双方自武周时代商定的和亲仍然在持续。

而这一和亲关系的延续，可以从金城公主的开府史料中得到证实：

（神龙）二年闰正月敕：“公主府设官属。镇国太平公主仪比亲王。长宁、安乐唯不置长史，余并同亲王。宜城、新都、定安、金城等公主，非皇后生，官员减半。其金城公主以出降吐蕃，特宜置司马。”[39]

在唐代诏敕中，神龙二年闰正月，唐朝就因为金城出降吐蕃而特意在她的公主府设置司马，可见唐朝的确延续了武周时期的和亲态度。而这个时间点，比目前编年史料中所见唐朝正式发布在神龙三年四月的金城公主出降命令要早了一年多：

夏四月辛巳，以嗣雍王守礼女为金城公主，出降吐蕃赞普。[40]

在目前的史料书写中，神龙三年四月金城公主出降往往被认为与三月悉董热入朝朝贡相关，《旧唐书·吐蕃传》更是这样记载道：

俄而赞普之祖母遣其大臣悉董热来献方物，为其孙请婚，中宗以所养雍王守礼女为金城公主许嫁之。自是频岁贡献。[41]

但是，通过金城公主的开府史料可以证明，早在神龙二年闰正月唐朝就敲定了金城公主出降吐蕃，神龙三年四月只不过是吐蕃使者前来迎接公主，唐朝正式下诏令其出阁的时间。但相比较太宗时代文成公主入藏前后的顺利，金城公主入藏则曲折得多，她在神龙二年就确定出降，一直到神龙三年三月悉董热来朝时，唐朝才正式下诏金城公主出嫁。

其实，有关悉董热请婚和唐朝许金城公主出降一事颇有难解之处，杨长玉在讨论河

㊳ 齐运通《洛阳新获七朝墓志》，北京：中华书局，2012年，136页。

㊴ 杜佑撰、王文锦等点校《通典》卷三一《职官十三》，北京：中华书局，1988年，870页。

㊵ 《旧唐书》卷七《中宗纪》，144页。

㊶ 《旧唐书》卷一九六上《吐蕃传上》，5226页。

西九曲之地割让时间时所有提及，虽然讨论的焦点集中在唐朝割九曲的时间上，但也点出了这一次吐蕃和亲是处于弱势的一方[42]。即，此时吐蕃面临着国内严峻局势，此次和亲是由弃隶蹜赞的祖母出面，重新向唐朝提出的和亲之请。但与以往赞普亲自提亲相比，形式上未免有所落差，当然考虑到赞普年幼，不可能像以往的求亲流程，可面对弱势的吐蕃，唐朝还是迅速做出了反应。这种看似不合理的和亲过程，如果将视野放宽在整个西北边疆的大环境中便一目了然——神龙二年冬季突厥大举南侵之后，吐蕃的请婚正契合唐朝缓解陇右地区威胁的要求，因此唐朝在悉董热来朝献的次月便迅速下诏令金城公主出阁。

然而，神龙三年四月的这次成婚仍然没有落实，当然，这主要是因为唐朝和吐蕃之间围绕叛蛮问题再次爆发了冲突[43]。不过，从目前掌握的史料来看，神龙三年（707）至景龙二年（708），唐朝边疆还面临着一个重要的转折点——后突厥从南方战场撤出。

如上文所述，神龙年间，后突厥屡屡侵袭关内和陇右道，给唐朝边疆造成了巨大的压力，也迫使唐朝开始考虑“旁结诸蕃”。正是在鸣沙之战后，后突厥在对外战争的重心方面有一个非常明显的转向，这一点展现在了《三受降城碑铭》中：

> 景龙二年，默啜强暴，渎邻构怨，扫境西伐，漠南空虚。朔方大总管韩国公张仁愿蹑机而谋，请筑三城，夺据其地，跨大河以北向，制胡马之南牧。[44]

以往研究当中，后突厥西征主要被视为是开疆扩土、弘扬国威，是默啜“野心勃勃”的象征[45]，不过，西征为何能让后突厥甘愿放弃南方战场，恐怕还有更重要的原因，而《三受降城碑》中“渎邻构怨”四字提示我们，后突厥之所以撤出南方战场，一个非常重要的原因是西方疆域仍然存在严重危机，结合后突厥曾两次征讨黠戛斯和多次讨伐萨彦岭诸蕃，就证他们的西境非常不稳定，而萨彦岭和阿尔泰诸蕃在汗国地理政治格局中直接与西厢接壤，他们的动乱会直接威胁到突厥本土，所以默啜从南方战场的撤离恐怕也考虑了维护右翼统治、防止类似于拔悉密断贡的事件产生，并试图清扫西方战场、越过阿尔泰山继续进攻。

在这种情况下，突厥势力开始急速撤离南方战场，此时突厥正全力备战西征，景龙元年（707）十月，张仁亶在朔方追击突厥时，便发现突厥大军已经在撤退[46]，关内道危机进一步缓解。至景龙二年（708）三月，张仁亶于关内道北方筑三受降城，断突厥南侵之路，唐朝彻底平复了北方尤其是关内道的局势。

如此，唐朝在金城公主出降和与吐蕃会盟的问题上迁延踟蹰便有了解释，神龙二年突厥南寇虽然入侵纵横极广，但很快撤退，专注西征。而在张仁亶出镇朔方，建立三受

---

[42] 杨长玉《唐蕃接触中的河西九曲》，《中国史研究》2020年第3期，116页。

[43] 神龙三年六月，唐朝和吐蕃之间围绕姚州叛蛮发生纠纷，时吐蕃煽动姚州入寇，蛮唐朝派遣姚嶲道讨击使、侍御史唐九征击之。

[44] 《全唐文》卷六三〇，6353页。

[45] 薛宗正在讨论突骑施之战的时候，还提出了后突厥西征是因为受到了突骑施娑葛“邀请”的观点（薛宗正《突骑施汗国的兴亡》，《历史研究》1984年第3期，93—111页）。

[46] “比至，虏已退，追击，大破之。”《资治通鉴》卷二〇八，6617页。

降城之后，唐朝在关内道的压力陡然减少，陇右道一带，又有司马逸客领赤水军和河西九姓精兵与张仁亶遥相呼应，从陇右至关内一线完成了对突厥势力的封锁。在这种情况下，唐朝回应吐蕃和亲的需求显然在降低，巧合的是，在景龙二年四月，也就是三受降城防御体系建立的次月，专门负责与吐蕃交往的和蕃使杨矩曾有过这样一番上言：

> 和蕃使左骁卫大将军杨矩奏言："吐蕃先遣使来此迎公主，兼学汉语，今欲放还吐蕃，于事不便。伏望报之云其使已死。"帝曰："凡事须示人以信，宜应实词报之，使无猜贰。"遂放其使还。[47]

从景龙二年杨矩上言中可以看出，吐蕃在神龙三年已经派遣使者前来迎接金城公主，一直到至景龙二年四月，这位吐蕃使者都没有完成迎接公主的任务，甚至杨矩还颇有警惕意味地请求"报之云其使已死"，可见唐朝在答应和亲之后没有及时履行和约，仍然持有观望犹疑的态度。不过，最终中宗还是据实相告，并放还回国，某种程度上来说，仍然延续着对吐蕃和亲的基本策略，出降金城一事虽然有所拖延，却并没有取消。这也就意味着，唐朝势必在寻求更高一层的新目标。在北方无虞、南方平定的情况下，唐朝面对吐蕃已经占据了相对优势，此时却选择继续维持唐蕃会盟，并最终确认金城入藏，应当是唐朝出于战略上的考虑。

无论是唐蕃在景龙二年的会盟，还是景龙四年正月中宗亲送金城公主入藏，并不是被动的联合吐蕃防御突厥，而是在彻底完成了与吐蕃的结盟之后，在保证西南边疆局势的情况下，主动对突厥展开大规模讨伐，这也就是唐朝的最终目的——景龙四年北伐突厥。

三、功败垂成：唐朝对突骑施政策的转向与景龙北伐的失败

长安年间，阿尔泰山以西局势的主要矛盾是突骑施乌质勒与西突厥阿史那氏的斗争。乌质勒原本是阿史那斛瑟罗下辖首领，而斛瑟罗是西厢五弩失毕系统下的西突厥可汗，继承其父阿史那步真的"继往绝可汗"号。圣历二年，斛瑟罗被乌质勒夺权驱逐，六七万民众遂移居内地，而乌质勒也在同年移衙于碎叶，正式控制了五弩失毕部落，在长安三年七月左右发动了与西突厥诸蕃之间的大规模战争：

> 庚戌，以夏官尚书、检校凉州都督唐休璟同凤阁鸾台三品。时突骑施酋长乌质勒与西突厥诸部相攻，安西道绝。太后命休璟与诸宰相议其事，顷之，奏上，太后即依其议施行。[48]

唐朝在西域的边疆政策一直以扶持西突厥阿史那氏为主，而武周朝则面临着突骑施势力崛起的巨大变化，因此，到底是支持新兴的突骑施，还是扶持传统的西突厥阿史那家族，也是唐朝面临的重要抉择。显然，唐朝选择了后者，仍然延续着扶持传统王族阿

---

[47] 《册府元龟》卷九七九《外臣部·和亲第二》，11330页。

[48] 《资治通鉴》卷二〇七，6562页。

史那氏的政策，以唐休璟执政军事，并紧急召回了在流放途中的阿史那献。这位五咄陆系统下的可汗后裔被授予了“兴昔亡可汗”号，充安抚招慰十姓大使，赶往西域控制受到影响的五咄陆诸部。唐朝坚持旧有策略无疑让新兴的突骑施非常不满[49]，不过，通过郭元振景龙二年的上书可知，娑葛叛乱虽然表面上是娑葛与乌质勒旧将阙啜忠节之间的内部矛盾，但实际上，阙啜忠节不忠之心早已有之，并一直支持西突厥阿史那氏在西域的统治，本质上仍然是突骑施与西突厥阿史那之间的矛盾：

> 顷年，忠节请斛瑟罗及怀道俱为可汗，亦不能招胁得十姓，却遣碎叶数年被围，兵士饥馁[50]。

这封上书，是阙啜忠节听从了周以悌建议、向唐朝求援之后，郭元振专门进呈皇帝予以批判阻拦的。在上书内，郭元振针对阙啜忠节“发安西兵并引吐蕃以击娑葛”和“请阿史那献”的请求做出了批驳，其中对当时的唐朝—后突厥—吐蕃三方关系有着详细的记载：

> 往者吐蕃所争，唯论十姓、四镇，国家不能舍与，所以不得通和。今吐蕃不相侵扰者，不是顾国家和信不来，直是其国中诸豪及泥婆罗门等属国自有携贰。故赞普躬往南征，身殒寇庭，国中大乱，嫡庶竞立，将相争权，自相屠灭。兼以人畜疲疠，财力困穷，人事天时，俱未称惬。所以屈志，且共汉和，非是本心能忘情于十姓、四镇也。如国力殷足之后，则必争小事，方便绝和，纵其丑徒，来相吞扰，此必然之计也。
>
> 今忠节乃不论国家大计，直欲为吐蕃作乡导主人，四镇危机，恐从此启。顷缘默啜凭陵，所应处兼四镇兵士，岁久贫羸，其势未能得为忠节经略，非是怜突骑施也。忠节不体国家中外之意，而别求吐蕃，吐蕃得志，忠节则在其掌握，若为复得事汉？往年吐蕃于国非有恩有力，犹欲争十姓、四镇；今若效力树恩之后，或请分于阗、疏勒，不知欲以何理抑之？又其国中诸蛮及婆罗门等国见今携背，忽请汉兵助其除讨，亦不知欲以何词拒之？是以古之贤人，皆不愿夷狄妄惠，非是不欲其力，惧后求请无厌，益生中国之事。故臣愚以为用吐蕃之力，实为非便。[51]

这两段文献材料点明了几个核心信息：

第一，吐蕃与唐朝的和亲不过是面临内乱和南方动荡的暂时“屈志”，本质上，双方在西突厥和四镇问题上仍然矛盾重重，倘若真的引吐蕃兵进入西域，那么“四镇危机，恐从此启”。

第二，后突厥在从南方战场撤退之后，在西方边疆开始猛烈进攻阿尔泰山地区，以至于四镇兵士都被调动起来全力应对后突厥的西侵，他们在防御后突厥的过程中损耗极

---

[49] 薛宗正指出，景龙年间的突骑施内乱当中，唐朝坚持扶植的是阿史那氏汗裔的阿史那忠节，而导致娑葛派系的不满，阿史那忠节和娑葛两派系的斗争愈演愈烈，迫使唐朝不得不改弦更张、重新调整边防政策，最终在景龙三年（709）七月承认了娑葛政权，册拜其为钦化可汗，赐名守忠。薛宗正《突厥史》，651—654页。

[50] 《旧唐书》卷九七《郭元振传》，3046页。

[51] 《旧唐书》卷九七《郭元振传》，3045—3046页。

重，又因为默啜持续不断地进攻，所以“岁久贫羸”，不能很好地为阙啜忠节调动使用。

第三，郭元振极力劝阻唐朝将吐蕃卷入西域问题中，所谓“今若效力树恩之后，或请分于阗、疏勒，不知欲以何理抑之”，主张将吐蕃完全排除在解决方案之外，顺从突骑施兴起的大趋势，承认突骑施的统治地位，以便迅速解决西域内乱问题，全力迎战汹汹而来的后突厥。

景龙三年（709）七月，在经历了冲突和战争之后，娑葛遣使降唐，唐赐名娑葛“突骑施守忠”，册封为“归化可汗”，最终确立了联合娑葛共抗后突厥的策略[52]。刘安志也分析敦煌出土的《张君义文书》，认为唐朝对于娑葛的政策突然从征讨到安抚，很大程度上也是要利用他们对付后突厥[53]。

对于突骑施来说，除了被唐朝攻讨之外，景龙三年娑葛之弟遮弩叛逃后突厥[54]，也引发了突骑施对唐态度的极大转变。换言之，至少在景龙三年之前，突骑施与突厥并不存在联合关系，相反因为突厥西征，娑葛面临着来自东面的巨大威胁。从这一层面来说，娑葛与唐朝的要求高度一致，景龙三年七月娑葛遣使请降，唐朝自然乐见其成。而对于唐蕃关系来说，这一时期双方的诉求也不谋而合，吐蕃因“国中诸豪及泥婆罗门等属国自有携贰”而向唐朝求和，唐朝则在观望与权衡之后，在景龙四年正月正式出送金城公主，切实履行了公主出降。五月，唐朝汇西域、陇右、河西、关内之力，总兵数十万兵，正式对突厥展开了北伐。

景龙四年北伐诏包含了诸多重要信息[55]，其中最主要的是发动的兵源来向。此次北伐诏，从发兵的区域和人员配置来看，可以区分标注为（表1）：

表1　《命吕休璟等北伐制》所载区域兵力及配置表

西域	金山道行军	大总管吕休璟		领瀚海、北庭、碎叶等**汉兵及骁勇健儿**五万骑
		副大总管郭虔瓘、安处哲等		
	金山道前军	大使钦化可汗突骑施守忠		领**诸蕃部落兵、健儿**二十五万骑
		副手右监卫将军守节		
关内	朔方道行军	大总管张仁愿（亶）		将**蕃汉兵募、健儿，绝群、飞骑、城傍**等十五万骑
		副大总管鲁受信等		
	其他关内军	丰安军大使甄粲		领**蕃汉兵马**六万骑
		副使张赵璧、常元寂等		
河西	河西诸军	赤水军	赤水军大使司马逸客 属下军士：陈家丘、李玄道、能昌仁、陈义忠等	领**当军及当界蕃汉兵募健儿**七万骑

[52] 赵梦涵《抚柔殊俗：唐与突骑施关系研究》，《中国边疆史地研究》2024年第3期，84页。

[53] 刘安志《敦煌所出张君义文书与唐中宗景龙年间西域政局之变化》，《魏晋南北朝隋唐史资料》2004年，269—295页。

[54] “景龙三年，娑葛弟遮弩恨所分部落少于其兄，遂叛入突厥，请为乡导，以讨娑葛。”《旧唐书》卷一九四下《突厥传下》，5191页。

[55] 诏书全文参见《命吕休璟等北伐制》，《唐大诏令集》卷一三〇，北京：中华书局，2008年，705页。

续表

河西	河西诸军	建康军	建康军使李守征	各领**当军兵马**（数量不详）
		玉门军	玉门军使汤嘉惠	
		墨离军	墨离军使李思明	
陇右	陇右诸军	临洮军	临洮军使甄亶	甄亶**领当军**，莫门、积石等军**兵募**，及秦、渭、城等州**大家子弟**，总二万骑
		莫门军		
		积石军		
		其他零散军队	秦、渭、城等州大家子弟	
域外	坚昆			

景龙北伐的主力显然是突骑施所带领的二十五万突骑施蕃兵，与此相对的，唐朝金山道行军便不再派出蕃兵，而是由吕休璟为大使，只领瀚海、北庭、碎叶的汉兵五万。这也与突厥在景龙年间强劲西征有关，西域的金山道首当其冲，成为战争的前线。仅次于西域金山道兵力的，即张仁亶所带领朔方十五万蕃汉兵募健儿，合丰安军在内，关内道发兵共二十一万，封堵突厥的后路，而丰安军恰恰在灵州西黄河外百八十里处，唐朝既然能够发动丰安军的兵力，也证明自神龙二年冬季突厥南侵虽然突破灵武防线，实际并没有长时间停留，而唐朝在构筑三受降城防御体系之后，也在灵武地区恢复了经略活动。

不过，景龙北伐还有另外一处需要关注的重点，即防御群牧大使、临洮军使甄亶所领当军，并以莫门、积石等军兵募，联合秦、渭、成等州大家子弟，总二万骑随行讨伐突厥。诏书中所提到的临洮、莫门、积石三军，无一不是唐朝防守吐蕃的重要前线军镇，而秦、渭、成三州，亦是毗邻吐蕃边境，景龙北伐抽调了原本防御吐蕃的陇右兵力，而河西的赤水、建康、玉门、墨离等军，也是唐朝扼守吐蕃北方的重要军镇，此时亦出蕃汉众兵，足以证明唐朝对北伐突厥一事进行了全面而富有野心的规划，也从侧面反应了在金城公主入藏、中宗时代唐蕃之间会盟完毕后，唐朝对吐蕃予以了比较大的信任，敢于调取西部防线重要军镇的兵马北伐突厥。

唐蕃之间趋于平稳，从送金城公主入聘的李知新墓志中也可以得到证明：

> 会金城公主之娉年也，所谓洮河无气，沁水方降，盛漠容以出塞，宾虏庭而简材。公复以宗室誉高，滕臣咨得。故我则假以荣命，彼则尊为上卿。用能专对有叙，抗礼知节，回加朝散大夫，真除尚舍直长。[56]

墓志称“所谓洮河无气，沁水方降”，此“洮河”，显然就是指流经洮州且在莫门军附近的洮水，金城公主出降之后，唐蕃在陇右地区已经不再有硝烟战争，可以确定边境无恙之后，唐朝便下达诏书进行北伐。但景龙北伐万事俱备，在唐朝三受降城防体系构筑、夺回关内道控制权；唐蕃议和金城入藏、保障了西南边疆的稳固；娑葛封汗，唐朝得到突骑施盟友和坚昆的配合，在这一切准备妥当、大军开拔之际——景龙四年六月

---

[56] 齐运通《洛阳新获七朝墓志》，212页。

中宗暴亡，北伐终止，功败垂成。

从景龙四年北伐诏所统命的人员配置来看，唐朝毫无疑问在战前进行了诸多的部署和谋划，其中也包括了与吐蕃议和以及调整对突骑施的政策，正因如此，唐朝最终得以展开北伐攻势，但中宗去世，唐朝所预备的出兵计划被打乱，关内、陇右、河西等地的军队也并未出行。

不过，北伐虽然失败，景龙北伐毫无疑问给突厥施加了不小的边疆压力，景云元年（710）九月，睿宗以唐休璟取代张仁亶朔方道行军大总管之职，而在此之前，突厥就已经派遣使者入朝，向唐朝谋求和亲与同盟：

> 景云初，匈奴请公主、盟使臣，为约未坚，致辞或绐，因命公为特进检校御史大夫朔方军大总管以御之。仗宸威，肃戎令，人莫闻于吠犬，骑宁惮于射雕。[57]

而唐朝此时对突厥的对抗之意正达巅峰，面对突厥的突然示好，明显心存警惕，称“为约未坚，致辞或绐”加以拒绝，由于突厥此时正西征突骑施，对唐朝妥协的要求更加急迫，所以在唐休璟御朔方军之后，景云二年（711）正月突厥再一次遣使请求，而这一次，新登基的睿宗许诺嫁予金山公主，唐朝和突厥的关系打开了缓和的缺口。而在突厥西征杀掠突骑施娑葛时，从目前能获取的史料来看，唐朝对突厥与突骑施的冲突保持了沉默，这可能与景云伊始唐突之间关系缓和有关，也与唐廷内部的政治斗争紧密相连。

幸运的是，吐蕃在中宗时代与唐朝会盟之后，还是相当守约地回应了唐朝的要求，刘凤强已经指出，唐朝与吐蕃的盟约，其中重要的一点就是要求吐蕃与突厥“断交”，即使不能作为外援出兵征讨，起码不许寇侵唐朝边疆[58]。从后期吐蕃的行动来看，在会盟结束初期，吐蕃也的确遵守了唐朝的要求，此后数年没有对陇右一带展开进攻，甚至与安西都护张玄表的冲突中，吐蕃还是保持了外敦和好的态度。而唐朝割九曲之地，吐蕃自然也进行了占领，并修筑独山、九曲两军。有意思的是，唐朝在开元二年（714）与吐蕃重新商谈会盟时，曾怀疑吐蕃与突厥勾连：

> 昨郭将军屯兵而城之，故甥亦城。假令二国和，以迎送；有如不通，因以守境。又疑与突厥骨咄禄善者，旧与通聘，即日舅甥如初，不与交矣。因奉宝瓶、杯以献。[59]

而吐蕃在景云初年默啜求亲之后，亦对唐朝产生了怀疑：

> 逮中宗晏驾，睿后当宁。追念功臣，博访酂侯之胤。言思旧德，更抚叔敖之子。公始应辟，授詹府主簿。时西戎为大，疑我与匈奴连和，诏择信臣武士可使绝国者，于是公为举首，召见前殿。[60]

在彼此的猜疑之中，又发生了张玄表、李知古等人掠夺吐蕃边境，郭知运在白水筑

---

[57] 《全唐文》卷二五七，2606页。

[58] 刘凤强《唐蕃首次会盟考》，32页。

[59] 《新唐书》卷二一六上《吐蕃传上》，6082页。

[60] 《裴伷先墓志》，见吴钢主编《全唐文补遗》第八辑，西安：三秦出版社，2005年，第44页。

城置兵马的事件，而吐蕃亦于界内道筑城还击，直到开元二年八月吐蕃将坌达延、乞力徐帅众十万寇临洮，唐蕃双方才再一次对会盟内容进行重新讨论。此时，已经是玄宗初登大宝准备一展宏图、突厥默啜晚期边疆动荡势力渐衰之时，唐朝、吐蕃和突厥之间，也进入了与中宗时期截然不同的全新阶段。

四、总　　结

神龙年间，突厥大肆侵入关内道南部和陇右道，深入原、会、泾、凉等州，唐朝北方边疆遽然遭受到威胁，仓促之下，唐朝答应了吐蕃的和亲，并允嫁金城公主。不过，金城公主出降并不是延续了长安年间武周与吐蕃的和亲商议，而是吐蕃在新赞普登基、国内局势尚未平复之时，对唐朝展开的新一轮和亲要求，而这一求婚恰好契合了唐朝在神龙二年冬季遭到突厥冲击北疆之后、急于纾解边防压力的需求。

唐朝虽然下令金城公主出嫁，却并未允许吐蕃使者立刻将公主迎回国内，而是采取了迁延踟蹰的观望态度，恰在此时，突厥因大规模西征，开始陆续撤回在唐朝北方的军队，使得唐朝的边防压力骤然缩小，三受降城防御体系建立之后，唐朝在关内道北方完成了军事部署，对吐蕃和好的需求进一步降低。

但是，随着突厥向西征讨，西域骤然面临着极大的压力，在此期间，又发生了突骑施的内乱，引发西域的动荡，唐朝一方面警惕吐蕃势力介入西域，一方面又需要及时处理突骑施内乱，以防止后突厥势力进入西域。因此，唐朝仍然延续了盟约，最终在景龙四年正月，也就是北伐后突厥之前，正式降金城公主，同时又对西域政策进行了调整，转而扶持突骑施，此举保障了西南边疆的稳固和动员突骑施等蕃部军队的力量。在调整了突骑施政策和与吐蕃会盟、完成和亲后，唐朝随即对突厥展开了征讨，自关内至西域一线，全面进行北伐。

从最终史实来看，这一谋动因为中宗的暴亡而失败，不过，突厥为了西征的顺利，而选择与唐朝缓和关系，新登基的睿宗接受了这一示好，并在突厥攻打突骑施时保持了沉默。而在唐朝与突骑施、突厥斗争交错之时，吐蕃遵守了中宗时代所商谈的盟约，维持了陇右、河西地区的和平。然而，因为唐突关系骤然缓和，吐蕃逐渐对唐朝起了猜疑之心，唐朝亦对吐蕃与突厥的旧有关联心怀质疑，再加上张玄表、李知古掠夺吐蕃境，吐蕃侵扰安西境，双方在陇右边界交会之处彼此建筑军城防守，在这种情况下，中宗时代所立定的盟约和彼此的信任逐渐瓦解。开元二年，吐蕃大举入侵临洮，唐朝也予以还击，双方开始重新讨论盟约之事。随着睿、玄二帝政权更迭，突厥默啜可汗被杀和吐蕃新一代赞普的成长，开元年间的三方关系又进入了一个全新的历史阶段。

Between the Quartet: The Internal Relationship of the Western Frontier of the Tang Dynasty in the Reign of Emperor Zhongzong

Liu Xiaoheng

After Emperor Zhongzong ascended the throne, he faced an extremely severe crisis in the northern frontier. During the Shenlong period (705-707), the Turks invaded Guannei and Longyou regions. At the same time, at the instigation of the Tibetan, Yao、Juan and other barbarian vassals brought great trouble to the southwest of the Tang Dynasty. In the face of the double pressure of the northern and southern frontiers, the Tang Dynasty had to reconsider its relationship with Xizang, and the peace marriage of Princess Jincheng occurred during this period. However, Princess Jincheng's marriage was quite tortuous, and it was also constrained by the southern invasion of the Turks, and the Tang-Tibetan alliance was also facing the crisis of interruption. After the Turks attacked the Turgish in the west, the Tang Dynasty found an opportunity to counterattack and made concessions to the Tibetans, maintaining the Tang-Tibetan alliance. At the same time, the Tang Dynasty also coordinated the struggle between the two factions within the Turgish, and instead supported the Suoge forces and obtained the Turgish Alliance. After Princess Jincheng entered Xizang, the Tang Dynasty, which had completed policy adjustments to both the Tibetans and the Turks, began to seek a comprehensive conquest of the Turks, but this plot failed due to the violent death of Emperor Zhongzong. With the change of power of emperors Ruizong and Xuanzong, the killing of the Turkic Qapagan Khan, and the growth of a new generation of Tibetan Tsenpo, the tripartite relationship has entered a new historical stage.

节抄本还是重编本？*

——BD6576《维摩经疏》再探

严世伟

一、引　　言

《维摩诘经》宣扬大乘空宗的教义，是东亚大乘佛教信仰的重要组成部分，特别是维摩诘的居士形象，深受中国士大夫的喜爱，这也是该经得以广泛传播的重要原因之一。唐朝著名诗人王维即以摩诘为字，鲜明地表达了自己对于《维摩诘经》的热爱。此经经过多次翻译，以姚秦鸠摩罗什所译三卷《维摩诘所说经》最为流行。历代僧人以巨大的热情讲解此经，形成了大量的注疏。保留至今的有罗什师徒的《注维摩诘经》、慧远的《维摩义记》、智顗的《维摩经玄疏》等等，但是很多注疏早已亡佚。敦煌吐鲁番文献中留有数量可观的《维摩诘所说经》注疏，其中不乏古佚经典，比如敦煌出土的P.2032、P.2040、P.2049、BD6576和Ot.533，很早就引起了学界的广泛关注。

P.2049首尾俱全。首题“维摩经疏弟子品第三　卷第三”，尾题“维摩经疏卷第三”。全卷是对《弟子品》第三的注释。有刮改及校补。背面为《后唐同光三年（925）正月沙州净土寺直岁保护手下诸色入破历算会牒》和《后唐长兴二年（931）正月沙州净土寺直岁愿达手下诸色入破历算会牒》①。此件后来收入《大正藏》第85册。

P.2032首尾俱全。首题“维摩疏卷第五　不思议品第六”，尾题“维摩经疏卷第五”。内容为《不思议品》第六、《观众生品》第七、《佛道品》第八、《入不二法门品》第九。背面为《维摩经疏》卷五和《后晋时期沙州净土寺诸色入破历算会稿》，《维摩经疏》卷五书于《后晋时期沙州净土寺诸色入破历算会稿》行间，与正面内容相同，但只抄写了《不思议品》第六的部分内容。此当为重新粘连《后晋时期沙州净土寺诸色入破历算会稿》，以抄写正面《维摩经疏》②。笔迹与P.2049较为相似。

---

* 本文系全国高等院校古籍整理研究工作委员会项目“法藏敦煌文献重新整理研究与编目”的阶段性成果。在写作过程中，承蒙荣新江、史睿、陈瑞翾三位老师以及项目组其他成员的指导与帮助，朱玉麒、陆扬、林世田、刘屹、雷闻等各位老师和李晓楠博士也对本文提出宝贵意见，谨致谢忱。此外，还要感谢北京大学大成国学基金对本研究的资助。

① 荣新江主编《法国国家图书馆藏敦煌文献》第11册，上海：上海古籍出版社，2023年，28—117页。

② 荣新江主编《法国国家图书馆藏敦煌文献》第3册，256—321页；第4册，2—49页。上海：上海古籍出版社，2023年。

P.2040首尾俱全。外题“维摩经疏”，首尾题“维摩经疏卷第六”。存《香积佛品》第十、《菩萨行品》第十一、《见阿閦佛品》第十二、《法供养品》第十三、《嘱累品》第十四。背面为《后晋时期沙州净土寺诸色入破历算会稿》，此卷与P.2032v、P.3234《后晋时期沙州净土寺诸色入破历算会稿》原系同一文书，拆分后重新粘连以抄写正面的《维摩经疏》卷六。背面行间亦抄一段《维摩经疏》，系对《佛国品》第一中“心常安住，无碍解脱；念、定、总持，辩才不断；布施、持戒、忍辱、精进、禅定、智慧及方便力，无不具足”的解释，故非正面《维摩经疏》卷六的补记③。从内容来看，或为《维摩经疏》卷一的文字。此件后收入《大正藏》第85册。另外，Дx.352＋Дx.463＋Дx.464＋Дx.466首尾俱残，由数件小残片拼接而成④，有学者认为此件内容与P.2040《维摩经疏》卷六部分内容完全相同⑤，但是经核对，Дx.352＋Дx.463＋Дx.464＋Дx.466与P.2040差异较大。

BD6576首残，尾未抄完，有余白。存《佛国品》第一、《方便品》第二、《弟子品》第三，《国家图书馆藏敦煌遗书》拟名为《维摩诘所说经疏》⑥。背有补记，《国家图书馆藏敦煌遗书·条记目录》称其“多数为与正面疏释有关的文字”，其实背面内容全为补记，详见后文。

Ot.533为大谷探险队劫走的敦煌文献，现藏于日本龙谷大学。此件首尾俱残，但所存内容仍达695行，系对《维摩诘所说经》经题以及《佛国品》开头几句的解释。《西域文化研究》第1期刊布了Ot.533首尾两张照片以及全卷的录文，但未加标点⑦。

佐藤哲英首先对Ot.533展开了研究，他分析了Ot.533的科判、引用文献的特点，并依据《大正藏》第85册中P.2040和P.2049的录文，对比了Ot.533与它们的异同。佐藤氏认为这三件《维摩经疏》都大量引用了玄奘翻译的经论，也都大量引用了与唯识思想关系密切的论典，三者在征引前人学说以及解释文风上都有很明显的相似性，因此，他认为这三件当原属于同一部《维摩经疏》⑧。之后，上山大峻找出BD6576，认为是Ot.533等《维摩经疏》的卷二和卷三部分。他在佐藤哲英的观点上进一步发挥，认为这部《维摩经疏》是敦煌高僧昙旷的著作。昙旷在大历九年（774）完成的《大乘百法明门论开宗义决》中列举了自己的著作，但是其中并没有《维摩经疏》，所以上山氏推测此疏可能撰于774—778年之间⑨。上山大峻此说后来基本为学界所接受，比如方广锠、许培玲在介绍敦煌本《维摩诘经》注疏时提及上山氏的观点⑩，曾晓红在《敦煌本〈维摩经〉

③　荣新江主编《法国国家图书馆藏敦煌文献》第8册，上海：上海古籍出版社，2023年，164—251页。

④　《俄藏敦煌文献》第6册，上海：上海古籍出版社，1996年，247—248页。

⑤　曾晓红《敦煌本〈维摩经〉注疏叙录》，上海师范大学硕士学位论文，2008年，207页。

⑥　《国家图书馆藏敦煌遗书》第90册，北京：北京图书馆出版社，2008年，14—50页。IDP有彩图。

⑦　《西域文化研究》第1期，1958年，110—126页。IDP网站公布了Ot.533的前9张图片。

⑧　佐藤哲英《维摩经疏の残缺本について》，《西域文化研究》第1期，1958年，127—132页。

⑨　上山大峻《增补敦煌佛教の研究》，京都：法藏馆，2012年，62—65页。

⑩　方广锠、许培玲《敦煌遗书中的〈维摩诘所说经〉及其注疏》，《敦煌研究》1994年第4期，150页。

注疏叙录》中将上述6件写本题为昙旷撰⑪，王晓燕也径从上山氏这一观点⑫。2021年，富世平发表《敦煌遗书P.2049等写卷〈维摩经疏〉研究》，该文利用宋代高僧永明延寿所撰《宗镜录》中的资料，考订P.2049等《维摩经疏》的作者实际是长安崇福寺的神楷，而非昙旷，推进了学界对这几件《维摩经疏》以及神楷在中国佛教史上的认识⑬。另外，Дx.11615为一残破包首，存外题“维摩经楷疏卷第一　无头”⑭，尤澳认为这当是神楷《维摩经疏》卷一⑮。

但是随着作者的确定，又衍生出新的问题。BD6576中出现了《入道次第》，这是智周在开元时期撰写的著作，然而神楷却活跃于武周时期，因此不可能引用智周的著作，这就对BD6576作者的归属造成了挑战。富世平认为BD6576为节略本，《入道次第》是节略者抄写时才掺入其中的，也就是说BD6576并非真正引用了《入道次第》⑯。其实BD6576文本的复杂性远甚于此，本文即对此进行详细考察。

二、BD6576《维摩经疏·弟子品》与神楷《维摩经疏·弟子品》

此前学界多直接认定BD6576《维摩经疏·弟子品》与神楷《维摩经疏·弟子品》大体相同，甚至还有人认为完全相同，故在此处稍费篇幅，来对比两者之间的异同（表1）。

表1　BD6576与P.2049《维摩经疏·弟子品》对照表

	BD6576《维摩经疏·弟子品》	P.2049神楷《维摩经疏·弟子品》
1	此品之内略以三门分别：一弁来意，二解品名，三释文义。明来意者，然圣人冥通，权道无二，居士为众生而现疾，如来亦怀悲而遣问。因共往来，得通化道，利益事广，故此品来。又前所明般若大悲与众德合行，名为方便，此下即彰非彼二乘诸菩萨等之所能知。今欲对之显其胜德，使其舍劣随胜入行，故此品来。或可前品之中因凡问疾，明化凡法，此品之内因圣问疾，明化法，教圣之中先教声闻，故此来也。	此品之内略以三门分别：一辩来意，二解品名，三释文义。明来意者，然圣人冥通，权道无二，居士为众生而现疾，如来亦怀悲而遣问。因共往来，得通化导，利益事广，故此品来。又前所明般若大悲与众德合行，名为方便，此品即彰飞（非）彼二乘诸小菩萨之所能知。今欲对之显其胜德，使其舍劣修胜，故此品来。或可前品之中因凡问疾，明化凡法，此品之内因圣问疾，明化圣法，教圣之中先教声闻，故此品也。

⑪　曾晓红《敦煌本〈维摩经〉注疏叙录》，202—207页。

⑫　王晓燕《敦煌写本〈维摩诘经〉注疏研究》，首都师范大学博士学位论文，2016年，164、180页。

⑬　富世平《敦煌遗书P.2049等写卷〈维摩经疏〉研究》，《文史》2021年第4辑，125—144页。

⑭　《俄藏敦煌文献》第15册，上海：上海古籍出版社，2000年，280页。

⑮　尤澳《敦煌文献中神楷法师〈维摩经疏〉相关文献新识》，《文津学志》第22辑，北京：国家图书馆出版社，2024年，2—3页。

⑯　富世平《敦煌遗书P.2049等写卷〈维摩经疏〉研究》，135—138页。尤澳亦赞同富世平的观点，见《敦煌文献中神楷法师〈维摩经疏〉相关文献新识》，1—13页。

续表

	BD6576《维摩经疏·弟子品》	P.2049神楷《维摩经疏·弟子品》
2	第二释名者，佛具胜德，名天人师，诸声闻等亲蒙佛度，称为弟子，此乃师徒弟子相对名也。又云："学在佛后，名之为弟，从法化生，称之为子，所命之人是其弟子，就此题彰（章），名《弟子品》。"若依《无垢称经》云《声闻品》。若言弟子，恐同菩萨也。	第二释名者，佛具胜德，名天人师，声闻等亲蒙佛度，称为弟子，此乃师徒弟子相对得名也。又云："学在佛后，名之为弟，从法化生，称之为子，所命之人是其弟子，就此题章，名弟子品。"若依《无垢称经》云《声闻品》，若言《弟子品》，恐同菩萨也。
3		第三释文义者，就此文中三门分别：一约相显失分别，二就行相始终分别，三随文释义。初显失分别者，此中有五百声闻行，即五百法门。文中略故，但明其十。此十即是声闻之人所得之法，今对大乘并是其失相。云何？初，舍利弗声闻人中智惠第一，以其不达，常寂三昧，是故致呵。二，目揵连神通第一，以其通不现前，说法不当，故亦被呵。三，大迦叶头陀第一，以无平等大悲，所以被呵。四，须菩提解空第一，以其不得平等大空，故亦被呵也。第五，富楼那辩才第一，以其不达深远根性，故亦被呵。六，迦旃延解义第一，以其不达实相深义，故亦被呵。七，阿那律天眼第一，不与无相智惠合行，故亦被呵。八，优波离持律第一，不能观空灭罪，故亦被呵。九，罗〔睺〕持戒第一，以其不达，无利出家，故亦被呵。第十，阿难多闻第一，不了如来法身功德，故亦被呵。此十并彰弟子失也。 二约行相始终分别者。一，舍利弗修不住行，以其此人舍俗归林，除乱取静，今教不住取舍，行会中道，云不住行也。二，目连修入证行，以其目连通不现前，说法不当，教修二空，契证真理，名入证行也。三，大迦叶修助道行，以其此人舍富从贫，未会平等，教修等观，助成菩萨，云助道行也。四，须菩提修大空行，以其善吉见有邪正，未解真空，所以教修等观，不取邪正之相，云大空行。五，富楼那修说法行，以其此人不观根欲，说法差机，教知根性，称其所宜，利无不普，云说法行也。六，迦旃延修生解行，以其此人敷演五法，乖其实相，教离分别之心，契会无相之行，名生解行也。七，阿那律修起通行，以其那律有相，天眼见境未明，教修无相天眼，契悟不二，云起通行。八，优波离修灭恶行，以其此人不能观空灭罪，教修无相忏悔，罪垢不生，名灭恶行也。九，罗睺罗修出家行，以其覆障不达，即相无相，真实出家，教修离相，平等真实出家，云出家行也。十，阿难

续表

	BD6576《维摩经疏·弟子品》	P.2049神楷《维摩经疏·弟子品》
3		修法身行，以其欢喜，不了如来法身常住，教修出世无为功德，永离生灭之心，云法身行。 第三释文义者。文别有三，初明维摩寝疾之意，以为起问由致，二佛知下正命问疾，三如是五百已下，总结类显前中。
4	尔时，长者维摩诘自念寝疾于床者。言尔时者，生念时也，长者维摩结，起念人也。自念寝疾于床者，正与（兴）念心，起此念者，意待圣问，非念为病，良以维摩悲物情深，待问若得（渴），知兴此念。维摩现病，专精为物，心虽为物，得佛影响，佛事方成。知念自己寝疾于床。于者，於也。	尔时，维摩诘自念寝疾于床者。尔时者，生念时也，长者维摩结，起念人也。自念寝疾于床者，正兴念心。然此念意，念待圣问，非念为病，良以维摩悲物情深，待问若渴，故兴此念。维摩现病，专精为物，心虽为物，得佛影响，化事方成，故念自己寝疾于床。于者，於也。
5	世尊大悲，宁不垂愍者。佛具众德，为世钦承，故曰世尊。慈中之极，余莫能加，称理而成，岂非大也。宁者，能也。愍者，怜也。维摩云："我之小子，悲心尚劣，犹为物缠痾，况佛高人，能不垂怜而遣问也。"	世尊大慈，宁不垂愍者。佛具众德，为世钦承，故曰世尊。慈中之极，余莫能加，称理而成，岂非大也。宁者，能也。慜者，怜也。维摩自云："我之小子，悲心尚劣，犹为物缠痾，况佛高人，能不垂怜而遣问也。"
6	佛知其意者，**知维摩为物现疾，因弘道法之意。如其知诸人不堪而犹命者，**略有三意：一为彰如来心等不偏，所以通告，与《涅槃》中普告大众令问相似；第二为欲广寄众言，以显维摩德尊，故须通命不堪彰其德高，告命堪者，显其德妙；第三为欲广寄众言，以显维摩所说之法，故须通告。故下文中先告不堪，彰昔所说，后告堪者，明今所说，是以通告。	佛知其意**即告已下，第二正命问疾。以其时会，得益在今，故令往问而不可止。然下文中据其正使，理归文殊，而命余者，**略有三意：一为彰如来心等不偏，所以通告，与《涅槃》中并告大众令问相似；第二为欲广寄众言，显维摩德尊，故须通告命不堪彰其德尊，告命堪者，显其德妙；第三为欲广寄众言，以显维摩所说之法，故须通告。故下文中先告不堪，彰昔所说，后告堪者，明今所说，是以通告。
7	舍利弗者，《智度论》云："王舍城内有大论师名摩陀罗王，以聪明封赏一邑。其生一女，眼似舍利鸟，即以为名。亦名鹙露子，因鹙露鸟以彰其号。时南天竺国有大论师名优婆提舍，头戴火盆，谓物愚昧，铜葉葉（鍱鍱）腹，谓（畏）书溢出，即打论鼓。国人皆集，欲定优劣。摩陀罗路见斗牛，知彼胜我。于是入众论难，便堕负处。群臣共议，夺其封邑以赏提舍。摩陀罗语提舍言：'王以汝聪明，封赏一邑，我女为妻。'后时女有娠，忽然感梦，梦见一人身被钾胄，手执金刚杵，摧碎一切山，然后在一山边立。寤已，即向夫说，其夫解曰：'汝当有身，所怀必男。身破（被）甲胄者，此儿必有厚德。手执金刚杵者，此儿聪明有大智惠。摧破一切山者，此当作大论师，破一切论义师也。然后在一山边立者，当复膺一人以为弟子。'	**就弟子之中，人别有十。先命**舍利弗者，**以其为使不易，非通人之不可，身子神惠超绝，故先命也。**《智度论》云："王舍城内有大论师名摩陀罗王，以聪明封赏一邑。其生一女，眼似舍利鸟，即以为名。亦名鹙鹭子，因鹙鹭鸟以彰其号。时南天竺国有大论师名优婆提舍，头戴火盆，谓物愚闇，铜葉葉（鍱鍱）腹，恐诗书溢出，即打论鼓。国人皆集，欲定优劣。摩陀罗路见斗牛，知彼胜我。于是入众论难，便堕负处。群臣共议，夺其封邑以赏提舍。摩陀罗语提舍言：'王以汝聪明，封赏一邑，我以女为妻。'后时女有娠，忽然夜梦，梦见一人身被甲胄，手执金刚杵，摧破一切山，然后在一山边立。寤已，即向夫说，其夫解曰：'汝当有娠，所怀必男。身破（被）甲胄者，此儿必有厚德。手执金刚杵者，此儿聪明有大智惠。摧破一切山者，

续表

	BD6576《维摩经疏・弟子品》	P.2049神楷《维摩经疏・弟子品》
7	其母从有娠来，神智非常。昔与兄论义，兄恒得胜，自妹有辰（娠），兄常论屈，即知儿智熏母聪叡。”年始七岁，十六大国中论义第一，从佛出家，弟子中智惠第一，故余经中赞叹舍弗：“唯除佛如来，一切众生类，智惠及多闻，欲比舍利弗，于十六分中不能及一。”今先告之。何故先告？以其惠胜，为是先告。 问曰：“前说声德劣，故佛先告，舍利既是弟子中胜，何故先告？”答：“舍利惠行虽上，余行劣他，故得先告。”若如此者，余之九人德有优劣，亦应先告，如此论量，理即所通。但是大圣导引多方，应告即命，何有先后。	此当作大论师，破一切论义师也。然后在一山边立者，当伏应一人，以为弟子。’其母从有娠来，神智非常。昔与兄论义，兄恒得胜，自妹有娠，兄便论屈，即知儿智勛母聪叡。”年始七岁，十六大国中论义第一，从佛出家，弟子之中智惠第一，故余经论中赞叹舍利弗：“唯除佛如来，一切众生类，智慧及多闻，欲比舍利弗，于十六分中不能及一。”即先告之。何故先告？以其惠胜，为是先告。 问曰：“前说声德劣，故佛先告，舍利既是弟子中胜，何故先告？”解云：“舍利惠行虽上，余行劣他，故得先告。”若如此者，余之九人德有优劣，亦应先告，如此论量，理即不通。但是大圣导引多方，应告即告，何有先后。
8	辞不堪者，皆言往昔屈辱之事，彰己不堪，非谓此会已有斯耻也。然佛是大人，发言如印而不可违。何故致辞者？但为佛使命必须达人。忆昔被呵，默不能报，今惧此失，恐有辱尊之丑，故下诸人皆致辞也。	**文中有四：一命问疾，二辞不堪，三释所以，四结不堪。下文例尔，初命可知。第二**辞不堪者，皆举往昔屈辱之事，彰己不堪，非谓此念以有斯耻也。然佛是大人，发言如印而不可违。何故致辞者？但为佛使，必须达人。忆昔被呵，默不能报，今惧此失，恐有辱尊之丑，故下诸人皆致辞也。
9	所以者何一句，总自征责，佛令问疾，我今何故乃言不堪？问疾者何若非世尊问意。如（汝）是弟子，我使汝问疾，所以不去者何？	**第三释中，义别有二，一出昔日被呵之事，二时维摩下明得失。教呵之相，呵去其失，教修其德。前中**所以者何一句，总自征责。佛令问疾者何？**若作世尊问意：**汝是弟子，我使汝问疾，所以不去者何？**自征问下，例皆有二意。忆念已下正出呵事。**
10	曾于林中等者，声闻修定必托静缘，不知寂定离诸缘故，身子虽获罗汉，法执未亡，见有身意，患身劳烦，故欲隐形于林。见心动乱，复欲藏心于定。以有身意，取舍未融，所以被呵。良由未悟法尘，见外尘为能扰，执内六根为所扰，故托林取静，避于外尘。	曾于林中宴坐树下者，声闻修定必托静缘，不知寂定离诸缘故，身子虽获罗汉，法执未亡，见有身意，患身劳烦，故欲隐形于林。见心动乱，复欲藏心于定。以有身意，取舍未融，所以被呵。良由未悟法空，见外六尘为能扰，执内六根为所扰，故托林取静，避于外尘。**宴者，默也，默坐树下，安心坐禅，故云宴坐。**
11	不必是坐者， 必是有所得住着坐也。 身子见有散可弃，见静可忻，故今责之不必是为宴坐也。若约行弁，身子岂不住行，以其此人舍俗皈林，以为寂定，今教不住取舍，方为大定也。	**第二教呵义中，文分三节：一呵，二教，三诘。**不必是坐为宴坐者，**此呵失也。失有六种，下教文中翻成六德，以其身子树下坐禅得身心相，故隐身于林，藏心于定，虽欲隐藏，翻成显现也。此未全非，故云不必。生云：“不言非是，但不必是。”不言非是者。二乘坐法，乃可体然。但不必是者，未是大乘真极坐法也。**庄云：“必是有所得住着坐也。” 身子见有散可弃，见静可欣，故今责云“不必是坐为宴坐也”。若约行辩，舍利起不住行，以其此人舍俗归林，以为寂定，今教不住取舍，方为大定。

续表

	BD6576《维摩经疏·弟子品》	P.2049神楷《维摩经疏·弟子品》
12	不于三界现等者，欲、色、无色是其三界，凡夫在于欲、色二界受色形果，名为现身，在无色界受心法果，称为现意。菩萨了知三界虚妄，但是心作证实除舍，无处可在。所以不于三界地中而现身意，是坐也。满云："声闻得身心相，所以隐身林间，藏心在定。虽欲隐藏，翻成显现。大士悟三界身意本空，不取不舍，不现身意，名宴坐也。"肇云："法身宴坐，形神俱灭，道绝常境，视听所不及，岂复现身为三界修意而为定哉。"何异走长衢而避影，煎流水以求冰。被呵之由，良为于此。	不于三界现身意下，**第二翻失显得，正明教也。教相有六：一等身心破得身心相，二凝静乱破取静乱相，三融真俗破取凡圣相，四亡内外破取内外相，五泯邪正破取邪正相，六齐缚解破取缚解相。前中不于三界现身意者，第一等身心也。**远云："欲、色、无色界是三界，凡夫于欲、色两界受色形果，名为现身。在无色界受心法果，称为现意。菩萨了三界虚妄，但是心作证实除舍，无处可在。所以不于三界地中而现身意，是为宴坐。"满云："声闻得身心相，所以隐身林间，藏心在定，虽欲隐藏，翻成显现。大士悟三界身意其性本空，不取不舍，不现身意，名宴坐也。"**又云："五根空故，意不现也。身意性空，是真坐禅也。"**肇云："法身宴坐，形神俱灭，道绝常境，视听所不及，岂复现身于三界，修意而为定哉。**身子以犹有世报生身，得其身相，以人间为烦扰，故隐身于林，藏心于定。"**虽欲隐藏，**以自显现。未能形神无迹，取舍两亡。**何以（异）走长衢而避影，煎流水以求冰。被呵之由，良为于此。
13	不起灭定等者，二乘之人患心劳虑，暂止心想，名为灭定。由本识持色身不坏，六识灭故，不能起动。所以然者，声闻威仪意识到（引）起。入灭定定时意识灭，故于四威仪舍之入定。菩萨不尔，寂而常用，静乱不殊。何以故？心（以）无心故，不起灭定。无心心故，而现威仪，如如意珠，无心分别，自然能雨。一切宝物，但可以神会，难以事求。出入无二，是为宴坐。	不起灭定现威仪者。**第二凝静乱。**二乘之人患心劳虑，暂止心想，名为灭定。由本识持色身不坏，六识灭故，不能起动。所以然者，声闻威仪意识引起。入灭定时意识灭，故于四威仪舍之入定。菩萨不尔，寂而常用，静乱不殊。何以故？以无心故，不起灭定。无心心而现威仪，如如意珠，无心分别，自然能雨。一切宝物，但可以神会，难以事求。出入无二，是为宴坐。**《智度论》云："普花言：'汝信受一切法常寂灭相否？'舍利弗言：'我信此事。'普花言：'诸法常寂，无有体也。'"或可菩萨入灭定，虽无六识有平等性智，引起色身能现威仪。二乘灭定无平等性智，不能现威仪也。肇云："小乘入定即形同枯木，无运用之能。大士入实相定，心智永寂而形充八极，顺机而化，应会无方，举动进止，不舍威仪，是真宴坐。"**
14	不舍道法等者，戒定惠等是圣道法，贪嗔痴等是凡夫事。小乘未证法空，见有或业，有而〔可〕畏，断已入圣，不能现行，引导众生。菩萨知有，如幻处而无畏，现行教化，染净无二，是为宴坐。又由大士具根智，恒观真如，名不舍道法，后得智中，与物和光，教化众生而现凡夫也。故下文云"示受	不舍道法现凡夫事者。**第三融真俗。**远云："戒定惠等是圣道法，贪嗔痴等是凡事。小乘未证法空，见有或业，有而可畏。段已入圣，不能现行，引导众生。菩萨了空知有，如幻处而无畏，现行教化，染净无二，是为宴坐。又由大士具根本智，恒观真如，名不舍道法，后得智中，与物和光，教化众

续表

	BD6576《维摩经疏·弟子品》	P.2049神楷《维摩经疏·弟子品》
14	于五欲，亦复现行”等，不舍道法，此约化用言也。理实大士不见，即道法异于凡事，一相无相，平等无差别。	生现凡夫也。”又云：**“后得智中，心常入定，不舍道法，大悲心中现起烦恼，教化众生，故云现凡夫事也。”满云：“声闻不能即净有垢，障隔生死，不能处中化物。大士善恶齐止，真俗同观，故能处于中道而现凡夫事也。”**故下经云“示受于五欲”，明现凡夫事，“亦复现行禅”，名不舍道法，此化用言也。理实大士不见，有道法异于凡事，一相无相，平等无差别也。
15	心不在内等者。已内外，六根是内，六尘为外，声闻入定，心即在内，出即在外，内外未均，体非至定。菩萨悟解内外本空，内外平等，是为宴坐，故下文云“不念内外，行于平等”也。或可真谛是内，俗谛是外，二乘执有真俗，心游内外。菩萨了真俗俱空，故不住内外也。又云：依他是内，遍计是外。小乘不了能所取空，心游内外。大士知内外性空，所以不住内外也。	心不住内亦不在外者。第四内外，六根是内，六尘为外，声闻入定，心即在内，出即在外，内外未均，体非是定。菩萨悟内外本空，相生非有，内外平等，是为宴坐。故下经云“不念内外，行于平等”，或可真谛是内，俗谛是外。二乘执有真俗，心游内外。菩萨了真俗俱空，故不住内外也。又云：依他是内，遍计是外。小乘不了能所取空，心游内外，大士知内外性空，所以不住内外也。
16	于诸不动等者，五见非一，名为诸见。身、边、邪、戒取、见取，凡夫恒起，不能入定，二乘修正，不能入邪。菩萨现行，教化众生，故无所动。虽现同邪，内心恒正，邪正平等，是为宴坐，故下文云“八万四千诸烦恼门而诸众生为”等。肇曰：小乘不能即邪为正，要须断见修道。大士通达诸见，与道品无异，故不离见，行于道品。故下文云“住正道等者”。	于诸见不动而修行三十七品者。第五泯邪正。远云：“五见非一，名为诸见。”身见、边见、邪见、戒取、见取，凡夫恒起，不能入正，二乘修正，不能入邪。菩萨现行，教化众生，故无所动。虽现同邪，内心恒正平等，是为宴坐，故下经云“八万四千诸烦恼门而诸众生为之疲劳，诸佛即以此法而作佛事”。肇云：小乘不能即邪为正，要须断见修道。大士通达诸见，与道品无异。故不离见，行于道品。故下经云“住正道者不分别邪正”。**又云：凡夫滞有，二乘乐空，诸见为缠，舍之方脱。菩萨悟见本无其由，空花水月见体常空，即道品也。**
17	不断烦恼等者，二乘要断烦恼，方入涅槃，菩萨了烦恼性空，本自不生，今何所断。既无烦恼可断，亦无涅槃可入。对彼断入，故云不断而入，是真宴坐。远云：“随化现起贪嗔痴等，名为不断，内心恒寂，名入涅槃。”此有四句，一不断不入是凡夫人，二断而入是二乘人，三断而不入是通教菩萨，四不断而入是圆教菩萨。今约第四门也。	不断烦恼而入涅槃者。第六齐缚解。庄云：“二乘要断烦恼，方入涅槃，菩萨了烦恼性空，本自不生，今何须断。既无烦恼可断，亦无涅槃可入。对彼断入，故云不断而入，是真宴坐。”远云：“随化现起贪嗔痴等，故名不断，内心恒寂，名入涅槃。”智者云：“此有四句，一不断不入是凡夫人，二断而入是二乘人，三断而不入是通教菩萨，四不断而入是圆教菩萨。”今约第四门也。
18	问：“不断而入涅槃，四种涅槃之中是何涅槃？”答：“入无住处涅槃，所以得知净名以二乘人断烦恼入涅槃，即证有余、无余涅槃二果。今明菩萨不同于此，现起烦恼，利益众生，内证涅槃而无所著，	问：“不断烦恼而入涅槃，四种涅槃之中是何涅槃？”答：“入无住处涅槃，所以得知净名以二乘人断烦恼而入涅槃，即证有余、无余二果。今明菩萨不同于此，现起烦恼，利益众生，内证涅槃而无

续表

	BD6576《维摩经疏·弟子品》	P.2049神楷《维摩经疏·弟子品》
18	故《无垢称》云：‘不舍生死而无烦恼，虽证涅槃而无所住，是为宴坐。’自性涅槃，凡夫亦有，恐同于彼，是以不说。有余、无余，声闻亦得，恐滥二乘，亦不说证也。”	所著，故《无垢称经》云：‘不舍生死而无烦恼，虽证涅槃而无所住，是为宴坐。’自性涅槃，凡夫亦有，恐同于彼，是以不说。有余、无余，声闻亦得，恐滥二乘，亦不说证。”**又解：前胜益有三义，一自性涅槃本来清净，不由断惑等得，所以不断而入涅槃。第二是无住处，顿悟菩萨留随眠或，故云不断，证无住处，故云入涅槃。第三入有余涅槃，二乘入有余，要须断烦恼，渐悟菩萨了烦恼性空，虽断烦恼，断无所断，不同二乘以断为断证有余，故名入涅槃。**
19	佛所印可者，具上平等宴坐，圣共同尊，称庆佛心，故云印可。	若能如是坐者佛所印可者。**上来教呵讫，此下第三总结，**具上六德，平等宴坐，圣共同遵，称可佛心。故云印可。**此句结德。**
20	时我不能加报等者，上人境界，非己所知，理出情外，故云不能加报也。	时我世尊默然不能加报者。上人境界，非己所知，理出情外，故云不能报也。**此句结失良由，向来教呵，并明得失俱说，故今双结者，欲令时众同其得也。**
21	**身子辞不堪者，恐辱所使也。《论语》云：“使于四方，不辱君命者，可谓使矣。夫子使子贡吊黔娄先生，先生家贫，以小衾盖尸，头足互出，子贡谓先生妻曰：‘可以衾角而盖之。’其妻曰：‘妾欲正之不足，不愿邪之有余。’子贡默然无对，故谚云：‘子贡能言语，独行不用侣。使吊先生家，无言对丧主。’夫为使不易，非通人不才，至彼若也无言，恐有辱尊之丑。”**⑰	故我不堪下，第四结不堪也⑱。

表1显示，两者文本之间确有明确的联系，BD6576的部分文字当来自神楷的《维摩经疏》。但P.2049内容远比BD6576丰富，BD6576在抄写时省略了很多文字，甚至大段地跳过，比如表1第3行，BD6576整大段的未抄“第三释文义者”等内容。BD6576的抄写者还有一个特点，即往往省略原始出处，比如第11行中画线部分，BD6576省略了“庄云”，第12、14行中的画线部分，BD6576省略了“远云”，第17行中的画线部分，BD6576省略了“庄云”和“智者云”。这种省略原始出处的风格，易使读者误认为是BD6576作者的原话，也暗示书手在抄写时所依据的底本可能不仅仅是P.2049《维摩经疏》。

除了省略的现象，BD6576还有溢出于P.2049文本之外的文字，比如第6—14、16、18—20行粗体部分，BD6576与P.2049不能对应。其中最大的差异还是最后一段，即第

⑰ 《中华大藏经·续编》第80册，北京：中华书局，2021年，409—413页。

⑱ 《中华大藏经·续编》第80册，172—178页。

21行。在解释“故我不任诣彼问疾”一句时[19]，P.2049只有寥寥6字——“第四结不堪也”。但是BD6576则大段引用了子贡吊黔娄的故事来解释出使之艰难，仅此一例便足以说明，即使是与P.2049神楷《维摩经疏》高度雷同的《弟子品》部分，BD6576也有另外单独的史源。实际上，这并非以子贡吊黔娄的故事来阐释《维摩诘所说经》的孤证，BD6499v（1）《维摩手记补记》云：

有所以不堪往问者，非是拒命，若不辞退而去，恐辱所使，所以欲观前人，先观所使。昔有钳娄先生身死，孔子使人吊之。弟子中子贡解语，众推，夫子遣子贡吊孝，子贡倍解言语不□□后去，及乎至彼，乃被先生妇质，无言可对。先生家贫，以一小被覆之为短盖，而即脚踝已下出盖，脚□已上出，妇以差迟数遍，子贡乃云：“何不络角盖？”妇人曰：“只可正而不足，不可邪而有余。”子贡无言可对。已后被学生咏子贡曰：“子贡能言语，独行不要侣。行至先生门，无词对丧主。”[20]

BD6499v（1）的内容与BD6576基本一致，文字略有差别，而BD6499v（2）《维摩经疏》又云：

又言身子辞不堪问者，有所以在，恐辱所使也。《论语》云：使于四方，不辱君命者，所以使矣。又夫子遣子贡吊黔娄先生，先生家贫，以小衾而盖尸，头足俱出，子贡谓先生妻曰：“以衾角邪而盖之。”妻答曰：“要欲正而不足，不乐邪而有余。”子贡默然无对。故诗云：“子贡能言语，独行不用侣，所吊先生家，无言对丧主。”夫为使不易，非通人不才，至彼若屈，恐辱尊之愧。此中道理，当之亦尔。[21]

两相对比，BD6576与BD6499v（2）的契合度更高，比如两者均作“黔娄”，而BD6499v（1）作“钳娄”；BD6576作“故谚云”，BD6499v（2）作“故诗云”，仅一字之差，BD6499v（1）却作“已后被学生咏子贡曰”；两者最后一句“夫为使不易，非通人不才”大同，而BD6499v（1）无此句。实际上BD6499v（2）与BD6576几乎完全一致。

又，BD7286v《维摩手记补记》云：

］妾欲正之不足，不［　　　　　　　　　　］无言对丧主。[22]

BD7286v首部残缺严重，第一行只有上述这些残字，但从内容来判断，当亦为子贡吊黔娄的故事。可见以这个故事注解《维摩诘所说经》在敦煌相当普遍。

总之，BD6576《弟子品》内容当有多种来源，而不仅仅来自神楷的《维摩经疏》。

---

⑲ 《维摩诘所说经》卷上，CBETA, T14, no. 475, p. 539c27。

⑳ 图版见于《国家图书馆藏敦煌遗书》第88册，北京：北京图书馆出版社，2008年，180—197页。IDP有彩图。此件尚无整理本，此为笔者据彩图录出，下不再出注。

㉑ 图版见于《国家图书馆藏敦煌遗书》第88册，183—194页。该书将BD6499v定为“杂抄”和“维摩诘所说经少义释”两种文献，略有不妥。此件尚无整理本，此为笔者据彩图录出，下不再出注。

㉒ 图版见于《国家图书馆藏敦煌遗书》第96册，北京：北京图书馆出版社，2008年，109—111页。IDP有彩图。该书将BD7286定为“注维摩诘经释”，对BD7286v只给出“龙兴寺比丘发露录”一个定名，有所不妥。此件尚无整理本，此为笔者据彩图录出，下不再出注。

三、BD6576《维摩经疏·方便品》文本来源再检讨

BD6576现存内容除了《弟子品》外，还有《佛国品》第一和《方便品》第二，上一节对比了《弟子品》，本节再来详细考察《方便品》。

神楷是玄奘的高足大乘恂的弟子，对繁琐的唯识学说了然于胸，《宋高僧传·神楷传》称他“洎乎年满受具，于经论义理，大小该通，耳闻口诵，譬鲜氎之易染。遂讲《摄大乘》《俱舍》等论，颖晤辈流罕有齐驾”[23]。这一学术背景在其所撰的《维摩经疏》中得到了充分体现，现存P.2032、P.2040、P.2049和Ot.533旁征博引，涉及《成唯识论》《阿毗达磨俱舍论》《大乘阿毗达磨杂集论》《杂阿毗昙心论》《瑜伽师地论》《阿毗达磨集异门足论》《大智度论》《中论》《大乘起信论》《摄大乘论释》《究竟一乘宝性论》《佛地经论》《佛性论》《说无垢称经》等大量佛典，解释风格具有浓厚的唯识色彩，热衷于义理的铺陈推演。

BD6576曰：

> 二出体者，有其二种：一约如来，二约菩萨。约如来者，有其五种。一、法性土，真如为体，或可五法中以清净法界为体。二、实报土，力、无畏等一切功德无漏五阴以为体性，故下经云：“总持之园苑，无漏法林树，觉意净妙花，解脱智惠果。”又，《思益经》云，是正知觉世间。若以摄相取性，亦以真如为体。三、色相土，摄境从心，正体、后得智以为体性，故《佛地论》云：“最极自在净识为体。”摄相取性，以真如为体。若约相别，四尘为体，若通取声，五尘为性。四他受用土，摄境从心，利他后得智为其体性。摄相取性，还以真如为体。若约相别，四尘、五尘为体。五、变化土，出体同前，亦有三种。二约菩萨，亦有五种：一、法性土，二、实得土。此二菩萨分得，出体同前。三、色相有漏土，摄相皈性，以真如为体。摄境从心，以本识为体。若约相别，四尘、五尘为体性。四、色相无漏土，摄相皈性，以真如为体，摄境从心，自利后得智为体。若约相别，四尘、五尘为性。五、变化土，弁体同前，还有三种。[24]

富世平通过延寿《宗镜录》和宗密《圆觉经大疏释义钞》中所引的文字，认为上引文字为神楷《维摩经疏》，进而判定BD6576整件均为神楷《维摩经疏》的节抄本[25]。上引文字位于《佛国品》部分，通览BD6576《佛国品》，其内容、文风与神楷《维摩经疏》十分相似，此部分内容当以神楷著作为主要底本。

通览P.2032、P.2040、P.2049和Ot.533，其中只有一处涉及世俗材料，即P.2032《维摩经疏》卷五《佛道品》云：

㉓ 赞宁撰、范祥雍点校《宋高僧传》卷四《周京兆崇福寺神楷传》，北京：中华书局，1987年，80页。

㉔ 《中华大藏经·续编》第80册，391—392页。

㉕ 富世平《敦煌遗书P.2049等写卷〈维摩经疏〉研究》，136—137页。

除彼不肖人者，简去不能发心之者。肖之言似，不肖人者，不似人也。尧子丹朱不肖，不堪绍位。于佛法中，二乘之人不绍佛种，名不肖人。[26]

神楷以尧的儿子丹朱来说明“不肖人”的含义，这同样也可以在其他敦煌本《维摩诘所说经》注疏中找到例子，P.2275《维摩经抄》云：

除彼不肖人，痴冥无智者。述曰：肖犹似也，子不似父母，名为不肖。丹朱不肖，不堪绍继。二乘之人，不堪继嗣。不似于佛，名为不肖。[27]

P.2275文字与P.2032雷同，且都是以丹朱为例解释《佛道品》中“除彼不肖人”这句经文。除此之外，P.2032、P.2040、P.2049和Ot.533中再也难觅出自世俗的材料。相比之下，BD6576《方便品》则具有另一种颇为不同的风格，暗示其文本来源更为复杂。比如同在解释“若至博弈戏处，辄以度人”时[28]，BD6576、BD6499《维摩手记》和BD7286《维摩手记》内容如下（表2）。

表2　BD6576、BD6499与BD7286对照表

BD6576	BD6499	BD7286
若至博弈者，同戏，博谓六博，弈是碁也。进之以道，故称为度。**语云：“撟蒲劣戏，陶侃号为牧奴；博弈小能，尧王教其愚子；韦曜作论，无利益于家邦；葛洪不窥，诚有害于名节。”**亦引解基人入关，阵阵欲败，令军四个，四个一处立[29]。	至博戏处者，《博物志》云：尧作围碁，尧子丹朱善之。丹朱不肖，尧教碁益智。老子作撟蒱，投戏具于江中。《晋书》曰：“陶侃为武城宰，试左史曰：‘大禹圣人，尚惜寸阴，至于凡俗，当惜外（分）阴。’遂投戏具于江中，曰：‘撟蒱者，牧賭奴戏。’”张文成判**撟蒱秽戏，陶侃号为牧奴；围碁小能，尧王教其愚子；韦曜作论，无利益于家邦；割弘（葛洪）不窥**[30]。	博弈者，**语云：“撟蒲劣戏，陶侃号为牧奴；博弈小能，尧王教其愚子；韦曜作论，无利益于家邦；葛洪不窥，诚有害于名节。”**[31]

表2粗体部分，BD6576与BD7286一字不差；BD6499虽“博弈”作“围碁”，“葛洪”误作“割弘”，脱“诚有害于名节”6字，但仍显然与BD6576和BD7286脱胎于共同的祖本，即三者具有共同的史源。另外，BD6499详细注明了丹朱、陶侃等典故的出处，更易使读者了解其背后的意思。有趣的是，BD6499、BD7286均与道液《净名经集解关中疏》密切相关，与神楷《维摩经疏》关系不大。

又，BD6576在解释“游诸四衢，饶益众生”时云[32]：

四衢中，引师僧于闹处说法诵经，益人也。亦引雇人念佛等。侯白主哭

㉖《中华大藏经·续编》第80册，289页。

㉗ 荣新江主编《法国国家图书馆藏敦煌文献》第49册，上海：上海古籍出版社，2023年，72—112页。《维摩经抄》，CBETA, T85, no. 2773, p. 431c5-8。

㉘《维摩诘所说经》卷上，CBETA, T14, no. 475, p. 539a23。

㉙《中华大藏经·续编》第80册，401页。

㉚《国家图书馆藏敦煌遗书》第88册，156—179页。IDP有彩图。此件尚无整理本，此为笔者据彩图录出，下不再出注。

㉛《国家图书馆藏敦煌遗书》第96册，102—106页。IDP有彩图。此件尚无整理本，此为笔者据彩图录出，下不再出注。

㉜《维摩诘所说经》卷上，CBETA, T14, no. 475, p. 539a26-27。

杖，市头哭，问："何故哭？""待一百年弥等总死，是以哭之。"[33]

此段解释与神楷高度的义理思辨之风格格不入，也与BD6576前后的文字不协调，当另有来源。侯白实有其人，《隋书·陆爽传》附《侯白传》记载：

> 〔陆〕爽同郡侯白，字君素，好学有捷才，性滑稽，尤辩俊。举秀才，为儒林郎。通侻不恃威仪，好为诽谐杂说，人多爱狎之，所在之处，观者如市。杨素甚狎之。素尝与牛弘退朝，白谓素曰："日之夕矣。"素大笑曰："以我为牛羊下来邪？"高祖闻其名，召与语，甚悦之，令于秘书修国史。每将擢之，高祖辄曰"侯白不胜官"而止。后给五品食，月余而死，时人伤其薄命。著《旌异记》十五卷，行于世。[34]

除了《旌异记》，《旧唐书·经籍志》还著录侯白所撰《启颜录》十卷[35]。《启颜录》是一部古代笑话集，后来失传，英藏敦煌文献S.610正题作《启颜录》。1956年，王利器校录了S.610，并从《太平广记》《类说》等文献中辑出数十则逸文，编入《历代笑话集》。他认为《启颜录》或由侯白首创，后代继续有所增加[36]。张鸿勋则认为《启颜录》并非侯白所创，而是附会于侯白名下[37]。2003年，《英藏敦煌社会历史文献释录》第3卷校录了S.610[38]。2014年，董志翘又重新整理、笺注S.610以及《太平广记》等传世文献中的《启颜录》逸文[39]。包括S.610在内，现存文字有多条与侯白直接相关，只是没有与BD6576中"侯白哭市"相似的内容。S.610的存在说明侯白的事迹或曾在敦煌流传颇广，侯白以"好为诽谐杂说"知名于世，BD6576当是借侯白"所在之处，观者如市"的典故来敷衍《维摩诘经》中的"游诸四衢，饶益众生"，同时也显示出世俗俚语在敦煌本《维摩诘经》注疏中的独特地位。

又，BD6576在解释"入诸淫舍，示欲之过"时云[40]：

> 淫舍者，欲为苦因，众恶根本，六道往来，莫不由之，故须示过，令绝生死。京崇人坊是引，天子亦入此坊，将一百金钱去，左右见是福德人，不损，推在厕中，行者见星落焚烧，赏救云云。[41]

此段文字稍显粗略，文义并不十分顺畅，与神楷《维摩经疏》差异较大。"京崇人坊"当即长安的崇仁坊。此坊位于朱雀大街之东第三街，紧邻皇城，坊西北角即皇城之景风门，北隔永兴、永昌、翊善三坊即达大明宫，东隔宣仁坊与隆庆坊相望，隆庆坊是玄宗的龙兴之地，玄宗即位后改建成后来著名的兴庆宫，南与平康坊毗邻。可见崇仁坊地理

㉝ 《中华大藏经·续编》第80册，401页。按："侯白"，《中华大藏经·续编》作"侠白"，误。

㉞ 《隋书》卷五八，北京：中华书局，1973年，1421页。

㉟ 《旧唐书》卷四七，北京：中华书局，1975年，2036页。

㊱ 王利器辑录《历代笑话集》，上海：古典文学出版社，1956年，9—43页。

㊲ 张鸿勋《敦煌本〈启颜录〉发现的意义及其文学价值》，段文杰主编《1990敦煌学国际研讨会文集》，沈阳：辽宁美术出版社，1995年，286—303页。

㊳ 郝春文主编《英藏敦煌社会历史文献释录》第3卷，北京：社会科学文献出版社，2003年，259—275页。

㊴ 董志翘笺注《启颜录笺注》，北京：中华书局，2014年。

㊵ 《维摩诘所说经》卷上，CBETA, T14, no. 475, p. 539a28-29。

㊶ 《中华大藏经·续编》第80册，401页。

位置之优越，《长安志》称崇仁坊“工贾辐凑，遂倾两市，昼夜喧呼，灯火不绝，京中诸坊，莫之与比”[42]，此言当不虚[43]。

崇仁坊有长宁公主宅[44]，《太平御览》转引《两京新记》云：

> 崇仁坊西南隅，长宁公主宅，既承恩，盛加雕饰，朱楼绮阁，一时胜绝。又有山池别院，山谷亏蔽，势若自然。中宗及韦庶人数游此第，留连弥日，赋诗饮宴。上官昭容操翰于亭子柱上写之。韦氏败，公主随夫为外官。初欲出卖，木石当二千万。山池别馆仍不为数，遂奏为观，请以中宗年号为名。词人名士，竞入游赏。[45]

长宁公主是唐中宗和韦皇后的女儿，中宗及韦后数度游览长宁公主的宅邸，BD6576中的“天子亦入此坊”当指此类之事。

崇仁坊东南隅为资圣寺，《唐会要》载：“本太尉长孙无忌宅，龙朔三年（663），为文德皇后追福，立为尼寺，咸亨四年（673），复为僧寺。”[46]又《太平广记》转引《西京记》云：

> 秀禅师
>
> 洛都天宫寺有秀禅师者，俗姓李，汴州陈留人。习禅精苦，初至荆州，后移此寺。深为武太后所敬礼，玄鉴默识，中若符契。长安中，入京，住资圣寺。忽戒禅院弟子灭灯烛，弟子留长明灯，亦令灭之，因说火灾难测，不可不备。尝有寺家不备火烛，佛殿被灾。又有一寺钟楼遭火，一寺经藏焚爇，殊可痛惜。寺众不知其意，至夜失火，果焚佛殿钟楼，及经藏三所。唐玄宗在藩时，常与诸王俱诣作礼，留施一笛。玄宗出后，秀召弟子曰：“谨掌此，后有要时，当献上也。”及玄宗登极，达摩等方悟其言，取笛以进。秀师年百岁，卒于此寺，瘗于龙门山，道俗奔赴数千人，燕国公张说为其碑文。出《西京记》。[47]

秀禅师当指禅宗北宗领袖神秀禅师[48]，所谓的《西京记》当即韦述所撰《两京新记》，从引文称武则天为武太后来看，这段文字很可能是《两京新记》的原文[49]。大足元年（701）十月，武则天改元长安，大赦天下，并前往京师长安，直到长安三年

---

[42] 宋敏求、李好文撰，辛德勇、郎洁点校《长安志》卷八，西安：三秦出版社，2013年，275页。

[43] 参荣新江《中晚唐长安社会变迁的缩影——崇仁坊》，北京大学历史学系、北京大学中国古代史研究中心编《吴宗国先生诞辰九十周年纪念论文集》，北京：社会科学文献出版社，2024年，690—705页。

[44] 参李健超《长宁公主宅在唐长安崇仁坊》，《中国历史地理论丛》1996年第3期，署名“京洛”；此据徐松撰、李健超增订《最新增订唐两京城坊考》，西安：三秦出版社，2019年，98—99页。

[45] 韦述、杜宝撰，辛德勇辑校《两京新记辑校　大业杂记辑校》，北京：中华书局，2020年，73页。

[46] 王溥撰《唐会要》卷四八，北京：中华书局，1960年，846页。

[47] 李昉等编《太平广记》卷九七，北京：中华书局，1961年，645页。

[48] 赞宁《宋高僧传》卷八收有《唐荆州当阳山度门寺神秀传》，卷一九收有《唐洛京天宫寺惠秀传》，将惠秀误作另一人，而且《唐洛京天宫寺惠秀传》内容几乎与《太平广记》所引“秀禅师”条一致，赞宁当从此抄撮而来，参Bernard Faure, *The Will to Orthodoxy: A Critical Genealogy of Northern Chan Buddhism*, Stanford University Press, 1997, p. 15。

[49] 参荣新江、王静《韦述及其〈两京新记〉》，《文献》2004年第2期，44页。

（703）十月，武则天才从长安返回洛阳。故《两京新记》虽在开头称秀禅师为“洛都天宫寺有秀禅师者”，但“长安中，入京，住资圣寺”后，即故事发生的主要场所却在长安，更准确地说就是长安崇仁坊资圣寺[50]。

又，《长安志》“资圣寺”条云：

> 长安三年（703）七月，火焚之，灰中得经数部，不损一字。百姓施舍，数日之间，所获巨万，遂营造如故。寺额申州刺史殷仲容所题，楷法端妙，京邑所称。[51]

《长安志》明确记载了火灾的时间是长安三年七月，此时距离武则天返回洛阳尚有三月之久，这场大火当即《两京新记》中秀禅师的预言。《长安志》比《两京新记》又多出灰中得经和百姓施舍的情节，相互参照，这个故事当即BD6576中所说的“不损”“行者见星落焚烧，赏救云云”。有趣的是，资圣寺正是道液驻锡的寺院。BD6576也有明显受到道液《净名经集解关中疏》影响的痕迹，详见下文。

又，BD6576在注释“入诸酒肆，能立其志”时云：

> 入酒肆者，酒有卅六失，皆因酒起，化彼断绝，自不改志。吃犹有三事，初忙、二闲、三祸事之。父子二人爱酒，子云：“平生无所愿，黄河变为酒。抛身入里许，时时大张口。”父谓子曰：“咄擿你何监酒，抛身入里许，直酒大张。”[52]

BD6576中出现了一首打油诗，十分戏谑，而且父亲的回答亦十分口语化，这与神楷《维摩经疏》的文风迥异其趣。

BD6576所解释的文句还有溢出《维摩诘所说经》经文者：

> 至人不现行六度者，不现前行，名不现行。行恐人知，隐迹而已。引龙邓上座移房盗绯毯事，或引西明（？）大像下寺中哲律师夜拔水云云[53]。

首先，“至人不现行六度”不见于《维摩诘所说经》，实出自僧肇的注释（见粗体部分）：

> 资财无量，摄诸贫民，奉戒清净，摄诸毁禁，以忍调行，摄诸恚怒，以大精进，摄诸懈怠，一心禅寂，摄诸乱意，以决定慧，摄诸无智。
>
> 肇曰：**至人不现行，现行六度者**，为摄六弊耳。[54]

道液亦在《净名经集解关中疏》中引用了僧肇的这段话（见粗体部分）：

> 此第二，列三业方便。初六度摄物，心密方便；次“白衣”下十八事，身密方便；后“长者中尊”下十一事，口密方便。品目之作，其在兹焉。初“资财”等六度者，肇曰：“**至人不现行六度**。现行六度者，为摄六蔽耳。”此中

---

[50] 辛德勇将“秀禅师”系在东都洛阳劝善坊下，见辛德勇辑校《两京新记辑校　大业杂记辑校》，152—153页。

[51] 宋敏求、李好文撰，辛德勇、郎洁点校：《长安志》卷八，276页。按，“申州”点校本作“中州”，误，郁贤皓已辨之，见《唐刺史考全编》，合肥：安徽大学出版社，2000年，1809页。此点承蒙雷闻老师教示，谨致谢忱。

[52] 《中华大藏经·续编》第80册，401页。

[53] 《中华大藏经·续编》第80册，400页。

[54] 《注维摩诘经》卷二，CBETA, T38, no. 1775, p. 339b20-23。

非悭、非施等，法身本；布施、奉戒等，化物迹。非本不可以证真，非迹不可以化物。此初，六度方便也。[55]

《注维摩诘经》作“至人不现行，现行六度者”，而《净名经集解关中疏》正与BD6576一样，作“至人不现行六度”，这表明BD6576所依据的底本很可能正是《净名经集解关中疏》，而非《注维摩诘经》。其次，BD6576“龙邓上座移房盗绯毯事”“哲律师夜拔水”亦与神楷《维摩经疏》的风格相左。

BD6576又云：

《疏》“四大喻四蛇”者，昔有一王，令其四蛇置在一箧，遂付一人：“不令乖诤，若其使有嗔毒者，必当断汝命根。”其人谛自思惟：“此之四蛇，性好不同，何由置其一处，而得不嗔耶？”更复思忖：“一种是死，我宁奢死，而不交死。”遂则逃避。其王闻已，倍加嗔怒，令五旃陀罗火急捉获。奉王教命，遂则奔逐。其五旃陀罗共相谓曰：“吾等既奉王教，不可不随。”虽迭而不获之，遂遣一人，欺为亲附，而欲诱引。谓走者曰：“汝何所去？我亦随之。”报来者曰：“吾今独往，不要汝随。”寻复更行，见一聚落，于中空同，竟无一人，唯有荆棘丛林空器等物。为身困顿，彼处憩息，稍以睡眠。空中有声，唤彼睡者：“此有六贼来，必即便行之。”更行数里，见一大河，其河广阔，遂觅草木，缚得一筏，手包脚迭，截流而过。所以尔者，王喻生死魔王，四蛇四大，思惟喻觉心，走者识心，五旃喻五蕴，欺亲附爱心，空报者善知识，河，生死河，筏，戒定，六贼喻六根，凡夫见色喻贼，菩萨六根有功德云云[56]。

此段中，BD6576明确提到“《疏》”云“四大喻四蛇”，《净名经集解关中疏》云：

是身如毒蛇，如怨贼，如空聚，阴、界、诸入所共合成。

此总明不可乐想也。肇曰：“四大喻四蛇，五阴喻五贼，六情喻空聚，皆有成喻在他经。五阴、十八界、十二入，三法假合成身，犹若空聚，无可寄也。”[57]

“四大喻四蛇”虽然是道液引自僧肇的话，但正如上文“至人不现行六度”所示，BD6576作者所依据的更可能是道液的《净名经集解关中疏》[58]。“四大喻四蛇”的精彩故事情节，与神楷《维摩经疏》的风格不符，但是却可以在其他敦煌本《维摩诘所说经》注疏中找到同样的内容，BD6499《维摩手记》云：

四大喻四蛇等，时有一王，以一箧之中安置四蛇，敕令一人：“当□勿使发毒，若有嗔者，当断汝命。”其人自念：“蛇之毒性，谁能制之。况一箧四蛇，肯无嗔怒？”自心思忖，而作一计：“我若守株见死，不久弃蛇逃逝，命得须臾。”乃弃蛇奔走。王知已，令五旃陀罗持牟执矟，逐之令煞，奔驰数

---

[55] 《净名经集解关中疏》卷上，CBETA, ZW02, no. 19, pp. 218a21-219a4。

[56] 《中华大藏经·续编》第80册，407—408页。

[57] 《净名经集解关中疏》卷上，CBETA, ZW02, no. 19, p. 226a15-18。

[58] BD6576与《净名经集解关中疏》的关系远不只这两处，详见后文。

数，饥渴逼身，遂到一空聚落暂住止歇，求觅粮食。唯见空墙破舍，中无器物，于中复有一死尸。更欲久留，空中告云："汝速去，即有贼来煞汝。"五旃陀罗虽未趂及，先发遣一人为细作勾牵，"汝住莫去，汝来不煞，王遣我故来招和汝等"。此人不取语，更走不远，逢一河，驶流□速，若过此河，免王等逐，如何过得。遂拣木建船，手掊脚踏，截流而过，度至彼岸，坦然无忧。王喻魔王，四蛇喻四大，一箧喻一身，五旃陀罗喻五阴，六情喻十二聚。

又，P.2079v《净名经关中释抄补记》云：

在井龙者，如魔象奔人堕井，下有四毒蛇，四大魔象生死。又释王与四蛇居一竹箧，令一人守之，若此蛇有乖诤，必煞□。□则思念交不如赊死，则走之。王遣五旃荼趂，令一人诈亲，亦不及。遂至空聚落潜睡，空声曰："去，贼所至，汝去，见大河水，乘筏而渡。"释思者觉，走者识心，王，生死魔王，五人，五荫，诈者，爱，空声，知识，筏者，戒定惠，河者，生死大河。[59]

P.2079为道液《净名经关中释抄》卷上，上引这段文字写于背面，笔迹与正面不同，当为读者在阅读《净名经关中释抄》时所补充的内容。从具体文字来看，P.2079v要比BD6576和BD6499简单，但均为以同一典故注释同一句话。

BD6576又云：

为龙、蛇所逼者，如《涅槃》说，有一狂象遂（逐）趁一人，其人趁急，投一枯井。井下有四毒蛇，井上有三毒龙，上亦不得，下亦不得。遂蒙井上有二藤枝，手把而立。有复更加饥渴所逼，莫知所为，遂于藤枝上有蜜渧下，接得五渧，为贪蜜故，遂有黑白二鼠，左右而啮，枝断命亡，因兹命卒。所以尔者，象喻生死魔王，走者喻识心，枯井喻身，四蛇四大，三龙三毒，五渧五尘，枝，命根，二鼠，昼夜。[60]

"为龙蛇所逼"同样不是《维摩诘所说经》的经文，且同样为僧肇的解释之语（见粗体部分）：

是身如丘井，为老所逼。

丘井者，故破村落丘墟故井也。谓人物宫室，移就新居，井不可改，日见崩坏。人老亦然，盛力少色，皆悉迁移，衰老形骸，留此散坏。此老坏想也。肇曰："神之处身，为老死所逼；犹危人之在丘井，**为龙蛇所逼**也。缘在他经。"[61]

此外，鸠摩罗什在解释经文"是身如丘井"时已经引用了狂象逐人的故事：

什曰：丘井，丘墟、枯井也。昔有人有罪于王，其人怖罪逃走，王令醉象逐之。其人怖急，自投枯井。半井得一腐草，以手执之。下有恶龙吐毒向之，傍有五毒蛇复欲加害，二鼠啮草，草复将断，大象临其上，复欲取之。其人危

[59] 荣新江主编《法国国家图书馆藏敦煌文献》第17册，上海：上海古籍出版社，2023年，134—154页。此件尚无整理本，此为笔者据彩图录出。

[60] 《中华大藏经·续编》第80册，408页。

[61] 《净名经集解关中疏》卷上，CBETA, ZW02, no. 19, p. 226a8-12。

苦，极大恐怖，上有一树，树上时有蜜滴落其口中，以着味故，而忘怖畏。丘井，生死也。醉象，无常也。毒龙，恶道也。五毒蛇，五阴也。腐草，命根也。黑白二鼠，白月黑月也。蜜滴，五欲乐也。得蜜滴而忘怖畏者，喻众生得五欲蜜滴，不畏苦也。[62]

罗什的这一解释不但被BD6576所继承，同样也见于BD6499《维摩手记》：

犹危人之在井者，有经中说：昔有一人犯罪于王，王令象厩出象践之。其人怕怖，驰走避象。其象奔逐，此人怕急，故村落中见一枯井，遂投其中。其井底有三龙，井半有四蛇，并吐毒气冲上，其人即深入畏龙，出来惧象，两脚踏井危砖，只手攀□□草，草自危脆，早不胜处。有两个多事老鼠，一白一黑，□来啮草，草根余丝，将不得久。既受惊怕，饥渴转增，更无思惟，仰口向上。井傍有一多年老中枯树，蜂于中住，年多日久，蜂密（蜜）流出，时时一点滴下，径有一滴滴到口中，初得一滴，觉其甘美，怖望转多，妄（忘）却毒龙醉象。数至五滴，鼠啮草断，不觉堕在井中。

法□如何？王喻生死魔王，象喻无常，人喻神识，井喻于身，三龙喻三途，四蛇喻四大，草根喻人命。二鼠是日月，白者喻日，黑者喻月，五滴蜜喻五欲。魔王以无常逼逐神识，得生为人身，人之受五欲不知，日月盈昃，命如转烛，妄（忘）却无常，醉象不觉，坠入三毒、四大中。

神楷的《维摩经疏》虽然残缺，但是通过P.2032等敦煌写本来看，其体例十分严谨，均为对《维摩诘所说经》经文的推演解释，与上述BD6576中这几段超出经文本身的例子截然不同，实难认为BD6576的这些文字亦出自神楷《维摩经疏》。

除了上文已经指出的BD6576与BD6499、BD7286等写本雷同的文字外，BD6576中还有一些内容也与BD6499和BD7286重叠[63]（表3）。

表3　BD6576、BD6499与BD7286对照表

	BD6576	BD6499	BD7286
1	示有妻子，无垢始女、月上女、月上童子，世尊遣目连唤无垢始女，三弹不觉，执手拽大地。示有妻子，引**无腊（脂）肥羊**，缘三千一时动，文殊至方来。现有眷属，引**罗悦祇园**有一梵志，来至舍卫国，见父子二人耕地，毒蛇咬煞其子，父耕田如故，不看其子，亦不啼哭，梵志问曰：“死去谁儿？”耕者答言：“是我之子。”梵志语曰：“是卿之子，何不啼哭？	亦妙□□，《大论》中说：有一国王有一臣，臣有过，能密藏隐，国人不知，唯王密而知之。王欲罪臣，过未彰，现法难刑戮。王设计于臣边索一无脂肥羊，脱有不得，当取汝命。臣	示有妻子，修梵行者，**无脂肥羊**之缘。

[62] 《注维摩诘经》卷二，CBETA, T38, no. 1775, p. 342b2-13。

[63] 尤澳亦指出BD7286与BD6576的某些重合之处，他认为BD7286主要参考了神楷的《维摩经疏》，且参考的已是神楷《维摩经疏》的节略本，即BD6576，见《敦煌文献中神楷法师〈维摩经疏〉相关文献新识》，8—12页。

续表

	BD6576	BD6499	BD7286
1	固耕如故。”耕者答言：“人生有死，物成有败，善者有报，恶者有对，愁忧啼哭，何益死者？卿今入城，我家某处，愿过语之，吾子已死，但将一人食来。”梵志自念：“此是何人，复无返复，儿死在地，复无忧愁，而返索食？此人不慈，无有此比。”梵志入城，诣耕者家，见儿母，即便语之：“卿儿已死，其父寄信，持一人食来，何以不念子也？”儿母说偈：“儿来托生，我亦不呼，儿今自去，非我能留。譬如行客，来过主人，客今自去，何能得留。我时母子，譬若如是。”[64]	是。方后养一羊，倍加麸粟，羊傍边继一狼，着校羊作无常观，草粟倍加，羊吃肥饱，惧狼无乐，虽肥无脂。菩萨亦如是，惧此贪欲淤泥，常修梵行。羊虽吃草，惧狼无乐，故无脂。菩萨示有妻子，患淤泥，故常修梵行。	
2	刹利王者，始从劫初三末多王，至今八万四千三百九十三王也。中间三度改姓，遂雇者，七分之中与一分也[65]。		刹利王者，从劫初三末多王，至今八万四千三百九十三王也，中间三度改姓（遂雇者，此分之中□）。
3	偈云：“身如路旁馆，神如寄宿客，客去馆还空，知是谁家宅。”[66]		又偈云：身如路旁馆，神如寄宿［　　　　　　］间二禅也。

行文至此，我们发现，BD6576文风与神楷《维摩经疏》不同的地方，几乎都与道液及其著作有关，BD6499和BD7286与《净名经集解关中疏》密切相关，BD7286v是对正面的补记，P.2079v又是对《净名经关中释抄》的补记，足以说明BD6576不仅与神楷的《维摩经疏》紧密相关，亦与道液一系的注释密不可分。

四、BD6576中的“入道次第”“如疏”与“如抄”

BD6576在解释“卅七道品”时出现了四次“入道次第”，具体内容如下（见粗体部分）：

卅七道品者，亦云助道法。道者，通游义。品者，品类。亦云行性虚通，说为道也。言此诸法是助道法，非即道也。五门：一释名，二出体，三趣入，四问答，五大小乘异。

释名如**《入道次第》**。……

二出体者，有其九法。……

趣入不同者，依《疏》，四念、卅心、二四、二五，配四加行；七觉、八正，配见道中。若依**《入道次第》**，三四并属资粮位，二五配加行，七八配

---

[64] 《中华大藏经·续编》第80册，400页。

[65] 《中华大藏经·续编》第80册，401页。

[66] 《中华大藏经·续编》第80册，408页。

见、修二位。

问答者，……（原注：更有问答，如《入道》中。）

大小乘异者，小乘约离染取净，大乘约无相之理修行也（原注：更有云云，如《入道次第》）。……[67]

富世平检出了其中的第1、2、3处，他认为，第1、3处“显然都不是真正引述《入道次第》，而是由于节略者对《入道次第》极为熟悉而借《入道次第》省略《疏》的相关内容，实为一种特殊的节略方式”。对于第2处，他将原因归为节略者看到《疏》和《入道次第》的不同，把两者做了对比，因此而攙入了《入道次第》[68]。

第3、4两处，BD6576都作双行小字，所起作用当为提示《入道次第》的相关内容。而第1、2处则为大字正文书写，虽然BD6576在抄写时并未严格区分大字正文与双行小注，但是上述四处的格式差异并非无关紧要，它在暗示四处内容性质的不同。第1处“释名如《入道次第》”之后，紧接着就是释名的正文，从文义来看，当不是因熟悉《入道次第》而省略《疏》的内容。第2处则暗示BD6576的书手可能直接引用了《入道次第》。因此，富氏此说恐略失允当，须重新审视BD6576与《大乘入道次第》文本之关系（表4）。

表4　BD6576与《大乘入道次第》对照表

	BD6576	《大乘入道次第》
1	卅七道品者，亦云助道法。道者，通游义。品者，品类。亦云行性虚通，说为道也。言此诸法是助道法，非即道也。五门：一释名，二出体，三趣入，四问答，五大小乘异。	问：菩提分等体义云何？ 答：分之为三，初菩提分，次明四摄，后显六度。菩提分法略为二门，一者释名，二略问。
2	释名如《入道次第》。**念谓四念处，即身、受、心、法。积聚名身，领纳云受，集起名心，轨持称法。**然此四境，生念之处，故云念处。体是智惠，以其念数助惠念境，故名念处，即邻近释，亦可带数释也。	答：初中又二，先总后别。三十七菩提分法者，菩提梵音，此译名觉，即如来等尽无生智，照境穷源，故称为觉。分者，因也，此三十七能为觉因，故名为分。次别名者，种类不同，分为七例：一四念住，二四正断，三四神足，四五根，五五力，六七觉支，七八正圣道。一、**四念住**者，**谓身受心法**，身等四法是所观境，慧是能观，慧与念俱，故慧从念称为念也。住者即境，是能观慧所住之境，总称念住。别言身者，五根四大**积集名身，领纳于境，目之为受，集起名心，轨持称法。**
3	**四正勤者，体一精进，义用不同，分之为四。已生恶法，断之令灭；未生恶法，令永不生；已生善法，修令增长；未生善法，修令得生。此四功能，断自所除懈怠障故，故名四正断。**亦云四策进，故云正勤，亦带数释也。	**二、四正断者，体一精进，义用不同，分之为四。已生恶法，断之令灭；未生恶法，令永不生；已生善法，修令增长；未生善法，修令得生。此四功能，断自所除懈怠障故，故名四断。**

[67] 《中华大藏经·续编》第80册，383—385页。

[68] 富世平《敦煌遗书P.2049等写卷〈维摩经疏〉研究》，137—138页。

续表

	BD6576	《大乘入道次第》
4	**三、四神足者，神谓神通，妙用难恻，**即表化心，神之所依名足，**体是其定**。**其四者何？谓欲勤心观**，亦云惠，希求名欲，策励曰勤，集起名心，观察称惠，即定具也。为此四种而修定，故名为神足，亦带数释也。	**三、四神足者，神谓神通，妙用难测，**故名神也。即慧之用，足者彼因，**体即胜定**，由依胜定能发通故，故名神足。足虽一定，定因有四，故名四也。**其四者何？谓欲勤心观，**于境乐观名欲，止恶进善曰勤，定能摄心称心，于境简择名观。此四非足，足之因也。
5	**四、五根者，信、进、念、定、惠。**净心名信，策励云进，录心曰念，不散云定，观察曰惠。**此五出生善法，故名为根。**此即从用为名，亦带数释也。	**四、五根者，**增上之义是根义也，**由五能生诸善法故，故总名根。**其五者何？**谓信、精进、念、定、慧也。**谓于三宝四谛等中，能深忍乐清净之性，名之为信；勇猛进修，目为精进；于境忆持，故称为念；专注所缘，号之为定。简择德失，故得慧名。
6	**五、五力者，**名数如前，**不可屈伏，故名为力。**此即从用为名，亦带数释也。	**五、五力者，不可屈伏，故名为力，**即前五根，据不可屈，转立力名。故《瑜伽》云："'谁不能屈？'答：'此清净信若天若魔，乃至诸烦恼缠亦不能屈，故名难伏。'"体即五根。更无别也。
7	**六、七觉支者，一念、二择法、三精进、四喜、五轻安、六定、七舍。**录境云念，择善弃恶名择法，策励云进，悦心称喜，身心调畅名轻安；能离沉悼，平等云舍；不散云定。然择法、喜，从用为名，精进、念、定、轻安及舍，当体为名，亦可带数释也。	**六、七觉支者，**觉者是智，支者分类，分类不同，而有七种，名七觉支。其七数者，**一念、二择法、三精进、四喜、五轻安、六定、七舍。**于境明记，名之为念；观察德失，故名择法；炽然修善，号为精进；于意适悦，故得喜名；调畅身心，名为轻安；专注所缘，故名为定；远离沈掉，平等寂静，目之为舍。 问："择法是慧，可名觉支，余非慧收，何得名觉？" 答："念支觉法，所依止故；择法自体，而是觉故；精进是觉，出离支故；喜是觉法，利益支故；轻安、定、舍，此三是觉，无染支故。是以自体及余非慧总名觉支。" "何故此三名无染支？" 答："粗重为因，能生诸染，轻安近能，治此粗重，名无染因。由依定故，方能离染，定即名为离染所依。舍正除染，即是无染之自性也。故此三种得无染名。"
8	**七、八正道者，正见、正思惟、正语、正业、正命、正精进、正念、正定。**鉴照真谛，名正见；**畴量正义，名正思惟；**无漏语业，离四口过，故云正语；无漏身业，离身三过，故称正业；**无漏身口，离五邪命，故名正命；**策励云进；录境云念；不散称定。然正见、正思惟、语、业、命，从用为名，正念、定、精进，当体为名，亦可带数释也。	**七、八圣道者，**契理通神，目之为圣，运载游履，称之为道。其八者何？**谓正思惟、正语、正业、正命、正精进、正念、正定、正见。筹量义理，名正思惟；**语离四非，称为正语；身远三过，名为正业；**无漏身语，离五邪命，名为正命；**修善断恶，有胜堪能，目为精进；明记所缘，称为正念；摄心不乱，号为正定；推察谛理，故名正见。

续表

	BD6576	《大乘入道次第》
8	若依《诸法无行经》，“文殊白佛言：‘云何真四念处？’佛言：‘止止，不须问也。’文殊言：‘愍众生，愿必为说。’佛言：‘有行者见身如虚空，是身念处；见受内外空，是名受念处；知心但有假名字，是名心念处；若不得善、不善法，是名法念处。文殊师利，应如是观四念处。”四正断、四神足，经中虽不弁，准此可知。 “文殊白佛言：‘云何观五根？’佛言：‘若行者住一切法，毕竟不生，是名信根；于一切法心无所住，是精进根；于一切法中心无所忆念，缘性离故，是名念根；于一切法无所思惟，二法不可得，是名定根；见一切法常空，离于生死，是名惠根。文殊师利如是应观五根。’” “文殊白佛言：‘云何观七觉分？’佛告文殊：‘行者能见一切法无忆念，是名念菩提分；若于一切善、不善、无记法不可简择，名择分；若不取三界相，善坏三界，是精进分；若于一切有为法中，不生喜相，是名喜分；若于一切法中舍其缘法，是名定分；若于一切法不贪着，不见一切法，是名舍分。’” “文殊白佛言：‘云何观八正道？’佛言：‘文殊，若行者见一切法平等无二，不生分别，是名正见；见一切法无思惟、无分别，是名正思惟；见一切法无言说相，善修语言平等相故，是名正语；见一切法不作相，作者不可得，是名正业；不分别正命、邪命，修平等命，是名正命；不发不起一切法，以无所行，是名正精进；于一切法无所忆念，语（诸）念性离，是名正念；见一切法法性常定，不散不缘，是名正定。应如是行八正道。若行者能如是见四念处等，是人名为已得度者，到于彼岸。’”	
9	二出体者，有其九法。一信，有二，信根、力根；二精进，有八，四正断、进根、进力、进支、正精进；三念，有四，念根、念力、念支、正念；四定，有八，四神足、定根、定力、定支、正定；五惠，有九，四念处、惠根、惠力、择法支、正见、正思惟；六戒，有三，命、语、业；七轻安，八喜分，九舍分，此三各一，通卅七也。若开正惠（思）惟别立为一体，则十法为体也。	
10	趣入不同者，依《疏》，四念，卅心；二四、二五，配四加行；七觉、八正，配见道中。	二别修者，且资粮位，三十七种菩提分中，修四念住、四正断、及四神足[69]。

[69]《大乘入道次第》，CBETA, T45, no. 1864, p. 458c1-2。

续表

	BD6576	《大乘入道次第》
10	若依《入道次第》，三四并属资粮位，二五配加行，七、八配见、修二位。	其加行位修五根、力，故《中边》云："决择分中，暖、顶二种在五根位，忍世第一在五力位，决择即是加行位也。"[70] 其通达位别修相者，修七觉支，故《中边论》云："由此觉支位在见道，故见道中修其七觉。"[71] 次修习位别修相者，菩提分中修八圣道，《中边论》云："于修道中而建立故。"[72]
11	问答者，**问："小乘之人修菩提分教，有成文，何以得知大乘亦学？"** **答："《智度论》云：'问："卅七品是声闻、辟支佛道，六波罗蜜是菩萨道，何故于菩萨道说声闻法耶？"答："菩萨摩诃萨学一切道品，既云一切，故知亦通菩萨所学。"'"**（更有问答，如《入道》中。）	二略问答者，**问："小乘之人修菩提分，教有诚文，何以得知大乘亦学？"** **答："《智度论》云：'问："三十七品是声闻、辟支佛道，六波罗蜜是菩萨道，何故于菩提道说声闻法？"答："菩萨摩诃萨学一切道品，既云一切，故知亦通菩萨所学。"'"** 问："菩提分法通诸位者，何故《瑜伽》《摄论》皆云四地方得菩提分耶？" 答："彼据三地得定戒等，相同世间，四地相同，二乘出世，道品无漏而是出世，故言四地方得起也。" 问："三乘同修，行相何别？" 答："《中边论》云：'二乘之人以自相续身等为境以修对治，菩萨通以自他相续身等为境而修对治。声闻独觉于身等境，以无常等行相思惟而修对治。若诸菩萨于身等境，而以无所得行相思惟修于对治。声闻独觉修念住等，但为身等速得离系。若诸菩萨修念住等，不为身等离系，但为证得无住涅槃。由此三缘，与二乘别。'"[73]
12	大小乘异者，小乘约离染取净，大乘约无相之理修行也（原注：更有云云，如《入道次第》）。前正勤者，恶未生，令不生，喻堤坊之水；已生恶法，断之令灭者，喻去，毒蛇去；已生善法，修令增长者，喻种树栽；未生善，令生者，喻钻木出火[74]。	（略。）

第3行四正勤，BD6576几乎照搬《大乘入道次第》（粗体部分），只在结尾加了一句"亦云四策进，故云正勤，亦带数释也"而已。第11行问答，BD6576同样照搬《大乘入道次第》（粗体部分），差异之处仅有实线部分数字而已，几乎可以忽略不计。

---

⑳ 《大乘入道次第》，CBETA, T45, no. 1864, p. 460b9-11。

㉑ 《大乘入道次第》，CBETA, T45, no. 1864, p. 461c7-8。

㉒ 《大乘入道次第》，CBETA, T45, no. 1864, p. 462a7-8。

㉓ 《大乘入道次第》，CBETA, T45, no. 1864, pp. 455b6-456a17。

㉔ 《中华大藏经·续编》第80册，383—385页。

BD6576中虚线部分的双行小注正是省略了《大乘入道次第》中虚线部分的两对问答。第2、4—8行，BD6576与《大乘入道次第》略有差异，其中粗体部分可以看作直接抄自《大乘入道次第》，划线部分则经过改写，但仍然脱胎于《大乘入道次第》。第10行，BD6576则是对《大乘入道次第》的节抄（实线部分）。第12行，则为BD6576提示《大乘入道次第》中的相关内容而已。

表4证明，BD6576中关于“卅七道品”的解释绝不能简单定为节略者在抄写神楷《维摩经疏》时，因熟悉《大乘入道次第》而做的提示和省略，这段文字实整段脱胎于《大乘入道次第》，经由作者或抄手增补改写而来。因此，我们也自然不能将这段文字直接认作神楷的手笔。另外还须说明，“卅七道品”位于BD6576的《佛国品》部分，虽然富世平通过《宗镜录》和《圆觉经大疏释义钞》比定出其中有出自神楷《维摩经疏》的文字，但是《大乘入道次第》的存在，证明BD6576《佛国品》亦非全然来自神楷，这提示我们同样要慎重对待BD6576《佛国品》文本的史源。

除了《大乘入道次第》，还有一些文字也在提示我们BD6576文本来源的复杂性，即其中多次出现的“如疏”和“如抄”，先来考察“如抄”：

> 若在婆门者，此云可意，亦名净行，或云外意。劫初之时，既见其人贪嗔斗诤，便起厌恶，入山修道，以意出人外，故云外意。其种别有经书，广学同求邪道。**余如《抄》**。[75]

> 是身无知者，外道执我能知，若空我，谁见谁知？如草木，**如《抄》**。身亦如是，从缘生知，知即无知，求知不得，何异草木？……是身不净者，有其五种：一、种子不净，谓揽父母精血、业因识种以成身分，如《智度论》云：“是身种不净，非余妙宝物，不从白净生，但从秽道出。”二、住处不净，于母胎间生、熟二藏，两楹中间，故《智论》云：“是身为臭秽，不从花开生，亦不生瞻蔔，又不出宝山。”三、自体不净，卅六物（原注：**如《抄》**）。[76]

前两处“如抄”大字书写，最后一处则小字标注，不论何种格式，都说明BD6576参考了另外一种文献，而以《抄》为名的《维摩诘所说经》注疏，我们自然就会想到道液的《净名经关中释抄》。上引第一段对应的《净名经关中释抄》内容如下：

> 又刹利、婆罗门、毗舍、首陀，天竺四姓。刹利如上，婆罗门道学为业。毗舍者，此云坐，谓坐估财货也。首陀者，谓田农官学者也。[77]

BD6576解释了婆罗门的含义，婆罗门之前还解释了刹帝利，但未言及毗舍与首陀，故BD6576称“余如《抄》”。

关于“草木”，《净名经关中释抄》云：

> 无知如草木等者，草木无知，托四气以生落，识心亦尔。假异境以忧悲，既托缘以分别，即自性而无知。[78]

---

[75] 《中华大藏经·续编》第80册，401—402页。

[76] 《中华大藏经·续编》第80册，406页。

[77] 《净名经关中释抄》卷上，CBETA, T85, no. 2778, p. 517c19-22。

[78] 《净名经关中释抄》卷上，CBETA, T85, no. 2778, p. 518a23-25。

BD6576只解释了“是身无知”，故有关“草木”的内容则称见于《净名经关中释抄》。

关于“卅六物”，《净名经关中释抄》云：

> 卅六物者，外相十二，发、毛、爪、齿、胫、泪、涎、唾、屎、尿、垢、汗也。身器十二，皮、肤、血、肉、筋、脉、骨、髓、方（肪）、膏、脑、膜。中含十二，肝、胆、肠、胃、脾、肾、心、肺、生藏、熟藏、赤白、淡饮。[79]

《净名经关中释抄》详细列举了三十六种不净之物，正可补充BD6576之不足。

BD6576还有三处提及“如疏”，具体内容如下：

> 十善者，对除十恶，不作十恶，行十善道，为净土因。身离三邪，口无四果，意无三恶，是名十善。此十顺益，名之为善，通人天果，因之为道。此有五阶，依《十地经》说，凡夫、声闻、缘觉、菩萨、诸佛，此五阶人皆行十善，以净三业，然有深浅，得报忧（优）劣，具如经说。命不中夭者，是不煞等流等（原注：**如《疏》**）。……随其直心者，心离邪谄，名曰直心。随者，依也，依其直心，即是能起发起福、智妙行。深心者，既能发起福智，则道心转深。意调伏者，道心既深，则心意调伏，不随外境。如说行者，心既调柔，则闻悉能行，谓行六度、四等、四摄诸法。回向，**如《疏》**。[80]
>
> 是身如焰，从渴爱生者，是其想阴，**如《疏》**。[81]

这三处“如《疏》”内容有限，暂时不易确定所指为何疏。但是正如“如《抄》”当是指道液的《净名经关中释抄》，而且本文第二、三两节也已经考证了BD6576与道液著作的紧密联系，笔者认为这三处“《疏》”很可能是指道液的另一部著作——《净名经集解关中疏》[82]。

道液生活的年代比撰写《大乘入道次第》的智周更晚，“《抄》”和“《疏》”的存在，进一步表明BD6576《维摩经疏》形成的年代要远晚于神楷，因此，BD6576的文本来源情况也就更为复杂，绝不能简单将其完全归于神楷名下。

五、BD6576v补记

BD6576v还抄有大量文字，部分内容与正面相同，但也有很多是对正面内容的补充说明。正背笔迹相似，当为同一人所抄。这些补记久被忽视，对背面文字的分析有助于我们对BD6576全卷性质的整体把握。

BD6576v云：

> “此无住为住”者，不住内，不住外，名曰无住，无住者即真住。“身为

---

[79] 《净名经关中释抄》卷上，CBETA, T85, no. 2778, p. 518a25-28。

[80] 《中华大藏经·续编》第80册，387页。

[81] 《中华大藏经·续编》第80册，405页。

[82] BD6576v补记中有数条内容可以明确认定出自《净名经集解关中疏》，详见本文第五节。

幻宅”者，四大假合，犹如幻宅，为复住内，为复住外，亦引如乾闼婆城中人物。“万物斯虚”者，一切万象皆如梦幻，无其真实。[83]

这段文字所解释的“此无住为住”等内容即来自《净名经集解关中疏》（见粗体部分）：

心不住内，亦不在外，是为宴坐。

四，诃心住内外失。心生则内外相生，心寂则内外相灭，**此无住为住**也。肇曰：“**身为幻宅**，曷为住内？**万物斯虚**，曷为在外？小乘防念，故系心于内；凡夫多求，故驰想于外；大士齐观，故内外无寄也。”[84]

道液在《净名经集解关中疏》中大量引用了鸠摩罗什、僧肇等人的关中旧疏，但是也有自己创作的成分，“此无住为住”即出自道液自己的解释。因此，虽然“身为幻宅”与“万物斯虚”为僧肇的话，但仍能确定BD6576v作者所依据的是《净名经集解关中疏》而非《注维摩诘经》。

BD6576v又云：

“障隔生死”者，声闻断烦恼入涅槃，既断烦恼入涅槃，住无为境，不能于生死利化有情，所以不能和光。“和光”者，示有妻子，名曰和光，常修梵行等，而不同尘，菩萨和光而不同尘。“美恶齐旨”者，生死涅槃平等无二，染净无二。“终日凡夫”，现眷属，“终日道法”，常乐远离等。

“心智寂灭”者，谓知与里冥，相如心寂也。寂灭非是寂静，悟本不生不灭之理也。《疏》“无运用之能”，引京有师上堂入定待钟事云。“举动进止不舍威仪”，引镜水。

这两段对应的《净名经集解关中疏》如下（见粗体部分）：

不舍道法，而现凡夫事，是为宴坐。

三，诃真俗异缘失。《仁王》云：“双照二谛平等道。”照真故道法，照俗故凡事。肇曰：“小乘**障隔生死**，故不能**和光**。大士**美恶齐旨**，道俗一观，故**终日凡夫**，**终日道法**也。净名之有居家，即其事也。”[85]

不起灭定，而现诸威仪，是为宴坐。

二，诃寂用相乖失。小乘灭受想心，名为灭定，故灭而无用也。菩萨体心性常寂灭，名灭尽定，故寂而常用。肇曰：“小乘人入灭尽定，则形犹枯木，**无运用之能**。大士入实相定，**心智寂灭**而形充八极，顺机而作应会无方，**举动进止不舍威仪**。其为宴也，亦以极矣！”[86]

通过第一处“此无住为住”的判断，“障隔生死”与“心智寂灭”等文句当亦来自《净名经集解关中疏》，而且BD6576v在引述“无运用之能”时明确称其为“疏”。其中

---

[83] 《中华大藏经·续编》未录BD6576v文字，此为笔者据彩图录出，下不再出注。

[84] 《净名经集解关中疏》卷上，CBETA, ZW02, no. 19, p. 230a18-22。

[85] 《净名经集解关中疏》卷上，CBETA, ZW02, no. 19, p. 230a13-17。

[86] 《净名经集解关中疏》卷上，CBETA, ZW02, no. 19, p. 230a8-12。

“京有师上堂入定待钟事云”，当指长安大庄严寺智兴撞钟之事[87]，如前所述，此亦与神楷著作文风不符。

又，BD6576v云：

《疏》“贵于方（万）物”，引荣启奇粗裘带索，鼓腹而歌，夫子因过，遣子路问，吾有三乐，人男老云云。

天台上随帝诗云：春草竞婆莎，雪岭逞嵯峨等。乃至荣公三曲歌。

“贵于方（万）物”见于《净名经集解关中疏》转引僧肇的注释：“贵于万物，而始终不改，谓之人。”[88]BD6576v同样称其为“疏”。与正面风格相似，此处还有一首佚诗。除此诗之外，BD6576v还引用了另外几首诗歌以解释经文：

克木抽丝作老公，鸡皮鹤发与真同。须臾弄罢还无事，可惜人虫一代中。

拔剑平四海

小儿〔□〕竹马，童子住千学（？）。誓将抱良死，还同竹马期。纵使风雨至，不避雨沾衣。

第三首目前仅见于BD6576v，徐俊已经辑出[89]。第一、二首均见于P.2188v《净名经集解关中疏补记》：

故谕云：“案剑平四海，干戈却万夫。一朝床上卧，动转二人扶。”又云：“克木牵丝作老公，鸡毛鹤发与真同。于时设霸还无事，汝若人生一代终。”[90]

按，“案”字，P.2188v原作“拔”，后改为“案”，此诗是周沙门释亡名所作《五苦诗》之《病苦》，此为节引，全诗见载于《广弘明集》[91]。此《病苦》诗又见于BD6499v（1）《维摩手记补记》，而BD6499与BD950v《维摩手记》又同时引用了“克木抽丝作老公”一诗：

是身者，是法也。撮摩等已下，是喻也。外道等执身是实，故此明诸喻破之。幻者，幻化也。古诗云：“克木抽丝作老公，鸡皮鹤发与真童（同）。须臾弄罢还无事，恰似人生一世中。”

是身如芭蕉，是身如幻者，如顽磔子之流。又云“木抽丝作老公，鸡皮霍（鹤）发与同”等是。愚人不了，执为真实，是颠倒义。

---

[87] 道宣撰、郭绍林点校《续高僧传》卷三〇《唐京师大庄严寺释智兴传》，北京：中华书局，2014年，1215—1216页。敦煌文献中也有相关记载，比如S.381（1）《唐京师大庄严寺释智兴鸣钟感应记》，图版见于《英藏敦煌文献》第1卷，成都：四川人民出版社，1990年，165页。相关研究参牧田谛亮《隋长安大禅定寺智兴について》，同作者《中国佛教史研究》，东京：大东出版社，1984年，16—28页。

[88] 《净名经集解关中疏》卷上，CBETA, ZW02, no. 19, p. 225a4。

[89] 徐俊《敦煌诗集残卷辑考》，北京：中华书局，2000年，915页。

[90] 荣新江主编《法国国家图书馆藏敦煌文献》第37册，上海：上海古籍出版社，2023年，120—146页。此为笔者据彩图录出。

[91] 道宣《广弘明集》卷三〇《归统篇》：“拔剑平四海，横戈却万夫。一朝床枕上，回转仰人扶。壮色随肌减，呻吟与痛俱。绮罗虽满目，愁眉独向隅。”CBETA, T52, no. 2103, p. 358c11-13。参项楚《敦煌文学杂考》，《1983年全国敦煌学术讨论会文集〔文史·遗书编〕》，此据同作者《敦煌文学丛考》，北京：中华书局，2019年，1—4页。

虽然BD6576v与P.2188v、BD950v、BD6499所抄两诗在个别字词上略有差异，但显然都为同诗，只是在传抄过程中产生了一些变异。

BD6576v还有一大段文字出自《入道次第开决》：

> 《入道次第开决》云：问："菩提分法通诸位者，何故《瑜伽》《摄论》皆云四地方得菩提分耶？"答："彼据三地得定戒等相同世间，四地相同，二乘出世，道品无漏而是出世，故言四地方得起也。"问："三乘同修，行相何别？"答："《中道（边）论》云：'二乘之人以自相续身等为境，以修对治。菩萨道以自他相续身等为境，而修对治。声闻独觉于身等境，以无常等行相思惟而修对治。若诸菩萨于〔身〕等境，而以无所得行相思惟，修于对治。声闻独觉修念住等，但为身等速得离系。若诸菩萨修念住等，不为身等离不离系，但为证得无住涅槃。由此三缘，与二乘别。'"

《入道次第开决》即昙旷所撰的《大乘入道次第开决》，是昙旷对智周《大乘入道次第》的进一步解释，敦煌文献中有P.2202v等数件[92]。这正与BD6576正面《维摩经疏》大段引用《大乘入道次第》相呼应。

六、小　结

BD6576《维摩经疏·弟子品》与神楷《维摩经疏·弟子品》存在大面积重合，因此自然而然地被当作神楷的手笔。本文对BD6576正反两面所抄内容进行了详细考察，证明BD6576与BD6576v不仅与神楷《维摩经疏》存在承袭关系，其中还掺入了大量《大乘入道次第》的内容，且与道液系的著作密不可分。因此，BD6576并非神楷《维摩经疏》的节抄本，而是一种新的重编本《维摩经疏》。另外，相似内容还见于BD6499v（2）、P.3876v（2）等写本，后两者字迹潦草，格式较为混乱，更像是笔记，所以BD6576也可能是某次讲经法会的笔记，只是抄写得更为工整。

写本时代，文本的变动性往往大于印本时代。敦煌写本并非封存于黑暗洞窟的废弃之物，而是在日常生活中扮演着重要角色。僧人在阅读过程中往往会采摭篇什，以补阙疑。为服务于讲经活动，文本会进一步地增加衍生，所以我们才会看到很多写本背面都写有或多或少的补记，这正是敦煌写本文献生命力的表现之一。本研究提示我们应该充分重视写本材料来源的复杂性，BD6576正是这样一个个案。

[92] 参上山大峻《增补敦煌佛教の研究》，18—19、39—40页。

An Excerpt or a New Commentary? Rethinking the BD6576 *Weimojingshu*

Yan Shiwei

The manuscripts BD6576, P.2032, P.2040, P.2049, and Ot.533 are generally regarded as belongings to a same commentary, whose author is thought to be Tankuang. However, a recent study has reassigned the authorship to Shenkai, an eminent monk in Chang'an of the Tang Dynasty. Complicating this attribution is the presence of content from Zhizhou's *Dashengrudaocidi*, a work completed after Shenkai's death, in BD6576. To address this issue, there is a viewpoint that BD6576 is an excerpt of Shenkai's work and *Dashengrudaocidi* is just some reminders by the scribe. This article presents a thorough comparison of BD6576 and *Dashengrudaocidi*, demonstrating that BD6576 quotes directly the content of the latter text. Moreover, we find that BD6576 is significantly influenced by Daoye's *Jingmingjingjijieguanzhongshu* and *Jingmingjingguanzhongshichao*, two works even later than Zhizhou's. These findings suggest that BD6576 is not merely an excerpt of Shenkai's work, but rather a new commentary on *Vimalakīrtinirdeśasūtra*.

于阗佛教金刚乘信仰与思想研究

——以于阗文《数珠论义》为中心

袁 勇

引 言

传统佛教史将佛教分为小乘、大乘与金刚乘三个发展阶段，建构出佛教成长期、成熟期与衰落期的时间序列。借助这一历时叙事结构，人们将金刚乘作为佛教发展最后一个历时阶段而与佛教的衰落灭亡相挂钩。学者不断反思、批判这一三分体系：小乘、大乘与金刚乘代表了佛教漫长历史与传播发展过程中衍生出的不同教义派别，而不能等同于佛教教义发展的历时序列[①]。换言之，小乘、大乘与金刚乘代表了佛教中的义理发展序列，而非时间交替序列。

在于阗与中原的佛教交流史上，于阗国历来以大乘佛教中心地著称，大乘佛典与教法是于阗佛教的突出特色。于阗佛教发展过程中的小乘、金刚乘因素长期以来湮没无闻。玄奘《大唐西域记》中于阗国“小乘萨婆多寺”的记载，证实于阗国中小乘教派至少存续至7世纪。然自8世纪末吐蕃占领于阗以来，于阗佛教的发展情况汉文史载不详。

佛教之中密教（Esoteric Buddhism）是相对显教而言[②]，金刚乘是密教发展的一个阶段。有学者将密教的发展时期划分为陀罗尼密教、持明密教、真言密教、瑜伽密教（金刚乘）、无上瑜伽密教（后金刚乘）等五个阶段[③]。和田与敦煌两地出土梵文、于阗文陀罗尼佛典均表明于阗佛教中密教元素的存在[④]。然金刚乘在于阗佛教的兴起与发展则长久不为人知，特别是于阗佛教从流行大乘向流行金刚乘转变的过程扑朔迷离。

---

① C. K. Wedemeyer. “Tropes, Typologies, and Turnarounds: A Brief Genealogy of the Historiography of Tantric Buddhism”, *History of Religion*, vol. 40, no. 3, 2001, pp. 223-259.

② 关于“密教”的定义争论，参见沈卫荣《关于密教的定义、历史建构和象征意义的诠释和争论——对晚近西方密教研究中几篇重要论文的评述》，沈卫荣主编《何谓密教？关于密教的定义、历史建构和象征意义的诠释和争论》，北京：中国藏学出版社，2013年，1—34页。

③ 关于密教的分期，参见吕建福《中国密教史》（修订版），北京：中国社会科学出版社，2011年，1—11页。考虑到“密教”定义的复杂性，本文主要关注于阗佛教中“金刚乘”（瑜伽密教）这一具体发展阶段。

④ 有学者结合传世文献中于阗僧人对陀罗尼经典的翻译，以及和田地区出土的陀罗尼经典、护身符、壁画等材料，从而认为7、8世纪密教在于阗广泛流行。参见贾应逸《于阗盛行密教考》，朱玉麒主编《西域文史》第八辑，北京：科学出版社，2013年，1—22页。

敦煌藏经洞所出于阗文文献为揭示于阗佛教金刚乘阶段的思想特征提供了重要线索。本文拟钩稽敦煌于阗文写本所见金刚乘信仰的踪迹，考订、辨析藏经洞所出于阗文“金刚乘文献”（Vajrayāna literature）《数珠论义》，揭示唐末宋初之际（9世纪末至11世纪初）于阗金刚乘佛教的思想特征，展现于阗人的金刚乘信仰。

吐蕃占领于阗期间，语言文字从口语与书写两方面渗透进于阗人的世俗生活和宗教生活。于阗佛教与吐蕃佛教之间难免交流互通之处。敦煌同样经历了吐蕃的占领与统治，直至归义军时期，藏文依旧是当地重要书面用语。居留敦煌的于阗人具备多语能力与多元文化背景，于阗文“金刚乘文献”《数珠论义》中留下了二者交融的痕迹，为探寻于阗金刚乘信仰的源流与演变提供了线索。

一、敦煌于阗文写本所见金刚乘踪迹

金刚乘（Vajrayāna）是密教发展的一个阶段，以《金刚顶经》的编纂为形成标志。《金刚顶经》的编纂经历了一个渐次发展的过程。约7世纪中叶出现的偈颂体《真实摄经》（*Sarvatathāgatatattvasaṃgrahasūtra*）相当于《金刚顶经》的初始形态⑤，至8世纪中叶不空时代，《真实摄经》由最初几千颂发展为十万颂十八会⑥。金刚乘的本宗、经典与密法均以“金刚”为名，突出金刚神的地位，修行目的和结果强调金刚境界，故称“金刚乘”。正如《金刚峰楼阁一切瑜伽瑜祇经》（T867）中所言“演金刚乘，唯一金刚能断烦恼”⑦。又因修行方法重瑜伽，亦称瑜伽密教⑧。

敦煌藏经洞所出于阗文写本中所涉金刚乘文献分为两种情况：一者写本频繁出现“vajrrąyāna/vajrrayą̄na”（金刚乘）一词，间接证实于阗佛教金刚乘信仰的存在与流行；二者写本内容关涉金刚乘神祇或教法，直接揭示于阗佛教金刚乘信仰的具体形态。两种文献彼此依托，共同勾勒出于阗佛教金刚乘信仰的真实面貌。前者主要涉及僧人书状、写经题记与于阗语—梵语双语对话三类于阗文文献。兹以其为例，勾稽于阗金刚乘佛教的线索与踪迹。

僧人书状包括第二章所言《于阗僧龙增致于阗Guśa'da寺僧团书状》（Or.8212/162：13—81）与《于阗僧法福书状》（P.2785）（以下分别简称《龙增书状》与《法福书状》）。两封书状均为稿本，龙增为Guśa'da寺僧人，致书对象为Guśa'da寺僧团，而法

⑤ 《金刚顶经》汉译本一般特指三种：唐代金刚智译《金刚顶瑜伽中略出念诵经》（四卷）（T866）；唐代不空译《金刚顶一切如来真实摄大乘现证大教王经》（三卷）（T865）；宋代施护译《佛说一切如来真实摄大乘现证三昧大教王经》（三十卷）（T882）。《金刚顶经》初会名《一切如来真实摄教王》，故以此指称其为《真实摄经》。前两个译本反映了《真实摄经》的初始形态，第三个译本相当于初会四品内容。

⑥ 不空撰《金刚顶瑜伽十八会指归》（一卷）介绍十八会概要。《金刚顶经》的编纂史、内容以及汉、藏译本概况，参见松长有庆《密教经典成立史论》，京都：法藏馆，1980年，187—198页；吕建福《中国密教史》（修订版），56—62页；阮丽《敦煌石窟曼荼罗图像研究》，中央美术学院博士学位论文，2012年，20—26页；党措《金刚界曼荼罗神祇研究》，北京：宗教文化出版社，2019年，35—40页。

⑦ CBETA, T18, no. 867, p. 254a12-13。按：此经译者一题作不空译，一题作金刚智译。

⑧ 参见吕建福《中国密教史》（修订版），8—9页。

福为瞿摩帝寺僧人，致书对象似为瞿摩帝寺僧团。两封书状均为9世纪末至11世纪初之时于阗僧团内部通信，记录了于阗佛寺之现状与僧学情形，足以一窥于阗佛教的信仰面貌。《龙增书状》与《法福书状》的文辞相似，一一称赞、问候寺中僧人，兹节译相关文字如下：

《龙增书状》（Or.8212/162）：

48—49：thaiyą ttīka bvaidaśīle arthāṃ haphā vajrąyānī

Bvaidaśīla大德是义理藏，金刚乘者。

50—51：daidrąkarabhąḍrą thaiyą ttīka ... baiysā dą sāja draina pīlvā ṣadyāyą vajrrąyāna sīyą ahaṣṭa ṣīyą haḍāya

Daidrākarabhadra大德……习学佛法，净信三藏。他日夜不断习学金刚乘。

52—54：thaiyą ttīka dairāhasū ... sūttrą sīyą ttantrą

Dairāhasū大德……习学经、坦特罗。

55—56：daivarāca nąma khu vajrasatta spāśa

名为Daivarāca者，观之犹如金刚萨埵[⑨]。

《法福书状》（P.2785）：

14—17：Dyaunaisū jaista hayū śakalaka-śaumai brraura ñahaluā khanadai u prraysā baiysāṃ dą sīye jsa draina pīlā ṣadyāya vajrrayąna sīye ahaṣṭa ṣīya haḍāya

Dyaunaisū是天友，面目和善、令人欢喜、谦卑、熙怡、净信，习学佛法，净信三藏。他日夜不断习学金刚乘[⑩]。

两封书状中均言及“vajrąyānī”（金刚乘者）或“vajrrąyāna”（金刚乘）。书状中并未直接叙说金刚乘在于阗的流行情况，然于阗僧人修习金刚乘，足以证明于阗佛寺中金刚乘教法、修行者一应俱全。“金刚乘者”（vajrąyānī/Skt.vajrayānika）一称是相对小乘或大乘修习者而言，似表明于阗佛寺中金刚乘已发展为一独立势力或派别。“坦特罗”（ttantrą/Skt.tantra）密教经典分类则是于阗金刚乘文献新发展的一个缩影，表明于阗佛教之经典、教义已进入金刚乘阶段。

另一敦煌写本《本生赞》（IOL Khot 65-74（Ch.00274））为张金山供养写经，写经题记功德回向部分言及：

39r4—v1：haiysdi vīra jsā vīśä'rä-rāśä' rādä bviṃysye jsīñä prrīyągä hamāvį ... kalpa jsa hajsaidį karma-biśdį' jādį

于今现世，愿金刚国度之王获得长生加行……历劫所积业罪尽得灭。

39v3—4：harbīśāṃ aśi'rya gąṭhā vajrrayaunyāṃ jsa biśi satva bįysūśtāṣṭä vyārṇa byehīdä

我与金刚乘的一切阿阇梨、家主分享（这般福德）。愿一切众生获得（证悟）

⑨ 各句英译参见P. O. Skjærvø. *Khotanese Manuscripts from Chinese Turkestan in the British Library*. Lodon: The British Library. 2002, p. 48。

⑩ 转写参见H. W. Bailey. *Khotanese Texts*, vol. Ⅲ (second edition), Cambridge: Cambridge University Press. 1969, p. 127。

菩提之授记[11]。

上举两封僧人书状揭示了于阗佛寺中金刚乘信仰之一隅，而张金山供养题记表明，阿阇梨与家主中均有金刚乘者，于阗国中金刚乘的信仰者已涵盖僧、俗两类群体。“金刚国度之王”（vīśä’rä-rāśä’ rādä）即《本生赞》开篇所言于阗王Viśa’ Śūra。另一于阗文写卷IOL Khot S.21（Ch.i.0021a.a）称赞于阗王Viśa’ Dharma之时，亦言“吉祥Viśa’ Dharma菩萨王是金刚国度之引领者”（18：vīśä’ra-rraśä’ pūrąysa śrī vīśä’ dharma baudasattū rre）[12]。两篇文献均将于阗国比拟为金刚之国，蕴含国土坚固不坏之意，似与金刚乘信仰相关。宗教信仰与世俗王权结合，于阗国金刚乘的流行程度可见一斑。

P.5538写卷正面为于阗文《天尊四年（970）于阗王Viśa’ Śūra致沙州大王舅曹元忠书状》，共计81行，纸缝及文末共钤九方汉文朱印，文曰“书诏新铸之印”[13]。背面第9—87行为于阗体婆罗谜文音写于阗语—梵语双语对话（图1），系利用正面废旧书状而书，年代晚于正面。双语对话的主角之一系一名印度僧人，打算前往中原参拜文殊师利菩萨，并巡礼中原。另一对话者具体身份不详，兹节译第25—29行相关对话如下：

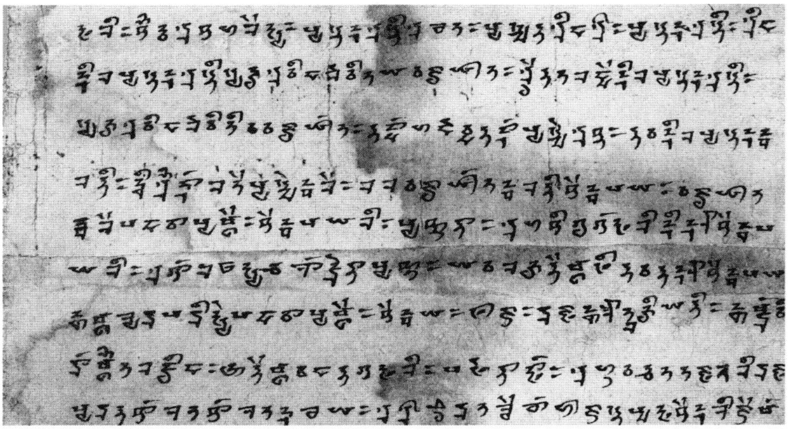

图1　P.5538于阗语—梵语双语对话（局部）

（Skt.）pūstaka astī atha na =（Khot.）pūstya tta īda ā (ne)（您）有没有经卷？

（Skt.）pūstaka astī =（Khot.）īda有经卷

（Skt.）kīma pūstaka astī sūtrra avīdarma vīnaya vajrra-yāna ai’ttana madyai kīma pūstaka astī =（Khot.）sūtrra avīdarma vīnīva vajrra-yąna ttakyāṃ harda vya tta

⑪ 英译参见M. J. Dresden.“The *Jātakastava* or ‘Praise of the Buddha’s Former Births’”, *Transactions of the American Philosophical Society*, vol. 45, no. 5. 1955, pp. 445-446. P. O. Skjærvø. *Khotanese Manuscripts from Chinese Turkestan in the British Library*, p. 299。汉译参见段晴遗著《于阗语佛本生赞》，待刊。

⑫ 英译参见P. O. Skjærvø. *Khotanese Manuscripts from Chinese Turkestan in the British Library*, pp. 523-524。

⑬ 参见张广达、荣新江《巴黎国立图书馆所藏敦煌于阗语写卷目录初稿》，《敦煌吐鲁番文献研究论集》第4辑，北京：北京大学出版社，1987年，90—127页；此据张广达、荣新江《于阗史丛考》（增订新版），上海：上海书店出版社，2021年，155—156页。

kāṃ pūstye aśta有何经卷？经、阿毗达磨、律、金刚乘，诸般之中有何经卷？

（Skt.）ttava kīma pūstaka kṣamattī你乐于何种经卷？

（Skt.）mama vajrra-yāṇa kṣamattī śaikṣapaya =（Khot.）vajrra-yāṇa kṣamai parya vā pūṣṭai我乐于金刚乘，请您教授。

（Skt.）śaikṣapayamī =（Khot.）pūśū ttā我将教授[14]。

每段对话均先书梵语，后接续对应于阗语，所用梵语正字、文法与标准梵语不无差异[15]。上引对话围绕印度僧人所带“经卷”（pūstya/Skt.pustaka）展开。所谓“经卷”形制不详，既为印度僧人随身携带，料想应为梵夹装写本。“经”“阿毗达磨”“律”代表传统佛典分类中所言经律论三藏。问话者将“金刚乘”单独作为一类经典与三藏典籍并列，突出金刚乘典籍的特殊地位，正与下文“乐于金刚乘”相呼应。问话者对金刚乘典籍兴致最高，印度大师亦能传授金刚乘密法，二人皆为金刚乘者。结合于阗语—梵语双语对话的语言背景，这一对话当可视作于阗佛教金刚乘信仰的现实映照。

又第12—15行对话中追问了印度大师的来历与旅途行迹，言及印度大师曾在于阗佛寺逗留：

（Skt.）hīdūka-deśe kī kale agatta =（Khot.）hīdva kṣīra aunaka vā ca bāḍa pastai āvai您何时从印度而来？

（Skt.）sabatsara-dvaya babūva =（Khot.）dvī salī hamye已两年。

（Skt.）gāstana-deśai kūtrra sthanai ttaiṣṭatta =（Khot.）hvanye kṣīra kū ṣṭa pastai mūdai在于阗国您住于何处？

（Skt.）sagarmai ttaiṣṭatta =（Khot.）sakhyairma mūdai我住于寺中。

（Skt.）kasmī sagarmai =（Khot.）kauña sakhyairma pastai mūṃda您住于何寺之中[16]？

印度大师离开印度已有两年，在于阗国期间居留于佛寺，与玄奘归国时在于阗停留的情形如出一辙，唯所居佛寺之名不详。又敦煌于阗文写卷IOL Khot S.21（Ch.i.0021a.b）背面记录了于阗至迦湿弥罗的路线与行程[17]，至少表明10世纪下半叶之时于阗与印度之间的交通依旧未断绝。前引对话所言印度大师随身携带金刚乘经卷，似直接携自印度，在于阗佛寺居留期间说法讲经亦不足为怪，为印度金刚乘密典向于阗传播提供了一种可能途径。

上引两件僧人书状年次不详，而《本生赞》与于阗语—梵语双语对话则书于于阗王Viśa' Śūra之时或略晚，年代已至10世纪下半叶。三类文献所用“vajrrāyāna”一词从不

⑭ 转写、英译参见熊本裕《西域旅行者用サンスクリット=コータン语会话练习帐》，《西南アジア研究》第28号，1988年，59—61页。按：“（Skt.）”“（Khot.）”“=”均为笔者所加。

⑮ S. van Schaik. “A Sanskrit-Khotanese Colloquy: Paris, Bibliothèque nationale de France, Pelliot chinois 5538”, *Medieval Multilingual Manuscripts*, eds. Michael Clarke and Máire Ní Mhaonaigh, Berlin: De Gruyter, 2022, pp. 75-76.

⑯ 熊本裕《西域旅行者用サンスクリット=コータン语会话练习帐》，59页。

⑰ 英译参见P. O. Skjærvø. *Khotanese Manuscripts from Chinese Turkestan in the British Library*, pp. 524-526。

同视角揭示出10世纪下半叶于阗佛教已流行金刚乘信仰。

二、于阗文“金刚乘文献”：《数珠论义》

敦煌于阗文文献中有一类写本与金刚乘神祇或教法直接相关，学者拟称之为“金刚乘文献”。贝利、恩默瑞克、施杰我、马吉等均将两件于阗文写本归入“金刚乘文献”，即IOL Khot S.47（Ch.i.0021b）与IOL Khot 55（Ch.ii.004）⑱。IOL Khot 55（Ch.ii.004）写本为梵夹装，共计4叶⑲，单面四行，主体文字为正书体，行间多草书体补写文字（图2）。全文依金刚乘教法论说“数珠”（ganaittrai/Skt.gaṇayitrikā）⑳，故称《数珠论义》（详见下文）。贝利、施杰我两位学者先后翻译全文㉑。兹略举两例，以明其与金刚乘之关联：

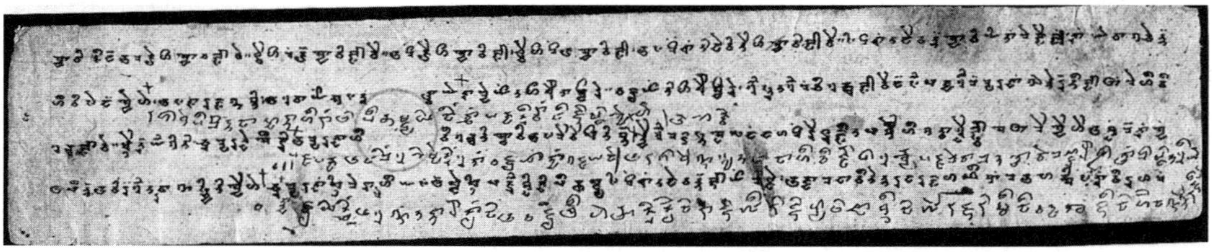

图2　IOL Khot 55《数珠论义》第2叶正面

1r1：cū būra krrä ṣṭāre ttī au ṣāvą̄ nva yą̄ną ttuśāttā ṣa'mārīdą u mara vajrrayauną nva ttuśai na ṣṭe

凡为“事”者，依声闻乘，皆算作空；此中依金刚乘，则非为空。

3v2—2a：ttī jsā vajrrayāna ṣāvāyāna jsa prratīkabụdāyaunä jsą tcau-padya paryai līkä ṣṭe dyāme jsa u caryai jsa u sījāṣṭyā jsa u samai jsa

---

⑱ H. W. Bailey. “Vajrayāna Texts from Gostana”, *Studies of Esoteric Buddhism and Tantrism in Commemoration of the 1150th Anniversary of the Founding of Koyasan*（《高野山开创千百五十年记念：密教学密教史论文集》）, ed. Y. Matsunaga. Koyasan: Koyasan University, 1965, pp. 27-40. Idem. “Vajrayāna in Gostana-deśa”, *The Journal of the International Association of Buddhist Studies*, vol. 1, no. 1. 1978, pp. 53-56. R. E. Emmerick. *A Guide to the Literature of Khotan*, second edition (thoroughly revised and enlarged). Tokyo: The International Institute for Buddhist Studies. 1992, p. 39. M. Maggi. “Khotanese Literature”, *The Literature of Pre-Islamic Iran*, eds. R. E. Emmerick and M. Macuch. London: I. B. Tauris. 2009, pp. 405-406.按：本文以IOL Khot 55(Ch.ii.004)写本为研究中心，IOL Khot S.47(Ch.i.0021b)写本拟另文详考。

⑲ IDP未公开写本彩图，f.4与f.2两叶正面图片参见M. A. Stein. *Serindia: Detailed Report of Explorations in Central Asia and Westernmost China*, vol. Ⅳ, Oxford: Clarendon Press. 1921, pl. CLⅡ。P. O. Skjærvø. *Khotanese Manuscripts from Chinese Turkestan in the British Library*, pl. 7d.

⑳ 参见H. W. Bailey. “Vajrayāna Texts from Gostana”, pp. 28-29。按：依于阗文“ganaittrai”词形，对应梵文应复原作“*gaṇayitraka”，而今梵文词典中唯收录“gaṇayitrikā”一词。

㉑ H. W. Bailey. “Vajrayāna Texts from Gostana”, pp. 29-38. P. O. Skjærvø. *Khotanese Manuscripts from Chinese Turkestan in the British Library*, pp. 293-296.

金刚乘以四者胜于声闻乘、辟支佛乘，即见、行、成就、三昧耶[22]。

上引例句中将金刚乘与声闻乘、辟支佛乘（缘觉乘）比较，论者立场明显倾向于金刚乘，足以表征此件写本的金刚乘性质。

写本主体内容围绕数珠展开，以问答体形式层层展开是写本结构上的显著特征，两组问答分别引入话题（1r1—4）与论义说法（1r4—4r4）[23]。第一组问答以四个连续问句，引出论义主题数珠：

1r1—2：tta ttai hvą̄ñą̄ma ṣṭą sa aśte kaiṇą ganaittrai aśte vīrāṣṭi ganaittrai kālanāṣṭä ganaittrai aśte prracainą ganaittrai

有如是论义：因何有数珠？何处有数珠？何方有数珠？缘何有数珠？[24]。

“论义”（hvą̄ñą̄ma）一词揭示写本性质与说法相关，后文逐一重复并自答关于数珠的四个问题，由此立意数珠这一话题。故以下拟称IOL Khot 55（Ch.ii.004）写本内容为《数珠论义》。

数珠又称念珠（japamālā）[25]，为修行时念诵计数之用。一般认为数珠起源于印度，唯具体时间和地点不详[26]。婆罗门教早期礼拜仪式中已开始使用数珠[27]，此后数珠愈加受到重视，成为印度教塑像（如湿婆像）中的常见元素[28]。佛教开始使用数珠的时间不详[29]，律典中并无数珠的踪迹。迄今所知最早讲说数珠的佛典文献当属东晋失译人名《佛说木槵子经》（T786）[30]。数珠在中国作为佛教造像元素，最早出现于北朝中晚期[31]。至唐宋时期，数珠在造像中始广泛流行[32]。

《数珠论义》第一组问答中言“何处有数珠？于吉祥金刚萨埵处有数珠……缘何有数珠？缘身语意秘密成就，则有数珠”（1r2—4：aśtai vīrāṣṭä ganaittrai śrī vajrrasattä vīrāṣṭä ganaittrai … aśte prracenä ganaittrai kāya-vāga-cetta rrihāśe saidhä sījāṣṭi pracaina

[22] H. W. Bailey. “Vajrayāna Texts from Gostana”, pp. 29, 32. P. O. Skjærvø. *Khotanese Manuscripts from Chinese Turkestan in the British Library*, pp. 293, 295.

[23] 按：第4叶背面除两行未识读的文字外，均为空白。参见H. W. Bailey. “Vajrayāna Texts from Gostana”, pp. 29, 38。

[24] 英译参见P. O. Skjærvø. *Khotanese Manuscripts from Chinese Turkestan in the British Library*, p. 293。

[25] 梵文中多个词汇均可表示数珠或念珠之意，如gaṇayitrikā、japamālā、kṣamālā、akṣasūtra、rudrākṣamālā、smaraṇī等。

[26] 印度念珠的最初起源难以追溯，参见柯嘉豪（J. Kieschnick）著、赵悠等译、祝平一等校《佛教对中国物质文化的影响》，上海：中西书局，2015年，116页。书中认为数珠（念珠）的念诵计数功能以及法力象征意义，是数珠流行的主要原因。

[27] P. Kulmarni. “Application of Hindu Rosary as a Magical Device”. *Bulletin of the Deccan College Research Institute*, vol. 70-71, 2010, pp. 419-428.按：“婆罗门教”与“印度教”是同一宗教的不同历时阶段。

[28] 柯嘉豪著、赵悠等译、祝平一等校《佛教对中国物质文化的影响》，116页。

[29] 有学者认为数珠起源于婆罗门教，由此传入佛教。参见李翎《数珠与菩提：佛教数珠的使用》，《敦煌学辑刊》2021年第3期，119—128页。

[30] 参见智昇撰、富世平点校《开元释教录》卷三、一三，北京：中华书局，2018年，210、858页。

[31] 柯嘉豪著、赵悠等译、祝平一等校《佛教对中国物质文化的影响》，121页。作者认为麦积山石窟第23窟菩萨像为中国所见最早手持数珠之造像。另有学者认为菩萨所持为“桃形器”并非数珠，参见李翎《数珠与菩提：佛教数珠的使用》，127页。

[32] 参见李雯雯《持数珠像及数珠相关问题探讨》，《创意设计源》2022年第6期，22—27页。

ganaittrai）[33]，直接揭示数珠的功用与金刚乘身语意三密修行相关，是关乎修行成就的法器。换言之，数珠的流行与密教的传播和修法仪式有直接关联。于阗文《数珠论义》正是金刚乘思想影响下的产物，数珠也应是于阗僧人修行密法的重要法器道具。

第二组问答是于阗文《数珠论义》的内容主体与核心，依旧以五个连续问句切入话题，并逐一宣说开示，说法论义。兹节译《数珠论义》第二组问答内容，表列如下（表1）。

表1　于阗文《数珠论义》问答

IOL Khot 55（Ch.ii.004）[34]	
问	答
1r4：今如是数珠（论义）者，由何者和尚阿阇梨宣说	1v1：宣说者、和尚阿阇梨之身，生于中原西南方之Samyasa……名叫Baśrīmajsu
1r4：从何续部略出	1v3：从*Avatāra-tantra*略出
1r4：属于何乘	2r2：属于金刚乘
1r4：缘何宣说	1v4：为今日与未来之瑜伽行者如吉祥金刚萨埵般……为不忘真言、印契、三昧天女
1r4：如上有何意义	2r2：开示印契部类之十种意义

从表1中可以看出，《数珠论义》逐一回答了五个问题，唯有第三问与第四问的问答次序略有改变。《数珠论义》所言五个问题从宣说者（ūysdīśākä/Skt.upadeśaka）、续部（ttanträ/Skt.tantra）、因缘（pracaina/Skt.pratyaya）、意义（arthä/Skt.artha）等各个角度，一一论义数珠。依第一问，《数珠论义》宣说者是一位名叫Baśrīmajsu的僧人，出生在Samyasa[35]，其中称赞这位阿阇梨：

1v1—2：hīdva kṣī'ra dą sīye ū rahāśe haṃdarįmai nätcarīmai dā harbiśä ṇai'hvastai... u haṃdrrauysya tsūma u śaṃdya vecūlyąma u mahāsamądrra kavä mąñaṃdä tsīya ttäkyāṃ būrai be'jsyau jsa haṃphve vaivā saidhaprrāptai

他在印度学习正法，洞明内外秘藏、一切诸法……他行于天空，出入大地，经行大海，犹如鱼儿。他具足诸般功德，已获异熟成就[36]。

这段赞词称颂Baśrīmajsu阿阇梨因修习密法之成就，具足诸般神通。其中言及Baśrīmajsu阿阇梨在印度学习密法，似暗示《数珠论义》的印度渊源，彰显教义来源之正统性。

第二问与第三问揭示了《数珠论义》的经典出处以及与金刚乘的关系。所谓

㉝ 英译参见P. O. Skjærvø. *Khotanese Manuscripts from Chinese Turkestan in the British Library*, p. 293。

㉞ 转写与英译参见P. O. Skjærvø. *Khotanese Manuscripts from Chinese Turkestan in the British Library*, p. 293。表格中标记起始出处行数，不逐一引用于阗文。

㉟ 关于阿阇梨名号复原与出生地名考证，参见R. A. Stein. "Un genre particulier d'exposés du tantrisme ancien tibétain et khotanais". *Journal Asiatique*, vol. 275, no. 3-4, 1987, pp. 270-272。

㊱ P. O. Skjærvø. *Khotanese Manuscripts from Chinese Turkestan in the British Library*, p. 293.

“Avattarä ttaṃtträ”（Skt.*Avatāra-tantra*）经典一名[37]，无疑属于坦特罗（续部）典籍，而具体所指不详。第四问强调密法修行中真言（maṃdrrä/Skt.mantra）、印契（mạ̄drra/Skt.mudrā）与三昧天女（simādāna devattä/samādhāna devatā）三者的关系：

2r1—2：khvai hā maṃdrrä byāvi jsāvai u mạ̄drrai hā byāvi jsā khvai hā mạ̄dra byāvai jsā u samạ̄dhạ̄nä devittai hā byāvä jsāvai simādhạ̄na daivattä byāvi yinạ̄me jsai jsāṃ kạ̄ye-vāga-cettä hīvī sedä byehe rahāśe … u satsāra jsa guśti

当得忆念真言，复忆念印契。当得忆念印契，复忆念三昧天女。因能忆念三昧天女，他获身语意之秘密成就……从轮回中解脱[38]。

真言、印契与三昧天女各自代表身语意三密修行之一端，密教修行者将三者结合方可获得无上成就，脱离轮回之海。因此，宣说《数珠论义》之因缘即“为不忘真言、印契、三昧天女”（1v4：maṃdrrä u mạ̄drra simādāna devattä ahaumaurrjä prracena）[39]。

数珠的使用与真言、印契直接相关，由此引出关于印契意义的论义。《数珠论义》以约2叶文字（2r2—3v3）阐释第五问，表明其为论义的重点。第五问的问答晦涩难解，似为阐释金刚乘五部印契之意义。此中两节内容与数珠关联最为密切：一者言数珠执持方式，二者言数珠种类与五部对应关系。印契属于密法，非金刚乘者不可传授，故先言“瑜伽行者为非金刚乘者施行五种印契与三昧耶灌顶，将会造罪”（2r3—3a：ṣai'kä yauginä cu mūrakye bīḍä pajsa-padya u samị abiṣyekä anạ vajrrayānyāṃ gajsa yade）[40]。《数珠论义》所言违犯后果包括：不知印契之意义、不知秘密解脱法的念诵意义、不得进入道场、堕入地狱受金刚药叉折磨等。换言之，知晓印契与念诵之意义是修习金刚乘密法的必要条件。

又阐发“印契计数之术语”，认为“左手拇指即普贤，手指即普贤、智慧与法界”（2v1：syadai dastä hīvī āṣṭi samaṃttabhadrrä u hagauṣṭa samaṃttabhadra u jñạ̄na u dharmadāttä）[41]，由此引入执持数珠之方式：

2v2—3r1：ttyai pracaina syaṃdai āṣṭī u haṃgauṣṭi harryivya ginaittrai dījsạ̄ñā u hvaraṃde dạstä hīye āṣṭī u dvī hagauṣṭi kāyi-vāga-caittä hīya prrara ayekṣạ̄ñä u āṣṭī vairaucä u paḍauysa haṃgauṣṭi armyāyi u śa' hagauṣṭi vajrrasattä u dīda hagauṣṭa rahnasabhavä u kaṇaiska amạ̄gasaida u tta au vā paṃjsa jasta ba'ysi jñāna u dharmadhạ̄ttä hadrryivya auna naraumīdä avāyā ga satta hagārīdạ ba'ysuśti vīra au pārīphīdä

---

[37] 按：贝利、施杰我将“Avattarä ttaṃtträ”一名复原为梵文“Abhyantara-tantra”或“Abhyanantara-tantra”，恩默瑞克复原为“Avatāra-tantra”。参见H. W. Bailey. “Vajrayāna Texts from Gostana”, p. 35。R. A. Stein. “Un genre particulier d'exposés du tantrisme ancien tibétain et khotanais”, p. 266, note. 6. P. O. Skjærvø. *Khotanese Manuscripts from Chinese Turkestan in the British Library*, p. 293.

[38] P. O. Skjærvø. *Khotanese Manuscripts from Chinese Turkestan in the British Library*, p. 294.

[39] P. O. Skjærvø. *Khotanese Manuscripts from Chinese Turkestan in the British Library*, p. 293.

[40] P. O. Skjærvø. *Khotanese Manuscripts from Chinese Turkestan in the British Library*, p. 294.

[41] P. O. Skjærvø. *Khotanese Manuscripts from Chinese Turkestan in the British Library*, p. 294.按：此处将拇指与手指均比拟普贤菩萨，似有讹误。

因此，数珠应持于左手拇指与手指之间，右手拇指与两手指应加持身语意之自性。拇指为毗卢遮那、第一指为阿弥陀佛、第二指为金刚萨埵、第三指为宝生佛、小指为不空成就佛，如是五方天佛皆化现于智慧与法界间，拔度恶趣众生，令其安立于菩提㊷。

左手拇指象征普贤菩萨，手指象征智慧与法界，而右手五指象征金刚界五佛。此处未见金刚界五佛之东方阿閦佛，取而代之的是金刚萨埵。左手、右手各具象征意义，决定了执持数珠的方式或手势。执持数珠应与印契配合，因此《数珠论义》复言印契各部分之象征意义及解印契之法：

3r2—4：cu mūrakyā hīye nąha ṣṭe ṣi' ysathāṃ hīvī nąhä ṣṭe u grathä ṣi' jsā dāvīnai ttaraṃdärä ṣṭe … cu mūrakyāṃ hīya khuṇā ṣṭe ṣi' haṣṭusa-padya ttuśāttā ṣṭe … mūrakyā hagārąme beḍa… gratha ni parsāña ga'sāña

印契之顶部者，此即生之顶。（印契之）结者，此即法身……印契之洞者，此即十八种空……于解印契时……结不应脱开、转动㊸。

数珠的种类与密法修行者身份相关。《数珠论义》中言金刚乘五部之“五种数珠不适合于声闻众、辟支佛、阿罗汉与菩萨”（3v1—1a：ṣāvā prrattīkabą̄dā arahadā bą̄dasatvāṃ pajsa-padya pā ganaittrai na habusanä）㊹。因为如上所言“金刚乘以四者胜于声闻乘、辟支佛乘，即见、行、成就、三昧耶”，强调金刚乘的超越性，故其所用数珠与大乘、小乘修行者不同。金刚乘五部所用数珠应与部类相合，《数珠论义》言：

3v4—4a：cu ttathāgattakūla ṣṭe vajrrakūla padmakūla karmakūla varä ganaittrai nva nva kūlā haphīśą̄ñä

谓为如来部、金刚部、（宝部）、莲华部、羯磨部者，此中数珠应与部类相合㊺。

金刚界五佛各自代表一部，此处言及四部，缺漏宝部。数珠与部类相合，具体而言即数珠的种类与金刚乘五部对应。

《数珠论义》复言菩提子数珠的起源，并一一宣说金刚乘五部所用数珠种类：

4r2—3：u ttyai pracaini ṣi' pāttarajīvīnai ganaittrai harbīśā jastā baiysā hīye pīrmāttä ganaittrai ṣṭe u vajrrakūlą īrä rahnakūla raṃnä u padamakūla vaiysä karmakūla lodrrākṣā' u pajsa-padya jsāṃ rrihāśai ginaittrai ṣṭe

因此，菩提子数珠是一切天佛之无上数珠。金刚部为玉，宝部为宝，莲华部为莲子，羯磨部为金刚子。此即五种秘密数珠㊻。

菩提子（pāttarajīva/Skt.putrajīva）、玉（īra）、宝（raṃna）、莲子（vaiysa）、金刚子

㊷ P. O. Skjærvø. *Khotanese Manuscripts from Chinese Turkestan in the British Library*, pp. 294-295.

㊸ P. O. Skjærvø. *Khotanese Manuscripts from Chinese Turkestan in the British Library*, p. 295.按：“十八种空”参见真谛译《十八空论》（CBETA, T31, no. 1616）。

㊹ P. O. Skjærvø. *Khotanese Manuscripts from Chinese Turkestan in the British Library*, p. 295.

㊺ P. O. Skjærvø. *Khotanese Manuscripts from Chinese Turkestan in the British Library*, p. 295.

㊻ P. O. Skjærvø. *Khotanese Manuscripts from Chinese Turkestan in the British Library*, p. 296.

（lodrrākṣa'/Skt.rudrākṣa）等五种材质，皆可制作数珠，并与金刚乘五部一一对应。

《数珠论义》五问内容至此本已结束，写本于“ṣṭe”一词后所添文字终止符号即为明证。然《数珠论义》全文行间多补写文字，文末亦以草书体补写文字一行有余，论说五秘密数珠的念诵意义（4r4：ttyāṃ hīvī jāpā artha hvīde）（图3）。这部分文字超出五问结构，然内容依旧与数珠主题相关，进一步明确了数珠与念诵（jāpā/Skt.jāpa/japa）之间的关系。

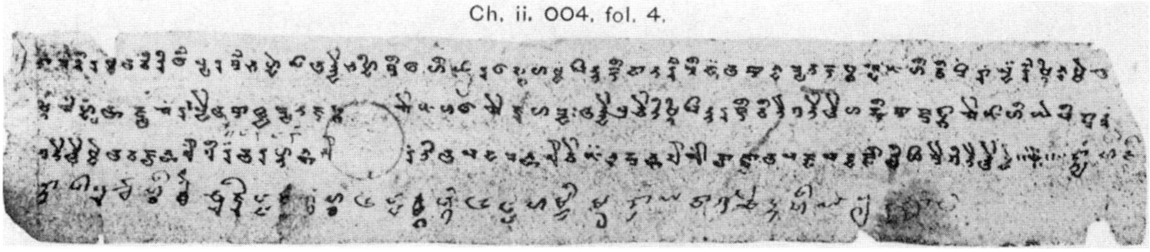

图3 IOL Khot 55《数珠论义》第4叶正面

《数珠论义》的结构、内容前已大体明晰，其以问答体结构论说了《数珠论义》教法的宣说者、出处等，特别阐释了数珠的执持方式以及数珠种类与金刚乘五部的对应关系。《数珠论义》自言略出于坦特罗（续部）经典，结构特殊，内容简略。兹结合藏、汉文数珠文献[47]，进一步厘清于阗文《数珠论义》的思想与源流。

三、藏文数珠文献：《数珠经教》

藏经洞所出藏文写本IOL Tib J 688（Ch.73.iii.2）内容主题亦与数珠相关。法国藏学家石泰安（R. A. Stein）早已注意到其与于阗文《数珠论义》之间结构、内容相似，二者应有密切关联[48]。IOL Tib J 688写本为梵夹装，共计2叶，单面5行，叶边左侧标记叶码[49]（图4）。写本开头即言“数珠经教：从七方面宣说诸义”（1r1：'phreng ba'i lung don rnam pa bdun gis bstan de）[50]，文末亦言“数珠经教毕讫”（2r2：phreng ba'i lung rdzogs so）。首尾呼应，明确写本主题为数珠（phreng ba/Skt.mālā），故以下拟称IOL Tib J 688写本内容为《数珠经教》。《数珠经教》的开篇方式与于阗文《数珠论义》如出一辙，“经教”（lung）一词与于阗文“论义”（hvāñāma）含义相当。藏文《数珠

㊼ 梵文文献关于密教中数珠的论述，参见仓西贤亮《インド後期密教における数珠》，《丰山学报》第64号，2021年，27—44页。

㊽ R. A. Stein. “Un genre particulier d'exposés du tantrisme ancien tibétain et khotanais”, pp. 265–282.

㊾ 转写参见R. A. Stein. “Un genre particulier d'exposés du tantrisme ancien tibétain et khotanais”, p. 279。写本介绍参见J. Dalton and S. van Schaik. *Tibetan Tantric Manuscripts from Dunhuang: A Descriptive Catalogue of the Stein Collection at the British Library*. Leiden: Brill. 2006, pp. 294-296。按：写本第2叶正面仅书两行，下部空白。背面所书两行真言，似与正面内容无关。

㊿ 参见R. A. Stein. “Un genre particulier d'exposés du tantrisme ancien tibétain et khotanais”, p. 265。

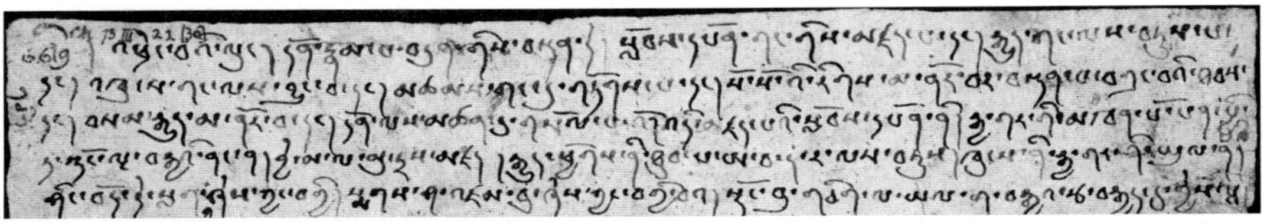

图4　IOL Tib J 688《数珠经教》第1叶正面

经教》分为七条展开说法，兹节译表列如下（表2）。

表2　藏文《数珠经教》问答

IOL Tib J 688[51]	
问	答
1r1：哪位阿阇梨所作	1r3：作此（经教）之阿阇梨：印度千五百智者中之无垢友和尚
1r1：从何续部略出	1r4：续部：略出于*Thub-pa avatāra*
1r2：来源为何	1r4：来源：在印度之地，有名为bod de slag sha或smags sha ’dzam bu之树。一树干分出108枝桠，一花苞中共有108颗果实成熟。来源即在那里。用途：一切修法之时所用
1r2：属于（续部）何类	1v2：部类：属于大瑜伽
1r2：正确宣说各部（数珠）计数之法	1v2：正确宣说各部（计数之法）：金刚部中为玉，宝部中为lung thang，莲华部为莲子，羯磨部为金刚子，如来本尊为菩提子
1r3：正确（宣说）心续	（缺）
1r3：因义称名	（缺）

藏文《数珠经教》结构总分为七项：四项问答，三项直陈。前五项内容完备，问答之间前后呼应，后两项则仅存主题纲目，未见内容。藏文《数珠经教》与于阗文《数珠论义》结构上的相似性一目了然。《数珠经教》前四项均为问答体结构，其中第一、二、四问同样涉及宣说者、经典出处与归属等三项内容，恰与《数珠论义》前三问完全对应。《数珠经教》中存而未论的第七项“因义称名”似与《数珠论义》第五问“如上有何意义”相关。于阗文《数珠论义》与藏文《数珠经教》主题相同，话题结构分类相似。石泰安由此认为两种文献受到同一启发或影响，于阗文《数珠论义》系以藏文《数珠经教》为范[52]。

这一论断无疑颇具洞察力，揭示了两种文献之间的关联。然有学者提出，于阗文《数珠论义》的结构、内容，均比藏文《数珠经教》完整而丰富，《数珠论义》更可能是《数珠经教》的范本[53]。诚如学者所言，于阗文《数珠论义》与藏文《数珠经教》的

---

[51] 译文参见R. A. Stein. “Un genre particulier d’exposés du tantrisme ancien tibétain et khotanais”, pp. 265-267。表中标记起始出处行数，不逐一引用藏文。

[52] R. A. Stein. “Un genre particulier d’exposés du tantrisme ancien tibétain et khotanais”, p. 269.

[53] J. Dalton et al. . “Beyond Anonymity: Paleographic Analysis of the Dunhuang Manuscripts”, *Journal of the International Association of Tibetan Studies*, vol. 3, 2007, pp. 13-14.

结构相似性不可否定，然两者之间内容细节不乏差异之处。兹从两种数珠文献所言宣说者、经典出处、归属、数珠来源以及数珠与金刚乘五部关系入手逐一辨析，明晰二者的思想源流关系。

《数珠经教》言宣说者为印度智者无垢友（Bye-ma-la-mu-tra/Skt.Vimalamitra），未言具体来历，似表明经义直接源自印度。《数珠论义》则详细交代了宣说者Baśrīmajsu阿阇梨的来历：

1v1：ṣi' ciga kṣī'ra jsa ravye pa ñūhuṃjsadä samayasa ysąye labhasalāspāñä u ttattīśanä mūdä u khamasa ttattīśąnä ysāye baśrīmajsu nąma ye

他生于汉地西南方之Samyasa，住在Labhasalāspāñä和Ttattīśanä，生在Khamasa之Ttattīśanä，名叫Baśrīmajsu[54]。

《数珠论义》交代了阿阇梨的出生地与住处。下划线部分为行间补写插入文字，似可视作对出生地“Ttattīśanä”的补注说明。石泰安将Baśrīmajsu阿阇梨名号复原为Rba Manydzu，并逐一将上述地名考证在吐蕃，如将Samyasa考证为bSam-yas（桑耶），Khamasa之Ttattīśanä考证为康地的Dan-tig-shan（丹斗山）[55]。

Dan-tig-shan（丹斗山）一名另见于敦煌藏文文献IOL Tib J 754（Ch.83.ⅺ），其中记录了一位汉僧从五台山出发，一路巡礼Hezhou（河州）、Dantig（丹斗）、Tsongka（宗喀）、Lengcu（凉州）、Kamcu（甘州）、Shacu（沙州）等地，前往印度之旅途[56]。汉僧特地巡礼丹斗，足见此地在当时的影响与地位。丹斗地区在藏传佛教后弘期（10世纪下半叶至今）历史中具有特殊意义，是藏地律仪传统得以延续的重要据点[57]。这一比定若成立[58]，则《数珠论义》强调宣说者出自Ttattīśanä，进一步拉近了数珠教法传承者与吐蕃佛教之间的关系，彰显其出身的神圣性与正统性。

宣说者阿阇梨的名号、出生地均蕴含吐蕃元素，是石泰安判断于阗文《数珠论义》源于藏文的一个重要依据。又Baśr ī majsu阿阇梨曾至印度学法，意味着《数珠论义》的经义亦与印度相关，可谓间接传承。《数珠经教》与《数珠论义》所言具体传承者不同，却均将法教源流回溯至印度，应是两者宣扬正统性的共性选择。

《数珠经教》自言略出于经典*Thub-pa avatāra*（Skt.**Muni-avatāra*），《数珠论

---

[54] 英译参见P. O. Skjærvø. *Khotanese Manuscripts from Chinese Turkestan in the British Library*, p. 293。

[55] R. A. Stein. “Un genre particulier d'exposés du tantrisme ancien tibétain et khotanais”, pp. 270-272.按：据此于阗文“ttattīśanä”应校读作“ttantīśanä”。因于阗文书写中“tt-”与“nt-”几难区分。

[56] 相关研究参见S. van Schaik and I. Galambos. *Manuscripts and Travellers: the Sino-Tibetan Documents of a Tenth-Century Buddhist Pilgrim*. Berlin: De Gruyter. 2012, pp. 40-43, 149-158, 161-163。I. Galambos and S. van Schaik. “The Valley of Dantig and the Myth of Exile and Return”, *Bulletin of the School of Oriental and African Studies*, vol. 78, no. 3, 2015, pp. 475-491.两位作者认为“Dantig”一名源自《太子须大拏经》（T171）中“檀特（山）”。

[57] 参见叶拉太《青海东部丹斗地区藏传佛教的实地考察——兼论藏传佛教下路弘传及其相关问题》，《中国边疆史地研究》2013年第3期，114—125页。

[58] 按：一般认为丹斗地区（今青海省海东市化隆县）属于安多，则《数珠论义》所言Khamasa似应理解为mdo-gams/do-gams（朵甘思）。参见R. A. Stein. “Un genre particulier d'exposés du tantrisme ancien tibétain et khotanais”, p. 271。

义》则言略出于*Avatāra-tantra*。两者均出于续部经典，具体所指不详，唯题名中均包含“avatāra”（降下）一词，似暗示二者均为天降密典[59]。《数珠论义》泛言归属金刚乘，而《数珠经教》明确归属大瑜伽（ma-ha-yo-ga/Skt.mahāyoga）。由此可见，两者在经典出处与部类归属细节上亦有参差。

《数珠经教》第三项“来源为何”与第五项“正确宣说各部（数珠）计数之法”，在《数珠论义》中未见于问答纲目，然在具体论义中则有相似内容。于阗文《数珠论义》中言：

3v4—4r2：jabvīdvīpa rrivye pa iḍārai hīdva kṣīrä samattai nąmä kṣīra ṣṭe u viriñaupūra śau bhahye ysā u ttyai bhahyi śīña hīyāraña ssa haṣṭa pātta(ra)jīvā naraumīdä u śākyamūna jasta ba'ysa hīvī mąrą pyärau ṣi'ka ṣṭe u ṣi bihyą u ūdūbąra spyai u kyesara sarą śākhyamūna jasta baiysa haña baiḍa hamya

于赡部洲南方之印度国土，有一Samattai国。在Viriñau城生长有一树，树上的一颗果子里结出108颗菩提子。此为释迦牟尼天佛之父母所有。此树、优昙波罗花、狮子（座）与释迦牟尼天佛一时俱在[60]。

《数珠论义》此节文字讲说菩提子数珠（pāttarajīvīnai ganaittrai）来源，相当于《数珠经教》第三项“来源为何”。两者所说数珠起源，共同之处在于均追溯至某种生长于印度之树，此树一果结108颗子，恰合数珠之数。唯《数珠经教》泛言数珠的来源，而《数珠论义》则专论菩提子数珠一类，两者所言树木之具体来源或种类不同。《数珠论义》将菩提子数珠的起源追溯至释迦牟尼之时，增添了数珠的神圣性。

《数珠经教》第五项“正确宣说各部（数珠）计数之法”，讲说金刚界五佛部与数珠的对应关系，此节文字亦见于《数珠论义》。依《数珠经教》所言，玉（shel）、lung thang、莲子（padma）[61]、金刚子（ru-rag-sha/Skt.rudrākṣa）、菩提子（bo-to-tse）等五种数珠，分别对应金刚部、宝部、莲华部、羯磨部与佛部。除所言“lung tang/thang”所指不明外，均与前引于阗文《数珠论义》所言相同。《数珠经教》与《数珠论义》两者所言金刚子一词：ru-rag-sha与lodrrākṣā'，可追溯至同一梵文词汇rudrākṣa。而五种数珠中最为关键之佛部菩提子，两者用词不同。《数珠论义》称之为“pāttarajīva”（Skt.putrajīva），源自梵文无疑，而《数珠经教》所言“bo-to-tse”当为汉文音译[62]。由此可见，于阗文《数珠经教》所传承的五种数珠名称与梵文传统渊源深厚，而藏文《数珠经教》则夹杂梵、汉两种文化元素的影响。

《数珠经教》第五项除言明五佛部与数珠的对应关系外，另一节文字似为宣说五部数珠念诵的福德（图5）：

---

[59] 敦煌藏文写本P.t.849第20行记载有一同名续部经典“a-ba-da-ra tan-tra”（Skt.*Avatāratantra*），参见J. Hackin. *Formulaire sanscrit-tibétain du Xe siècle*. Paris: Librairie Orientaliste Paul Geuthner. 1924, p. 7。R. A. Stein. “Un genre particulier d'exposés du tantrisme ancien tibétain et khotanais”, p. 266, note. 6.

[60] P. O. Skjærvø. *Khotanese Manuscripts from Chinese Turkestan in the British Library*, p. 296.

[61] 梵文“padma”意指莲花。此处考虑到与数珠材质的关系，故将其引申译为“莲子”。

[62] 按：今藏汉词典即收录有“bo-de-tse”一词。

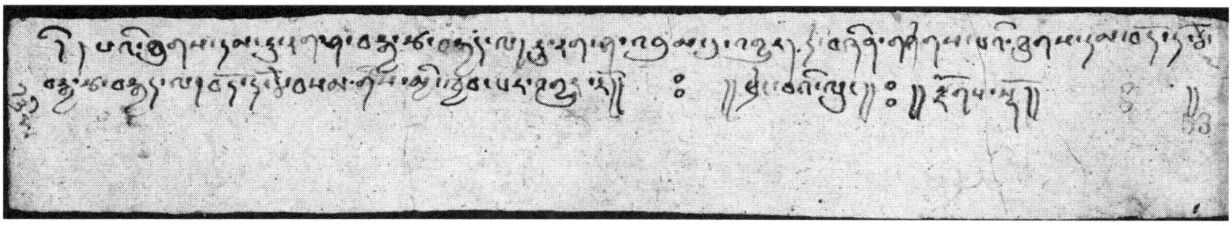

图5　IOL Tib J 688《数珠经教》第2叶正面

1v4—2r2：rdo rje sems dpa'i thugs dam shel brgya rtsa brgyad la shel brgyar 'gyur rin cen 'byung ldan gi thugs dam lung tang brgya rtsa brgyad la lung tang stong du 'gyur snang ba mtha' yas gi thugs dam pad-ma brgya rtsa brgyad la pad-ma khrir 'gyur don yod grub pa'i thugs dam ru-rag-sha brgya rtsa brgyad la ru-rag-sha 'bum du 'gyur de bzhin gshegs pa'i thugs dam bod-de-tse brgya rtsa brgyad la bod-de-tse bsam gis mi khyab par 'gyur ro

以金刚萨埵为本尊者：108玉变为100玉。以宝生为本尊者：108 lung thang变为一千lung thang。以阿弥陀为本尊者：108莲子变为一万莲子。以不空成就为本尊者：108金刚子变为十万金刚子。以如来为本尊者：108菩提子变为以心无法周遍者[63]。

除此节文字外，《数珠经教》所分纲目话题之前五项，均可从《数珠论义》中寻得相似内容。换言之，《数珠经教》的结构体系与阐述内容大体未出《数珠论义》之范畴。于阗文《数珠论义》与藏文《数珠经教》的纲目结构与叙述方式相似，可佐证二者之间有密切关联。而二者各纲目话题中所述文字内容均有差异，表明并非直接转译或传承关系。

学者比对藏经洞所出藏文写本字迹时，发现《数珠经教》写本（IOL Tib J 688）与IOL Tib J 318，338，340，341，343，（344），377，407，422，423，424，425等笔迹相同，出于一人之手，且旧编帙号相同（Ch.73.iii），当源出一帙，一体存放于藏经洞[64]。其中IOL Tib J 338，340，423，424，425等五件写本，均以藏文字母音写于阗语的方式标记叶码[65]，表明抄手具有于阗语背景，不排除为于阗人的可能。这一批写本结构与主题均具相似性[66]。结构上依纲目分类论说，内容上涉及金刚乘仪式者，如IOL Tib J 422，423，424，425等四件写本。四者内容均与息灾护摩（zhi ba'i sbyin sreg/Skt. śāntihoma）仪式相关，结构上细分为七个纲目主题，而IOL Tib J 422与423之间以及IOL Tib J 424与425之间内容高度重合，似源自同一文本[67]。又IOL Tib J 424（1—12叶）、IOL Tib J 425（13—20叶）、IOL Tib J 423（21—30叶）三者叶码次序前后相连，亦可

---

[63] 转写参见R. A. Stein. “Un genre particulier d'exposés du tantrisme ancien tibétain et khotanais”, p. 289。

[64] J. Dalton et al.. “Beyond Anonymity: Paleographic Analysis of the Dunhuang Manuscripts”, pp. 12, 17.按：IOL Tib J 344写本原件已佚失。

[65] M. Maggi. “Late Khotanese Numerals from 1 to 36 in Tibetan Transcription”, *Proceedings of the Second European Conference of Iranian Studies:held in Bamberg, 30th September to 4th October 1991*, by the Societas Iranologica Europaea, eds. B. G. Fragner et al., Roma: Istituto italiano per il Medio ed Estremo Oriente. 1995, pp. 425-433.

[66] J. Dalton et al.. “Beyond Anonymity: Paleographic Analysis of the Dunhuang Manuscripts”, pp. 13-15.

[67] J. Dalton and S. van Schaik. *Tibetan Tantric Manuscripts from Dunhuang: A Descriptive Catalogue of the Stein Collection at the British Library*, pp. 166-169.

佐证为同一书手连续抄写。

连续抄写结构、内容相似的文本，表明金刚乘仪式是抄手关注重点与兴趣所在，不排除抄手为金刚乘信仰者的可能。藏文《数珠经教》的抄写者可能为于阗人，一方面令《数珠经教》与《数珠论义》之间的关系更近一层，另一方面也让二者之间的源流关系变得更加扑朔迷离。于阗文与藏文两种文字书写同一主题文献，结构相似而内容不同，本身即暗示了文献的不同底本来源与传承体系。

于阗文《数珠论义》与藏文《数珠经教》所传承的经义有深厚渊源是无可置疑的。于阗文《数珠论义》中的人名与地名均体现出吐蕃元素的影响，是于阗与吐蕃文化交融互鉴的见证。于阗文《数珠论义》与藏文《数珠经教》均属改编类或自纂类文献，两者之间与其说是范式模仿，毋宁说均为于阗人学习数珠经义与修法仪式的产物，故而结构范式相似。两种数珠文献自称略出于续部经典，具体经典所指不详，二者的内容差异，似与经典出处不同有关。

四、汉译佛典与数珠说法

数珠是修行密法的道具，故各部所用数珠材质不同。于阗文《数珠论义》与藏文《数珠经教》均言说五种数珠种类及与金刚界五部的对应关系。汉译密教佛典中的数珠说法，正可与于阗文《数珠论义》以及藏文《数珠经教》互为参照，揭示三者所传数珠经义体系的关联。

自《佛说木槵子经》译出以来，直至唐宋时期关于数珠的汉译佛典方日益增多，这与造像中数珠元素的流行时段一致。兹表列主要经典如下[68]（表3）。

表3　唐宋时期与数珠相关的汉译佛典

译者与时代	经名与经号
唐・阿地瞿多	《陀罗尼集经・佛说作数珠法相品》（T901）
唐・宝思惟	《佛说校量数珠功德经》（T788）
唐・义净	《曼殊室利咒藏中校量数珠功德经》（T787）
唐・输波迦罗（善无畏）	《苏悉地羯罗经》（T893a/b/c）
唐・善无畏	《苏悉地羯罗供养法》（T894a/b）
唐・输波迦罗（善无畏）	《苏婆呼童子请问经》（T895a/b）
唐・不空	《金刚顶瑜伽念珠经》（T789）
唐・般若、牟尼室利	《守护国界主陀罗尼经・陀罗尼功德仪轨品》（T997）
唐・般若	《诸佛境界摄真实经・持念品》（T868）

---

[68] 参见施萍婷《斯2926〈佛说校量数珠功德经〉写卷研究》，《敦煌研究》1993年第4期，31—34页；此据同作者《敦煌石窟与文献研究》，杭州：浙江大学出版社，2015年，433—436页；李翎《数珠与菩提：佛教数珠的使用》，122—123页。

续表

译者与时代	经名与经号
宋·天息灾（法贤）	《大方广菩萨藏文殊师利根本仪轨经卷·数珠仪则品》（T1191）
宋·法天	《妙臂菩萨所问经·分别数珠持心离障分》（T896）
宋·法护	《佛说大悲空智金刚大教王仪轨经·持念品》（T892）

表3中十二部佛典均与数珠相关，且均为密教经典，涵盖持明密典、真言密典与金刚乘密典三个类别，可见数珠在不同密教发展阶段均为重要修行道具。敦煌汉文写本S.2926合抄《佛说无常三启经》《佛说校量数珠功德经》《佛说要行舍身经》，其中所抄宝思惟译《佛说校量数珠功德经》附译场列位，具有重要史料价值[69]。又P.2104写本背面抄一《金刚藏菩萨数珠真言》，而S.4243写本亦抄有一“念珠颂赞”[70]，均是数珠道具在敦煌流行的见证。

宝思惟、义净与不空三人所译佛典专论数珠，而宝思惟与义净所译经典为同本异译，其余佛典均仅经中一节文字论及数珠。各汉译佛典关于数珠的说法内容详略不一，数珠的材质及与部类的对应关系则是核心要素。兹引善无畏译《苏悉地羯罗供养法》、不空译《金刚顶瑜伽念珠经》与般若译《诸佛境界摄真实经》等三部经典，以明数珠类别：

以活儿子，于佛部为数珠。以莲华子，观音部为数珠。以噜捺啰叉子，金刚部为数珠[71]。（《苏悉地羯罗供养法》卷下）

佛部念诵菩提子；金刚部法金刚子；宝部念诵以诸宝；莲花部珠用莲子；羯磨部中为念珠，众珠间杂应贯串[72]。（《金刚顶瑜伽念珠经》）

复次挍量念珠。五部差别：若持佛部用菩提子，若持金刚部用金刚子，若持宝部用金银颇梨种种诸宝，若持莲花部用莲花子，若持迦噜摩部用种种间错杂色宝珠[73]。（《诸佛境界摄真实经》卷三）

善无畏译本属于真言密典，故数珠分类仅言佛部、观音部（莲华部）与金刚部等胎藏界三部。不空与般若译本属于金刚乘密典，故于三部之外别言宝部、羯磨部（迦噜摩部），以成金刚界五部。汉译经典所言念珠与部类对应关系，与于阗文、藏文数珠文献可堪对照（表4）。

表4　数珠种类与五部对应关系

	汉文	于阗文	藏文
佛部	菩提子/活儿子	菩提子（pāttarajīva）	菩提子（bo-to-tse）
金刚部	金刚子/噜捺啰叉子	玉（īra）	玉（shel）

⑹⑼ 施萍婷《敦煌石窟与文献研究》，436-450页；张焕玲、赵望秦《敦煌遗书斯二九二六〈佛说校量数珠功德经〉的史料学价值考述》，《唐史论丛》2020年第2辑，254—261页。

⑺⑽ 录文参见施萍婷《敦煌石窟与文献研究》，435—436页。

⑺⑴ CBETA, T18, no. 894b, p. 715a27-28。

⑺⑵ CBETA, T17, no. 789, p. 727c23-25。

⑺⑶ CBETA, T18, no. 868, p. 281c11-14。

续表

	汉文	于阗文	藏文
宝部	宝	宝（raṃna）	lung thang
莲华部	莲子	莲子（vaiysa）	莲子（padma）
羯磨部	杂色宝珠	金刚子（lodrrākṣā’）	金刚子（ru-rag-sha）

表4中所见汉文与于阗文、藏文所传数珠体系各有参差，尤其是金刚部与羯磨部等两部。一般而言，汉译佛典的底本或源头可追溯至印度，背后具有印度渊源。佛部类数珠于阗文作pāttarajīva（Skt.putrajīva/putraṃjīva），其字面意义为“予子命”，恰与汉译佛典称菩提子为“活儿子”对应[74]，印证了于阗文《数珠论义》中数珠种类名称背后的印度渊源。藏文bo-to-tse一名采用汉文“菩提子”之音译，应为受汉译佛典潜移默化的影响。

宝思惟译《佛说校量数珠功德经》与义净译《曼殊室利咒藏中校量数珠功德经》中记载了“活儿子”一名的缘起，兹引后者如下：

> 乃往过去有佛出世，在此树下成等正觉。时，一外道邪见坏心毁谤三宝，彼有一男，忽被非人之所打杀。外道念言：我今邪见，未审诸佛有何神力，如来今既在此树下成等正觉，若其实圣，树应有感。即将亡子卧菩提树下，作如是言：佛树若圣，我子应苏。以经七日诵念佛名，子乃重苏。外道欢喜，赞言：诸佛有大神力，我未曾见。佛成道树现此希奇，甚大威德，难可思议。时，诸外道闻此事已，舍邪归正，发菩提心，信佛神力不可思议。以此因缘，世人皆号为延命树。其菩提树遂有二名：一名菩提树，二名延命树[75]。

经文所言故事情节简略，概言之，从前有一外道因子为人打杀，遂将亡子带至菩提树下，七日念诵佛名，祈请亡子复苏。后其子得以复苏，以此因缘，菩提树又称延命树，菩提子故称活儿子。一般所谓菩提树属于桑科榕属（Ficus religiosa L.）植物，果实无法用以制作数珠。汉译佛典所言菩提子所指不详，而现代植物学中核果木科假黄杨属（Putranjiva）一名即源自putraṃjīva，其种子常用以制作珠串，二者或不无关联。

于阗文、藏文与汉文所言佛部、宝部与莲华部的数珠种类、材质无明显差别，唯金刚部与羯磨部两部数珠种类差异明显。于阗文与藏文数珠文献均言金刚部用玉（īra/shel），羯磨部用金刚子（lodrrākṣā’/ru-rag-sha），而汉译佛典则言金刚部用噜捺啰叉子（rudrākṣa），羯磨部用杂色宝珠。玉是于阗的重要物产，在汉文史籍中于阗国往往与玉石挂钩[76]。流经于阗城外之大河即因产玉，得称白玉河、绿玉河与乌玉河[77]。于阗文、藏文数珠文献均以玉为金刚部数珠，似与于阗的玉文化不无关联。“噜捺啰

[74] 按：输波迦罗（善无畏）译《苏婆呼童子请问经》（T895a/b）中亦言及活儿子、莲华子、阿嚧陀啰阿叉子等多种材质的数珠。

[75] 义净译《曼殊室利咒藏中校量数珠功德经》（CBETA, T17, no. 787, pp. 726c19-727a6）。另参宝思惟译《佛说校量数珠功德经》（CBETA, T17, no. 788, p. 727b13-23）。

[76] 参见荣新江、朱丽双《于阗与敦煌》，兰州：甘肃教育出版社，2013年，185—193页。

[77] 参见《新五代史》卷七四《四夷附录·于阗》，北京：中华书局点校修订本，2016年，1039页。

叉子”即金刚子，字面意义为“湿婆之眼”，一般认为即杜英科杜英属植物圆果杜英（Elaeocarpus ganitrus）的果实，是一种常用数珠材质。

汉译佛典中宝部以宝珠为数珠，羯磨部以杂色宝珠为数珠，两者之间的区分具有含混之处，表明羯磨部尚未衍生出独立的数珠种类。于阗文与藏文中新加入玉类数珠，而以金刚子为羯磨部数珠，数珠与金刚界五部之间的对应体系由此完备。数珠种类对应差异表明，于阗文与藏文所言数珠种类体系并非直接沿袭汉译密典所代表的印度传统，而是经过了本土化。

于阗文《数珠论义》并未言及数珠的具体数量，藏文《数珠经教》与汉译佛典则均强调一百零八数珠这一概念，皆以“一百八珠为最胜”[78]，彰显出二者的共同取向。于阗文《数珠论义》文末补注文字强调数珠念诵的意义，与藏文《数珠经教》文末所言“以如来为本尊者：108菩提子变为以心无法周遍者”旨趣相同。汉译佛典中亦强调五种数珠念诵的福德，如不空译《金刚顶瑜伽念珠经》言“水精真珠及诸宝，此等念珠百倍福，千倍功德帝释子，金刚子珠俱胝福，莲子念珠千俱胝，菩提子珠无数福”[79]。可见三者对于数珠的功用意义认识趋同。

数珠是与金刚乘仪式密切相关的道具，于阗文《数珠论义》是揭示于阗金刚乘佛教密法与仪式思想的重要线索。于阗文、藏文与汉文三种文字中均存有以数珠为说法主题的文献或经典，足见数珠道具在于阗佛教、吐蕃佛教与汉地佛教三者中所占重要地位。于阗文《数珠论义》与藏文《数珠经教》以及汉译佛典数珠文献之间的比较研究，进一步勾勒出《数珠论义》文献丰富的内容层次。于阗文《数珠论义》中可见藏文、梵文两种文化影响，而藏文《数珠经教》中亦可见梵文、汉文两种元素，两者均是多元思想交融的产物。

结　语

“Vajrrāyāna/Vajrrayāna”（金刚乘）一词屡见于唐末宋初之际（9世纪末至11世纪初）敦煌于阗文写本僧人书状、写经题记与梵文—于阗文双语对话，表明于阗佛教真正进入金刚乘阶段，共同揭示出于阗人金刚乘信仰之一隅。金刚乘佛典在于阗佛典分类与佛寺僧学中占据重要地位，僧人修习金刚乘与俗众信仰金刚乘相得益彰，展示出于阗金刚乘佛教的经典根基与信众基础，于阗国由此得称“金刚国度”。

和田与敦煌两地均未见真正的于阗文或梵文金刚乘翻译密典。藏经洞所出于阗文《数珠论义》属于改编类或自纂类文献，是管窥唐末宋初之际于阗佛教金刚乘思想特征之窗口。数珠作为密教修行法器道具，于阗文、藏文、汉文中均发展出阐发数珠经义的主题文献。于阗文《数珠论义》与藏文《数珠经教》结构相似而内容细节不同，揭示了两者具有共通范式而底本源流不同。两者的生成过程均与于阗人直接或间接相关，一方

---

[78] CBETA, T17, no. 789, p. 727c27。

[79] CBETA, T17, no. 789, p. 727c20-22。

面体现了于阗人的多语文化背景，另一方面揭示了藏文文献作为居留敦煌的于阗人学习金刚乘思想来源之可能。于阗文《数珠论义》中印度、吐蕃、于阗多元思想文化交融，所言数珠种类名称以及与金刚界五部对应关系，均经于阗本土化改编。

A Study on the Vajrayāna Faith and Thought in Khotanese Buddhism: Focusing on the Dunhuang Khotanese Manuscript *Treatise on the Doctrine of Rosary*

Yuan Yong

The term"Vajrrą̄yāna/Vajrrayą̄na"(Skt.Vajrayāna) is frequently found in the Khotanese manuscripts of Dunhuang from late Tang to early Song dynasties (late 9th to early 11th centuries), indicating that Khotanese Buddhism really entered the Vajrayāna stage, revealing the Vajrayāna beliefs of the Khotanese community. The Dunhuang Khotanese text *Treatise on the Doctrine of Rosary* belongs to the adapted or compiled literature, which is a window to glimpse the development characteristics of Vajrayāna thought in Khotanese Buddhism. In Khotanese, Tibetan and Chinese Buddhist literature, there are texts on the theme of expounding the doctrine of rosary. In the Khotanese text *Treatise on the Doctrine of Rosary*, Indian, Tibetan and Khotanese diverse ideological and cultural elements are integrative, all of which have been adapted by Khotanese.

敦煌吐鲁番文书舜孝故事的家庭伦理观探析*

林緦宇

舜孝故事是敦煌写本文献研究领域的重要主题，许多学者从不同角度探讨敦煌《舜子变》类写本的文本特点、故事结构、思想内涵及唐代敦煌社会风气。目前学界主要参考的文本系王重民将分别藏于英、法的敦煌写本残卷S.4654（存前题《舜子变》）与P.2721（存后题《舜子至孝变文》）拼成，收录于《敦煌变文集》，保存了故事的总体面貌。陈泳超指出目前已知敦煌舜孝故事写本残片凡七份：《舜子变》类残片包括S.4654、P.2721与俄藏敦煌文献Дx440V，《孝子传》舜孝故事残片包括S.389与P.2621、P.3536以及日本羽田纪念馆所藏、《敦煌秘笈·影片册一》所收编号“三九”的写卷。此外，宁夏固原曾出土北魏木棺漆画，榜题情节与敦煌舜孝故事相似[①]。20世纪初格伦威德尔（A. Grünwedel）在德国吐鲁番探险队第三次考察中发现的回鹘文舜孝故事残片，近年来也得到学者关注[②]。以上出土材料，构成了舜孝故事研究的重要基础。

近年来，学界对敦煌舜孝故事的起源、文本演变、人物塑造与情节发展作了许多探讨，并分析舜孝故事融入佛教元素的原因。学者主要从民俗学与民间文学角度分析故事本身，具体而言有三方面：第一，是从舜孝故事演变的角度，讨论《舜子变》文本的流变。第二，是对舜孝故事各人物形象与典故、意象内涵的探讨。第三，是对舜孝故事写本及著录、点校成果的梳理。学者对舜孝故事的研究成果丰硕，但也存在一定局限性：既有研究尚未能说明先秦舜孝故事产生的背景，未能完全厘清汉魏六朝舜孝故事与唐代敦煌《舜子变》写本的联系，未能将吐鲁番出土的舜孝故事写本充分纳入研究，亦未能全面说明舜孝故事与敦煌吐鲁番社会思想的联系。基于此，本文尝试梳理舜孝故事发展脉络，辨析《舜子变》文本性质与产生年代，说明敦煌吐鲁番舜孝故事文本背后的历史逻辑。

---

* 本文为国家社会科学基金中国历史研究院重大历史问题研究专项2022年度重大招标项目“中国礼制文化与国家治理研究”（项目批号：22VLS004）阶段性成果。

① 参见陈泳超《“舜子变型”故事在中日两地的流传变异》，《民俗典籍文字研究》第17辑，北京：商务印书馆，2016年，97—105、108页；宁夏固原北魏墓木棺漆画舜孝故事见固原县文物工作站《宁夏固原北魏墓清理简报》，《文物》1984年第6期，49—50页。

② 参见Kitsudō Kōichi, Imre Galambos, “The Story of Shunzi in Old Uyghur”, *Acta Orientalia Hung*, 2020(3), pp. 451-466。

一、敦煌吐鲁番舜孝故事的性质与年代

舜孝故事起源可追溯至战国，在《孟子》与《尚书·尧典》《舜典》中已见雏形。其后以《史记·五帝本纪》为形成标志，自西汉至唐代，舜孝故事见于《新序》《列女传》《越绝书》《尚书·大禹谟》等传世文献。敦煌吐鲁番出土的舜孝故事写本情节与《五帝本纪》有所不同，被视为新类型（表1）：

表1　《史记》与敦煌《舜子变》舜孝故事主要结构比较

来源 单元	《史记·五帝本纪》舜孝故事	敦煌《舜子变》舜孝故事
1	舜母去世，瞽叟娶后妻	舜母去世，瞽叟娶后妻
2	舜耕历山、渔雷泽、陶河滨	瞽叟往辽阳经商，三载乃归
	尧以二女妻舜，使九男与处	—
3	—	后母诬陷舜，使舜上树摘桃
	瞽叟谋杀舜，使舜涂廪	后母谋杀舜，使舜修仓
	瞽叟谋杀舜，使舜穿井	后母谋杀舜，使舜淘井
4	—	舜拜生母墓，逃耕历山
		瞽叟目盲，后母顽嚚，弟象痴癫
		舜糶于本州，与父母相认，合家团聚
5	尧任事于舜，使摄政	尧以二女妻舜，禅位于舜
	尧禅位于舜	
	舜往朝瞽叟，封象为诸侯	—

两类舜孝故事包含许多相似母题（motif），并可以根据结构框架分为几个情节单元。二者均以瞽叟娶后妻作为开头，并以家人“谋杀舜”及危机的化解为核心，以尧禅位于舜为结局。与《史记》舜孝故事着重体现儒家政治伦理不同，作为俗文学的敦煌《舜子变》更重视刻画家庭伦理，不仅通过“摘桃”“修仓”“淘井”三叠式结构强化了舜的孝子形象，更将舜耕历山等情节移至故事后半部分，表现了舜对原生家庭伤害的反抗精神。

值得注意的是，敦煌《舜子变》写本P.2721末尾有“天福十五年岁当己酉，朱明蕤宾之月，蓂生拾肆叶写毕记”字样。“天福”为后晋年号，前后使用仅九年。“天福十五年”对应后汉乾祐三年（950，庚戌），“岁当己酉”则对应乾祐二年，可知P.2721为五代写本。然则对于《舜子变》类写本与《孝子传》类舜孝故事残卷的联系，《孝子传》所收舜孝故事的形成年代及与《五帝本纪》舜孝故事的关系，有必要作一番梳理。

魏晋南北朝时期，学者编撰《孝子传》类文献的风气蔚为流行，尤以南朝为盛。《隋书·经籍志》著录有数种：包括南朝宋学者王韶之“《孝子传赞》三卷”、晋辅国将军萧广济撰“《孝子传》十五卷”、南朝宋员外郎郑缉之“《孝子传》十卷”、南朝宋学者师觉授“《孝子传》八卷”、宋躬“《孝子传》二十卷”、佚名“《孝子传略》二卷”、梁元帝“《孝德传》三十卷”、佚名“《孝友传》八卷”[③]。唐代僧人道世《法苑珠林》引刘向《孝子传》云：

> 舜父有目失（疾），始时微微。至后妻之言，舜有井穴之［厄］。舜父在家贫，邑市而居。舜父夜卧，梦见一凤凰，自名为鸡，口衔米以哺己。言鸡为子孙，视之如凤凰。黄帝《梦书》言之，此子孙当有贵者，舜占犹也。比年籴稻，穀中有钱，舜也。乃三日三夜仰天自告过因。至是听常与市者声，故二人。舜前舐之，目霍然开，见舜。感伤市人。大圣至孝，道所神明矣。[④]

材料中“凤凰衔米”与“舜父占梦”等情节不见于其他舜孝故事文本，有学者据唐宋史籍所见佚文，认为刘向首作《孝子传》；也有学者因刘向《孝子传》不见于目录书著录，对其真伪表示怀疑。

从故事结构而言，《法苑珠林》所引材料包含“籴稻”“舐目”等情节，与固原所出北魏木棺漆画榜题及敦煌吐鲁番舜孝故事写本相似。传世文献对瞽叟的记载最早见于《左传·昭公八年》所载史赵之语，云：“陈，颛顼之族也。……自幕至于瞽瞍，无违命。舜重之以明德，寘德于遂，遂世守之。”[⑤]春秋时期古史传说中瞽叟并非恶人，而随着舜孝故事发展，瞽瞍形象逐渐变得负面。“瞽”具有“盲目”“没有见识”等义：如《论语·季氏》载孔子云“未见颜色而言，谓之瞽”[⑥]；《韩诗外传》载晏子云“弃老取少谓之瞽”[⑦]。舜孝故事中“瞽叟”之称可能包含舜父有眼无珠、不能分辨善恶的隐喻。与《五帝本纪》不同，敦煌《舜子变》中瞽叟初时双目并未失明，而是因谋杀舜、迫使舜出逃历山，“从此后阿爷两目不见”[⑧]，具有明显的佛教果报思想色彩，是魏晋南北朝以来孝子故事的普遍特点。潘尧指出三国时期吴国僧人康僧会所撰《六度集经》中的“忍辱度因缘故事”或系由《五帝本纪》“谋杀舜”情节改编而来，使舜孝故事与佛教因素产生联系。而《舜子变》中的帝释天，反映了敦煌舜孝故事儒释结合的特点[⑨]。而所谓刘向《孝子传》舜孝故事也具有此特点，应系后人托名所作伪书材料。

---

③ 《隋书》卷三三《经籍二》，北京：中华书局，1973年，976页。

④ 《法苑珠林》引刘向《孝子传》文本脱字甚多。释文引自李道和《民俗文学与民俗文献研究》，成都：巴蜀书社，2008年，56页，标点略有修改。李道和引敦煌遗书占梦书“梦见凤凰，主招贤及□□□”“梦见鸡，必有后吉事，求皆得。梦见鸽衔粟，必生贵子”等语，认为“鸡、凤衔米哺父的梦兆，既与舜以谷养亲相合，又与躬耕时百鸟衔子抛田乃至一般民间故事中鸟衔谷种的母题相应。至于舐目复明则是盛传于古代孝子故事中常见的母题”。见作者著《民俗文学与民俗文献研究》，57页。

⑤ 《春秋左传正义》卷四四《昭公八年》，阮元校刻《十三经注疏》，北京：中华书局，1980年，2053页上、中。

⑥ 《论语注疏》卷一六《季氏第十六》，阮元校刻《十三经注疏》，2522页上。

⑦ 韩婴撰、许维遹校释《韩诗外传集释》卷九，北京：中华书局，2020年，319页。

⑧ 《舜子变》，王重民等编《敦煌变文集》卷二，北京：人民文学出版社，1957年，133页。

⑨ 参见潘尧《佛教文学视域下的舜故事流变考论》，《文学研究》2022年第2期，164—168页。

对于S.389与P.2621、P.3536三份敦煌舜孝故事残卷，主流上仍依传统观点或为研究方便起见，认为出自《孝子传》；王三庆、程毅中等学者则根据P.2621开头的“孝友”及卷末“事森”等字样，认为相关残片为敦煌类书《事森》之“孝友（篇）”的一部分[⑩]。还有学者尝试用文本比较方法，探讨敦煌舜孝故事残卷类型。如曲金良指出P.2721、S.389与P.3536均以散后附韵（传后附诗）的文体形式呈现（“变文”的常见形式），且P.2721与S.389、P.2621对故事的铺陈“如出一辙”[⑪]。陈泳超比较敦煌《孝子传》写本残片与日本新见两种约在六朝至两宋间的汉文古抄本《孝子传》（“阳明本”与“船桥本”）所载舜孝故事，认为P.2621与日本发现的两种汉文《孝子传》所载舜孝故事非常相似[⑫]。

综上来看，此前被认定出自《孝子传》的S.389及P.2621、P.3536写本，性质与《舜子变》类写本S.4654、P.2721相似。P.2621虽系类书《事森》引文，但由P.2621与“阳明本”“船桥本”《孝子传》所载舜孝故事文本的相似性，可以认为S.389及P.2621、P.3536与《孝子传》关系密切。至于P.2621结尾的“出《太史公本记》”等语并不意味着这段文字直接引自《史记·五帝本纪》，因为P.2621的舜孝故事内容结构与《五帝本纪》有显著区别。按时代先后，唐五代敦煌《舜子变》类文本很可能脱胎于六朝《孝子传》类文献中的舜孝故事，并且敦煌《孝子传》写本已具有变文特征。从故事体裁而言，“变”（或称“经变”）指变艰深晦涩为通俗易懂，是源自佛教经文俗讲的一种形式，图画称为“变相”，话本称为“变文”，其题材有宗教及世俗故事。敦煌《舜子变》是对史籍所载舜孝故事的改编与发展，同时也可见舜孝故事在中古社会主流叙事中的重要地位。

关于敦煌舜孝故事的流变，学界有许多成果可供参考。如刘惠萍认为敦煌《舜子变》与《孝子传》舜孝故事系出同源，二者文本与《五帝本纪》存在继承关系，传说的流传有民间口传与史传记载两个系统[⑬]。杨宏认为《舜子变》由《五帝本纪》改编而来，体现出唐代民间讲唱文学特点[⑭]。陈芷瑶指出《舜子变》中舜耕于历山时“猪耕鸟耘”的故事，系由《越绝书》及《论衡》继承发展而来，并成为此后舜孝故事的重要情节[⑮]。战国时期《孟子》以经学阐释解决理论难题，为舜孝故事产生奠定基础。西汉中期以《五帝本纪》为标志，舜孝故事形成较成熟的文本。西汉晚期至魏晋六朝舜孝故事快速演变，娥皇、女英始见于刘向《列女传》，并在舜孝故事中扮演重要角色；随着佛教沿丝绸之路从西域传入中国，舜孝故事融入佛教价值观念与情节元素，形成全新文本

---

⑩　参见王三庆《〈敦煌变文集〉中的〈孝子传〉新探》，敦煌学研究会编《敦煌学》第14辑，台北：新文丰出版公司，1989年，190—192页；程毅中《敦煌本“孝子传”与睒子故事》，《中国文化》1991年第2期，149页。

⑪　参见曲金良《敦煌写本〈孝子传〉及其相关问题》，《敦煌研究》1998年第2期，156—164页。

⑫　参见陈泳超《“舜子变型”故事在中日两地的流传变异》，109—110页。

⑬　参见刘惠萍《在书面与口头传统之间——以敦煌本〈舜子变〉的口承故事性为探讨对象》，《民俗研究》2005年第3期，56—58、70页。

⑭　参见杨宏《神话·历史·民间文学——从上古神话到敦煌变文〈舜子变〉看舜故事的嬗变》，《天水师范学院学报》2008年第3期，7—10页。

⑮　参见陈芷瑶《〈舜子变〉中“猪耕鸟耘”的源流演变》，《开封教育学院学报》2019年第11期，27—28页。

类型。六朝舜孝故事与敦煌写本残片所载已基本相似，相关文本在唐五代间经历通俗化、大众化与本地化过程，最终形成具有敦煌特色的《舜子变》。

然而向前追溯至春秋战国时期，许多史家及诸子文献认为舜并不符合作为圣王的道德准则，其事迹存在较大争议。据《孟子·万章上》记载，春秋时期儒家学者很可能也对舜持较负面的评价：

> 咸丘蒙问曰："语云'盛德之士，君不得而臣，父不得而子'。舜南面而立，尧帅诸侯北面而朝之，瞽瞍亦北面而朝之。舜见瞽瞍，其容有蹙。孔子曰：'于斯时也，天下殆哉，岌岌乎！'……"⑯

《尚书·尧典》《舜典》等颂扬舜的文献都产生于战国以后，亦从侧面说明舜孝故事形成年代上限为战国中晚期，春秋至战国年间是各种舜孝故事由口传向书写过渡的整合时期。《韩非子·忠孝》篇全方位批评舜的品行，认为舜不仁、不义、不明，可视为部分战国学者对舜的典型态度：

> 今舜以贤取君之国，而汤、武以义放弑其君，此皆以贤而危主者也。……瞽瞍为舜父而舜放之，象为舜弟而杀之。放父杀弟，不可谓仁；妻帝二女而取天下，不可谓义。仁义无有，不可谓明。……是舜出则臣其君，入则臣其父，妾其母，妻其主女也⑰。

因此自战国至汉代，儒家建构舜作为圣王和孝子的形象，主要任务是系统性回应各派学者对舜的非难和指责，并诠释文献中有争议的记载。相关议论主要见于《孟子·离娄上》《万章上》及赵岐注，反映了战国至汉代儒家对许多社会政治及家庭伦理问题的态度。以下试分别论述之，并基于敦煌写本分析舜孝故事诞生及演变过程中，价值观念与道德观念的变化。

二、舜孝故事产生的基础

战国至汉代儒家学者在美化与合理化舜事迹的过程中，并非完全否定文献对舜不利的记载。《淮南子·泰族训》云："夫观逐者于其反也，而观行者于其终也。故舜放弟，……犹之为仁也。"⑱汉代学者认为舜的行为虽存在瑕疵，但并不妨碍其仁德的名声，舜孝故事正是在此思想背景下形成的。

（一）舜即位的合法性

舜继承帝位是否具有合法性，"禅让"的真相究竟如何。《史记正义》引《竹书》云"昔尧德衰，为舜所囚也"，又云"舜囚尧，复偃塞丹朱，使不与父相见也"⑲。唐

---

⑯ 《孟子注疏》卷九上《万章章句上》，阮元校刻《十三经注疏》，2735页下。

⑰ 王先慎撰、钟哲点校《韩非子集解》卷二〇《忠孝第五十一》，北京：中华书局，1998年，467页。

⑱ 何宁《淮南子集释》卷二〇《泰族训》，北京：中华书局，1998年，1409页。

⑲ 《史记》卷一《五帝本纪第一》，北京：中华书局，2014年，37页。

代刘知几《史通》引“《汲冢琐语》云：‘舜放尧于平阳。’而书云某地有城，以‘囚尧’为号”[20]。战国时期魏国史官以舜囚尧而获得帝位，权力斗争激烈。而孟子认为尧舜禅代符合天命、众人心悦诚服。《孟子·万章上》：

万章曰：“尧以天下与舜，有诸？”孟子曰：“否。天子不能以天下与人。”“然则舜有天下也，孰与之？”曰：“天与之。”……曰：“……舜相尧二十有八载，非人之所能为也，天也。尧崩，三年之丧毕，舜避尧之子于南河之南。天下诸侯朝觐者，不之尧之子而之舜；讼狱者，不之尧之子而之舜；讴歌者，不讴歌尧之子而讴歌舜。故曰天也。夫然后之中国，践天子位焉。而居尧之宫，逼尧之子，是篡也，非天与也。……”[21]

孟子通过环环相扣的逻辑，论证舜即位的合法性：舜即位并非尧舜之间简单的权力交接，舜的帝位由上天授予；舜为相二十八年，无叛逆之心而君臣和谐，是天意的体现；帝尧去世，舜避尧之子以示谦让不争，而民心皆向舜。由此，孟子否认了文献中舜囚尧篡位的记载。

（二）舜不告而娶的正当性

舜娶妻不告父母，不合于礼，是否不孝？《楚辞·天问》云“尧不姚告，二女何亲”[22]。《吕氏春秋·仲冬纪》云“舜有不孝之行”，高诱注引“《诗》云：‘娶妻如之何？必告父母。’尧妻舜，舜遂不告而娶，故曰‘有不孝之行’也”[23]。孟子对此有详细辨析，《孟子·离娄上》云：“孟子曰：‘不孝有三，无后为大。舜不告而娶，为无后也，君子以为犹告也。’”[24]孟子认为舜娶妻而不告于父母，没有尽到后辈义务，但舜的做法没有问题。又据《孟子·万章上》记载：

万章问曰：“《诗》云：‘娶妻如之何？必告父母。’……舜之不告而娶，何也？”孟子曰：“告则不得娶。男女居室，人之大伦也。如告，则废人之大伦以怼父母，是以不告也。”万章曰：“舜之不告而娶，则吾既得闻命矣。帝之妻舜而不告，何也？”曰：“帝亦知告焉则不得妻也。”[25]

孟子认为：若舜将婚事禀告父母，父母必将反对，是则废人伦，而将使舜怨恨父母；尧将二女嫁予舜，若告知舜之父母，则事亦不成。舜娶尧二女为妻是好事，因此舜“不告而娶”即使不合礼，也可以理解，反映了先秦儒家对婚姻自由宽容的态度。赵岐在《离娄上》篇注释中诠释孟子之说认为：

于礼有不孝者三事，……不娶无子，绝先祖祀，三不孝也。三者之中，无后为大。舜惧无后，故不告而娶。君子知舜告焉不得而娶，娶而告父母，礼

---

[20] 刘知几撰、浦起龙释《史通通释》卷一三《外篇·疑古第三》，上海：上海古籍出版社，1978年，384页。
[21] 《孟子注疏》卷九下《万章章句上》，阮元校刻《十三经注疏》，2737页中。
[22] 王逸撰、黄灵庚点校《楚辞章句》卷三《天问章句第三》，上海：上海古籍出版社，2017年，77页。
[23] 许维遹撰、梁运华整理《吕氏春秋集释》卷一一《仲冬纪第十一》，北京：中华书局，2009年，251页。
[24] 《孟子注疏》卷七下《离娄章句上》，阮元校刻《十三经注疏》，2723页中。
[25] 《孟子注疏》卷九上《万章章句上》，阮元校刻《十三经注疏》，2734页中。

也；舜不以告，权也：故曰犹告，与告同也。[26]

赵岐将“无后”释为“没有子嗣后代”，脱离了孟子本意。但赵岐意在说明，舜不告而娶并非纯为个人利益，而是为延续子嗣。舜在“无后”与“不告而娶”之间权衡，最终选择了后者，是权变之法。

（三）舜是否流放其弟

舜在即天子位之后，对其弟象的处置是否合理？《韩非子·忠孝》篇称舜杀其弟，是较极端的说法。《韩诗外传》载狐卷子云“兄贤不过舜，而象放”[27]，《史记·五帝本纪》则云舜“封弟象为诸侯”[28]。战国以来文献或说舜封赏其弟，或说舜流放其弟，由此构成道德与法理的两难。据《孟子·万章上》载：

> 万章问曰：“象日以杀舜为事。立为天子则放之，何也？”孟子曰：“封之也，或曰放焉。”万章曰：“……象至不仁，封之有庳，有庳之人奚罪焉？仁人固如是乎？在他人则诛之，在弟则封之。”曰：“仁人之于弟也，不藏怒焉，不宿怨焉，亲爱之而已矣。亲之欲其贵也，爱之欲其富也。封之有庳，富贵之也。身为天子，弟为匹夫，可谓亲爱之乎？”[29]

万章不理解，象为恶人而舜予其封地，是否意味着舜以亲情高于法理，因亲疏之别对恶行采取不同态度，而对象封地（有庳）的人民不公平？但孟子认为，舜作为兄长希望弟弟富贵，是关爱之情的体现。于是万章又问：

> “敢问或曰放者何谓也？”曰：“象不得有为于其国，天子使吏治其国而纳其贡税焉，故谓之放，岂得暴彼民哉！虽然，欲常常而见之，故源源而来，不及贡，以政接于有庳。此之谓也。”[30]

孟子虽然认同舜对象的封赏，但指出象能力不足以治国，故而舜作为天子派官员治理有庳，剥夺了象的权力，实际上相当于流放。这表明儒家学者一方面强调血缘亲情，另一方面认识到法理与民心不可违背，因此只能采用折中调和解释。

（四）舜是否怨恨父母

舜对待父母，是否于德行有亏？法家及道家学者对舜持否定态度，认为舜未善待其父：如《鹖冠子》云“舜有不孝，尧有不慈”[31]，《庄子·盗跖》篇云“尧不慈，舜不孝”[32]。又如《慎子·知忠》云“父有良子，而舜放瞽叟”[33]；《韩诗外传》载狐卷

㉖ 《孟子注疏》卷七下《离娄章句上》，阮元校刻《十三经注疏》，2723页中。

㉗ 韩婴撰，许维遹校释《韩诗外传》卷八，289页。

㉘ 《史记》卷一《五帝本纪第一》，51页。

㉙ 《孟子注疏》卷九上《万章章句上》，阮元校刻《十三经注疏》，2735页上、中。

㉚ 《孟子注疏》卷九上《万章章句上》，阮元校刻《十三经注疏》，2735页中。

㉛ 黄怀信《鹖冠子汇校集注（附通检）》卷下《世兵第十二》，北京：中华书局，2004年，296页。

㉜ 刘文典撰，赵锋、诸伟奇点校《庄子补正》卷九下《盗跖第二十九》，合肥：安徽大学出版社、昆明：云南大学出版社，1999年，802页。

㉝ 魏征等编，吕效祖点校《群书治要》，厦门：鹭江出版社，2004年，598页。

子云“子贤不过舜，而瞽瞍拘”[34]。《淮南子·氾论训》云“舜有卑父之谤”，高诱注云“谓瞽叟降在庶人也”[35]；《楚辞·九辩》王逸注云“舜有卑父之谤，以其不立瞽瞍也”[36]。先秦秦汉学者或认为舜封赏其弟，却有意贬低乃至拘禁其父，表明舜怨恨父母，孝行并非出于本心。如《越绝书·吴内传》云：

舜有不孝之行，舜亲父假母，母常杀舜。舜去，耕历山。三年大熟，身自外养，父母皆饥。舜父顽，母嚚，兄狂，弟敖。舜求为变心易志。舜为瞽瞍子也，瞽瞍欲杀舜，未尝可得。呼而使之，未尝不在侧。此舜有不孝之行。[37]

主流说法一般认为《越绝书》作者为东汉袁康、吴平。王路宁从语言系统角度分析《越绝书》语料，认为其成书可能晚至魏晋南北朝[38]。可见舜不孝的观点，在上古时期具有一定影响力。

早在春秋时期，学者对舜孝的动机已有讨论。据《韩诗外传》记载，相传孔子曾向曾子论述舜逃奔历山的事迹，认为这是舜为了不使父亲陷于不义：

曾子有过，曾皙引杖击之。仆地，有间乃苏，起曰：“先生得无病乎？”……夫子曰：“汝不闻昔者舜为人子乎？小箠则待，大杖则逃。……今汝委身以待暴怒，拱立不去，汝非王者之民邪？杀王者之民，其罪何如？”[39]

又据《孟子·万章上》记载，万章对文献中“舜往于田，号泣于旻天”等语产生疑问，向孟子请教这是否意味着舜对父母有怨言。孟子引述曾子弟子公明高之语阐释舜的行为，可视为对“舜不孝”非难的系统性辩驳：

曰：“长息问于公明高曰：‘舜往于田，则吾既得闻命矣。号泣于旻天、于父母，则吾不知也。’公明高曰：‘是非尔所知也。’夫公明高以孝子之心为不若是恝。‘我竭力耕田，共为子职而已矣。父母之不我爱，于我何哉？’帝使其子九男二女，百官牛羊仓廪备，以事舜于畎亩之中。天下之士多就之者，帝将胥天下而迁之焉；为不顺于父母，如穷人无所归。……[40]

孟子认为舜耕于历山时的悲伤，并非不得父母之爱的“怨恨”，而是叹息未能顺于父母的“怨慕”之情。舜已尽到作为儿子的职责，不得父母宠爱并非舜的过错。但舜仍因未能顺父母之心而感到忧虑，是孝的表现。孟子还认为，只有舜这样的大孝之人，才能做到终生依恋、向往父母：

人悦之、好色、富、贵，无足以解忧者，惟顺于父母可以解忧。人少则慕父母，知好色则慕少艾，有妻子则慕妻子，仕则慕君，不得于君则热中。大

---

[34] 韩婴撰，许维遹校释《韩诗外传》卷八，289页。

[35] 何宁《淮南子集释》卷一三《氾论训》，965页。

[36] 王逸撰，黄灵庚点校《楚辞章句》卷八《九辩章句第八》，194页。

[37] 李步嘉校释《越绝书校释》卷三《越绝吴内传第四》，北京：中华书局，2013年，84页。

[38] 参见王路宁《从语言角度看〈越绝书〉成书年代》，《北京大学中国古文献研究中心集刊》2021年第2期，25—44页。

[39] 韩婴撰、许维遹校释《韩诗外传》卷八，285—286页。

[40] 《孟子注疏》卷九上《万章章句上》，阮元校刻《十三经注疏》，2733页下—2734页上。

孝，终身慕父母，五十而慕者，予于大舜见之矣。”[41]

孟子塑造了舜的孝子形象，并将人对父母、妻子及君王的爱慕相类比，反映了儒家政治思想中理想化的君臣关系。孟子以舜为最高标准的孝行楷模，同时意味着对普通民众而言“孝行”标准存在灵活变通的余地。

三、敦煌吐鲁番舜孝故事的思想内核

《孟子》阐释了“舜即位的合法性”“舜不告而娶的正当性”“舜是否流放其弟”“舜是否怨恨父母”四个重要问题，塑造并丰富了舜的孝子形象，并就相关道德与法理问题给出了战国儒家的解释方案，由此构成了舜孝故事的基础。据《孟子·离娄上》载孟子之语曰：

> 天下大悦而将归己，视天下悦而归己犹草芥也，惟舜为然。不得乎亲，不可以为人。不顺乎亲，不可以为子。舜尽事亲之道，而瞽瞍厎豫。瞽瞍厎豫，而天下化。瞽瞍厎豫，而天下之为父子者定。此之谓大孝。”[42]

孟子此言可视为对“舜往于田，号泣于旻天”的补充论述，舜因不能顺双亲之意，即使天下人心归向亦不感到开心。孟子认为舜对瞽叟的孝道，可作为天下父子的榜样，可见舜孝故事诞生之初就具有显著的道德导向与教化功能。

唐五代年间敦煌吐鲁番流行的《舜子变》作为一种讲唱文本，反映了当地基层社会生活面貌，以及百姓家庭生活的道德伦理观念，是多民族多元文化交融的鲜明案例。

其一，《舜子变》写本残卷反映了唐五代敦煌民间的商业活动状况。S.4654、P.2721频繁出现“辽阳”地名，其文云“苦嗽唤言舜子：‘辽阳城兵马下，今年大好经记（纪）。阿耶暂到辽阳，沿路兑些些宜利。遣我子勾当家事。’”[43]舜父前往辽阳经商，一去三年：

> 去时只道壹年，三载不归宅李（里），……老保（老［人］报）郎君：“昨从寮杨（辽阳）城来，今得阿耶书信。”……舜子叉手启阿娘：“阿耶暂到寮杨（辽阳），遣舜子勾当家事。……门前有个老人，昨从寮杨城来，今得阿耶书信，两拜助（祝）阿娘寒温，两拜助（祝）阿娘同喜。”[44]

晚唐五代归义军政权下的敦煌作为丝绸之路重要节点，是连接中亚及西域周边各国通往东北亚的货物集散地，大量使团与商队往来于敦煌、中原及西域各地[45]。广义上的丝绸之路，最东端延伸至辽西、辽东乃至朝鲜半岛、日本等地。《舜子变》中瞽叟前往辽阳从事商贸活动谋生，是此前舜孝故事未曾有的情节，反映了唐五代时期敦煌民间与东北

---

[41] 《孟子注疏》卷九上《万章章句上》，阮元校刻《十三经注疏》，2734页上。

[42] 《孟子注疏》卷七下《离娄章句上》，阮元校刻《十三经注疏》，2723页下。

[43] 《舜子变》，王重民等编《敦煌变文集》卷二，129页。“苦嗽”即舜父瞽叟。

[44] 《舜子变》，王重民等编《敦煌变文集》卷二，129—130页。

[45] 参见郑炳林《晚唐五代敦煌贸易市场的外来商品辑考》，《中华文史论丛》第63期，2001年，55—91页；郑炳林、徐晓丽《论晚唐五代敦煌贸易市场的国际化程度》，《中国经济史研究》2003年第2期，14—18页。

地区密切的贸易往来。

其二，《舜子变》写本残卷反映了唐五代敦煌妇女家庭状况。由S.4654、P.2721可知，女性作为妻子和母亲是家中女主人。瞽叟欲娶后妻时以“我舜子小（少）失却阿娘，家里无人主领”作为理由[46]，在娶得后妻之后，对后妻言听计从。瞽叟离家经商，虽然嘱托舜“勾当家事”，但家中实际上由舜的后母做主。同时，唐代敦煌妇女对情感与婚姻有一定自主权，在三番五次设计谋害舜失败之后，舜的后母反复以离婚相要挟，称“解事把我离书来，交我离你眼去”[47]，迫使瞽叟妥协。

《舜子变》花费大量笔墨塑造舜之后母形象，却几乎未提到舜之妻娥皇、女英，也使《舜子变》与此前舜孝故事重心截然不同。在六朝以前的舜孝故事中，娥皇、女英多次助舜脱困，是推动故事情节发展的重要角色；而敦煌《舜子变》则将各种神奇现象与神灵帝释相联系，具有浓重的佛教色彩。按《五帝本纪》所述，象是迫害舜的主谋，故事情节由舜与其父、其弟的多对冲突推进，并突出舜之二妻和睦亲戚的重要作用，反映出“孝”的多重内涵。在《舜子变》中，舜与后母的斗争成为故事主线，而象与娥皇、女英等角色则被刻意淡化，对家庭关系中“孝”的诠释有简单化倾向。至于舜“不告而娶”以及象为夺娥皇、女英而谋杀舜等情节，或许是因相关道德矛盾未能有完满解释，因而相关情节在后代舜孝故事中消失了。

其三，《五帝本纪》与《舜子变》对舜逃奔历山故事结局的安排，符合儒家对孝之原则与精神的期待。法家认为男子成年离家“别籍异财（居）”理所当然，如《史记·商君列传》云商鞅变法以“民有二男以上不分异者，倍其赋”，“令民父子兄弟同室内息者为禁”[48]，移风易俗并增加国家赋税收入。秦汉时期父母与成年已婚子女别籍异财是社会常态，而数世共财、聚族而居的大家庭则为人称许，如《后汉书·蔡邕传》云：“邕与叔父从弟同居，三世不分财，乡党高其义。”[49]《五帝本纪》记载舜婚后仍与父母亲戚同居，与儒家提倡的大家庭孝道观念吻合。亦无怪乎先秦秦汉学者对舜逃奔历山颇有非议，因为这属于典型的别籍异财。唐代以来，国家法律禁止此类行为，《唐律疏议》以“诸祖父母、父母在而子孙别籍、异财者，徒三年”[50]。但敦煌《舜子变》将舜耕于历山十年作为重要情节，或与当地发达的商业贸易、多元文化与民族杂居的社会环境密切相关[51]。尽管如此，《舜子变》最后回归到舜与父母及其弟大团圆的结局，体现了儒家思想在规范家庭孝道伦理中的重要影响。

其四，吐鲁番回鹘文舜孝故事写本残片为梳理《舜子变》在西域地区流变的历史

---

[46] 《舜子变》，王重民等编《敦煌变文集》卷二，129页。

[47] 《舜子变》，王重民等编《敦煌变文集》卷二，131—132页。

[48] 《史记》卷六八《商君列传第八》，2710、2712页。

[49] 《后汉书》卷六〇下《蔡邕列传第五十下》，北京：中华书局，1965年，1980页。

[50] 长孙无忌等著，袁文兴、袁超注译《唐律疏议注译》，兰州：甘肃人民出版社，2017年，353页。

[51] 如李钊认为唐以后“别籍异财”现象在四川仍普遍而突出，是“人口流动、规避丁役、民族杂居以及农业发展等多种因素共同作用的结果。……是唐代四川地区农业生产条件的优化，带来了农业的高度发展，从而使得以一夫一妻为核心组建的小家庭成为农业生产核心单位成为可能，并最终导致了家庭结构的分化”。见作者著《唐代四川农业发展与社会变迁研究》，北京：新华出版社，2021年，310—311页。

背景提供了新视角。根据橘堂晃一（Kitsudō Kōichi）和高奕睿（Imre Galambos）的研究，目前已知的三张残片（编号Ch/U 6515、Ch/U 6813与Ch/U 7594）虽不能直接缀合，但通过分析残片背面抄写的汉文佛经上下文，可以肯定属于同一篇手稿[52]。此写本年代、具体出土地不明。残片一面有回鹘文约25行，残损较多，仅略能识别出“瞽叟耳识舜子声音”“父子相认”“感动市人”及“（瞽叟）复明”“弟复能言”等情节，应与敦煌舜孝故事结尾相似，具有一定佛教色彩。残片另一面有汉文佛经15行，每行16—17字，为南北朝时传入中国的大乘佛教经典《大方广宝箧经》第二卷片段，现将文本整理如下[53]：

1 山。置之手……

2 一毛分许。文殊□□□□旬言：“若大众生大

3 人大力，彼所持钵□□波旬所能敬（擎）举。”是

4 时文殊师利童子即以□指持举地钵着波

5 □手，语波旬言：“汝为……

6 □尽力持钵在前……

7 □□天子侍从围绕，……

8 □其足。右绕已毕，语波……

9 持钵在他前行？”魔言……

10 者诤（争）。”天子语言：“波旬……

11 尔时波旬为文殊师……

12 愚□之力是为魔力，……

13 慢□□是为魔力，大……

14 见力是为魔力，空无……

15 颠倒力□□魔力，正……

经文描述了文殊菩萨、自在天子与魔波旬的对话，借魔波旬之口宣说佛法，阐述魔力与菩萨力的区别，说明了修行应摒弃和提倡的心理状态与应机施教多样的弘法接引方式，与敦煌吐鲁番地区佛教本土化、通俗化的趋势相呼应。

像吐鲁番回鹘文舜孝故事这样儒释融合的文献，一般认为是唐后期西迁（840）的西州回鹘人受吐鲁番汉文化影响的产物[54]。晚唐五代以来，丝绸之路连通敦煌与吐鲁番地区密切的贸易与文化往来。袁志伟认为“高昌回鹘对中原禅宗心性论思想的吸收、对弥勒净土信仰的推崇，以及共同具有的‘三教合一’思潮和佛教世俗化、简易化的发展趋向等”，促使回鹘以大乘佛教为桥梁接受认同中原文化[55]。森安孝夫（Moriyasu Takao）指出，公元10世纪西州回鹘王国与敦煌商业联系密切，这些往来于丝绸之路商

---

[52] 参见Kitsudō Kōichi, Imre Galambos, “The Story of Shunzi in Old Uyghur”, p. 456。

[53] 《大方广宝箧经》残片图像见Kitsudō Kōichi, Imre Galambos, “The Story of Shunzi in Old Uyghur”, p. 465。

[54] 参见牛汝极《丝绸之路上回鹘人的中华文化观》，《北方民族大学学报》2024年第5期，95—97页。

[55] 参见袁志伟《10—14世纪丝绸之路上的佛教思想与汉文化认同——以高昌回鹘佛教文献为中心的考察》，《西北大学学报》2023年第2期，117页。

道、出身回鹘的商人主要由粟特人和汉人构成[56]。吐鲁番舜孝故事残本应系由汉文写本翻译而来，不仅体现了当地少数民族与汉民族共同的文化价值认同，也反映了丝绸之路对文化传播与多元一体中华文化发展的促进作用。

四、余　论

在唐代早中期，朝野对僧尼是否应礼敬跪拜父母有十分激烈的分歧[57]。唐代中期以后，以开元二年（714）闰二月敕令为标志，从官方层面平息了争论：

> 如闻道士、女冠、僧、尼等，有不拜父母之礼，……今若为子而忘其生，傲亲而徇于末，日背礼而强名于教，伤于教则不可行；行教而不废于礼，合于礼则无不遂，二亲之与二教，复何异焉。自今已后，道士、女冠、僧、尼等，并令拜父母。丧纪变除，亦依月数。……[58]

佛教从不排斥孝道，中古时期译介的佛经有许多反映孝道思想的论述。如《四十二章经》云“凡人事天地鬼神，不如孝其亲矣，二亲最神也”[59]；《观无量寿经》将“孝养父母，奉事师长，慈心不杀，修十善业”作为“净业三福”之一[60]；《梵网经》云“孝顺父母、师僧、三宝。孝顺，至道之法，孝名为戒，亦名制止”[61]。但佛教推崇孝亲不拘泥于世俗礼节，在现世供养外更重视“报恩”与度化解脱，曾被部分儒家学者视为不合于礼的行为。

长期以来，佛教通过经典理论调和与实践折中通融等努力以适应儒家文化：西晋以降有许多以宣扬孝道为核心的佛经，如本土僧人所撰《佛说孝子经》《佛说父母恩重经》，以及译自印度本生故事的《佛说孝顺子修行成佛经》等[62]。敦煌《舜子变》有舜为生母乐登夫人持孝三年、向后母行跪拜礼及在书堂读《论语》《孝经》《毛诗》《礼记》等情节，都可以视为唐中晚期以来佛教中国化的缩影和注脚。

总而言之，唐五代时期敦煌吐鲁番的舜孝故事写本，是自先秦以来不断发展整合形成的、较成熟的民间俗文学故事，具有鲜明时代色彩与地域色彩。《舜子变》情节生动丰富、思想内核简单直接，对普通民众具有一定教谕意义。在梳理《孝子传》与敦煌舜孝故事基础上，结合学界对《五帝本纪》舜孝故事的研究，可推测先秦至唐五代时期舜孝故事演变的大致脉络如图1所示。

---

[56] 森安孝夫著，李圣杰、白玉冬译《丝绸之路的回鹘商人——粟特商人和斡脱商人之间》，《国学学刊》2023年第2期，125—127页。

[57] 参见释彦悰纂录、刘林魁校注《集沙门不应拜俗等事校注》，上海：上海古籍出版社，2023年，287—299页。

[58] 苏颋《令僧尼道士女冠拜父母敕》，宋敏求编《唐大诏令集》卷一一三，北京：商务印书馆，1959年，588页，标点为笔者所加。

[59] 迦叶摩腾、竺法兰译《四十二章经》，《大正藏》第一七册，722页。

[60] 畺良耶舍译《佛说观无量寿佛经》，《大正藏》第一二册，341页。

[61] 鸠摩罗什译《梵网经》，《大正藏》第二四册，1004页。

[62] 方广锠认为敦煌写本《佛说孝顺子修行成佛经》（现藏中国国家图书馆，编号北敦04264）并非伪经，而是“印度佛教秘教初期据印度的民间故事改写的佛本生故事，属于翻译典籍”。见作者著《关于〈佛说孝顺子修行成佛经〉的若干新资料》，《藏外佛教文献》第12辑，北京：中国人民大学出版社，2008年，421页。

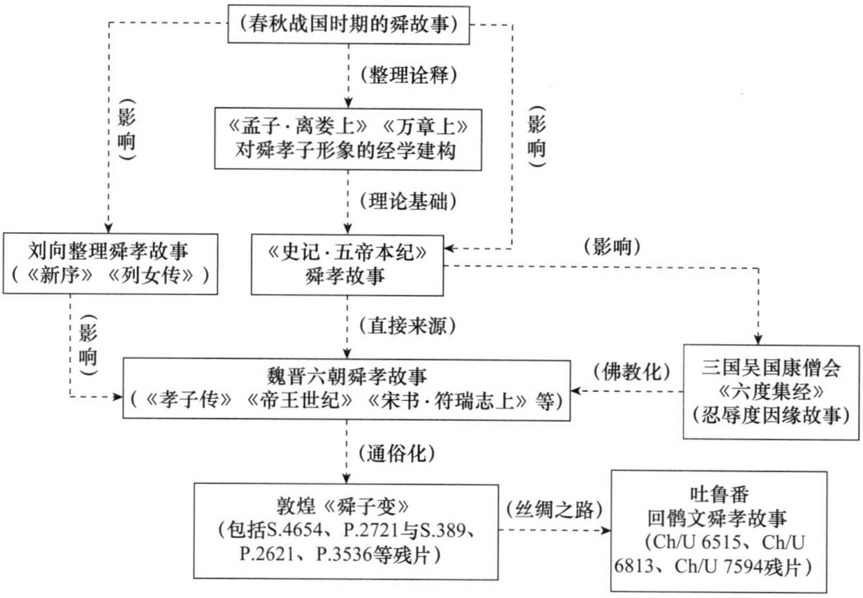

图1 先秦至唐五代舜孝故事演变脉络

综上辨析与考察，可以得出如下主要结论：首先，唐五代敦煌舜孝故事为典型的变文体裁，与魏晋六朝《孝子传》文献中的舜孝故事联系密切，具有儒释结合的思想特点。其次，舜孝故事产生于战国，蕴含着孟子等儒家学者提倡的在家庭、社会与国家层面以“孝”为核心的伦理道德秩序。最后，敦煌舜孝故事在汉魏六朝文本基础上丰富发展而来，并经丝绸之路向吐鲁番传播，反映了中原与西域文化的互动。敦煌吐鲁番舜孝故事的流变轨迹，展现了当地各民族在开放、包容环境下不断交往、交流、交融，形成对中华文化深层次认同的生动案例。

Analysis of Family Ethical Values in Shun’s Filial Piety Stories from Dunhuang and Turpan Manuscripts

Lin Xieyu

In traditional Confucian classics narratives, Shun was often regarded as an exemplary paragon of filial piety. However, during the Warring States Period, both Legalist and Taoist scholars raised many questions about whether Shun’s behavior conformed to moral standards. The persona of Shun as a filial son was systematically constructed by Confucian scholars from the Warring States period to the Han Dynasty, representing the concepts of family ethics advocated by Confucianism. With the development of the sinicization of Buddhism, the Dunhuang manuscripts *Bianwen of Shun: the filial son* was likely composed during the mid-to-late Tang Dynasty. These manuscripts integrated Buddhist concepts of karma and reflected the local customs and social life conditions of Dunhuang. These stories of Shun's filial piety from Dunhuang spread to Turpan along the Silk Road and were translated into Old Uyghur. The stories promoted the cultural exchange and integration between the Central Plains and the Western Regions.

《鞑靼记述》研究编

徐晨翔

本文的研究对象，是方济各会修士C·德布里迪亚（C. de Bridia）在1247年用拉丁语撰写的《鞑靼记述》（Hystoria Tartarorum，直译为“鞑靼人的历史”，英译为The Tartar Relation），记录了1245—1247年间出使蒙古的普兰诺·加宾尼（Johannes de Plano Carpini）使团关于蒙古人与蒙古帝国等相关情况。这些内容由C·德布里迪亚根据使团成员，尤其是修士波兰人本尼迪克特（Benedictus Polonus）返回欧洲后所做的口头叙述撰写而成，用以向其上级方济各会修士博古斯劳（Boguslaus）汇报。

本文与《〈鞑靼记述〉译注编》均源于笔者2024年北京大学硕士学位论文《〈鞑靼记述〉研究》的修订本，包含对这一国内学界还不熟悉的有关蒙古帝国的13世纪拉丁语文献的文献学考察及对来源自Önnerfors校勘本的拉丁语原文的全文译注。由于篇幅限制，《〈鞑靼记述〉译注编》计划于下一辑刊出。

一、序　　言

1.《鞑靼记述》的形成过程

蒙古第二次西征（1235—1242）随着窝阔台的离世宣告结束，教宗英诺森四世（Innocent Ⅳ）开始派遣使节，试图与蒙古人取得联系并希望获得有关蒙古人与蒙古军队的情报。英诺森四世在1245年派出了三支分别由方济各会和道明会成员组成的使团，前往哈剌和林与位于高加索地区的拜住营地，方济各会的普兰诺·加宾尼使团就是其中的一支，且承担了出使蒙古拜见大汗的任务。

普兰诺·加宾尼是方济各会的创建者之一，也是阿西西的圣方济各亲密的挚友，长期负责管理波西米亚、波兰、匈牙利等地的方济各会事务。由于他长期在东欧任职，相较于当时的西欧人更加了解东方的情况与知识，又有着较高的宗教地位与操守，以及热忱的宗教感情，因此被教宗选中带领使团前往哈剌和林。

加宾尼使团的主要成员除普兰诺·加宾尼之外，还应当包括波兰人本尼迪克特（Benedictus Polonus）和波希米亚人塞斯劳斯（Ceslaus Bohemus）[①]，均为东欧人。这

① 加宾尼使团的主要成员应当的确为三个人，除去在加宾尼《蒙古史》中已经明确提到的普兰诺·加宾尼与波兰人本尼迪克特之外，《修士波兰人本尼迪克特的叙述》提到“还有一位本修会的兄弟”，参见（转下页）

些人选的确定应该与普兰诺·加宾尼长期分管东欧地区的方济各会的经历有关，而且他们熟悉波西米亚、波兰、匈牙利以及罗斯地区的地理与语言，这些知识和能力在加宾尼使团的出使过程中是有着重要作用的。

加宾尼使团在1245年4月16日复活节离开了教宗当时的驻地里昂（Lyon），获得了波西米亚国王瓦茨拉夫一世（Václav Ⅰ）；克拉科夫大公、桑多梅日公爵、小波兰公爵波列斯劳五世（Bolesław Ⅴ Wstydliwy）；马佐维亚公爵康拉德一世（Konrad Ⅰ）和弗拉基米尔-沃里尼亚公爵瓦西勒可一世（Vasylko Romanovych）等基督教统治者的帮助②，于1246年抵达基辅（Kiev），一路上随行的波兰人本尼迪克特一直在充当加宾尼使团的翻译，本尼迪克特拥有卓越的语言才能，这一点在《鞑靼记述》中也有充分的体现。随后使团在1246年2月3日离开基辅，于23日到达蒙古的统治地界，借助蒙古人的驿站系统，很快于4月4日抵达了拔都在伏尔加河三角洲的驻地萨莱城。在将教宗的信件翻译完成以及觐见了拔都之后，使团于4月8日启程离开萨莱，在7月22日，到达贵由的营帐，在8月24日旁观了忽里勒台大会和参加了贵由的登基仪式。使团将教宗的来信呈给贵由并被贵由召见，11月13日，使团收到了盖有印玺的贵由的回信并启程返回。1247年5月9日，他们再一次到达拔都的驻地，并于6月初抵达基辅，使团的成员在基辅被热烈欢迎，当地的罗斯统治者也为他们举行了盛大的宴会，并派遣使者与使团一同返回西欧觐见教宗，后他们又经过了波兰、波西米亚等地。

加宾尼的《蒙古史》关于使团行程的记述到此戛然而止③，本尼迪克特在《修士波兰人本尼迪克特的叙述》中补充了一些他们后续的旅途，“修士们继续西行，在渡过莱茵河之后，回到里昂的教宗陛下身边”④。丹尼斯·塞诺（Denis Sinor）引用伯希和的观点，认为加宾尼使团1247年10月3日应该在科隆（Cologne），于11月初返回里昂，并

（接上页）Christopher Dawson, ed. and trans., *The Mongol Mission*, New York: Sheed and Ward, 1955, p. 79。在下文《鞑靼记述》的原文中，C·德布里迪亚写道：“尤其是鞑靼人那里的约翰修士，以及他的同伴波兰人本尼迪克特和波西米亚人塞斯劳斯。”这里的记述应当是正确的。不过Wadding在*Scriptores Ordinis Minorum*中也提供了3个人的名字：“Johannes de Plano Carpini……cum Benedicto Polono, & Stephano Bohemo an. 1244.”Wadding虽然并未解释其史料来源，但应该不会是空穴来风，参见Luke Wadding, *Scriptores Ordinis Minorum*, Rome, 1650, p. 221。所有的材料都印证了加宾尼使团的主要成员是3个人，只是在第3个人是塞斯劳斯还是史蒂芬上有不同，最可能的猜测是《鞑靼记述》中的塞斯劳斯和Wadding列出的史蒂芬应为同一人，而且他们同为波西米亚人这一点似乎也在进一步反映这一观点。Painter认为塞斯劳斯应为史蒂芬之外加宾尼使团的又一波西米亚人，好像并无太多说服力，参见Painter, 1965, pp. 35-36，注释5。

② 由于当时波兰、加利西亚-沃里尼亚、罗斯等地处于中央权力衰落，各领主自行其是的时期，波兰已经实质上被分成了5个大的公国和若干小公国，罗斯的情况则更为混乱，因此不同领主的头衔和领地经常变更，缠绕不清，历来的加宾尼《蒙古史》的注释者们都很难厘清他们的头衔，有很多错漏的地方。这里参考Norman Davies, *God's playground : a history of Poland*, Vol.1, The origins to 1795, Oxford: Clarendon Press, 1981; Maurice Michael, ed. & trans. & abridge, *The Annals of Jan Długosz-Annales seu cronicae incliti regni Poloniae*, with a commentary by Paul Smith, Chichester: IM Publications, 1997和Márta Font, “Coloman, the King of Galicia: The Problems of Coronation,” *Specimina Nova Pars Prima Sectio Mediaevalis* X, 2019等著作，梳理了一下他们的头衔的领地状况。

③ Dawson, 1955, pp. 50-72.

④ Dawson, 1955, p. 83.

且塞诺通过对加宾尼《蒙古史》卢森堡手稿（Luxemburg，Bibliothèque，MS. No. 110）的研究，指出加宾尼使团在6月17日左右离开基辅之后，于10月3日抵达科隆之前，中间应该经过了匈牙利，并向匈牙利国王贝拉四世（Béla Ⅳ）汇报了有关蒙古的消息⑤。

在加宾尼使团返回欧洲的途中，《蒙古史》初稿就已经完成，正如加宾尼在修订后的《蒙古史》中写道："我们在波兰、波西米亚、德意志、列日和香槟时遇到的一些人希望能看到以上的这些记述，因此，在我们还未将报告写完之前，他们就把它抄录了下来，甚至在报告还很简略时，因为那时的我们还没有安静的时间来彻底完成它。"⑥《鞑靼记述》应该就是在这种情形下产生的。从内容上来看，《鞑靼记述》同加宾尼的《蒙古史》之间存在着十分密切的关系，两者有着大量相似的内容。因此可以判断，《鞑靼记述》的信息就是直接来源自加宾尼使团，作者C·德布里迪亚应该是在加宾尼使团来到当地之后，看到了加宾尼《蒙古史》的初稿或者节略的版本，加之听取了加宾尼使团的口头述说，完成了这部作品。这在《鞑靼记述》中也有直接的体现，C·德布里迪亚在开头部分就提及了使节团三位成员的名字，声明他是根据这三位成员的见闻，记录了自己对鞑靼人的理解。

关于C·德布里迪亚，至今没有发现他在其他史料中的任何痕迹，同样是从《鞑靼记述》的开头部分可以了解到，C·德布里迪亚应该是当时分管波兰与波西米亚方济各会事务的博古斯劳的下属。C·德布里迪亚称博古斯劳为"波希米亚和波兰的小兄弟会会长（minister）"，而自称为"小兄弟中的最卑微者"，C·德布里迪亚的写作也是奉命行事，"由于服从于您父亲般的权威与地位"⑦，Painter推测C·德布里迪亚应该是博古斯劳的一位助手或秘书，是波兰和波西米亚方济各会的一名修士，这种推测是比较合理的⑧。而且，博古斯劳的身份是可以被证实的，修士博古斯劳为方济各会波西米亚与波兰教区的第五任教区长，于1247年上任，1251年卸任，由修士埃吉迪乌斯（Aegidius）接任。他在任期间，为波兰地区方济各会的发展做出了很多贡献，提升了波兰在该教区的地位，在称呼上也将波兰列在波西米亚之前。他于1299年8月19日去世，被埋葬在克拉科夫的方济各会修道院。有关他的事迹和在任期间的奇迹，被收集和保存在Kazimierz Biernacki的Speculum Minorum中⑨。有关C. de Bridia，他的姓名也值得关注。C.很明显是作者名字的缩写，由于没有其他史料的支撑，无法做到还原作者的全名，de Bridia是作者的姓氏，Bridia代表着一处地名，但是在中世纪的欧洲找不到叫作Bridia的地方，Painter认为Bridia有可能是Brega或者Briga，即西里西亚的Brieg⑩，Szczesniak则认为Bridia应该是指西里西亚的Brzeg，因为Brzeg在同时代的文献中，一般

---

⑤ Denis Sinor, "John of Plano Carpini's Return from the Mongols: New Light from a Luxemburg Manuscript", *The Journal of the Royal Asiatic Society of Great Britain and Ireland*, No. 3/4, 1957, pp. 204-206.

⑥ Dawson, 1955, pp. 71-72.

⑦ 参见《鞑靼记述》拉丁语原文第一节。

⑧ Painter, 1965, p. 40.

⑨ Kazimierz Biernacki, *Speculum Minorum*, Typis Universitatis, Cracoviæ [Kraków], 1688, pp. 223-224.

⑩ Painter, 1965, p. 40.

会被记作Briga、Breda或Breg[11]。

尽管《鞑靼记述》的信息直接来源自加宾尼使团，甚至有一部分是来自加宾尼本人，比如C·德布里迪亚应该读过加宾尼《蒙古史》的一部分，但是《鞑靼记述》并不是对加宾尼《蒙古史》的再加工，加宾尼本人也似乎并非《鞑靼记述》的主要信息提供者。如果比较《鞑靼记述》和加宾尼《蒙古史》，可以发现，两者的措辞几乎完全不同，语言风格也完全不同，相较于加宾尼《蒙古史》的语句典雅，C·德布里迪亚的拉丁语修辞水平就要低劣很多，在用词上双方也罕见一致；其次，两者的叙事结构也几乎完全不同，即使叙述的事件基本上都是相同的，顺序往往也是颠倒的，就算按照时间为叙事逻辑，相同的事件在《鞑靼记述》和加宾尼《蒙古史》中出现的先后次序经常也不同。再次，在叙事细节上，《鞑靼记述》通常是不如加宾尼《蒙古史》详细丰富的，在叙事上比较简略，但是在某些加宾尼《蒙古史》一带而过的话题上，《鞑靼记述》却又记载得十分详尽，提供了很多加宾尼并没有记载的信息，有些甚至是加宾尼根本没有能力去获取到的信息，《鞑靼记述》的信息提供者经常展现出与加宾尼截然不同的兴趣取向。最后，在信息准确度上，对于不同类型的信息，两者的准确程度也不同，如果是地名或人名的列举，双方的讹误也总是不同，可以相互参照比较，相互补充。

Painter判断认为《鞑靼记述》的主要信息提供者应该是加宾尼使团的本尼迪克特，这大致是没有问题的[12]。《鞑靼记述》中多次直接提到本尼迪克特，比如“曾经有一个鞑靼人告诉修士本尼迪克特，他的父亲就在那时被狗所杀”[13]。而文中除了开头部分之外，包括加宾尼在内的使节团其他成员的名字就再也没有出现过。并且前文提到本尼迪克特在使团中，语言能力比较突出，一直在充当使团的翻译，而《鞑靼记述》非常鲜明的特点之一就是《鞑靼记述》的信息提供者对于语言非常敏感，而且有着浓厚的兴趣，但凡是涉及蒙古、突厥语言文字的信息，《鞑靼记述》都要比加宾尼《蒙古史》准确许多。值得注意的是，相比于加宾尼一般需要罗斯人或亚美尼亚人等基督徒的转述，《鞑靼记述》的信息源头距离蒙古人或突厥人等“鞑靼人”应当更加接近。

可以设想的是，在加宾尼使团中，应当不止出现了一部对于蒙古情况的报告，至少有一份拉丁语版本的，用以向教宗汇报工作以及向罗马教廷呈现有关蒙古帝国与蒙古军队的情况；还有至少一份俗语版本的，用以口头向世俗贵族传递有关蒙古的消息，这种俗语首先可能是东欧语言，因为当时的东欧，包括波兰、匈牙利、波西米亚等都已经或者即将面临蒙古的威胁，急需要对蒙古有更进一步的了解，丹尼斯·塞诺在史实意义上向读者展现了这一点[14]。加宾尼使团在回程之后，在东欧逗留了3—4个月，有充足的时间向当地的贵族和教会讲述自己在蒙古的见闻，这种用俗语讲述的工作，意大利人加宾

⑪ B. B. Szczesniak, “Notes and Remarks on the Newly Discovered Tartar Relation and the Vinland Map”, *Journal of the American Oriental Society* 86, 1966, p. 374.

⑫ Painter, 1965, p. 42.

⑬ 参见《鞑靼记述》拉丁语原文第十八节。

⑭ 参见Denis Sinor, “John of Plano Carpini’s Return from the Mongols: New Light from a Luxemburg Manuscript”, *The Journal of the Royal Asiatic Society of Great Britain and Ireland*, No. 3/4, 1957, pp. 193-206.

尼自然是无法承担的，这项工作肯定会主要落在加宾尼的那两位东欧同伴的身上，尤其是语言能力超群的波兰人本尼迪克特。或许在一次波兰或波西米亚的集会上，本尼迪克特以及使团其他成员正在用波兰语或捷克语讲述使团所了解到的蒙古信息，C・德布里迪亚被本地方济各会会长博古斯劳派去记录，记录下来之后，参考着之前所看到的加宾尼《蒙古史》的未完成版本或节略本，将本尼迪克特等人用俗语所做的口头报告改写成了一份用拉丁语所做的书面报告呈交给了博古斯劳，《鞑靼记述》这一文本就此产生。

2.《鞑靼记述》的发现过程

该文献的发现过程甚是曲折，《鞑靼记述》在撰写完成之后的很长一段时间，都并不为人所知。1957年，美国一书商维腾（L. Witten）购得一部附有一幅地图的中世纪羊皮纸手稿，里面包含了争议良久的"文兰地图"（The Vinland Map）（图版1），和本文所希望研究的题为Hystoria Tartarorum的抄本（图版2）。

这部新发现的手稿，用一张对折的犊皮纸（Vellum）包裹着，犊皮纸的内页绘制着文兰地图，外页第一页的右上方，题有"Delineatio 1e ps.（partis），2e ps.（partis），3e prs.（partis）speculi"（对Speculum第一、二、三部分的图解），《鞑靼记述》的抄本共有16页，其中最后5页是空白，抄本的材质为羊皮纸与普通纸的混合[15]。这部手稿现藏于耶鲁大学，手稿编号分别为Vinland Map （Beinecke MS 350）与Historia Tartarorum（Beinecke MS 350A.1）。后来耶鲁大学图书馆又购得一部在中世纪欧洲流传甚广的百科全书的15世纪的手抄本残卷，即道明会（Dominican Order）修士博韦的文森特（Vincent of Beauvais）所著的《史鉴》（Speculum Historiale），之前加宾尼的《蒙古史》（Ystoria Mongalorum）与西蒙・圣宽庭（Simon de Saint Quentin）的《鞑靼史》（Historia Tartarorum）均是从这部著作中析出的。由文兰地图外页的题记、两部手稿蛀虫孔的位置判断，耶鲁大学收藏的这两部手稿原来是装订在一起的，而且是按照《文兰地图》《史鉴》《鞑靼记述》的先后次序进行装订的[16]。

值得一提的是，博韦的文森特在编写《史鉴》的时候，并没有将C. 德布里迪亚的《鞑靼记述》纳入其中。由于《史鉴》在中世纪的欧洲极为流行，因此大量《史鉴》的抄本得以保存。不似加宾尼的《蒙古史》与西蒙・圣宽庭的《鞑靼史》几乎出现在了所有《史鉴》的抄本当中[17]，在1339年卢塞恩（Lucerne）抄本被发现以前[18]，唯独只有耶鲁大学的《史鉴》抄本残卷包含了《鞑靼记述》，Painter推测应该是耶鲁藏《史

⑮ George D. Painter, R. A. Skelton and E. Thomas Marston, *The Vinland Map and the Tartar Relation*, New Haven & London: Yale University Press, 1965, p. 24.
抄本见耶鲁大学图书馆公开网络资源
Vinland Map (Beinecke MS 350): https://collections.library.yale.edu/catalog/32496925
Historia Tartarorum (Beinecke MS 350A.1): https://collections.library.yale.edu/catalog/2005357

⑯ 龚缨晏《〈文兰地图〉的真伪之争》，《世界历史》2006年第1期，113页。

⑰ 有关在不同《史鉴》版本中，对加宾尼的《蒙古史》和西蒙・圣宽庭的《鞑靼史》所做的文献学考察，参见Gregory G. Guzman, "The Encyclopedist Vincent of Beauvais and His Mongol Extracts from John of Plano Carpini and Simon of Saint-Quentin", *Speculum*, Vol. 49, No. 2, 1974, pp. 287-307。

⑱ 参见下文。

鉴》抄本的抄写者或书籍的装订者恰巧也熟悉C. 德布里迪亚的《鞑靼记述》，并注意到了这一文献与《史鉴》中的加宾尼的《蒙古史》的相关性，于是在个人兴趣的驱使下将其加入到这一《史鉴》抄本里并附在《蒙古史》后面⑲。《史鉴》被文森特分为了32册，耶鲁藏《史鉴》手稿残卷只包含第21—24册，一共有239页，分为15叠（Quire），每叠16页，在手稿的最后，也有一句拉丁语结语："Explicit tertia pars speculi hist."（Speculum 的第三部分在此结束了）由此可以看出，耶鲁藏《史鉴》手稿每叠的页数与《鞑靼记述》也能对应，最后的拉丁语结语与文兰地图背后的拉丁语题记形成了呼应关系。如果再进一步考察纸张的材质，每一叠的纸张构成与《鞑靼记述》也都是一致的，Painter甚至认为，耶鲁藏《史鉴》手稿与《鞑靼记述》的纸张是纸商用同样的模具生产的同一批纸⑳，这里更加证明了《鞑靼记述》是在后期的流传过程中被从耶鲁藏《史鉴》手稿中分离出去的，而且通过Donahue团队对该手稿羊皮纸所做的^{14}C测年可以得出结论，这一手稿的形成时间应为1434 ± 11年㉑。

如果从文本内容上进行分析，这份手稿仍然存在着不小的问题。首先就是《鞑靼记述》与《史鉴》第21—24册的内容没有任何的相关性，最合适的排列方式应该是将其放在第32册的最后。其次，如果认为耶鲁藏《史鉴》手稿是第三部分，那么前两部分将包含20余册，与第三部分仅有4册的内容量太不成比例。Painter尝试对这两个问题做出自己的解释，但解释似乎有些太过牵强㉒。加上文兰地图如果是真的，那将证明维京人（Vikings）在哥伦布（Christopher Columbus）之前就已经发现了美洲并在美洲建立了定居点。因此这份手稿引起了欧美学术界的极大兴趣与关注，绝大多数学者虽然怀疑文兰地图有可能为伪作，一般都接受《鞑靼记述》作为反映蒙古帝国与加宾尼使团出使情况的历史资料的权威性。但也存在有质疑的声音，比如Francis Maddison在1974年发表的文章就在质疑与文兰地图同时出现的《鞑靼记述》的真实性，Maddison怀疑这一文献极有可能出自现代人的伪造㉓。Nikolaj Nikolaevič Poppe通过对《鞑靼记述》中的蒙古语词的研究，认为在《鞑靼记述》中出现的蒙古语词汇的拼写形式不会早于17世纪，从而质疑这一文献的真实性㉔。然而即使是同样怀疑《鞑靼记述》为伪作的Maddison也称，考虑到中古蒙古语材料的缺乏、拼写体系的不同、非蒙古语族群的口头转述与传播，以及手稿抄写者等问题，Poppe的证据与结论可能并不像他本人认为的那样强有力㉕。Uhrin Dorottya在2013年对《鞑靼记述》中的蒙古语部族名的研究中指出，《鞑靼记

---

⑲ Painter, 1965, pp. 23-24.

⑳ Painter, 1965, p. 24.

㉑ D. Donahue, J. Olin, and G. Harbottle, "Determination of the radiocarbon age of the parchment of the Vinland Map", *Radiocarbon*, 44(1), 2002, pp. 45-52.

㉒ Painter, 1965, pp. 24-27.

㉓ Francis Maddison, "A Sceptical View of the Tartar Relation", *The Geographical Journal*, Vol. 140, No. 2, 1974, pp. 187-191.

㉔ 参见Nikolaj Nikolaevič Poppe, "On some Mongolian words in the 'Tartar Relation'", in, Suomalais-Ugrilaisen Seuran Aikakauskirja, *Journal de la Société Finno-Ougrienne*, 68:3, 1967。

㉕ Maddison, 1974, pp. 190-191.

述》中的蒙古语词应当确实是13世纪的，在这里呈现出的蒙古语词的拼写形式可以为研究13世纪的蒙古语发音提供一些线索，而且Dorottya在分析《鞑靼记述》第21节中提到的“Nochoyterim”时判断，这里的Terim是Terigün的误写形式，应该是抄写者在抄写的过程中漏掉了“g”，并且错误地将最后两个字母“ün”误抄成了“im”，这是在中世纪的欧洲很常见的抄写错误㉖。耶鲁大学在2021年发布文章称，耶鲁大学的一个研究团队使用了极为先进的技术对文兰地图的墨水进行了物质分析，显示文兰地图应为创作于20世纪20年代之后的赝品，但同时也进一步从纸张与墨水的角度证明了耶鲁藏《史鉴》手稿与《鞑靼记述》的真实性与这两份手稿之间的内在关系。耶鲁大学的研究团队认为文兰地图是在真实的中世纪手稿上的再创作，文兰地图背面的拉丁语题记也被修改过，“Delineatio 1e ps.（partis）”是用现代墨水添加上去的字样，目的是更加使人相信文兰地图属于手稿的一部分㉗。

接下来的关键一步还当属Gregory G. Guzman于近些年发现了另一个更早地包含了《鞑靼记述》的《史鉴》抄本，即1339年卢塞恩（Lucerne）抄本（手稿编号为Lucerne Latin Ms P Msc 13.2°）。该抄本发现于瑞士卢塞恩的一座建于1194年的属于西多会（Cistercians Order）的圣乌尔班（St. Urban）修道院，这个抄本是圣乌尔班修道院于1420年从另一个西多会帕里斯（Pairis）修道院那里获得的，作为债务的抵押品。抄写者为Hugo de Tennach，受雇于巴塞尔（Basel）大教堂的学者Peter of Bebelnhein，他之前也曾当过科尔马（Colmar）的圣马丁（St. Martin）修道院的院长，Hugo de Tennach使用纯哥特字体（Gothe script）工整地将《史鉴》全部抄写在羊皮纸上。卢塞恩抄本相比于耶鲁藏《史鉴》抄本更加完整，只有第二部分在1513年毁于一场火灾，其余部分被完整地保留了下来。且除第三部分外，都标记有完成时间以及抄写者与拥有者的相关情况，文献流传的脉络更加清楚，有一点值得注意，即在第三部分的结尾，出现了与耶鲁抄本一模一样的拉丁语结语，“Explicit tertia pars speculi hist”。

在卢塞恩抄本中，《鞑靼记述》被安放在了第32册结尾的位置，占据了整部抄本最后13页的空间，《史鉴》的第30—32册均是有关蒙古的记述，加宾尼的《蒙古史》与西蒙·圣宽庭的《鞑靼史》就在其中。通过题记与字迹可以判断，卢塞恩抄本的《鞑靼记述》与《史鉴》出自同一名抄写者之手，但是抄写者也试图通过一些符号与特殊的排版方式提示读者，《鞑靼记述》并非《史鉴》的一部分。通过对比卢塞恩和耶鲁抄本，之前提到的耶鲁抄本的《史鉴》与《鞑靼记述》在文本内容上的不合理之处，Guzman给出了相较于Painter更加令人信服的解释㉘。然而仅仅拥有这两份手稿，人们仍然无法构建起两份手稿之间的传抄关系，耶鲁藏《史鉴》抄本有可能抄自卢塞恩抄本，但更有可能的是两份抄本都来自另一份还未被发现的抄本。遗憾的是，Guzman并未完成他承诺的将对两份抄本的文字内容进行比较的科研工作，瑞士的卢塞恩抄本也没有被数字化，

㉖ Uhrin Dorottya，“Mongolian Tribal Names in the Historia Tartarorum”, *Acta Mongolica*, vol. 14, 2013, pp. 70-74.

㉗ 参见耶鲁大学2021年9月网络报道，https://news.yale.edu/2021/09/01/analysis-unlocks-secret-vinland-map-its-fake

㉘ Gregory G. Guzman, “The Vinland Map Controversy and the Discovery of a Second Version of The Tartar Relation: The Authenticity of the 1339 Text”, *Terrae Incognitae*, 38:1, 2006, pp. 21-25.

笔者在完成硕士论文期间难以利用该抄本进行研究。但是卢塞恩抄本的被发现还是在物质和文献学层面极大地增进了《鞑靼记述》作为一份切实的历史资料以及它所包含的史料价值的可信度。

3.《鞑靼记述》的史料价值与研究价值

（1）作为与加宾尼的《蒙古史》平行的文本，《鞑靼记述》可以帮助研究者更新之前对于加宾尼的《蒙古史》的一些认识与解读。因为可以确认的是，《鞑靼记述》与加宾尼的《蒙古史》所讲述的事情基本上是一致的，但是由于本尼迪克特及使团其他成员或C·德布里迪亚与加宾尼在兴趣取向上以及各方面能力上的不同，不同的事情，两者叙述的详略程度也是不尽相同的。在一些加宾尼一笔带过的事情上，《鞑靼记述》往往会进行比较细致的描述，尤其是涉及蒙古与突厥语言、蒙古人的历史与传说、东方诸民族，通过《鞑靼记述》，人们可以弥补在解读加宾尼的《蒙古史》的时候，由于加宾尼语焉不详，而只能依靠猜想与经验判断而产生的阙失。由于这里的各项内容较为零散细碎，就不于此一一列举，具体可见下文对于《鞑靼记述》原文的注释。同时，由于《鞑靼记述》中有一部分内容直接来源于加宾尼《蒙古史》，比如对于蒙古王公宗室人员关系的记述，以及后半部分对于蒙古人的各种习俗的记述。《鞑靼记述》中的这些内容对于加宾尼《蒙古史》而言，还有着校勘学上的意义，比如在研究加宾尼《蒙古史》第五章第21节的将领列表时，在“昔班”处，有些版本则写做“合丹”，韩百诗指出，在加宾尼《蒙古史》的不同版本中，有三种在这里似乎是指合丹，其他的是指昔班，加宾尼有可能是在他们两者的名字之间发生了混淆，其混淆也可能是由于这两个名字的尾音相同；另外，合丹和昔班都曾参加了远征匈牙利的战争。加宾尼可能是同时列举了这两个名字，因为有些手稿中保留了Cadan的写法，而其他手稿中则作 Syban㉙。《鞑靼记述》在这里同时列举了“昔班”和“合丹”，可以佐证加宾尼应该是同时列举了这两个名字这一观点，是后人在传抄过程中出现了混淆，由于二者尾音相同，有的删去了昔班，绝大多数则删去了合丹。还有一些，具体也可参见下文原文的注释。

加宾尼的《蒙古史》和C·德布里迪亚的《鞑靼记述》的不同之处，主要有以下三点：一是在记述顺序和章节排布上的不同，这应该与加宾尼和本尼迪克特亦或者使团的其他成员在记忆上的偏差与C·德布里迪亚的记述习惯有关，以及与他们的消息来源有关（参见第三点）；二是在某一部分记述详略上的不同，这应该与此两种文献在叙述目的上的不同有关，比如加宾尼的《蒙古史》是使团向罗马教廷呈交的正式报告，加宾尼使团的出使很明显附带着打探蒙古军事情报的目的，因此加宾尼着重叙述了蒙古人的军队和战争情况，并根据自己的知识和经验提供了一套详实的应对策略。而《鞑靼记述》主要是依据本尼迪克特或使团其他成员的口头汇报而形成的，这种口头报告应该是相当随意的，而且没有特定的汇报目的，因此也许本尼迪克特等人并没有花很大的篇幅来讲述他们对蒙古人在军事方面的了解，也可能是由于本尼迪克特等人或C·德布里迪亚并

㉙ 〔法〕贝凯、韩百诗译注，耿昇译《柏朗嘉宾蒙古行纪》，北京：中华书局，1985年，139页，注86。

没有很高的军事素养，以及在军事上并不感兴趣。所以这方面的不同应该也与他们的兴趣偏向相关；三是在记述同一件历史事迹和传说时，细节上的不同，这应该与加宾尼和本尼迪克特等人在信息来源上的不同直接相关，也与他们在记述时对所听取信息的忠实程度有关。

加宾尼的《蒙古史》和《鞑靼记述》在信息来源上应该是有些许不同的，加宾尼作为罗马教廷派往蒙古的正式使节，地位较高，能够接触到的消息来源是蒙古帝国的官方以及蒙古、突厥和罗斯等地的贵族官员，这在加宾尼《蒙古史》中的很多地方都能得到印证，“我们在皇帝的宫廷中被罗斯的教士和其他人告知，这些人已经在鞑靼人身边生活了许久”[30]，而本尼迪克特等人只是作为使团的随行人员，应当很难接触到蒙古帝国的高层，也并不代表罗马教廷与蒙古官方交往。《鞑靼记述》的消息来源应当有一部分也是来自在蒙古人身边生活许久的欧洲基督徒，还有一部分或许是本尼迪克特凭借着优秀的语言能力从蒙古人或突厥人那里直接获得的（除《鞑靼记述》外并无其他材料可以证明本尼迪克特拥有与蒙古人或突厥人直接对话的能力）。本尼迪克特等人时常提及自己的消息来源是鞑靼人，但并不描述向他们提供信息的鞑靼人的身份，即便这些“鞑靼人”是真的，然而从这些人的言语中也似乎可以判断，他们基本上都是普通的蒙古、突厥人，甚至可能很大一部分是来自信仰基督教的蒙古、突厥部族的聂斯脱里派教徒（参见笔者2024年北京大学硕士学位论文对“成吉思汗传奇”的研究，《鞑靼记述》中的消息有一部分是来源自聂斯脱里派基督徒，这一点应该是确凿的），而且通过分析加宾尼和C·德布里迪亚的记述细节，本尼迪克特等人较为忠实于消息提供者的讲述，而加宾尼则习惯于根据自己的知识和宗教背景在细节处对原始信息进行一定程度的加工与修改（亦参见下文及笔者硕士学位论文）。

（2）《鞑靼记述》呈现了一个相较于加宾尼《蒙古史》更加丰富且更加系统的“成吉思汗传奇”（Genghis Romance）的叙事文本。因为这个叙事文本里面充斥着与成吉思汗，尤其是与成吉思汗的征战史有关的传说故事，这些故事基本上是非历史的，尽管加宾尼使团的修士们有可能认为它们是真实的历史，而且由于这些故事中的很大一部分是可以明确追溯到起源自希腊世界的“亚历山大传奇”，因此称这里的叙事为“成吉思汗传奇”。《鞑靼记述》中的“成吉思汗传奇”具有着十分重要的史料价值，具体表现为：

《鞑靼记述》中的“成吉思汗传奇”有可能是本尼迪克特等人，尤其是本尼迪克特在蒙古人或突厥人那里收集到的，《鞑靼记述》中有不少提示性的语句都在表明这一点，更为直接的证据是，《鞑靼记述》在讲述这些传说时，一般都会首先就出现在传说中的部族的名称进行一番语言上的分析，比如在提到也同样出现在加宾尼《蒙古史》中的“狗国”时，“在沙漠里跋涉了一个多月，他们到达了在鞑靼语中被称作‘Nochoy Kadzar’的狗国，鞑靼语中的‘Nochoy’在拉丁语中被说成‘canis’（狗），

㉚ 参见Dawson, 1955, p. 23。

‘Kadzar’被说成‘terra’（土地、国家）”[31]。C·德布里迪亚在这里对语言的解释是完全正确的，不仅是这里，C·德布里迪亚在记述“成吉思汗传奇”的整个过程中，对于蒙古语和突厥语的解释都全部是正确的。由于《鞑靼记述》中的“成吉思汗传奇”中的很多故事情节同样也出现在加宾尼《蒙古史》中，但是加宾尼获得此类信息主要依靠罗斯人以及一路上的其他欧洲基督徒的转述，在《鞑靼记述》被发现之前，很难判断这些故事究竟是蒙古人的，还是这些基督徒根据自己的认识与理解，结合着欧洲的宗教与文化背景制造出来的，抑或是对蒙古人的故事进行了一定程度的加工。虽然C·德布里迪亚宣称修士们的信息直接来源自“鞑靼人”，这一点可能无法被完全相信，但是由于《鞑靼记述》在记述“成吉思汗传奇”时所记载的这一系列蒙古、突厥语词汇，应当可以判断，《鞑靼记述》中的“成吉思汗传奇”是有蒙古或突厥源头的，而且相较于加宾尼《蒙古史》，C·德布里迪亚记述的“成吉思汗传奇”更加接近于它的原始面貌，所以《鞑靼记述》可以佐证加宾尼《蒙古史》中所述说的传奇故事很大程度上是在当时流行于蒙古草原某些部族（尤其是信奉聂斯脱里派基督教的部族）的口头传说，也可以通过对比《鞑靼记述》和《蒙古史》对这些蒙古传说的记述，判断哪些内容是蒙古人述说的，哪些情节是欧洲人后加上的，尽量还原传说的原貌。

很早就有学者发现，汉文史料《黑鞑事略》中的“其残虐诸国”这一个条目[32]，与加宾尼《蒙古史》第七章第九节中列举的那一张被蒙古征服之部族的榜单有相似之处，尤其是其中的“斛速益律干”“那海益律干”对应的应是《蒙古史》中的Sumongol和狗国。这种判断现在看来是没有问题的，但是如果对比《黑鞑事略》的这一条与C·德布里迪亚在《鞑靼记述》第34节列出的被征服部族的名单，以及C·德布里迪亚在前文讲述的“成吉思汗传奇”，可以发现更加强烈的相似性，无论是名单内容和排列顺序的选择[33]，还是在对传说部族的叙述上，甚至包括在对“斛速益律干”“那海益律干”的蒙古语音译和解释上，都呈现出一种一致性。由于《黑鞑事略》和《鞑靼记述》在文献学上并无关系，徐霆、彭大雅在出使时间和出使路线上和加宾尼使团都并无交集，但是他们却听到了类似的关于成吉思汗征战史的非史实的讲述，可以说明，《鞑靼记述》中的“成吉思汗传奇”，或者“成吉思汗传奇”中的一些故事，在成吉思汗死后的窝阔台、贵由时代，在分散在蒙古草原不同位置的一些部族中以口头流传的形式广为传播，成吉思汗真正的征服历史在他去世后，可能并非大蒙古国历史叙事的主流，这有可能与“脱卜赤颜”秘不示人的历史记述传统有关。

（3）《鞑靼记述》中的“成吉思汗传奇”细节更加丰富，也更容易分辨这些故事的来源，经笔者的研究[34]，《鞑靼记述》中所呈现的“成吉思汗传奇”的传说部分，主要可以追溯至四个来源：一是起源于希腊，在中世纪的欧亚世界，甚至在非洲都广为流行的“亚历山大传奇”（也称亚历山大罗曼史），二是起源自中世纪欧洲以“圣多马”

㉛ 参见《鞑靼记述》拉丁语原文第18节。

㉜ 许全胜《黑鞑事略校注》，兰州：兰州大学出版社，2014年，194—195页。

㉝ 参见《鞑靼记述》拉丁语原文第34节。

㉞ 参见笔者2024年北京大学硕士学位论文。

和“约翰长老”为核心的东方想象，三是以《圣经·旧约》为载体的犹太传说，四是起源于北亚森林部族的口头传说。

有关“亚历山大传奇”在蒙古、突厥地区的传播，Boyle很早就做过相关的研究㉟，蒙古文写本的“亚历山大传奇”也早就已经被发现，宝花也对此做过专题研究㊱。但是这里出现的起源自“亚历山大传奇”的“成吉思汗传奇”故事情节均未出现在蒙古文《索勒哈尔奈故事》的写本残片上，尽管可能由于《索勒哈尔奈故事》的写本并不完整，但是《鞑靼记述》中的“成吉思汗传奇”全文只有一处提到“亚历山大”，以及与亚历山大相关的其他衍生称呼，说明相比较于《索勒哈尔奈故事》，无论是讲述“成吉思汗传奇”的蒙古人或突厥人还是听取这些故事的传教士，都似乎把这一传奇当做了成吉思汗真正的征战历史。这些故事并不被当时的一些蒙古人认为是外来的和异域的，也没有被当作仅限于传说中的英雄故事，而已经被内化为了他们口头历史叙述的一部分，所叙述的还是刚刚过去不久的成吉思汗的事迹。

关于基督教在成吉思汗以前蒙古草原上的传播，是一个在学界众所周知的论题，但是基督教究竟给草原带去了些什么，由于相关文字史料的匮乏，一直未被学者广泛关注。Boyle认为“亚历山大传奇”的东传与基督教在草原上的传播有关，这是有一定道理的，尽管“亚历山大传奇”的传播路径很复杂，草原上的“亚历山大传奇”也有可能是经阿拉伯、波斯商人从海上传播至汉地，再由汉地传播至蒙古，也有可能是经由中亚的伊斯兰化的突厥人传播到蒙古的，难以断定。然而《鞑靼记述》中的“成吉思汗传奇”为学界研究这一问题提供了一种新的视角，比如C·德布里迪亚在记述来源于“亚历山大传奇”的经典情节“被封闭在高加索山里的歌革和玛各的部族”的同时，讲述了一个来自《旧约》的犹太人的故事，表明高加索山中的歌革和玛各的部族是犹太人的后裔㊲。而信息来源明确是罗斯等地基督徒的加宾尼却完全没有提到这一点，即便在《鞑靼记述》中被引用的这一则《旧约》的故事以一种简化的方式也出现在了加宾尼《蒙古史》中，但加宾尼以及后来的《蒙古史》注释者们也完全没有意识到这则故事来源于《旧约》㊳。两相对比可以猜测，此处的情节应该并非来自修士们对听闻到的蒙古、突厥传说的宗教化改编，不然按照当时欧洲人的写作传统和加宾尼本人的写作习惯，会直接引用《圣经》中的原文或者标明故事来源于《旧约》，这一则故事更有可能来源自蒙古草原上信仰基督教聂斯脱里教派的部族，加宾尼所听闻的故事则经历了几道转述，一些情节已经变得有些模糊了。如果这一判断是准确的，说明《圣经》或者《圣经》中的一些文段和故事已经随着基督教的传播到达了蒙古草原，同时抵达蒙古草原的还有一些

㉟ 参见J. A. Boyle, “The Alexander Legend in Central Asia”, *Folklore*, 85, 1974, pp. 217-228; “Alexander and the Turks”, in W. Heissig and others, ed., *Tractata Altaica Denis Sinor Sexegenario optime de rebus Altaicis merito dedicata,* Wiesbaden, 1976, 107 - 17 (107-8); “Alexander and the Mongols”, *Central Asiatic Journal* 24, 1980, pp. 123-136。

㊱ 宝花《蒙古文〈索勒哈尔奈故事〉的文化背景研究》，北京：线装书局，2020年。

㊲ 参见《鞑靼记述》拉丁语原文第15节。

㊳ 参见加宾尼《蒙古史》的第五章第十五节及各种注释。

“亚历山大传奇”中的故事情节和中世纪欧洲人的东方想象。比如《史集》中呈现的蒙古人融化山壁的族源传说很大概率就是来源于“亚历山大传奇”[39]，而且在这里蒙古人很显然将自己定位成了被亚历山大困在铁门关中的歌革和玛各的后裔，这是欧洲中世纪东方想象中的经典桥段。在12-13世纪的欧洲，面对着蒙古人的威胁，有一种观点认为歌革和玛各的臣民是犹太人“失落的十部族”，蒙古人是失落的犹太部族的后裔，而通过《鞑靼记述》在这里的记载，这一认识似乎并非欧洲人的独创，一些蒙古人可能也认为自己或者周边的部族就是歌革与玛各的后裔，被困在铁门关内，是犹太人的后裔，有关这一点，还有其他史料可以佐证，参见笔者硕士学位论文。

（4）《鞑靼记述》中的“成吉思汗传奇”应该是从蒙古草原上的不同部族直接或间接收集来，并被本尼迪克特等人以及C·德布里迪亚加以编裁而最终形成的，这是可以从上文所列举的故事来源的复杂性而推测出来的。在“成吉思汗传奇”中，成吉思汗并非正面的形象，而是一个经常失败，阴狠狡诈的负面形象，最终被雷劈死也是一种在蒙古人看来极为不洁的死法。因此“成吉思汗传奇”应当至少有一部分来源自对成吉思汗仍然抱有很大敌意的蒙古或突厥部族，成吉思汗虽然征服了草原，建立了伟大的功业，但同时也树敌无数，很多蒙古、突厥人在当时对成吉思汗应该是比较仇视的。由此也可以看出，“成吉思汗传奇”中的传说部分并不像海老泽哲雄认为的那样，是被窝阔台家族有意识地改编了，正如后来的拖雷家族一样[40]，这些传说理应是在官方的控制能力范围以外流传的，毕竟，窝阔台家族再怎么改编历史，也不至于将成吉思汗被雷劈死这样的内容添加进历史叙述中。

（5）值得注意的是，在宋元明时期的中国，也出现了“亚历山大传奇”的流传，有一些故事情节同《鞑靼记述》中的“成吉思汗传奇”非常相似，参见笔者硕士学位论文。通过对《鞑靼记述》中的“成吉思汗传奇”故事的结构、情节进行考察，追溯其故事来源与流变过程，可以深化研究者对于12、13世纪以来“亚历山大传奇”在东亚的传播与接受的认识。

（6）《鞑靼记述》中的“成吉思汗传奇”也包含了一些真实的，并且十分重要的历史信息，比如在其中记载了术赤在玉龙杰赤之战后一直到1225年去世前对伏尔加-乌拉尔地区的军事行动，在以往的史料中，术赤在这一阶段的军事行动是模糊不清的。这里的记载能够有力地佐证Thomas Allsen对于蒙古在伏尔加—乌拉尔地区战争史的研究[41]，并且结合这里的记述，Allsen建立在分析不同蒙古帝国史料之上的有些结论是错误的，表现了在拖雷家族掌权后的蒙古历史叙事中，术赤在蒙古西征一系列军事胜利中的角色和作用被极大的隐藏和削去了。Roman Hautala结合这里C·德布里迪亚的叙述，以及匈

---

[39] （波斯）拉施特主编，余大钧、周建奇译《史集》，第一卷，第一分册，北京：商务印书馆，1983年，252页。

[40] 海老澤哲雄、宇野伸浩《C. de BridiaによるHystoria Tartarorum訳・注》，《内陸アジア言語の研究》，1995年10月，56页。

[41] T. T. Allsen, “Prelude to the Western campaigns: Mongol military operations in the Volga - Ural Region, 1217–1237”, *Archivum Eurasiae Medii Aevi*, no. 3, Wiesbaden: Otto Harrassowitz Verlag, 1983, pp. 10-14.

牙利道明会教士朱利安的来信继续构建了术赤最后几年的行军轨迹[42]。参见笔者硕士学位论文。

（7）《鞑靼记述》的史料价值还体现在它提供了又一个相对详实的对于蒙古与波兰、匈牙利战役的记述，这一部分内容在加宾尼的《蒙古史》中是不存在的，应该是出于本尼迪克特作为一名波兰人的独特兴趣。而且结合波兰、匈牙利的其他有关蒙古入侵的编年史记载以及个人记述，C・德布里迪亚在这里对于波兰、匈牙利战事的叙述是相当准确的，而且其中有一部分信息也是来源自"鞑靼人"。因此这里的记述可以有效的佐证和丰富对于蒙古入侵波兰、匈牙利战役的研究。

同时《鞑靼记述》中呈现了一份不同于加宾尼的被蒙古征服的国家和部族的名单。Painter对此已有了深入的研究[43]，笔者2024年北京大学硕士学位论文结合《黑鞑事略》对其中涉及的问题也进行了一定程度的探讨。

二、学 术 史

由于《鞑靼记述》是20世纪50年代的新出史料，加之所涉及的领域相对小众，因此学术史梳理也较为简单。但该领域的国际化水平很高，有各种不同语言的研究，笔者学力有限，无法使用诸如俄语、波兰语等东欧语言与法语，因此暂且选择略过这些语言的相关研究。

在中文学界暂时还没有任何相关的研究，只有龚缨晏在2006年发表过一篇介绍性文章，介绍国外有关《文兰地图》的争论与耶鲁手稿的基本情况[44]，不过好像未能引发国内学者的关注。只有党宝海在《蒙古钦察汗国的驿站交通》中介绍并引用过这一文献[45]。

在国际学界，最早对《鞑靼记述》耶鲁手稿进行系统性整理、校勘、研究与译注的是大英博物馆的研究人员George D. Painter，他将《鞑靼记述》翻译成了英文，以及对这份手稿进行了全面且细致的研究，工作量很大，对手稿与文献涉及的几乎所有问题都做了较为深入的探究[46]。虽然Painter的研究在时间上较早（1965年），但直至今日，在对《鞑靼记述》的研究方面，整体上都无人能出其右。然而，也正是因为Painter的研究工作太过全面，而且Painter在蒙古与内亚史研究领域并非专家，因此在研究工作中难免会出现诸多失误与纰漏[47]。Önnerfors就指出Painter在抄本转写、校勘与拉丁语翻译中存在有若干问题，并提出了更好的处理方式[48]。而且Önnerfors在第二年即推出了自己的校

[42] Roman Hautala, "The Early Jochid Campaigns and the pro-Toluid Written Sources", *Zolotoordynskoe obozrenie=Golden Horde Review*, vol. 8, no. 4, 2020, pp. 647-661.

[43] Painter, 1965, p106.

[44] 龚缨晏《〈文兰地图〉的真伪之争》，《世界历史》2006年第1期，113—119页。

[45] 党宝海《蒙古钦察汗国的驿站交通》，《暨南史学》第四辑，暨南大学出版社，2005年，229页。

[46] Painter, 1965.

[47] Painter的一些错误和纰漏已经在下文的原文注释中指出。

[48] Önnerfors, Alf, „Textkritische und sprachliche Bemerkungen zur, Hystoria Tartarorum ‘ des C. de Bridia “, *Mittellateinisches Jahrbuch* 3, 1966, pp. 228-246.

勘本，这也是目前为止《鞑靼记述》最好的校勘本[49]。Szczesniak[50]与Sinor[51]分别从东欧与内亚史研究者的角度，指出了Painter在研究中存在的一些问题。

接下来在该文献研究上的重要突破就是Guzman在瑞士卢塞恩发现了新的抄本，并对这一抄本进行了一些研究与文献学分析[52]。

在日本，海老泽哲雄也注意到了这一文献，他与宇野伸浩在1995年发表了这一文献的日文译注本[53]。相较于Painter，海老泽哲雄使用的是更加准确的Önnerfors的校勘本，修正了Painter在文本和翻译上的一些失误，并在注释中补充了一些汉文史料，但总体上突破性不大，主要还是起到了将该文献译介到日本学术界的作用。

在文献学上对《鞑靼记述》进行研究的还有Donald Ostrowski，他试图将《鞑靼记述》归纳进加宾尼《蒙古史》的抄本谱系中[54]。

除去对文献整体的研究之外，还有一些专题研究，比如Marian Plezia对《鞑靼记述》中应对蒙古人的战略与战术建议做了军事史层面的考察，Plezia认为《鞑靼记述》中所体现的军事思想是超前的，而且这些战略与战术建议都是极为得当的，Plezia惊讶于C・德布里迪亚托钵僧的身份，认为他有着不俗的军事修养，并结合其他史料对C・德布里迪亚的生平做了更进一步的推测[55]。有关《鞑靼记述》中的“成吉思汗传奇”，研究相对丰富，Anna Czarnowus研究了“亚历山大传奇”在东欧尤其是波兰俗语文学中的流变过程，并认为这些构成了本尼迪克特等人的知识背景，深刻影响了本尼迪克特等人对蒙古传说的理解与撰写。虽然笔者倾向于认为《鞑靼记述》中的“成吉思汗传奇”并不是被本尼迪克特等人“撰写”出来的，而是蒙古社会的一种民间历史叙事。但“亚历山大传奇”在东欧俗语文学中的流变的确可能是它向东方传播的重要一环，Czarnowus认为C・德布里迪亚记述的“成吉思汗传奇”中的很多故事都是可以追溯到东欧俗语版本的“亚历山大传奇”的。因此“亚历山大传奇”向中亚与蒙古传播的途径应该有两条，一条是经由阿拉伯、波斯，另一条是经由波兰、罗斯，沿欧亚草原带传播至蒙古地区。Czarnowus指出，波兰俗语文学中的东方想象的源头是圣伊西多禄

---

[49] Önnerfors, 1967.

[50] B. B. Szczesniak, “Notes and Remarks on the Newly Discovered Tartar Relation and the Vinland Map”, *Journal of the American Oriental Society* 86, 1966, pp. 373-376.

[51] Denis Sinor, “Review of the Vinland Map and the Tartar Relation by R. A. Skelton, Thomas E. Marston and George D. Painter”, *Bulletin of the School of Oriental and African Studies*, Vol. 30, No. 2, Fiftieth Anniversary Volume, London: University of London, 1967, pp. 429-431.

[52] Guzman, 2006.

[53] 海老澤哲雄、宇野伸浩《C. de BridiaによるHystoria Tartarorum訳・注》，《内陸アジア言語の研究》，1995年10月，13—65页。
海老澤哲雄、宇野伸浩《C. de BridiaによるHystoria Tartarorum訳・注 (2)》，《内陸アジア言語の研究》，1995年10月，67—120页。

[54] Donald Ostrowski, “Second-Redaction Additions in Carpini’s Ystoria Mongalorum”, *Harvard Ukrainian Studies*, Vol. 14, No. 3/4, 1990, pp. 522-550.

[55] Marian Plezia, „Das taktische Kapitel der neuentdeckten, Historia Tartarorum‘“, *Philologus*, Vol. 115, 1971, pp. 234-239.

（Isidore of Seville）的《词源》（Etymologiarum sive originum）和拉丁语版本的亚历山大传奇，主要由11世纪Frutolf of Michelsberg的*Exerptum de vita Alexandri Magni anet de mirabilibus rebus*，*quas Alexander vidisse dicitur*，那不勒斯的Leo翻译成拉丁文的希腊语“亚历山大传奇”文本 *Nativitas et victoria Alexandri magni regis*以及它的一种节本“亚历山大战记”（Historia de proellis）组成。现存的波兰俗语译本虽然全部是在16世纪被翻译完成的，但有证据表明，在11世纪就已经存在古波兰语版本的亚历山大传奇，现存的16世纪波兰语译本在内容上也是延续的11世纪译本[56]。Boyle的研究Alexander and the Mongols和Alexander Romance in Central Asia也很重要，由于前文已经提到，这里就不再赘述了。Werner对比研究了加宾尼的《蒙古史》与《鞑靼记述》在宗教观点与神学阐释上的差异，认为《鞑靼记述》是对《蒙古史》中反映的“末世论”的重新阐释与补充[57]。

还有一些学者利用《鞑靼记述》对诸多其他问题展开研究，比如术赤在伏尔加-乌拉尔地区的征战行动，以及蒙古对东欧的入侵。Sinor曾利用《鞑靼记述》研究“契丹”一词在拉丁语拼写中的演变[58]，Hautala也利用《鞑靼记述》做了大量与蒙古西征有关的研究，例如Early Hungarian Information of the Beginning of the Western Campaign of Batu[59]，以及上文提到过的The Early Jochid Campaigns and the pro-Toluid Written Sources。

有关《鞑靼记述》的相关研究，重要的大体只有这么多。本文主要基于《鞑靼记述》这一文献的记述内容进行研究，因此会涉及比较多的零散问题，在这里就不再一一列举其学术史了，因为那将是臃肿且没有必要的，有关这些问题比较重要的相关研究将在下文的叙述中展现并引用。

三、《鞑靼记述》与加宾尼《蒙古史》的对比研究

《鞑靼记述》的内容结构比较明晰，大致可以分为三个部分。

第一部分为第1节—第35节，主要记述蒙古人从成吉思汗到贵由汗的历史，里面包含了完整的上文提到的“成吉思汗传奇”，这一部分主要可以对应加宾尼《蒙古史》第五章的内容。

加宾尼《蒙古史》第五章对蒙古人的历史的记述顺序为：

---

[56] Anna Czarnowus, “The Mongols, Eastern Europe, and Western Europe: The Mirabilia Tradition in Benedict of Poland’s Historia Tartarorum and John of Plano Carpini’s Historia Mongalorum”, *Literature Compass* 11/7, 2014, pp. 483-495.

[57] Werner Gregor, “Travelling Towards the Peoples of the Endtime: C de Bridia as Religious Reinterpretation of Carpini”, in Wolfram Brandes, Felicitas Schmieder, Rebekka Voß, eds., *Peoples of the Apocalypse: Eschatological Beliefs and Political Scenarios*, Berlin: De Gruyter, 2016, pp. 83-95.

[58] 〔美〕丹尼斯·塞诺著、北京大学历史系民族史教研室译《西方的契丹史料及相关问题》，《丹尼斯·塞诺内亚研究文选》，北京：中华书局，2006年，249页。

[59] Roman Hautala, “Early Hungarian Information of the Beginning of the Western Campaign of Batu”, *Acta Orientalia Academiae Scientiarum Hung*, Volume 69 (2), 2016, pp. 186-187.

§ 3：成吉思汗的崛起，征服Sumongol、蔑儿乞、灭乞里部；

§ 4—6：征服乃蛮部、哈剌契丹；

§ 7：进犯契丹，并被契丹战败，蒙古贵族中仅有七人幸免；

§ 8：征服畏吾儿、撒里畏吾儿、Karanit、斡亦剌和Kanana；

§ 9—10：征服契丹；

§ 11：派遣术赤率领一军征讨库蛮人；

§ 12—14：派遣另一子率领一军进攻小印度和大印度、狗国、波黎吐蕃；

§ 15：成吉思汗穿过乞儿吉思向东进军里海山脉并失败；

§ 16：继续向东征讨，到达太阳升起时发出隆隆巨响的地方；

§ 17—19：成吉思汗返回本土并被雷电击毙；

§ 25—27：窝阔台诏令拔都西征大苏丹、木速蛮、土库曼、罗斯诸国；

§ 28：越过罗斯和库蛮人的土地，继续征讨匈牙利人和波兰人；

§ 29：进攻摩尔多瓦、孛剌儿、巴什基尔人；

§ 30—31：进攻巴罗昔惕人、萨摩耶德人和狗面牛脚的人；

§ 32—35：窝阔台派遣绰儿马罕南征乞儿吉思、独手独脚人、亚美尼亚、格鲁吉亚、罗姆苏丹国、阿勒颇苏丹、巴格达哈里发。

C · 德布里迪亚的记述顺序为：

§ 3—4：成吉思汗的崛起，征服Zumoal、蔑儿乞、灭乞里部；

§ 5：征服畏吾儿；

§ 6：进犯契丹，并被契丹战败，蒙古人中仅有七人幸免；

§ 7：征服乃蛮部、哈剌契丹；

§ 8：征服斡亦剌、撒里畏吾儿、Karanit和客失米儿；

§ 9—10：征服契丹并自立为汗；

§ 11：派遣术赤率领一军征讨库蛮人以及派遣另一子率领一军向东北进攻大印度；

§ 12：成吉思汗穿过肃良合向东进军里海山脉并失败；

§ 13—14：继续向东征讨，到达Narayrgen-太阳之人的国家；

§ 15：成吉思汗在回国的途中，再次征讨里海山脉中的国度并失败；

§ 16：成吉思汗返回本土并被雷电击毙；

§ 17—19：记述成吉思汗另一子进攻小印度和大印度、狗国、波黎吐蕃的事迹；

§ 20：记述术赤征服了土库曼、木速蛮、康里，在迦勒迦河和Coniuzzu（绵羊之水）打败钦察人和罗斯人的联军，进攻巴什基尔；

§ 21—22：继续进攻巴罗昔惕人、萨摩耶德人、狗面牛脚的人和独手独脚的人；

§ 24—25：窝阔台诏令拔都率领一军西征大苏丹、木速蛮、土库曼、康里、库蛮、罗斯诸国；

§ 26：贵由在得知窝阔台的死讯之后，赶回蒙古，在回途中征服了可萨、阿兰和Th'et；

§ 27—28：拔都继续进攻孛剌儿、摩尔多瓦，随后与哥哥斡儿答分兵，让斡儿答率领一万人进攻波兰，斡儿答击败了克拉科夫和桑多梅日的领主，并杀死了西里西亚公爵亨利二世，经由摩拉维亚与在匈牙利的拔都会合；

§29：拔都在一条河流边击败了由匈牙利国王贝拉和科洛曼率领的庞大匈牙利军队；

§30：拔都得知了窝阔台的死讯，率军返回库蛮，C·德布里迪亚记述了拔都与贵由之间的巨大分歧与矛盾；

§31：窝阔台派遣绰儿马罕率领一军南征乞儿吉思、亚美尼亚、格鲁吉亚、努比亚、罗姆苏丹国、巴格达和萨拉森人的苏丹、大马士革苏丹；

§32：窝阔台派遣第三支军队与东方的某些势力作战；

在这一部分的内容中，《鞑靼记述》与加宾尼《蒙古史》在叙述结构上以及记述事件的选择上是基本一致的，不同之处主要在于两者对有的事件的记述细节不同；记述顺序略有不同，主要表现在对“成吉思汗传奇”的记载上；C·德布里迪亚记述的“成吉思汗传奇”故事情节更丰富，时间维度也更长，《鞑靼记述》中窝阔台派遣三支军队的提法很明显是在延续“成吉思汗传奇”；C·德布里迪亚记述的术赤在西北方向的征服活动、贵由秘密回国继位、拔都对波兰和匈牙利的军事行动、拔都和贵由深重的矛盾等史实性的内容在加宾尼《蒙古史》中均未有呈现。这一部分也是《鞑靼记述》中最有价值的内容。

至于这一部分《鞑靼记述》与加宾尼《蒙古史》在记述细节上的差异，参见笔者硕士学位论文对《鞑靼记述》中“成吉思汗传奇”故事情节的考察以及原文注释。

《鞑靼记述》的第二部分为第35—55节，主要记述蒙古人的各种习俗，在内容上主要对应加宾尼《蒙古史》的第一到四章，虽然在记述顺序、内容编排与描述语言上完全不同，在记述段落上基本无法像第一部分一样形成一定的对应关系，但它与加宾尼《蒙古史》记载的内容几乎完全一致，没有什么独特的记载。Painter猜测加宾尼的《蒙古史》与本尼迪克特等人的讲述在这一部分的内容应该是共同基于一个更加原始的记述版本，然后双方用自己的写作及讲述方式将其融入各自的记述内容之中[60]，这个判断应该是有道理的。

《鞑靼记述》的第三部分为第56—62节，记述蒙古人的军队和战争情况，以及如何与他们作战。相比较于加宾尼《蒙古史》，C·德布里迪亚在这一部分的记载比较简略，具体原因应该是他以及本尼迪克特等人与加宾尼在记述目的上的不同[61]。《鞑靼记述》与加宾尼《蒙古史》的这一部分内容应该不存在文本上的联系，因为尽管C·德布里迪亚的相关记述远不如加宾尼《蒙古史》丰富，但仍存在不少独特的记述内容，而且《鞑靼记述》第61节记述的应对蒙古人的战略战术应该出自本尼迪克特等人或者C·德布里迪亚的洞见[62]。

---

⑥⓪ Painter, 1965, p. 86.

⑥① 参见前文。

⑥② 参见Marian Plezia, „Das taktische Kapitel der neuentdeckten, Historia Tartarorum'", *Philologus*, Vol. 115, 1971, pp. 234-239。

Research on *Hystoria Tartarorum*

Xu Chenxiang

This study centers on a Latin manuscript called *Hystoria Tartarorum* 鞑靼记述, which was created in 1247. It contains oral accounts from members of the Franciscan mission led by Johannes de Plano Carpini to the Mongols and was written by a Franciscan friar. Ever since this document was discovered as a historical source in the 1950s, it has received very little attention in Chinese academia. This study introduces the discovery and formation process of *Hystoria Tartarorum*, assesses its value as a historical source, and evaluates its significance for scholarly research. Additionally, this paper conducts a comparative analysis between *Hystoria Tartarorum* and another document of the same type, *Ystoria Mongalorum* 蒙古史, which also comes from the Carpini Mission and has garnered extensive attention from scholars. The study aims to identify and explain the differences between the two accounts by comparing their narrative structures and details.

后伊利汗时代伊朗的波斯语史传文献与引绍文学（1335—1524）

张永榜

阿拉伯征服之前，伊朗的萨珊王朝便存在以巴列维语或中古波斯语进行史书创作的传统，只不过这一时期的文献目前存世极少。8—9世纪以后，以阿拉伯字母拼写的新波斯语流行起来，伊斯兰历352/963年，萨曼王朝维齐尔阿布·阿里·巴勒阿米（Abu ‘Alī Bal‘amī，d.363/974）在曼苏尔（Manṣūr b.Nūh，d.365/976）的支持下将塔巴里的《先知与帝王史》译为新波斯语，后世惯称以《巴勒阿米史》（*Tārīkh-i Bal‘amī*）或《史纪》（*Tārīkhnāma*）。这部史学巨著奠定了新波斯语史学的基础，并对后世的史书撰写产生了深远的影响。自10世纪末开始，突厥系的伽色尼王朝与塞尔柱王朝相继统治了伊朗，积极支持史书的创作，目前存世者则多以伽色尼与塞尔柱相关的王朝史为主。蒙古入侵以来，尤其是旭烈兀系的伊利汗国（Ilkhanids，654/1256—736/1335）统治时期，伊朗的波斯语历史撰述呈现井喷状态，一大批杰出的史书相继涌现，其中术外尼（‘Alā’ al-Dīn ‘Atā Malik Juvaynī）的《世界征服者史》（*Tārīkh-i Jahāngushā*）、沙剌甫丁·设拉子（Sharaf al-Dīn ʿAbd Allāh b. Fażl Allāh Shīrāzī）的《瓦萨甫史》（*Tārīkh-i Vaṣṣāf*）并拉施都丁（Rashīd al-Dīn）的《史集》（*Jāmi‘ al-Tavārikh*）、可疾维尼（Ḥamd Allāh Mustawfī Qazvīnī）的《选史》（*Tārīkh-i Guzīda*）可分别作为王朝史与通史的典范。伊利汗国崩溃之后，失去宫廷支持的波斯语史学虽一度衰落，但在帖木儿崛起之后，便再度勃兴起来，且深刻影响到了后来的萨法维、莫卧儿乃至奥斯曼王朝的波斯语史学。

众所周知，自10世纪末以来，大批越过阿姆河的突厥—蒙古势力相继在伊朗乃至安纳托利亚建立自己的统治，来自草原的游牧文明与伊朗的本地文明不断碰撞、融合，这一情形至旭烈兀家族在伊朗建立统治后发展至顶峰。此时哈里发的神圣权力虽然已让渡于黄金家族的普世汗权，但蒙古伊利汗也不得不接受伊斯兰文明以维护自己的统治。1335年，伴随着不赛因汗（Abū Sa‘īd Bahādur Khān，d.736/1335）的逝世，伊利汗国在伊朗与安纳托利亚的统治也随之崩溃，其治下原本被压制的蒙古异密、突厥贝伊（Beylik）以及波斯地方势力迅速独立，阿姆河东侧察合台势力也趁机西扩。至15世纪初征服者帖木儿逝世时，伊利汗国的遗产已被新崛起的突厥—蒙古政权一分为三，东部是以赫拉特为中心的帖木儿王朝（Timurids，771/1370—913/1507），中部是以阿塞拜疆为中心的黑羊王朝（Qara Qoyunlu，752/1351—874/1469）、白羊王朝（Aq Qoyunlu，798/1396—914/1508），西部则是雄踞安纳托利亚的奥斯曼王朝（Ottomans，

700/1299—1341/1922）。但他们无一例外都面临着王权的合法性问题，并在此问题上耗费了巨大的精力[①]。在"正统"已然崩溃的情况下，新兴的突厥—蒙古政权如何重新塑造一个新的"正统"便显得尤为重要。这一正统性重塑的过程漫长而艰巨，作为游牧力量代表的突厥—蒙古政权与作为定居文明代表的伊斯兰精英集团在不断的碰撞与妥协中寻找调和点。熟谙"胡化""汉化"乃至"涵化"理论的中国古代史研究者对于这番情景自然不会陌生，但我们对于"胡人"在另一个文化圈中的发展着实了解甚少。突厥—蒙古政权对伊朗的统治长达五百年之久，后伊利汗时代（1335—1524）既是这一统治的终章[②]，也是双方文明融合的关键时期。这恰恰为我们提供一面观测、比较中国古代"胡汉/华夷"问题的"异域之境"，而能将这面镜子擦拭清楚的无疑便是这近两百年间遗留下来的庞大历史文献。

鉴于蒙古入侵以来的波斯语史书对蒙元史研究的重要性，国内学界很早便对相关作品进行了译介，并逐渐积累了较为丰厚的研究成果[③]。不过，这一关注范围主要集中在伊利汗国崩溃之前。至于后伊利汗时代的文献，基本逸出了国内蒙元史的研究范围，除张长利先生三十年前的一篇文章外[④]，便再未见到更进一步的梳理研究，这也反过来限制了国内中古晚期伊朗史、中亚史以及帖木儿王朝史等领域的发展。因此本文欲在原始文献阅读的基础上参以前人的研究成果，试图就后伊利汗时代伊朗的波斯语史书、传记以及引绍（Inshā'）文学作以较为全面的梳理与介绍。

一、史　　书

（一）通史、王朝史

1. 帖木儿入侵之前[⑤]

不赛因汗逝世后，伊朗的波斯语史学并未随着伊利汗国的崩溃而中断，事实上，

---

① Christopher Markiewicz, *The Crisis of Kingship in Late Medieval Islam:Persian Emigres and the Making of Ottoman Sovereignty*, Cambridge University Press, 2019, pp. 3-7.

② 国外学术界一般将伊利汗国崩溃之后的伊朗称为"After-Mongols"或"Post-Ilkhanid"，但对其所指代的具体时间范围并没有一个严格的定义。本文所谓的"后伊利汗时代"（Post-Ilkhanid），用以指称自1335年伊利汗国崩溃至1524年萨法维君主亦思马因一世（Shāh Ismāʿīl）逝世的历史时期。这一时期历经了伊利汗国崩溃后的中间期、黑羊—白羊突厥蛮王朝以及帖木儿王朝的兴衰，并奥斯曼的崛起与萨法维王朝的建立。

③ 可参见张长利《波斯文文献与蒙古史研究》，《民族研究动态》1996年第4期，35—42页；王一丹《伊朗伊利汗时期与蒙古史有关的波斯语文献》，吴新英、陈岗龙主编《面向新世纪的蒙古学：回顾与展望》，北京：北京大学出版社，2005年，89—99页；陈得芝《蒙元史研究导论》，南京：南京大学出版社，2012年，82—93页等。

④ 张长利《帖木儿朝及有关帖木儿朝的穆斯林史料》，《中国边疆史地研究》1994年第4期，108—116页。

⑤ 早在伊斯兰历782年底（1381），帖木儿便曾率军越过阿姆河，主要目标是征服赫拉特的卡尔特政权，但783年初便返回了河中。这次战役规模不大，影响力也有限。帖木儿对伊朗的大规模征服战役发生在所谓的三年之征（yūrsh-i sa-yi sāla，788/1386—790/1388）、五年之征（yūrsh-i panj-yi sāla，794/1392—798/1396）以及七年之征（yūrsh-i haft-yi sāla，802/1399—807/1404）时。此处用以指795/1393年之前，亦即帖木儿侵入巴格达，札剌亦儿王朝算端逃窜之前。

在此后的十数年间仍有多部波斯语史书问世，如哈姆杜拉·穆斯托菲·可疾维尼（Ḥamd Allāh Mustawfī Qazvīnī，680/1281—750/1349）的《胜利纪续编/选史续编》（*Ẓayl-i Tārīkh-i Guzīda/Ẓayl-i Ẓafarnāma*）、阿合马·塔布里兹（Aḥmad Tabrīzī）的《帝纪》（*Shahanshāh-nāma*）以及穆罕默德·本·阿里·本·穆罕默德·沙班卡剌亦（Muḥammad b. ‘Alī b. Muḥammad al-Shabānkāra’ī，d. 759/1358）的《世系汇编》（*Majma‘ al-Anāsāb*）。

可疾维尼是伊利汗国晚期最重要的史家，他于680/1281年出生于伊朗西北部的可疾云城（Qazvīn，今加兹温），其家族成员世代担任财政官（Mustawfī）之职，1311年，可疾维尼被拉施都丁（Rashīd al-Dīn）任命为可疾云及周边一些地区的财政官，他对历史与地理写作的兴趣也是在拉施都丁的影响下产生的⑥。可疾维尼有三部作品完整存世：《选史》（*Tārīkh-i Guzīda*）、《胜利纪》（*Ẓafarnāma*）与《心之喜》（*Nuzhat al-Qulūb*）。据其自述，《胜利纪》是其最早动笔的一部作品，730/1329—1330年撰写《选史》时，该作品已经完成了50000联的撰写。可疾维尼的这三部作品是有关伊利汗时代历史与地理的重要文献，尤其是前二者记录了大量伊利汗国后期的史事，有助于我们对相关时代的深入了解⑦。

《胜利纪》完成于735/1334年，是对菲尔多西《列王纪》的续写，自先知时代一直写到作者生活的年代。他在《胜利纪》的终章（khātima）中称："我在这部作品上一共花费了15年的时间，撰写了75000联（bayt）。其中25000联关涉阿拉伯，20000联关涉波斯，30000联关涉蒙古，另在文中插入了160联以叙述其他。"⑧《胜利纪》的叙事虽止于734/1334年也孙忽秃鲁黑（Isun Qutlugh）等人叛乱的平息，但可疾维尼在此后又进行了续写。这一续写围绕着不赛因汗逝世后的一系列事件，一直到小谢赫哈散被谋杀以及744年/1344年终⑨。

颇值一提的是，可疾维尼的《选史》在波斯语世界的影响颇大，后世相当一部分史家都曾援引过其中的内容，乃至进行续写，因此我们可以在部分《选史》抄本中看到一些续作。其中最为重要的便是可疾维尼之子宰纳丁（Zayn al-Dīn）的续编，此续编起于伊斯兰历742/1341年，止于794/1392年。宰纳丁在序言部分简要叙述了742/1341—

---

⑥ *The Tarikh-i-Guzida, or "Select history" of Hamdullah Mustawfi-i-Qazwini*, abridged in English from a manuscript dated A.H. 857 (A.D. 1453) by Edward G. Browne ; with indices of the facsimile text by R.A. Nicholson, Leyden: E. J. Brill, 1913, p. 1；Qazvīnī, *Tārīkh-i Guzīda*, Mu’assasa-yi Intshārāt-i Amīr Kabīr:Tehrān, 1362/1983-1984, pp. 2-3.

⑦ 有关可疾维尼生平与作品的详细情况可参见Charles Melville, "Ḥamd-Allāh Mostawfi". In Yarshater, Ehsan (ed.). *Encyclopædia Iranica*, Volume XI/6: Ḥājj Sayyāḥ-Harem I. London and New York: Routledge & Kegan Paul, 2003, pp. 631-634.以及Mahdī Madānī为《胜利纪》校本撰写的前言部分(Muqaddama-yi Musahhah)（Qazvīnī, *Ẓafarnāma*, ed by Mahdī Madānī, Vol 1, Pazhūheshgāh-yi ‘Ulūm-i Ensānī wa Muṭāle’āt-i Farhangī: Tehrān ,1380/2001）。

⑧ L. J. Ward, *The Ẓafar-nāmah of Ḥamd Allāh Mustaufi and the Il-Khān dynasty of Iran*, Ph. D. dissertation,Vol 3 , University of Manchester, 1983, p. 672.

⑨ 圣彼得堡国立大学图书馆所藏MS. 153抄本中包含有可疾维尼的续写部分（f 218-239），1978年由V. Z. Piriiev影印出版，1986年又与M .D. Kazymov合作以《选史续编》之名刊布了该抄本的俄语与阿塞拜疆语译文（参见Ḥamd Allāh Mustawfī's Zafarnāmah and the historiography of the late Ilkhanid period, *Iran and Iranian Studies in Honor of Iraj Afshar*, ed by Kambiz Eslami, Princeton: Zagros, 1998, pp. 2）。

744/1344年之间的史事，随后分述蔑力阿失剌夫（Malik Ashraf）、阿希柱黑（Akhī Juk）、兀外思谢赫（Uways Sheykh）、忽辛（Husayn）、阿合马（Aḥmad）等人的统治以及帖木儿对伊朗的入侵。据作者自述，他有关蔑力阿失剌夫及其之后的信息主要来自毛拉纳赡思丁（Mawlānā Shams al-Dīn）以及一些博学之士[⑩]。宰纳丁的《选史续编》[⑪]在结构上与阿哈礼（Aharī）的《兀外思谢赫史》颇为相似，但我们无法肯定他是否利用了此书作为自己的史源之一。宰纳丁所关注的是以阿塞拜疆为中心的伊朗西部世界，他的作品也正好填补了自兀外思谢赫即位直至帖木儿入侵之间记述的空白，极为珍贵，而《选史续编》也成为了后来哈菲兹·阿不鲁（Ḥāfiz Abrū，d.833/1430）历史撰述的重要史源之一。

除此之外，马哈穆德·库图毕（Maḥmūd Kutubī）的《穆扎法尔王朝史》[⑫]以及不知名人士撰写的《札剌亦儿王朝史》亦需特别注意。后者见于法图所藏《选史》Supplément Persian.172.抄本中（f.334b—f.344b），简要记述了744/1343—773/1371年之间的史事[⑬]。

可疾维尼的《胜利纪》其实代表了伊利汗国中后期，尤其是不赛因汗时期波斯史学的一个重要现象，即对菲尔多西《列王纪》的重新编纂与模仿。前者尤以所谓的“大蒙古‘王纪’或大伊利汗国‘王纪’”（The Great Mongol Shahname/Great Ilkhanid Shahname）最为著名[⑭]，后者则以可疾维尼的《胜利纪》、赡思丁·喀山尼（Shams al-Dīn Kāshānī）的《成吉思王纪》[⑮]、阿合马·塔布里兹（Aḥmad Tabrīzī）的《帝纪》为代表[⑯]。

---

⑩ V. Z. Piriiev, M. D. Kazymov, 1990, pp. 93-94, 211.

⑪ 宰纳丁在序言中称因为他父亲的《选史》止于蔑力阿失剌夫之死，因此他希望就此续写至帖木儿对伊朗的第二次入侵。因此，V. Z. Piriiev、M .D. Kazymov的译本以及Iraj Afshar的波斯文校本均题名为《选史续编》（V.Z.Piriiev, M.D. Kazymov, Зејл-е *Тарих-е Гозиде* , Бакы: Елм, 1990; Zayn al-Dīn, *Zayl-i Tārīkh-i Guzīda*, Enteshārāt-i Duktur Muhammd Afshār: Tehrān, 1372/1993）。但Charles Melville指出圣彼得堡抄本（MS 153）与德黑兰抄本（MS 2402）文本之前均有《胜利纪续编》的题名，认为应以此为准（参见Ḥamd Allāh Mustawfī's Zafarnāmah and the historiography of the late Ilkhanid period, pp. 1-12）。需要注意的是大冢修在此篇论文中讨论了诸《选史》抄本中增补的内容，并认为部分抄本，如伊朗议会图书馆所藏《选史》13668抄本中所增补之内容即出自宰纳丁之手，由此来看，宰纳丁的续作被称为《选史续编》更为合理（大塚修校出，附于作者著《〈選史〉続編の研究新出史料〈ジャラーイル朝史（選史続編）〉を中心に》之后（《アジア・アフリカ言語文化研究》，N. 85，2013年，178—180页）。

⑫ 详见后文。

⑬ 这部分内容已由日本学者大塚修校出，附于作者著《〈選史〉続編の研究新出史料〈ジャラーイル朝史（選史続編）〉を中心に》之后（《アジア・アフリカ言語文化研究》，N. 85，2013年，194—204页）。

⑭ 详情可参见Oleg Grabar, *Epic images and contemporary history : the illustrations of the great Mongol Shahnama,* The University of Chicago Press, 1980; Robert Hillenbrand, *The Great Mongol Shahnama,* New Haven: Yale University Press, 2022。

⑮ 有关赡思丁·喀山尼的生平信息很少，我们只知道他活跃在合赞汗与完者都汗的宫廷之中。《成吉思王纪》（Shahnāme Chingīzī）是献给合赞汗的，在其撰写过程中曾得到拉施都丁的帮助。详细情况可见参见Muhammad Mudabbirī: Tahqīqī dar Ahvāl-i Shams kāshī va Shahnāma Chingīzī, *Kuhan-Nama-yi Adab-i Farsī,* 1395/2016, 19, pp. 91-111; Shams al-Dīn Kāshānī: *Shahnāma Chingīzī,* ed by Vahīd Qanbarī Nanīz Tehrān: Bunyād-i Mūfūfāt-i Duktur-i Muhammad Afshār:1398/2020, pp.50-54(Muqaddama)。

⑯ 相关研究可参见Javid ‘Abbas, Javid Rāshkī ‘Alī Abād:《伊朗蒙古统治时期对菲尔多西〈列王纪〉的青睐以及〈列王纪〉的编纂》（‘Ināyat bi-Shāhnāma-yi Ferdowsī va Shāhnāma-sarāy-i dar ‘Aṣr-i Farmānravāy-i Mughul bar Irān——Barrāsī wa Muvāradī:Dū Shahnāma-yi Khattī dar Tārīkh-i Mughul, *Justār-hā-yi Nuvīn-i Adabī*, Volume 43, Number 2, 2010, pp. 19-44）；Javid Rāshkī ‘Alī Abād：《蒙古时期大不里士对〈列王纪〉及史事的模仿》（转下页）

塔布里兹的《帝纪》完成于738/1338年，是一部诗体蒙古通史[17]。作者在开篇简述创世及先知，随后即从蒙古祖先乞颜与捏古思的传说一直叙述至不赛因汗死后阿儿巴（Arpa）、穆萨（Musa）、穆罕默德（Muhammad）三汗争立的混乱局面。作为不赛因汗的宫廷文人之一，塔布里兹是诸多事件的亲历者，他在《帝纪》中有关不赛因汗及其逝世后伊利汗国的分裂、混乱情形有着较为详细的记述，对于我们了解伊利汗国末年及汗国崩溃初年的历史有着重要的参考价值。《帝纪》目前只有一个抄本存世，现保存于大英图书馆，编号Or.2780[18]。Or.2780抄本是四部《王纪》（*Shāhnāma*）的汇编，其中f.41v-f.132v是《帝纪》部分。据书末题词，此书抄写于伊斯兰历800年7月14日（1398年4月2日）。Mahshīd Gūharī Kākhkī，Javid Rāshkī ‘Alī Ābād已据此抄本对《帝纪》进行了研究，并将波斯文原文校订出版[19]。

沙班卡剌亦与上述两位史家的经历颇为相似，他曾在733/1333年动笔撰写了一部通史著作：《世系汇编》，736/1335年完成并献给了不赛因汗的大维即儿，拉施都丁的儿子盖耶速丁（Ghiyās al-Dīn Muḥammad，d.736/1336）。不赛因汗逝世后，盖耶速丁推阿儿巴汗（Arpā Khān）即位，阿里·帕德沙（‘Alī Pādshāh）随后举兵反叛，俘杀了盖耶速丁与阿儿巴汗，拉施特小镇也再次遭到了洗劫，藏于其中的《世系汇编》手稿随之下落不明。几年后，沙班卡剌亦开始重新撰写《世系汇编》，743/1342—1343年编纂完成[20]。《世系汇编》包含一篇序言与两个部分（Qism），序言部分讲述了创世、四大元素以及七大气候区等，之后第一部分叙阿丹，第二部分则分述自阿丹以来伊朗的诸君

（接上页）（Garūsh bi-Shāhnāma va Ḥamāse-hā-yi Tārīkh dar Tabrīz-i ‘ahd-i Mughul, *Iran Namag*, Volume 5, Number 1 (2020), pp. 7-31）；Julia Rubanovich《14世纪至15世纪初的波斯语叙事诗以及菲尔多西〈列王纪〉的遗产》（Persian narrative poetry in the eighth/fourteenth to early ninth/fifteenth centuries and the legacy of Ferdowsi’s Shahnameh, in *Iran After the Mongols*, ed by Sussan Babaie, I. B. TAURIS, 2019, pp. 235-269）。

⑰ 阿合马·塔布里兹（Ahmad Tabrīzī），或称阿合马·本·穆罕默德·塔布里兹（Ahmad b. Muhammad Tabrīzī），我们对他的零星了解只是来源于《帝纪》，有关其生平所知甚少。

⑱ 有关此抄本的情况可参见Rūḥ Allāh Hadī与Haqqī Ūyghūr的文章《Ahmad Tabrīzī〈帝纪〉抄本的介绍与研究》（Mu‘arrifī va Barrasī-yi Naskha-yi Khaṭṭī-yi Shahanshāh Nama-yi Aṣar-i Ahmad Tabrīzī, *Doğu Araştırmaları*, 13-14, 2014/1-2014/2, pp. 165-184）。

⑲ Ahmad Tabrīzī, *Shahanshāh-nāma:Tārīkh-i Manzūm-i Mughūlān va Īlkhānān az Qarn Hashtum Hijrā*, eds by Mahshīd Gūharī Kākhkī, Javid Rāshkī ‘Alī Abād, Intshārāt-i Duktur Mahmūd Afshār, Intshārāt-i Sukhan: Tehrān, 1397/2018-9.

⑳ 有关作者以及该书的信息可参见C. Rieu, *Catalogue of the Persian manuscripts in the British Museum(Vol 1)*, London: British Museum,1879, pp. 83-84; C. E. Bosworth and P. Jackson, *Shabānkāra’ī ,Encyclopaedia of Islam*, Second Edition(Vol 9), Edited by: P. Bearman, Th. Bianquis, C. E. Bosworth, E. van Donzel, W. P. Heinrichs. Brill, 1997, pp. 158-159. 以及Mīr Hāshim Muḥaddiṣ校本的前言部分Shabānkāra’ī, *Majma‘ al-Anāsāb*, Mu’assasa-yi Intshārāt-i Amīr Kabīr:Tehrān, 1363/1984, p. 5-16. Muḥaddiṣ 校本的底本是藏于土耳其Yanī Jāma‘ 图书馆的909抄本，这个抄本中还包含了盖耶速丁·本·阿里·纳耶卜·法儿余马迪（Ghiyāṣ al-Dīn b. ‘Alī Nāyeb Faryūmadī）的一份简短续编，大约写于783/1381年，被Muḥaddiṣ 一并校订出版，笔者所利用者即为此校本与抄本。就抄本本身的结构来看，在法儿余马迪的续编之前，有很大一部分涉及不赛因逝世之后的历史，其叙事实际上到了783/1381年：“如今阿塞拜疆、曲儿忒斯坦、巴格达、毛苏里、大不里士、孙丹尼牙、哈马丹以及小鲁尔地区都在他（Shaykh Husayn Jalayir）的统治之下，他在783年……”显然，法儿余马迪之外，还有某位佚名作者对沙班卡剌亦的这部作品进行了续写。但法儿余马迪在序言中则称此书的叙事至不赛因汗的逝世，也就是说续写者不太可能是作者本人，而应该是生活于谢赫忽辛（Shaykh Husayn Jalayir）时期的某位文人。

王。这一部分又分为两层（Tabaqa），第二层又分为四组（Gurūh），其中第四组是全书最有价值的部分，分述沙班卡剌（Shabānkāra'）诸君王、法尔斯的阿塔毕、起耳漫诸王以及蒙古诸汗，蒙古以两部分分述成吉思汗以及其后裔在中国的统治（至忽必烈汗），以及旭烈兀及其继承者在伊朗的统治（至1335年不赛因汗逝世）[21]。

札剌亦儿王朝（740/1340—835/1432）以伊利汗国的继承者自居，而其在文学、史学等领域上也确实继承了伊利汗国的遗产。兀外思谢赫（Uways Shaykh，r.757/1356—776/1374）统治期间产生的两部史学作品：《兀外思谢赫史》（*Tavārīkh-i Shaykh Uways*）与《合赞汗纪》（*Ghāzānnāma*）便是札剌亦儿王朝承接伊利汗国波斯史学余绪的代表。

《兀外思谢赫史》是阿卜·别克儿·呼图毕·阿哈礼·纳兹姆（Abū Bakr al-Quṭbī Ahrī Najm）献给札剌亦儿王朝算端兀外思谢赫的波斯语通史著作，大概撰写于761/1360年，阿哈礼本人虽称此书为《兀外思谢赫史》，但也多次以"文簿（Jarīda）"指称。有关作者的情况我们了解不多，从其名看，当是出身于阿塞拜疆的阿哈儿（Ahar），纳兹姆可能是其笔名，抑或是"纳兹姆丁"（Najm al-Dīn）这一称号的省称，文献中最后一次提及他是在776/1374[22]。全书分为两个"门类（Ṣinf）"，第一个门类包含四"层"（Tabaqa），第二个门类则包含五"层"。全书叙事始于阿丹，止于761/1360年兀外思谢赫即位，其中最有价值的便是第二个门类中叙蒙古王朝的第五层（Tabaqa）[23]。这部分自成吉思汗至合赞汗的叙事毫无疑问大量利用了拉施都丁的《史集》，而其后的月即别、完者都、不赛因及不赛因之后的叙事则基本为阿哈尔的独出史料，对于研究晚期伊利汗国尤其是后伊利汗时代阿塞拜疆的历史具有着巨大的价值。

《合赞汗纪》完成于763/1362年，作者为努鲁丁·阿热答里（Nūr al-Dīn A<u>zh</u>darī），大致生活于伊利汗国末期与札剌亦儿王朝初期，其名不见于史乘。《合赞汗纪》是努鲁丁献给兀外思谢赫的一部波斯语诗体史书，全书一共8709联，开篇赞颂先知、兀外思谢赫并交代撰书缘由，随后简单交代了成吉思汗、窝阔台汗、旭烈兀以及阿八哈的事迹，接着来的8289联则叙述了合赞汗（Ghāzān Khān，r.694/1295—803/1304）的生平事迹[24]。《合赞汗纪》的材料基本源自拉施都丁的《史集》，间或有一些新的材料。而努鲁丁撰写这部书的目的，自然不是纯粹地赞颂合赞汗的统治，实是为彰显札剌

---

[21] Shabānkāra'ī, pp. 8-9.

[22] 《兀外思谢赫史》只有一个抄本存世，现藏于莱登大学图书馆，编号2634。1954年，J. B. Van Loon将该抄本的蒙古史部分译出并连同相关影印件一同刊出（*Ta'rīkh-i Shaikh Uwais*, *History of Shaikh Uais : An Important Source for the History of Adharbaijān in the Fourteenth Century*, Mouton & Co, 1954.）；此外，《兀外思谢赫史》的蒙古部分还有一个俄文译本（*Тарих-е Щејх Увејс* , Вакы, Елм, 1984）；其全文则经Irāj Afshār教授校订，在1389/2010—2011年由大不里士的"Sutūda"出版社连同抄本影印件一同出版（Abū Bakr al-Quṭbī Ahrī Najm,*Tavārīkh-i Shaykh Uways [Jarīda]*, Tabrīz: Sutūda, 1389/2010—2011），其中包含了Irāj Afshr教授的一篇长序，对该书的情况进行了详细的介绍（pp. 7-17）。

[23] Ahrī, p. 29.

[24] 《合赞汗纪》目前有Maḥmūd Mudberī的校本：Nuri A<u>zh</u>darī, *Ghāzānnāma-yi Manzum*, Kitābkhāne-yi Mellī-yi Irān:Tehrān, 1380.有关作者的情况可参见校本的前言部分。

亦儿王朝对伊利汗国遗产的继承，为兀外思谢赫统治的合法性张目[25]。

札剌亦儿王朝之外，木亦努丁·穆罕默德·雅兹迪（Mu'īn al-dīn Muḥammad Yazdī）曾撰写过一部《神圣之才能》（*Mavāhib-i Īlāhī*）献给穆扎法尔王朝君主札剌鲁丁·沙·舒札（Jalāl al-Dīn Shāh Shujā'，r.759/1358—786/1384）。《神圣之才能》叙法尔斯的穆扎法尔王朝史事，直至767/1365年。这是现存最早的穆扎法尔王朝史书，马哈穆德·库图毕（Maḥmūd Kutubī）的《穆扎法尔王朝史》从中援引甚多。不过，木亦努丁的行文铺陈华丽，有关诸君主的统治亦多有曲笔、夸张之处，颇不易读[26]。

2. 帖木儿王朝时期

尽管伊利汗国崩溃后，伊朗的波斯史学并未完全中断，但相较于此前，无疑已出现了明显的衰退，而后伊利汗时代波斯史学的再次勃兴与帖木儿的崛起存在着密切的关系。帖木儿的五年之征（yūrsh-i panj-yi sāla，794/1392—798/1396)，促使了两部重要波斯语史书的问世，一是前述的宰纳丁《选史续编》，一是阿即兹·本·阿尔达失儿·阿塔拉剌巴迪（'Azīz b. Ardashīr Astārābādī）献给锡瓦斯（Siwas）算端哈兹·阿合马·卜儿哈努丁（Qaẓī Aḥmad Burhān al-Dīn，r.783/1381—800/1398）的《宴饮与战斗》（Bazm va Razm）[27]。阿即兹原本是札剌亦儿王朝算端阿合马（Aḥmad，r.784/1382—813/1410）的宫廷诗人，795/1393年帖木儿侵入巴格达，阿即兹与算端阿合马一同出逃，后被帖木儿之子米兰沙（Mīrānshāh，d.810/1408）俘获，796/1394年，阿即兹逃往锡瓦斯，并至卜儿哈努丁御前效力。800/1398年卜儿哈努丁身死，阿即兹随后前往开罗，有关他此后的活动则不见于记载。阿即兹在书中记载了卜儿哈努丁崛起之前东安纳托利亚的概况，并详述卜儿哈努丁的发迹及其与周边诸势力的冲突。又因其个人经历，阿即兹花了不少笔墨叙述帖木儿与阿合马的战斗以及其对安纳托利亚的第一次入侵，因此具有很高的史料价值，是研究14世纪中后期东安纳托利亚历史的基本史料。

（1）帖木儿时期

宰纳丁与阿即兹的作品可以视作伊朗波斯史学复兴的前奏，帖木儿对历史写作的支持则又为其奠定了稳固的基础。帖木儿对历史有着浓厚的兴趣，无论是在行军途中抑或休息闲暇，均有文士为其讲述历史。因此，他不但鼓励史书的创作，同时还要求随军文士随时记录自己与诸子的言行与战绩。因此帖木儿生前便有不少以突厥语、波斯语写就的史书问世，前者如萨菲丁·忽塔剌尼·撒马尔干迪（Ṣafī al-Dīn Khuttalānī Samarqandī）的《胜利纪》（*Ẓafarnāma*）以及佚名作者创作的回鹘文《汗纪》

㉕ Denise Aigle,*The Mongol Empire between Myth and Reality: Studies in Anthropological History*, Brill, 2014, pp. 27-28.

㉖ 笔者目前只见一部藏于法国国家图书馆的抄本：Ms. Suppl. Per. 204.

㉗ 'Azīz b. Ardashīr Astārābādī, *Bazm va Razm*, Anjuman-i Aṣār va Mafakhir-i Farhangī: Tehrān, 1393/2014—2015. 关于该书的情况可参见今泽浩二，《14世紀アナトリア史の根本史料『宴と戦い』について，オリエント》（33—1），1990年，113—123页。

（*Tārīkh-i Khānī*）；后者如谢赫马哈穆德·赞吉·阿扎姆·起耳漫尼（Shaykh Maḥmūd Zangī ‘Ajam Kirmānī）《沸腾与喧嚣》（Jūsh wa Khurūsh），其子忽图卜丁（Quṭb al-Dīn）的续编以及赛义杜拉·起耳漫尼（Sa‘id Allāh Kirmānī）《米兰沙圣战纪》（*Futūḥat-i Mīrānshāhī*）、卡兹·纳昔鲁丁·乌马尔（Qaẓī Naṣīr al-Dīn ‘Umar）《印度圣战日志》（*Rūznāma-yi Futūḥat-i Hindūstān*）、尼昝姆丁·阿里·苫米（Nizam al-Dīn ‘Alī Shāmī，d.812/1409）的《胜利纪》（*Ẓafarnāma*）等。不过除去盖耶速丁·阿里·雅兹迪（Ghiyās al-Dīn ‘ Alī Yazdī）的《印度圣战日志》（*Rūznāma-yi Ghazavāt-i Hindūstān*）以及苫米的《胜利纪》外，其余均已散佚，只有部分内容见于后人的零星引用之中[28]。

雅兹迪出身于也思忒（Yazd，今耶兹德），最初效力于穆扎法尔王朝，803/1400年因其文学才能被引荐给帖木儿，后者要求其以简朴的波斯散文撰写一部详细的军事日志。《印度圣战日志》便是在此情况下产生的。《印度圣战日志》又名《吉祥志》（*Sa‘ādatnāma*），全书分为五部分，前两部分是序言以及帖木儿至800/1398年征服活动的简短记述，第三部分是主体部分，也是全书最有价值的部分，包含了一份帖木儿在印度征战十二个月的详细记述，第四、第五部分则分别是对帖木儿下令建造撒马尔干大清真寺的简短报告以及一篇简短的结束语[29]。这五部分的成书时间不同，主体部分亦即第三部分大约编写于802年（1399—1400），亦即帖木儿从印度返回一年后，应该出自帖木儿的随军书记官之手，后来被雅兹迪所利用，第二、第四部分应该成书于帖木儿逝世后不久[30]。尽管帖木儿要求雅兹迪以简朴的语言书写，但后者显然并没有遵循，《日志》文风华丽铺陈，作者在行文中引用了大量的熟语、诗歌，颇不易读。

苫米则最初效力于札剌亦儿王朝，795/1393年帖木儿攻破巴格达，他亦在被俘之列。804年，帖木儿指派苫米撰写一部有关自己崛起与征服世界的史书，并强调在语言上要尽量朴实，以便读者理解。这部史书完成于806年9月/1404年，并名之为《胜利纪》[31]。作者在开篇简述了窝阔台系—拖雷系在大禹儿惕（Ulugh Yūrt）的统治（包括部分北元世系）、察合台系在突厥斯坦的统治、术赤系在钦察草原的统治以及帖木儿诸父辈在察合台汗国的活动和帖木儿的早年经历，之后的主体叙事则始于763/1362—1363年东察合台汗秃格鲁黑·帖木儿（Tughlugh Timur）二次入侵河中，止于806/1404年帖木儿格鲁吉亚之役的结束。作为现存最为古老且保存最为完整的帖木儿传记作品，苫米

㉘ Jone E. Woods, *The Rise of Timurid Historiography*, 1987, pp. 81-85.

㉙ 该书目前有Iraj Afshār教授的校本出版，并附有一篇报告（Guzāresh），对该书的作者、撰写缘由、时间以及内容都有介绍（Ghiyas al-Dīn ‘ Alī Yazdī, *Sa‘ādatnāma yā Rūznama-yi Ghazavāt-i Hindūstān*, Mirāṣ-i Maktub:, 1379, pp. 9-17）。关于作者及该书的相关情况并可参见Jone E. Woods, The Rise of Timurid Historiography, *Journal of Near Eastern Studies*(48),1987, pp. 93-96。

㉚ Jone E. Woods, p. 94.

㉛ 有关生苫米生平与编纂情况可参见Jone E. Woods,*The Rise of Timurid Historiography*, 1987, pp. 85-87; Jackson, P.. “Shāmī, Niẓām al-Dīn”. *Encyclopaedia of Islam*. Volume Ⅸ (2nd ed.). Leiden: E. J. Brill ,1997, p. 283。另，就笔者所知《胜利纪》目前只有F. Tauer（*Ẓafar-nāma*, 2 vols. Prague, 1937—1956）的校本，1363/1984年重版，并附有Panāhī Semnānī的序言，笔者所利用主要是后者。

的《胜利纪》具有极高的史料价值。作者两次随军出征，《胜利纪》中所载795年之后的不少史事均为其亲历，此外，他又利用了大量今已散佚的文本资料乃至亲历者口头信息，极为珍贵。毫无疑问，苫米的《胜利纪》是我们研究帖木儿以及14世纪后期至15世纪初东部伊朗与河中地区历史最为基本的文献，它不但为我们提供了大量珍贵的原始信息，还对其后的帖木儿史书编纂产生了难以估量的影响。

（2）沙哈鲁时期

沙哈鲁统治时期（r.807/1405—850/1447）是帖木儿王朝史学的第一个高峰，在他的大力赞助之下，一大批史书相继问世。由于苫米的《胜利纪》止于806/1404年，沙哈鲁在稳固自己统治后便先后令火者塔朱丁·撒剌麻尼（Khvāja Tāj al-Dīn Salmānī）与哈菲兹·阿不鲁（Ḥāfiz Abrū，d.833/1430）对其加以续写。撒剌麻尼的续作名为《骄阳》（*Shams al-Ḥusn*），撰写于813/1410年，叙事始自807/1404年帖木儿从叙利亚及鲁木返回，止于811年11月12日/1409年3月29日宗王哈里（Khalīl，d.814/1411）在撒马尔干被俘。撒剌麻尼将目光集中在帖木儿死后帝国的内乱，详述了沙哈鲁的崛起以及逐步掌控呼罗珊与河中的史事。其间大多数记载均出自其个人经历以及相关事件参与者的口述，具有较高的可信度㉜。

哈菲兹·阿不鲁全名阿卜杜拉·本·鲁忒甫剌·本·阿卜杜·拉施特·拜赫倒迪尼（ʿAbd-Allāh［或 Nur-Allāh］ b. Luṭf-Allāh b. ʿAbd al-Rashīd Bihdādinī），以哈菲兹·阿不鲁（Ḥāfiz Abrū/Ḥāfiz-i Abrū）闻名，是帖木儿王朝时期最为著名的呼罗珊史家。他生年不详，出身于呼罗珊，求学于哈马丹，大约在782/1380年之后成为了帖木儿的扈从之一，出入宫廷，结交了一大批学者，并逐渐参与了帖木儿的一些重要军事行动。帖木儿死后，哈菲兹·阿不鲁转而效力于沙哈鲁，直至逝世㉝。哈菲兹·阿不鲁的历史编纂活动是在沙哈鲁的支持下撰写的，《胜利纪续编》只是其庞大作品中体量很小的一部，而据Felix Tauer的研究㉞，他的作品包括：

①《史集续编》（*Ẓayl-i Jāmaʿ al-Tavārīkh-e Rashīdī*），这是对拉施都丁《史集》的续写，并按照其体例编纂。叙事起于完者都即位的703/1304年，止于795/1393年帖木儿

㉜ 该书有三个抄本存世：London Museum Library. OR.159(119 flos)；Fatih Library. No. 4305（148 flos）；Lālā Ismā'īl Efendi Library. 304（177 flos）。1956年，Hans Robert Roemer据Lālā Ismā'īl 304抄本将其译为德语，并附有该抄本的影印件（*Šams al-Ḥusn: Eine Chronik vom Tode Timurs bis zum Jahre 1409 von Taġ al-Salmānī*, Wiesbaden, 1956）。1393/2014—2015年，又经Akbar Sabūri校订，以“تاريخنامه（شمس الحسن）”之名在德黑兰出版（*Tārīkhnāma[Shams al-Ḥusn]*, Inteshārāt-i Duktur Muhammd Afshār:Tehrān, 1393/2014-2015）。有关作者的生平与该书的详细情况可参见Roemer与Akbar Sabūri的序言部分（Roemer，p.5-14;Akbr Sabūri, pp.20-45）。Jone E. Woods在《帖木儿王朝史学之兴起》一文中亦曾对该书的编纂与史源做过详细的分析［The Rise of Timurid Historiography, *Journal of Near Eastern Studies* 48 (1987), pp. 88-89］。

㉝ Maria Eva Subtelny and Charles Melville, “Ḥāfeẓ-e Abru”, *Encyclopaedia Iranica*, Vol. XI, Fasc. 5, 2002, pp. 507-509. 此外Khānbābā Bayānī及Sayyid Kamāl Ḥaj Sayyid Javādī各自《史集续编》《历史精华》的校者前言部分亦对Ḥāfiz Abrū的生平及作品情况进行了详细的介绍，分别参见Ḥāfiẓ-i Abrū, *Ẓayl-i Jāmiʿ al-Tavārīkh-i Rashīdī* (2rd ed), Tehran, 1350/1971, p. 6-61; Ḥāfiẓ-i Abrū, *Zubdat al-Tawārīkh(vol 1)*, Tehrān, 1380/2001, pp. 13-49。

㉞ Felix Tauer, Vorbericht über die Edition des Ẓafarnāma von Niẓām Šāmī und der wichtigsten Teile der Geschichtswerke Ḥāfiẓ-i Abrū's, *Archiv Orientální 4*, 1932, pp. 250-256.

大军攻破札剌亦儿王朝首都巴格达[35]。《续编》关涉不赛因汗逝世前后的记述主要基于可疾维尼的《胜利纪》、扎马鲁丁·哈山尼（Jamāl-al-Din Qāshānī）的《完者都史》、赛甫·本·穆罕默德·合剌维（Sayf b. Muḥammad Harawī）的《也里史志》。至于742/1341—794/1392年之间的史事则大量依赖于宰纳丁的《胜利纪续编》[36]。

②《胜利纪续编》（*Ẓayl-i Ẓafanāma-yi Shāmī*），814/1412年受沙哈鲁之命对苫米《胜利纪》的续编，自806/1404—807/1405年，篇幅不长，但包含一些不见于哈菲兹·阿不鲁后续撰述的部分内容[37]。

③《沙哈鲁史》（*Tārīkh-i Shāhrukhī*），叙事自沙哈鲁即位至816/1413—1414年。这部分内容后来被整合入他的《拜升豁儿的历史精华》之中。

④《哈菲兹·阿不鲁史》（*Tārīkh-i Ḥāfiz Abrū*），人们更熟知它的另一个名字《哈菲兹·阿不鲁地理书》（*Jughrāfiyā-yi Ḥāfiz Abrū*）。这是作者在817/1414年受沙哈鲁之命编纂的历史地理著作，利用了诸如伊本胡尔达兹比赫《道里邦国志》、穆斯托菲《心之喜》等作品，大英图书馆藏有一份带有巴里黑学派风格的哈菲兹·阿不鲁世界地理图（Mss.1577）。哈菲兹·阿不鲁的地理书也同时体出了他对阿拉伯地理编纂模式的背离，作者在每一区开头会对此地的历史进行一定的叙述，为我们了解相关时期此地的历史发展提供了重要的信息[38]。《地理书》编纂可能是与作者的另一写作计划相配合的，他曾自称自己受沙哈鲁之令据巴勒阿米（Bal‘amī, d.363/974）及拉施都丁的史书撰写一部通史。有研究者推测哈菲兹·阿不鲁的编纂计划本身即效仿于拉施都丁，即包括历史与地理两部分的内容[39]。

⑤《哈菲兹·阿不鲁集》（*Mujmū‘-yi Ḥāfiz Abrū*），820/1417—1418年作者受沙哈鲁之命撰写的一部世界通史。这部庞杂的作品包含了a.《巴勒阿米史》（*Tārīkh-i Bal‘amī*），并由作者续写至656/1258年；b. 拉施都丁的《史集》，并在基础上由作者续写至795/1393年，续写部分则基于穆斯托菲的《胜利纪》以及其子宰纳丁对《胜利纪》的续编等；c. 赫拉特的卡尔特（Kart）王朝史以及有关脱海帖木儿（Ṭaghāy Timūr）、异密瓦立（Amīr Walī）、萨尔巴达尔诸异密（Umarā-yi Sarbadāriyya）、阿儿浑沙

㉟ 《史集续编》波斯文原文由Khānbābā Bayānī在1317/1939，1971年又刊行了修订版（Ḥāfeẓ-i Abrū, *Ẓayl-i Jāmi‘ al-Tavārīkh-i Rashīdī* (2rd ed), Tehran, 1350/1971.）。

㊱ Charles Melville, *Ḥamd Allāh Mustawfī's Zafarnāmah and the historiography of the late Ilkhanid period.*

㊲ Felix Tauer, *Continuation du Ẓafanāma de Niẓāmuddīn Šāmī par Ḥāfiz Abrū.* 有关哈菲兹·阿不鲁的著述与现存抄本情况亦可参见大塚修,《ハーフィズ・アブルーの歴史編纂事業再考：〈改訂版集史〉を中心に》,東洋文化研究所紀要，第168册, 2015年，245—289页。

㊳ 该书于1378/1999年由Ṣādiq Sajjādī分三册校订出版（*Jughrāfiyā-yi Ḥāfiz Abrū*, Mirās-i Maktūb: Tehrān, 1378/1999.）。此外，《地理书》的呼罗珊部分曾被单独摘出校订出版，参见*Jughrāfiyā-yi Hāfiz Abrū: Qismat-i Rab'-yi Khurāsān wa Herāt*, Tehrān, 1349/1970。Dorothea Krawulsky则将呼罗珊部分译为了德语，参见*Ḫorāsān zur Timuridenzeit nach dem Tārīḫ-i Ḥāfeẓ-i Abrū (verf. 817-823 h.)* des Nūrallāh ‘Abdallāh b. Luṭfallāh al-Ḫvāfī genannt Ḥāfeẓ-i Abrū, Wiesbaden : L. Reichert, 1984。

㊴ Ono Hiroshi, Ḥāfiẓ-i Abrū's Geographical Work, the So-called Jughrāfiyā: Its Significance and Evaluation in Relation to Rashīd al-dīn's Works, *Journal of Asian History* , Vol. 49, No. 1-2, Chinese and Asian Geographical and Cartographical Views on Central Asia and Its Adjacent Regions (2015), pp. 53-68.

（Arghūnshāh）的简短记述[40]；d.《穆扎法尔王朝史》，这部分记述主要基于木亦努丁·雅兹迪（Mu'īn al-Dīn Yazdī）的《神圣之才能》；e. 前述的《胜利纪续编》；f.《沙哈鲁史》，叙事止于819/1416年。是对前作《沙哈鲁史》的重编[41]。

⑥《君王历史汇编》（*Majma' al-Tavārīkh Sultāniyya*），哈菲兹·阿不鲁献给沙哈鲁之子拜升豁儿的一部世界通史，始于创世，止于830/1426年。全书分为四册，第一册自创世直至先知穆罕默德的出现，第二册自穆罕默德的生平至阿巴斯王朝的衰落[42]，第三册前半部分自萨法里扬王朝直至起耳漫的哈喇契丹政权，后半部分为蒙古史，以《旭烈兀汗纪》为界，此前为《史集》第一部的第一、二卷内容，自《部族志》至《忽必烈合罕纪》，此后以编年形式叙伊利汗国史，直至伊历736年不赛因汗的逝世[43]。第四册也是最重要的一册，以《历史精华》（*Zubdat al-Tavārīkh*）或《拜升豁儿的历史精华》闻名，分上下两卷，上卷叙事起于不赛因汗逝世、帖木儿降生的736/1335年，止于帖木儿逝世的807/1405年，下卷叙事自帖木儿的逝世直至830/1426年[44]。在撰写《历史精华》时，除去个人经历及相关档案，哈菲兹·阿不鲁显然还利用了一些其他的书面资料，如苫米的《胜利纪》、纳坦兹（Naṭanzī）的《木阴历史选》以及早已散佚的《米兰沙征服记》（Futūḥat-i Mīrānshāhī）[45]。

若论知名度与影响力，沙剌甫丁·阿里·雅兹迪（Sharaf al-Dīn 'Alī Yazdī，770/1370—858/1454）重新编纂的帖木儿传记《胜利纪》（*Ẓafanāma*），要远胜于苫米的同名作品以及上述二人的续作。沙剌甫丁·阿里·雅兹迪与盖耶速丁·阿里·雅兹迪一样，最初均效力于穆扎法尔王朝，后者覆灭之后，于822/1419—1420年转而效力于统治法尔斯的亦卜剌忻算端（Ibrāhīm-Sulṭān b. Shāhrukh），并在其授意下着手编纂帖木

㊵ Felix Tauer曾摘取了这部分关涉帖木儿时期的内容以《五朝史：哈菲兹·阿不鲁著作中关涉帖木儿时期的叙事》之名校订出版（*Felix Tauer,Cinq opuscules de Hāfiz-i Abrū concernanat l'historie do l'Iran au temps de Tamerlan*, Prague, 1959）。而有关卡尔特王朝的全文则经Mīrhāshim Muhaddiṣ校订出版（Hāfiz-i Abrū, *Tārīkh-i Salāṭīn-i Kart*, Mirās-i Maktūb: Tehrān, 1389/2010）。

㊶ 其抄本情况可参见大冢修：《ハーフィズ・アブルーの歴史編纂事業再考：〈改訂版集史〉を中心に》,《東洋文化研究所紀要》，第168册，2015年，275—276页。笔者目前手头有苏莱曼尼耶·德玛特·易卜拉欣·帕夏图书馆所藏919抄本（Süleimaniye Damad Ibrahim · Ms. 919）以及法国国家图书馆所藏的2046抄本（BNF. Ms. Supp. Per. 2046）可供利用，前者是完整的《哈菲兹·阿不鲁集》，后者则仅仅只包含《史集续编》《穆扎法尔王朝史》《胜利纪》《胜利纪续编》。

㊷ 关于第二册，笔者手头目前有一部藏于伊朗议会图书馆（Kitābkhāna-yi Majles-i Shūrā-yi Mellī）的抄本，题名为《历史精华》（*Zubdat al-Tavārīkh*），编号3829/257，分四部分叙穆罕默德生平、正统哈里发、倭马亚王朝、阿巴斯王朝，直至656/1258旭烈兀攻陷巴格达。

㊸ 笔者所利用的是藏于伊朗国家图书馆（Kitābkhāna-yi Millī）的一个抄本，编号F.2527，完成时间为伊历830年12月9日周三午前（1427年9月30日）。从抄本内容来看，与法国图书馆所藏《史集》209抄本有着密切的关系（抄写于伊历837年）。

㊹ *Zubdat al-Tavārīkh(vol 1),* Tehrān, 1380/2001, pp.18-21.《君王历史汇编》的第四部分已由Sayyid Kamāl Ḥāj Sayyid Javādī分两册校订出版，参见Ḥāfiẓ-i Abrū, *Zubdat al-Tavārīkh(2 Vols)*, Tehrān, 1380/2001。笔者手头有一份藏于伊斯坦布尔法提赫图书馆的精美抄本，编号4370（Al-Fatih. Ms.4370），该抄本共725页，1—606页之前为《历史精华》第四卷，607—725页为后补入，叙事自831年沙哈鲁进军河中直至875年忽辛拜哈喇二次即位，摘自剌匝克（Razzaq）《两福星之升起与两海洋之交汇》（*Matla' -i sa'dayn va Majma'-i Bahrayn*）第二卷。

㊺ Jone E. Woods,*The Rise of Timurid Historiography*, *Journal of Near Eastern Studies (48)*, 1987, pp. 96-99.

儿的传记[46]。雅兹迪的历史撰述情况非常复杂，Binbaş对此进行了重构，大致如下：

822/1419—1420年，雅兹迪在亦卜剌忻算端的邀请下前往设拉子编纂一本编年史《世界征服者史》（*Tārīkh-i Jahāngīr*）；828/1424—1425年，他完成了《撒希甫·乞兰征服纪》（*Fatḥnāma-yi Ṣāḥib Qirānī*）序言部分的编纂；830/1426—1427年，雅兹迪正在忙于撰写一部《算端征服纪》（*Fatḥnāma-yi Sulṭānī*）的作品；831/1427—1428年，他对《世界征服者史》的序言（*Muqaddama*）进行了修订；832/1428—1429年，他自称完成了《胡马雍史》（*Tārīkh-i Humāyūn*）；大约在847/1443—853/1450年，雅兹迪将其所谓的第二章（Maqāla）献给了算端穆罕默德（Sulṭān Muḥammad b. Bāysunghur）[47]。

尽管雅兹迪似乎有一个庞大的撰写计划，但他显然并没有完成。目前我们所能看到的作品只有《世界征服者史》的长篇序言（Muqaddama），《撒希甫·乞兰征服纪》的前言（Dībācha），胜利纪或《胡马雍征服纪》（*Fatḥnāma-yi Humāyūn*），第二章（*Maqāla duvvum*）以及保存在其诗集中《胡马雍征服纪》的部分内容。Binbaş认为，Yazdī最初的撰述计划是《世界征服者史》，分为四部分，包括一篇序言（Muqaddama），两章（Fasl）正文，分别关涉帖木儿与沙哈鲁，此外还有一篇结语（khādtima），但作者似乎只完成了序言的撰写。而在828/1424—1425年，他放弃了前者的撰写，转而编纂《撒希甫·乞兰征服纪》，包括一篇序言，三章正文，分别叙帖木儿、沙哈鲁、易卜拉欣算端三人的史事。雅兹迪在832/1428—1429年宣称完成了此书的编纂，但目前我们只能看到第一章、第二章的内容[48]。

雅兹迪最为人所知且史学地位最高的作品无疑是帖木儿的传记《胜利纪》，只不过《胜利纪》一名应该是后人所取，雅兹迪在书中只称其为《第一章》（*Maqāla-yi avval*）或《胡马雍征服纪》（*Fatḥnāma-yi Humāyūn*）。《胜利纪》的基本叙事起于736/1335年帖木儿的降生，止于807/1405年帖木儿的逝世，并简短叙述了算端哈里（Sultān Khalīl）在撒马尔干统治的兴衰[49]。就叙事倾向来说，雅兹迪比苫米更加强调帖木儿身上的伊斯兰因素，并为沙哈鲁一系统治的合法性张目。同时，二者记述同一事的详略常常有所差异，可做互补。此外，雅兹迪《胜利纪》中还包含大量不见于其他史书的记述，如纪年、世系等等。而其有关伊朗卡尔特王朝、穆扎法尔王朝、黑羊王朝及帖木儿对东察合台的征讨、沙哈鲁的个人功绩等方面也有着更加详尽的记述[50]。

---

[46] 有关雅兹迪的生平活动可参见İlker Evrim Binbaş的博论：*Sharaf al-Dīn ‘Alī Yazdī (ca. 770s-858/ca. 1370s-1454): Prophecy, Politics, and Historiography in Late Medieval Islamic History*, Ph.D. dissertation. The University of Chicago, 2009. 以及他随后出版的专著：*Intellectual Networks in Timurid Iran: Sharaf al-Dīn ‘Alī Yazdī and the Islamicate Republic of Letters* , New York: Cambridge Univ. Press, 2016.

[47] İlker Evrim Binbaş,The Histories of Sharaf al-Dīn ‘Alī Yazdī: A Formal Analysis, *Acta Orientalia Academiae Scientiarum Hungaricae*, Vol. 65, No. 4, 2012, p. 412.

[48] İlker Evrim Binbaş, pp. 391-417.

[49] 1387/2008年，Sa‘īd Mīr Muḥammad Ṣādiq ,‘Abd al-Ḥusayn Navāyī 将Yazdī《世界征服者》的长序连同《胜利纪》（Zafarnāma）一同校订出版，这是目前最新最全的校本（参见Sharf al-Dīn ‘Alī Yazdī, Zafarnāma[Jald 1], Tehrān, 1387/2008）。

[50] Jone E. Woods, pp. 99-105.

《撒希甫·乞兰征服纪》第二章的内容目前尚以抄本的形式存在，保存在伊朗马什哈德圣城拉扎维图书馆，编号4143（Mashhad，Kitābkhāna-yi Āstān-i Quds-i Rażavī Ms.4143）。这部作品是献给沙哈鲁的孙子算端穆罕默德（Sulṭān Muḥammad ）的，抄本抄写于922/1516年，共201页，包含了807/1405—810/1408年之间的史事[51]。

《胜利纪》（第一章）、第二章之外颇值注意的作品便是《世界征服者史》的长序（Muqaddama），这部长序其实是一部简略的蒙古史。主体叙事从努哈谈起，构建出了一条至乌古斯汗的完整世系："Oghūz Khān b. Qarā khān b.Mughūl Khān b.Ālnucha[52] Khān b.Kiyūk Khān b. Dīb Yāvqūī Khān b. Abulcha Khān b.Turk b.Yāfiṣ b.Nūh"。同时又将遁入额尔古涅困的蒙古祖先乞颜、捏古思作为乌古斯的后代，捏合了突厥、蒙古的世系。之后简述成吉思汗先祖及成吉思汗史事，最后分述伊利汗国、察合台汗国史事，且叙察合台汗国史事较为详尽，内容基本止于西察合台汗卡赞汗（Qazan Khan，d.1346），并称"自察合台汗至卡赞汗，共统治109年，而有关卡赞汗及其之后的其他察合台汗事迹见于《第一章》之中"。但在此后又简要列出了哈喇兀纳思（Qara' unas）首领哈兹干（Qazghān）推立的傀儡汗及东察合台诸汗[53]。

《世界征服者史》的这篇长序在史源上与同时代的《四兀鲁思史》（*Tārīkh-i Ulūs-i Arb'a*）有着密切的联系，二者在成吉思汗之前的内容近乎完全相同，极有可能利用了相同的史源材料。《四兀鲁思史》原文已佚，宏达迷儿（Khwāndmīr，1475—1535）在《传记之友》（*Habīb al-Siyar*）中曾援引过部分内容，如他叙及在怯绿连河及哈拉和林继承成吉思汗汗位的诸汗时称据沙剌甫丁·阿里·雅兹迪在其《胜利纪》序言（*Muqaddama-i Ẓafanāma*）中所记其人数为15人，但在米尔咱兀鲁伯古列干（Mīrzā Ulugh Bīk Gurkān）的《四兀鲁思》（*Ulūs-i Arb'a*）中则为19人[54]。巴托尔德认为该作品非兀鲁伯所著，而应当是某位无名学者托其名献给沙哈鲁的作品。这个推测是对的，宏达迷儿在乌古斯部分解释"哈剌赤"（Khalaj）之名的意思时，称："鄙人曾在一部由一位博学之士编纂于至尊沙哈鲁算端时期，献给米尔咱兀鲁伯古列干的史书中看到，该词原作'Qalaj..."[55]，其所说应即《四兀鲁思史》。尽管这部该书并没有流传下来，但尚有若干缩略本存世。Rieu在《大英博物馆藏波斯文抄本目录》中提到一部"成吉思的四兀鲁思 （*Ulūs-i Arb'a-yi Chingīzī*）的波斯文抄本，并对其进行详细

---

[51] İlker Evrim Binbaş, pp. 403-405. *Fihrist-i kitāb-i kitābkhāna-yi mubāraka-yi Āstān-i Quds-i Razha(vol 3)*, 1345/1926, p. 97.

[52] 应是Ālmucha之讹误。

[53] Sharf al-Dīn 'Alī Yazdī, *Zafarnāma[Jald 1]*, Tehrān, 1387/2008, pp. 219-220.笔者手头目前有三个包含此《序言》的《胜利纪》（*Ẓafarnāma*）抄本可供利用，分别藏于伊斯坦布尔法提赫图书馆（Ms.Fatih.4424,f. 2a-91b, 抄写于伊斯兰历891年）、伊斯坦布尔剌剌伊斯马伊勒图书馆（Ms.Lala Isma'il.359, f.2a-77b，抄写于伊斯兰历974年）、伊斯坦布尔努鲁奥斯曼尼耶（Ms.Nuru Osmaniye.3392, f.1a-94b，抄写于伊斯兰历1063年）。

[54] Khwānd Mīr, *Tārīkh-i Habīb al-Siyar* (vol 3) ,ed by Muḥammad Dabīr Siyāqī, Etshārāt-i Khiyām: Tehrān, 2001, p.47. 这种差别实际上反映了帖木儿王朝对北元事务的关注，北元世系在苫米《胜利纪》中的13人，Yazdī后增补一位新汗，至《四兀鲁思史》则又增补五位。

[55] Khwānd Mīr, *Tārīkh-i Habīb al-Siyar* (vol 3), p.8.

介绍（Add.26190），指出这是基于兀鲁伯的同名作品而来[56]。其后，Ethé则介绍了藏于印度事务处的另一抄本（No. 167），抄写于1204/1789—1790年。封皮处写有“突厥世系之书”（*Kitāb-i Shajrat-i al-Atrāk*），但Ethé认为这个该名与书的内容并不怎么相符[57]。Rieu认为Miles译本[58]依据的是大英博物馆所藏Add.26190抄本，巴托尔德则认为这个并不能令人满意的译本所据底本应为大英博物馆所藏的另一个抄本，编号Or.8160，这也是26190抄本的底本[59]。除此之外，哈佛大学霍顿图书馆藏有一本题名为《突厥世系：成吉思汗纪，突厥世系亦即突厥诸算端史》（*Shajrat-i al-Atrāk*，*Tavārīkh-i Chingīznāma*，*Shajrat-i al-Atrāk*，*ya'nī*，*Tavārīkh-i Salāṭīn-i Turk*）的波斯文抄本。抄本编号Ms Persian 6。由Lee Herry捐赠，时期不明。抄本共117页，每页27行，由Ta'līq字体抄写，扉页有红色字体题名：“突厥世系 ”（*Shajrat-i al-Atrāk*），紧接着有两行黑色字体“成吉思汗史，突厥世系，亦即突厥诸算端史”（*Tavārīkh-i Chingīznāma*，*Shajrat-i al-Atrāk*，*ya'nī*，*Tavārīkh-i Salāṭīn-i Turk*）。其内容与Miles之译本大致相同，但有部分诗歌并不见于该译本。而抄本最后有这样一段话：“本书叙成吉思汗之四兀鲁思、突厥后裔名姓之数以及突厥斯坦诸汗之名姓，其内容则皆援引自算端兀鲁伯米尔咱所编纂之叙成吉思汗四兀鲁思汗的史籍”[60]。

沙哈鲁时期的通史作品比较有限，目前只知木亦努丁·纳坦兹（Mu'īn al-Dīn Naṭanzī）与法斯希·霍非（Faṣīḥī Khvāfī）分别在 817/1414年、845/1441—1442年向沙哈鲁进献了自己的通史著作《木阴历史选》（*Muntakhab-i al-Tavārīkh-i Mu'īnī*）与《法斯希纲要》（*Mujmal-i Fasīhī*）。

我们对纳坦兹的生平所知甚少，只知道他是一位生活在设拉子的什叶派信徒，817/1414年之前一直在伊斯堪达尔（Iskandar b. 'Umar-Shaykh，786/1384—818/1415）的宫廷效力。816/1413—1414年，他为伊斯堪达尔撰写了一部通史著作（叙事止于807/1405年），学界一般称之为“Iskandar Anonymous”。817/1414年，伊斯堪达尔被其叔叔沙哈鲁击败，纳坦兹随后便对自己的作品进行了二次编订并命名为《木阴历史选》，在817年7月22日/1414年10月7日献给了自己新的效力对象沙哈鲁。《木阴历史选》目前有两个波斯语校本[61]，内容相同，均摘取了其中有关沙班卡剌（Shabānkāra）、霍尔木兹（Hurmuz）、起儿漫（Kirmān）、耶兹德（Yazd）等地诸王

---

[56] Rieu, *Catalogue of The Persian Manuscripts in The British Museum*, vol1, 164.

[57] Ethé,*Catalogue of The Persian Manuscripts in The Idian Office*, vol1, p. 77.

[58] *The Shajrat Ul-Atrak or Genealogical Tree of The Turks And Tatars,* trans by William Miles, London, 1838.

[59] Barthold, *Turkestan Down to The Mongol Invison*, 1928, p. 57.

[60] 这一缩略本目前有'Alī Abū al-Qāsimī的校本《〈四兀鲁思史〉简编》：Mukhtasar-i Tārīkh-i Ulūs-i Arb'a, Rūzāndīsh-i Hamadān: Hamadān, 1399/2020-2021.关于它的更多情况可参见校者前言部分。

[61] Mawlānā Mu'īn al-Dīn Naṭanzī, *Muntakhab-i al-Tavārīkh-i Mu'īnī*(ed by Jean Aubin), Kitabfurush-i Khiyam:Tehrān,1336、1958; Mawlānā Mu'īn al-Dīn Naṭanzī, *Muntakhab-i al-Tavārīkh-i Mu'īnī*(ed by Parvīn Istakhrī), Asāṭīr:Tehrān,1383/2004-2005. 有关Naṭanzī及其作品的情况可参见Jean Aubin校本的前言部分（Pīsh Guftār）.此外，《木阴历史选》现有一部土耳其语译本：Mu'îneddîn Natanzî, *Müntehabü't- Tevârîh-i Mu'înî*（*İskender Anonimi*）, trans by Ahmet Özturhan, Istanbul, 2023.

的内容，以及术赤、察合台、旭烈兀三个兀鲁思在钦察、河中及伊朗的统治，并分述旭烈兀家族在伊朗的统治结束后，出班、札剌亦儿、穆扎法尔等政权的兴衰以及自西察合台兀鲁思君主卡赞汗（d.1346）被杀至帖木儿兴起之前河中诸异密的情况，最后一部分则可以视作帖木儿的个人传记，叙其兴起之迹直至807/1405年进攻中国[62]。

法斯希·霍非本名阿合马·札剌鲁丁·穆罕默德（Aḥmad b. Jalāl al-Dīn Muḥammad），但以"法斯希·霍非"知名。目前我们对法斯希·霍非所有了解都来自其书中提供的零散信息。他大概生于777/1375—1376年，807/1405—1406年受聘为财政官，818/1415—1416年曾陪同沙哈鲁前去设拉子平定白合喇（Bayqara）的叛乱，825/1422年被遣至起耳漫从事相关的财政工作，827/1424年返回巴忒吉思（Badghis），并于次年开始为沙哈鲁之子拜升豁儿效力，843/1439—1440年、845/1441—1442年两次不幸下狱，也大约是在845年，他完成了《纲要》的撰写并献给了沙哈鲁。《纲要》包含一篇序言（Muqaddama），两章正文（Maqāla）以及一篇结束语（Khātima）。序言叙自阿丹降世至先知的出现，正文第一章自先知叙至徙志（Hijra），第二章则自徙志到845年年终（A.H 1—845/A.D 622—1442年），结束语部分则记述了前伊斯兰时代有关赫拉特城的一些情况。《纲要》的行文有两个明显的特点，一是叙事简单，只是概述每年发生的主要事情，二是作者比较关注文学领域，因此其作品中包含了有关同时代文化名流的丰富信息[63]。

除去上述作品之外，马哈穆德·库图毕（Maḥmūd Kutubī）的《穆扎法尔王朝史》（*Tarikh-i Al-Muẓaffar*）与佚名作者的《贵显世系》（*Mu'izz al-ansāb*）也值得特别关注。

《穆扎法尔王朝史》撰写于823/1420年[64]，马哈穆德·库图毕在开篇交代了叙事的起始："叙穆扎法尔诸王，共七位君主，自718/1318年异密穆巴里祖丁·穆罕默德（Mubāriz al-Dīn Muḥammad）统治也思忒（Yazd）至795年7月10日/1393年5月22

---

[62] Jone E. Woods曾对此书关涉帖木儿部分的史源进行过详细的分析，可参见:The Rise of Timurid Historiography, *Journal of Near Eastern Studies (48)*, 1987, pp.89-93.

[63] 关于法斯希·霍非及其作品的情况可参见Edward G. Browne, *A Literary History of Persia(Vol 3)*, Cambridge University Press , 1928, pp. 426-428；Storey, 1935, pp.90-91以及Zabīhallah Safā, *Tārīkh-i Adabiyāt dar Irān (Jald 4)*, Tehran, 1364, pp. 494-496. 该书目前已由Aḥmad b. Maḥammad与Nājī Nasirābādī分为三卷校订出版（Faṣīḥī khvāfī, *Mujmal-i Fasīhī*, Asātir: Tehrān, 1386/2007—2008），笔者手头暂无此校本，所利用者为Khuda Bakhsh Oriental Public Library所藏的一个抄本，编号Hl.29/Cat.455，共284页，由纳斯塔里格（Nastaliq）字体抄写，抄写于993/1585，字体清楚、优美，但抄本本身存在页面错乱以致纪年颠倒的情况。

[64] 部分《选史》抄本的最后附有《穆扎法尔王朝史》，故1913年Edward G. Browne据一份抄录于857/1453的《选史》抄本将《选史》及其后所附的《穆扎法尔王朝史》一同节译为英文（*The Tarikh-i-Guzida, or "Select history" of Hamdullah Mustawfi-i-Qazwini*, abridged in English from a manuscript dated A.H. 857 (A.D. 1453) by Edward G. Browne ; with indices of the fac-simile text by R.A. Nicholson, Leyden：E.J. Brill, 1913）。其波斯文原文由'Abd al-Ḥusayn Nawā'ī校订出版：Maḥmūd Kutubī, *Tarikh-i Al-Muẓaffar,* Mu'assasa-yi Intshārāt-i Amīr Kabīr:Tehrān, 1366/1987-1988. 关于此书及抄本的情况参见Nawā'ī的校者前言部分（pp.15-19）。此外，《穆扎法尔王朝史》的作者有的抄本写作Maḥmūd Kutubī，有的则写作Maḥmūd Kītī，针对此问题，'Abbās Iqbāl Ashtiyānī曾撰文进行了详论:《〈穆扎法尔王朝史〉的作者Maḥmūd Kutubī还是Maḥmūd Kītī？》，最终认为其作者应该为Maḥmūd Kutubī，并且此人应该与Ghayṣ al-Dīn Muḥammad b. Aḥmad Ibrqūhī Ṭabīb有着较近的亲属关系（该论文附于校本中，pp. 21-25）。

日，共统治法尔斯、伊拉克、起耳漫77年……”[65]此外，还解释了自己的撰写缘由：“Mawlānā Afẓal Sa'īd Maghfūrt Mawlānā Mu'īn al-Millat wa al-dīn Yazdī 曾撰写过部分他们（穆扎法尔诸王）的历史，但由于作者奇怪的隐喻与措辞以及对他们各自夸张的颂扬，使得（真实）的情况如同被帐幕故意遮盖的新娘的面容。823/1420年，鄙者马哈穆德·库图毕有幸拜读了撒希卜·赛义德·阿合马杜丁·穆斯托菲（Sāhib Sa'īd Aḥmad Allah Mustawfī）的《选史》，发现在过往的史书中未曾有任何一部比其更为有益、精确，故鄙者欲增益有关穆扎法尔王朝自其统治的崛起至他们国运被异密帖木儿古列坚如风暴般的大军所湮灭的历史，并将其附于此抄本内……”[66]除去木亦努丁·雅兹迪（Mu'īn al-dīn Yazdī）外，马哈穆德·库图毕之前，只有纳坦兹的《木阴历史选》中专列有一章叙穆扎法尔王朝的史事。但在叙事的详细程度上，后者远无法与前者相比。《穆扎法尔王朝史》以诸王的统治为线索，以事系年，详述了伊利汗国崩溃之后，穆扎法尔家族同周边出班家族、因朱王朝、札剌亦儿王朝等地方政权的交往与争斗，并以相当多的笔墨叙述了穆扎法尔诸君主在帖木儿强大军事威胁下的挣扎，具有很高的史料价值。

不同于上述所有的史书，《贵显世系》其实是一部族谱作品，叙蒙古世系，由帖木儿王朝某位佚名作者撰写于830/1426—1427年，忽辛·拜哈喇（Husayn Bayqara）统治时期（r. 873/1469—875/1470、875/1470—911/1506），又对其进行了续编[67]。作者在序言中强调了族谱的重要性，指出突厥与蒙古的君主应守卫好自己的家族，勤于族谱的修撰。在830/1426—1427年，沙哈鲁汗希望重新编写一部蒙古诸君主世系（shajara-yi anāsib-i salāṭīn-i mughūl），将自己祖辈的情况一一列出，并将其定名为《贵显世系》[68]。《贵显世系》可分为两部分，即成吉思汗系与帖木儿系，前者自阿阑豁阿至不赛因汗，后者则自哈剌察儿那颜至忽辛·拜哈喇。《贵显世系》在结构安排上与《五世系》（Shu'ab-i panjgāna）大致相同[69]，以圆框代表男性，方框代表女性，上题为“某某人之画像及其子嗣（sūrat...wa farzandān-i ū）”，并在旁边附上他/她的生平大概，其下又叙此位君主的哈敦及异密等等，提供了完整的世系、婚姻及政治、军事依附情况，具有很

---

[65] Maḥmūd Kutubī, p.27.

[66] Maḥmūd Kutubī, pp.27-28.

[67] Shiro Ando（安藤志朗）在其《〈贵显世系〉所载帖木儿王朝诸异密：14—15世纪中亚的部落贵族》一书的导论部分对《贵显世系》的情况进行了详细的介绍，并在其研究中利用了现存的四个抄本，即法国图书馆所藏波斯文抄本Ms.72（BNF. Ms. Per 72），大英图书馆所藏波斯文抄本Ms.467（BL Ms.Or.467），阿里格尔穆斯林大学所藏波斯文抄本Ms.41、Ms.42（AMU Ms.No. 41、42），详可参见Shiro Ando, *Timuridische Emire nach dem Mu'izz al-ansāb : Untersuchung zur Stammesaristokratie Zentralasiens im 14. und 15.Jahrhundert,* Berlin: Schwarz , 1992, pp. 13-50; Beatrice Forbes Manz, *Family and Rule in Timurid Historiography*, Studies on Central Asian History in Honor of Yuri Bregel ed by Devin Deweese, Indiana University Research Institute for Inner Asian Studies Bloomington: Indiana, 2001, pp. 57-78。其中法图本是现存最好的抄本，笔者所利用的即为此抄本。

[68] BNF. Ms. Per 72, f1b-f2a.

[69] 有关《五世系》的情况可参见邱轶皓：《〈五族谱〉研究导论：研究史·文献特征·史料价值》，程彤编《丝绸之路上的照世杯：中国与伊朗丝绸之路上的文化交流国际研讨会论文集》，上海：中西书局，2016年，173—190页。

高的史料价值。据作者自述，他在撰写这部世系的时候参考了突厥、蒙古史家的撰述，其中当然包括拉施都丁的《史集》以及《五族谱》，合赞汗之后的内容则采用了其他来源的信息，这一部分也是全书最有价值的内容。

沙哈鲁逝世后，帖木儿王朝陷入到了动荡之中，但自此直到忽辛拜哈喇（Ḥusayn Bayqarā，r. 875/1470—911/1506）即位的二十余年里，仍有两部通史作品问世，即札法尔·本·穆罕默德·本·哈散·札法里（Ja'far b. Muḥammad b. Ḥasan Ja'farī）的《大历史》（*Tārīkh-i Kabīr*）与塔朱丁·哈散·本·沙哈卜·雅兹迪（Tāj al-Dīn Hasan b. Shahāb Yazdī）的《史集》（*Jāmi' al-tavārīkh*）。

前者以"札法里"（Ja'farī）知名，有关其生平我们所知不多。只知他大约活跃于算端穆罕默德（Sultan Muhammad b. Baysunqur b.Shahrukh，r.851/1447—855/1451）统治也思忒时期，并曾服务于沙剌甫丁·阿里·雅兹迪。《大历史》以《札法里史》知名，纪事起于创世止于850/1447年。全书分为六个部分，第五部分叙蒙古以及法尔斯、伊拉克、鲁尔的阿塔毕政权，第六部分，也是全书价值最高的一部分，叙帖木儿及其之后的史事。这部作品至今未被完全校订出版，1338/1960年阿巴斯·扎而亚卜·忽亦（'Abbās Zaryāb Khūyī）在自己的博士论文中翻译了关于帖木儿后裔的一部分[70]。1393/2014年，纳迪儿·玛剌塔比·喀山尼（Nādir Maltabī Kāshānī）从忽亦儿子那里得到了这部博士论文，并据此将其中所载的相关部分校订出版[71]。

后者这部与拉施都丁《史集》同名的通史作品则大约撰成于855—857年（1451—1453）之间，为与拉施都丁的作品加以区分，一般称之为《哈桑尼史集》（*Jāmi' al-tavārīkh-i Hasanī*）。我们对此书作者生平的了解亦不多，他生活在起耳漫，因此在此书的最后一部分对起耳漫之事叙之甚详。据其称，当赛亦德·迷剌克·舍尔万尼（Sayyid Mīrak Shirvani）据有起耳漫时，他60岁，如此似是生于793年，然而在书中的别处又说，帖木儿逝世时（807）他已经24岁了，颇令人不解。全书由一篇序言与六个部分组成，第六部分叙塞尔柱之后出现的伊朗诸王，分七章，叙布益、花拉子模、萨鲁尔、（起耳漫）哈喇契丹、穆扎法尔、伊利汗及帖木儿诸王朝。不过，哈散的叙事极其简略，帖木儿王朝部分虽然篇幅较长，但大部分属帖木儿本人的传记，且节抄自雅兹迪的《第一章》。因此其中价值最高的是关涉帖木儿后裔的记述[72]。

---

[70] 'Abbas Zaryab, *Der Bericht über die Nachfolger Timurs aus dem Ta'rīḫ-i kabīr des Ǧa'farī ibn Muḥammad al-Ḥusainī*, Ph.D. thesis, Mainz, 1960.

[71] Ja'farī, *Tārīkh-i Ūlād-i Tīmūr (az Tavārīkh-i Mulūk va Anbīyā')* , ed. by Nādir Maltabī Kāshānī, Qum, 1393/2014.

[72] 该书有两个抄本存世，其一藏于伊朗国家图书馆，编号1330，437页，纳斯塔里格字体，由Abdullah Katib Isfahānī抄写于880年。另一部抄本原藏于伊斯坦布尔法提赫图书馆（如今在伊斯坦布尔苏莱曼尼耶图书馆），编号4307，425页，纳斯塔里格字体，原属Sultan Muhammad Gazi的宗教捐赠之一。有意思的是，该部作品同样由Abdullah Katib Isfahānī抄写，只不过抄写于859年。1987年，此书关涉帖木儿后裔的部分由Husayn Muderrsi Tabātabā'i与Iraj Afshār校订出版（Tāj al-Dīn Hasan b. Shahāb Yazdī, *Jāmi' al-tavārīkh-i Hasanī,* Dānishghāh-i Karāchī, 1987）,校者在序言部分对作者及该书的情况进行了详细的介绍（pp. 8-18）。此外，该书帖木儿之后的内容已由Fatih Bostancı译为土耳其语出版，参见*Timur'dan Sonra Timurlular: Camiu't-Tevârîh-i Hasenî*, Ankara, 2023.

（3）忽辛·拜哈喇时期

拜哈喇统治期间，东伊朗地区相对和平，在其大力资助之下，帖木儿王朝的史学创作迎来了第二次高峰。拜哈喇即位后不久，卡马鲁丁·阿卜杜·剌匝克·撒马尔干迪（Kamāl al-Dīn‘Abd al-Razzāq Samarqandī，816/1413—887/1482）便献上了一部编年史著作：《两福星之升起与两海洋之交汇》（*Matla‘ -i sa‘dayn wa Majma‘-i Bahrayn*）。这部作品大约撰写于871/1466—875/1470年之间，主体叙事起于伊利汗国不赛因汗降生的704/1304年，止于帖木儿王朝算端阿不·赛亦德·古列坚（Abū Sa‘īd Kūrgān）被杀的873/1469年，而这两位君主的姓名便是书名的由来。不过，剌匝克（Al-Razzāq）对阿不·赛亦德·古列坚死后的874、875年事迹亦有着笔，实际纪事止于忽辛·拜哈喇即位的875年[73]。《两福星之升起》分为两卷，第一卷从不赛因汗降生的704年至帖木儿逝世的807年，这部分叙事很大程度依赖于哈菲兹阿布鲁的《史集续编》及其著作中有关穆扎法尔等地方政权的记述，此外还部分利用了沙剌甫丁·阿里·雅兹迪的《胜利纪》以及毛拉纳·木亦努丁的《神圣之才能》[74]。第二卷的前半部分，即830/1427年之前有关沙哈鲁时期的记述则显然大量利用了哈菲兹阿布鲁的《历史精华》，后半部分则主要依赖于当时的档案材料及个人亲历见闻。《两福星之升起》对后世影响很大，米尔宏达（Mīrkhvānd）及其外孙宏达迷儿（Khvāndmīr）在编纂各自的史书时都曾大量援引过剌匝克的叙事。

米尔宏达与宏达迷儿毫无疑问是帖木儿王朝晚期最为著名的史家。前者本名穆罕默德·本·哈万德沙·本·马哈穆德（Muḥammad b. Khāvandshāh b. Maḥmūd，837/1433—903/1498），以米尔宏达知名。他生于不花剌的一个圣裔（Sayid）家庭，后移居赫拉特，效力于帖木儿算端忽辛·拜哈喇（Sultan Husayn Bayqara，r. 875/1469—911/1506），并与拜哈喇的重臣阿里·沙儿·纳瓦依（‘Alī Shīr Navā’ī，844/1441—906/1501）依建立了密切的关系。他在后者的支持之下，撰写了一部通史著作《洁净园》（*Rūẓat al-Ṣafā fi sīrat al-anbiyā’ va al-mulūk va al-khulafā*），全称《洁净园：诸先知、君王及哈里发传》，自创世写起直至作者生活的年代。全书可分为九个部分，序言、终章各一以及七卷正文，第七卷及终章为其外孙宏达迷儿（Khvāndmīr）续作。第一卷叙先知与古代伊朗诸王，第二卷叙先知穆罕默德及正统哈里发，第三章叙倭马亚及阿巴斯王朝，第四卷叙塔希尔、萨曼、花拉子模沙、塞尔柱以及其他地方王朝，第五卷叙突厥斯坦及蒙古史，包括成吉思汗及其后裔并伊利汗国崩溃后建立的出班王朝、札剌亦儿王朝等，第六卷为帖木儿王朝史，叙帖木儿及其子嗣，沙哈鲁及其子嗣等内容，此卷叙事止于算端阿布赛义德汗的被杀的873/1469年，这部分叙事主要基于剌匝克的《两福星之升起》，第七卷亦即宏达迷儿的续编主要记述算端忽辛拜哈喇及其后裔的统治，

---

[73] 《两福星》全文已由‘Abd al-Ḥusayn Nawā’ī校订出版，参见Al-Razzāq, *Matla‘ -i sa‘dayn va Majma‘-i Bahrayn(2 Vols),* Pazhūhishgāh-yi ‘Ulūm-i Insānī wa Muṭāle'āt-i Farhangī:Tehrān, 1401/2004。关于作者及其作品的情况可参见校者前言部分（Al-Razzāq, vol 1, pp. 9-26.）以及C. P. Haase, ‘Abd al-Razzaq Samarqandi, *Encyclopædia Iranica*, I/2, pp. 158-160。

[74] Al-Razzāq, vol 1, p. 11.

叙事止于916/1510年[75]。《洁净园》在波斯史学中占有极高的地位，甚至被德国东方学家巴尔托德·施普勒（Bertold Spuler）誉为最伟大的波斯语通史著作。《洁净园》成书之后，迅速在伊斯兰世界风行，并相继被译为察合台语、奥斯曼语甚至阿拉伯语[76]。我国新疆学者如毛拉·木撒·赛拉米（Molla Musa Sayrami，1836—1917）在撰写《伊米德史》（Tarihi Hamidi）时亦曾大量援引《洁净园》的内容。尽管米尔宏达本人所撰写的六卷内容多依赖于既有的史书，但其所援引的不少书籍今已散佚，相关记述只能在《洁净园》中看到。此外，由于得到了纳瓦依的支持，作者本人亦得以参考纳瓦依的大量藏书以及不少常人难见的档案资料。至于宏达迷儿续写的第七卷则完整记述了帖木儿王朝最后的辉煌与崩溃，当代人著史，保留了大量珍贵的原始资料，可与其《传记之友》的相关部分相互比勘。

宏达迷儿本名盖耶速丁·穆罕默德（Ghiyāṣ al-Dīn Muḥammad，880/1475—942/1535年6月），而为表示自己对外祖父米尔宏达的崇敬与纪念，故以宏达迷儿（Khvāndmīr）行世。他生于赫拉特，在米尔宏达的教育下成长起来。在米尔宏达逝世的次年（904/1498—1499），宏达迷儿获得了纳瓦依青睐，纳瓦依允许他自由翻阅自己的藏书。而在此期间，他相继撰写了两部作品：《帝范》（*Ma'āṣir al-Mulūk*），这是一部圣贤与君主的语录集[77]；《史纲》（*Khulāṣat al-Akhbār fī Aḥvāl al-Akhyār*），一部简要的世界通史，自创世一直写到作者的生活年代。《史纲》分为十章，第九章叙成吉思汗的出现及其后裔的统治，第十章叙帖木儿及其后裔的统治[78]。不久，纳瓦依去世，宏达迷儿撰写了赞颂他的《高贵之品德》（*Makārim al-akhlāq*）。接下来的一段时间里，宏达迷儿作为一名书记官（Munshī）效力于拜哈喇的长子米尔咱八迪匝曼（Badī' al-Zamān，d. 920/1514），并撰写了一部记录前伊斯兰及伊斯兰时期大臣传记的《臣纪》（*Dastūr al-vazarā'*）[79]。913/1507年，赫拉特被月即别人攻破，宏达迷儿短暂效力于掌控赫拉特的月即别异密。1510年，萨法维军队攻破赫拉特，宏达迷儿转而效力于萨法维君主亦思马因一世（Shāh Ismā'īl，d. 1524）。据其自称，927/1520年，他在异密穆罕穆德·忽希尼（Amīr Muḥammad al-Ḥusaynī）的要求下开始撰写一部世界通史，但后者不久便被谋杀，修撰计划被迫中断。不过很快，他又得到了新的赞助者火者哈比卜拉·萨瓦炽（Khvāja Ḥabīb Allāh Sāvajī）的支持，重新开始编纂，并将其取名为《传记之友》

---

[75] 笔者目前所利用的是《洁净园》的两个全校本，'Abbās Parvīz 1338/1960年的八卷本与Jamshīd Kiyānfar 1380/2001年的10卷15册本，前者的第八卷、后者的第八卷、第九卷、第十卷（第12—15册）为Nasir的续编部分。Mīr Khvānd: *Tārīkh-i Rūẓat al-Ṣafā*, ed by 'Abbās Parvīz, Chāpkhāna-yi Pīrūz,1338/1960. Mīr Khvānd: *Tārīkh-i Rūẓat al-Ṣafā fi sīrat al-anbiyā' va al-mulūk va al-khulafā*, ed byJamshīd Kiyānfar, Asāṭīr: Tehrān, 1380/2001. 有关米尔宏达的生平，可参见 Philip Bockholt (2020), "Mīrkhvānd", *Encyclopaedia of Islam (3rd ed.),* pp. 139-142. 以及'Abbas Parviz的《米尔宏达与洁净园》（Mīr Khvānd va Rūẓat al-Ṣafā），见于《洁净园》'Abbās Parvīz 1338/1960年校本的前言（Muqaddama）部分。更详尽的内容则可进一步参见Kiyānfar校本的长序（Pīshguftār）。

[76] Storey, 1935, pp. 95-104.

[77] Khvāndmīr, *Ma'āṣir al-Mulūk*, ed by Mīr Hāshim Muhaddaṣ, 1382/2003.

[78] Khvāndmīr, *Khulāṣat al-Akhbār fī Aḥvāl al-Akhyār*. 笔者所利用的是伊斯坦布尔Ayasofya Ms. 3190、3191两个抄本。

[79] Khwāndmīr, *Dastūr al-vazarā'*, ed by Ḥarbī Amīr Sulaymān, 1980.

（*Habīb al-siyar fi afrad al-bashar*），尽管没有明说，但其书名大概率来自赞助者哈毕卜（Ḥabīb）之名。《传记之友》的初稿完成于930/1524年，第二年又对初稿进行了修订。1526年，萨瓦炽被杀，宏达迷儿接受了莫卧儿君主巴布尔的邀请前往印度，并在933/1528—1529年完成了第三稿的撰写[80]。

《传记之友》是宏达迷儿最为知名的作品，同时也是伊斯兰世界最为杰出的波斯语史书之一。这部通史巨著，自创世写起一直到萨法维王朝第一位君主亦思马因统治结束（1524年）。全书分为三卷，每卷又分四个部分。第一卷叙众先知与最后一位先知穆罕默德以及正统哈里发，此外，还记述了阿拉伯、伊朗及其他的古代君王；第二卷叙倭马亚王朝与阿巴斯王朝以及与他们同时期诸君主；第三卷也是全书最重要的一卷，叙巴格达陷落之后的蒙古—帖木儿王朝及其他，直至萨法维初期。这一卷的四部分分别为：①成吉思汗及其后裔的统治；②同时期的法尔斯、鲁尔斯坦及其他的阿塔毕政权；③帖木儿王朝及与其同时代的诸政权直至萨法维的兴起；④萨法维的兴起及亦思马因一世的统治，直至930年3月/1524年1—2月（1.7—2.6）[81]。与《洁净园》相比，《传记之友》的叙事更加简练，而在利用前人撰述时，也格外注意甄别史料，比较异同。除此之外，宏达迷儿还援引了一些今已散佚的著作（如《四兀鲁思史》），使其得以部分保存。宏达迷儿先后从仕于帖木儿、萨法维、莫卧儿三朝，《传记之友》中有关帖木儿王朝晚期及萨法维初期的史事多为亲历，十分珍贵。而《传记之友》中有关逊尼派王朝与什叶派王朝特殊的叙事安排以及作者对忽辛·拜哈喇与亦思马因一世的态度，也体现了鼎革之际一名穆斯林知识分子在面对非逊尼派穆斯林政权时复杂的情感与无奈的妥协[82]。

此外，与米尔宏达同时代的另一位史家萨杜鲁丁·易卜拉欣·阿米尼（Ṣadr al-Dīn Ibrāhīm Amīnī，882/1477—941/1535）亦需特别注意。阿米尼生于赫拉特，曾作为一名

---

⑧⓪ 有关宏达迷儿的生平与撰述可参见Bockholt, Philip (2020). “Khvāndamīr”. *Encyclopaedia of Islam* (3rd ed.), pp. 84-88.此外，Bockholt还对《传记之友》的内容、成书及流传情况进行了非常深入的研究，可参见作者著*Writing history is a difficult task: on Khvāndamīr's (d. 942/1535-1536) general history Ḥabīb al-siyar and the origins of Safavid historiographical writing.* Proceedings of the Eighth European Conference of Iranian Studies (Vol 2), Saint Petersburg: the State Hermitage Museum, 2020, pp. 69-75; *Weltgeschichtsschreibung zwischen Schia und Sunna:Ḫvāndamīrs Ḥabīb as-siyar im Handschriftenzeitalter*, Brill, 2021*; Ein Bestseller der islamischen Vormoderne. Zur Verbreitung von Ḫvāndamīrs Ḥabīb as-siyar von Anatolien bis auf den indischen Subkontinent,* Verlag der Österreichischen Akademie der Wissenschaften, 2022.

⑧① Khvānd Mīr, *Tārīkh-i Habīb al-Siyar* ,ed by Muḥammad Dabīr Siyāqī, Etshārāt-i Khiyām: Tehrān, 2001,Vol 1, p. 12. 该书第三卷目前有Wheeler M. Thackston的英文全译本：*Habibus-Siyar: The History of Mongols and Genghis Khan(To me 3) by Khwandamir*, Translated and Annotated by Wheeler M. Thackston, Classical Writings of the Medieval Islamic World:Persian Histories of the Mongol Dynasties(Vol 2), I.B. Tauris:London&New York, 2012.此外，关于“حبيب السير”的译名问题，陈得芝先生《蒙元史研究导论》中称其为《旅行者之友》，这显然是将“سير”理解为了“sayr 旅行、游览”。根据该书的内容，“سير”应是阿语“سيرة”（传记、生平）的复数形式“siyar”。

⑧② Shahzad Bashir, *A Perso-Islamic universal chronicle in its historical context: Ghiyās al-Dīn Khwāndamīr's Ḥabīb al-siyar*, Historiography and religion: narrating a religious past. Eds by B.-Ch. Otto, S. Rau, J. Rüpke. Berlin&Boston:Walter de Gruyter, 2015, pp. 209-225.

宗教团体领袖效力于拜哈喇与穆扎法尔·忽辛·米尔咱（Muẓaffar Ḥusayn Mīrzā），赫拉特被月即别人攻陷后，他度过了一段监禁生涯，直到萨法维夺取呼罗珊，随后效力便于亦思马因一世。927/1521年他受亦思马因一世之名开始编纂《君王征服纪》（*Futūḥāt-i Shāhī*），叙事始于萨法维教团的出现，止于920/1514年亦思马因一世征服呼罗珊。《君王征服纪》全书可分为两部分，第一部分叙亦思马因一世的世系及先辈的世系，第二部分则为亦思马因个人的传记，亦是此书的主体部分，内容极为丰富，对研究萨法维的兴起及15世纪末16世纪初伊朗及河中历史有重要的参考价值[83]。

3. 白羊王朝时期

相较于伊利汗时期，后伊利汗时代的波斯史学中心发生了明显的东移，亦即从伊朗西北缘的大不里士转移至东缘的赫拉特。不过大不里士史学显然并未完全凋零，如前述所见，札剌亦儿王朝时期的《兀外思谢赫史》近乎是帖木儿兴起之前现存的唯一一部波斯语史书，白羊王朝崛起之后，大不里士重新成为西伊朗的政治中心，在两朝君主的有意支持下，大不里士的波斯文化亦渐趋繁荣，颇有与东部的赫拉特争辉之势[84]。而在白羊王朝统治时期，也有两部值得重点关注波斯语史书。亦即阿卜·别克儿·迪希剌尼·伊斯法罕尼（Abū Bekr Ṭihrānī Isfahānī）的《迪牙别克儿之书》（*Kitāb-i Diyārbakriyya*）以及法兹剌·鲁兹比罕·珲赤（Faẓlallāh Rūzbihān Khunjī Iṣfahānī, 860/1455—927/1521）的《安宁史》（*Tārīkh-i ʿĀlam-āra-yi Amīnī*）[85]。

《迪牙别克儿之书》是迪希剌尼为白羊王朝算端兀尊哈散（Uzun Ḥasan，d. 1478）及其继承者哈里剌（Khalīl，d.1478）撰写的白羊王朝史书，大约撰写于875/1469—883/1478之间。迪希剌尼最初在沙哈鲁（d.850/1447）的底万（Dīvān）中效力，沙哈鲁逝世后，帖木儿帝国陷入内乱，伊斯法罕随后被黑羊王朝算端贾汗沙（Jahān Shāh）所攻陷，迪希剌尼亦被其俘获，并转而为贾汗沙效力。黑羊王朝崩溃后，他进入到兀尊哈散宫廷，颇受信任[86]。《迪牙别克儿之书》开篇对算端兀尊哈散世系进

---

⑧③ 该书目前有Maḥammad Raṣā Nasīrī的波斯文校本：Amīnī, *Futūḥāt-i Shāhī*, Anjuman-i Aṣār va Mafākhir-i Farhangi:Tehrān, 1383/2004-2005. 有关作者的情况可参见Maḥammad Raṣā Nasīrī的校者前言。

⑧④ Charles P. Melville, *Between Tabriz and Herat: Persian historical writing in the 15th century*, Iran und iranisch geprägte Kulturen: Studien zum 65. Geburtstag von Bert G. Fragner, ed. M. Ritter et al., Wiesbaden: Dr Ludwig Reichert Verlag, 2008, pp. 28-38.

⑧⑤ 有关浑赤的生平与作品，参见Haarmann, *"Khundjī"*. C. E. Bosworth; E van Donzel.; B. Lewis & Pellat, Ch (eds.). The Encyclopaedia of Islam, Second Edition（Vol V）, Leiden: E. J. Brill, 1986, pp. 53-55。又，Muhammad Akbar ʻAshīq在为《安宁史》撰写的长篇序言中对Khunjī的生平事迹及作品情况做了详细的叙述（*Tārīkh-i ʿĀlam-āra-yī Amīnī*, Mirās-i Maktūb: Tehrān, 1382/2003，pp. 13-74）。

⑧⑥ 《迪牙别克儿之书》只有一个抄本存世，后经Necati Lugal与Faruk Sümer联合校注分别于1962年、1964年分两卷出版（Abū Bakr Tihrānī: *Kitāb-i Diyārbakriyya（Aq Koyunlular Tarihi)*, Ankara: Türk Tarih Kurumu, 1962、1964），第二卷中包含了从萨法维史家Ḥasan Beg Rūmlū的《史粹》（Aḥsan al-Tavārīkh，c. 1578）中抽取的876—877两年史事。Mürsel Öztürk则在这两册的基础上将其译为土耳其语（*Ebu Bekr-i Tihranī: Kitab-i Diyarbekriyye*, Ankara:Türk Tarih Kurumu, 2014）。有关Tihrānī的生平及该书的抄本信息可参见Faruk Sümer为此书撰写的波斯文序言（muqadame）部分（*Abū Bakr Tihrānī: Kitāb-i Diyārbakriyya*, 1.Cüz, 1962, pp. 1-19）。

行了简要介绍[87]，随后开始重点围绕合剌奥斯曼（Qara ʻOsmān）及其孙兀尊哈散的事迹进行叙述。迪希剌尼的纪事自791/1389年之后开始变得富有条理化，而自854/1450至876/1472年（亦即迪希剌尼纪年的结束）之间的记载尤为详尽[88]。不过，《迪牙别克儿之书》的纪年有过数次中断（812—822、828—831），而844/1441—848/1444、850/1446—854/1450之间的纪事又尤为单薄。迪希剌尼于873年末（1469年夏）开始为兀尊哈散效力，之后三年的记述基于他的个人经历，但此前记述的信息来源我们不得而知。也许来源于时人叙述以及一些官方档案[89]。

《安宁史》全名为《安宁所点缀之世界的历史》，是浑赤献给白羊王朝（Aq Qoyunlu）算端雅库卜（Yaʻqūb b. Uzun Ḥasan，d. 1490）及其子拜升豁儿（Baysunqūr，d. 1493）的编年史[90]，涵盖了自882/1478年至896/1491年，即从兀尊哈散之子哈里勒即位（882/1478年短暂在位）到雅库卜之子拜升豁儿统治之初的白羊王朝史事，叙述内容主要集中在雅库卜统治时期（1478—1490）。浑赤自称为进行第三次朝觐（Ḥajj），他于892/1486年前往希贾兹（Hijaz），途经阿塞拜疆时与正在住夏的算端雅库卜相逢，趁机向其讲解了自己的作品“*Kitāb Badīʻ al-Zamān*”。算端雅库卜对他的才学极为欣赏，故辟其为自己的书记官，同时希望他为自己创作一部记述白羊王朝历史的史书[91]。《安宁史》的创作便是在这种情况之下开始的，而在某种程度上，它可以视为迪希剌尼作品的续编，浑赤本人亦曾参考过迪希剌尼的作品[92]。浑赤比较推崇《世界征服者》作者术外尼的文风，因此《安宁史》的语言颇为华丽，作者在行文中引用了大量的圣训以及阿拉伯语、波斯语诗歌，致使史事在一定程度上淹没在了铺陈的辞藻中。此外，浑赤对882/1478—891/1486年间诸事的记述基本都是基于二手材料（其中缺失886/1481—890/1485四年间的史事），只有891/1486—896/1491年间的纪事为其亲历。除去书中部分对雅库卜的曲笔之外，浑赤也毫不掩饰自己对于任何违法伊斯兰教法行为的掩蔽，比如他并未提及雅库卜在醉杀迭儿维希·希剌主丁·哈希姆·纳克石班迪（Darvish Siraj al-Din Qasim Naqshbandi）之事以及自己的第二赞助者苏莱曼·别·贝江（Sulayman Beg Bijan）在库尔德斯坦的失利。但尽管如此，《安宁史》仍是我们了

---

[87] 在简要提及其父ʻAlī Bīk之后，自其祖父Qara ʻOsmān上溯68代，将其世系追溯到阿丹（Adam），而其中第54代便是哈剌汗（Qarā Khān）之子乌古斯（Oghūz）。*Abū Bakr Tihrānī: Kitāb-i Diyārbakriyya*, 1.Cüz, 1962, pp. 11-30.

[88] 自兀尊哈散掌控白羊王朝的领导权一直到其在876/1472对黑羊王朝与帖木儿帝国的大捷。

[89] *The Aqquyunlu: Clan, Confederation, Empire. revised and expanded edition*. Salt Lake City: University of Utah Press, 1999, pp. 219-220.

[90] 该书有Minorsky的英文选译本：*Persia in A.D. 1478-1490: An Abridged Translation of Fadlullāh B. Rūzbihān Khunjī's Tārīkh-i ʻĀlam-Ārā-yi Amīnī*,（Royal Asiatic Society of Great Britain and Ireland, 1957）；后经John E. Woods重新编订将Minorsky之译文与自己校勘过的波斯文原文一同刊出（Faḍlallāh Rūzbihān Khunjīi Iṣfahānī: Tārīkh-i ʻĀlam-āra-yi Amīnī, Persian text edited by John E. Woods. With an abridged English translation: Persia in A.D.1478-1490, by Vladimir Minorsky ,*Turkmenica 12.* London: Royal Asiatic Sociaty 1992）。我所利用的是Muhammad Akbar ʻAshīq的波斯文校订本（*Tārīkh-i ʻĀlam-āra-yi Amīnī*, Mirās-i Maktūb: Tehrān, 1382/2003）。

[91] *Tārīkh-i ʻĀlam-āra-yi Amīnī*，pp. 70-71.

[92] *Tārīkh-i ʻĀlam-āra-yi Amīnī*，p. 24.

解白羊王朝晚期情况的最重要史料[93]。萨法维兴起之后，浑赤辗转逃到呼罗珊并投入到昔班尼汗麾下，随后跟随他返回不花剌（1508年）。1509年，跟随昔班尼汗（Shaybani Khan，d. 916/1510）征讨哈萨克人，返回后将此次征战过程撰写为书，题名《不花剌访者志》（*Mihmānnāma-yi Bukhrā*）[94]。昔班尼汗被杀后，浑赤转而效力于乌拜都剌算端汗（'Ubayd Allah Sultan Khan，d. 946/1539），并撰写了一部《君王之道》（*Sulūk al-Mulūk*）[95]。

（二）地 方 史 书

传统的编年史之外，后伊利汗时代还产生了若干叙述伊朗地方历史的波斯语史书，其中包含不少有价值的信息，这里择取较为重要的几部略加介绍。

毛拉纳·奥里雅剌·阿姆礼（Mawlānā Awliyā'Allah Amulī）的《鲁阳史》（*Tārīkh-i Rūyān*），书后称撰写于764年1月初/1362年10月，其后所附的一段简述提及了805/1402—1403年征伐此地之事，可能为后人所补。鲁阳（Rūyān），又称鲁斯塔姆达尔（Rustamdar），位于伊朗北部塔巴里斯坦的西部，750年，阿姆礼由阿姆勒（Amul）移居此地，并效力于法赫鲁道剌（Fakhr al-Dawlah），此书便是在他的支持下撰写的。《鲁阳史》包含序言、终章以及八章正文，后四章记述自塞尔柱马立克沙时期直至伊利汗国崩溃后统治此地的诸君主，尤其第七—八章，着重叙不赛因汗之后的史事，内容很是丰富[96]。

米尔赛义德·咱喜鲁丁（Mīr Sayid Zahīr al-Dīn，815/1412—892/1487）《塔巴里斯坦、鲁阳与马赞达兰史》（*Tārīkh-i Ṭabaristān va Rūyān va Māzandarān*）、《吉兰与迪拉姆斯坦史》（*Tārīkh-i Gīlan va Daylamstān*）。前者撰写于881/1476年，叙事止于880/1475年，有关鲁阳的部分大量利用了阿姆礼的《鲁阳史》[97]。后者初动笔于880/1475年，原为六卷，十几年后，作者又续写了一卷，叙事止于894/1489年[98]。此外，阿里·本·赡思丁·本·哈比·忽辛·拉西比（'Alī b. Shams al-Dīn b. Ḥābī Husayn Lāhibī）的《汗纪》（*Tārīkh-i Khānī*）同样是一部记载吉兰历史的地方史书，这部书是作者在921年1月/1515年2月受吉兰君主算端阿哈马汗（Sulṭan Aḥmad Khan）（d.940/1533—1534）之命修撰的，至922年2月/1516年3月成书[99]。《汗纪》正文分为23

---

[93] *The Aqquyunlu: Clan, Confederation, Empire*. revised and expanded edition. Salt Lake City: University of Utah Press, 1999, p. 220.

[94] Khunjī, *Mihmānnāma-yi Bukhrā(Tārīkh-i Pādshāh Maḥammad Shaybānī)*, ed by Manūchihar Sutūda, Bungāh-yi Tarjuma wa Nashr-i Kātib: Tehran, 1976.

[95] Khunjī, *Sulūk al-Mulūk(Dastūr-i Hukūmāt-i Islāmī)*, ed by Maḥammad Nizām al-Dīn, Muḥammad Ghawsa, 1386/1966.

[96] Amulī, *Tārīkh-i Rūyān*, ed by Manūchihar Sutūda, Bunyād-i Frarhang-i Irān: Tehrān, 1348/1969. 有关作者及该书的更详细情况可参见Sutūda校本的前言部分。

[97] Zahīr al-Dīn, *Tārīkh-i Ṭabaristān va Rūyān va Māzandarān,* ed by Maḥammad Husayn Tasbīhī, Mū'assasa-yi Maṭbū'āt-i Sharq, 1345/1966. 有关作者与此书的情况则可参见Maḥammad Javār Mashkūr为此校本撰写的前言部分。

[98] Zahīr al-Dīn, *Tārīkh-i Gīlan va Daylamstān,* ed by Manūchihar Sutūda, Intshārāt-i Ettelā'āt, 1364/1985-1986.

[99] Lāhibī, *Tārīkh-i Khānī, ed by* Manūchihar Sutūda, Intshārāt-i Bunyād-i Frarhang-i Irān: Tehrān, 1352/1973.

章，叙事起于吉兰君主算端穆罕默德（Sulṭan Muḥammad）（d.883/1478）统治末期，包含了吉兰自880/1475年至920/1514年四十年的史事，可补咱喜鲁丁书所缺。

札法尔·本·穆罕默德·本·阿散·札法里（Ja'far b. Muḥammad b. Ḥasan Ja'farī）《也思忒史》（*Tārīkh-i Yazd*）。这部作品撰于其通史《大历史》之后，全书分为九个部分，第五至第七部分分述伊利汗国、穆扎法尔王朝以及帖木儿王朝在也思忒的统治。其中价值最高的是第七部分中有关沙哈鲁统治时期的记述，所记多为作者亲历，史料价值很高[100]。大约在862/1457—1458年之后，阿合马·本·忽辛·本阿里·卡提卜（Aḥmad b. Husayn b. 'Alī Kātib）撰写了一部《也思忒新史》（*Tārīkh-i Jadīd-i Yazd*），其中对《也思忒史》援引甚多。全书分十二章，叙自亚历山大征服一直到862年之间的史事。其中较为重要者是第六至第十二章，叙穆扎法尔王朝与帖木儿王朝的统治[101]。

木亦努丁·穆罕默德·昝姆赤·伊斯凡札礼（Mu'īn al-Dīn Maḥammad al-Zamjī al-Isfanzārī）《天堂之园》（*Rawżāt al-Jannāt fi Avṣāf Madīnat Herāt*），这是一部有关赫拉特城的历史地理著作，大约撰写于897/1491—899/1494年。全书以“花园”（Rawzat）为章，共26个“花园”，每个花园下又以“草地”（Chaman）为节，每个“草地”为一节，每个“花园”下有2—4个“草地”。数量不一。自第8个“花园”始，开始叙事帖木儿及其后裔在赫拉特的统治，以及这一时期有关此地的诸多史事与当地名流，第26“花园”叙忽辛·拜哈喇的即位以及在其统治之下呼罗珊的繁荣，叙事止于875/1470年[102]。

二、传　　记

与上述数量庞大的史书相比，这一时期伊朗的传记作品只有寥寥的几部，且体量都不算大。这自然与当时伊朗传记文学的不发达有关。而除去前述宏达迷儿的《臣纪》之外，据笔者所知还有伊本·把扎兹（Ibn Bazzāz）的《精粹》（Ṣafvat al-Ṣafā）、阿合马·本·穆罕默德·马都兀（Aḥmad b. Maḥmud al- Mad'uvv［Mu'īn al-Fuqarā'］）的《毛拉之裔史》（*Tārīkh-i Mulāzāda*），倒剌沙·撒马尔干迪（Dawlatshāh Samarqandī）的《诗人传》（*Tażkirat al-Shu'rā'*）以及纳瓦依的《珍集》（*Majālis al-Nafā'īs*）。

《精粹》是伊本·把扎兹为萨法维教团（Safavid Order）创立者谢赫萨菲丁·伊斯哈克·阿尔达比礼（Shaykh Safī aI-Dīn Ishāq Ardabīlī，650/1252—735/1334）撰写的个人传记，大约编纂于759/1358年。《精粹》正文分为十二章，同时包含了一篇序言与一篇终章。不过，正文十二章中只有两章集中介绍了萨菲丁的生平，其余部分则主要记述他的圣迹以及他对《古兰经》和《圣训》的解读。《精粹》中包含了大量有价值的历史信息，它是后世研究早期萨法维教团思想的基本文献之一，同时也是了解伊利汗时代阿

---

[100] 《也思忒史》目前有Iraj Afshār教授的校本（Ja'farī, Tārīkh-i Yazd (2nd ed), ed by Iraj Afshār, Sherkat-i Intshārāt-i 'Amalī wa Farhangī:Tehrān,,1363），关于作者与此书的相关情况可参见校者前言部分。

[101] 'Alī Kātib, *Tārīkh-i Jadīd-i Yazd,* ed by Irāj Afshār, Chāpkhāna-yi Bahman: Tehrān, 1345/1966.

[102] Mu'īn al-Dīn al-Zamjī, *Rawżāt al-Jannāt fi Awṣāf Madīnat Herāt* (2 Vols), ed by Maḥammad Kāzem Amāmī, Intshārāt-i Dāneshgah-i Tehrān: Tehrān, 1338/1959、1339/1960.

塞拜疆尤其是阿尔达比勒（Ardabīl）地区社会、经济、文化以及地理情形的重要信息来源[103]。此外，《精粹》的叙事其实超越了萨菲丁的生活年代，一直延续到作者的编纂年代，而书中对伊利汗国以及后伊利汗国时代的一些记述，也对我们研究这段历史具有独特的价值。

阿合马的《毛拉之裔史》则是一部记录布哈拉诸穆斯林圣徒坟墓的圣徒传记，并附有他们的简短传记。我们对作者的生平并不清楚，但此书中涉及的最晚年份是814/1411—1412年，此书大概写于之后不久。全书分为两部分，第一部分叙葬于城内及城市周围半法尔萨赫（Farsakh）左右的诸名流（Akābarī），第二部分叙上述范围之外的一些尊贵者[104]。

倒剌沙的《诗人传》在序言与终章外，分为7层（Tabaqa）。序言部分包含了作者的自传，以及10个著名的阿拉伯诗人，正文7层则记述以波斯语写作的诗人，从鲁达基（Rūdakī，237/858—319/940年1月）一直到作者生活的年代。《诗人传》的后3层则记载了帖木儿王朝时期著名诗人的传记，终章包含了6位作者同时代名流（如贾米、纳瓦依）的书信以及拜哈喇的简短传记，这为我们研究帖木儿时期的社会文化生活提供了极为珍贵的材料[105]。纳瓦依的《珍集》则是以察合台语写就的，除去序言与终章外，分为9"集"（majlis），包含了约380位作者同时代的诗人传记，极为珍贵[106]。后世对《纳瓦依》的这部作品非常重视，早在萨法维时期便曾分别被苏勒坦·穆罕穆德·法克里·赫拉提（Sultān Muḥammad Fakrī Herātī）与哈齐姆·沙·穆罕穆德·可疾维尼（Hakīm

---

[103] 《精粹》一书最早由 Mirza Ahmad ibn Hajj Karim Tabrizi 校订出版（Bombay, 1911），Heidi Zirka在其博士论文中对该书的第八章进行了校订，并于1987年出版（*Ein hagiographisches Zeugnis zur persischen Geschichte aus der Mitte des 14. Jahrhunderts: Das achte Kapitel des Ṣafwat as-Ṣafa in kritischer Bearbeitung*, Klaus Schwarz: Berlin），1995年，Ghulām Riza Tabātabā'ī Majd以Aya Sofya 3099（抄写于1491年）为底本，并参考了众多其他的抄本，对该书进行了重新校订，这也是目前最好的校本（*Ṣafvat al-Ṣafā*, 1373/1995; 这个校本是由Majd私人出版的，因此版权页的出版方显示为"校者"[Muṣaḥḥiḥ]）。有关此书的一些情况可参见Michel M. Mazzaoui, *A "New" Edition of the Safvat al-safa,* History and Historiography of Post-Mongol Central Asia and the Middle East: Studies in Honor of John E. Woods, ed. Judith Pfeiffer, Sholeh Quinn, and Ernest Tucker. Wiesbaden: Harrassowitz, pp. 306-310。目前最新的研究则可参见Muhammad Ghafūrī, Bāztāb-i Munāsibat-i Miyān-i Sūfiyān va Dawlat-i Ilkhānī dar Safvat al-Safa-yi Ibn Bazzāz(759/1358), *Tārikh va Tamaddan-i Islāmī*, Volume 16, Issue 3, 2021, pp. 59-91。

[104] Aḥmad, *Tārīkh-i Mulāzāda: dar zakr Mazārāt-i Bukharā*, ed by Aḥmad Gulchīn Ma'ānī, Markaz-i Mutāla'āt-i Irāni: Tehrān, 1370/1991-1992.

[105] Dawlatshāh, *Taẕkirat al-Shu'rā*' ed by Edward Granville Brown, London&Leiden, 1901. 关于DawlatShāh以及《诗人传》的更多情况可参见 Brown, The Sources of Dawlatshāh; With Some Remarks on the Materials Available for a Literary History of Persia, and an Excursus on Bārbad and Rūdagī, *The Journal of the Royal Asiatic Society of Great Britain and Ireland*, 1899, pp. 37-69。以及Safa, Dhabih-Allah (1994). "Dawlatšāh Samarqandī". *Encyclopædia Iranica, Volume Ⅶ/2: Dastūr al-Afāżel–Dehqān I.* London and New York: Routledge & Kegan Paul. pp. 149-150。此外，W. M. Thackston摘译了《诗人传》中札剌亦儿王朝及帖木儿王朝时期的内容，参见作者著：*A Century of Princes :Sources on Timurid History and Art*, Cambridge, Massachusetts: Aga Khan Program for Islamic Architecture, 1989, pp. 11-62.

[106] 有关纳瓦依的生平及著作可参见Maria Eva Subtelny (1993). "Mīr 'Alī Shīr Nawā'ī". *The Encyclopedia of Islam(2nd ed)*. Vol. Ⅶ, pp. 90-93。察合台文本参见Nawā'ī, Majālis al-Nafā'īs, ed by Sūyme Ghanīwā, Intshārāt Ākādemiya Fannlār: Tashkent, 1961。

Shāh Muhammad Qazvīnī）各自译为波斯语[107]。

三、引绍（Inshā'）文学

"Inshā'"（إنشاء），阿拉伯语，本意为"写作、创作、编纂；风格、题材"，初时用以指代书信、档案文件以及政府公文的写作，后来用来省称在此基础上形成一种所谓的"引绍学"（'Ilm al-Inshā'）或"引绍体例"（Mabādī al-Inshā'）。一些文人学者会将部分优秀的公私信件、官方档案、公文汇集成册（Munsha'āt），以此作为范文来指导官署书记官（Kātib或Munshī）撰写政府公文、信件等，同时也为私人的往来信件书写提供范例。在这种概念下，"引绍"常常可与"按照'Inshā''体例撰写"的文集（Munsha'āt）等同。引绍文学发端于阿拉伯，似乎在先知穆罕默德时期，麦加人民便已经开始撰写公文，但这种文学方式的真正出现其实要到倭马亚王朝末期，并且其中显然混杂了一些萨珊与拜占庭的影响因素。我们虽不太清楚"Inshā'"这一词汇是什么时候开始使用的，但至少在288/900年左右古达玛（Qudāma）的《税册》（*Kitāb Al Kharāj Wa Sinā'at Al-Kitāba*）中便已经出现。一般认为"引绍体例"的使用至晚可以追溯到倭马亚王朝哈里发马尔万二世（Marvan Ⅱ，d.750）的书记官阿卜杜勒·哈米德·本·亚赫雅（'Abd al-Hamīd b. Yahyā，尽管他并没有使用Inshā'这个词汇），但其所编纂的《与书记官之信件》（*Risāla ila al-Kutāb*）收录了大量书信模板，以供书记官（Kātib，复数Kuttāb）写作时参考。不过，阿卜杜勒·哈米德自己也承认，相较于萨珊王朝，倭马亚王朝书记官的地位并不高。而这种局面至阿巴斯王朝时期发生了改变，书记官在官署中的地位得到了明显的提升，264/876年左右被委任为维即儿的阿卜·玉斯尔·亦卜剌忻·本·穆罕默德·木塔必儿（Abu al-Yusr Ibrahīm b. Muḥammad al-Mudabbir）也在此时撰写出了第一部书记官手册《初函：雄辩之权衡与书信之用具》（*Risāla al-'Azrā' fī mawāzīn al-balāgha wa adavāt al-kutāba*），只是此时的"引绍文学"与"书记文学"很难区别开来[108]。阿拉伯语"引绍文学"发展的第一个顶峰是在布益王朝时期（Buyid，320/934—454/1062），至少有四名布益王朝早期的政府高级官员公私信件集保留了下来，亦成为研究布益王朝历史、文化的重要参考资料[109]。阿拉伯语"引绍文学"的另一个发展高峰出现在埃及法蒂玛王朝（Fatimids，297/909—567/1171）与马穆鲁克王朝（Mamlūks，648/1250—922/1517）时期。法蒂玛王朝时期，官方正式使用"Inshā'"一词，并有了所谓的"Dīvān al-Inshā'"，与"Dīvān al-Rasā'il"或"Dīvān al-Mukātabāt"混用。而马穆鲁克时期的乌玛里（Ibn Faẓlallah al-'Umarī，700/1301—749/1349）与盖勒盖山迪（al-Qalqashandī，756/1355—821/1418）则为集大成者，分别撰写出了《公文术

---

[107] 详细情况参见'Alī Asghar Hikmat的校者前言部分（Nawā'ī, Tazkira-yi Majālis al-Nafā'īs, ed. by 'Alī Asghar Hikmat, Kitāb-furūshī-yi Manūchihrī-yi Khayābān-i Jumhūrī-yi Īslāmī:Tehrān, 1363/1984-1985）。

[108] H. R. Roemer, "Inshā'", *The Encyclopedia of Islam(2nd ed)*, Vol III, pp. 1241-1244.

[109] Klaus Hachmeier, Private Letters, Official Correspondence: Buyid Inshā' as a Historical Source, *Journal of Islamic Studies* 13:2 (2002), pp. 125-154.

语指南》（*Al-Tā'rīf bi-l-mustalah al- sharīfī*，直译“优美术语介绍”）与《文牍撰修指南/文牍撰修中夜盲者的曙光》（*Ṣubḥ al-a'shā'fī kitābat al-inshā'*）。

乌玛里撰写《公文术语指南》用以指导政府人员起草诏旨与官方信件，其中收录了不少马穆鲁克同周围诸国的往来信件，并介绍同这些政权来往信件的格式，与我们直接相关的如赫拉特之主、突厥诸异密（安纳托利亚众突厥政权）、伊朗及土兰诸国王（伊利汗及察合台诸汗）等，在介绍同君主、异密、维即儿等不同群体信件格式时，也提及了不少对方的情况。如突厥诸异密部分简略提及了奥斯曼的情况：“布尔萨（Bursa）之主，奥尔罕·本·奥斯曼（Orkhan b. 'Oṣmān），在信件中（格式）同于法维亚（Fawiya）之主”[110]。而在伊朗部分，他提及了不赛因逝世后割据一方的众势力的情况，其记载颇类伊本白图泰[111]。

盖勒盖山迪的《文牍撰修指南》完成于1412年，共分十章（maqāla），是一部百科全书式的作品，被誉为阿拉伯行政文学最杰出的作品之一。《指南》里的诸多内容广泛取材于乌玛里的《眼历诸国》[112]，及《公文术语指南》，如第二章有关历史地理的部分即主要基于后者的记述。《指南》的第四章是全书最为重要也是我们需要特别关注的部分，其中列出了众多的君主、算端、王子、军队长官乃至宗教长老的名姓、头衔，并对其头衔进行了解释，除此之外还以埃及马穆鲁克“Dīvān al-Inshā'”中所收藏的众多外交信件为例，介绍了其与周边政权往来国书的格式。这部分包含众多与东方国家往来的外交信件，如伊利汗、金帐汗、察合台汗等，尽管作者在这一部分也较多使用了乌玛里的记述，但此中关涉后伊利汗时代的内容则为其独立撰述，比如，他提供了几份帖木儿与埃及算端法赖吉（Faraj）之间的往来信件，弥为珍贵[113]。

随着阿拉伯“引绍文学”的繁荣，其影响很快扩展到波斯语、察合台语、奥斯曼土耳其语乃至乌尔都语等语言之中。波斯语“引绍文学”至少在12世纪的花拉子模沙时期已经相当成熟，拉施都丁·瓦特瓦特（Rashīd al-Dīn Vaṭvāṭ，d.578/1182—1183）以及巴哈丁·巴格达迪（Bahā'al-Dīn Baghdādī）均有引绍文集问世。前者的如《诗信精见》（*Abkār al-afkār fi al-l-rasā'il wa al-l-ash'ār*）收录了阿拉伯语、波斯语书信各9篇[114]，后者则为花拉子模沙“Dīvān al-Inshā'”之长，其编纂的《撰写书信的方法》（*Al-Tawassul ila al-tarassul*）在详述公私信件的撰写方式外，还收录了包括花拉子模算端在内的诸君

[110] 'Umarī, *Al-Tā'rīf bi-l-mustalah al- sharīf*, Dār al-Kutub: Beyrūt, 1988, p. 64.

[111] 'Umarī, *Al-Tā'rīf bi-l-mustalah al- sharīf*, Dār al-Kutub: Beyrūt, 1988, pp. 64-71.

[112] 汉译名有时作《眼历诸国行纪》，由此令许多人认为该书是一部行纪。但书名“*Masālik al-'Abṣār fī Mamālik al-'Amṣār*”，并没有表达行纪的意思。这部作品的内容总体可分为两大部分，第一部分叙“地球”及其上的陆地与海洋，第二部分叙居于地球的诸民族。它其实是一部百科全书式的巨著，与“行纪”并无关涉。史希同等人曾将其译为《目极所见》，这是比较中肯的翻译。参见（埃及）艾哈迈德·爱敏著，史希同等译，纳忠审校《阿拉伯伊斯兰文化史》，第八册，北京：商务印书馆，2019年，239页。

[113] 笔者目前所利用的是埃及图书出版社1340/1922年出版的14册本校本：al-Qalqashandī, *Ṣubḥ al-a'shā'fī kitābat al-inshā'(14 vols)*, Qārah:Dār al- kutub al-Miṣriyyah, 1340/1922.

[114] Rashīd al-Dīn Vatvāt Inshā'文集的波斯语部分已经由Qasim Tuysirkani校订出版，参见：Rashīd al-Dīn Vatvāt, *Nāma-hā-yi Rashīd al-Din* Vatvāt,Tehrān 1338/ 1959.

主乃至私人的往来信件，具有很高的文学与史学价值[115]。13世纪蒙古的入侵并未打断伊朗波斯语引绍文学的发展，伊利汗国时期撒希卜·底万·赡思丁·术外尼（Shams al-Dīn Juvaynī，d.783/1284）的引绍集［惯称以“术外尼书信”（The Juvayni letters）］以及拉施都丁的书信集已经吸引了不少学者的注意[116]。而穆罕默德·忻都沙·纳黑乞瓦尼（Muḥammad b. Hindūshāh Nakhjivānī）的《书记规范》（*Dastūr al-kātib fī ta'yīn al-marātib*）则代表了14世纪波斯语引绍文学的巅峰。这部作品最初是纳黑乞瓦尼在不赛因汗的大维即儿盖耶速丁的要求下编纂的，但直至759/1358年札剌亦儿算端兀外思征服阿塞拜疆后，才最终成书[117]。除序言与结语外，《书记规范》总体分为两部分：书信与公文书。前者以四章分述君主之间、异密|—大臣等高官之间、贵族与平民等人之间以及君主与臣子之间信件的书写规范，大概相当于中国古代的“书仪”。后者则分为两章，第一章为任命书，包括蒙古官员的任命、财政官员的任命以及伊斯兰宗教圣职者的任命三类；第二章主要为君主的诸种诏旨，分为扬善、惩恶两类[118]。

帖木儿王朝是波斯语引绍文学的繁荣时期，此时的引绍撰写一改伊利汗时期的朴实之风，推崇铺陈华丽的文风，并对此后的奥斯曼、萨法维以及莫卧儿产生了深远的影响。这一时期存世的引绍作品有很多，但限于篇幅，此处仅择札拉鲁丁·玉速非·阿赫勒（Jālāl al-Dīn Yūsufī Ahl）的《援者之珍》（*Farā'id-i Ghiyāsī*）、阿卜杜剌·马尔瓦礼德（'Abd Allāh al-Marvārīd，865/1461—922/1516）的《荣耀之书》（*Sharafnāma*）、哈兹忽辛·本·木亦努丁·枚卜迪（Qāẕī Husayn b. Mu'īn al-Dīn Maybudī，d.910/1504）与贾米（Nūr al-Dīn 'Abd al-Rahmān Jāmī，817/1414—898/1492）两人的文集（*Munsha'at*）以及纳瓦依编纂的《书信集》（Majmū'-yi murāsilāt）进行简要介绍。

我们对玉速非·阿赫勒的生平所知极少，只知他出自著名的苏菲教徒谢赫扎姆（Shaykh-i Jām，441/1048—536/1141）一脉，生卒年不详。迭儿维希阿里·卜兹札尼（Darwīsh'Alī Būzjānī）曾为谢赫扎姆及其后裔撰写过一部传记：《香草园》（Rawzat al-rayāḥīn，完成于929/1522—1523年），并在其中称自己在幼年时曾见到过玉速非·阿赫勒。宏达迷儿则在《传记之友》中提到一位火者玉速非·布尔汗（Khvāja Yūsufī Burhān），并说他撰有一部包含了诸多过往显贵之人文章的书信集，此人应该就是玉速

---

[115] Bahā' al-Dīn Baghdādī, *Al-Tawassul ila al-tarassul,* ed by A. Bahman yar, Tehrān 1315/1936.

[116] Jürgen Paul, *Some Mongol Inshā'-Collections:The Juvayni Letters*, Proceedings of the Third European Conferenceof Iranian Studies Part 2:Mediaeval and Modern Persian Studies,Edited by Charles Melville, Weisbaden, 1999, pp. 277-285; Reuben Levy, The Letters of Rashīd al-Dīn Faḍl-Allāh, *The Journal of the Royal Asiatic Society of Great Britain and Ireland* , Apr., 1946, No. 1 (Apr., 1946), pp. 74-78; Zeki Velidi Togan, *References to Economic and Cultural Life in Anatolia in the Letters of Rashid al-Din*, trans by Gary Leiser, History and Historiography of Post-Mongol Central Asia and the Middle East, Studies in Honor of John E. Woods, eds. by Judith Pfeiffer and Sholeh A. Quinn, Wiesbaden, 2006, pp. 84-111；A.H.Morton, *The Letter s of Rashid al-Din: Īlkhānid Fact or Timurid Fiction?* in The Mongol Empire and its Legacy, ed. R. Amitai-Preiss and D. O. Morgan (Leiden, 1999), pp. 155-199.

[117] Nakhjivānī, *Dastūr al-kātib fī ta'yīn al-marātib*, ed by 'Alīzāde, Moskaw,1964.

[118] 有关《书记规范》的更多情况可参见渡部良子：《〈書記典範〉の成立背景：一四世紀におけるペルシア語インシャー手引書編纂とモンゴル文書行政》，《史学雑誌》111—7，2002年，251—194页；李鸣飞《〈书记规范〉“蒙古官员任命书”部分介绍与研究》，《全球史评论》第21辑，2010年，129—138页。

非·阿赫勒，而这部书信集就是《援者之珍》[119]。《援者之珍》中包含了自9世纪至15世纪诸君主、官员、名流、学者等人之间的往来信件，总数达650余封，且尤其以14—15世纪为最，其中大量关涉札剌亦儿王朝、黑羊、白羊王朝、帖木儿王朝乃至德里苏丹国等政权下的书信往来，为我们提供了诸多珍贵的政治、经济、文化信息。

阿卜杜剌·马尔瓦礼德早期的仕宦经历不甚清楚，但必然在拜哈喇治下担任过要职（Ṣadr）。公元1501年，纳瓦依逝世，他被拜哈喇提拔为维即儿，接替了前者的职位，直至1506年拜哈喇逝世，他依旧在职。此后，大概在1510年，他转而效力于萨法维君主亦思马因一世，几年后则因病致仕，晚年手脚瘫痪，逝世于922/1516年。《荣耀之书》又被称作《马尔瓦礼德文集》（*Munsha'at-i 'Abd Allāh Marvārīd*），包含了161封信件，主要是拜哈喇的诸多诏令，以及部分公文、私人往来信件等，内容长短不一，最长者如印度征服志连篇累牍，最短者则不过数行[120]。

枚卜迪出生于也思忒（Yazd），年轻时曾在设拉子大学者扎拉鲁丁·穆罕默德·本·阿萨德·达瓦尼（Jalāl al-Dīn Muḥammad b. As'ad Davānī, d. 908/1503）门下求学。在白羊王朝算端雅库卜统治期间（r. 883/1478—896/1490）游历大不里士，随后被雅库卜委任为也思忒的教法官（Qaẓī）。枚卜迪至少在此后的六年里一直担任此职，而大约从897/1491年开始，其事迹不再见于记载，直至910/1504年，萨法维君主亦思马因一世攻陷也思忒，枚卜迪因组织抵抗被杀。枚卜迪的书信集中包含了112封往来信件，大部分是其担任也思忒教法官时与白羊王朝及帖木儿王朝的诸多重要知识分子、政治人物之间的往来信件[121]。

贾米在15世纪中后期的赫拉特宫廷之中占有着重要的地位，且交游广泛，与纳瓦依等政治人物、学者有着密切的关系，彼此书信往来频繁。不过，他本人生前并没有将自己的书信汇集成册，纳瓦依在自己编纂的书信集中收录了贾米的337封信件，另有一些信件散落在他处。1982年，'Asom Urunbaev出版了纳瓦依书信集中贾米337封书信的影印件，并附有俄语译文。1378/1999—2000年，'Asom Urunbaev与Asarar Rahmanuv合力校勘的《贾米书信集》（*Nāma-hā wa Munshā'at-i Jamī*）出版。这部书信集中包含了432封贾米的书信，除去纳瓦依书信集中的337封之外，另有77封出自其他书信集的信件以及18封见于其他文献中的信件[122]。

---

[119] 此书曾计划分为四册校订出版，目前前两册已经由Heshmat Mua'yid校订出版，包含前318封信件［Yūsufī Ahl, *Farā'id-i Ghiyāsī(2 vols)*, Intshārāt-i Bunyād-i Farhang-i Irān, 1358/1979-1980］。有关该书以及作者的情况可参见校者前言部分。笔者手头目前有三个抄本可供利用：Ayasofya. Ms. 4155、Al-Fātih.Ms.4012、BNF. Ms. Suppl Pers. 1815。

[120] 该书目前有Hans Robert Roemer的德语译本以及Isrā' al-Sādāt Ahmadī的波斯文校本。有关作者的可分别参见Hans Robert Roemer在译本中的介绍（*Staatsschreiben der Timuridenzeit*, Weisbaden, 1952, p. 21-34.)以及Isrā' al-Sādāt Ahmadī撰写的校者前言（'Abd Allāh Marvārīd, *Munsha'at-i 'Abd Allāh Marvārīd,* Mūza wa markaz-i Ustād-i majlis-i shūrā-yi Islāmī:Tehran, 1360）。

[121] 该书目前有Naẓrat Allāh Farvahar的波斯文校本：'Abd Allāh Marvārīd, Munshā'at-i Marvārīd, Sandūq-i Pastī: Tehrān, 1376. 有关作者及其书信集的情况可参见Naẓrat Allāh Farvahar的校者前言。

[122] Jāmī, *Nāma-hā wa Munshā'at-i Jamī*, eds by 'Asom Urunbaev , Asarar Rahmanuv, Markaz-i Nashr-i Mirāṣ-i Maktūb: Tehrān, 1378.

纳瓦依的《书信集》包含了16位作者的594封波斯语书信，大约编纂于1490—1495年之间，目前只有一个抄本存世，藏于乌兹别克斯坦科学院东方研究所，编号2178。除去上述贾米的书信外，其中出自撒马尔干纳克什班迪教团长老火者乌拜都剌·阿赫剌儿（Khvāja ‘Ubayd Allāh Aḥrār，d.1490）及其友人之手的258封书信也已经由Asom Urunbaev、Jo-Ann Gtoss二人校订、英译出版[123]。这些书信基本是呈往赫拉特宫廷的，从中可窥见15世纪后期河中与呼罗珊之间政治、经济、文化的交流状况，并对研究纳克什班迪教团的西向传播具有重要的作用[124]。

尽管此部分主要谈伊朗的波斯语引绍文学，但鉴于其对奥斯曼王朝的强烈影响，以及奥斯曼王朝与东部世界的紧密联系，故有必要简要介绍一下奥斯曼王朝早期的引绍文学作品。

奥斯曼引绍文学吸收了波斯传统，当然它同时也受到了埃及马穆鲁克的强烈影响，最早可以追溯到15世纪初阿合马·达亦（Aḥmad Dā‘ī，d.824/1421）的《书信》（*Tarassul*）。不过，奥斯曼引绍作品的大量涌现却是从15世纪末开始的，至982/1574年法里敦别（Ferīdūn Beg，d.991/1583）的《君王集》（*Munshā’at al-Salāṭīn*）达到顶峰。法里敦别生年不详，自960/1553年起作为私人书记官效力于穆罕默德帕夏·舒库鲁（Mehemmed Pasha Sokollu，d.987/1579），后者在972/1565年胜任为奥斯曼的大维即儿，法里敦别的地位也随之水涨船高，并在诸多事务中扮演了重要的角色。他的《君王集》是一部奥斯曼语公文汇编，被划分为11部分，分录自奥斯曼至塞里姆二世11位君主各自统治期间的外交信件，君王诏令、捷报、战争日志等，据Selānikī称，这部君王集一共收录了1880份文件，但现存抄本中的数量都大大少于这个数目。《君王集》在1848—1849、1858年被校订出版了两次，这两个校勘本根据的是两份不同的抄本。前者包含了735份文件，后者则包含了840份文件[125]。而据K. Holter的研究，1858年校本第100—536页中的282份文件为混入，其所属年代在16世纪晚期与17世纪，因此并非出自法里敦别之手。同时他还指出，《君王集》中如奥斯曼与斡尔汗时期的部分文件为伪作，不可凭信[126]。不过，近来学者的研究也表明《君王集》中的大部分文件是具有很高可信度的，尤其是作为一手资料，它在研究奥斯曼早期历史及其与埃及马穆鲁克、札剌亦儿、黑羊、白羊乃至帖木儿、萨法维诸王朝之间的关系方面具有着难以估量的价值。

除去上述的作品之外，现代学者的一些整理成果亦可供利用。如L.Fekete搜集了101件波斯文信件，进行了原文校勘与德语翻译。这些信件主要是帖木儿、奥斯曼、黑羊、白羊及萨法维等之间的外交通信，时间跨度很长，自1396年一直到1702年[127]；Sayyid

---

[123] Jo-Ann Gross, Asam Urunbaev, *The Letters of Khwajah ‘Ubayd Allah Ahrar and His Associates*, Brill, 2002.

[124] Jo-Ann Gross, Asam Urunbaev, pp. 1-90.

[125] J. H. Mordtmann ,V. L. Ménage, “Ferīdūn Beg” , *The Encyclopedia of Islam(2nd ed)*, Vol Ⅱ, pp. 881-882. 笔者手上目前只有1848—1849年在伊斯坦布尔出版的两册校勘本：Ferīdūn Beg, *Mujmu‘a-ye Munshā’at al-Salāṭīn*, Istanbul, 1848-1849.

[126] K. Holter, “Studien zu Aḥmed Ferīdūn Münše’āt es-selāṭīn,” *Mitteilungen des Oesterreichischen Instituts für Geschichtsforschung* 14, Innsbruck, 1939, suppl. pp. 429-451.

[127] *L.Fekete,Einführung in die persische Paläographie : 101 persische Dokumente*, Akadémiai Kiadó, 1977.

‘Alī Mua’yid Sābitī则搜集了自伊斯兰以来至萨法维亦思马因一世统治时期的历史信件与文件[128]；Irāj Afshar与‘Abd al-Husayn Navā’ī的关注重点都在萨法维时期，前者搜集了自萨法维君主阿巴斯一世以来的书信与档案，后者除去搜集了从帖木儿至萨法维亦思马因一世的文件之外，还相继校订出版了亦思马因一世、塔赫马思普一世、阿巴斯一世时期的历史书信与档案[129]。

结　语

上述三种文献类型中，史书无疑是数量最庞大、内容最丰富且利用最便利的一种。但伊朗的波斯语史学存在天生的缺陷，它没有严格意义上的“私史”，历史创作往往是史家进行政治投献的工具，且多数是在某位权贵或君主的赞助下完成的。这就意味着作者基本不存在秉笔直书的可能，曲笔避讳是一种常态。除此之外，他们的史料来源也比较单一，大部分情况下只是不加批判地转抄同一种前代史书，很少主动地扩大史料来源范围。有鉴于此，必须重视其他两种文献类型的价值，尤其是引绍文献的一手史料价值。更何况相对于数量稀少的传记作品，目前尚有大批引绍文献未被整理关注，充分利用好这座宝库对于补史书之缺无疑具有重要的意义。

The Persian Historiography, Biography and Inshā’ Literature of Iran in the Post-Ilkhanid Era (1335-1524)

Zhang Yongbang

The Post-Ilkhanid period was the final stage of the five-hundred-year rule of Turkic-Mongol regimes in Iran, and it was also a crucial period for the acculturation between nomadic and settled civilizations. Studying the history of this period can provide valuable insights into the historical issues of *Hua yi*. However, due to language barriers, this field has long been neglected, and there is very little knowledge about the Persian historical documents related to this period. This article attempts to comprehensively review the Historiography, Biography and Inshā’ Literature of the Post-Ilkhanid period based on original documents and previous research, providing a brief introduction to their content, versions (manuscripts), and historical value, with the hope of benefiting the academic community.

---

[128] Sayyid ‘Alī Mua’yid Sābitī, *Asnād va Nāma-hā-yi Tārīkhī*, Kitābkhāne-yi Tahawwuri: Tehrān, 1346.

[129] Irāj Afshar, *Asnād-i pādirīyān-i karmilī bāzmānde az ‘aṣr-i Shāh ‘Abbās Ṣafawī*, Mīrāṣ-i Maktūb:Tehrān, 1383； ‘Abd al-Husayn Navā’ī, *Asnād va Mukātabāt-i Tārīkhī-yi Irān*, Bungāh-i Tarjume wa Nashr-i Ketābat:Tehrān,1364; *Shāh Tahmāsb Ṣafawī*, Intshārāt-i Bunyād-i Farhang-i Irān,1350; *Shāh ‘Abbās Ṣafawī(3vols)*, Intshārāt-i Bunyād-i Farhang-i Irān, 1352; *Shāh Isma’īl Ṣafawī*, Intshārāt-i Bunyād-i Farhang-i Irān, 1368.

清人新疆竹枝词酒文化史料钩沉*

王子今

清代新疆竹枝词作品中多有涉及“酒”的文字。“酒”的发明、生产、流通和消费，是与文明发生与成熟同步的现象。历史和现实告知我们，“酒”作为重要物质中介可以联络感情、亲和关系、融汇文化，亦显著作用于精神生活。在多民族居住的地方，“酒”对于共同推动文明进步产生效能①。“竹枝词”源自民间歌谣，作为普及性颇强的特殊的诗歌体裁，其中保留的地方社会史料、民俗史料、少数民族生活史料受到学界重视②。而如果竹枝词研究取更开阔的视野，进行民族关系史、边疆开发史，以及丝绸之路交通史的学术探索，也可以从中有所收获。通过清代新疆竹枝词提供的相关信息的分析，可以增进我们对于酒史乃至新疆社会经济史、新疆社会生活史，以及新疆民族关系史的认识。

一、“香醪甘液泛瑶觞”

祁韵士《西陲竹枝词》中《阿拉占》一首说到饮酒的“风趣”：“香醪甘液泛瑶觞，美酿凭谁起杜康。淡里藏浓风趣别，非逢嘉客莫轻尝。”自注：“马乳为酒，谓之阿拉占。”③享用“香醪”“美酿”是“西陲”平俗生活中多见的情景。如“逢嘉客”，则每每以此寄托情怀，深化友谊。纪昀《乌鲁木齐杂诗》一二三写道：“芳草丛丛各作窠，无名大抵药苗多。山亭宴罢扶残醉，记看官奴采薄荷。”自注：“药草至多，或识或不识。去年六月宴射厅提督巴公，有小奴言栏旁是薄荷。试使采之，真薄荷也。”④其中“山亭宴罢扶残醉”及“去年六月”有“宴”，似可说明“山亭”是经常聚饮之处。酒场环境除“芳草丛丛”外，还有所谓“绿树窝”。他的《乌鲁木齐杂诗》一三八说“游人载酒”“携酒”往“秀野亭”春游：“秀野亭西绿树窝，杖藜携酒晚春多。谯楼鼓动栖鸦睡，尚有游人踏月歌。”自注：“城西茂林无际，土人名为‘树

* 基金项目：2023年“国家社科基金铸牢中华民族共同体意识研究专项”项目“新发现周秦汉唐西北民族关系史料的整理与研究”（批准号23VMZ006）。

① 王子今《“酒”与汉代丝绸之路民族交往》，《西域研究》2022年第4期，1—16页。

② 王子今《“竹枝词”的文化意义》，《河南科技大学学报》2009年第2期，5—12页。

③ （清）祁韵士著、刘长海整理《西陲竹枝词》，太原：三晋出版社，2015年，130页。

④ （清）纪昀《纪文达遗集》卷一四，清嘉庆十七年纪树馨刻本，叶一七背—叶一八正。

窝’，坤同知因建秀野亭。二、三月后，游人载酒不绝。”[5]“踏月歌”一句，描写了“晚春”之“游”的情致。

“携酒”而游情状，有的竹枝词作者写作“携壶”。舒其绍《伊江杂咏》有题《雪山》者，言雪山“即天山，中产雪莲、雪蚕、雪蟾、雪鷇”。诗云：“雪岭高高天半分，雪蚕雪鷇冷斜曛。青山底事头争白，我欲携壶问塞云。”[6]薛国琮《伊江杂咏》之八诗句与舒其绍《伊江杂咏》之《雪山》完全相同，只是自注有异，作：“天山即雪山，亘古未消，四望白云弥漫无际，中产雪莲、雪蟾、雪蚕、雪鷇。而喀什噶尔雪鸡群飞，尤极肥美。”[7]此类猎物“尤极肥美”，很可能是作为下酒的野味菜肴得到体验的。诗人笔下这种与“雪岭”“雪山”为伴的情形，当然和以“芳草”“绿树”为背景之酒意和春意相融完全不同，然而另有一番情境。“四望白云弥漫无际”，或许可以醉在自然与自由之中。

“冬夕”自家“地炉”“煮酒”情境，见于宋弼《西行杂咏》之二三诗句：“地炉拨火夜通红，不用频添唤小童。煮酒烹茶真耐久，娑娑作炭有微功。”原注：“娑娑，木名，俗曰樌樌柴，坚于他木，烧为炭，冬夕围炉，通宵不尽。”[8]竹枝词涉及“酒”的作品中说到“地炉”的，还有徐步云《新疆纪胜诗》二八：“野味鲜腴入馔丰，葡萄酒暖地炉红。深冬谁唱龟兹曲，灯火连宵雪屋中。”[9]也说“深冬”“雪屋”饮酒情形。“地炉”，在唐宋中原诗作中已经多见。如韩偓《访同年虞部李尚书及第过堂日作》：“地炉贳酒成狂醉，更觉襟怀得丧齐。”[10]陆游《初冬》写道：“落叶窗前已作堆，地炉微火拨残灰。……更宽十日可闲出，会挈一壶寻早梅。”[11]其中“地炉微火拨残灰”句，可以帮助我们理解宋弼《西行杂咏》诗句记述“地炉拨火夜通红”中“拨火”的情形。

二、“嗜酒”性情：“以长夜烂醉为乐事”

关于新疆更偏远地方好酒乐醉风习，福庆《异域竹枝词三·绝域诸国》一〇写道：“日饮无何醉绿醽，酒泉西去酒垂星。乾陀弥勒多狮象，笑指层峦万叠青。”原注：“噶尔洗，绝域一国也。其地广而人稀，皆峻岭高峰，多大米、芝麻、绿豆，其人日饮

⑤ （清）纪昀《纪文达遗集》卷一四，叶一九背。

⑥ （清）舒其绍《听雪集》卷四，《清代诗文集汇编》，上海：上海古籍出版社，2010年，第403册，375页。

⑦ （清）史梦兰选辑、石向骞等点校《永平诗存》，长春：吉林大学出版社，2011年，100—101页。有学者讨论了薛国琮《伊江杂咏》对舒其绍的抄袭、自注改补，提出“这起抄袭案的发生，与当时流放伊犁的废员相互唱和、传抄彼此作品存留的风尚有关”。史国强《〈永平诗存〉所辑〈伊江杂咏〉著者考辨》，《新疆大学学报》2014年第3期，111—114页。

⑧ 吴华峰、周燕玲辑注《清代西域竹枝词辑注》，上海：上海古籍出版社，2022年，13页。

⑨ 吴华峰、周燕玲辑注《清代西域竹枝词辑注》，92页。

⑩ （唐）韩偓撰、吴在庆校注《韩偓集系年校注》卷一，北京：中华书局，2015年，72页；

⑪ （宋）陆游著，钱仲联、马亚中主编《陆游全集校注·剑南诗稿校注》卷八五，杭州：浙江古籍出版社，2015年，126页。

黄酒取醉，男女皆然。土产狮子，多象。”[12]所谓“其人日饮黄酒取醉，男女皆然”，生动地描画了洋溢着酒香的民族风俗画。

对于西域当地民族“性情”的表现，或突出强调“嗜酒”，萧雄《听园西疆杂事诗》卷三《性情》写道：“兔狡狐疑鼠样贪，惯多骄态自扬扬。相期大遂平生志，长住温柔醉睡乡。”自注：“性情大半狡诈，遇事多疑，嗜酒耽色贪利之心，皆无厌足。稍得势力则意气扬扬，骄矜可鄙。无大志，无远虑，以白日高眠为享受，以长夜烂醉为乐事。一夫娶三五妇不为怪，有不合者辄弃之。”[13]说“嗜酒”，“以白日高眠为享受，以长夜烂醉为乐事”，“长住温柔醉睡乡”。而“狡诈”“多疑”“耽色贪利”言辞，言其“可鄙”。带有明显轻蔑视之的心理倾向。司马迁《史记·大宛列传》说“宛左右”“俗嗜酒”[14]，应是客观描述，不以为“可鄙”，绝无民族歧视意味。《史记》中对于中原人的“性情”记述，亦颇多“嗜酒”之例[15]。甚至对于以为“其义”“不成”，表扬“其立意较然，不欺其志，岂妄为哉”的荆轲，以“嗜酒”言其“性情”，其实从某种角度看或有褒扬的意思：“荆轲嗜酒，日与狗屠及高渐离饮于燕市，酒酣以往，高渐离击筑，荆轲和而歌于市中，相乐也，已而相泣，旁若无人者。荆轲虽游于酒人乎，然其为人沈深好书；其所游诸侯，尽与其贤豪长者相结。其之燕，燕之处士田光先生亦善待之，知其非庸人也。”[16]“荆轲嗜酒”，然而“非庸人”，也不是一般的“酒人”。关于“酒人”，裴骃《集解》：“徐广曰：‘饮酒之人。’”[17]

“酒”的消费的普及，甚至在普通农事生活中也有表现。纪昀《乌鲁木齐杂诗》之三八写道：“客作登场打麦劳，左携饼饵右松醪。雇钱斗价烦筹计，一笑山丹蔡掾曹。”原注：“打麦必倩客作。需客作太多，则麦价至不能偿工价。印房蔡掾种麦，估值三十金，客作乃需三十五金，旁皇无策。余曰不如以五金遣之，省此一事。众为绝倒。”[18]所谓“打麦”，是麦作收获时劳作之一。至于“需客作太多，则麦价至不能偿工价”，“种麦，估值三十金，客作乃需三十五金”的说法，都是不合常理的估算。诗人大概不晓农事，以致有近于荒诞的议论。而我们这里注意的，是“客作登场打麦劳，左携饼饵右松醪”，即受雇劳作者饮食包括“松醪”的情形。受“雇”“登场大麦”的“客”，身份并不明朗。若推定其族属是新疆当地少数民族，可能性是很大的。

---

⑫ 王利器、王慎之、王子今辑《历代竹枝词》，西安：陕西人民出版社，2003年，1631页。

⑬ （清）萧雄《西疆杂述诗》卷三《性情》，《边疆史地文献初编》编委会编《边疆史地文献初编·西北边疆》第一辑第13册，北京：中央编译出版社，2011年，140—141页；吴华峰、周燕玲辑注《清代西域竹枝词辑注》，485页。

⑭ 《史记》卷一二三，北京：中华书局，1959年，3173页。

⑮ 《史记》卷三二《齐太公世家》，1503页；《史记》卷四〇《楚世家》，1703页；《史记》卷二〇《建元以来侯者年表》，1065页；《史记》卷一二六《滑稽列传》，3210页。

⑯ 《史记》，2538页。

⑰ 《史记》，2528页。参看王子今《战国秦汉“酒人”略说》，《宜宾学院学报》2011年第3期，8—11页。

⑱ （清）纪昀《纪文达遗集》卷一四，叶七背。

三、“醉卧将军古战场”

内地人来到新疆，宴饮往往是边塞生活的重要内容。“酒”作为日常消费的饮品，既是物质生活的主题，也充实了他们的精神生活。唐王翰《凉州词》：“葡萄美酒夜光杯，欲饮琵琶马上催。醉卧沙场君莫笑，古来征战几人回。”⑲唐时开始兴起的西北军旅诗作传统，清人依然有所继承。其文句往往透露出酒意。纪昀《阅微草堂笔记》卷一六《姑妄听之二》说到这样的故事：“余从军西域时，草奏草檄，日不暇给，遂不复吟咏。或得一联一句，亦境过辄忘。《乌鲁木齐杂诗》百六十首，皆归途追忆而成，非当日作也。一日，功加毛副戎自述生平，怅怀今昔，偶为赋一绝句曰：‘雄心老去渐颓唐，醉卧将军古战场。半夜醒来吹铁笛，满天明月满林霜。’毛不解诗，余亦不复存稿。后同年杨君逢元过访，偶话及之。不知何日杨君登城北关帝祠楼，戏书于壁，不署姓名。适有道士经过，遂传为仙笔。余畏人乞诗，杨君畏人乞书，皆不肯自言。人又微知余能诗不能书，杨君能书不能诗，亦遂不疑及，竟几于流为丹青。迨余辛卯还京祖饯，于是始对众言之。乃爽然若失。昔南宋闽人林外题词于西湖，误传仙笔。元王黄华诗刻于山西者，后摹刻于滇南，亦误传仙笔。然则诸书所谓仙诗者，此类多矣。”⑳诗句“醉卧将军古战场”，或是实情记录。所谓“铁笛”“明月”“林霜”，既多古意，也表现了西北“古战场”的苍凉。

“遣戍”边地的军人们的饮酒风习，又见于洪亮吉《伊犁纪事诗四十二首》之七：“已分从公老牧羊，门生家世本敦煌。金丹五百题容缓，先献麻姑禁酒方。”自注：“临行，属篆《金丹五百字》。”“房师王荔园先生，官湖北安襄郧道，以军兴法先遣戍伊犁，在将军署课读。饮酒时或过量，故末语规及之。”㉑吴华峰、周燕玲注：“洪亮吉《天山客话》：‘濒行以戒饮箴荔园先生。’”㉒“禁酒”“戒饮”是古代诗歌多见的主题㉓。洪亮吉此“以戒饮箴”故事，是竹枝词作中典型的一例。作为反映边地军旅生活的作品，尤其值得重视。

也有竹枝词作者记述了直接“戎装”“快饮”的情景。如张雪君《伊江竹枝词》之四写道：“戎装半卸聚闲庭，快饮葡萄酒未停。直把端阳作寒食，门前都插柳条青。”《清诗纪事》有注：“童逊祖《蕿蕿堂诗话》：‘张雪君大令诗已载于前，今得其《伊江竹枝词》云云。’”㉔作者或题署“张广埏”㉕。

---

⑲ （唐）芮挺章编、傅璇琮等编《国秀集》卷上，北京：中华书局，2014年，297页。

⑳ （清）纪昀撰、韩希明译注《阅微草堂笔记》，北京：中华书局，2014年，1292页。

㉑ （清）洪亮吉撰、刘德权点校《洪亮吉集》卷一《万里荷戈集》，北京：中华书局，2001年，1212页。

㉒ 吴华峰、周燕玲辑注《清代西域竹枝词辑注》，323页。

㉓ 王子今《古人的戒酒歌诗》，《寻根》2018年第3期，7—18页；《宋诗的“止酒”主题》，《四川大学学报》2021年第1期，136—146页。

㉔ 钱仲联主编《清诗纪事·光绪宣统卷》，南京：凤凰出版社，2004年，3640页。

㉕ 吴华峰、周燕玲辑注《清代西域竹枝词辑注》，397页。

四、“酒家楼”的繁荣和“酒商”收益

舒其绍《伊江杂咏》的《钟鼓楼》自注说：钟鼓楼“在城正中”。其诗云：“高楼突兀镇当中，危堞重闉四面通。我在黑甜今已觉，漫劳钟鼓下遥空。”㉖“黑甜”，或以为醉后酣眠。有注家引苏轼《发广州》诗“三杯软饱后，一枕黑甜余”句自注：“浙人谓饮酒为软饱，俗谓睡为黑甜。”㉗然而也有将“醉”与“黑甜”直接联系起来的。如黄遵宪《伦敦大雾行》诗：“一时天醉帝梦酣，举国沉迷同失日。芒芒荡荡国昏荒，冥冥蒙蒙黑甜乡。”㉘中原人在新疆的城市生活，提供“醉”“酣”服务的有“酒家楼”。纪昀《乌鲁木齐杂诗》之一四八：“玉笛银筝夜不休，城南城北酒家楼。春明门外梨园部，风景依稀忆旧游。”原注：“酒楼数处，日日演剧，数钱买座，略似京师。”㉙这里有“玉笛银筝夜不休”的“梨园部”“日日演剧”，其情景“略似京师”。从“城南城北”“春明门外”诗句看，乌鲁木齐这样的“酒家楼”当时应当有多处。

唐道《伊犁纪事诗三十八首》之三四写道：“伊伯城南特创楼，题名鉴远俯江流。轻舟斜舣垂杨下，买得鱼来佐酒瓯。”㉚可知在新疆其他城市，也存在同样的“酒家楼”。

这种“酒家楼”除了“演剧”之外，还有其他服务。舒其绍《伊江杂咏》中《江南巷》一首自注：“在北门外，烟花荟萃之区”。其诗云：“杏花春雨酒初酣，人影衣香见两三。欲把鞭丝深巷指，断肠依约到江南。”㉛“酒初酣”或误作“酒酣初”㉜。薛国琮《伊江杂咏》一九诗句与舒其绍《伊江杂咏》中《江南巷》完全相同，而自注作：“江南巷在北门外，本江南流人侨寓之所，今为烟花萃集之区矣。”㉝

除了城市“酒家楼”以外，凡有客流密集的地方，都促成“酒”的消费。纪昀《乌鲁木齐杂诗》之三四写道：“一路青帘挂柳阴，西人总爱醉乡深。谁云山郡才如斗，酒债年年二万金。”原注：“西人嗜饮，每岁酒商东归，率携银二三万而去。”㉞所谓“一路青帘”，是说古丝绸之路沿途交通线路，都有行人的“醉乡”。“每岁酒商东归，率携银二三万而去”注文，说明“西人”“酒”的消费额度相当惊人，“东归”“酒商”的受益因而也颇为可观。

和“一路青帘”可以对应的信息，见于宋弼《西行杂咏》之四五的诗句：“青灯绿酒旧周旋，更遣移封到酒泉。玉液休夸刘白堕，烧春一盏足延年。”原注：“自兰以西尚白酒，以青稞、大麦为之，甘州为上，白如玉，浓如醍醐。都门所称南路酒佳者，

㉖ （清）舒其绍《听雪集》卷四，《清代诗文集汇编》，第403册，376页。
㉗ 吴华峰、周燕玲辑注《清代西域竹枝词辑注》，262页。
㉘ 林振武等编著《黄遵宪年谱长编》卷二，北京：中华书局，2019年，344页。
㉙ （清）纪昀《纪文达遗集》卷一四，1805页。
㉚ 吴华峰、周燕玲辑注《清代西域竹枝词辑注》，146页。
㉛ （清）舒其绍《听雪集》卷四，《清代诗文集汇编》，第403册，376页。
㉜ 吴华峰、周燕玲辑注《清代西域竹枝词辑注》，261页。
㉝ （清）史梦兰选辑、石向骞等点校《永平诗存》，102页。
㉞ 钱仲联主编《清诗纪事·乾隆朝卷》，1417页。“谁云山郡才如斗”或作“谁知山郡才如斗”。

不知相似否。”[35]诗句所谓“更遣移封到酒泉”，注文所谓“自兰以西尚白酒”，都提示了这条长期作为东西交通干线的古道上，酒泉、甘州、兰州，是一路都飘溢着“烧春”“玉液”传布的浓郁酒香的。而“都门所称南路酒佳者”，应当指另一交通线路。

五、歌舞“侑觞”，“歌舞宴客”

前引纪昀《乌鲁木齐杂诗》之一四八：“玉笛银筝夜不休，城南城北酒家楼。春明门外梨园部，风景依稀忆旧游。”原注：“酒楼数处，日日演剧，数钱买座，略似京师。”明确说“酒家楼”艺术表演的活跃，已经大致“略似京师”。这是有高等级美学品味和才艺感觉的诗人的评价，艺术史研究者应予关注。

“歌舞”，“轻歌妙舞”，显然是酒宴演出的主要方式。福庆《异域竹枝词并序·新疆》之五〇：“轻歌妙舞玉人妆，绮席初开出侑觞。试问边庭羁旅客，春风可忆杜韦娘。”原注：“叶尔羌俗尚宴会，妇人多长于歌舞，尤重百戏。”[36]“玉人”“歌舞”“侑觞”，如唐道《伊犁纪事诗三十八首》之一二所说，又有“媚眼波”“歌婉转”情态：“花袍锦帽看秧哥，手捧金樽媚眼波。舞罢更怜歌婉转，翻教唤起旅愁多。”原注：“秧哥，回妇也。”“缠头回长台吉延予饮，有女回歌舞侑酒，亦有音节，殊不解耳。”[37]这些异族女子以色艺“侑酒”“歌舞”的作用，是“唤起”了“边庭羁旅客”们的“旅愁”，还是消解了他们悠远的乡思呢?

“歌婉转”，又见于薛国琮《伊江杂咏》之二七的诗句：“斗酒双柑听栗留，落花时节涩歌喉。可人杨柳关门树，四月莺声直到秋。”自注：“内地黄鹂鸣于二月，至夏初则有莺老花残之恨。塞上则鸣于初夏，至秋犹闻呖呖也。”[38]我们不讨论“内地”与“塞上”的季节差，只是关注“伊江”地方春深聚会时“斗酒”“歌喉”营造的气氛。美女的“歌喉”，是可以使客人想到“内地”的“杨柳”“黄鹂”的。

王曾翼《回疆杂咏》之二一写道：“对对回姬舞态浓，胡琴拍拍鼓鼕鼕。更阑曲罢还留客，手酌葡萄劝玉鐘。”自注：“鼓径一尺六寸，高三寸，鞔以羊皮。胡琴十弦。拍鼓拊琴，回妇二人歌舞，此宴客之乐也。”[39]“鼓鼕鼕”或作“鼓冬冬”，“劝玉鐘”或作“劝玉锺”[40]。《回疆杂咏》，序文或称之为《新疆诗》，言“夫苏武穹尘，仅得李陵三首”，“道之云远，至者其谁? 今欲使骚人墨客裹粮三万里，穷方域以外，岂不难乎? ”以为其“行役之作”，“殊方绝域，睹记皆新”，诗人遂“言人所未言”。[41]富

---

[35] 吴华峰、周燕玲辑注《清代西域竹枝词辑注》，20页。

[36] 王利器、王慎之、王子今辑《历代竹枝词》，1814页。吴华峰、周燕玲辑注《清代西域竹枝词辑注》，224—225页。

[37] 吴华峰、周燕玲辑注《清代西域竹枝词辑注》，141页。

[38] （清）舒其绍《听雪集》卷四，《清代诗文集汇编》，第403册，376页。

[39] （清）王曾翼《居易堂诗集》卷二，清乾隆王祖武刻本，叶一六背。

[40] 吴华峰、周燕玲辑注《清代西域竹枝词辑注》，135页。

[41] （清）王曾翼《居易堂诗集》，吴镇序。

有民族风情的“拍鼓拊琴”，“歌舞宴客之乐”，也许是“边庭羁旅”“裹粮三万里，穷方域以外”的“骚人墨客”们以往没有体验过的。

对于酒宴上热情欢快的表演的描述，又见于朱紫贵《天山牧唱》之一八的记述：“霜飞玉帐夜闻歌，劝客蒲桃金叵罗。琥珀七弦笳八孔，银灯影里舞青娥。”自注：“秋深蒲桃酒熟宴客，酒酣，回女逐对起舞。琥珀七弦，苇笳八孔，皆其乐器。”[42]有“歌”有“舞”，也有中原人并很不熟悉的多种当地民族“乐器”的欢快合奏。

据清代新疆竹枝词记述，“塞上”的乐舞表演，其实也有来自内地的节目。纪昀《乌鲁木齐杂诗》之一五一写道：“老去何戡出玉门，一声楚调最销魂。低徊唱煞《红绫袴》，四座衣裳涴酒痕。”原注：“遣户何奇能以楚声为艳曲，其《红绫袴》一阕，尤妖曼动魄。”[43]“楚声”“楚调”，在听众心中产生了文化反响。所谓“四座衣裳涴酒痕”者，并不仅仅是因为“艳曲”的艺术效应，而很可能以“销魂”的“低”“唱”，激生乡愁，引发了“老去何戡出玉门”的感叹。这里的“何戡”，是唐代刘禹锡《与歌者何戡》中的人名，“旧人唯有何戡在，更与殷勤唱渭城”，古典今用，譬喻流放者何奇，情景十分恰当。

六、“酒”与民间礼俗

上文说到，作为“边庭羁旅客”的“江南流人侨寓”的集中，会影响“塞上”风习。人们对于酒宴的形式和气氛，愿意与“京师”比较。而前引竹枝词注文所谓“每岁酒商东归，率携银二三万而去”，说明经营酒业的“酒商”往往来自东方。新疆节庆“酒果”陈备，也受到“中原”的影响。纪昀《乌鲁木齐杂诗》之五六写道：“酒果新年对客陈，鹅黄寒具荐烧春。近来渐解中原味，浮瑳牢丸一色匀。”原注：“新年客至，必陈馓饵四器，佐以烧酒，比户类然。近能以糯米作元夕粉团，但比内地稍坚实，其他糕饼，亦略同京师之制。”[44]所谓“中原味”“糕饼”以及“内地”“以糯米作元夕粉团”的饮食方式影响到了西域。“浮瑳”应当也是“中原味”。当然，此所谓“糕饼”也可能是西北食品，或与河西汉简所见“膏饼”有关[45]。“京师之制”或许本来源自边地。

新疆少数民族的“年”，所谓“开斋贺年”“开斋”“贺岁”，“酒”的作用似乎更为突出。朱紫贵《天山牧唱》之九写道：“胡芦屋角高烧后，一月清斋断酒肴。休道东方饥欲死，渐看星影在花梢。”自注：“过年前一月，男女把斋，日晚始得饮啖，但不饮酒耳。半月前悬油胡芦于高竿上烧之，阖家礼拜。”又一〇：“鲜衣怒马去如飞，画鼓声中簇彩旗。今日开斋刚贺岁，六街灯火醉人归。”自注：“开斋贺年，阿奇木伯克列旗帜、设鼓乐，入礼拜寺讽经。礼毕回众随往其家贺岁，劳以酒肉，哄饮

---

[42] （清）朱紫贵《枫江草堂诗集》，《清代诗文集汇编》，第590册，677页。
[43] （清）纪昀《纪文达遗集》卷一四，叶二一正。
[44] （清）纪昀《纪文达遗集》卷一四，叶九背。
[45] 王子今《马圈湾汉简“膏饼”浅识》，《出土文献》第6辑，北京：中西书局，2015年，285—292页。

而散。”[46]所谓“六街灯火醉人归”，不妨看作全民的狂欢形式。节庆时日热烈的“灯火”，可以说是以“酒”作为燃料的。

婚礼必然用“酒”。王曾翼《回疆杂咏》之一一写道：“荆笆高坐绛罗蒙，新妇登门拜姥公。鼓乐喧阗亲串集，满斟克逊庆新红。”原注：“贵族婚姻必凭媒定吉期，以荆笆衬花毯，坐女其上，红锦蒙头，舁至婿家，拜翁姑如礼。三日内亲戚麇至，曰待喜验红，有则设酒庆贺云。巴克逊，回酿名，如内地黄酒。”[47]

“中原”“内地”与“塞上”“塞外”，因“酒”的作用助成了民俗的混同。华夏古俗的“祖道”风习，久已成为文化传统。其源起，是行神或道路神崇拜。《仪礼·聘礼》：“出祖释軷，祭酒脯，乃饮酒于其侧。”[48]最典型的场景见于荆轲刺秦故事，临行“至易水之上，既祖，取道”，“前而为歌曰：‘风萧萧兮易水寒，壮士一去兮不复还’”[49]。“祖”，包括“饮酒于其侧”的仪程。《史记·五宗世家》说临江闵王刘荣故事：“荣行，祖于江陵北门。”司马贞《索隐》：“祖者行神，行而祭之。”“崔浩云：‘黄帝之子累祖，好远游而死于道，因以为行神。’”[50]《汉书·刘屈氂传》：“贰师将军李广利将兵出击匈奴，丞相为祖道，送至渭桥。”[51]甚至偏远至河西边塞基层守备军人之中，也流行祖道风习。居延汉简可见出现“祖道钱”简文的简例：“候史褒予万岁候长祖道钱，出钱十付第十八候长祖道钱」祖道钱，出钱十付第廿三候长祖道钱」祖道钱，出钱十」出钱。”（104.9，145.14）[52]清代新疆竹枝词所见接迎饯送酒宴，其实是古来“祖道”礼俗的延续。在边疆地方，这种习俗成为维系人际情缘的重要媒介。

“祖道”后来演化为多种形式的“饯别”“送别”，而往往都离不开“酒”。[53]舒其绍《伊江杂咏》中有《大桥》诗。自注：大桥“即通济桥，为伊江送别之地”。诗云：“分手河梁万里遥，不禁别绪几魂销。懵腾记得来时路，零雨斜风过灞桥。”[54]薛国琮《伊江杂咏》之二〇诗作略同，“懵腾记得来时路，零雨斜风过灞桥”作“瞢腾记得来时路，秋雨秋风过灞桥”。自注：“通济桥在城北五里，为伊江送别之地，天涯折柳，倍觉神伤。”[55]洪亮吉《伊犁纪事诗四十二首》二三也说饯送酒宴：“黄泥墙北打门频，白发来辞喜气新。欲买鲜鱼饲花鸭，商量明日饯归人。”原注：“谓开镇台九叙，以前四月奉恩旨释回，至四川军营效力。”对于“欲买鲜鱼饲花鸭”有以解说：“伊犁鹅鸭必以鲜鱼饲之乃肥。”[56]

---

[46] （清）朱紫贵《枫江草堂诗集》，《清代诗文集汇编》，第590册，676页。

[47] （清）王曾翼《居易堂诗集》卷二，叶一五正。

[48] （清）阮元校刻《十三经注疏》，1072页。

[49] 《史记》，2534页。

[50] 《史记》卷五九，2094页。

[51] 《汉书》卷六六，北京：中华书局，1962年，2883页。

[52] 简牍整理小组编《居延汉简》（贰），“中研院”历史语言研究所专刊之一〇九，2015年，8页。王子今《秦汉交通史稿》，北京：社会科学文献出版社，2020年，709—710页。

[53] 王子今《中国古代行旅生活》，北京：商务印书馆国际有限公司，1996年，30—37页。

[54] （清）舒其绍《听雪集》卷四，《清代诗文集汇编》，第403册，376页。

[55] （清）史梦兰选辑、石向骞等点校《永平诗存》，102页。

[56] （清）洪亮吉撰、刘德权点校《洪亮吉集》卷一《万里荷戈集》，1213页。

行旅抵达目的地，则有饮酒接风洗尘礼俗。洪亮吉《伊犁纪事诗四十二首》之四〇写道："一旬胡蝶已成团，便拟开筵宴谪官。携得百花洲畔法，种来莺粟大如盘。"自注："陈巡抚寓斋莺粟独盛，有五色如盘者，盖江西所携来之种。拟分日宴客。"[57]所谓"开筵宴谪官"，是以"酒"为主题的欢迎仪式。边疆地方，"酒"是维系人际情缘的重要媒介。迎来送往的酒宴，所谓"宴谪官""饯归人"，"酒"对于交通文化的意义均有显现。

七、葡萄酒·桑葚酒·枣酒·青稞酒

前引新疆竹枝词作多有说到葡萄酒消费之普及的诗句，如徐步云《新疆纪胜诗》"葡萄酒暖地炉红"，张雪君《伊江竹枝词》"快饮葡萄酒未停"，王曾翼《回疆杂咏》"手酌葡萄劝玉鐘"等。其实当时新疆酒的品种，还有许多。萧雄《听园西疆杂事诗》卷三《饮食》二写道："新酿葡萄瓮始开，全家高会满擎杯。还看马乳融成末，吩咐央歌再取来。"自注："男女皆好饮而多量。酒有数种，呼为阿拉克。究竟阿拉克，系言沙枣所酿者，因以此为常酒，故专其名。又有用稻米、大麦、糜子磨细酿成，不除糟粕，如关内黄酒者，味淡而甜，名曰巴克逊。最上之品，莫如葡萄所酿。初酿成时，色绿味醇，若再蒸再酿则色白而猛烈矣。性甚热，饮之可除寒积之症。《汉书》谓：'俗嗜酒，大宛左右，以葡萄为酒，富人藏酒至万余石，久者至数十岁不败。'亦未必然，皆极言多且久也。又马乳可作酒，名曰七噶，以乳盛皮袋中，手揉良久，伏于热处，逾夜即成，其性温补，久饮不间，能返少颜。又闻桑葚亦可酿酒，回疆桑葚大者长寸余，待其熟后自落，拾取晒干为之。张凤翼《谈略》云有桑落酒，相传熟于桑落之辰，因以为名。又云：'论者不知地有桑落河，出马乳酒，羌人兼葡萄压之。是桑落乃地名，非时也。'余谓桑落之名，或因俟桑子落下，取以酿酒亦可，至马乳、葡萄，两种不能兼压者，恐说有未确。"[58]

尽管当时新疆酒市有多种"酒"通行，"葡萄酒"，可能还是在饮食生活中最为多见的。西域"葡萄酒"在汉代就为中原人熟知。舒其绍《伊江杂咏》中有《大宛马》诗："葡萄天马颂声扬，汉代争传汗血良。今日贰师城畔过，始知史笔太铺张。"原注："大宛即今哈萨克，蓄马以谷量。每年贡献及贸易，千百为群，率皆高大多力。然求所谓汗血，则杳无闻见。汉史：李广利出燉煌，取汗血马三千匹，妄矣。贰师城在大城东北三十里，即今塔尔奇，遗址尚存。"[59]因为现今"汗血""杳无闻见"，言

---

[57] （清）洪亮吉撰，刘德权点校《洪亮吉集》卷一《万里荷戈集》，1215页。

[58] （清）萧雄《西疆杂述诗》卷三《饮食》二，《边疆史地文献初编·西北边疆》第一辑第13册，216—218页。"以乳盛皮袋中"，"皮袋"或作"皮带"。吴华峰、周燕玲辑注《清代西域竹枝词辑注》，510页。应是误排。

[59] （清）舒其绍《听雪集》卷四，《清代诗文集汇编》，第403册，380页。薛国琮《伊江杂咏》之七七诗句相同。有注文："大宛即今哈萨克，产马以谷量。每年贡献及贸易，千百为群，率皆高大多力。然求所谓汗血，则杳无闻见。汉史：李广利将数万之众，出燉煌万里，杀大宛王，取汗血马三千匹，身膺侯封，是以有《天马》之歌，虚诞甚矣。尽信书则不如无书，非亲履目睹，乌能知之。贰师城在大城东北三十里，即今他尔奇，遗址尚存。"（清）史梦兰选辑，石向骞等点校《永平诗存》，109页。

《史记》记载“太铺张”的判断，是没有道理的。薛国琮《伊江杂咏》之五七说到作为果品的“葡萄”：“橘奴荔子簇丹黄，西域葡萄碧玉凉。大小珍珠齐错落，分甘罗列到孙行。”自注：“葡萄产自西域，较北地粒小而味厚。一种大小相间，如枣栗、芡实骈生合体，尤为可爱，予名之曰公孙葡萄。”⑥⓪当然，我们从考古收获得知，新疆早在前张骞时代已经有葡萄种植。新疆和静察吾乎沟四号墓地出土的一件陶高领罐（M43：1），器身“从上腹到口沿的空白带中绘对称的两株藤蔓植物纹，藤枝弯曲”。有的学者解释为葡萄蔓纹。这是约3000年前显现葡萄形象的文物遗存⑥①。洋海古墓群出土“葡萄藤”实物⑥②，可以判定为葡萄种植的文物实证。根据^{14}C测定，此发现可以证明，吐鲁番地方“种植葡萄的历史至少已有2300年”⑥③。

葡萄作为果品，亦用为酿酒原料。宋弼《西行杂咏》之三五：“异种原随博望侯，香醪一斗换凉州。酒泉不见龙珠帐，佳实来从天尽头。”原注：“葡萄从西域来，见于前史，肃州绝无之。其干者如豆许，皆自关外至。雅尔回使所道，多白色，味尤甘。”⑥④“香醪一斗换凉州”典故，说东汉故事。扶风人孟佗“资产饶赡”，通过张让奴，在“求谒让者，车恒数百千两”的情况下，张让奴“乃率诸仓头迎拜于路，遂共轝车入门”。于是，“宾客咸惊，谓佗善于让，皆争以珍玩赂之。佗分以遗让，让大喜，遂以佗为凉州刺史。”李贤注引《三辅决录注》的记述涉及“蒲陶酒”：“（孟佗）以蒲陶酒一斗遗让，让即拜佗为凉州刺史。”⑥⑤《晋书·山遐传》因言“西园有三公之钱，蒲陶有一州之任”⑥⑥。

纪昀《乌鲁木齐杂诗》之七一写道：“蒲桃法酒莫重陈，小勺鹅黄一色匀。携得江南风味到，夏家新酿洞庭春。”原注：“贵州夏髯以绍兴法造酒，名曰‘仿南’，风味不减。”⑥⑦在葡萄酒之外，说到了“夏家新酿洞庭春”。成书《伊吾绝句》三〇写道：“清秋使者阅边回，欲饮蒲桃笳鼓催。花帽缠头迎道左，齐看天上大人来。”⑥⑧所谓“欲饮蒲桃笳鼓催”，其实可见由“葡萄美酒夜光杯，欲饮琵琶马上催”演化而来的痕迹。

许乃穀《西域咏物诗二十首并引》有《葡萄酒》一首：“《大宛传》：‘宛左右以葡萄为酒，汉使取其实来种。’回人谓葡萄为奇石蜜食，乾隆时移根禁苑，有圣制诗注云：‘魏文帝诏：宁北西国，葡萄石蜜。’石蜜之音，颇近回语，岂当时亦曾见此

---

⑥⓪（清）史梦兰选辑，石向骞等点校《永平诗存》，107页。

⑥① 王明哲主编《新疆察吾呼——大型氏族墓地发掘报告》，北京：东方出版社，1999年，117页。

⑥② 李肖、吕恩国、张永兵《新疆鄯善洋海墓地发掘报告》，《考古学报》2011年第1期，144页。

⑥③ 马丽平《吐鲁番的葡萄文化》，《中国文物报》2024年9月24日5版。

⑥④ 吴华峰、周燕玲辑注《清代西域竹枝词辑注》，16页。

⑥⑤《后汉书》，北京：中华书局，1965年，2534页。《三国志》卷三《魏书·明帝纪》裴松之注引《三辅决录注》：“……（孟）他又以蒲桃酒一斛遗让，即拜凉州刺史。”北京：中华书局，1959年，94页。

⑥⑥《晋书》卷四三，北京：中华书局，1974年，1231页。王子今《“蒲陶酒”的丝路行旅：从西亚到东亚》，《文史知识》2025年第1期，87—96页。

⑥⑦（清）纪昀《纪文达遗集》卷一四，1789页。

⑥⑧（清）成书《多岁堂诗集》卷三，《清代诗文集汇编》，第463册，344页。

耶？”其诗曰：“大宛传来石蜜种，小瓶倾出玉浮梁。酒泉郡与凉州牧，何似花门醉百觞。”[69]徐松《新疆南路赋》言“石蜜包匦”，注：布哈尔出绿葡萄，截条植地而生，回人谓之奇石蜜食。乾隆年间移植禁苑，有圣制诗注云：‘魏文帝诏：宁比西国葡萄石蜜。’石蜜之音颇近回语，岂当时亦曾见此耶？”[70]王先谦《后汉书集解》于《西域传》“天竺国”条“诸香石蜜”句下写道：“魏文帝诏云：南方龙眼、荔枝，宁比西国蒲萄、石蜜乎？”[71]宋人窦苹《酒谱》外篇《性味》：“魏文帝诏曰：且说蒲萄，解酒宿酲，淹露汁多，除烦解热，善醉易醒。”编著者点评：“此处《酒谱》的说法有误。本条引自曹丕《与吴质书》，而非诏书。曹丕是个葡萄爱好者，称‘光是说到就已经忍不住流口水了，更别说实际去吃了’（道之固已流羡咽嗌，况亲食之耶）；在《与群臣诏》中，又说桂圆和荔枝都比不上葡萄（南方龙眼、荔枝，宁比西国葡萄、石蜜乎）。他还认为葡萄酒比粮食酒美味，容易醉人，但又容易醒酒。”[72]也涉及曹丕“南方龙眼、荔枝，宁比西国葡萄、石蜜乎”语。可知“宁北”是“宁比”之误。

福庆《异域竹枝词一・新疆》之三六以“桑葚葡萄”两种酒并说：“雪中连放世应稀，桑葚葡萄酿酒池。戎索本无多赋役，硝铜端藉作军资。”原注：“库车……东至布古尔止，多蘼子、桑葚之酒，葡萄间也酿酒，……”[73]“雪中连放”或作“雪中莲放”；“葡萄间也酿酒”或作“葡萄间亦酿酒”[74]，“莲”应是正字。

舒其绍《伊江杂咏》中有《桑葚酒》诗。自注：“地无蚕，葚熟，回人唯取以酿酒。”诗云：“春雨柔桑绿叶含，马头谁解祀先蚕。垂垂葚子知多少，都付新槽酒半酣。”[75]薛国琮《伊江杂咏》五三诗句略同，“都付新槽酒半酣”作“尽付新槽酒半酣”。自注：“地多桑而无蚕，流人自内地携子育之，终不成茧，地寒故也。夏初葚子熟，回人取以酿酒，家各数石。男女于树阴草地欢然聚饮，酣歌醉舞，彻夜通宵。路途所遇，无不醉之回子矣。葚子多者，曝干亦可为粮。”[76]

“桑葚”为酒，可能品级次于“葡萄”。汪廷楷《回城竹枝词》之一二写道：“蒲萄酿酒最为佳，桑葚山桃美并夸。更有瓮头巴克逊，朝朝饮到夕阳斜。”自注：“糜子为酒，浑如米泔，无酒味，亦不能醉人。回语谓之巴克逊。回人酷喜饮之，朝夕不离。”[77]

唐人已说“桑落酒”。如韩偓《己巳年正月十二日自沙县抵邵武军将谋抚信之行到才一夕为闽相急脚相召却请赴沙县郊外泊船偶成一篇》：“数盏绿醅桑落酒，一瓯香沫火煎茶。”[78]前引萧雄《听园西疆杂事诗》言“张凤翼《谈略》云有桑落酒，相传熟于

---

[69] 注文见《雪桥诗话》续集卷七，民国八年吴兴刘氏嘉业堂刻《求恕斋丛书》本，叶六三背。
[70] （清）徐松《新疆赋》，朱玉麒整理《西域水道记（外二种）》，北京：中华书局，2005年，525页。
[71] 王先谦撰《后汉书集解》，北京：中华书局，1984年，1026—1027页。
[72] （宋）窦苹著、石祥编著《酒谱》，北京：中华书局，2010年，163、165页。
[73] 王利器、王慎之、王子今辑《历代竹枝词》，1611页。
[74] 吴华峰、周燕玲辑注《清代西域竹枝词辑注》，218页。
[75] （清）舒其绍《听雪集》卷四，《清代诗文集汇编》，第403册，377页。
[76] （清）史梦兰选辑，石向骞等点校《永平诗存》，106页。
[77] 吴华峰、周燕玲辑注《清代西域竹枝词辑注》，318页。
[78] （唐）韩偓撰、吴在庆校注《韩偓集系年校注》卷一，289—290页。

桑落之辰，因以为名。又云：‘论者不知地有桑落河，出马乳酒，羌人兼葡萄压之。是桑落乃地名，非时也。’余谓桑落之名，或因俟桑子落下，取以酿酒亦可”，可知“桑落酒”名号袭用多年。

薛国琮《伊江杂咏》之五四还说到被称为“伊里哈穆克”的植物果实“浸酒”的情形：“花气氤氲露气浓，不随桃李媚春风。焉支山下多颜色，万颗珊瑚别样红。”自注：“伊里哈穆克生山谷中，结实如相思子，色赤，味甘，以之浸酒绝佳。”[79]“不随桃李媚春风”袭用元人曾务曹元烈《次韵》句[80]。“焉支山下多颜色”，又见于高士奇及张问陶诗句《松亭塞外见芍药花》[81]。

祁韵士《西陲竹枝词》中《沙枣》诗写道：“金枣尝新贮满篮，离离亦有赤心含。蒲萄美酒虽难匹，风味还怜小酿甘。”自注：“回人取以酿酒。”[82]“蒲萄”或作“葡萄”[83]。朱紫贵《天山牧唱》之二七：“屋顶新开梵字窗，金黄枣酿酒盈缸。儿家门巷春风里，岔口飞来也是双。”自注：“沙枣色金黄，取以酿酒。岔口，小鸟也，毛尾似鹩而红，生冰山中。”[84]

专门说到“青稞酒”的，有纪昀《乌鲁木齐杂诗》之一二九：“汉唐旧史记青稞，西域从来此种多。轻注蹲鸱成一笑，如今始悔著书讹。”原注：“青稞盖大麦之类，可以酿酒，可以秣马，人亦作面食之。向修热河志书，于《乌桓传》中得此名，而不能指其为何物，颇疑为萁稗之属，今乃识之。”[85]以谷物酿酒，自然是内地人非常熟悉的情形。

八、“马湩为酒”，“牛乳为酒”

汉代已经有所谓“挏马酒”。《汉书·礼乐志》说到“挏马酒”。颜师古注：“李奇曰：‘以马乳为酒，撞挏乃成也。’师古曰：‘挏音动。为酪味如酒，而饮之亦可醉，故呼曰马酒也。’”[86]前引祁韵士《西陲竹枝词》自注：“马乳为酒，谓之阿拉占。”曹麟开《竹枝词》之一三：“准夷部落杂乌孙，游牧南山与北村。一笑相逢斟七格，割鲜共啖燎毛燔。”原注：“蒙古、回部以牛乳酿酒，名阿尔湛。以马乳酿酒，名

---

⑲ 吴华峰、周燕玲辑注《清代西域竹枝词辑注》，307页。

⑳ 曾务曹元烈《次韵》：“岂是金台无路通，不随桃李媚春风。”（清）顾嗣立、（清）席世臣编，吴申扬点校《元诗选》癸集癸之己上《曾务曹元烈》，北京：中华书局，2001年，731页。

㉑ （清）高士奇《松亭塞外见芍药花》，《高士奇集·苑西集》卷三，清康熙刻本，叶二背；（清）张问陶《子白既选浙江新昌县旋调甘肃镇番假归江南将安置妻孥只身之任作诗赠别并劝携家》，《船山诗草》卷一五《己庚集》，清嘉庆二十年刻道光二十九年增修本，叶一五正。

㉒ （清）祁韵士著，刘长海整理《西陲竹枝词》，127页。

㉓ 吴华峰、周燕玲辑注《清代西域竹枝词辑注》，366页。

㉔ （清）朱紫贵《枫江草堂诗集》，《清代诗文集汇编》，第590册，677页。

㉕ （清）纪昀《纪文达遗集》卷一四，1803页；吴华峰、周燕玲辑注《清代西域竹枝词辑注》，67页。

㉖ 《汉书》卷二二，1074页，1075页。

七格，即挏马酒也。”[87]

庄肇奎《伊犁纪事二十首效竹枝体》之一六说：“一双乌喇跪阶苔，库库携将马潼来。好饮更须烧一过，胜他戴酒出新醅。”“库库携将马湩来”句下原注：“以马乳为酒，置之皮筒，其筒为库库。”“胜他戴酒出新醅”句下原注：“伊犁人以戴酒为最佳。”[88]“马潼”或作“马湩”[89]。唐道《伊犁纪事诗三十八首》之二八同，字作“马潼”[90]。唐道《伊犁纪事诗三十八首》之二四则称作“马乳酒”：“天山野兽搏来新，手割薪燔味亦真。鹿尾下将马乳酒，老饕时复醉逡巡。”[91]

王芑孙《西陬牧唱词六十首有序》之三七写道：“人从日出拜光天，牙帐东开布锦联。木匕桦灯陈玉醴，皮囊取醉贺丰年。”“陈玉醴”句后有注：“准俗于四月马潼新得时，置筵酬神，诈马为庆，谓之玉醴斯。”“皮囊取醉”句后有注：“准人缝皮为袋，中盛牲乳，束其口，久而成酒，味微酢，谓之挏酒。”[92]以皮囊“中盛牲乳”，“成酒”后“谓之挏酒”，饮者依然“皮囊取醉”。“玉醴”称谓由来，应是乳色。

乳与乳制品在汉代开始介入中原社会的饮食生活。简牍资料和图像资料都可以提供文物证明[93]，恰与《汉书·礼乐志》说到的“挏马酒”形成对应。

九、“哄饮”“轰饮”和“拇战”

前引朱紫贵《天山牧唱》自注说“贺年”“贺岁”情形：“劳以酒肉，哄饮而散。”“哄饮”，说“饮”的尽情欢快。

“哄饮”可能与所谓“轰饮”义近。“哄饮”“轰饮”都形容酒聚气氛的热闹，无顾忌，无节制。

祁韵士《西陲竹枝词》中《代酒》一首写道：“梨花淡白入杯香，十字帘前下马尝。轰饮不妨争拇战，岂知清绝绍兴良。”自注：“味薄，代人所造故有此名。”[94]这里说到了“代酒”是“代人所造故有此名”。但是不免使人疑心是否来自“代”地的酒产。成书《伊吾绝句》之一七写道：“不分宿酿与新醅，佳醖都从内地来。怪底当筵知酒味，妾家生小住高台。”自注：“土俗不知酿法，味殊恶劣，肆商从内地运至，索价

---

[87] （清）和瑛《三州辑略》卷八，台北：成文出版社，1968年，311页；吴华峰、周燕玲辑注《清代西域竹枝词辑注》，111页。

[88] 钱仲联主编《清诗纪事·乾隆朝卷》，1390页。

[89] 吴华峰、周燕玲辑注《清代西域竹枝词辑注》，123页。

[90] 吴华峰、周燕玲辑注《清代西域竹枝词辑注》，145页。

[91] 吴华峰、周燕玲辑注《清代西域竹枝词辑注》，144页。

[92] 王芑孙著，王义胜整理《渊雅堂全集·诗集·渊雅堂编年诗藁》卷七，扬州：广陵书社，2017年，124页。

[93] 王子今《肩水金关简“马禖祝”祭品用“乳”考》，《金塔居延遗址与丝绸之路历史文化研究》，兰州：甘肃教育出版社，2014年，3—9页。

[94] （清）祁韵士著、刘长海整理《西陲竹枝词》，129页。

甚高。”“哈密无土著，凡携眷兵民，皆系内地迁往者。高台酒最佳。”[95]所谓“高台酒”，应当是地方名产。前引纪昀《乌鲁木齐杂诗》所谓“夏家新酿洞庭春”，原注：“贵州夏髯以绍兴法造酒，名曰‘仿南’，风味不减”也是实例。而以地名为标号，成为地方品牌。这种市场现象，在东周秦汉时期已经发生。织品如“齐纨”“鲁缟”，果品如“穰橙邓橘”等，都是如此[96]。而作为酒业产品，敦煌悬泉置出土“宛酒”简文，或可推定为“宛”“大宛”出产的葡萄酒[97]。前引宋弼《西行杂咏》所谓“玉液休夸刘白堕，烧春一盏足延年”，注文言：“白如玉，浓如醍醐。都门所称南路酒佳者，不知相似否。”所谓“刘白堕”，也说明了名酒品牌影响力的存在。这是以人名标志的品牌[98]。前引王曾翼《回疆杂咏》“巴克逊，回酿名，如内地黄酒”，说明竹枝词作者对新疆“酒”的品鉴，与“内地”的酒味记忆有所关联。这当然是以丝绸之路交通为条件形成的文化现象。前引福庆《异域竹枝词三·绝域诸国》关于“绝域一国”“噶尔洗”所谓“日饮无何醉绿醽”以及“其人日饮黄酒取醉，男女皆然”，一说“绿醽”，一说“黄酒”，此“黄酒”未必“内地黄酒”。但是“酒泉西去酒垂星”，“笑指层峦万叠青”诗句所提示的由“内地”通行“绝域”的交往条件，是可以使读者产生深刻印象的。

“哄饮”多见于清人文字。如徐鼒《小腆纪传》卷六〇《列女传·毕弢文》“方娱妓哄饮”[99]，《王韬日记·咸丰十年二月》“十有五日庚戌”条“群往酒楼哄饮”[100]，《庄鼎臣日记·光绪四年戊寅》“十月二十九日”条“突有恶少辈入室哄饮”[101]。“轰饮”也为清人常用。陆心源《宋史翼》卷三四《遗献列传一·唐珏》：乃具酒醪，市羊豕，邀里中少年若干辈，狎坐轰饮。金圣叹《唱经堂通宗易论》前言二可见“如遇酒人，则曼卿轰饮”语[102]。《清史稿·忠义传·夏家铣》“限于贼，衣短后衣，与贼兵轰饮相尔汝，因廉得贼情。”[103]“哄饮”“轰饮”，都指不讲礼仪、蔑视规则、全无节制的畅饮。“哄”“轰”可能主要指声响的放纵喧嚣。

“拇战”，应是通常称“划拳”的酒场竞技。黄遵宪《番客篇》写道：“呼么复

---

[95] （清）成书《多岁堂诗集》卷三，《清代诗文集汇编》，第463册，343页。

[96] 王子今《汉代河西的蜀地织品——以“广汉八稯布”为标本的丝绸之路史考察》，《四川文物》2017年第3期，35—46页；《宛珠·齐纨·穰橙邓橘：战国秦汉商品地方品牌的经济史考察》，《中国经济史研究》2019年第3期，5—17页；《试说居延简文“鲁絮”“襄絮”“堵絮”“彭城糸絮”——汉代衣装史与纺织品消费史的考察》，《东西人文》第12号，庆北大学校人文学术院2019年10月30日，197—217页。

[97] 王子今《敦煌悬泉置简文“宛酒擔二”解说》，《中山大学学报》2024年第6期，215—223页。

[98] 《洛阳伽蓝记》卷四《城西》“法云寺”条：“河东人刘白堕善能酿酒，季夏六月，时暑赫晞，以甖贮酒，暴于日中，经一旬，其酒不动，饮之香美而醉，经月不醒。”（北魏）杨衒之著、杨勇校笺《洛阳伽蓝记校笺》，北京：中华书局，2006年，177页。

[99] （清）徐鼒撰、（清）徐承礼补遗《小腆纪传》，北京：中华书局，2018年，727页。

[100] （清）王韬《王韬日记》，北京：中华书局，2015年，318页。

[101] （清）庄鼎臣《庄鼎臣日记》，南京：凤凰出版社，2013年，122页。

[102] （清）金圣叹著、陆林辑校整理《金圣叹全集（修订版）·唱经堂通宗易论》，南京：凤凰出版社，2016年，12页。

[103] 《清史稿》卷四九三，北京：中华书局，1977年，13632页。

喝六，拇战声琅琅。颇黎小海瓯，举白屡十觞。”[104]《林骏日记·光绪二十七年八月》“初八日辛丑”载香海痴蝶生《花林词》，据自序，也属于“竹枝词”作品：“广东省素多妓院，名曰花林。惺惺道人有《竹枝词百首》纪其事，今择录什之四，以当风谣。”其十三：“拇战高声急口呼，劝郎频执自斟壶。红潮已上情人脸，又把陈村绍酒沽。”[105]《王韬日记》则多次出现“拇战”，如：“置酒小饮，拈字飞觞，拇战醉月，良朋雅集，其乐无以过也。”“赌酒拇战，饮兴颇豪。”“余与石芗拇战辄胜，而石芗已醉矣。”“酒酣拇战，饮兴甚豪。”“酒酣拇战，极尽快乐。”“酒酣拇战，殊可乐也。”“飞觞醉月，酒政初厉，予已中圣微醺。继复拇战，予出奇兵以胜诸座。宵阑而归。……猜枚拇战，逸兴遄飞，客散已更阑矣。”“三爵始罄，即与拇战。”“六钧挽未能，拇战嫌太哄。”“拇战争先，猜枚竞胜，殊称豪举。”“猜枚拇战，极其欢洽。酒罄八壶。……所沽绍酒颇醇，又饮无算。拇战猜枚，各出奇妙。”[106]由频繁的“拇战”记述，可知这是在士人日常生活中密度相当高的娱乐活动。而所谓“拇战嫌太哄”，是可以与“哄饮”“轰饮”联系起来体会其具体情境的。前引祁韵士《西陲竹枝词》有“非逢嘉客莫轻尝”句，王韬言“良朋雅集，其乐无以过也”，于是“饮兴颇豪”，“极尽快乐”，“各出奇妙”，“逸兴遄飞”。“美酿”“香醪”，“甘液”“瑶觞”，借以“猜枚拇战”的游戏方式，增益了“置酒小饮”的“风趣”，表现了“饮兴颇豪”“饮兴甚豪”的气氛。还应当说明，“置酒”是战国秦汉古语。《史记》“置酒”一语出现37次。其中比较著名的高等级的宴会，有“始皇置酒咸阳宫”[107]，“高祖置酒洛阳南宫”，“置酒未央前殿”，“置酒沛宫”等[108]。平民人家“置酒”，见于汉镜铭文“置酒高堂”“从酒高堂”文字。“置酒高堂”也写作“直酒高堂”。“从酒高堂”就是“纵酒高堂”[109]。

通过清人竹枝词的记述，新疆地方“哄饮”“轰饮”以及“拇战”的酒文化细节与“内地”“京师”的接近，是可以说明当时边疆与政治中枢所在及文化重心地方其风习相互影响而“风趣”彼此与共的情形的。

附记：承朱玉麒教授转致吴华峰、周燕玲惠送《清代西域竹枝词辑注》，由此得到本文撰写思路的启示及诸多考察线索。本文写作，承中国人民大学国学院王泽在史料核正方面多有帮助。谨此一并深致谢意。

---

[104] 林振武等编著《黄遵宪年谱长编》“光绪十九年癸巳”，北京：中华书局，2019年，383页。

[105] （清）林骏著，沈洪保整理《林骏日记》，北京：中华书局，2018年，302页。

[106] （清）王韬《王韬日记》“咸丰二年六月十有五日甲午”，24页；“咸丰二年九月五日壬子”，44页；“咸丰二年十月十有七日甲午”，52页；“咸丰三年二月三日戊子”，66页；“咸丰四年九月十有五日丁巳”，114页；“咸丰四年十一月三十日”，124页；“咸丰五年正月七日辛未”，128页；“咸丰八年八月十有六日戊午”，177页；“咸丰九年正月十有一日壬午”，249页；“咸丰九年三月二日壬申”，276页；“咸丰十年二月十有二日丁未”，318页；“咸丰十年三月九日癸酉”，“十日甲戌”，“十四日戊寅”，330页。

[107] 《史记》卷六《秦始皇本纪》，254页。

[108] 《史记》卷八《高祖本纪》，380、386、389页。

[109] 焦姣《汉镜“宜酒”“幸酒”“纵酒”铭文》，《文博》2022年第3期，62页。

The Wine Culture of Xinjiang in the Qing Dynasty: Research on Bamboo Branch Lyrics

Wang Zijin

The invention, production, distribution and consumption of wine keep pace with the emergence and maturation of human civilization. As an important medium for bonding, enhancing relationships and integrating cultures, alcohol has played a remarkably significant role in spiritual life. In multi-ethnic regions, the value of alcohol in jointly promoting the progress of civilization becomes particularly prominent. *Zhuzhi Ci* (竹枝词, lit.the Bamboo Branch Lyrics) originated from folk ballads and functioned as a special type of poetry with considerable popularity, preserving local social historical materials, folk customs, and materials on ethnic minority life of significant value. Studying *Zhuzhi Ci* from a broader perspective will lead to more fruitful research on the history of ethnic relations, frontier development and the Silk Road transportation history. Through the analysis of the Xinjiang *Zhuzhi Ci* of the Qing Dynasty, we may enrich our knowledge of the history of alcohol, as well as socio-economic history, social life history and interethnic relations.

晚清印制演变三例

——以《清代新疆档案选辑》所见官印变更为中心

王冕森

引　言

官印是中国古代官员重要的身份凭证，被广泛运用于各级公文之中。清代延续此制，据《清会典》总结："凡印之别有五，一曰宝，二曰印，三曰关防，四曰图记，五曰条记，各辨其质与其文而铸焉。"①形成清代繁复、严密的官印制度。

目前，学界有王廷洽、片岡一忠等学者整体梳理中国古代官印情况②，亦有学者专门就清代官印展开研究。举其要者，如任万平《清代官印制度综论》详述清代官印制度，堪称开创之作③，杜家骥《清代官印的特点及其所反映的职官制度变化》指出清代官印制度的发展特色，立意颇高④。其余如刘猛《清代伪造官印案件探微》揭示清代伪造官印之风⑤，任智勇《清代官印与关防制度疏证》以安徽巡抚遗失官印为例，分析在官印缺失状态下，清代公文仍可暂时运转⑥。又如邹兰欣、赵紫文、王崇等人研究清代官印的满、汉篆字⑦，崔永超、郭孟秀、郭福祥等讨论个例或某一地域、群体之官印⑧，各有创见。

---

① 《（光绪朝）钦定大清会典》卷三四，《续修四库全书》编纂委员会编《续修四库全书》，上海：上海古籍出版社，2003年，794册，315—318页。

② 此类研究有王廷洽《中国古代印章史》，上海：上海人民出版社，2006年；〔日〕片岡一忠《中国官印制度研究》，东京：东方书店，2008年。

③ 任万平《清代官印制度综论》，朱诚如、王天有主编《明清论丛》第一辑，北京：紫禁城出版社，1999年，298—316页。

④ 杜家骥《清代官印的特点及其所反映的职官制度变化》，《历史教学（下半月刊）》2009年第11期，5—16页。

⑤ 刘猛《清代伪造官印案件探微》，《安徽大学学报》2020年第6期，63—71页。

⑥ 任智勇《清代官印与关防制度疏证》，《地方文化研究》2022年第3期，31—41页。

⑦ 此类研究有邹兰欣《满文篆书简论》，《满语研究》1986年第1期，75—79页；王崇等《清末一方官印中的满文篆字失误》，《北方文物》2006年第3期，46—49页；赵紫文、张金梁《清代官印"篆法"研究》，《书法研究》2023年第3期，183—198页。

⑧ 此类研究有崔永超、徐志芬《三方清代武职官印考》，《文物春秋》2000年第4期，88—90页；郭福祥《明清帝后玺印》，北京：国际文化出版公司，2003年；郭孟秀《东北三省满文官印研究》，《满语研究》2004年第1期，35—40页；道尔基、巴·巴图巴雅尔、格·李杰《清代土尔扈特部与和硕特部印章研究》，乌鲁木齐：新疆人民出版社，2009年；林勃《清代州县印信制度浅析——以〈南部档案〉为中心》，《六盘水师范学院学报》2018年第2期，66—70页；阿布日胡《清代满蒙双语合璧字官印初步研究》，内蒙古师范大学硕士学位论文，2021年。

2012年《清代新疆档案选辑》（以下简称为"《选辑》"）出版，主要收录光绪、宣统两朝吐鲁番厅档案，其中有部分档案涉及新疆地区官印的变更现象，颇具价值。本文尝试取材《选辑》，以吐鲁番同知、辟展巡检、镇迪道三方官印为例，考释其变更经过，进而讨论其中所反映的制度史问题，供有识者批评。

一、"吐鲁番同知关防"变更考释

吐鲁番位于天山东部，"为南路门户"[⑨]，且"为新疆各城扼要之地"[⑩]，颇受清廷重视。大小和卓之乱平定后，清廷于乾隆二十四年（1759）在辟展设六城，以办事大臣统帅，阿奇木伯克理回务，吐鲁番城即其一也。乾隆三十六年（1771），朝廷从陕甘总督明山所请，在辟展设厅，以原兰州府河桥同知及平番县苦水巡检移驻[⑪]。乾隆四十四年（1779），原辟展同知移驻吐鲁番，改称吐鲁番厅，隶镇迪道。光绪七年（1881）以后，正式升为直隶厅[⑫]。吐鲁番厅之长官为吐鲁番同知，其官印称"关防"[⑬]。在《选辑》中，吐鲁番同知先后使用过两方官印。

第一方使用于光绪朝前期（图1）[⑭]，印面文字只有阳文汉篆，分为四列，每列四字，共十六字，为"吐鲁番同知兼管理事回民事务之关防"。

第二方使用于光绪朝中、后期（图2），印面文字从左至右依次为满篆、满楷、察哈台文、汉篆四部分，均系阳文。其中满篆三列、满楷一列、察合台文一列、汉篆二

图1　吐鲁番同知关防（旧）

图2　吐鲁番同知关防（新）

⑨ 《德宗景皇帝实录》卷三八，光绪二年八月辛卯条，《清实录》，北京：中华书局，1986年，52册，541页。

⑩ 《宣宗成皇帝实录》卷一〇〇，道光六年七月甲午条，《清实录》，34册，640页。

⑪ 《高宗纯皇帝实录》卷八八一，乾隆三十六年三月庚午条，《清实录》，19册，805、806页。

⑫ 关于吐鲁番何时升为直隶厅，可参见王启明《清代西北边疆厅的历史嬗变——以吐鲁番为例》，《中国边疆史地研究》2020年第2期，87—100页。

⑬ 为免繁琐，本文将"官印""关防"等一概称为"官印"。

⑭ 本文内未标示出处之印文，皆出自中国边疆史地研究中心、新疆维吾尔自治区档案局合编《清代新疆档案选辑》，桂林：广西师范大学出版社，2012年。

列。汉篆每列八字，共十六字，为“吐鲁番同知兼管理事回民事务之关防”，满篆、满楷印文如下：

满篆转写：turfan i uhei saraci weile beidere hoise irgen i baita be kamcifi kadalara i kadalan

满篆对译：吐鲁番 之 共同 知晓者（同知）罪名 审理 回子 民众 之 事务 把 兼带 管理 之 关防

满篆译文：吐鲁番同知兼管理事回民事务之关防

满楷转写：badarangga doro i sunjaci aniya ilan biya

满楷对译：光绪 之 第五 年 三 月

满楷译文：光绪五年三月

两方官印之间的关系，《实录》只称：光绪三年（1877）五月，“补铸镇迪道属迪化直隶州、奇台县、阜康县、昌吉县、绥来县、吐鲁番巡检、辟展巡检、迪化城巡检、古城巡检、呼图壁巡检印信，迪化直隶州儒学、镇西厅儒学条记，吐鲁番同知、济木萨县丞关防”[15]，而考诸《选辑》以及中央衙门档案，所记缘由更为详细。

光绪三年四月，陕甘总督左宗棠向朝廷奏称：

钦差大臣大学士督办新疆军务陕甘总督一等恪靖伯加一等轻车都尉臣左宗棠跪奏：

为请旨敕部补铸镇迪道属各厅州县关防印记以昭信守恭折仰祈圣鉴事。

窃查新疆各属地方被逆回蹂躏十有余年，城池率皆沦陷，各厅州县正佐官员部颁印信、关防强半遗失。自官军出塞，连捷克复，迪化各州县城池，经臣陆续奏委各员前往署理牧令，虽由营刊发木质钤记，权为盖用，而地方善后招抚、清理田赋，一切事宜，极为繁钜，非部颁印信不足以昭信实而职守。现由镇迪道呈请行司查覆，兹据藩司崇保开折，详请奏颁前来。臣覆核无异，谨将应行补铸各印记、关防缮具清单，请旨敕部补行铸颁来甘，由臣分别转给，以昭信守。其已失之印记、关防，仍饬令查寻。如后有寻获，即行送部缴销。理合恭折具奏，伏乞皇太后、皇上圣鉴训示。

谨奏。

军机大臣奉旨：礼部知道。单并发。钦此。[16]

其中提及的所需补铸官印“清单”现存中国第一历史档案馆，内容为：

谨将镇迪道属各厅州县应请补铸关防印记缮具清单恭呈御览，计开：

吐鲁番同知之关防一颗、吐鲁番巡检印一颗、辟展巡检之印一颗、迪化直隶州印一颗、迪化直隶州儒学记一颗、迪化城巡检印一颗、奇台县印一颗、古城巡检之印一颗、阜康县印一颗、济木萨县丞之关防一颗、昌吉县印一颗、呼图壁巡检印一颗、绥来县印一颗、镇西厅儒学记一颗。

---

⑮ 《德宗景皇帝实录》卷五一，光绪三年五月辛酉条，《清实录》，52册，710页。

⑯ 《奏为请旨敕部补铸镇迪道属各厅州县关防印记》，光绪三年四月十四日，档案号：故宫142296，台北故宫博物院藏。谨按，档案由本文作者自行分段，着重号亦为本文作者所加。下同。

以上应请补铸关防印记十四颗。

军机大臣奉旨：览。钦此。⑰

由此可知，光绪三年四月左宗棠收复吐鲁番等地后，从行营派出官员署理地方政务。因吐鲁番等地旧有官印大多在回乱中遗失，左宗棠一面向朝廷请求补铸，一方面刊刻木质的临时官印交与新任官员用以办公。当时，左宗棠派往委属吐鲁番同知的官员是奎绂，《选辑》中收录有左宗棠发给奎绂木质官印的札文，记载为：

钦差大臣太子太保东阁大学士督办新疆军务陕甘总督部堂一等恪靖伯加一等轻车都尉左为札委事⑱。

照得，新疆南路吐鲁番城池业经克复，所有同知篆务亟应委员署理，本大臣阁爵部堂查有运同衔狄道州知州奎绂，明白谨饬，堪以委属。除分行外，合行札委。为此札仰该员即便遵照署理。其地方初复，一切事宜，务须认真经理。并随札刊颁吐鲁番同知兼管理事回民事务之关防一颗，仰即祗领，仍将到任开用日期具报查考。毋违。

此札。⑲

奎绂在五月二十九日接到此木质官印，并“择于六月初六日到任，开用关防”。其呈报启用官印的呈文上盖用的即是图1之官印⑳，遂知图1为左宗棠行营刊刻的木质官印。

至光绪八年（1882）五月初九日，朝廷补铸的铜质官印送至督办新疆军务的刘锦棠处㉑，刘则转与当时署理吐鲁番同知的杨丞。据杨丞报告：

为申报事。

案奉宪台、爵宪刘抄由批开㉒。云云。等因。奉此。卑职遵于本月贰拾一日收〇颁刻光字六百七十八号铜质关防㉓，截脚启用。除旧用木质关防另文呈交并通报外，合将启用关防日期具文申报宪台鉴核查考。为此具申，伏乞照验施行。

须至申者。㉔

申文上盖用的即是图2之官印，遂知图2为礼部补铸的铜质官印。

---

⑰ 《呈镇迪道属各厅州县应请补铸关防印记清单》，光绪二年，档案号：03-5663-101，中国第一历史档案馆藏。谨按，此档案系前件之附件清单，由于前件现存台北，故中国第一历史档案馆无法确定附件年代，平台所定“光绪二年”有误。

⑱ “左”为左宗棠。下同。

⑲ 《钦差大臣左宗棠为随札刊颁吐鲁番同知兼管理事回民事务之关防一颗事札吐鲁番同知文》，光绪三年五月二十八日，《清代新疆档案选辑》，1册，6页。

⑳ 《吐鲁番同知为报到任开用关防日期一事的呈文》，光绪三年六月初六日，《清代新疆档案选辑》，1册，7页。

㉑ 《钦差大臣督办新疆军务通政司为乌提标左营游击关防印给吐鲁番厅同知札文》，光绪八年五月初九日，《清代新疆档案选辑》，1册，224、225页。

㉒ “刘”为刘锦棠。下同

㉓ 此处“〇”原文如此，疑为平阙标记。

㉔ 《吐鲁番监督府杨丞为启用关防日期给宪、藩台申文》，光绪八年六月十八日，《清代新疆档案选辑》，1册，228、229页。

有趣的是，在吐鲁番同知新、旧官印交替期间，还曾发生过一些插曲。光绪三年七月，奎绂前往阿斯塔纳办公，恰巧发现回乱时遗失的吐鲁番同知旧官印，并将此事奏与左宗棠，称：

为申报事。

窃卑职于七月十七日往阿斯塔纳一带查催刈获草来运局供支，行至头堡地方，突有缠回，头顶小红包，跪于路侧。叫前问话，汉语一字不晓。卑职未带通事，饬取小红包，打开察看，系铜铸关防一颗。细看篆文，吐鲁番同知兼管理事回民事务之关防，毫无损坏，知是旧日吐鲁番同知关防，城池失守，遗落外边。即传缠回诘问原由，该缠回因不懂汉语，畏见官长，趁卑职细看篆文之际，已为逃避远去。遂将关防携回署中，未敢自行毁销。理合备文申赍。为此申请宪台鉴核施行。㉕

可知吐鲁番同知旧官印确实在回乱中遗落民间，至此寻回，虽然“毫无损坏”，但依照制度无法再次启用，只能呈缴毁销。

而礼部在补铸过程中，对吐鲁番同知的职衔产生争议，以致下发咨文询问。档案记载：

钦命头品顶戴甘肃等处承宣布政使司布政使崇札吐鲁番厅知悉㉖：

案蒙爵阁督宪左札开：案准吏部咨开：准礼部咨称：内阁抄出：陕甘总督左奏请补铸吐鲁番同知之关防、吐鲁番巡检印、辟展巡检之印、迪化直隶州印、迪化直隶州儒学记、迪化城巡检印、奇台县印、古城巡检之印、阜康县印、济木萨县丞之关防、昌吉县印、呼图壁巡检印、绥来县印、镇西厅儒学记，共十四颗遗失，请敕部补行铸颁。等因。奉旨：礼部知道。单并发。钦此。钦遵到部。当经本部检查印模册档，吐鲁番同知兼管理事回民事务之关防、吐鲁番巡检印、迪化州印、迪化州儒学记、奇台县印、古城巡检司印、阜康县印、昌吉县印、绥来县印共九颗，尚有旧模，其辟展巡检之印、迪化城巡检印、济木萨县丞之关防、呼图壁巡检印、镇西厅儒学记共五颗，因印模册档霉烂不全，无从查出。片行吏部，即将前项印信关防调剂撰拟字样，兼写清汉送部，以凭缮模进呈。等因。当经本部撰拟字样片覆在案。兹据片查，吐鲁番同知关防一颗，本部旧模系吐鲁番同知兼管理事回民事务之关防，今准吏部撰拟吐鲁番同知关防，并无兼管理事回民事务字样。片行吏部查明，吐鲁番同知关防一颗，应否添写兼管理事回民事务字样，以凭缮模。等因。前来。查本部案卷，前于同治五年科房不戒于火，旧卷被焚不全，无凭查检，相应开单行文该督，查明现在是否兼管回民事务，并有无裁撤之处，详细声覆报部，以凭核办可也。等因。到本大臣阁爵部堂大营。准此。除分行外，合行札饬。为此札仰该司即便查明，详请核咨。毋违。等因。正在核办间，又蒙爵阁督宪左札

㉕ 《吐鲁番监督府为呈赍旧日吐鲁番同知遗落在外旧铜铸关防事申镇迪道文》，光绪三年五月十八日，《清代新疆档案选辑》，1册，5页。

㉖ “崇”为崇保。

开：案准吏部咨仪制司案呈：内阁抄出：陕甘总督左奏镇迪道属各厅州县关防印记多半遗失请敕部补行铸颁等因一摺。……各等因[27]。到司。蒙此合行由四百里札查。札到该厅遵照部文内事理，迅将该同知现在是否兼管理事回民事务，并有无裁撤之处，分晰查明。仍由四百里飞文具覆。立等详咨。事关奉部饬查之件，万勿稍事迟延。凛遵。火速飞速。此札。[28]

接到礼部咨文的奎绂，恰恰援引了他在光绪三年发现的旧印内容，称："卑职彼时细绎篆文，委系吐鲁番同知兼管理事回民事务之关防。至有无裁撤之处，先年曾否奉到裁撤所文，因逆回变乱，旧卷遗失，无从查考。惟兵燹以前各年民间税过契据，卑职调阅多纸，所印关防，概有兼管理事回民事务字样。据此似无裁撤之处。况卑职现在实系兼管回民事务，与关防字样适相符合。"[29]由此，吐鲁番同知官印的补铸才得以继续进行。

以上吐鲁番同知官印的变更经过，可总结为表1。

表1　吐鲁番同知官印变更统计表

时间	变化
同治回乱	旧有铜制官印丢失
光绪三年四月十四日	左宗棠奏请官方补铸官印
光绪三年五月初七日	官方批准补铸官印
光绪三年五月二十八日	左宗棠下发木质官印（图1）
光绪三年五月二十九日	吐鲁番同知接到木质官印
光绪三年六月初六日	吐鲁番同知启用木质官印
光绪三年七月十七日	在民间发现旧有铜制官印，上缴毁销
光绪四年七月	礼部下发咨文询问吐鲁番同知全衔
光绪四年八月二十四日	吐鲁番同知回复礼部咨文
光绪五年三月	礼部铸成光字678号铜制官印（图2）
光绪八年五月初九日	刘锦棠转交铜制官印
光绪八年六月二十一日	吐鲁番同知收到铜制官印，当日启用，木质官印上缴毁销

二、"辟展巡检印"变更考释

辟展位于吐鲁番东侧，"为新疆南北冲衢"[30]。上文已述，乾隆二十四年以办事大臣驻于辟展，乾隆三十六年在辟展设厅，以同知及巡检移驻。乾隆四十四年，辟展同知

[27] 此处基本重复前文，姑省略。

[28] 《甘肃、新疆布政使关于补铸吐鲁番同知、巡检等十四颗印事札吐鲁番厅文》，光绪四年，《清代新疆档案选辑》，1册，69—71页。

[29] 《吐鲁番监督府为申覆查明吐鲁番关防有管理回民事务字样申镇迪道文》，光绪四年八月二十四日，《清代新疆档案选辑》，1册，59页。

[30] 《高宗纯皇帝实录》卷八八一，乾隆三十六年三月庚午条，《清实录》，19册，805页。

移驻吐鲁番，巡检则仍驻当地，成为辟展巡检司。至光绪末期，辟展巡检司裁撤，改设为鄯善县。辟展巡检司之长官为辟展巡检，其官印称“钤记”或“印”。在《选辑》中，辟展巡检先后使用过两方官印。

第一方使用于光绪朝前期（图3），印面文字惟有阳文汉篆，分为四列，每列二字，共八字，为“辟展巡检司之钤记”。

第二方使用于光绪朝中、后期（图4），印面文字从左至右依次为满篆、满楷、汉篆三部分，均系阳文。其中满篆二列、满楷一列、汉篆两列。汉篆每列三字，共六字，为“辟展巡检司印”，满篆、满楷印文如下：

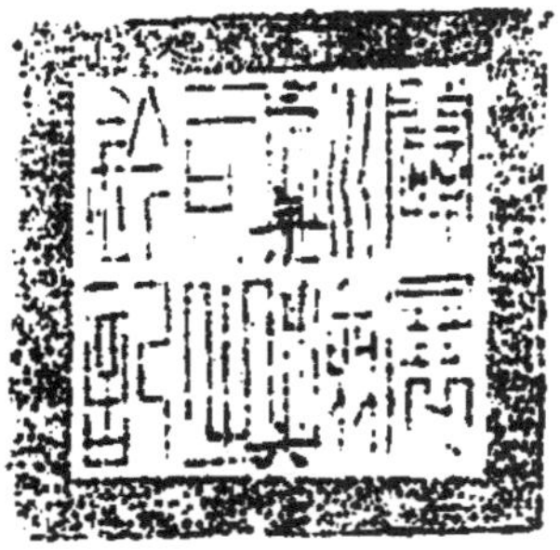

图3　辟展巡检司钤记（旧）

图4　辟展巡检印（新）

满篆转写：pijan i giyarimsi i doron
满篆对译：辟展 之 巡逻者（巡检）之 印
满篆译文：辟展巡检之印
满楷转写：badarangga doro i duici aniya jakūn biya
满楷对译：光绪 之 第四 年 八 月
满楷译文：光绪四年八月

辟展巡检印的变更缘由与前述吐鲁番同知印变更相仿，均系因同治回乱致使旧有的铜质官印遗失，左宗棠在向朝廷请求补铸的同时，刊刻木质的临时官印交与新任官员。亦即言之，图3为左宗棠行营刊刻的木质官印、图4为礼部补铸的铜质官印。当时，左宗棠派往委属辟展巡检的官员是陈寿樽，《选辑》中收录有陈寿樽收到木质官印后的申文，记载为：

署辟展巡检为申报事。

窃光绪三年四月十九日，奉钦差大臣陕甘爵阁督部堂左札开：照得，新疆南路吐鲁番、辟展等城业经次第克复，亟应委员前往署理，以便整顿地方。辟展巡检一缺，本爵大臣阁部堂查有大营随员分省补用典史陈寿樽，明白勤慎，堪以委属。除分行外，合行札委。为此札仰该员即便遵照前往署理。所有应办一切事宜，务须认真办理，毋得怠忽，有负委任。其应用钤记，听候由行辕刊刻木质颁发祇领，仍将到任开用日期具报查考。毋违。等因。奉此。卑职现年三十岁，系湖南衡州府耒阳县人……已奉行知在案。兹奉前因，遵即于五月初一日由肃起程，择吉于六月十九日寅时谨将奉颁木质辟展巡检司之钤记敬谨启用。所有到任日期，理合备文申报。为此申请宪台俯赐查验，并乞转报施行。

须至申者[31]。

由于《选辑》中主要收录吐鲁番厅档案，因此辟展巡检官印的补铸和接收过程难以确切反映。大体上，辟展巡检印是与吐鲁番同知印同批申请补铸，只不过，吐鲁番同知印因官衔问题一直耽搁到光绪五年（1879）三月才铸成，交至吐鲁番同知手中启用已是光绪八年，辟展巡检印则无此问题。需要特别指出的是，前引礼部咨文提及，同批申请补铸的十四方官印中，有些“尚有旧模”，有些“印模霉烂”。但光绪六年（1880）四月时，代理迪化巡检曾同时收到迪化城巡检印、济木萨县丞条记、古城巡检印、迪化州儒学记等四方补铸官印[32]，其中古城巡检印、迪化州儒学记属“尚有旧模”，迪化城巡检印、济木萨县丞条记属“印模霉烂”，可证印模是否见存并不影响补铸进度。根据前后档案，光绪五年十月时，辟展巡检仍在使用图3之旧印[33]，光绪六年九月时，辟展巡检已经使用图4之新印[34]，加之迪化城巡检等印是在光绪六年四月送至，因此推断辟展巡检新印当在光绪六年上半年启用。

以上辟展巡检官印的变更经过，可总结为表2。

表2　辟展巡检官印变更统计表

时间	变化
同治回乱	旧有铜制官印丢失
光绪三年四月十四日	左宗棠奏请官方补铸官印、下发木质官印（图3）
光绪三年五月初七日	官方批准补铸官印
光绪三年六月十九日	辟展巡检启用木质官印
光绪四年八月	礼部铸成铜制官印（图4）
约光绪六年上半年	辟展巡检收到铜制官印启用，木质官印上缴毁销

三、“镇迪道关防”变更考释

镇迪道是清廷在乾隆四十一年（1776）以巴里坤道改置，全称“分巡镇迪屯田粮务兵备道”，其“镇迪”之名取自“镇西”“迪化”二地名之首字。镇迪道之官印称“关防”。在《选辑》中，镇迪道先后使用过三方官印。

第一方使用于光绪朝前期（图5），印面文字从左至右依次为满篆、满楷、汉篆三

---

[31] 《吐鲁番辟展巡检陈寿樽为到任视事日期事申吐鲁番分府狄道州文》，光绪三年六月初三日，《清代新疆档案选辑》，1册，6—7页。

[32] 《代理迪化州巡检为开用印信等事申吐鲁番监督府文》，光绪六年五月初一日，《清代新疆档案选辑》，1册，135页。

[33] 《辟展巡检周文荆履历清册》，光绪五年十月二十六日，《清代新疆档案选辑》，1册，106页。

[34] 《吐鲁番厅同知奎为任内接收事具结》，光绪六年九月初九日，《清代新疆档案选辑》，1册，156页。

部分，均系阳文。其中满篆二列、满楷一列、汉篆二列。汉篆每列六字，共十二字，为“甘肃镇迪粮务兵备道之关防”，满篆、满楷则如下：

满篆转写：g'an su jeng di i jeku i baita be kadalara cooha belhen i dooli hafan i kadalan

满篆对译：甘 肃 镇 迪 之 粮食 之 事务 把 管理 军兵 防备 之 道 官员（道员）之 关防

满篆译文：甘肃镇迪粮务兵备道之关防

满楷转写：yongningga dasan juwanci aniya ilan biya

满楷对译：同治 第十 年 三 月

满楷译文：同治十年三月

第二方使用于光绪朝中期（图6），印面文字惟有阳文汉篆，分为四列，每列六字，共二十四字，为“甘肃新疆镇迪道兼按察使衔管理全省刑名驿传事务关防”。

第三方使用于光绪朝后期（见图7），印面文字左为满篆，右为汉篆，均系阳文。其中满篆、汉篆均为三列，汉篆每列九字，共二十七字，为“甘肃镇迪粮务兵备道加按察使衔兼管全疆刑名驿传事务之关防”，满篆印文如下：

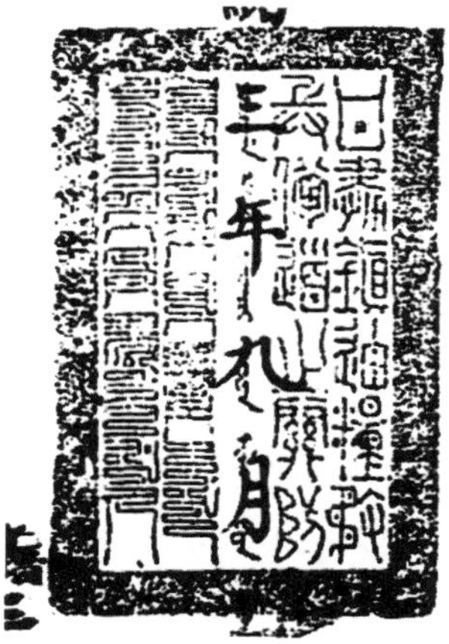

图5　镇迪道关防（一）

图6　镇迪道关防（二）

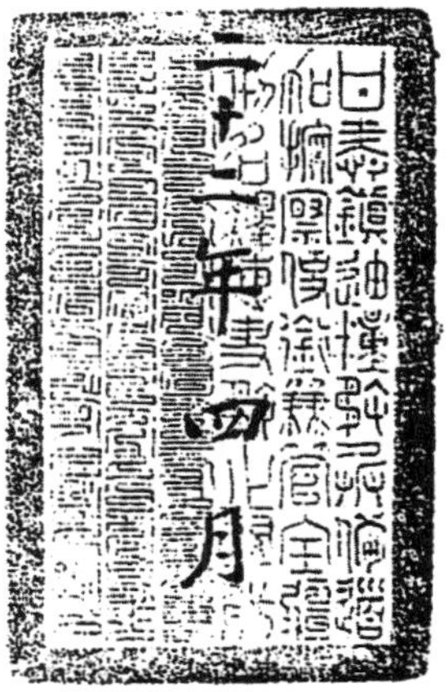

图7　镇迪道关防（三）

满篆转写：g'an su jeng di i jeku i baita be kadalara cooha belhen i dooli hafan baicame beidere hafan i jergi nonggiha jecen i gubci i erun koro giyamun i baita be kamcifi kadalara i kadalan[35]

满篆对译：甘 肃 镇 迪 之 粮食 之 事务 把 管理 军兵 防备 之 道 官员（道员）调查 审讯 官员（按察使）之 等级 增加了 疆域 的 所有 的 刑 罚 驿站 之 事务 把 兼 管理 之 关防

满篆译文：甘肃镇迪粮务兵备道加按察使衔兼管全疆刑名驿传事务之关防

㉟ 此方印满篆部分局促非常，难以严格对认，此转写系通过实录、题本、奏摺等其他公文推测得来，或有错谬，还请识者见教。

按镇迪道之衔名曾数度变更，致使官印更铸。该道于乾隆四十一年初设时，全衔为“分巡镇迪屯田粮务兵备道兼管哈密、辟展地方”，以此铸印[36]。乾隆五十四年（1789），从陕甘总督勒保所请，改衔为“分巡镇迪粮务兵备道兼管吐鲁番、库尔喀喇乌苏、晶河等处事务”，并更铸官印[37]。至于《选辑》所反映的两次官印变更，则分别为补铸和更铸。

《实录》记载，同治十年（1871）三月，“补铸甘肃镇迪道关防。从总督左宗棠请也。”[38]据查档案，同治九年（1870）十二月，宁夏将军穆图善奏称：

> 再，吐鲁番同知岳禧前经署督，臣穆图善奏请将该员护理镇迪道篆，奉旨允准，当经臣会列穆图善衔，札委该员，并咨明穆图善、哈密办事大臣文麟、帮办大臣景廉在案。嗣因未准穆图善等咨覆，亦未据岳禧禀报奉文日期，臣恐道途不靖，文札遗失，复照缮文札补行，亦在案。兹准哈密办事大臣文麟、帮办大臣景廉咨称，复奏请将护理镇迪道岳禧改为署理，暂将封存前奏明刊刻镇迪道木质关防交岳禧开用，驻扎哈密常川，亲催后路粮运，并请由臣奏请铸颁关防。等情。前来。查甘肃镇迪道关防遗失已久，护理镇迪道岳禧既经文麟等奏请改为署理，自应补颁关防，俾昭信守。除咨明礼部查照外，相应请旨敕部铸颁甘肃镇迪道关防一颗，由臣转发祗领。理合附片具陈，伏乞圣鉴施行。
>
> 谨奏。
>
> 军机大臣奉旨：礼部知道。钦此。[39]

可知由于回乱的影响，镇迪道旧有官印“遗失已旧”。左宗棠、穆图善向朝廷请求补铸的同时，刊刻木质的临时官印交与新任官员。当时临时使用的木质官印《选辑》内未有反映，而图5即系由朝廷补铸之铜质官印。

后来，新疆建省，镇迪道改隶新疆省，并加按察使衔，兼管全省刑名、驿传事务。对此加衔的具体时间，清代官书语焉不详。中央衙门档案载：

> 再，甘肃新疆镇迪巡道前经臣奏请加按察使衔兼管全疆刑名驿传事务，并恳饬部颁换关防，业奉谕旨允准在案。惟由部颁换关防尚需时日，亟应先行刊给关防，以昭信守。兹刊就木质关防一颗，文曰：甘肃新疆镇迪道兼按察使衔管理全省刑名驿传事务关防，除由臣饬发祗领启用外，谨会同陕甘总督臣谭钟麟附片陈明，伏乞圣鉴。谨奏。
>
> 军机大臣奉旨：知道了。钦此。[40]

提及由于镇迪道加衔变更，需要更铸官印，并临时刊刻木质官印暂用，却仍未记载时

㊱ 《高宗纯皇帝实录》卷一〇二三，乾隆四十一年十二月丁巳条，《清实录》，21册，709页。

㊲ 《高宗纯皇帝实录》卷一三三三，乾隆五十四年六月戊寅条，《清实录》，25册，1053页。

㊳ 《穆宗毅皇帝实录》卷三〇七，同治十年三月壬寅条，《清实录》，51册，72页。

㊴ 《奏为甘肃镇迪道关防遗失已久请敕部铸领事》，同治九年十二月十一日，04-01-01-0910-067，中国第一历史档案馆藏。

㊵ 《奏为刊给甘肃新疆镇迪道兼按察使衔管理全省刊名驿传事务关防事》，光绪朝，04-01-30-0077-050，中国第一历史档案馆藏。

间。以此核对《选辑》，光绪十一年（1885）内，镇迪道有两件札文。第一件记载：

钦命二品顶戴署理甘肃新疆镇迪兵备道兼按察使衔管辖全省驿传事务英为恭录札饬事[41]。

光绪十一年七月二十一日奉钦差大臣新疆爵抚部院刘札开：案照本大臣爵部院于光绪十一年五月十三日，在甘肃新疆省行营，由驿具奏镇迪巡道拟恳天恩允照微臣原奏加按察使衔兼管全疆刑名驿传以专责成而资治理一摺，前已抄稿札饬在案。兹于本年七月十七日准兵部火票递回原摺，后开军机大臣奉旨：著照所请。该部知道。钦此。除钦遵外，合行恭录札饬。为此札仰该道即便钦遵，转饬查照。等因。奉此。除分别咨行外，合行恭录札饬。为此札仰该厅即便钦遵知照。

此札。[42]

第二件记载：

钦命二品顶戴署理甘肃新疆镇迪兵备道兼按察使衔管辖全省驿传事务英为恭录札饬事。

案准新疆布政司魏移开[43]：案蒙钦差大臣新疆爵抚部院刘札开：案照本大臣爵部院于光绪十一年八月十一日在甘肃新疆省城由驿附奏刊发甘肃新疆镇迪道兼按察使衔木质关防一颗以昭信守一片，前已抄稿行知在案。兹于本年十月初六日准兵部火票递回原片，后开军机大臣奉旨：知道了。钦此。除钦遵咨行外，合行恭录札饬。为此札仰该司即便转饬所属，一体钦遵知照。等因。到司。蒙此……（下阙）[44]

核之《会典》，亦云："（光绪）十一年……又添铸甘肃镇迪粮务兵备道加按察使衔兼管全疆刑名驿传事务关防。"[45]由此可知镇迪道申请加衔获准事在光绪十一年五月，镇迪道得知获准则在七月，八月十一日启用图6之新衔木质官印。至于官方更铸的铜质官印何时到达，《选辑》并无确切记载。根据前后档案，光绪十三年（1887）正月十九日时，镇迪道仍在使用图6之木质官印[46]，二月初二日，即已改用图7之铜质官印[47]，故推断镇迪道启用新印当在光绪十三年正月、二月之交。

以上镇迪道官印的变更经过，可总结为表3。

---

[41] "英"为英林。下同。

[42] 《镇迪道为转饬谕旨镇迪道兼按察使事札吐鲁番厅文》，光绪十一年八月十二日，《清代新疆档案选辑》，1册，395、396页。

[43] "魏"为魏光焘。

[44] 《镇迪道为启用新疆镇迪道关防事札吐鲁番厅文》，光绪十一年十一月十一日，《清代新疆档案选辑》，1册，427页。谨按，此件档案系残件。

[45] 《（光绪朝）钦定大清会典事例》卷三二三，《续修四库全书》，803册，180页。

[46] 《镇迪道为古城守尉德胜携眷由京来新赴任沿途给车银事札吐鲁番厅文》，光绪十三年正月十九日，《清代新疆档案选辑》，2册，124、125页。

[47] 《镇迪道为严密访查各属佐杂人员私用严刑干扰法纪事札吐鲁番厅文》，光绪十三年二月初二日，《清代新疆档案选辑》，2册，125页。

表3　镇迪道官印变更统计表

时间	变化
乾隆四十一年十二月	初设 印文“分巡镇迪屯田粮务兵备道兼管哈密辟展地方之关防”
乾隆五十四年六月	改衔，更铸 印文“分巡镇迪粮务兵备道兼管吐鲁番库尔喀喇乌苏晶河等处事务关防”
同治回乱	旧有铜制官印丢失
同治九年十二月十一日	穆图善奏请关防补铸官印、下发木质官印
同治十年三月	礼部铸成铜制官印（图5） 印文“甘肃镇迪粮务兵备道之关防”
同治？年	镇迪道启用铜质官印，木质官印上缴毁销
光绪十一年五月十三日	奏请加衔，更铸。获允
光绪十一年八月十一日	下发木质官印（图6） 印文“甘肃新疆镇迪道兼按察使衔管理全省刑名驿传事务关防”
光绪十三年正月、二月之交	镇迪道启用新铸铜质官印（图7），木质官印上缴毁销 印文“甘肃镇迪粮务兵备道加按察使衔兼管全疆刑名驿传事务之关防”

四、制度层面下的官印变更

考释三方官印的变更情况后，再从制度层面进行考察，可以发现这一变更情况反映出制度在多层面的演化。

第一，官印补铸、更铸的区别及补铸惯例的形成。

根据《会典》，凡铸造官印，“印文清、汉本字镌于印背，年、月、号数镌于印旁”[48]。因此清代官印的印面原本并不篆刻年月。但上文考释的三方官印，吐鲁番同知印、辟展巡检印及镇迪道的第一方官印均是原印遗失后所补铸，印面中央均有一列楷体满文书写年月，结合档案，当系补铸之时间。反观镇迪道的第三方官印，是官衔变更之后所更铸，则并未加刻年月。由此推测，在印面加刻满文年月，应系补铸官印之特点，更铸官印则无此制。

任万平指出：“印文中出现加镌年月，以别新旧的做法，滥觞于道光十九年补铸的闽浙总督关防。”[49]以此查对《会典》，“（道光）十九年……又补铸闽浙总督关防，中一行改书清字年月”[50]确有其事。不过，咸丰四年（1854），礼部尚书麟魁就补铸湖广总督关防之事请旨之摺称：

查定例……又载，内外各衙门遗失关防，另行铸造颁发者，于中行加添字样，以别新旧。仍先期以是否加添清字楷书年月，抑或用清字官名之处，缮模

---

⑱　《（光绪朝）钦定大清会典》卷三四，《续修四库全书》，794册，318页。

⑲　任万平《清代官印制度综论》，朱诚如、王天有主编《明清论丛·第一辑》，303页。

⑳　《（光绪朝）钦定大清会典事例》卷三二二，《续修四库全书》，794册，171页。

双请，候旨遵行。[51]

即作为补铸官印的标记，或是在印面加刻满文年月，或是在印面加刻满文官衔，方法并不唯一。可知加刻满文年月的方法虽然滥觞自道光十九年（1839），却并未马上形成定例。而无论是加刻年月还是官衔均选择使用满文，恐是由于民间大众能识满文者寥寥，权作为一种保密举措。至《选辑》所收录的所有同、光年间补铸官印之印面均加刻满文年月（图8），是知此方法应在清末时成为惯例。

第二，官印之铸造、启用仍遵循官方制度。

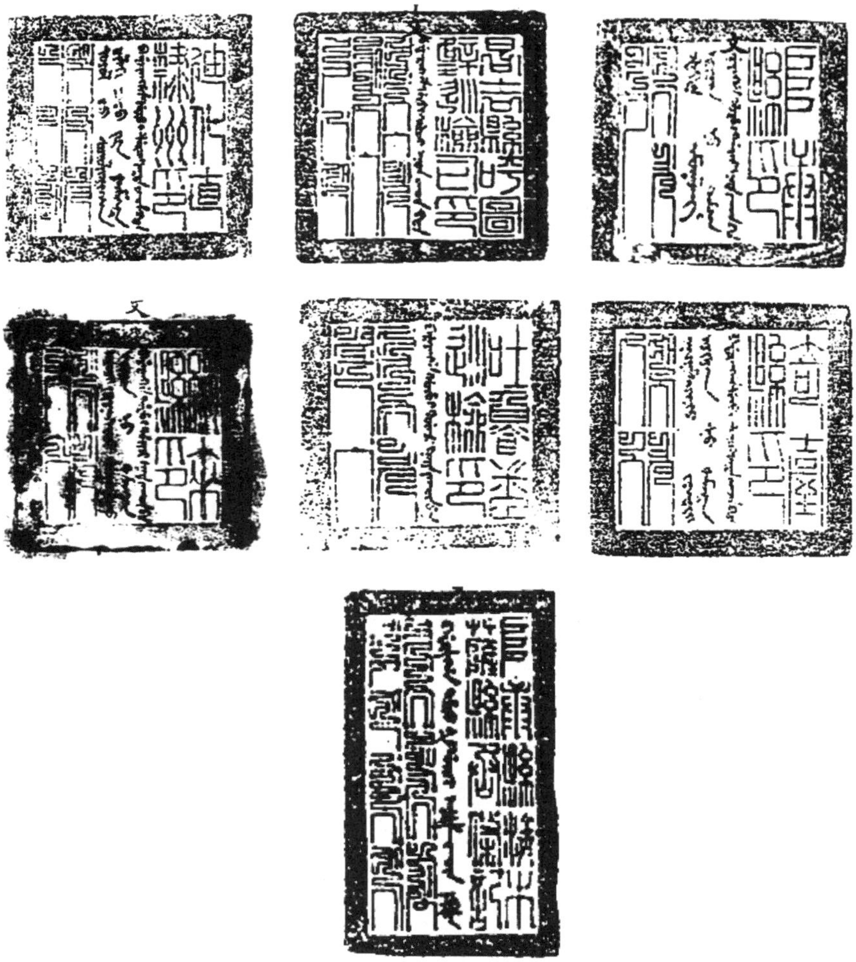

图8 《选辑》所见其余补铸官印

第一排左起："迪化直隶州印""昌吉县呼图壁巡检司印""阜康县印"

第二排左起："绥来县印""吐鲁番巡检印""奇台县印"

第三排："阜康县济木萨县丞条记"。其中均可看到补铸时加刻的满文楷体年月"光绪四年八月"

[51] 《奏为补铸湖广总督关防加添字样以别新旧请旨事》，咸丰四年五月十四日，04-01-12-0481-115，中国第一历史档案馆藏。

根据《会典》，凡铸造官印，“四角无字处各留一柱，仍用重纸密糊胶封，印面骑缝处钤盖司印，发本官去柱启封”[52]。即指礼部铸造之官印，均在四角各遗留一个圆柱，以防运送途中滥用。官员收到官印后，亲自将四角之柱销去，称为“截”或“磨”，方可启用。上文所引，吐鲁番同知印送至署理吐鲁番同知杨丞手中，杨丞即“截脚启用”，可见此制依然严谨奉行。同时，凡属旧印，地方官员无权私自启用、毁销，均要缴回发来之处。如吐鲁番同知旧用铜质官印在回乱中遗失，后来虽于民间寻获，亦不能再次启用，只能缴付上司。临时使用的木质官印更是如此，在正式的铜质官印下发启用后，即便呈缴。

不仅如此，官印铸造时所用文种，也仍旧遵循制度要求。根据《会典》：“凡篆写印文，由仪制司查据原定字样发局，清汉篆字由局书写，蒙古、唐古特、托忒、回子等字，备具印模，送内阁书写。”[53]依照制度，各地同知之印均系篆刻满、汉字，唯“吐鲁番同知镌回子字”[54]。光绪五年礼部补铸吐鲁番同知印时，即片行内务府，称：

内阁蒙古堂为片行事。

准礼部送到补铸吐鲁番同知兼管理事回民事务之关防。等因。相应片行贵府，转传回子一名，随带回子学生二名，务于本月十二日辰刻到堂缮写印模可也。

须至片者。[55]

即是请内务府由回子官学派出人员负责撰写回字（察合台文）[56]。

第三，官印篆体系统的基本延续。

清朝是少数民族入主中原的朝代，故其官印同时兼用满文。清初虽然已有将满文篆体化的尝试，但正式官印上，大多仍是汉文用篆体、满文用楷体。乾隆十三年（1748），乾隆帝命文臣整理出汉文的三十二种篆体，分别应用于满文，创制出满文的三十二篆。进而，乾隆帝从三十二种篆体中选出玉箸（筯）篆、芝英篆、尚（上）方大篆（九叠篆）、尚（上）小篆、钟鼎篆、垂露篆、柳叶篆、殳篆、悬针篆共九种，分别等次，命全国官印照此更铸。对此，清代文臣不无自豪地评价道：“乾隆戊辰，皇上厘定国书篆法，厥体三十有六，乃改铸御宝及王公百官印，御宝用玉筯篆，诸王则芝英篆，文臣则有尚方大篆、小篆、钟鼎篆、垂露篆，武臣则有柳叶篆、殳篆、悬针篆，皆以位之崇卑为等，视汉唐以来官印文专用一体书者，等威益以辨矣。”[57]依此制度，清代所有官印皆有相应的材质、尺寸、篆体要求。仅以篆体而论，如各省按察使之印“清、汉文小篆”，道员之关防“清、汉文钟鼎篆”，同知、通判之关防“清、汉文垂

---

[52] 《（光绪朝）钦定大清会典》卷三四，《续修四库全书》，794册，319页。

[53] 《（光绪朝）钦定大清会典》卷三四，《续修四库全书》，794册，319页。

[54] 《（光绪朝）钦定大清会典》卷三四，《续修四库全书》，794册，317页。

[55] 《为补铸吐鲁番同知兼管理事回民事务之关防转传回子随带回子学生于期到堂缮写印模事致内务府》，光绪五年二月初十日，档案号：05-13-002-000261-0018，中国第一历史档案馆藏。

[56] 笔者向研究察哈台文的学者请教光绪年间补铸的吐鲁番同知印文，得到答复是其印文“大抵相符”，但存在不少拼写讹误。这或许是严格遵循制度执行下的又一面相。谨附记于此。

[57] 《皇朝文献通考》卷一四三，王云五总编《万有文库》第二集，上海：商务印书馆，1936年，1册，6085页。

露篆”，巡检司印“清、汉文垂露篆”[58]，详细明确。

前文整理的吐鲁番同知、辟展巡检印，按照制度应使用垂露篆。对比前后的垂露篆官印可见（图9），垂露篆之篆体，原本在每笔之后应有“垂露”状的收笔，一般而言，这种收笔应较为显著，以符“垂露”之名。而在光绪朝初年补铸的吐鲁番同知、辟展巡检印上，这种收笔并不明显，吐鲁番同知印尤甚。究其原因，可能是因为吐鲁番同知印文字颇多，印面紧张，诸字蜷缩造成，而辟展巡检印中的个别字画，仍可看到“垂露”之收笔。反之，光绪中后期更铸的迪化府印和伊犁府印，“垂露”均颇明显。是知吐鲁番同知、辟展巡检印篆体有所弱化，可能是光绪初年的特殊现象，仍当属垂露篆之篆体[59]。

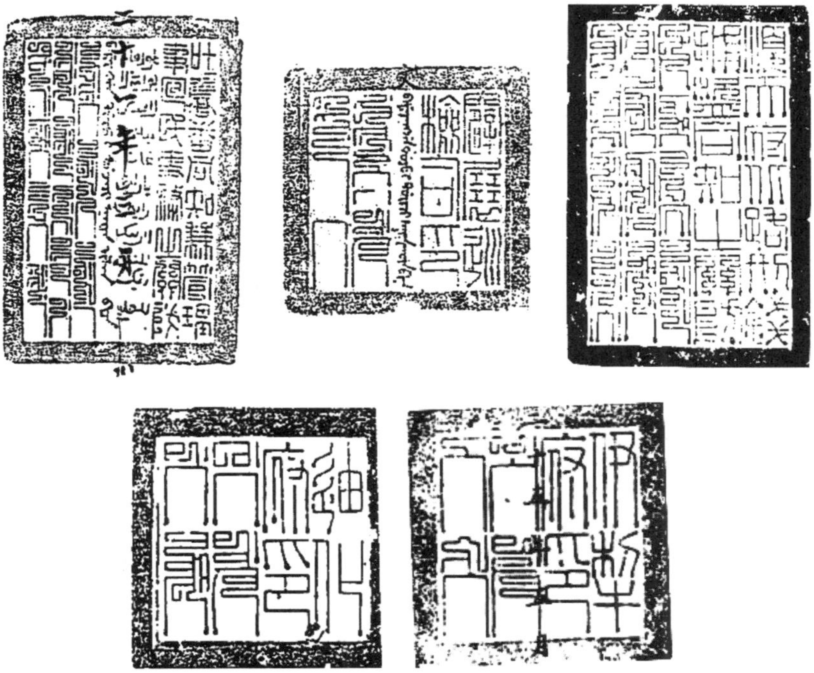

图9 垂露篆印文对比图

第一排左起：吐鲁番同知印、辟展巡检印、“顺天府北路刑钱捕盗同知之关防”[59]

第二排左起：“迪化府印”“伊犁府印”

五方印均为垂露篆，其中右上一方之篆体最为标准

与之类似，镇迪道印应使用小篆（按察使衔）或钟鼎篆（道员），其补铸或更铸官印，也基本与制度规定的篆体吻合。王崇等人曾在研究中指出，清末官印的满文篆体写法颇不规范，讹误迭出，混用错乱严重，甚至有篆写十字无一正确之情况[60]。而从本文所引

[58] 《（光绪朝）钦定大清会典》卷三四，《续修四库全书》，794册，316、317页。

[59] “顺天府北路刑钱捕盗同知之关防”出自赵紫文、张金梁《清代官印“篆法”研究》，《书法研究》2023年第3期，195页。

[60] 王崇等《清末一方官印中的满文篆字失误》，《北方文物》2006年第3期，47页。

例子来看，或许满文篆体写法确实存在错误，但其篆体系统本身，仍基本延续官方制度。

结　语

本文以《选辑》所见“吐鲁番同知关防”“辟展巡检印”“镇迪道关防”三方官印的变更情况为基础，从两个理路进行阐述。一方面，考释三方官印的变更情况，发现新疆地方各级政府先暂用行营刊颁的木质官印，后启用礼部补铸的铜质官印，展现出同治回乱之后新疆逐步光复，各级机构的运作渐次恢复的过程。也涉及新疆建省之后，地方官员职权变更，造成官衔变化，需要重新更铸官印的现象。可以说，官印虽然只是公文上容易被人忽视的细节，却蕴含着西陲边地的一段段故事，似可见微而知著。另一方面，通过三方官印变更情况，结合清代官印制度，不仅确认道光十九年之后，官方逐步形成在补铸官印时于印面正中加刻满文楷体年月的惯例，更由此观察到清末官印在补铸和更铸时对旧有制度的遵循。这不仅有助于深化对晚清官印制度的认识，也有助于在其他研究中判断官印时期并识别印文。

Three Case Studies on Evolution of the Official Seal System in the Late Qing Dynasty: Based on *Selected Archives of Xinjiang during the Qing Dynasty*

Wang Miansen

The documents collected in Selected Archives of Xinjiang in the Qing Dynasty 清代新疆档案选辑reflect the changes of official seals in the Xinjiang region. Among them, the“Turpan Tongzhi Guan Fang”and“Pizhan Xun Jian Yin”seals were both lost during the Hui Rebellion. After Zuo Zongtang 左宗棠recaptured Xinjiang, temporary wooden official seals were initially issued by the expeditionary camp, and later, the imperial court cast and issued copper seals. The“Zhen Di Dao Guan Fang”seal was recast as a copper seal in the tenth year of the Tongzhi reign (1871). Due to the establishment of the Xinjiang province, the official title was changed, and a temporary wooden seal was used first, followed by the issuance of a newly recast copper seal by the imperial court. The process of changing these three official seals not only confirms the historical events of Xinjiang’s recovery and provincial establishment but also reflects the evolution of the Qing Dynasty’s official seal system. Overall, the casting, usage and inscription systems of late Qing official seals still adhered to the official protocols. Since the Xianfeng reign (1850-1861), the Qing court also stipulated that when recasting official seals, the year and Mongolian script were to be engraved in the center of the seal’s face, distinguishing it from the newly cast seals. This Study helps deepen the understanding of the late Qing Dynasty official seal system.

清前期吐鲁番同知任职研究*

——以“缺分”为中心

王启明

清史专家杜家骥先生曾言：“清代的地方官制，就目前研究状况看，仍是最低、最高两个层级成果较多，处于中间的两司、道、府及直隶州厅，则研究薄弱。”[①]全国如此，地处西北边疆的新疆亦如此，尤其是清朝治理新疆前期军府体制下的民政官员研究非常薄弱。华立曾指出天山东路民政官员的配置大多遵循正职满员（旗员），佐贰汉员的原则，处理政务时上承都统指令，间受陕甘总督制约[②]。近来，鲁靖康在探讨清代新疆厅制时，也论述到同知的缺分与遴选原则[③]，但仍有许多未尽之处。本文利用大量海峡两岸所藏已刊、未刊档案，以探讨清前期吐鲁番同知缺分为中心，借以了解军府体制下的新疆中层官职的任职制度及其实践情况，并利用档案资料尝试编制一份《清前期吐鲁番同知任职表》，不当之处，敬祈方家指正（表1）。

一、吐鲁番同知的繁简缺分与任期

清朝于乾隆四十四年（1779）趁吐鲁番札萨克郡王苏赉璊犯罪之机，对吐鲁番社会治理体制进行了重新调整，其措施之一便是将辟展同知移驻吐鲁番，但考虑吐鲁番设立满营后，遇有旗民交涉事件，应设理事通判一员，遂将移设同知作为满缺，兼管通判事。而其所属地方事务呈报镇迪道，再由道转详乌鲁木齐都统[④]。次年，吐鲁番城建立，乾隆赐名“广安”[⑤]，城中便设有同知衙署一所[⑥]。而同年伊犁新设之抚民同知被定为“边远紧要满缺，每遇缺出，即于陕甘二省满员同知内拣选调补，三年俸满，照苗疆例升用，无则奏请部选”[⑦]。但吐鲁番同知一职设立之初，似乎尚未确定其缺分及

* 本文为新疆维吾尔自治区创新研究平台“新疆师范大学中华民族共同体研究基地”成果。

① 杜家骥《清代两司行政研究·序》，苗月宁《清代两司行政研究》，北京：中国社会科学出版社，2012年。

② 华立《新疆军府制下的理民体制与满汉员的任用》，《清史研究》2010年第4期，38页。

③ 鲁靖康《清代厅制再探——以新疆为例的考察》，《西域研究》2019年第2期，91页。

④ 《清高宗实录》卷一〇八五，乾隆四十四年六月己卯，北京：中华书局，1985年，583—584页。

⑤ 《清高宗实录》卷一一一七，乾隆四十五年十月甲戌，929页。

⑥ （清）和宁《回疆通志》卷一一《吐鲁番》，孙文杰整理，北京：中华书局，2018年，243页。

⑦ 《清高宗实录》卷一一二〇，乾隆四十五年十二月壬子，960页。

表1　清前期吐鲁番同知任职表

序号	姓名	身份	出身	任前资格	到任	离任	任职形式	离任缘由	依据
1	福善	觉罗满洲镶蓝旗人	举人	辟展同知	乾隆四十四年七月	四十五年四月	实授	回避吐鲁番领队大臣	《三州辑略》；朱批奏折04-01-12-0223-085；台北故宫403039857
2	博通	满洲镶黄旗人		理事通判	乾隆四十五年四月	四十五年十月	署理		《三州辑略》
3	张建庵	四川峨眉县人		县丞	乾隆四十五年十月	四十七年四月	署理	乌鲁木齐采买冒销案被参卸事	《三州辑略》；《清实录》乾隆四十七年四月丙申
4	富廉	满洲正蓝旗人		候补知县	乾隆四十七年四月	四十七年六月	署理		《三州辑略》
5	富昇	满洲镶黄旗			乾隆四十七年六月	四十九年正月	实授	多收斛面被参	《三州辑略》；朱批奏折04-01-12-0205-099
6	吴怀	浙江绍兴府山阴县人		巡检	乾隆四十九年正月	四十九年二月	护理		《三州辑略》
7	曹梦箕	安徽南陵县人		巡检	乾隆四十九年二月	四十九年四月	护理		《三州辑略》
10	广玉	满洲正白旗人		理事通判	乾隆四十九年四月	四十九年七月	署理		《三州辑略》
11	曹梦箕	安徽南陵县人		巡检	乾隆四十九年七月	四十九年十二月	护理		《三州辑略》
12	富昇	满洲镶黄旗人		降调同知	乾隆四十九年十二月	五十年二月	实授		《三州辑略》；朱批奏折04-01-12-0207-041
13	德光	满洲镶黄旗人	举人	候补同知	乾隆五十年二月	五十四年十月	实授	署镇西府知府	《三州辑略》；朱批奏折04-01-12-0205-099；录副奏折03-0193-3257-022
14	临保	满洲镶黄旗人		理事通判	乾隆五十四年十月	五十五年十月	署理		《三州辑略》
15	福善	觉罗镶蓝旗人	举人	洮州同知	乾隆五十五年十月	五十六年八月	实授	调补迪化直隶州知州	《三州辑略》；朱批奏折04-01-12-0223-085；朱批奏折04-01-12-0238-012
16	申保	满洲镶白旗人		俸满知县	乾隆五十六年八月	五十七年九月	署理	病故	《三州辑略》
17	朱钟	福建邵武县人		济木萨县丞	乾隆五十七年十月	六十年四月	署理		《三州辑略》
18	和龄	满洲正蓝旗人	笔帖式	高台县知县	乾隆六十年四月	嘉庆五年十月	先署理，后实授	委署镇西府	《三州辑略》；朱批奏折04-01-12-0238-012；内阁档02-01-03-08278-009
19	景安	满洲镶白旗人		昌吉县知县	嘉庆五年十月	八年十二月	署理		《三州辑略》
20	和龄	满洲正蓝旗人	笔帖式		嘉庆八年十二月	九年十二月	回任实授	期满	《三州辑略》；录副奏折03-1487-065

续表

序号	姓名	身份	出身	任前资格	到任	离任	任职形式	离任缘由	依据
21	达洪阿	满洲镶白旗人	笔帖式	知县	嘉庆九年十二月	十五年正月	先署理，后实授	丁母忧	《三州辑略》；录副奏折03-1487-065；朱批奏折04-01-12-0284-044
22	济宁阿	满洲正蓝旗人	举人	绥来县俸满知县	嘉庆十五年正月	十五年六月	署理	丁忧回旗	朱批奏折04-01-12-0284-044；朱批奏折04-01-35-0769-007；朱批奏折04-01-12-0286-151
23	杨畯			喀喇乌苏粮员小京官	嘉庆十五年六月		署理		朱批奏折04-01-12-0286-151
24	庆德				嘉庆十七年正月（在任）	二十年正月	实授	身故	录副奏折03-2313-004；录副奏折03-2321-002；台北故宫404017584；
25	德恒	满洲正蓝旗人	笔帖式	署阜康县知县	嘉庆二十年十一月	道光二年六月	实授	亏空钱粮被革	台北故宫404017584；录副奏折03-1566-083；朱批奏折04-01-23-0177-014；朱批奏折04-01-16-0120-002
26	凤鸣	蒙古正蓝旗人	经制笔帖式	乌鲁木齐粮饷处主事	道光二年六月	二年十一月	署理	丁忧	朱批奏折04-01-16-0120-002；朱批奏折04-01-16-0121-045
27	祥泰	满洲正白旗人	举人	俸满昌吉县知县	道光二年十一月		署理		朱批奏折附片04-01-30-0055-059
28	福奎			主事职衔喀喇巴尔噶逊粮员	道光四年三月		署理		朱批奏折附片04-01-12-0378-033
29	海顺				道光五年三月（在任）		署理		朱批奏折04-01-26-0049-051
30	佛灵阿	满洲镶蓝旗人	议叙		道光五年七月补		实授	升补镇西府知府	缙绅录9册441页；朱批奏折04-01-12-0404-041
31	福奎				道光六年十月	七年十二月（在任）	署理		朱批奏折04-01-26-0054-086；台北故机056410
32	保忠	蒙古正黄旗人	笔帖式	军功即补同知	道光九年五月	十四年三月	实授	期满	朱批奏折04-01-12-0404-041；朱批奏折04-01-12-0431-096
33	菩萨保				道光十四年四月		署理		录副奏折03-0202-4140-007
34	宝锳	满洲正蓝旗人	笔帖式	凉庄理事通判	道光十五年四月（在任）	二十年五月	实授	验讯命案不实被撤	朱批奏折04-01-12-0431-096；朱批奏折04-01-30-0358-003；朱批奏折04-01-26-0067-027

续表

序号	姓名	身份	出身	任前资格	到任	离任	任职形式	离任缘由	依据
35	菩萨保			印房章京候补直隶州知州	道光二十一年（在任）		署理		台北故宫405007063
36	福升	觉罗满洲正白旗	生员		道光二十一年三月	二十八年	实授	委署镇西知府	朱批奏折04-01-12-0472-067；缙绅录16册第162页；录副奏折03-2760-021；朱批奏折04-01-12-0469-023
37	菩萨保			印房章京候补直隶州知州	道光二十八年				朱批奏折04-01-12-0469-023
38	托克清阿	满洲正蓝旗		安化县知县	道光二十九年六月		署理	办理清查不实	朱批奏折04-01-12-0472-067
39	荣春	汉军正蓝旗	贡生	候补同知	道光三十年六月补	咸丰元年九月	实授	厅库银两成色不足革职	缙绅录20册96页；录副奏折03-2792-044；录副奏折03-4258-084
40	萨斌泰			驼马处笔帖式	咸丰二年四月（在任）	咸丰三年一月间（在任）	署理		台北故机084149；台北故宫406002082；台北故宫406003323
41	英贵	满洲正白旗		盐茶同知	咸丰三年	九年正月	实授	因病出缺	缙绅录20册259页；录副奏折03-4218-004；内阁02-01-03-11028-005；录副奏折03-4124-060
42	达林				咸丰六年三月（在任）	七年（在任）	署理		台北故宫406008894；录副03-4559-060
43	锡喇春			印房委署章京	咸丰九年三月		署理		录副奏折03-4218-004
44	耆寿	镶红旗蒙古	举人	高台县知县	咸丰九年四月	咸丰十年（在任）			缙绅录25册161页；录副奏折03-4141-084
45	芝庆					同治二年六月	实授	丁忧	台北故机089174
46	德彬			试用知县	同治二年六月		署理		台北故机089174
47	许清贵	镶蓝旗汉军	进士	镇西府同知	同治三年五月	同治三年七月	署理	因病交卸，后殉难	朱批奏折04-01-30-0385-008；台北故机094689；台北故机109773
48	德彬	满洲正蓝旗人	监生	报捐知县并加同知衔	同治三年七月	三年十月	署理	殉难	朱批奏折04-01-30-0385-008；台北故机109773

注：该表因资料所限，所列任职人员并不完备，尤其是任职者的到任与离任日期无法确认时，笔者尽量利用档案列出其在任时间，对于表中的诸多缺漏乃至错误，有待日后更多资料披露，再为补正。表中“缙绅录”系《清代缙绅录集成》之简称

任职年限。据档案记载，第一任吐鲁番同知由原辟展同知福善担任[⑧]，《三州辑略》记载：“福善，觉罗，满洲镶蓝旗人，乾隆四十四年七月任事，四十五年四月卸事。”[⑨]福善出身举人，但任期不到一年，以其与吐鲁番领队大臣图思义为同族兄弟，因回避制度而卸事[⑩]。其后一直到乾隆四十七年间，先后有满洲镶黄旗人博通、四川峨眉县人张建庵及满洲正蓝旗人富廉相继以理事通判、县丞和候补知县诸身份分别署事，平均署任时间为一年。第二任吐鲁番同知则为满洲镶黄旗富昇，乾隆四十七年六月任事，后来因“户民交纳粮石多收斛面”[⑪]，被乌鲁木齐都统海禄参奏后调任，遂于四十九年正月卸事[⑫]，任职尚不足两年。继而吴怀、曹梦箕、广玉等人分别署理同知一职到乾隆四十九年底[⑬]。同年底，新任乌鲁木齐都统常青奏称前同知富昇为降调之员，但非革职人员，加之其“平日居官声名尚好，询以新疆地方情形，俱能明晰”，因而奏请仍留乌鲁木齐差遣委用[⑭]，富昇遂返回吐鲁番同知任所[⑮]。但时间有限，因为陕甘总督福康安此前已奏请候补同知、满洲镶黄旗举人出身的德光补授该缺[⑯]，后者遂于乾隆五十年二月接替富昇实授为第三任吐鲁番同知。

也正是在德光任职期间，陕甘总督福康安在乾隆五十二年奏准：“嘉峪关外，距内地稍近如安西州、玉门、敦煌二县，哈密通判、吐鲁番同知、镇西府暨宜禾、奇台二县及所属教职、佐杂，请照广东儋州等缺例，五年俸满，回至内地，留于本省分别题咨升用。”[⑰]此即《三州辑略》所载吐鲁番同知为“冲、繁、难三要缺，照辟展之例，在于陕甘两省满员内拣选调补，五年俸满，分别题咨升用”之由来[⑱]。但乾隆四十六年陕甘总督臣李侍尧却在奏折中提及“吐鲁番同知一缺系新疆冲繁难三项最要满缺”[⑲]，按照清朝官缺规定，地方职缺“大抵一字及无者为简，二字为中，三字为要，四字为最要”[⑳]，可知吐鲁番同知属于冲、繁、难三字（紧）要缺，而非最要缺。根据学者解释，以路当孔

---

⑧ 陕甘总督李侍尧“奏为请旨拣放并补授要缺吐鲁番同知以裨地方事”，乾隆四十六年十一月十五日，台北故宫藏档案，故宫403039857。

⑨ （清）和瑛《三州辑略》卷二《官制门》，《中国西北文献丛书·二编》第5册，兰州：线装书局，2003年，249页。

⑩ 陕甘总督勒保“奏请以洮州同知福善调补吐鲁番同知事”，乾隆五十五年正月初二日，中国第一历史档案馆藏朱批奏折04-01-12-0223-085（以下除特别注明档案来源外，均指中国第一历史档案馆馆藏档案）。

⑪ 陕甘总督福康安“奏请以德光补授吐鲁番同知事”，乾隆四十九年九月十三日，朱批奏折04-01-12-0205-099。

⑫ （清）和瑛《三州辑略》卷二《官制门》，《中国西北文献丛书·二编》第5册，250页。

⑬ （清）和瑛《三州辑略》卷二《官制门》，《中国西北文献丛书·二编》第5册，250页。

⑭ 乌鲁木齐都统常春“奏为降调吐鲁番同知富升熟悉地方情形请仍留乌鲁木齐差委事”，乾隆四十九年十二月十五日，朱批奏折04-01-12-0207-041。

⑮ （清）和瑛《三州辑略》卷二《官制门》，《中国西北文献丛书·二编》第5册，250页。

⑯ 陕甘总督福康安“奏请以德光补授吐鲁番同知事”，乾隆四十九年九月十三日，朱批奏折04-01-12-0205-099。

⑰ 《清高宗实录》卷一二七六，乾隆五十二年三月乙亥，84页。

⑱ （清）和瑛《三州辑略》卷二《官制门》，《中国西北文献丛书·二编》第5册，235—236页。

⑲ 陕甘总督李侍尧“奏为请旨拣放并补授要缺吐鲁番同知以裨地方事”，乾隆四十六年十一月十五日，台北故宫藏，故宫403039857。

⑳ （清）孙毓琇《盐山县志》，转引自魏光奇《有法与无法——清代的州县制度及其运作》，北京：商务印书馆，2010年，20页。

道者为冲，政务纷繁者为繁，民风刁悍、命盗案多者为难[21]，可以说吐鲁番完全符合以上标准。首先，乌鲁木齐都统索诺木策凌于乾隆四十三年奏请调整吐鲁番札萨克旗时，便指出"吐鲁番地方系通众回城、去乌鲁木齐之冲要"[22]。具体而言，吐鲁番南距喀喇沙尔八站、北距乌鲁木齐六站、东界哈密十二站[23]，可谓三岔路口，且"地当孔道，为南疆门户"[24]，足见吐鲁番地方确属"冲要"之孔道。至于政务纷繁与命盗案多两特点，可从前引清朝设置吐鲁番同知的上谕中看出，吐鲁番同知不仅负责处理旗民交涉事件，还需处理当地复杂的满、汉、回三类族群关系，并且负责当地八旗驻防粮饷供应。越到后期，随着内地民人的迁入，补任该官缺时，乌鲁木齐都统一再强调"吐鲁番地方设有满汉营屯，旗民交涉，政务殷繁，且踞处扎萨克回子部落，东通哈密，南达回疆八城，咽喉要区，时有外夷往来贸易，弹压抚绥在在均关紧要"[25]；再如同治年间乌鲁木齐都统强调："吐鲁番地方为南路各城门户，驻扎满汉重兵，民夷杂处，政务殷繁，弹压扶绥，在在均关紧要，实为口外冲繁最要职缺。"[26]虽然前述陕甘总督李侍尧将该职缺从要缺提至最要缺的叙述有失准确，但仍可看出吐鲁番同知在新疆的重要地位，完全符合冲、繁、难三项要缺。至于其实际任期，参照本文所附表1，据不完全统计，能够完全做到五年期满卸事的官员少之又少，多数任职官员仅有两三年左右，而且实授者有限，究其原因，与吐鲁番同知设立之初的"满缺"及任用方式有关。

二、吐鲁番同知的缺分：满缺抑或旗缺

在清朝设立吐鲁番同知伊始，就已将其定为满缺，似乎毫无疑问，仅有满人才能担任。但根据《三州辑略》所载乾隆四十五年到嘉庆九年间的"历任吐鲁番同知姓名"信息可知，除乾隆年间短暂护理吐鲁番同知的吴怀与曹梦箕，以及朱钟曾以济木萨县丞署理过两年多时间不计外[27]，其余实任及署理者无一例外均为满洲各旗人员。若继续扩大时间和资料范围，就会发现实际情况并非如此，如道光二年（1822）署理吐鲁番同知凤鸣便为蒙古正蓝旗人[28]，但不久由于丁忧而卸事[29]。最具代表性的则属道光九年实授吐鲁番同知保忠，其为蒙古正黄旗[30]，至道光十四年边俸五年期满而离任[31]。此外，尚有

㉑ 魏光奇《有法与无法——清代的州县制度及其运作》，20页。

㉒ 中国第一历史档案馆编译《乾隆朝满文寄信档译编》第13册，"寄谕乌鲁木齐都统索诺木策凌著议可否将额敏和卓旧属仍令管辖"，乾隆四十三年十二月二十八日，长沙：岳麓书社，2011年，657页。

㉓ （清）和宁《回疆通志》卷一一《吐鲁番》，239页。

㉔ （清）王树枏等纂修《新疆图志》第1册，朱玉麒等整理，上海：上海古籍出版社，2017年，29页。

㉕ 乌鲁木齐都统德英阿"奏请以凤鸣升补吐鲁番同知事"，道光二年八月初四日，朱批奏折04-01-16-0120-002。

㉖ 乌鲁木齐都统平瑞"奏请以许清贵调补吐鲁番同知由"，同治二年十月六日，台北故宫藏，故机094689。

㉗ （清）和瑛《三州辑略》卷二《官制门》，《中国西北文献丛书·二编》第5册，250页。

㉘ 乌鲁木齐都统德英阿"奏请以凤鸣补吐鲁番同知事"，道光二年八月初四日，朱批奏折04-01-16-0120-002。

㉙ 乌鲁木齐都统英惠"奏为遵旨查明年满章京凤鸣胜任升补吐鲁番同知员缺情形事"，道光二年十二月二十七日，朱批奏折04-01-16-0121-045。

㉚ 陕甘总督杨遇春"奏请以保忠升补吐鲁番同知事"，道光八年十月十九日，朱批奏折04-01-12-0404-041。

㉛ 陕甘总督杨遇春"奏请准以宝锳升补吐鲁番同知事"，道光十三年十二月初八日，朱批奏折04-01-12-0431-096。

咸丰九年（1859）出任吐鲁番同知的耆寿为蒙古镶红旗人[32]，《缙绅全书》显示其咸丰十年秋季仍在任上[33]。更值得关注的是，除蒙古旗人可以出任吐鲁番同知一缺外，汉军旗人亦可担任，如道光三十年陕甘总督琦善便奏请荣春补授吐鲁番同知一缺[34]，据咸丰元年夏季《爵秩全览》显示，荣春为汉军正蓝旗人，道光三十年六月补放[35]。次年因供给吐鲁番领队大臣满营饷银成色不足，引发领队大臣怀疑其亏空钱粮而被撤任[36]。汉军担任吐鲁番同知者并非仅此一例，如同治二年乌鲁木齐都统平瑞曾奏请以镶蓝旗汉军进士、边俸五年期满留任的镇西厅同知许清贵调补吐鲁番同知，据称其老成练达，在口外十余年，熟悉边疆情形，而且“系对品调补，衔缺相当，无庸送部引见”[37]，只是其到任未久，便发生动乱，最后粮尽城陷，督勇巷战阵亡，其妾、子亦服毒殉节[38]。

综上，虽然清廷最初设立吐鲁番同知为满缺，但其候补人员并不完全限定于满洲旗人身份，也可是蒙古旗人与汉军旗人官员，如此吐鲁番同知作为“旗缺”可能更符合实际，这也是当时不少官员的认知观念，如道光八年陕甘总督杨遇春奏请以保忠升补吐鲁番同知时，便明确指出“吐鲁番同知系冲繁难三项边远紧要旗缺”[39]，若说杨遇春有意奏补蒙古旗人保忠改“满缺”为“旗缺”的话，但其道光十三年奏请满洲正蓝旗宝镁升补吐鲁番同知时，再次指出吐鲁番同知“系冲繁难三项边远紧要旗缺”[40]，显然并非杨遇春有意为之，亦非其个人特色。因为之后陕甘总督布彦泰奏请以满洲正蓝旗托克清阿升署吐鲁番同知时，同样声称“吐鲁番同知系冲繁难边远紧要旗缺”[41]，甚至同治年间陕甘总督杨岳斌进一步指出镇西府知府、吐鲁番同知、迪化直隶州知州、宜禾、昌吉、奇台等县均为边远旗缺[42]。可见，至少从道光年间起，包括吐鲁番同知在内的东疆民政官缺已被视为“旗缺”，已是当时的普遍看法，即“满缺”与“旗缺”之间并不存在泾渭分明的界线，意在扩大官员选择范围。

三、吐鲁番同知的任用方式：调缺抑或题缺

在确定吐鲁番为冲、繁、难三字相兼要缺与五年任职年限后，其任职官员根据表1

㉜ 陕甘总督乐斌“奏请以甘肃高台县知县耆寿升补吐鲁番同知事”，咸丰九年四月二十八日，录副奏折03-4141-084。

㉝ 清华大学图书馆、科技史暨古文献研究所编《清代缙绅录集成》第25册，郑州：大象出版社，2008年，161页。

㉞ 陕甘总督琦善“奏请荣春补授吐鲁番同知事”，道光三十年五月二十八日，录副奏折03-2792-044。

㉟ 《清代缙绅录集成》第20册，96页。

㊱ 吐鲁番领队大臣特克慎“奏为同知荣春亏绌库存发给满饷成色不敷请撤任查办事”，咸丰元年九月二十一日，录副奏折03-4258-084。

㊲ 乌鲁木齐都统平瑞“奏请以许清贵调补吐鲁番同知由”，同治二年十月六日，台北故宫藏，故机094689。

㊳ 佚名“奏为遵查吐鲁番城署同知许清贵打仗阵亡家属服毒实情请旨分别优恤事，同治十年，朱批奏折附片04-01-30-0385-008。

㊴ 陕甘总督杨遇春“奏请以保忠升补吐鲁番同知事”，道光八年十月十九日，朱批奏折04-01-12-0404-041。

㊵ 陕甘总督杨遇春“奏请准以宝镁升补吐鲁番同知事”，道光十三年十二月初八日，朱批奏折04-01-12-0431-096。

㊶ 陕甘总督布彦泰“奏请以托克清阿升署吐鲁番同知事”，道光二十九年六月初一日，朱批奏折04-01-12-0472-067。

㊷ 陕甘总督杨岳斌“奏为吐鲁番同知拣选乏员请饬部照例拣补事”，同治四年十二月十九日，录副奏折03-4620-079。

可知，出任吐鲁番同知者往往因边俸期满、姻亲回避、父母丁忧、升迁委署他任及缘事参革撤任等原因出缺，如此便涉及官员的补选问题。对于实授人员，虽然“人地相需”[43]、“人地相依”是陕甘总督考虑补选人员的重要原则[44]，但吐鲁番同知出缺后，应采纳何种补选方式未见前人探讨。在嘉庆前期修纂而成的《三州辑略》记载应由“陕甘两省满员内拣选调补”[45]，所谓“调缺”又称“调补缺”，即当官缺空出时，由督抚于通省现任对品各员内拣选调补，奏请补用[46]。但在实际操作层面，要做到从“现任对品满洲”内选调实属困难，如乾隆四十九年，陕甘总督福康安奏请补放吐鲁番同知时，明确表示“内地现任满洲人员内实无可以遴调之员”，但有拣发候补同知德光年四十五岁，现委署宁夏水利同知兼署理事同知，办事稳妥，以之补授吐鲁番同知堪以胜任，且其“以候补同知请补同知，衔缺相当，毋庸送部引见”，后被允准[47]。待德光五年边俸期满之际，陕甘总督勒保同样面临现任满洲内“并无合例堪调之员”，但查有现任巩昌府洮州同知觉罗福善虽属繁缺，与调补之例稍有未符，但考虑“该员从前曾任吐鲁番同知，系属熟手，该处为新疆要缺，非内地寻常繁缺可比”，加之由内地同知调补边疆同知，衔缺相当，最后也被允准[48]。

但总体而言，陕甘总督在奏请补放吐鲁番同知人选时，不仅极少能够做到从“现任对品满洲（旗员）”内调补，多数时候还得采取“题缺”方式奏请选任，而所谓“题缺”又称“题补缺”，即官缺空出时，升调兼行，由本省督抚以应调、应升之员拣选具题，奏请补用[49]。具体案例，如乾隆五十七年陕甘总督勒保奏吐鲁番同知福善调补他任后，遗缺例应拣用满员，但当时“甘省现任同知满洲人员仅止五员，内洮州同知庆格、庄浪同知托金均已派赴口外管粮；其循化同知广玉、贵德同知安福本任均属紧要；宁夏同知那昌阿甫经到任，未便调往，此外实无合例堪调之员”，可见通过对品“调缺”方式难以落实，勒保继而奏称现任高台县知县和龄年五十二岁，为满洲正蓝旗，笔帖式出身，拣选引见后奉旨发往甘肃，以知县委用，乾隆五十六年实授，虽然历俸未满五年，且与例不符，但考虑人地实在相需，勒保遂奏请和龄升署吐鲁番同知，待其送部引见并到任后，扣满年限，再请实授，最终和龄被允准先署理后实授吐鲁番同知一缺[50]。待嘉庆八年（1803）和龄即将边俸期满前夕，陕甘总督惠龄与藩臬两司发现“内地旗员同知内并无合例堪调之员，而旗员知县内亦均历俸未满五年，与升补之例不符”，即无法通过“对品调补”和“升调兼行之题补”两种方式选拔，不过惠龄等人发现定例内有“如

---

[43] 陕甘总督福康安“奏请以德光补授吐鲁番同知事”，乾隆四十九年九月十三日，朱批奏折04-01-12-0205-099。

[44] 乌鲁木齐都统德英阿“奏请以凤鸣补吐鲁番同知事”，道光二年八月初四日，朱批奏折04-01-16-0120-002

[45] （清）和瑛《三州辑略》卷二《官制门》，《中国西北文献丛书·二编》第5册，235—236页。

[46] 魏光奇《有法与无法》，52页。

[47] 陕甘总督福康安“奏请以德光补授吐鲁番同知事”，乾隆四十九年九月十三日，朱批奏折04-01-12-0205-099。

[48] 陕甘总督勒保“奏请以洮州同知福善调补吐鲁番同知事”，乾隆五十五年正月初二日，朱批奏折04-01-12-0223-085。

[49] 魏光奇《有法与无法》，52页。

[50] 陕甘总督勒保“奏请以高台县知县和龄升署吐鲁番同知事”，乾隆五十七年闰四月十六日，朱批奏折04-01-12-0238-012。

实系边疆要缺，准其专折奏请”，遂以镶白旗满洲、现任安化知县达洪阿升补，据称其“由笔帖式于乾隆五十年拣发甘肃，以知县委用”，加之“曾任边缺知县，熟悉新疆情形，以之升署吐鲁番同知，实堪接任”[51]，随后达洪阿先署理、后实授为吐鲁番同知。

据上可知，至少在乾隆至嘉庆前期，吐鲁番同知一缺并非仅凭《三州辑略》记载之“调缺”方式补授，更多时候采取“题缺”方式选任，再由吏部审查候补人员是否符合资格。在此过程中，因乌鲁木齐等东路在行政上隶属甘肃镇迪道，且该地区又属乌鲁木齐都统辖区，因而陕甘总督与乌鲁木齐都统均拥有乌鲁木齐所属官员候补人选的提名权，尤其对都统而言，上谕曾明确规定“乌鲁木齐地方官员升迁调补，虽由都统办理，自应与陕甘总督会同具奏”或“与总督会商具奏，不可自行办理”[52]。如道光三年乌鲁木齐都统英惠奏请委任祥泰署理吐鲁番同知时，即咨明陕甘总督查照[53]；再如同治二年，乌鲁木齐都统平瑞奏请许清贵调补吐鲁番同知时，亦在奏折末尾声明“会同护理陕甘总督恩麟恭折具奏”[54]。那么，总督奏请补缺人选时，是否也需咨会都统？从笔者搜集的大量陕甘总督奏请补放吐鲁番同知的奏折来看，总督一般无须咨明乌鲁木齐都统，但偶尔也有咨照都统的情况，如道光八年乌鲁木齐都统英惠接到陕甘总督杨遇春有关拣选口外吐鲁番同知的咨照，英惠奏请以新疆理事通判凤奎升补吐鲁番同知，并咨照陕甘总督杨遇春[55]。但杨遇春指出“凤奎系该处驻防旗员，例应遵旨回避”，遂奏请以军功即补同知保忠升补[56]，最后被批准。但这并不意味着陕甘总督奏请人选比都统奏请人选更易获准实授，而是以候补人员是否合例为标准，即便陕甘总督自己奏请人选有时也会被吏部驳回[57]。

综上，欲出任吐鲁番同知一职，候补人选必须“合例”，候选者还需才能出众，任内未有过多参奏与处罚，如陕甘总督在奏折中一直强调奏补或署理人员需“年力壮盛，办事稳妥”[58]、“老成明干，办事勤能，参罚亦在十案以内”[59]、“心地明白，才具优长，参罚亦在十案以内”[60]，等等；由于吐鲁番同知属于边缺，熟悉边疆情形者也是一种资历，如前述达洪阿“曾任边缺知县，熟悉新疆情形，以之升署吐鲁番同知，实堪接任”，再如“凤鸣才具明敏，办事勤慎，在口外历俸二十余年，于回疆边地情形深为熟习”[61]，等等。但最终批准之权，仍掌握在皇帝手中。

---

[51] 陕甘总督惠龄“奏请达洪阿升署吐鲁番同知事”，嘉庆八年闰二月二十六日，录副奏折03-1487-065。

[52] 《清高宗实录》卷一〇三七，乾隆四十二年七月丁亥，897—898页。

[53] 乌鲁木齐都统英惠“奏为委任祥泰署理吐鲁番同知并委任周镗署理昌吉县知县事”，道光三年，朱批奏折附片04-01-30-0055-059。

[54] 乌鲁木齐都统平瑞“奏请以许清贵调补吐鲁番同知由”，同治二年十月六日，台北故宫藏，故机档094689。

[55] 乌鲁木齐都统英惠“奏请以凤奎升补吐鲁番同知事”，道光八年十月二十六日，朱批奏折04-01-12-0404-073。

[56] 陕甘总督杨遇春“奏请以保忠升补吐鲁番同知事”，道光八年十月十九日，朱批奏折04-01-12-0404-041。

[57] 陕甘总督勒保“奏请以高台县知县和龄升署吐鲁番同知事”，乾隆五十七年闰四月十六日，朱批奏折04-01-12-0238-012。

[58] 陕甘总督福康安“奏请以德光补授吐鲁番同知事”，乾隆四十九年九月十三日，朱批奏折04-01-12-0205-099。

[59] 陕甘总督勒保“奏请以洮州同知福善调补吐鲁番同知事”，乾隆五十五年正月初二日，朱批奏折04-01-12-0223-085。

[60] 陕甘总督勒保“奏请以双德升署吐鲁番同知事”，乾隆五十七年正月二十四日，录副奏折03-0249-058。

[61] 乌鲁木齐都统德英阿“奏请以凤鸣升补吐鲁番同知事”，道光二年八月初四日，朱批奏折04-01-16-0120-002。

结　　语

通过本文对吐鲁番的个案研究，大致可以窥探和反映军府体制下的新疆东路民政官员的“缺分”任职情况。吐鲁番同知自乾隆四十四年设置后，其职缺系冲繁难三项要缺，官员任职期限为五年，但在具体实践中，能够做到五年期满卸事的少之又少，多数任职者仅有两三年左右；清廷设立吐鲁番同知之初，曾明文规定其为满缺，但其候补人员并不完全限于满洲旗人身份，蒙古旗人与汉军旗人任职的情况较为常见，尤其从道光年间起，吐鲁番同知已被时人普遍视为“旗缺”，其用意在于扩大候选官员范围；在乾隆至嘉庆前期，吐鲁番同知的补授，并非仅仅通过《三州辑略》记载之“调缺”方式，更多情况下采取“题缺”方式选任，偶尔也会采取“专折奏请”补选。

Study on the Tenure of Turpan *Tongzhi* in the Early Qing Dynasty: The Case of *Que-fen*

Wang Qiming

This study uses a large number of published and unpublished archival materials, with a focused analysis on *Que-fen* (缺分, lit. vacant official positions), to examine the tenure of Turpan *Tongzhi* 同知during the early Qing Dynasty. The article points out that since the establishment of the official position *Tongzhi* in 1779, the position of *Tongzhi* in Turpan was designated as *Chong*, *Fan* and *Nan*, with a statutory term limit of five years. However, archival records indicate that very few appointees completed their full terms, with the majority serving only about two to three years before being rotated out of office. Initially established as a Manchu-banner exclusive position, the Turpan *Tongzhi* was not strictly confined to Manchu-banner in practice, while Mongolian-banner and Han-banner gradually became regular appointees to this office. By the Daoguang reign (1821-1850), Turpan *Tongzhi* had evolved into a widely acknowledged banner position, strategically designed to broaden the recruitment pool for frontier administrative official positions. Unlike the records in *Sanzhou Jilue* 三州辑略 (a local political work concerning Hami, Turpan and Urumqi in the Qing Dynasty), there were multiple methods for the supplementary election of Turpan *Tongzhi* from the Qianlong reign (1736-1796) to the early Jiaqing period (1796-1820).

舒尔楚克·锡克沁寺院遗址调查与德国吐鲁番探险队老照片*

——德国探险队摄影地点以及奥登堡、斯坦因地图与现状的对比

西村阳子　卡恩·德雷尔　徐维焱　袁　勇 撰
田卫卫 译

前　言

本文的研究对象第三次德国吐鲁番探险队（以下简称“德国队”）在舒尔楚克·锡克沁寺院调查时拍摄的老照片①，目的是将其与现状进行比对、调查，并与英国斯坦因②、俄国奥登堡所留下的遗址平面图进行对照③，从而确定20世纪初对舒尔楚克·锡克沁进行调查时的遗迹编号与现状的对应关系。同时，通过确定德国队老照片的拍摄对象与拍摄位置，提取精确的信息，为现今七个星佛寺遗址的遗构保存与调查提供基础数据。

舒尔楚克·锡克沁寺院遗址位于现今新疆维吾尔自治区巴音郭楞蒙古自治州焉耆回族自治县七个星镇西南部。遗址南端的外部设有七个星佛寺遗址博物馆。该寺院遗址为土砖建筑，因饱受日晒雨淋，风化十分严重，与20世纪初各国探险队留下的平面图及老

---

* 本研究是学术振兴会（JSPS）科学研究费（20KK0275）资助项目的阶段性成果。所有展示的老照片均为柏林国家博物馆亚洲艺术博物馆（©Staatliche Museen zu Berlin, Museum für Asiatische Kunst）版权所有。

① Grünwedel, Albert, *Altbuddhistische Kultstätten in Chinesisch-Turkistan*, Berlin: Druck und Verlag von Georg Reimer, 1912, pp.191-211.（中译版：格伦威德尔著，赵崇民、巫新华译《1905—1907年考察成果：新疆古佛寺》，北京：中国人民大学出版社，2012年）关于该遗址的名称，德国队称Šorčuq，斯坦因称Ming-oi或Shōrchuk，奥登堡称Шикшин(Shikshin)，现在名称为七个星佛寺遗址。在本文中基本上尊重德国队的用法。

② “Chapter XXIX, Kara-Shahr and its Ruined Sites”, Stein, M. A., *Serindia: detailed report of explorations in Central Asia and westernmost China*, vol. 3, Oxford: Clarendon Press, 1921, pp. 1177-1229.

③ Ольденбургъ, С.Ѳ., *Русская Туркестанская экспедиція 1909-1910 года: снаряженная по Высочайшему повелѣнію состоящимъ подъ Высочайшимъ Его Императорскаго Величества покровительствомъ Русскимъ Комитетомъ для изученія Средней и Восточной Азіи: краткій предварительный отчетъ*: СанктПетербург, Изданіе императорской академіи наукъ, 1914（日译版：セルゲイ・F・オリデンブルグ著、加藤九祚译《ロシア第一次東トルキスタン調査団報告 1909—1910》，オリデンブルグ刊行会，1999年）.

照片相比，在现状的对比与解读方面一直存在困难。

本文所涉及的德国队老照片不仅并未留下队员的照片整理资料，而且在报告中也仅有极少量的说明文字。迈入2000年以后，德国队老照片开始数字化，卡恩·德雷尔（Caren Drayer）博士主导了老照片的识别工作，进行遗址的分类和初步解说，其成果早在2011年以后作为IDP公开的照片说明进行发布。德雷尔博士和笔者西村从2013年以后逐渐开始合作。约10年之后，在2023年9月6—21日期间，笔者西村与徐维焱、袁勇组成的现场调查团队获得了北京大学中国古代史研究中心的支持，赴焉耆、库车及图木舒克地区进行遗址调查。其中，在9月6—9日的三天里，依托焉耆县文管所（博物馆）徐卫胜所长的支持，开展了舒尔楚克·锡克沁寺院的现场调查。现场调查团队在参考德雷尔博士识别成果的基础上，成功确定了更多的拍摄地点。随后，从2023年11月开始直到2024年3月底，笔者西村逗留于柏林州立亚洲美术馆，在毕丽兰（Lilla Russell-Smith）博士的协助下，与德雷尔博士进行了共同研究，进一步提高老照片拍摄位置与拍摄对象遗构的识别精度④。

现场遗址距德国队拍摄时间已经过去了大概120年的时间，尽管在2012—2014年进行过修复，但与探险队时期的景观相比，仍然变化很大。识别比定工作时常面临困难，团队在反复试错中不断完善。本文为现场踏查一年时间后的当前的阶段性报告。

（一）德国、英国、俄罗斯探险队的调查与遗址平面图

1. 德国队的示意图

最早对舒尔楚克石窟进行调查的是斯文·赫定（1896年）⑤，但真正的全面调查始于德国探险队。第三次德国吐鲁番探险队⑥在1906年6月4—29日第二次队伍返回和第三次队伍开始的交接时期，首次对舒尔楚克展开了调查，随后在1907年2月和3月进行了二次调查⑦。格伦威德尔的报告仅简要记录了寺院遗址的建筑数量及概况，其大部分内容

---

④ 至于德国队老照片的解说，德雷尔博士在2018年、2023年11月也给作者西村提供了当时的最新版本。经过23年的合作研究，今后柏林州立亚洲美术馆也根据现场调查团队以及合作研究的成果会重新更新老照片的分类和说明。

⑤ Stein, M. A., *Serindia*, vol.3, p.1184, n.2; Hedin, S. A., *Die Geographische-Wissenschaftlichen Ergebnisse meiner Reisen in Zentralasien, 1894-1897*: Dr. A. Petermanns Mittelungen, aus Justus Perthes Geographischer Anstalt, Herausgegeben von Prof. Dr. A. Supan, Ergänzungsband XXVIII (Heft 131), Gotha: Justus Perthes, 1900, p.68.

⑥ “Ruinen bei Šorčuq”, A. Grünwedel, *Altbuddhistische Kultstätten in Chinesisch-Turkistan*, pp.191-211.

⑦ 勒柯克（Le Coq）在面向公众撰写的书中也记录了许多关于他在舒尔楚克（Schortschuk）发掘的故事。参见《在库尔拉—喀喇沙尔绿洲的工作，前往喀什的旅程》（“Arbeiten in der Oase von Kurla-Karaschahr, Reise nach Kaschghar”, Le Coq, A., *Auf Hellas Spuren in Ostturkistan; Berichte und Abenteuer der Ⅱ. und Ⅲ. deutschen Turfan-Expedition*, Leipzig, 1926, pp.131-136）。关于德国队在舒尔楚克拍摄的照片，可参见Drayer, C., *Abenteuer Seidenstrasse : die Berliner Turfan-expeditionen 1902-1914*, Berlin: Museum für Asiatische Kunst, Staatliche Museen zu Berlin, 2015, pp.170-177（中译版：卡恩·德雷尔著，陈婷婷译《丝路探险：1902—1914年德国考察队吐鲁番行记》，上海：上海古籍出版社，2020，210—217页）.此外，各探险队的调查时间，除了在各自的探险报告中有所记录外，还可以在Rhie, M. M., *Early Buddhist art of China and Central Asia*, Volume 2, Text, Illustrations, Leiden/Boston/Köln, Blill, 2002, pp.730-731以及林立《西域古佛寺：新疆古代地面佛寺研究》（北京：科学出版社，2018年，69—70页）等文献中找到总结。

集中在寺院遗址西北部石窟寺院的外观、结构及壁画的描述上[⑧]。德国队留下的寺院遗址平面图为图1中的示意图，初次访问舒尔楚克寺院时，仅凭此图难以完全理解遗址的概况。然而，随着对当地景观的熟悉，大致可以理解此图的意义，从而掌握德国队所调查的遗构的概况。

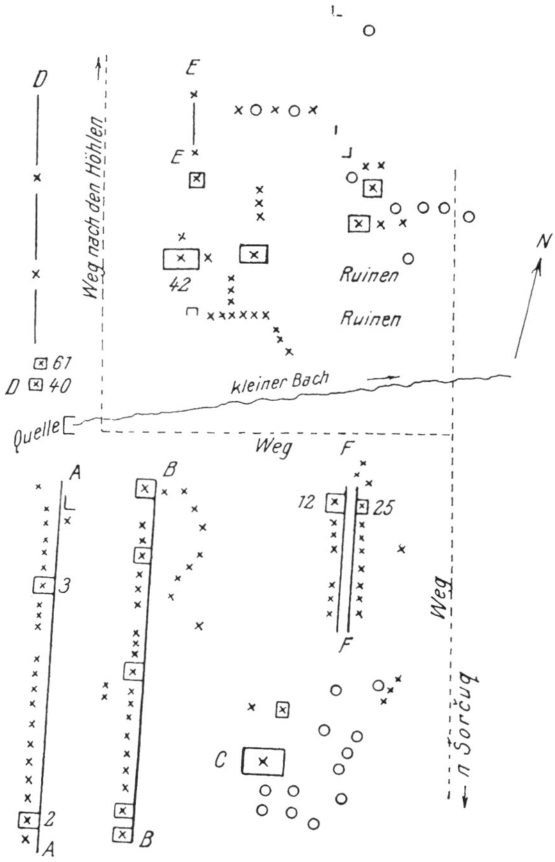

Schema der Hauptanlage. Vgl. Fig. 439.
× Kleine Tempelchen, ⊠ große Tempel, ○ Stùpas.

图1 大型建筑的平面示意图（Scheema der Hauptanlage）

2. 斯坦因的遗址平面图

斯坦因于1907年12月11日起进行了为期12天的调查，并在12月23日将发掘出的遗物运送至库尔勒。据说斯坦因在吐鲁番获悉了格伦威德尔在舒尔楚克发掘工作的消息，并掌握了其发掘主要集中在石窟寺院的情况，因此他前往锡克沁进行更为系统的发掘[⑨]。他在焉耆附近有权势人士的帮助下，开始发掘锡克沁寺院，并将寺院建筑分为几类，集中

⑧ Grünwedel A., *Altbuddhistische Kultstätten in Chinesisch-Turkistan*, pp.191-211; 格伦威德尔著，赵崇民、巫新华译《1905—1907年考察成果：新疆古佛寺》，341—376页。

⑨ Stein M. A., *Serindia*, vo.3, pp. 1183-1223, p.1224.

发掘具有代表性的寺院，最终他几乎发掘了所有的寺院遗址。

在斯坦因的平面图上，每座寺院都标注了“Clearing effected”或“Partial clearing”的符号。斯坦因通过遗址中发现的大量火灾痕迹，推测大部分寺院曾遭遇火灾，他认为这可能是早期穆斯林的破坏所致⑩。此外，斯坦因还对每个发掘出的遗构和出土文物进行了详细的报告，并提及了格伦威德尔等人先前发掘的痕迹。

汇总了这些发掘成果的地图呈现在*Serindia*的Plate51、52、53号图版中，其中Plate51（图2）虽然尺寸略小于奥登堡地图，但依然涵盖了全域；Plate52（图3）作为“石窟寺院平面图：“明屋”遗址南部（Sketch Plan of Cave Temples：Southern group of ‘Ming-oi’Ruins）”、Plate53（图4）作为“石窟寺院平面图：“明屋”遗址北部”（Sketch Plan of Cave Temples：Northern group of ‘Ming-oi’Ruins），都公布了放大图版，可以与现状进行详细比较。根据现场考察团队的确认，遗址现状与斯坦因的平面图较为接近，Plate52（图3）和Plate53（图4）在与遗址现状对照时毫无困难。Plate 52（图3）未包含Ⅱ区和北区的小型遗构，因此在这些区域的对照中只能依赖于Plate 51（图1），这在比对时仍然存在一些问题。

3. 奥登堡的遗址平面图

俄国探险队奥登堡在1909年8月28日至9月20日进行了调查。奥登堡这次调查被认为是各国探险队中最详细的调查，其成果首先在1914年出版了简报⑪，留下了谢苗诺夫（Sergei Smirnov）制作的锡克沁寺院遗址最详细的遗址平面图，因此通常将其用作锡克沁寺院的地图。他知道格伦威德尔和斯坦因已经进行了调查，但没有明确地确认前面的探险考察队在什么位置以及采用何种方法进行挖掘。关于奥登堡的调查，佳科诺娃（Diyakonova，N. V.）在1995年出版了一份详细的报告⑫，充分利用了他们留下的调查资料，该书中发布了大量奥登堡队的调查记录和老照片，第一次明确了奥登堡对锡克沁寺院遗址的调查情况及当时的景观。

奥登堡的简报中所展示的平面图由两张图重叠而成，图6上方重叠着类似描线图的图5，两张重叠起来可以确认遗址的形状和编号。然而，由于图5和图6在原书时就存在错位，因此需要在肉眼修正后再确认编号。奥登堡的平面图与现状非常吻合，但在一些地方描绘了比现存遗构和斯坦因的图纸更多的遗构。相关部分位于南区A排的22、23号，北区K排的南侧，L排的南侧，以及M排的南侧。在德国队、俄国队和斯坦因的老照片中确认这些地方时，笔者等发现其中有些位置与奥登堡的平面图相近，而有些则与斯坦因的相近，因此，也许有必要更加细致地使用老照片进行确认。

---

⑩ Stein, M. A., *Serindia*, vo.3, p.1187.

⑪ Ольденбургъ, С.Ѳ., *Русская Туркестанская экспедиція 1909-1910 года*, pp.4-21.

⑫ Дьяконова, Н. В., *Шикшин: Материалы Первой Русской Туркестанской экспедиции академика С. Ф. Ольденбурга, 1909-1910 гг*, (Культура народов Востока) (Русская Туркестанская экспедиция, 1909-1910, 1914-1915. Материалы и исследования), Москва : Издательская фирма "Восточная лит-ра" РАН, 1995（中译：佳科诺娃、俄罗斯国立艾尔米塔什博物馆、西北民族大学编《俄藏锡克沁艺术品》，上海：上海古籍出版社，2011年）.

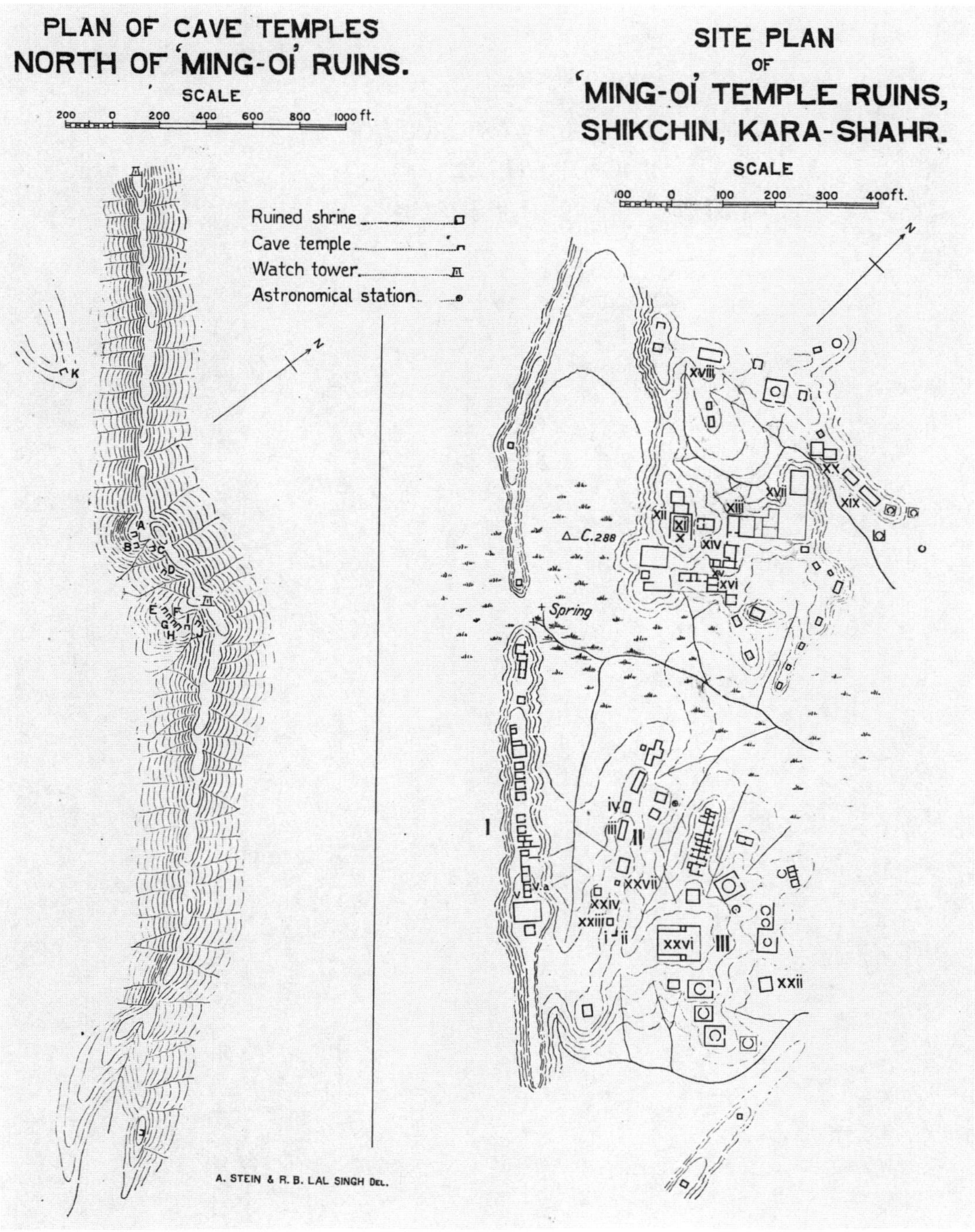
PLAN OF CAVE TEMPLES
NORTH OF 'MING-OI' RUINS.
SCALE
200 0 200 400 600 800 1000 ft.
Ruined shrine
Cave temple
Watch tower
Astronomical station
N
K
A
B
C
D
E
F
G
H
J
A. STEIN & R. B. LAL SINGH DEL.
SITE PLAN
OF
'MING-OI' TEMPLE RUINS,
SHIKCHIN, KARA-SHAHR.
SCALE
100 0 100 200 300 400 ft.
N
C.288
Spring
I
II
III
xviii
xvii
xx
xix
xiii
xii
xi
x
xiv
xv
xvi
iv
iii
xxvii
v
v.a
xxiv
xxiii
i
ii
xxvi
xxii

图2　石窟及锡克沁寺院

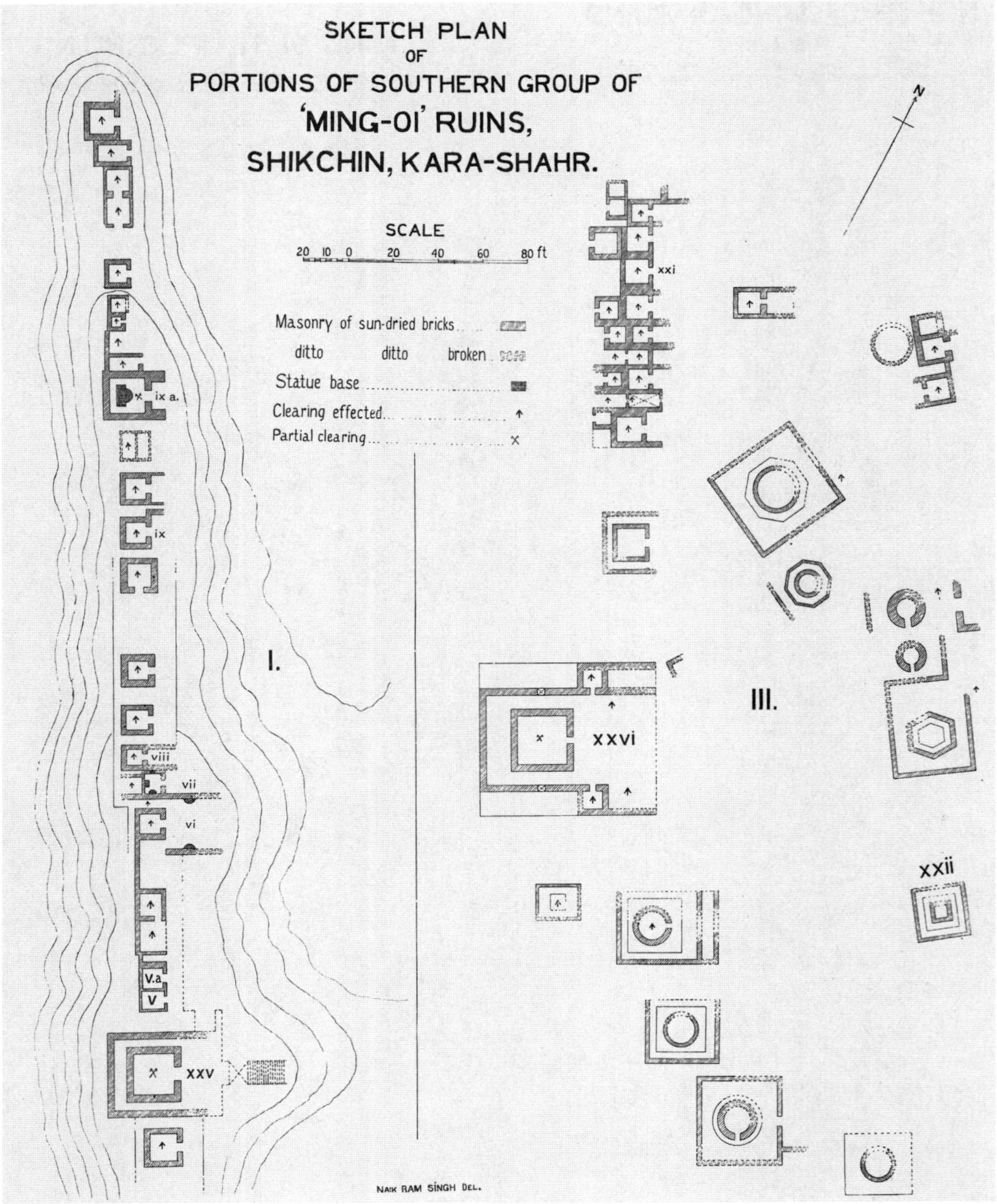
SKETCH PLAN
OF
PORTIONS OF SOUTHERN GROUP OF
'MING-OI' RUINS,
SHIKCHIN, KARA-SHAHR.
N
SCALE
20 10 0 20 40 60 80 ft
Masonry of sun-dried bricks
ditto ditto broken
Statue base
Clearing effected
Partial clearing
xxi
ix a.
ix
I.
III.
xxvi
viii
vii
vi
xxii
V.a
V
xxv
NAIK RAM SINGH DEL.

图3　Ⅰ区和Ⅲ区

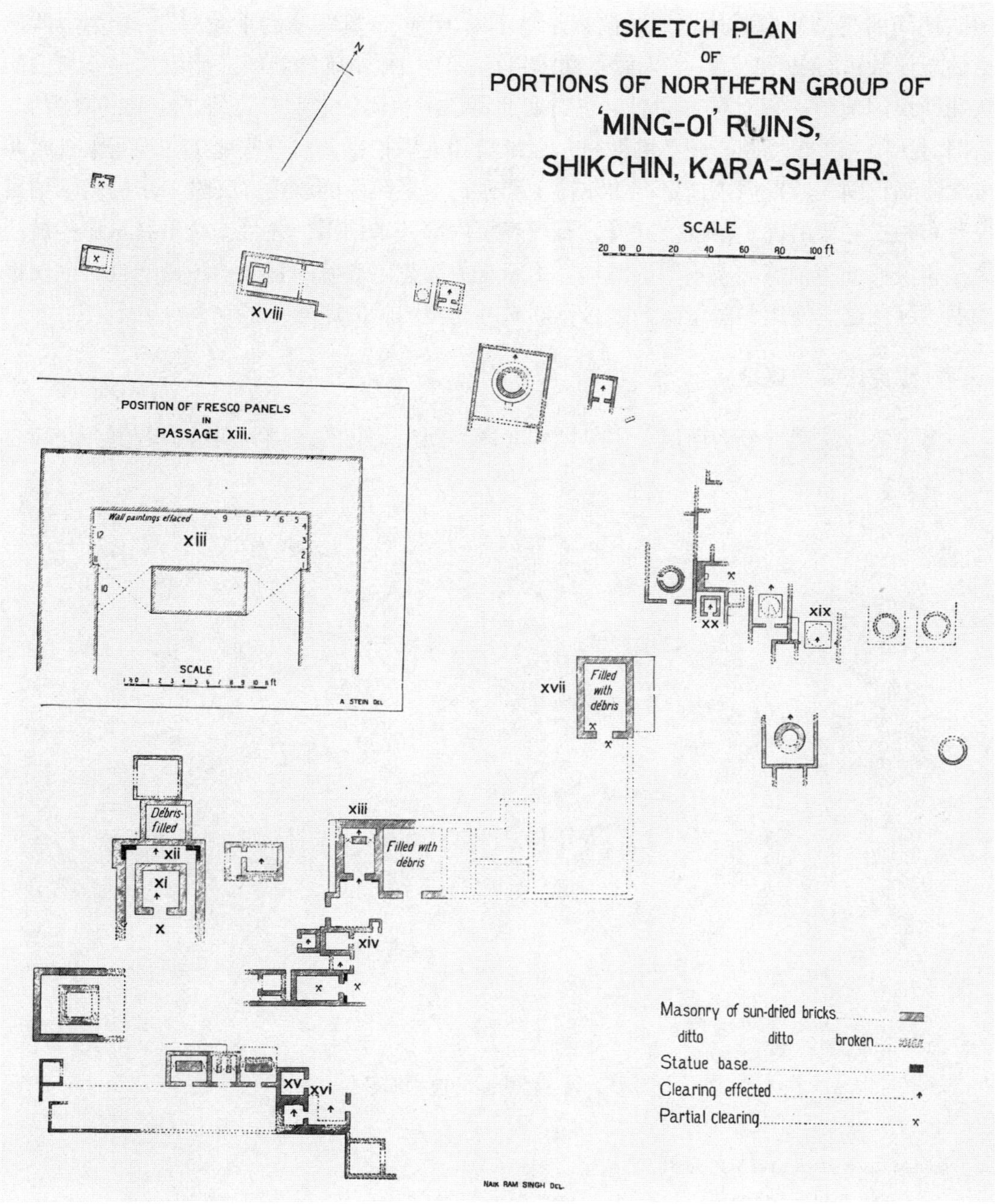
SKETCH PLAN
OF
PORTIONS OF NORTHERN GROUP OF
'MING-OI' RUINS,
SHIKCHIN, KARA-SHAHR.
SCALE
20 10 0 20 40 60 80 100 ft
POSITION OF FRESCO PANELS
IN
PASSAGE xiii.
Wall paintings effaced
xiii
SCALE
A STEIN DEL.
xviii
xix
xx
xvii
Filled with débris
xiii
Filled with débris
Débris-filled
xii
xi
x
xiv
xv
xvi
Masonry of sun-dried bricks
ditto ditto broken
Statue base
Clearing effected
Partial clearing
NAIK RAM SINGH DEL.

图4 锡克沁寺院北区

（二）德国队老照片与现状

此处使用的老照片收藏于柏林州立亚洲美术馆，是拍摄于1906年、1907年第三次德国队期间的高分辨率照片。现场调查是基于斯坦因[⑬]、奥登堡的平面图[⑭]，和德国队拍摄的老照片进行的[⑮]，旨在实现以下两个目标：①拍摄精确的新旧对比照片；②与俄国队和斯坦因地图进行对照。同时，也对西北科学考察团的老照片进行了适当的对照[⑯]。新旧对比照片由现场踏查团队的西村、徐维焱和袁勇拍摄，但有些地点在现场踏查时并未能明确识别，所以后来通过德雷尔博士和西村对老照片的解读，又进一步提高了拍摄位置和拍摄对象的确定精度。此外，石窟寺院内部并未拍摄，并且本文不展示那些被认为是相关遗址的拍摄对象不明的照片。由于有关锡克沁寺院的基准地图是出自奥登堡报告书，因此这里使用奥登堡队的编号，同时补充德国队的窟号。

1. 锡克沁寺院遗址

锡克沁寺院遗址分为南区、中央区和北区。图5、图6的左侧为南区，右侧为北区。

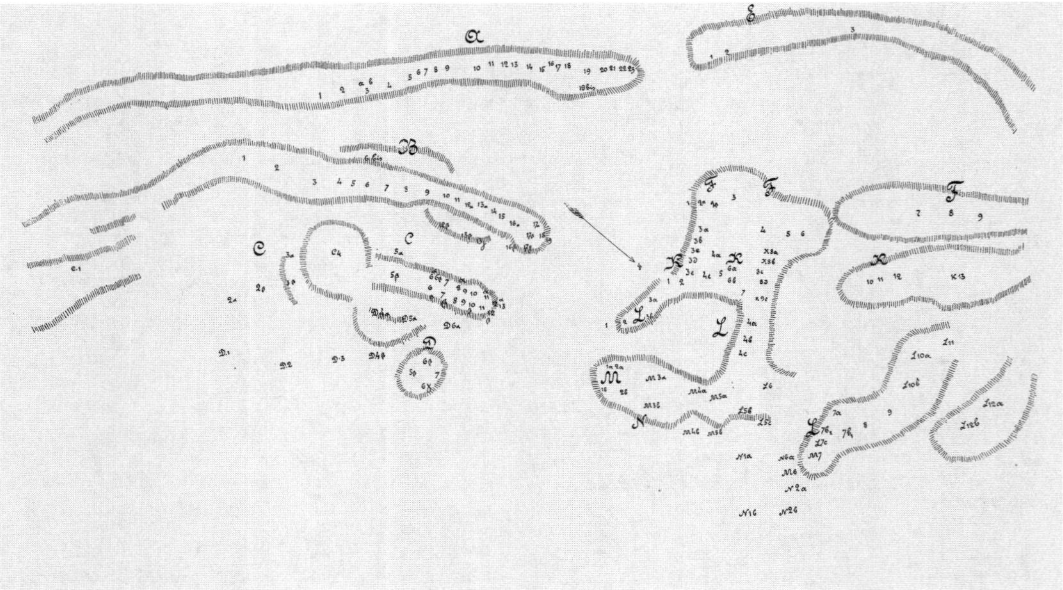

图5　锡克沁寺院的遗构编号

⑬　Stein M. A., *Serindia*, vol.3, Plate 51-53.

⑭　"Шикшин", Ольденбургъ, С.Ѳ., *Русская Туркестанская экспедиція 1909-1910 года*, pp.4-11.

⑮　德国队拍摄的老照片可以在下面的网站上公开获取：国际敦煌项目（IDP），网址为https://idp.bl.uk/；CrossAsia，《德国吐鲁番考察队（1902—1914）的档案、照片和图纸》（Die Deutschen Turfanexpeditionen (1902-1914) in ihren Akten, Fotos und Zeichnungen），网址为https://themen.crossasia.org/deutsche-turfanexpeditionen/。IDP于2011年开始公开，CrossAsia于2023年年初公开。笔者的研究正是基于IDP公开的照片以及由Aku提供的高分辨率照片而进行的。

⑯　收藏于黄文弼特藏馆，未出版。

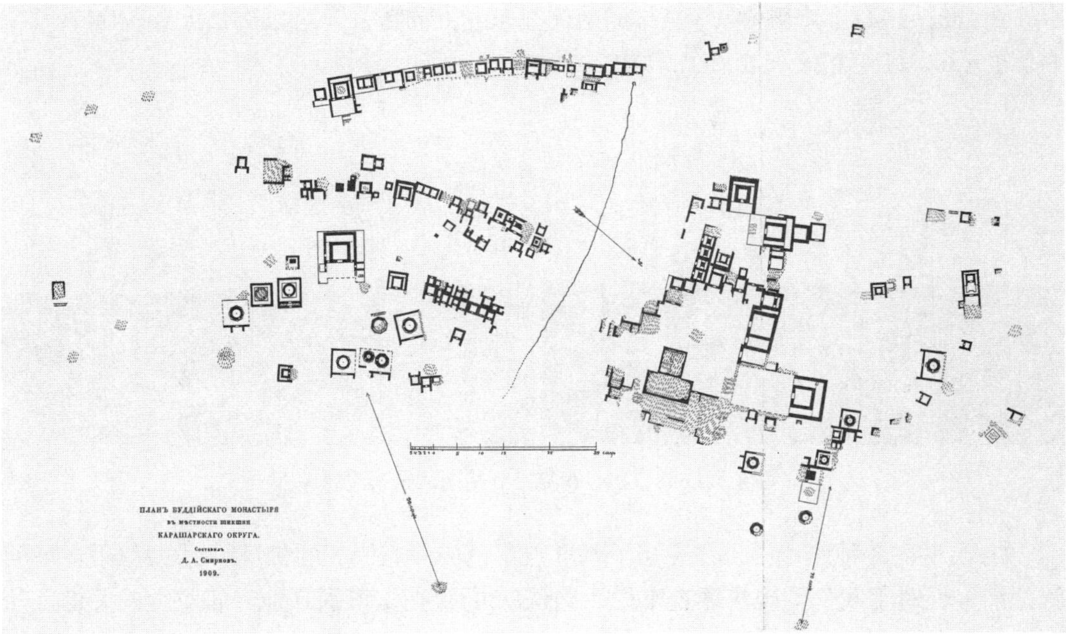

图6 锡克沁寺院平面图

南区包括A、B、C、D四排，北区包括E、F、K、L、M、N六排，且M、N排的残存状况较差。下文将老照片按各排进行汇总，区域标注于［　］内，后面依次标注拍摄位置和拍摄对象。遗构编号参照图5的奥登堡编号。各照片的拍摄位置将在第四部分中提供的遗址地图中进行展示。老照片基本上按照柏林州立亚洲美术馆的编号顺序呈现，但对于拍摄对象相同的照片可能会并排展示。照片开头原有MIK是亚洲美术馆旧称——印度艺术博物馆（Museum für Indische Kunst）的首字母缩写，如MIK B 659，今省略如B 659。

（1）全景

B 659，B 650［南区、中央、北区］ 拍摄地点位于C4的西南侧，向北/北西方向眺望。可以看到B12-19（左下）以及F3、F4、F7、F6，以及它们之间的L10（图7）。

图7 B 659，B 650锡克沁寺院全景及其现状图
现代照片由徐维焱拍摄

B 658，1941［南区］ 从A排的南侧往东北方向望去。可以看到大寺院C4，及其右侧的C3b、C2、C2a、D2和D1（图8）。

图8　B 658，1941锡克沁寺院南区及其现状图

D2出现在各种照片中，是充当了基准点角色的一座漂亮的佛塔。但D2似乎在早期就已消失，对于我们的现场调查来说，确认D2的存在是识别其他寺庙位置的关键。从这张照片中可以看出，D2已经消失，已经新建了在探险队时期看不到的新建筑物。

B 848［北区·南区］ 拍摄位置位于F6的西北。前景是F6和F4，中间是F3。南侧远处是A排和B排（图9）[17]。

图9　B 848

B 1546［南区］ 拍摄地点位于遗址的西南端。左侧是C1，中央是B3、B4，C4、D2、

⑰ 该照片是通过对俄国队和斯坦因老照片进行判断而得出的结果。“图版4：南部建筑群全景，从北部看过去的面貌：TE.71 a, TE71b”，Дьяконова, Н. В., *Шикшин: Материалы Первой Русской Туркестанской экспедиции академика С. Ф. Ольденбурга, 1909-1910 гг*, p.149;《俄藏锡克沁艺术品》，第192—193页。俄国队的老照片中没有F3、F4的影像，但可以通过A排的景观进行判断。Stein, *Serindia*, fig.284, “Central Group of Ruined Shrines Mi. x-xiii in North-West portion site, Shorchuk, Seem from West”也表现出几乎相同角度拍摄的F6、F4、F3。

L8，远处可见烽火台（图10）。

图10　B 1546及其现状图
现代照片由徐维焱拍摄

B 1706［南区］　与B 1546拍摄范围几乎相同，但前面的道路进入画面，并稍微向西倾斜（图11）。

图11　B 1706及其现状图
现代照片由徐维焱拍摄

B 1724［南区］　与B 1546、B 1706的拍摄范围几乎相同（图12）。

图12　B 1724及其现状图
现代照片由徐维焱拍摄

B 1318［南区］　拍摄位置位于F斜面下的北侧。可以看到D5、D6、C排、C4和B排（图13）。

图13　B 1318及其现状图

（2）A排

B 806［南区］　拍摄地点在北区F1附近。面向A排，从北方拍摄，大致范围从A2到A19附近（图14）。

图14　B 806及其现状图

老照片是从较高的位置拍摄的，前景中可以看到高台边缘的遗迹部分，因此推测拍摄位置可能在北区南端的F1附近。现代照片的拍摄位置不同，但覆盖的范围接近。

B 1726［南区］　拍摄位置位于A排和B排之间的低地。拍摄A1—A19，以及A19bis（图15）。

图15　B 1726及其现状图

B 1942 [南区] 拍摄位置位于A排和B排之间的洼地。拍摄A排的A19—A23（图16）。

图16 B 1942及其现状图

B 1729 [南区] 从A排的背后（西南方向）拍摄。眺望A1到A14（图17）。

图17 B 1729及其现状图

B 1951 [南区] 拍摄位置位于A排与B排之间的低地。眺望A13、A14和A15（参见佳科诺娃，图版10.2）（图18）。

图18 B 1951

B 1315［南区］　拍摄位置位于A排与B排之间，从B的斜面上拍摄。眺望A2的东侧（图19）。

图19　B 1315及其现状图

（3）B排

B 847［南区］　拍摄位置位于F的南侧中央区。从B排的B19眺望B6b（图20）。

图20　B847及其现状图

B 1732［南区］　小寺院B18的入口，从西侧拍摄（参见B 847。左端可见B18。图21）。

图21　B1732及其现状图

B 1543［南区·中央·北区］ 拍摄位置位于B12的南侧。从B12向南眺望B17、中央区域以及F3和F4（图22）。

图22 B1543及其现状图

B 663·B 1345［南区］ 从C6a的背后拍摄。从东侧观看B12b-B13a、B13b（中央位置是B12b，图23）。

图23 B 663·B 1345及其现状图

B12b现已不存在，B13b仅保留基础，而B13a目前保存良好，有强化玻璃覆盖保护。现代照片几乎拍摄了相同范围，但角度略有不同。

B 1945［南区］ 拍摄位置位于B排与C排之间，背后是C5a。望向B8到B11的方向。目前仅保留基础，但地形没有变化，位于B663的正南方（图24）。

图24 B1945及其现状图

B 1946［南区］ B排、从左侧向右依次为：B16b、B17γ和B19。背后的高大建筑为B16a（参见B659）。目前B16a仅保留基础，B17γ、B19和B16a均位于玻璃罩内。现代照片的拍摄角度有所不同（图25）。

图25 B1946及其现状图

（4）C · D排

B 661［南区］ 从D3的东南方向拍摄（图26）。

B 1809［南区］ 拍摄D3基坛的东南部分（图27）。

图26 B661

图27 B1809

B 851［南区］ 拍摄位置在D3的南侧，望向D3和D4b（图28）。

B 853［南区］ D4b由两个塔组成，通过细节的一致性确认，左侧的塔与B851中的塔相同（图29）。

图28 B851

图29 B853

D3目前仅保留基础，因此很难通过德国队的老照片与现状进行准确识别。B661根据俄国队的老照片资料TE108和TE186可以判明，并且方角可以根据俄国队地图上显示的建筑方向来判定⑱。B1809也是以几乎相同的角度只拍摄了D3的基坛部分。B851则是从基坛部和佛龛的形状来看稍微偏左、几乎是从南侧进行的拍摄。

B 809［南区］ 拍摄位置在C2a的东南方向。眺望B排和C排。左侧可见B3、B4、B6a，中间是C4，前方是C3、C2b和D1（图30）。

图30 B809及其现状图

B 852［南区］ 摄影位置在C4之东，从C3b眺望C1（图31）。

图31 B852及其现状图
C3b仅保留东侧，但其前方的谷地和C1并没有变化。C2a和C2b仅保留基础。

B 878［南区］ 从C3东侧拍摄，从南西方向望向D2（图32）。

⑱ 在“图版26、建筑群C和D的支提與窣堵波”的TE185、TE186、TE108中可见D3佛塔。根据在“图版27.1，建筑群D的支提與窣堵波 a) D4a, D4b：TE.143”中出现的照片和奥登堡平面图之间的相对位置关系可以判定D4b。Дьяконова, Н. В., *Шикшин: Материалы Первой Русской Туркестанской экспедиции академика С. Ф. Ольденбурга, 1909-1910 гг*, pp.171-172;《俄藏锡克沁艺术品》，224—226页。

B 1544［南区］　从东南方向拍摄的D2（图33）。

图32　B878

图33　B1544

图34　B1943

D2是一座美丽塔楼，已成为地标，在其他几张照片中也有出现，但如今已不存在。

B 1943［南区］　拍摄地点可能位于C排的前方（东侧），从西侧望向远处的D2到D4。右手可见C4的一部分（图34）。

B 1944［南区］　拍摄位置在C排与B排之间，位于C11a前方。望向C11a。由于C12a和C13a位于更深处，因此老照片中未能拍摄到（可通过C11a室内现存的孔洞进行判断，参见B1318。全景照片中以不同角度拍摄的C11a也被包含在内。图35。发现者为袁勇）。

图35　B1944及其现状图

B 1948［南区］ 拍摄位置在C5b的东侧，眺望C5b、B12b及B排的建筑（图36）。

图36 B1948及其现状图

B 1949—B 1950［南区］C排，全景照片。拍摄位置在C6的东侧，望向从C6到B12b的区域。右端为D6a（图37）。

图37 B1949—B1950及其现状图

B 1548［南区］ 拍摄位置在D6a的北侧，望向C排的东侧。可见C10b、C11b、C12b，左手为D6a（参见B1950。通过C10b到C12b建筑入口形状一致进行的判断。图38）。

图38　B1548

（5）F排

B 846［北区］　拍摄地点位于F4的东南侧，靠近F1的东侧。右手可见F4，中央偏右可见F3，背后为E排（图39）。

图39　B846及其现状图

由于该照片的拍摄位置已是倒塌的地点，因此现代照片的拍摄位置不同。

B 849［北区］　拍摄位置在K12的西侧，向西北方向望去可见F7、F8和F9（图40）。

图40　B849及其现状图

现代照片是从K13拍摄的，未拍摄同一角度的现代照片。老照片中央可见的高大建筑（F8）与现代照片中央可见的建筑（F8）相同。

B 1314［北区］ 拍摄位置在F4的南侧，望向F4建筑内部（图41）。

图41 B1314及其现状图

（6）K排

B 660［北区］ 从K南侧的露台上望向K9e的内部。入口的左右两侧有塑像的痕迹（图42）。

图42 B660及其现状图

本照片是K9e的看法仅凭德国队的老照片难以确认。佳科诺娃公开的俄国队老照片[⑲]中包含七张K9e的照片，其中TE69拍摄的图像正是与MIK B 1311相同的K9e入口，因此得以确认。

B 1311［北区］ 从K9e的东南方向望向K9e的内部（参见B660。图43）。

⑲ 尤其是根据“图版40.1，K9e, a）从西南方向看到的全貌：TE. 69”可以进行判定。Дьяконова, Н. В., *Шикшин: Материалы Первой Русской Туркестанской экспедиции академика С. Ф. Ольденбурга, 1909-1910 гг*, p.185;《俄藏锡克沁艺术品》, 248—251页。

图43　B1311及其现状图

这是从B660稍远的位置拍摄的K9e的正面照片。可以看出，目前在发掘的建筑前的小道在当时是未发掘的。虽然B660和B1311使用了相同的现代照片，但拍摄位置更接近B1311。

（7）L排

B 845［北区］　拍摄位置在N1b的东侧，望向L6及L，M，N的佛塔（参见B1894）。右侧远景中可见高处的F8[⑳]。现代照片尚未拍摄（图44）。

B 1320［北区］　拍摄地点在L5的西侧，L6的南侧。望向L7b2和M7（与B1894左侧崩塌部分和墙的形状进行比较。图45）。

图44　B845

图45　B1320

B 1894［北区］　拍摄位置在L6的东北侧。背后可见的是K10（参见B845。图46）。

B 850［北区］　拍摄位置在L6的西侧，望向L10a和L10b（图47）。

⑳　该照片也是通过与俄国队的照片进行对比后确定的。参见“图版47，锡克沁北部全景，从东方所见的面貌：TE.91a+b”以及“图版50，建筑群L和M的建筑物：TE. 67, TE. 66”。Дьяконова, Н. В., *Шикшин: Материалы Первой Русской Туркестанской экспедиции академика С. Ф. Ольденбурга, 1909-1910 гг*, pp.192-195;《俄藏锡克沁艺术品》, 258—261页。但该区域的图版说明与实际照片并不一致。

图46 B1894

图47 B850及其现状图

北区佛塔地区建筑几乎仅保留基础，但可以通过基坛的形状判断建筑的结构。

（8）M排·N排

B 1317［北区］ 拍摄位置在N1a的南侧。N1a（图48）。

图48 B1317

本照片也无法从德国队的照片中进行确定，与俄国队的照片进行比对可以判明[21]。

2. 烽火台·舒尔楚克石窟

B 879［烽火台］　位于寺院遗址西北方的山上的烽火台。照片从南方拍摄（图49，参见B1313）。

图49　B879及其现状图

B 1313［烽火台］　位于寺院遗址西北方的山上的烽火台。照片从东北偏北的方向拍摄（图50。同上）。

图50　B1313及其现状图
现代照片由徐维焱拍摄

B 657［西北的石窟］　第5窟（德国队第3a窟。左端是第4窟，右侧是照片中未显

---

[21] "图版52.1, 建筑群M和N的建筑物 a）窣堵波N1a，从南方看的面貌：TE. 146"，Дьяконова, Н. В., *Шикшин: Материалы Первой Русской Туркестанской экспедиции академика С. Ф. Ольденбурга, 1909-1910 гг*, p.197;《俄藏锡克沁艺术品》, 265页。

示的第3b窟[22]。图版3；图51）。

图51　B657及其现状图

B 662［西北的石窟］　从平地看到的第9窟和第8窟（德国队的第6窟、第7窟和第8窟[23]。图52）。

图52　B662及其现状图

B 682［西北的石窟］　第11窟（德国队第9窟[24]。图53）。

㉒ Grünwedel, *Altbuddhistische Kultstätten in Chinesisch-Turkistan,* fig.442, p.196.

㉓ Grünwedel, *Altbuddhistische Kultstätten in Chinesisch-Turkistan*, fig.453, p.202.

㉔ Grünwedel, *Altbuddhistische Kultstätten in Chinesisch-Turkistan*, fig.463, p.207.

图53　B682及其现状图

B 804［西北的石窟］　背后是第9窟，前方为第5窟和第6窟（德国队的第3a和第3b窟、第4窟，背后的山上有第5窟。图54）。

图54　B804及其现状图

B 1346［西北的石窟］　从山体侧面看到的第7窟，内部可见作业人员（德国队的第5窟[25]。图55）。

B 1387［西北的石窟］　从平地向西北方向望去，左侧可见烽火台。第11窟不可见，远处的山上有第10窟和第9窟，作业人员正在进行发掘作业。前方是第4窟（远处的山上有德国队的第7窟和第8窟。中间不可见的部分包括第3窟和第4窟，前方则是第2窟[26]。图56）。

---

[25] Grünwedel, *Altbuddhistische Kultstätten in Chinesisch-Turkistan*, fig.448, p.200.

[26] Grünwedel, *Altbuddhistische Kultstätten in Chinesisch-Turkistan*, p.294, fig.441.

图55　B1346及其现状图

图56　B1387及其现状图

B 1545［西北的石窟］　从平地向西北方向眺望。左侧可以看到烽火台。第11窟不可见。第10窟至第8窟可见，山阴中可以隐约看到第7窟，右侧则可见第6窟到第5窟b（德国队的第8窟、第7窟和第6窟可见，在山阴中第5窟的半数可见，右侧则是第4窟和第3窟。图57）。

图57　B1545及其现状图

（三）附图：遗址平面图

此部分展示了踏勘团队对新旧遗址平面图的照合成果。调查团队在考察的第一天，参考了奥登堡和斯坦因的遗址平面图，仔细确认了遗址的布局。随后，通过对比照片与现状，对遗址有了更深入的认识。结果表明，奥登堡的平面图大部分与现状一致，但部分区域描绘了比现况更多的遗迹，特别是在北区南侧，现已倒塌的部分被详细描绘出来。相比之下，斯坦因的平面图与现状高度一致，虽然北区南侧也有部分已倒塌，但与现况几乎无差别。因此，在有斯坦因大图的区域，依赖其平面图是合理的。然而，正如前述，斯坦因的平面图中也有一些未被描绘的部分，尤其是如图3所示的部分小图，难以与奥登堡的平面图进行照合。因此，尽可能将所有类型的地图按相同形状展示，并结合现状图，使读者能够参考各平面图中的信息。随后，通过整合这些信息，展示现代版遗址平面图及德国队照片的拍摄方向，提供锡克沁寺院遗址的地理信息。现状的航拍照片由踏勘团队成员徐维焱拍摄，新旧比较图由西村制作。

1. 俄国队、斯坦因的锡克沁寺院遗址平面图与现状

锡克沁寺院南区A排　第1、2段为奥登堡图，第3段为斯坦因图，第4段为现状（图58）。

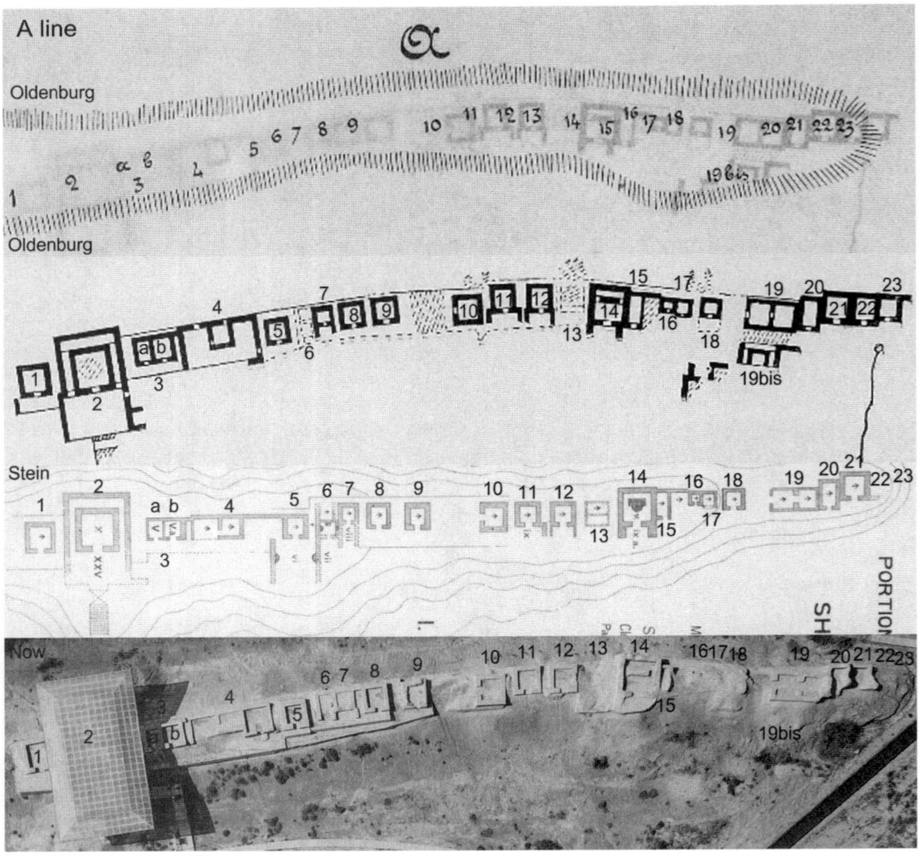

图58　锡克沁寺院南区A排平面图与现状

南区B排 第1、2段为奥登堡图，第3段为现状（图59）。

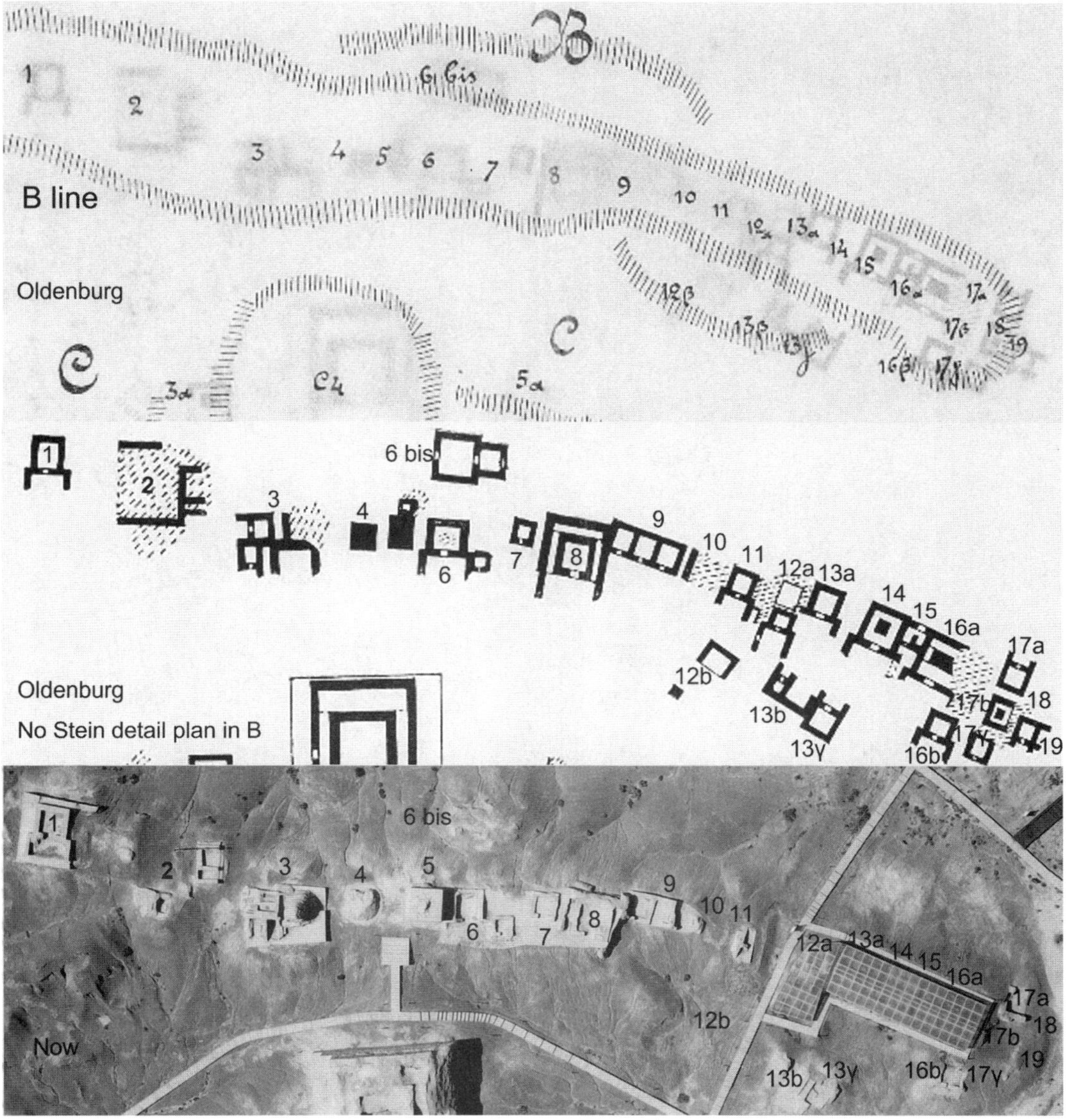

图59 锡克沁寺院南区B排平面图与现状

南区 C/D排　第1、2段为奥登堡图，第3段为斯坦因图，第4段为现状（图60）。

北区E排　第1、2段为奥登堡图，第3段为现状。E1和E2已不存在（图61）。

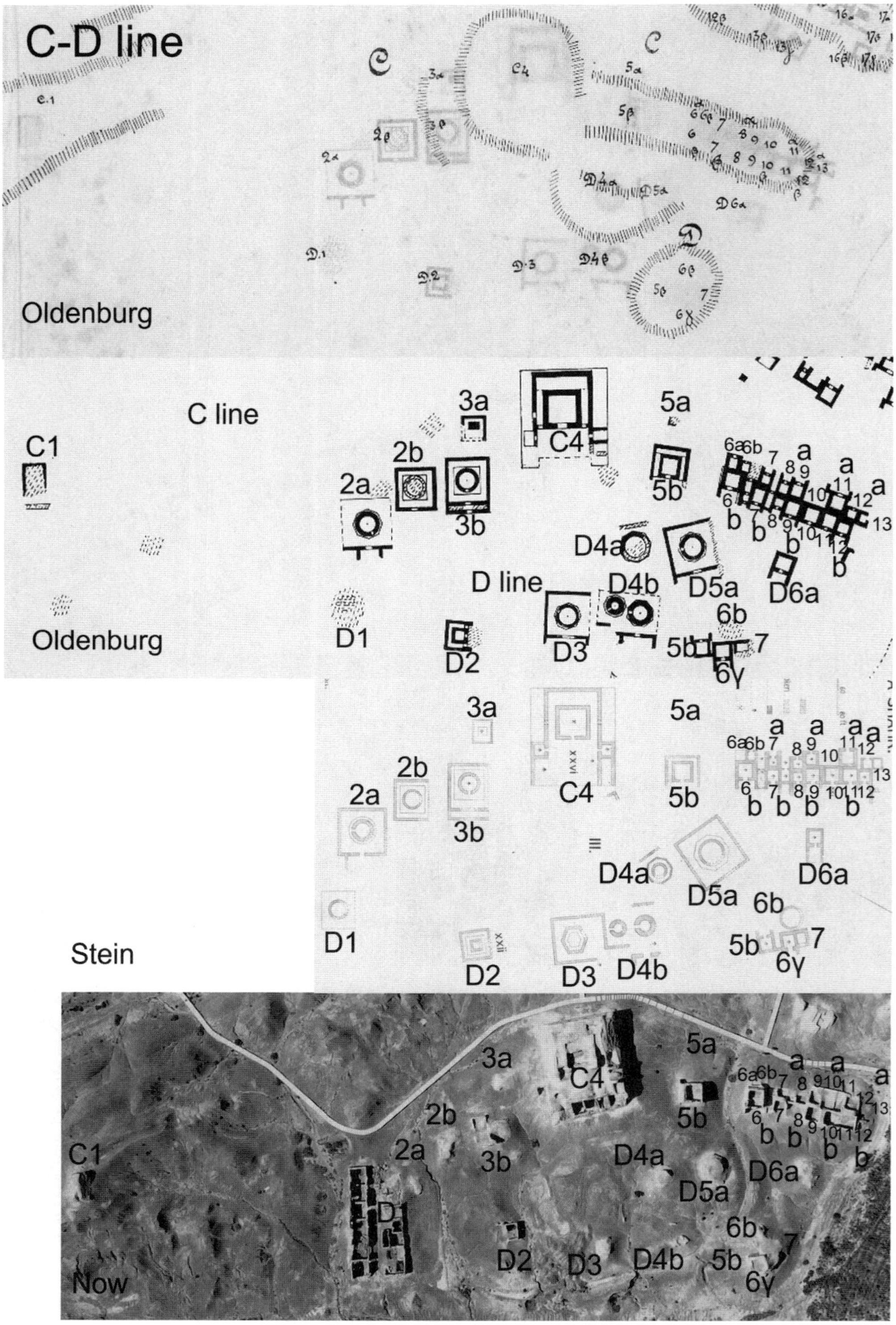

图60　锡克沁寺院南区C/D排平面图与现状

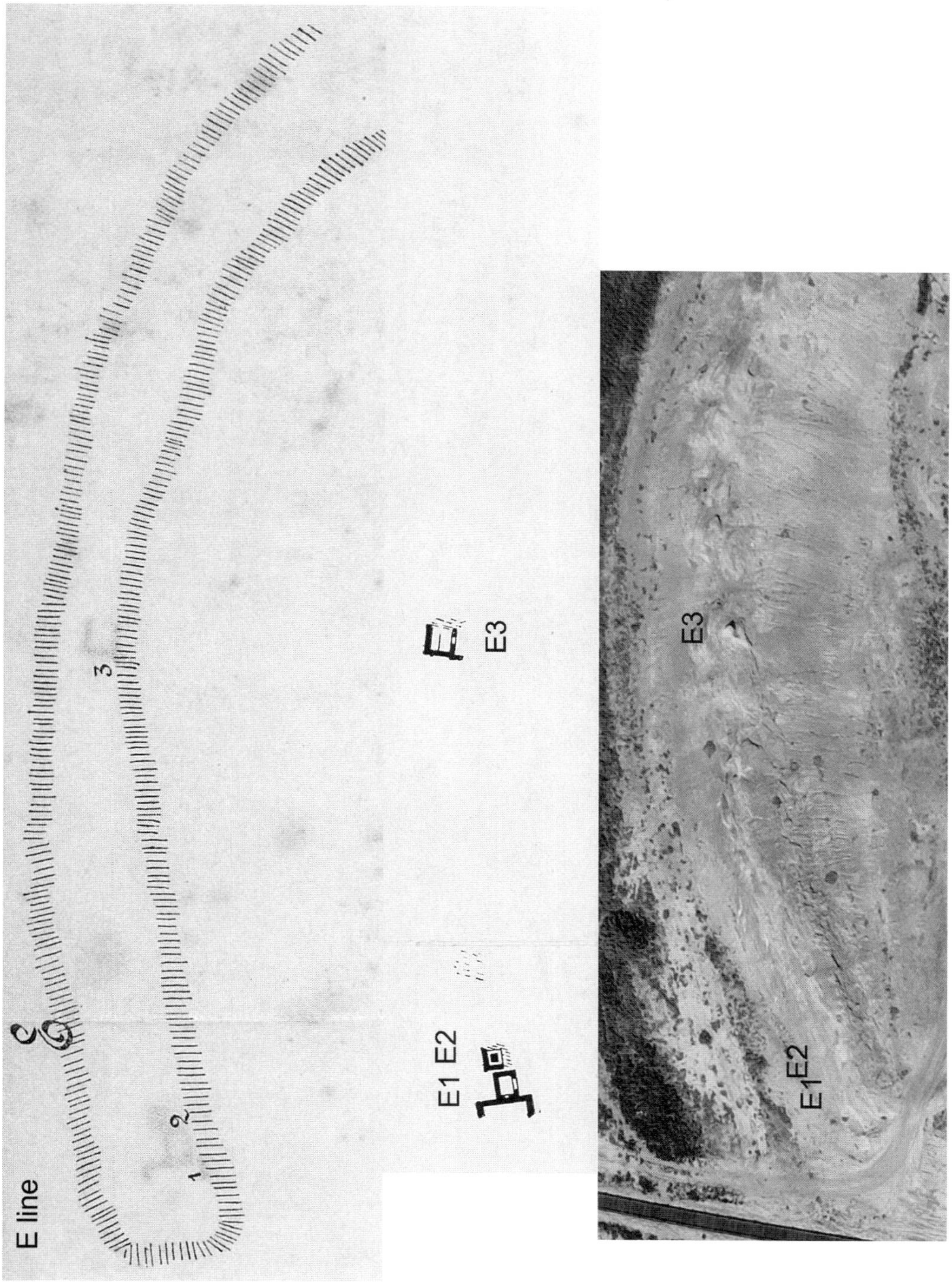

图61 锡克沁寺院北区E排平面图与现状

北区 F · K · L · M 排的南半部分　上段左侧为斯坦因图，右侧为现状，下段为奥登堡图（图62）。

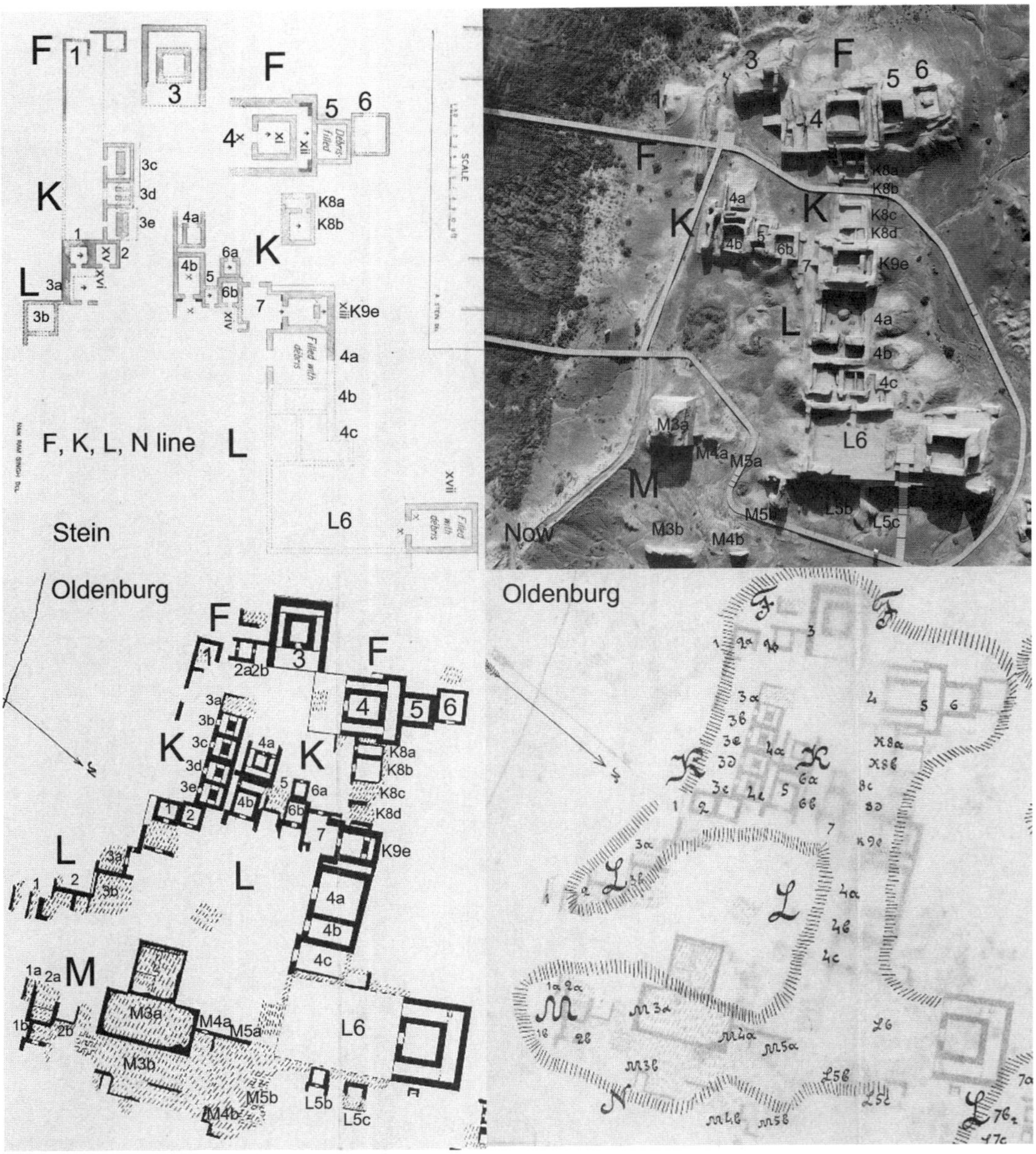

图62　锡克沁寺院北区 F · K · L · M 排的南半部分平面图与现状

北区佛塔区，F·K·L·N排北半部分 上段左侧为斯坦因图，右侧为现状，下段为奥登堡图（图63）。

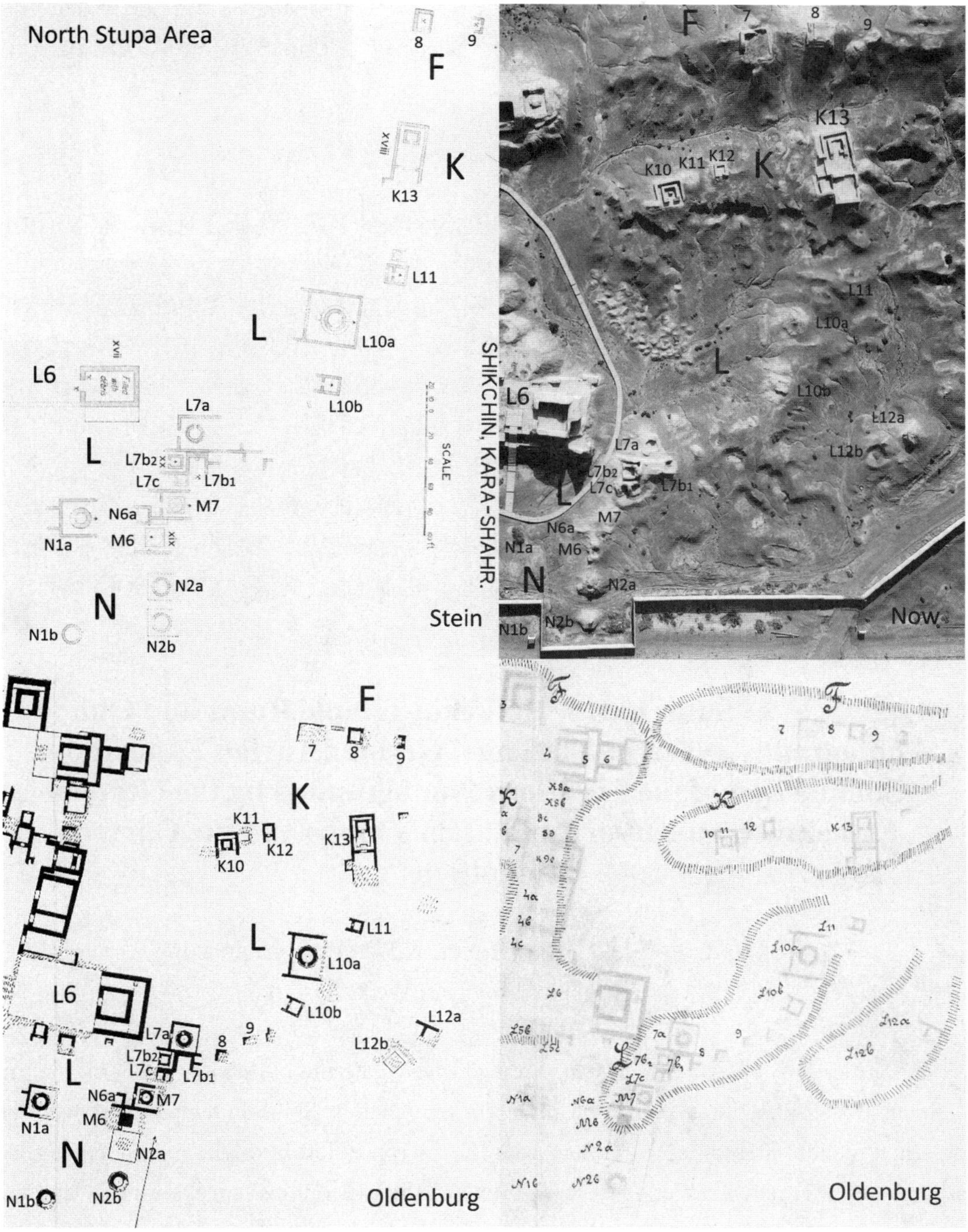

图63 锡克沁寺院北区佛塔区，F·K·L·N排北半部分平面图与现状

2. 德国队老照片拍摄地点与拍摄方向（对应第二部分的说明，图版4）

本图在徐维焱拍摄的航拍照片上标注了奥登堡队的编号，并标注了德国队照片的拍摄位置。由于本文主要处理德国队的拍摄照片，因此未包含斯坦因和奥登堡队的拍摄位置。

结　语

本文以1906年德国队短期考察期间拍摄的约54张的老照片为研究对象，确定了拍摄地点和对象，并提供了遗址的现代平面图。

在2023年9月的实地调查结束后，我们花费了大量时间通过照片中的景观来确定拍摄对象，取得了不少成果。然而，许多老照片没有相应的现代照片，还有一些被认为属于其他地区的照片被重新确认是属于舒尔楚克・锡克沁的遗址。此外，一些原本认为是该遗址的照片实际上被确认是其他遗址的。因为德国队的照片缺乏文字说明，比定工作非常困难。尽管如此，由于斯坦因照片的高清原版不易获得，奥登堡的照片也未完全公开，德国队高分辨率照片的史料价值仍然很高。通过实地考察和照片解析，至少可以更清晰地了解格伦威德尔、斯坦因和奥登堡的考察内容。希望本文制作的对比照片及遗址平面图对舒尔楚克・锡克沁寺院，即现在的七个星佛寺遗址的保护工作有所帮助。

Survey of Shurchuk or Shikchin Temple Ruins and Old Photographs Taken by the Third German Turfan Expedition: Comparison of the Locations Photographed by the German Expedition, Oldenburg and Stein's Maps and the Current Conditions

Yoko Nishimura, Caren Drayer, Xu Weiyan, Yuan Yong
(Translated by Tian Weiwei)

The purpose of this paper is to compare and investigate the old photos taken by the 3rd German Turfan Expedition during the survey of Shurchuk or Shikshin temple ruins with the current situation, and to compare them with the site plans left by Stein and Oldenburg, so as to determine the correspondence at the time of the expeditions' suveys century and the current situation. At the same time, by determining the locations and structures of the German Expedition's old photographs, we hope to clarify the situation of the ruins at the time and provide basic data for the preservation and research of the site of the Seven Star Buddhist Temples in the future.

Firstly, we confirm the schematic diagrams and plans of the ruins left by the German expedition, Stein and Oldenburg. Secondly, we present around 60 photos of the full view and the A,B,C and D lines in the south area, and the E,F,K,L,M and N lines in the north area, showing the old photos and the current situation side by side. For photos where the structures were identified after the survey, we only present the old photo and the location where it was taken. Finally, we create an updated version of the site map using the Oldenburg and Stein's maps and current aerial photo. This clarifies the correspondence between the current status and the surveyed ruins of each expedition for each individual temple. We hope that the results of this paper will be useful for the future preservation of the Seven Star Buddhist Temple site.

格伦威德尔访俄始末钩沉*

——以德藏、俄藏档案为中心

郑丽颖

德国和俄国作为19世纪末、20世纪初中亚探险考察的两个重要国家，先后组织多次大规模考察团赴新疆探查，收获了大量珍贵的文物和手稿。在奥登堡大规模新疆考察队（1909—1910）到来之前，德国的格伦威德尔（Albert Grünwedel，1856—1935）和勒柯克（Albert von Le Coq，1860—1930）已经完成了三次新疆考察（1902—1903，1904—1905，1905—1907），他们对吐鲁番、库车等绿洲城市及城郊的高昌故城、交河故城，柏孜克里克、胜金口、吐峪沟千佛洞等遗址进行反复洗劫，将大批珍贵的文物、雕像，整张的壁画、多种语言手稿运往欧洲，总计400余箱。和德国探险队的丰富考察结果相比，俄国探险队的收获略显“寒酸”，尽管奥登堡运回彼得堡30多箱收集品，但多为墙壁上脱落的壁画残片，垃圾中清理的以及民间购买的手稿残片。

19世纪末，德国考古学家格伦威德尔与圣彼得堡学界建立了非常密切的关系。关于俄德考察队交往的研究虽然取得了诸多重要成果，依然存在缺乏细致的比较研究、双方交往的细节要素彰显不够、对俄德交往认识并不深刻等问题。比如学界普遍认为奥登堡在制定路线和目标之前，向格伦威德尔咨询了他们最新研究成果，俄国因“德国在佛教美术和古典语言学方面的优势”迫切接近格伦威德尔[①]。因俄国考察队档案一直未公布，早期欧洲学术界对俄国考察队的某些权威性的结论所带来的某种教条主义乃至错误认识，至今影响深远。此种情况，促使我们必须从俄文档案入手。随着俄藏和德藏书信等档案的陆续公布，俄德交往的细节确实也逐渐清晰起来。

一、德国学者与圣彼得堡的主动联络

19世纪中叶至末期，俄国先后吞并中亚布哈拉、希瓦、浩罕等国，建立了从中亚进

* 基金项目：主持中国博士后科学基金第71批面上项目“俄藏喀什总领事彼得罗夫斯基信札档案整理与考释”（2022M710695），博士后科学基金第16批特别资助项目“新见俄藏喀什总领事彼得罗夫斯基信札档案整理与考释”（2023T106107），国家社科基金中华学术外译项目《从考古看中国》（俄文版）（23WKGB006）。

① 张重洲《德国探险队与清末吐鲁番社会——以第二次、第三次考察为中心》，《丝绸之路》2016年第16期，18页。

入新疆的通道，随之与清政府签订一系列不平等条约，取得了在新疆开展商贸活动的特权，并先后在乌鲁木齐、喀什、吐鲁番等地成立了领事馆。此后俄国派出地理学家、生物学家、考古学家、东方学家甚至军官开展地理探查、遗址考察、军事侦探等活动，收集了大量关于中亚和新疆研究的档案情报。19世纪最后十年，对新疆的语言研究开始了。1890年，英国军官鲍尔在库车居民手中获得了一张由7件残片组成的文书，系书写在白桦树皮上的佛教梵文手稿。这一发现引起了竞争对手俄国的恐慌，是俄国系统开展新疆考古研究的催化剂。1898年，俄国皇家考古协会决定派出克莱门茨到吐鲁番地区考察。1899年，在罗马召开的第十二届国际东方学会议上，拉德洛夫（В. В. Радлов，1837—1918）宣读了克莱门茨考察成果②，在欧洲学界引起了广泛的关注。

德国学者率先与圣彼得堡建立了联系。我们在圣彼得堡档案馆找到了格伦威德尔1899年11月写给奥登堡的信函：

> 您1895年发表在《东方评论》第377页的文章《关于印度艺术的评论》，第一部分被翻译为荷兰文和英文。第二部分关于和田的青铜器，写得非常好，尚未被翻译。我想把第二部分最主要的内容呈现出来。因此，我请求阁下允许我在德国期刊刊登第二部分的译文。请您同意我的请求，您忠诚的，格伦威德尔于柏林。③

这应该是格伦威德尔与奥登堡的首次通信，信函档案的首页放着一张格伦威德尔的名片，上面写着“皇家民族学博物馆馆长阿尔伯特·格伦威德尔”，背面是德国医生毕希纳（Ludwig Büchner，1824—1899）的名片④。格伦威德尔准备在德国刊登奥登堡《关于印度艺术的评论》中关于和田青铜器的部分⑤。至于信函中医生的名片，系格伦威德尔得知奥登堡儿子生病后向他推荐的一位医生。从东方文献研究所藏奥登堡致克莱门茨的信函日期和地点可判断，1899年6—12月⑥，奥登堡正带儿子谢廖热在欧洲求医，一个月后（1899年12月31日），奥登堡带着儿子在柏林做了手术，“这封信还没有写完，就和谢廖热去了柏林，给他找了一位非常好的医生，他说不会留下胸膜炎后遗症，手术后作了缝合，他表现得很好，面对疼痛，没有大喊大叫”⑦。格伦威德尔的这

---

② 瓦西里·瓦西里耶维奇·拉德洛夫，俄国知名东方学家、突厥语专家，圣彼得堡科学院院士（1884年起），亚洲博物馆馆长（1888年起），1894年，任俄国人类学民族学博物馆馆长，俄国委员会首任主席，专注于俄国考察队和德国考察队研究。拉德洛夫研究考察队带回的手稿，是第一位在当代突厥学发表回鹘文手稿的东方学家。

③ 原件由俄罗斯科学院档案馆圣彼得堡分馆收藏，1899年11月11日，档案编号：СПбФ АРАН. Ф. 208. Оп. 3. Д. 179. Л. 2-3。

④ 毕希纳，德国医生，庸俗唯物主义代表之一。

⑤ Ольденбург С.Ф. *Заметки о буддийском искусстве. О некоторых скульптурных и живописных изображениях буддийских джатак* // Восточные заметки. Сборник статей и исследований профессоров и преподавателей факультета восточных языков Императорского Санкт-Петербургского университета. СПб, 1895. С. 337-366.

⑥ 奥登堡致克莱门茨的信函（1899年6月25日于瑞士），原件藏于俄罗斯科学院东方文献研究所，档案编号：АВ ИВР РАН. Ф. 28. Оп. 2. Д. 238. Л. 1–2。

⑦ 奥登堡致克莱门茨的信函（1899年12月31日于瑞士），原件保存于俄罗斯科学院东方文献研究所，档案编号：АВ ИВР РАН. Ф. 28. Оп. 2. Д. 238. Л. 3-4 об。

些举动很快赢得了奥登堡的信任和好感。1902年3月至5月，格伦威德尔不断给奥登堡写信[⑧]，以求通过俄国驻华领事馆的翰轩拿到清政府签发的护票。在奥登堡的反复协调下，俄驻疆各领事馆和俄属中亚总督陆续收到了协助格伦威德尔考察队的通知[⑨]。1903年2月格伦威德尔在信中直言“欠您（奥登堡）的太多，感激不尽”[⑩]。此间，格伦威德尔不忘加强与吐鲁番考察开拓者克莱门茨的联络，以取得关于吐鲁番考察的信息。1900年1月27日，格伦威德尔给克莱门茨的信中回顾了两家人共度的美好夜晚，并对克莱门茨提供的报告表达了感谢：

> 您将如此重要的报告寄给了我，为此对您表示衷心的感谢。如果不去想他的科学意义，您和尊贵的夫人带给我的美好夜晚，让我毕生难忘。我的夫人向您和您的夫人致以最诚挚的问候。我们非常希望可以在家中接待您二位。我的孩子不停地把您讲给他们的故事，特别是关于蒙古的事情讲给布谷鸟听。
>
> 关于吐鲁番，我在这件事上费了很多心，只想让德国学界关注到这件事。我和穆勒向柏林科学院提交了详细的报告……胡特博士同样投入了很多精力，他自己也不反对加入考察队中。

从信函内容可见克莱门茨夫妇与格伦威德尔全家在1900年以前有过一次见面，很有可能是在罗马1899年的东方学国际会议上。会面中格伦威德尔向克莱门茨索要了吐鲁番考察报告，才有了感谢“您将如此重要的报告寄给了我”的后文。格伦威德尔点明德国已做了组织考察团赴吐鲁番考察的计划，他和胡特都在考察团成员之列。1901年10月10日，德国考古学家胡特以德国皇家博物馆管理总局下属的皇家民族学博物馆的名义从柏林给奥登堡写了请求信，询问考察的最佳时间。

> 冯·奥登堡 博士
> 院士先生
>
> 尊敬的院士先生，
>
> 根据在东方学通报上刊登的《计划》内容，您建议我们柏林方春天出发去吐鲁番，夏天到库车，原因一是两地距离很近，二是最近那里的温度并不高，甚至有点冷，所以夏天也是可以工作的。
>
> 上周日，斯坦因博士从伦敦去印度途径柏林时告诉我们，根据他的观察，新疆的南部和东部，特别是库车地区，因为靠近山脉，气候变化不大，夏天是否可以工作还需仔细商榷。此外，正如您本人所言，我们肯定会与库车南部郊区打交道，也就是南部靠近沙漠的地区。斯坦因建议我们不要在1月份出发，最好7月，这样在天山山脉附近的工作时间就是1902年9月至1903年4月。
>
> 因此，我请您和克莱门茨先生，我给他也写了信，就此问题尽快给予我们

---

⑧ 格伦威德尔致奥登堡的信函，原件俄罗斯科学院档案馆圣彼得堡收藏，档案编号：СПбФ АРАН. Ф. 208. Оп. 3. Д. 179. Л. 10-15。

⑨ 这封信函在俄罗斯没有保存下来，原件存于德国柏林亚洲艺术博物馆，没有标注档案编号。

⑩ 原件由俄罗斯科学院档案馆圣彼得堡分馆收藏，1903年2月6日，档案编号：СПбФ АРАН. Ф. 208. Оп. 3. Д. 179. Л. 12-13。这封信函的信首遗失，也没有标注日期。

最友善的消息，这决定了我们对出发时间的选择。[11]

也许不清楚奥登堡的名和父称，信函中胡特用德国贵族姓氏“von”（冯）称呼奥登堡院士。从首段内容可推断，此前胡特就出发时间向奥登堡征求过意见。奥登堡建议柏林方春天出发，理由是最近吐鲁番夏天的温度并不高。而刚刚完成首次中亚考察的斯坦因则建议7月份出发。很明显，不知如何选择出发时间的胡特向奥登堡和克莱门茨再次求助。俄国同事的协助极大地减轻了德国考察队的负担，甚至清政府同意德国人考察的文件都是经圣彼得堡拿到的。1902年8月，格伦威德尔和胡特、巴图斯三人组成吐鲁番考察队从柏林出发，经奥姆斯克、塞米巴拉金斯克、塔什干，于11月底到达吐鲁番盆地。

1902年9月，在德国汉堡召开的第十三届国际东方学会议上，拉德洛夫提议组建中亚东亚历史、语言、考古、民族研究国际协会（简称“俄国委员会”）。1903年2月15日，俄国委员会正式成立，挂靠俄国外交部，总部位于俄国圣彼得堡，在各个国家设有分会，任命拉德洛夫为委员会主席[12]。1903年3月18日（3月31日），德国东方学家皮歇尔（Рихард Пишель）告诉拉德洛夫[13]，德国准备成立柏林委员会[14]。1903年5月，拉德洛夫将俄国委员会第一期公报寄给皮歇尔，并请皮歇尔告知“在德国成立地方委员会的可能性”[15]。事实上，德国此时已成立了“德国柏林吐鲁番委员会”，皮歇尔任主席，但关于柏林委员会的细节，德国至今都没有向俄国公布。即便是拉德洛夫任委员会主席期间，也不清楚德国柏林吐鲁番委员会的具体成员。俄国委员会公报上陆续公布了俄国委员会章程[16]、匈牙利委员会章程[17]、法国委员会章程[18]、意大利委员会章程等[19]，德国从未透露柏林委员会成立的时间、组成及章程。1903年12月22日（1904年1月4日），拉德洛夫致皮歇尔的信函中“祝贺柏林成立了吐鲁番委员会”[20]，并提出了进一步合作的构想。但因“政治形势复杂”等原因，此后的很长一段时间内，俄国委员会都没有拿到吐鲁番考察经费，财政部部长给俄国委员会的信函中明确表示“不会有经费支持考察，请推迟对塔里木盆地考察的计划”[21]。1903年底至1904年，就在奥登堡和拉德洛夫为筹集吐鲁番考察经费四处奔波的时候，德国已结束首次吐鲁番挖掘，着手准备第二次吐鲁番考察。

---

[11] 档案现存于德国柏林亚洲艺术博物馆，档案编号：Turfan-Akten 0081。

[12] Назирова Н.Н. *Центральная Азия в дореволюционном отечественном востоковедении.* М. 1992.

[13] 皮歇尔，德国东方学家，德国柏林吐鲁番委员会主席。

[14] 信函现存于俄罗斯科学院档案馆圣彼得堡分馆，档案编号：СПбФ АРАН. Ф. 148. Оп. 1. Д. 6. Л. 10。

[15] 原件存于德国柏林亚洲艺术博物馆，档案编号Turfan-Akten 7623。

[16] Протоколы РКСА. СПб.1903. Протокол № 1. 22 марта. С. 7-9.

[17] Протоколы РКСА. СПб.1905. Протокол № 5. 20 ноября. С. 31-32.

[18] Протоколы РКСА. СПб.1906. Протокол № 6. 18 декабря. С. 17-18.

[19] Протоколы РКСА. СПб.1907. Протокол № 7. 29 декабря. С. 9-11.

[20] 原件存于德国柏林亚洲艺术博物馆，档案编号Turfan-Akten 7629-7631。

[21] Д.Е. Мишин, М.А. Сидоров и др.*Переписка В.Р. Розена и С.Ф. Ольденбурга (1887-1907)* // Неизвестные страницы отечественного востоковедения. Вып. Ⅱ. М: Восточная литература. 2004. С. 201-399.

二、1904年格伦威德尔访俄细节补考

格伦威德尔生于德国慕尼黑艺术家之家，在慕尼黑大学师从伊朗学家库恩（Ernst Kuhn，1846—1920）和印度学家特鲁姆（Эрнст Труммп，1828—1885）。1883年，格伦威德尔成为德国柏林民族学博物馆的助教，1893年受聘为柏林大学教授。1900年，当选巴伐利亚科学院通讯会员，1901年当选俄国皇家考古协会东方部通讯会员。1904—1921年，格伦威德尔分管印度分部博物馆。

1903年5月，刚刚结束首次吐鲁番考察的格伦威德尔迫不及待开始策划更大规模的吐鲁番考察。他紧追俄国人的动态，将提供帮助的俄国人视为眼中钉，生怕落在俄国人后面。他给老师库恩的信中指出“组织大规模德国柏林吐鲁番考察队是当务之急，因为俄国人随时都会出发”[22]。6月12日，格伦威德尔打听到“三名俄国人要去新疆考察的消息”，当得知俄国委员会没有拿到经费后，格伦威德尔给勒柯克的信中写到“因为缺少考察经费，俄国人别列佐夫斯基和杜丁哪也去不成了”。1904年12月9日，格伦威德尔用整段文字描述了别氏兄弟的考察计划及推迟的原因[23]。他一方面继续与俄国学者保持看似亲密的联系，另一方面加紧派出考察队。因身体原因，德国第二次吐鲁番考察活动暂由勒柯克带队[24]。9月，勒柯克抵达圣彼得堡。他给德国博物馆馆长冯·威格姆的信中可以窥探到一些细节：

> 我们顺利到达圣彼得堡，昨晚和全部同事见了面（除了克莱门茨），拉德洛夫给我送了书籍，还告知了很多新消息，这是古罗斯才会有的热情！今天我们会认识一些军官和官吏，晚上应该还会继续。拉德洛夫、查列曼、奥登堡向我转达了您的问候。冯·勒柯克1904年9月17日于圣彼得堡

1904年9月16日晚勒柯克抵达圣彼得堡，当晚见到了俄国委员会主席拉德洛夫、东方学家查列曼院士和奥登堡院士。在俄国委员会热情地安排下，勒柯克会见了俄国高层军官和官员，为勒柯克吐鲁番考察提供了全方位的协助和便利。此时的拉德洛夫和奥登堡全然不知格伦威德尔已将俄国人视为考察的对手和敌人。

1904年下半年，格伦威德尔致拉德洛夫的信中有意无意地谈到准备与俄国确定考察范围。7月24日，格伦威德尔信中表明将就两国考察范围进行沟通和商谈；8月22日，格伦威德尔明确提出德国就考察范围已作出了初步规划。1904年10月24日，格伦威德尔只身来到了圣彼得堡，停留两周时间[25]，目的是与俄国人谈判并划分双方考察范围，其次是了解俄国人的考察计划及实力。柏林亚洲艺术博物馆吐鲁番收集品中保存着几页格伦

㉒ H. Walravens. *Briefwechsel und Dokumente* // Wiesbaden (Asienund Afrika-Studien der Humboldt-Universität zu Berlin.P.48.

㉓ H. Walravens. *Briefwechsel und Dokumente* . P.53.55.

㉔ 冯·勒柯克，德国探险家、考古学家、突厥学家。详见：Dreyer C. *Abenteuer Seidenstrasse. Die Berliner Turfan-Expeditionen 1902-1914*. Lpz. 2015. P. 95.

㉕ 原件存于德国柏林亚洲艺术博物馆，档案编号：Turfan-Akten 1022。

威德尔向德国皇家博物馆管理局提交的《关于圣彼得堡出差的报告》㉖，记录了俄国人对格伦威德尔的接待细节，整理并翻译如下：

为了完成任务，我不得不去了一趟圣彼得堡，停留了两周时间，比我想象得轻松愉快。因拉德洛夫阁下得了重感冒，和中亚研究委员会的谈判起初有点复杂，前几日只能做一些参观和走访。首先，查列曼阁下、奥登堡教授和格里戈利耶夫博士带我到亚洲博物馆参观刚刚退休的俄国外交官彼得罗夫斯基带回的古代手稿和佛像等文物，这些收集品主要来自和田和库车，手稿主要是梵文写本（如用中亚婆罗米文书写的《妙法莲华经》），还有一些不知名语言的印度手稿。此外，我还看到一些从西藏寄来的带图片的印刷册子。其中一张印有十三世土登嘉措官邸的图像吸引了我的注意。后来，我接到通知，我希望拿到的圣像画，鲁德涅夫和奥登堡从蒙古预订好了，近期由梵文学家谢尔巴茨基的布里亚特学生带回来。这些带题字的图像，多数来自吐鲁番地区的洞窟，我们这里只有非常少的资料。他们把部分图像及藏文手稿借给了我。而后，在斯滕伯格（Штернберг）先生的陪同下，参观了俄国皇家科学院博物馆，看到了克莱门茨从胜金口、吐峪沟麻扎、木头沟带回的壁画原件。我在圣彼得堡期间，这些壁画还没来得及装裱。我还有幸看到了克莱门茨先生带回的照片，他们允许我选择几张需要的照片并授权我在德国公布。我还参观了亚历山大三世博物馆，见到了馆长克莱门茨，他向我展示了一些自己的收集品。这是一尊非常精美的那洛巴尊者像，此外还有几件青铜制品，其中一件非常像我在高昌故城废墟找到的那件铜器，另一件也非常有趣，有点像布里亚特的古印度青铜制品（甚至可能是婆罗米时期）。这样的青铜制品非常罕见，可能来自摩揭陀，布里亚特人将它赠予了乌哈图姆斯基大公，最后由博物馆保存。

当阁下重新可以说话了，我向他说明了公布高昌故城部分文献以及吐鲁番附近废墟b发现的一件精美绝伦的圆柱形艺术品的必要性。

他们还告诉我，柏林委员会可以把吐鲁番河谷作为研究范围，已经去过吐鲁番考察的俄国艺术家杜丁正在临摹一部分壁画，如果需要的话可以带回去。只是到访问结束再没提过杜丁的临摹品。我又认识了别列佐夫斯基先生，委员会准备派他去库车考察。他给我看了他从西藏东部带回的西藏手稿，无论是文字，还是装裱，完全是另一种风格。

很容易就从亚洲博物馆和圣彼得堡大学图书馆拿到了关于中国西藏和蒙古的书籍，他们还允许我免费借走大部头的巨著，这样在回住所的路上和晚上，我就可以翻看一遍。

奥登堡等俄国学者高度重视格伦威德尔的到访。人类学与民族学博物馆馆长、俄国委员会主席拉德洛夫，伊朗学家、时任亚洲博物馆馆长查列曼，印度学家、俄国委员会主席团成员奥登堡院士，探险家、亚历山大三世博物馆馆长克莱门茨，东方学家格里

㉖ 原件存于德国柏林亚洲艺术博物馆，档案编号：Turfan-Akten 1020-1026。

戈利耶夫，人类学与民族学博物馆研究员、俄国委员会秘书斯滕伯格热情接待了格伦威德尔。在亚洲博物馆，格伦威德尔查看了彼得罗夫斯基收集品中的梵文写本《妙法莲华经》，以及不知名语言写本。在人类学与民族学博物馆，格伦威德尔看到了克莱门茨从吐鲁番带回的壁画。在亚历山大三世博物馆，克莱门茨向格伦威德尔展示了亚洲收集品。值得注意的是，报告中提到“柏林委员会可以把吐鲁番河谷作为研究范围”，可见格伦威德尔的彼得堡访问不仅是参观这样简单。和俄国人谈判并确定考察范围才是格伦威德尔的主要目标。遗憾的是，我们在俄藏和德藏档案中没有找到谈判协议。但以下四份档案足以证明谈判和协议的存在。《关于圣彼得堡出差的报告》开篇就谈到了和俄国委员会的谈判，“为了完成任务，我不得不去了一趟圣彼得堡，停留了两周时间，比我想象得轻松愉快。因拉德洛夫阁下得了重感冒，和中亚研究委员会的谈判起初有点复杂，前几日只能做一些有意的走访”㉗，报告中对普鲁士皇家吐鲁番考察队组织考察及相关问题作了细致阐述。格伦威德尔在另外一份报告中也提到了“在圣彼得堡有过一次谈判”㉘。再次，在柏林亚洲艺术馆保存着1905年2月16日拉德洛夫致勒柯克的官函（德文），明确提到了俄德协议，“俄德委员会协议仅规定了双方委员会派出考察队的考察范围，不涉及其他考古爱好者根据个人喜好所进行的考察活动，他们可以进入双方考察队界定的考察范围”㉙。1905年1月，格伦威德尔在德国驻圣彼得堡领事馆给勒柯克写了一封信，“我和拉德洛夫院士、查列曼院士、奥登堡院士进行了谈判，结果是俄国人愿意从吐鲁番河谷及双方有争议的地区撤出”㉚。以上皆可确定在访问圣彼得堡期间，格伦威德尔代表柏林吐鲁番委员会和俄国委员会就双方考察队的活动范围有过谈判，双方签署了关于考察范围界定的协议。

我们再来看格伦威德尔在圣彼得堡期间会见的关键人物。首先是俄国吐鲁番研究资深学者奥登堡。我们知道1890年英国军官鲍尔获得库车文书后，俄国皇家考古协会东方部与喀什建立了紧密联系，东方部主席罗曾委托圣彼得堡大学编外教授奥登堡与彼氏沟通考察事宜。此后十年间在彼氏的提示和指导下，奥登堡收集了大量资料和新疆历史地理交通信息，并于1893年和1901年策划了两次新疆考察活动。其次是中亚探险家克莱门茨。1898年5月10日，克莱门茨从圣彼得堡出发，对吐鲁番交河故城、胜金口、柏孜克里克和吐峪沟麻扎进行了长达3个月的考察，记录了寺庙洞窟的形状、尺寸和结构。关于吐鲁番考察，克莱门茨有着独到的见解。第三是有过三次中亚考察经验的杜丁。1893年，杜丁随巴托尔德到中亚七河州和喀什考察古代遗迹和题字；1895年，杜丁随维谢洛夫斯基完成撒马尔罕考察；1899年，杜丁完成了塞米巴拉金斯克之行。前者掌握了完备的吐鲁番研究理论基础，后两者具有中亚研究、吐鲁番研究的实战经验。从格伦威德尔回国后修改的考察方案看，三位学者毫无保留地向格伦威德尔介绍了考察路线、人员构成、出发时间、考察方式，包括翻译和马匹的雇佣，阿克萨卡尔和当地官员可以提供的协助等细节。

㉗ 原件存于德国柏林亚洲艺术博物馆，档案编号：Turfan-Akten 1022。

㉘ H. Walravens. *Briefwechsel und Dokumente* . P. 56.

㉙ 原件存于德国柏林亚洲艺术博物馆，档案编号：Turfan-Akten 5703。

㉚ 原件存于德国柏林亚洲艺术博物馆，档案编号：Turfan-Akten 1045-1046。

三、格伦威德尔访俄成果

1904年11月9日中午12时，格伦威德尔离开圣彼得堡，11月10日晚7时回到柏林[31]。这次访问成果显著，可谓满载而归。回国后，格伦威德尔将目标紧紧锁定在吐鲁番至哈密，包括胜金口、木头沟、连木沁的广大地区。

（一）关于俄德考察范围的谈判

格伦威德尔的圣彼得堡访问达到了理想中的效果，在格伦威德尔访问彼得堡前，俄国学者策划的两次大规模考察全部围绕吐鲁番地区展开。俄国新疆考察的第一步是吐鲁番及其以西，从托克逊经喀什和库尔勒到库车，再到中俄边境的广大地区。此后俄国将考察重点放在新疆南部地区，从吐鲁番或托克逊出发直到罗布泊的广大地区。为了实现这一构想，俄国拟组成两支考察队。第一支由5人组成，包括1名艺术家，用8—10个月研究吐鲁番和库车，预算为12900卢布。第二支考察队主要研究吐鲁番经罗布泊到和田的广大地区，同样由5人组成，用12—15月完成任务，预算为17000卢布[32]。1904年1月4日拉德洛夫致德国柏林吐鲁番委员会主席皮歇尔的信中提到“俄国委员会9月会议上决定派出考察队赴吐鲁番和库车考察”[33]，笔者在俄国委员会1903年9月27日（第三期）会议纪要中找到了这条记录[34]，证实委员会最初设计的新疆考察活动拟围绕吐鲁番和库车两座城市展开。1904年3月18日，俄国委员会审阅了《关于装备考察队赴库车和吐鲁番考察的报告》，其中谈到“如果这次考察可以实现的话，委员会建议别列佐夫斯基完成库车考察，杜丁完成吐鲁番考察”[35]，再次说明俄国委员会的考察计划围绕吐鲁番展开。

格伦威德尔访俄（1904年11月）后，俄国委员会的考察方案发生了变化。格伦威德尔给皇家博物馆的报告中提到“俄国人愿意从吐鲁番河谷及双方有争议的地区撤出，经谈判后确定柏林考察队的考察范围是吐鲁番河谷到哈密，卜谷尔及其附近地区，胜金口及其以南地区”[36]。这段区域对德方非常有利，格伦威德尔兴奋地谈道：“如果考察不仅限于搜罗古代手稿，那么够20支考察队干活了。”[37]1904年，别列佐夫斯基被确定为下一次俄国考察队队长。1904年年底，会议研究决定俄国委员会的考察范围不包括吐鲁番地区，“为了研究中国新疆穆斯林文化未兴起前的文化，俄国委员会授权考察队对中

---

[31] 原件存于德国柏林亚洲艺术博物馆，档案编号：Turfan-Akten 1026。

[32] Веселовский Н.И., Клеменц Д.А. Ольденбург С.Ф. *Записка о снаряжении экспедиции с археологической целью в бассейн Тарима* // ЗВОРАО. 1900. XIII. 1. С. IX-XVIII.

[33] 原件存于德国柏林亚洲艺术博物馆，档案编号：Turfan-Akten 7629-7631。

[34] Протоколы РКСА. СПб.1903. Протокол № 4. 27 сентября.

[35] *Протокол Заседание 18 марта.1904.*// ЗВОРАО. 1906. Т. 16. № 2.С.32 .

[36] 原件存于德国柏林亚洲艺术博物馆，档案编号：Turfan-Akten 1045-1046。

[37] H. Walravens. *Briefwechsel und Dokumente* . P. 56.

国新疆的库车等地进行考察”[38]，俄国学者遵守圣彼得堡既定协议将1905年考察目标转移到了库车。

（二）以俄国方案为底本，形成德国方案

1900年，俄国皇家考古协会内部公布了东方学家维谢洛夫斯基、克莱门茨、奥登堡策划的《关于赴塔里木盆地进行考察的装备报告》[39]，报告计11页，全文刊登在协会内部通报第十三卷，报告中最为核心的部分是两次吐鲁番考察活动方案、预算及注意事项。格伦威德尔仔细研究后一字不落地译为德文，命名为《俄国先生奥登堡、克莱门茨、维谢洛夫斯基的笔记》[40]，这份笔记现存于德国柏林亚洲艺术博物馆。为节省篇幅，笔者将其核心内容整理翻译并作如下梳理（表1）。

表1　俄国先生奥登堡、克莱门茨、维谢洛夫斯基的考察计划（德文版）[41]

考察队	第一支考察队（8个月）	第二支考察队（12—15个月）
预算	（一）五人到吐鲁番：2500卢布（人均500卢布）；（二）10匹马：500卢布；（三）工人（带马匹）每月工钱：15卢布，共计750卢布；（四）每人/每匹马/天1卢布，计10人，共计3000卢布；（五）设备：1700卢布；（六）地方政府官员礼品：300卢布；（七）其他花销：1000卢布；（八）购买古代手稿文书：1500卢布；（九）交通费1125卢布；（十）租骆驼：400卢布；（十一）马草等费用：250卢布；（十二）如果两名队员停留时间为4—6月：1000卢布	（一）带着收集品从托克逊或吐鲁番：3000卢布；（二）5人，每人每天20卢布工钱，共计1500卢布；（三）10匹马：500卢布；（四）10头骆驼：1000卢布；（五）马匹消耗：4500卢布；（六）装备：1500卢布；（七）礼品：500卢布；（八）其他花销：1500卢布；（九）购买手稿：2000卢布；（十）修理花销：500卢布；（十一）手稿运输费用：500卢布
合计	12900卢布	17000卢布
目的地	吐鲁番和库车	从吐鲁番经罗布泊到和田
成员	5名队员，包括艺术家	5名队员
路线	西伯利亚大铁路到塞米巴拉金斯克，骑马经过斋桑斯克、塔城、伊宁至乌鲁木齐，路程45—60天	
回程	一位考察队员去鄯善或哈密； 其余人到托克逊、焉耆、库尔勒、库车	
最佳时间	二月至六月中旬	
不利时间	七月、八月；十二月有暴风雪，到次年二月：严寒	
比较好	九月至十一月	

㊳ Протоколы РКСА. СПб.1909. Протокол № 1. 11 февларя.

㊴ Веселовский Н.И., Клеменц Д.А. Ольденбург С.Ф. *Записка о снаряжении экспедиции с археологической целью в бассейн Тарима*. С. Ⅹ-ⅩⅦ.

㊵ 原件存于德国柏林亚洲艺术博物馆，档案编号：Turfan-Akten 0958-0960。

㊶ 原件存于德国柏林亚洲艺术博物馆，档案编号：Turfan-Akten 0958-0960。

我们知道奥登堡从1893年开始策划吐鲁番考察活动，尽管期间派出克莱门茨和别列佐夫斯基等小规模考察队，真正意义的大规模考察团直到1909年才实现。这份考察方案凝结了奥登堡的全部心血，是19世纪末20世纪初俄国皇家考古协会派出中国西北考察团全部宝贵经验的高度凝练，摒弃了以往考察中不合理的成分，吸收了彼得罗夫斯基、科洛特科夫、季雅科夫等驻华外交官十余年驻疆工作的合理化建议，如在考察当地雇佣工人挖掘，为新疆官府准备礼品，利用阿克萨卡尔从民间购买手稿等。报告中注明的考察最佳时间和不利时间更为考察队选择出行时间提供了参考。

格伦威德尔很快在俄国方案基础之上制定了第三次吐鲁番考察方案（1905年12月至1907年5月）。1904年春季，格伦威德尔以“柏林吐鲁番委员会”的名义向德国皇家博物馆馆长绍恩·理查德（Schöne Richard，1840—1922）提交了吐鲁番考察草案[42]，草案中简述了东方学特别是印度学在德国发展的历史脉络，首次提到了德国柏林吐鲁番委员会的成立，“皮歇尔教授任主席，格伦威德尔、库恩、罗曼（Leumann Ernst，1859—1931）为主要成员”[43]。格伦威德尔在报告中承认德国血统的拉德洛夫和俄国委员会的奥登堡给予了考察团强大的帮助，在此基础上提出获得石窟寺庙中的壁画、贝叶文等多语言手稿是考察团的主要目的，也是唯一目标。最后格伦威德尔提出了考察路线、需要的财政支持，以及考察团的构成。

> 最佳路线可能是下面的形式：
>
> 坐火车到奥姆斯克。从奥姆斯克乘船或者经俄国邮路到塞米巴拉金斯克。在塞城购买大马车和运送行李的货车，经俄国邮路骑马到塔城，再骑马经乌鲁木齐到吐鲁番。
>
> 需要人员有：
>
> 一名考古学家
>
> 一名测绘师
>
> 一名艺术家
>
> 一名语言学家，作为翻译与地方居民交流
>
> 一到两名技术人员
>
> 需要在轮台暂作休息。
>
> 从吐鲁番到库车、库车返回吐鲁番的花销如下。
>
> 装备，比如衣服、武器、弹药、罐头、药品、拍照设备、为当地居民准备的礼品。　10000马克
>
> 到乌鲁木齐和吐鲁番的路费　5000马克
>
> 马匹过冬的维护费　1800马克
>
> 人员花销　5000马克

---

[42] 绍恩·理查德，德国语言学家、古代艺术研究历史学家、德国柏林皇家博物馆馆长（1880—1905）。

[43] 洛曼，德国东方学家，印度—伊朗语言学专家，和阗—塞语文献研究奠基人之一。原件存于德国柏林亚洲艺术博物馆，档案编号：Turfan-Akten 920。

工人、马车夫的工资、购买马匹	2500马克
交通费、马车费	5000马克
备用金	1500马克
技术工人（很明确）：博物馆技术工人巴图斯	1800马克
	共33000马克
	收集艺术品10000马克
	43000马克

至于其他队员，建议作下述分工：

一名语言学家，作为翻译	
勒柯克按照每个月400马克发放工资，共20个月	8000马克
一名考古学家（格伦威德尔先生）如果可以的话	8000马克
一名艺术家每个月200马克，共20个月	4000马克
	20000马克
	43000马克
共计：	63000马克

如果需要在吐鲁番过冬，还需要10000马克，这样两年的考察活动总预算在73000马克。德国委员会应该立即派出考察队赴新疆。我代表柏林吐鲁番委员会向阁下发出请求，恳请下令提供委员会需要的资金。[44]

这份德国方案可以说是俄国方案的升级版，在经费上作了更为充足的预算。格伦威德尔计划用两年时间完成对吐鲁番和库车的考察活动，预算高达73000马克。考察队成员5—6人，分别是考古学家、测绘师、艺术家、语言学家、技术人员。其中武器、弹药、罐头、药品、照相机、礼品等装备费和购买收集品的费用最高，各列支10000马克，考察队员、雇佣工人以及剥取壁画的技术人员工资计20000多马克。此外格伦威德尔还作了在吐鲁番过冬的打算。1904年底，格伦威德尔结束圣彼得堡访问后对原有方案进行完善，笔者将其整理并翻译如下。

到吐鲁番的路线，在我看来，只能是如下这条：

坐火车到奥姆斯克，从奥姆斯克乘船或经俄国邮路到塞米巴拉金斯克，而后经俄国邮路到达塔城（不能走斋桑，也不能走伊宁）、乌鲁木齐、吐鲁番。

考察队队员，我认为：1名考古学家、1名测绘师、1名艺术家（摄影师）、1名技术人员（巴图斯）、1名总务长（研究语言）。

需要几名翻译：讲俄语的马车夫、我不需要东干人或鞑靼人，如果是鞑靼人或东干人，就要严格的考核。萨尔塔人倒不错；吐鲁番人不错，卖货不贵；汉人和吉尔吉斯人也不错。

这次考察中，我无论如何也不会做人类学研究的，如果引起当地居民的警觉，可能会扰乱我们的计划，当地政府也不允许挖掘古墓和头盖骨。

---

[44] 原件存于德国柏林亚洲艺术博物馆，档案编号：Turfan-Akten 926-931。

预算和俄国考察队不同的是：如果马车夫或队员对马匹不好，过度使用马匹是要从工资中扣钱的。

考察队的装备：服装、工具、弹药、罐头

照相设备、工具、给当地政府准备的礼品、医药：10000马克

到乌鲁木齐和吐鲁番的路费：5000马克

马匹过冬的装备：1800马克

队员装备：5000马克

工人、运输工、搬运工工资：2500马克

交通运输（含蓄力）：5000马克

后备经费（因客观条件滞留在大城市的费用）：1500马克

巴图斯作为技术工人（一年）的工资：1800马克

共计32600马克，即33000马克。

其他队员的工资（难题）：

艺术家 200马克/月 × 20月=4000马克

测绘师：6000马克

领队：？？

搬运工人：4000马克

共计14000马克

以上两项加起来需要47000马克。

和1904年春考察方案相比，新版考察方案保留了俄国方案中的可行化部分，考察路线、考察队的构成没有变化，从柏林到吐鲁番的路线，格伦威德尔依旧认为经中亚进入新疆是最好的选择，路线只能是“坐火车到奥姆斯克，从奥姆斯克乘船或经俄国邮路到塞米巴拉金斯克，而后经俄国邮路到达塔城、乌鲁木齐、吐鲁番”[45]，队员有“1名考古学家、1名测绘师、1名艺术家、1名技术人员、1名总务长”。预算中考察队的装备费用、路费、地方官员的礼品、巴图斯的工资这部分预算没有变化，依旧是33000马克。新版方案去掉了民间收集手稿预算，以及勒柯克和领队格伦威德尔的工资。在新版德国方案中，格伦威德尔采纳了俄国方案中的兵分两路的方式，“进入木头沟后，一队留下工作，另一队出发去连木沁”[46]。

我们知道俄国方案中采纳了喀什领事彼得罗夫斯基1893年的建议，在考察队中雇佣东干人“需要一个突厥语翻译，最好再雇个东干人，他们天生会讲汉语，也能听懂所有的突厥语”[47]，格伦威德尔更倾向于雇佣萨尔塔人作为考察队的翻译，“我不需要东干人或鞑靼人，萨尔塔人倒不错，吐鲁番人不错，卖货不贵，汉人和吉尔吉斯人也不错”。在出发时间上，格伦威德尔倾向于夏天出发，初秋抵达，以躲过吐鲁番的炎夏。

㊺ 原件存于德国柏林亚洲艺术博物馆，档案编号：Turfan-Akten 0959。

㊻ 原件存于德国柏林亚洲艺术博物馆，档案编号：Turfan-Akten 0958。

㊼ 彼得罗夫斯基致罗曾的信函（1893年1月4日），现存于俄罗斯科学院圣彼得堡档案馆，档案编号：СПбФ АРАН. Ф. 777. Оп. 2. Д. 339. Л. 1-3об。

在圣彼得堡，格伦威德尔见到了杜丁在中亚考察过程中所作的人类学研究成果，他认为这样做可能会打草惊蛇，引起不必要的麻烦，并在报告中强调“无论如何也不会做人类学研究的，如果引起当地居民的警觉，可能会乱了我们的计划”[48]。总体而言，新版考察方案更注重细节，在翻译、出发时间、考察任务等方面有了更明确和清晰的目标。

结　语

尽管奥登堡首次吐鲁番考察活动前，德国考察队已完成三次吐鲁番考察，但这并不代表俄国人步了德国人的后尘。格伦威德尔的第三次吐鲁番考察方案无论从路线安排、还是人员构成乃至预算清单上，全部参考了奥登堡制定的两次大规模吐鲁番考察方案，摒弃了方案中不合理的成分，并结合德国皇家柏林委员会实际情况，制定了1905—1907年吐鲁番考察方案。通过对格伦威德尔访问俄国委员会的细节梳理，我们可以作以下几点小结。

（1）1904年10月，格伦威德尔访问圣彼得堡，期间与俄国学者私下商定了新疆考察范围。俄国委员会全盘托出了俄国吐鲁番考察方案，并给予勒柯克和格伦威德尔无微不至的协助。俄国委员会憧憬着德国考察队凯旋后分享吐鲁番考察成果，构建理想中的国际合作机制。

（2）1904年春，格伦威德尔向德国博物馆提交的初步方案将“吐鲁番和哈密之间、吐鲁番和库车及其郊区”作为研究的主要区域[49]。1904年秋俄德双方达成“俄国在库车，德国在吐鲁番”的协定。此后，德方报告依旧围绕吐鲁番至哈密、哈密至库车及其郊区展开，到库木吐喇、克孜尔地区西北方向的奇里什考察早已在德方计划之中，这些都不为俄国委员会所知。格伦威德尔从圣彼得堡回国后，依旧将库车设为考察队的大本营，“如果选择两个地点作为支柱点，那么一定是吐鲁番和库车。两个城市物产丰富，俄国的阿克萨卡尔可以提供住处，当地政府也可以给予体面的支持”[50]，似乎已经忘记了刚刚和俄国签订了考察范围协定。

（3）事实上，德国从合作之初就没有与俄国分享考察成果的打算。1905年初，当格伦威德尔得知奥登堡进入俄国科学院领导层，有行政职务在身时，给勒柯克的信中写到：“奥登堡是皇家科学院的常务秘书，这非常好，他的时间会被很多行政工作占用，无暇顾及其他工作”[51]。1905年2月10日和3月2日格伦威德尔给库恩的信使我们有理由相信德国考察队向包括拉德洛夫在内的俄国学者隐瞒了在新疆的发现，坚决“不会将研究成果和照片交给他（俄国）”[52]。从1899年至1904年格伦威德尔的一切示好不过是想取得俄国人的信任和协助而已。他们的目的只有一个，赶在俄国人之前到达吐鲁番，丰

㊽ 原件存于德国柏林亚洲艺术博物馆，档案编号：Turfan-Akten 0960。

㊾ 原件存于德国柏林亚洲艺术博物馆，档案编号：Turfan-Akten 0925。

㊿ 原件存于德国柏林亚洲艺术博物馆，档案编号：Turfan-Akten 0959。

51 原件存于德国柏林亚洲艺术博物馆，档案编号：Turfan-Akten 1045-1046。

52 H. Walravens. *Briefwechsel und Dokumente* . P. 62.

富德国博物馆的馆藏。

（4）俄德冲突后，双方学者的关系在很长时间内都没有恢复。1908年6月11日，谢尔巴茨基给奥登堡的信中仍在辱骂德国考察队的无耻，不遵守双方既定协议[53]。拉德洛夫和格伦威德尔的关系在认识后第四年就破裂了。尽管格伦威德尔和克莱门茨、奥登堡保持着联系，但他和拉德洛夫的关系直到1909年才恢复。勒柯克对吐鲁番石窟寺的破坏加剧了双方委员会关系的疏远，勒柯克与奥登堡的关系直到20世纪20年代才恢复。俄德双方冲突并没有导致双方关系的终止和共同行动。1914年7月9日，俄国委员会公开签发了允许格伦威德尔考察队经中亚安集延入境新疆的同意函[54]，后因一战的爆发而未能实现。

A Historical Investigation of A. Grünwedel's Visit to Russia: Based on German and Russian Archival Collections

Zheng Liying

In October 1904, A.Grünwedel visited Saint Petersburg, where he privately negotiated with Russian scholars about the exploration scope in Xinjiang. The Russian Committee fully disclosed its Turpan exploration plans and provided meticulous assistance to von Le Coq and Grünwedel. The Russian Committee anticipated sharing the outcomes of the Turpan expedition after the German team's triumphant return, aiming to establish an ideal framework for international cooperation. In reality, however, Germany had no intention of collaborating with Russia from the outset. The so-called collaboration was merely an attempt to deceive Russia into providing their exploration plans and assistance. Focusing on archival letters between Grünwedel and Russian scholars—including Vasily Radlov, Sergei Oldenburg, and Albert von Le Coq—housed at the Russian Academy of Sciences Archives in Saint Petersburg and the Institute of Oriental Manuscripts, along with unpublished historical materials from the Museum of Asian Art in Berlin, this paper examines critical details such as German scholars' proactive outreach to Saint Petersburg in 1899, Grünwedel's 1904 visit to Russia, and negotiation about their respective exploration scope. These findings shed light on cooperation and conflict between Russian and German expeditions in the field of Turpan archaeology during the late 19th and early 20th centuries.

---

[53] Вигасин А.А. *Переписка Ф.И. Щербатского с С.Ф. Ольденбургом* // Вигасин А.А. Изучение Индии в России (очерки и материалы). М. 2008. С. 301.

[54] Dreyer C. *Abenteuer Seidenstrasse. Die Berliner Turfan-Expeditionen 1902-1914.* Lpz. 2015. P. 20.

《新疆访古录》中的《前凉西域长史李柏书》

——王树枏何时何地从何人处获得这些消息

白须净真 撰 杨 柳 译

引 言

1909年3月末，大谷光瑞（1876-1948）派遣的第二次大谷探险队成员橘瑞超，在当时的清朝新疆省楼兰古城遗址（橘瑞超称之为コンチダリア附近的古城，奥莱尔・斯坦因称之为L.A.，以下简称楼兰遗址）发现了众多汉文纸文书及残片①。其中两片汉文纸文书的文面极为相似，一张保存完整，一张保存比较完整。这些文书大约于一年后的1910年（明治四十三年）初被运送回日本②，并于1915年（大正四年），被收录于当时尽可能地收录大谷探险队带回日本的资料并刊行的《西域考古图谱》（以下简称《图谱》）之中，题为“东晋咸和年间前凉西域长史李柏致焉耆王的书牍草稿（コンチダリヤ）”［東晋咸和年間前涼の西域長史李柏より焉耆王に送りし書牘の草稿（コンチダリヤ）］以及“与李柏书牍一同出土的文书残片（コンチダリヤ）”（李柏の書牘と共に出たる文書の断片（コンチダリヤ））。然而，当时并未为这些文献编号。

这些文书群的编号为538A、538B以及8001—8039，是在其出土40年后的1949年（昭和二十四年）龙谷大学入藏后才被赋予的③。其中538A和538B，便是前文提到的两份内容极为相似的保存完整和保存比较完整的汉文纸文书，从发掘之初似乎就被统称为“李柏文书”④。然而，自1953年（昭和二十八年）以“李柏尺牍稿（二通）”的名称

---

① 关于包括楼兰遗址在内的楼兰历史概论的研究成果并不少见，其中最新的研究为赤松明彦《楼蘭王国 ロプ・ノール湖畔の四千年》，东京：中央公论新社，2005年。

② 羽田亨在私信中向内藤湖南报告在《晋书》中发现西域长史李柏的日期为（1910年）3月24日，因此可以推定，在此之前“李柏相关文书”已运抵日本，并由内藤湖南为中心展开了研究。参考高田时雄《〈新疆大发掘（第三回报告）与内藤湖南〉》，荣新江、朱玉麒主编《丝绸之路新探索：考古、文献与学术史》，南京：凤凰出版社，2019年，453页。羽田亨、内藤湖南对“李柏相关文书”进行研究的时间在野村荣三郎于1910年2月回日本之后。

③ 如果了解龙谷大学入藏的具体经过的话，就不难理解为何经历了如此长的时间。白须淨眞《〈李柏文書〉と〈李柏尺牘稿〉（上）—その二つの呼称がはからずも導出してしまった誤解》，《書法漢学研究》34，大阪：アートライフ社，2024年，22页。

④ 从发现之初，橘瑞超本人即作如此解读，可参见其致大谷光瑞的报告《新疆における大発掘（第三回報告）》。参考高田时雄《〈新疆大发掘（第三回报告）与内藤湖南〉》，452页。

被指定为重要文化财之后，这两种称谓开始并用，由此导致了“李柏所写信件（尺牍）的草稿”这一误解进一步加深。近来，笔者提出将538A与538B，以及8001—8039文书残片中可判定与李柏有关的部分统称为“李柏相关文书”，目的在于避免与前述带有误解的称谓混淆[⑤]。此外，笔者认为，这些文书群并非“李柏所写信件的草稿”，而是应被称为“正校案文”的正式的官文书[⑥]。

无论如何，这些文书之所以长期以来以“李柏”这一人名为核心被称呼，无非是因为在文书538A和538B中均能解读出的“西域长史李柏”这一职官名称及固有名词，与《晋书》卷八六的《张骏传》中记载的4世纪初前凉西域长史李柏完全一致。这些跨越了一千五六百年历史鸿沟的古代汉文纸文书，骤然在20世纪初的现代世界中现身，其上墨书的职官名称及固有名词与中国历史编纂史料无一字之差地吻合，这的确是极其罕见的现象。

最早指出这一令人惊叹的事实的，是1910年（明治四十三年）8月初内藤虎次郎·湖南（1866—1934）在《西本愿寺的发掘物》一文中先行介绍的羽田博士，即羽田亨（1882—1955）[⑦]。羽田亨随后于翌年1月（亦有研究认为是5月或6月），发表了题为《大谷伯爵所藏新疆史料解说（第一回）》的专论，首次提供了对应于文书538B的照片及释文，同时还展示了对应于文书8018的残片照片及文书8031的残片释文[⑧]。然而，令人感到奇怪的是，无论是内藤湖南还是羽田亨，都未提供保存完整的538A的释文，仅关注538B，尽管羽田亨在文章中附上了538B的照片，却并未展示538A的照片。

1909年3月底，即清宣统元年闰二月，橘瑞超在楼兰遗址发现这些文书资料时，清朝新疆省的省会迪化府（今乌鲁木齐市）时任布政使为王树枏（1852—1936，见图1）[⑨]。布政使为隶属省级长官巡抚之下的高级官员。同样，王树枏也将这些文书资料之一命名为“前凉西域长史李柏书”，并对其进行了释读。他指出，此文书是由日本的橘瑞超在罗布淖尔（罗布泊）东北五百余里的一座废城中发掘而出，并且与羽田亨完全一致地认定

---

⑤　从这一视角进行的梳理，可参见白须淨眞《〈李柏文書〉と〈李柏尺牘稿〉（上）—その二つの呼称がはからずも導出してしまった誤解》、白须淨眞《〈李柏文書〉と〈李柏尺牘稿〉（下）—その二つの呼称がはからずも導出してしまった誤解》，《書法漢学研究》35，大阪：アートライフ社，2024年，11—20页。因此，在此之前，笔者也曾称其为“李柏文书”。参见白须淨眞、萩信雄《高昌墓塼考釈1》，《書論》第13号，1978年，197页及197页注释15。

⑥　参照白须淨眞《〈李柏文書〉と〈李柏尺牘稿〉（上）—その二つの呼称がはからずも導出してしまった誤解》。

⑦　原刊年份为1910年。参见内藤湖南《西本願寺の発掘物》，《大阪朝日新聞》8月3日—8月6日。收录于《内藤湖南全集》12卷，东京：筑摩书房，1970年。此处引用的是1997年的第三版，213—214页。

⑧　羽田亨《大谷伯爵所蔵新疆史料解説（第一回）》，《東洋学報》1卷2号，1911年，54、56、59页。然而，查阅创刊不久的原载《东洋学报》第1卷第2号（广岛大学图书馆藏本）的话，会发现如编者说明所述，其中编辑存在混乱，使用时需特别注意。此外，后被收入《羽田博士史学论文集》上卷历史篇中的文书图示，已被修改，与原刊杂志并不一致。同时，其释文中亦出现“李”字脱漏等情况，需对照原刊进行校勘。参见羽田亨《大谷伯爵所蔵新疆史料解説》，《羽田博士史学論文集》上卷（历史篇），京都：东洋史研究会，1957年，第9图及518页。该论文集将原刊载时间标注为“明治四十四年五月”，亦有观点称为6月，但此处采用原刊杂志所示。

⑨　王树枏的名字亦写作树枬或树楠，但在讨论《访古录》的本文中，将采用刊本上的“王树枏”这一写法。

文书中的“西域长史李柏”即为《晋书·张骏传》中记载的前凉西域长史李柏[⑩]。也就是说，王树枏的这一见解，与羽田亨的专论具有同等重要的学术价值。然而，王树枏因时运不济，未能立即将这一卓越见解公之于众，错失良机。这一情况的直接原因是，1911年10月10日（宣统三年八月十九日）爆发的辛亥革命引发了中国社会的巨大变动。如后文所述，王树枏于1913年（民国二年）在其《新疆稽古录》的文章以及1919年（民国八年）的专著《新疆（畺）访古录》（以下简称《访古录》）（图2、图3、图4）中收录了“前凉西域长史李柏书”，并公开发表[⑪]。然而，当时并未有人对其见解给予足够重视。这一时期正值中国社会新一轮变革，与新文化运动、文学革命以及五四运动的兴起紧密相连。此外，派遣大谷探险队的大谷光瑞本人也因突然失去其地位（西本愿寺法主）及影响力，使得“李柏相关文书”的具体所在亦一度失传。

图1　王树枏

1910年的影像，拍摄于王树枏担任新疆省布政使期间。出自朱玉麒《瀚海零缣——西域文献研究一集》，北京：中华书局，2019年，396页。当时王树枏曾会见第二次大谷探险队时期的野村荣三郎和橘瑞超，以及第三次大谷探险队时期的橘瑞超

图2　王树枏《新疆访古录》

1919年（中华民国八年），由聚珍仿宋印书局刊行。卷首的书题（内题）由郑孝胥题写，郑可能使用了姓氏印章，而在刻印中未加红色套印，成为墨书。该书源自小笠原宣秀旧藏

⑩　《访古录》卷一，第13正页至13背页。龙谷大学现编号538A与538B的文献中，羽田亨与王树枏均未选择538A，而是共同选择了538B，然而并未对此作出解释。反之，本文正是以此为线索，对其中原因进行推测与探讨。

⑪　“畺”是“疆”的异体字。如后文所述，“畺”是郑孝胥所题字的字体，而各叶的“中柱”上则作《新疆访古录》。因此，本文将统一使用《新疆访古录》这一名称。

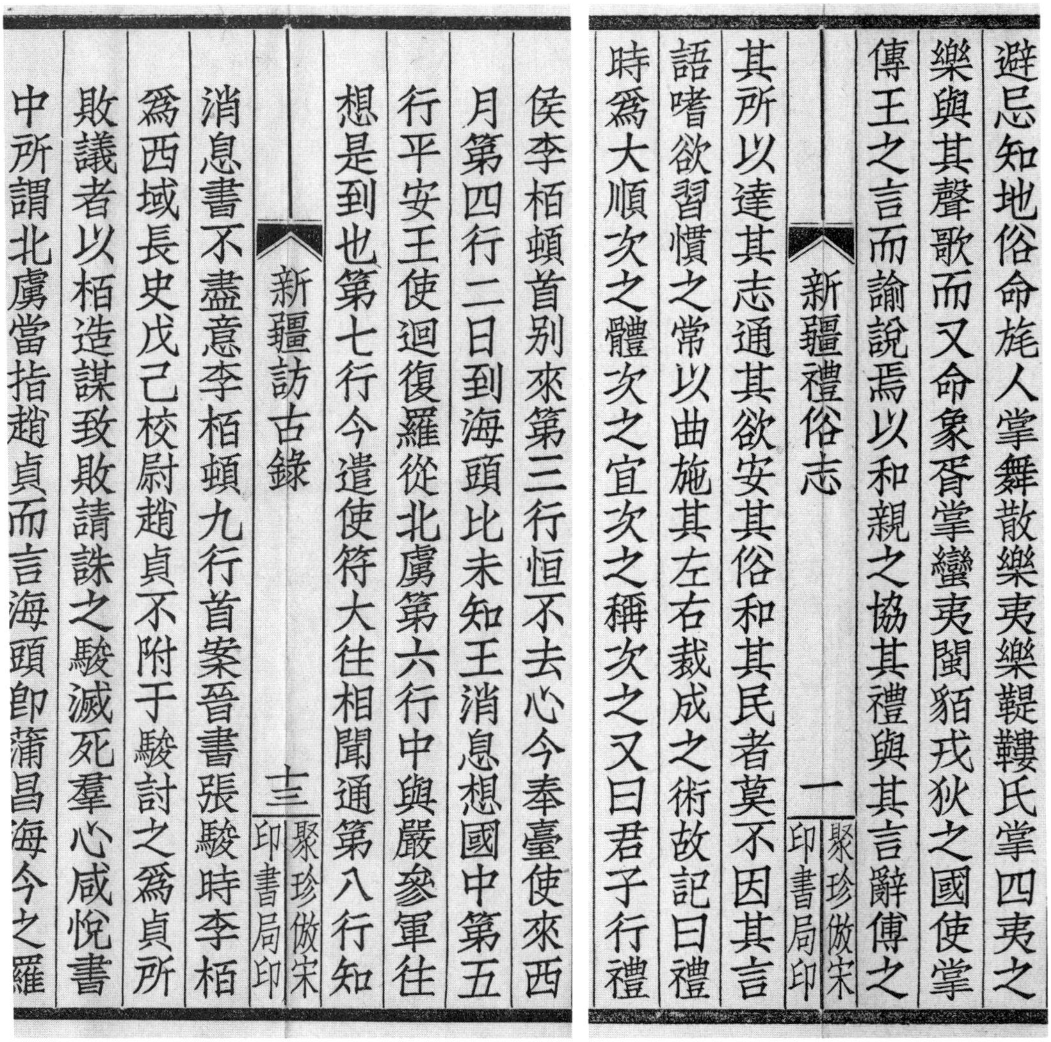
避忌知地俗命旄人掌舞散樂夷樂鞮鞻氏掌四夷之
樂與其聲歌而又命象胥掌蠻夷閩貊戎狄之國使掌
傳王之言而諭說焉以和親之協其禮與其言辭傳之
新疆禮俗志　一　聚珍倣宋印書局印
其所以達其志通其欲安其俗和其民者莫不因其言
語嗜欲習慣之常以曲施其左右裁成之術故記曰禮
時爲大順次之體次之宜次之稱次之又曰君子行禮

侯李栢頓首別來第三行恒不去心今奉臺使來西
月第四行二日到海頭比未知王消息想國中第五
行平安王使迴復羅從北虜第六行中與嚴參軍往
想是到也第七行今遣使符大往相聞通第八行知
新疆訪古錄　十三　聚珍倣宋印書局印
消息書不盡意李栢頓九行首案晉書張駿時李栢
爲西域長史戊己校尉趙貞不附于駿討之爲貞所
敗議者以栢造謀致敗請誅之駿滅死羣心咸悅書
中所謂北虜當指趙貞而言海頭卽蒲昌海今之羅

图3　聚珍仿宋印书局刊行的两册“陶庐丛书”

各页柱下的《新疆访古录》《新疆礼俗志》之下所见的聚珍仿宋印书局为其出版名。

《新疆小正》同样出自小笠原宣秀旧藏

关于538A与538B的处理方式，笔者认为有一点尤为值得注意。具体而言，在释文方面，无论是内藤湖南、羽田亨，还是王树枏，皆仅提及538B，而将538A排除在外；在照片展示方面，羽田亨也是仅提出538B，排除了538A。正如开篇所确认的那样，538A与538B是保存完整、保存比较完整，且内容极为相似的两份汉文纸文书。然而，尽管如此，保存完整的538A却被一致排除在外。这种令人费解的排除方式，反而意外地为笔者提供了重要的线索，因为其中似乎显露出大谷光瑞的某种深思熟虑的意图。

因此，笔者尝试以在长达一百余年的“李柏相关文书”研究史中展现出重要学术价值的初期研究为线索。为什么王树枏选择仅以538B文书为中心进行讨论，而非同时关注538A和538B这两份文书？这一点为何与内藤湖南、羽田亨的做法一致？此外，关于

“李柏相关文书”的出土地点，王树枏为何没有采用内藤湖南、羽田亨所述的コンチダリヤ，而是将其描述为罗布淖尔东北五百余里的一座废城中？通过探讨王树枏与内藤湖南、羽田亨之间的学术一致以及分歧，笔者试图更深入地理解“李柏相关文书”的初期研究的情况。这也正是本文“王树枏何时何地从何人处获得这些信息”这一副标题问题的切入点。

此外，在本文中，为了追溯悠长的研究史，对于诸位前辈学者的敬称使用何时作为分界点，笔者感到犹豫。本文继之前拙文的做法⑫，省略敬称，在此提前致以诚挚的歉意，敬请谅解。

一、王树枏与《新疆访古录》

在龙谷大学将一份“李柏相关文书”编号为538B之前，该文书已经被王树枏冠以“前凉西域长史李柏书”一名收录于《访古录》之中。如前文所述，王树枏准确地识别出，该文书中的西域长史李栢（李柏）正是《晋书·张骏传》中所记载的西域长史李柏⑬。由于使用了“书”这一表达，显然王树枏将此文书认作是李柏的书信（书简）。而且，王树枏还提供了特定的信息，指出该文书是由“日本橘瑞超在罗布淖尔东北五百余里破城中”发掘的，这是只有发掘参与者才能知晓的独有信息。

王树枏所提及的这一出土地点“破城”，应当与内藤湖南和羽田亨在“李柏相关文书”研究中反复提到的“コンチダリア河畔”或“コンチダリア下游的一座废城”是同一地点。不过，这一信息是作为野村荣三郎转达来自橘瑞超的口信而传递给内藤湖南和羽田亨的。野村荣三郎是与橘瑞超共同活动的第二次大谷探险队的成员之一。然而，如后文所述，在1910年1月底，橘瑞超与大谷光瑞从印度孟买出发前往伦敦途中与野村荣三郎分别，野村荣三郎则于2月先行回国。但是，即使将橘瑞超的口信中的“コンチダリア”（Kontsch-daria）对应为汉名“孔雀河”，这种模糊的表达方式也并不足以准确锁定出土地点，这让内藤湖南和羽田亨感到困惑⑭。当时，王树枏的《访古录》尚未出版，清末编纂完成的详细地图《新疆全省舆地图》（宣统元年·1909年刊）、最为详细的地方志《新疆乡土志稿》（成稿于清末）、以及全面覆盖新疆省全境的高质量综合人文地理志《新疆图志》（宣统三年·1911年刊）也尚未面世。因此，学者们自然不得不依赖于西方探险家在当地考察后留下的当时记录。然而，王树枏明确指出该文书是由“日本橘瑞超在罗布淖尔东

⑫ 白须浄眞《〈李柏文書〉と〈李柏尺牘稿〉（上）—その二つの呼称がはからずも導出してしまった誤解》。

⑬ 王树枏的释文作“栢”，此“栢”为“柏”的异体字，以下行文统作“柏”。

⑭ 内藤湖南认为，发现地点位于进入今罗布泊处的，被称为コンチダリア的塔里木河支流河畔，但他无法确定文书中的“海头”指的是罗布泊还是哈喇沙尔附近的巴格拉什库勒湖（巴格拉什湖·博斯腾湖）。羽田亨则采取了不同的立场，他搜集了当时西方探险家的信息，期待橘瑞超回国后能够详细说明情况，以验证斯文·赫定等人的说法，进而试图将“海头”对应为赫定调查的北罗布泊。无论如何，以流路不断变迁的沙漠河流（人工工程也是其中一个因素）为依据的信息，显然是不完全可靠的。其原因之一或许是橘瑞超自身在调查时并未确信该发掘地点为楼兰遗址。笔者作出阶段性的推测，认为橘瑞超在发掘地点的问题上由不确信转为确信，或许是在橘瑞超于印度与大谷光瑞会合并接受《泰晤士报》采访时，甚至是在他于伦敦会见斯坦因期间。

北五百余里破城中”发掘的，显然与内藤湖南、羽田亨所掌握的信息不同。因此，若仔细关注并探究二者信息上的差异，橘瑞超与王树枏之间存在的意外关系，以及关注该文书的王树枏的深厚学识便会浮现出来。我们也不应忽视王树枏的身份，他不仅是清末新疆省的重要官员，且具有极高的文学造诣，编纂并完成了鸿篇巨著《新疆图志》。

笔者第一次阅览王树枏的《访古录》并注意到其中收录的“李柏相关文书”，大约是在半个世纪前的1973年（昭和四十八年）左右[⑮]，那是京都大学人文科学研究所的藏本。当时，距离1959年（昭和三十四年）森鹿三发表的著名论考《李柏文书的出土地》已过去十几年[⑯]，但该论点，即可以称之为“非楼兰说”的观点，仍被广泛继承并具有很大影响力。森鹿三的论考从根本上否定了橘瑞超关于“李柏相关文书”出土于“コンチダリア”附近的古城，即斯坦因（1862—1943）所谓的L.A.遗址（楼兰遗址）的报告，并主张该文书出土于斯坦因所谓的L.K.遗址（位于楼兰遗址西南50千米，米兰东北100千米）。1963年（昭和三十八年），松田寿男在翻译A.赫尔曼的《楼兰》一书时，在解说部分对森鹿三的新说表达了极大的支持。作为内陆亚洲史领域的重要学者，松田寿男的表态具有决定性意义[⑰]。该书随后多次再版，而与其同步出版的《书道全集》还附有原尺寸照片及详细解说，表明其影响已不再仅限于研究者群体[⑱]。当时橘瑞超对此保持沉默，据推测是处于深深的失意之中[⑲]。

自年轻时起，金子民雄便一直致信橘瑞超[⑳]，拜访其住处，详细聆听“李柏相关文书”的出土情况，并通过最晚年的橘瑞超的1968年（昭和四十三年）10月31日的私人信

---

⑮ 当时阅览的直接目的是核查两份出土于吐鲁番地区的文献，即《唐张怀寂墓志铭》（卷二）和《蠕蠕永康五年写经残卷》（卷二）的释文。见白须淨眞《高昌門閥社会の研究—張氏を通じてみたその構造の一端—》，《史学雜誌》88-1，1979年，27页；白须淨眞《高昌墓塼考釈3》，《書論》18，1981年，157页。

⑯ 森鹿三《李柏文書の出土地》，《龍谷史壇》45，1959年。收录于森鹿三《東京学研究：居延漢簡篇》，《東洋史研究叢刊》23-2，1975年。

⑰ A.赫尔曼著、松田寿男译《楼蘭—流沙に埋もれた王都》，东京：东洋文库，1963年初版，232页。同年长泽和俊的观点也相同，见长泽和俊《楼蘭王国》，东京：角川文库，1963年，38页。

⑱ 河出书房编《定本書道全集第3巻：西域出土木簡その他の書蹟》，东京：河出书房，1954年，卷首图版；下中邦彦编《書道全集第3巻：中国第3（三国・西晋・十六国）》，东京：平凡社，1959年，附录。森鹿三的释文与解说见下中邦彦编《書道全集第3巻：中国第3（三国・西晋・十六国）》，159—160页，收录于森鹿三《東洋学研究　居延漢簡篇》，《東洋史研究叢刊》23-2，1975年。然而，在金子民雄的观点尚未公开之时，榎一雄从斯坦因的著作*Serindia*（Stein, Marc Aurel.*Serindia:detailed report of explorations in Central Asia and western most China.* vol.1.UK：Oxford, 1921, p.377）中译出了橘瑞超在斯坦因所谓的L.A.遗址发现“李柏相关文书”的情形，并加入了斯坦因在L.K.遗址未发现任何文书类遗物的发掘情况，针对森鹿三的L.K.遗址说提出了质疑。此外，榎一雄还指出：“究竟是发掘后一年半左右橘瑞超对斯坦因的叙述更可信，还是橘瑞超五十年后将照片交给森鹿三时的回忆更为可信？”最早刊载于榎一雄《橘瑞超氏沙漠漫遊記》，月刊《シルクロード》，1971年。收录于榎一雄著作集编集委员会编《榎一雄著作集第2巻：中央アジア史2》，东京：汲古书院，1992年，258—259页。

⑲ 森鹿三提出L.K.遗址出土说的主要原因在于，橘瑞超所托人传递的照片并非L.A.遗址，而是L.K.遗址，导致了误解，即橘瑞超的勘误所致。然而，森鹿三在此前已直接听橘提及“此文书为L.A.遗址所发现”，并在不久后收到了照片。因此，如金子民雄所感到遗憾的那样，若能再做确认，或许可以解开这一误解。见森鹿三《李柏文書の出土地》，13、17—18页；金子民雄《第二次大谷探検隊・橘瑞超の楼蘭調査とその波紋》，白须淨眞编《大谷光瑞とスヴェン・ヘディン—内陸アジア探検と国際政治社会》，东京：勉诚出版，2014年，11页。

⑳ 见金子民雄《第二次大谷探検隊・橘瑞超の楼蘭調査とその波紋》，197页；白须淨眞编《大谷光瑞とスヴェン・ヘディン—内陸アジア探検と国際政治社会》，卷首图版2。

函确认，橘瑞超对楼兰遗址的探索是遵循了含有暗号的大谷光瑞电报的指示。作为深谙近代内陆亚洲探险调查的研究者，金子民雄享有很高的知名度。

橘瑞超接收该大谷光瑞电报之时，正与野村一同作为第二次大谷探险队成员在吐鲁番地区进行探索。因此，橘瑞超对楼兰遗址的探索并非原计划安排，而是大谷光瑞突发的指令[21]。这样一来，橘瑞超事前不可能进行充分的调查准备，甚至是否携带了该地区的地图也值得怀疑。然而，橘瑞超却在毫无迷失的情况下，准确到达了广阔罗布沙漠中的不过是一个点的楼兰遗址。对此深感兴趣的金子民雄，持续对橘瑞超进行了询问[22]。1968年（昭和四十三年），橘瑞超将含有“东经90度、北纬41度附近，搜索有‘石碑（推测为佛塔）’的遗迹”暗号的大谷光瑞电报内容通过信件告知金子民雄，其人生旅程也随之走向终结。这年橘瑞超已78岁，自19岁在楼兰遗址发现“李柏相关文书”以来，已过去了59年[23]。金子民雄同时还考证到，这一位置信息最初由1908年（明治四十一年）12月受西本愿寺邀请的斯文·赫定（1862—1943）提供给大谷光瑞。尽管电报中部分编码尚未解读，但大谷光瑞指示的探索地点正是1900年由赫定首次发现的楼兰遗址，由此确定“李柏相关文书”的出土地确为楼兰遗址[24]。

金子民雄对这一观点进行梳理并在其著作中提出，已是时隔许久后的1982（昭和五十七）年[25]。而让该观点广为传播的，则是他在1989年（平成元年）复刻橘瑞超的《中亚探险》（中公文库）时所撰写的解说。从1959年起逐渐成为定论的森鹿三L.K.遗址出土说，自1982年前后到1989年间逐渐失去影响力。金子民雄回顾自己的研究轨迹说道：“鉴于橘瑞超师的名誉，我决定不再涉及1959年L.K.遗址说以后的出土地争论。发现者与研究者之间的距离感确实难以衡量。”[26]这是恢复了橘瑞超名誉的人才能说出的言辞吧。

橘瑞超不幸地在晚年被质疑，而王树枬错失了发表的良机，尽管他几乎在与羽田亨相同的时间内提出了类似的见解，却未受到重视。这两位与“李柏相关文书”有关的学者，在笔者看来，仿佛小说中的人物。然而，这却是历史的现实。正如金子民雄在仔

㉑ 这一点也可以从橘瑞超通过日本驻清公使林权助向清朝外务部申请护照时，申请区域并不包含楼兰遗址所在区域一事中得到证实。参见白须淨眞《清国外務部の第二次大谷隊（1908～1910）への護照発給とその関係檔案の紹介—1908（光緒三十四年）年次の護照発給事例から垣間見る外務部官制と外務部の意思決定》，《東洋史苑》，2022年，6—10页；同文译文参见白须淨眞著・杨柳译《清朝外务部向第二次大谷探险队颁发护照及相关问题研究》，《西域文史》第十七辑，北京：科学出版社，2023年，346—348页。

㉒ 斯坦因利用了由赫定绘制的精确地图及其报告书，从而顺利抵达楼兰遗址。然而，大谷光瑞并未获得这些资料，这一点金子民雄从大谷光瑞致赫定的英文信中得以确认。见金子民雄《第二次大谷探検隊・橘瑞超の楼蘭調査とその波紋》，195页。金子民雄能够从未明确记述的内容中洞察出这一信息，其洞察力可谓敏锐。

㉓ 见金子民雄《第二次大谷探検隊・橘瑞超の楼蘭調査とその波紋》，419、425页。

㉔ 后来，虽有不同意该文书出自楼兰遗址（即L.A.遗址）的观点出现，但对此难以认同。参见侯灿、杨代欣《楼兰汉文简纸集成》，成都：天地出版社，1999年。本文在论述王树枬的见解时，不深入探讨1959年森鹿三论考以后的各类观点。相关论考可参考伊藤敏雄《日本楼兰研究》，《探索西域文明：王炳华先生八十华诞祝寿论文集》，上海：中西书局，2017年，384—397页。

㉕ 金子民雄《ヘディン 人と旅》，东京：白水社，1982年，225页。不过，根据该书的前言来看，最初此文曾刊载于白水社的第二期赫定探险纪行全集的月报上，因此实际年份要略微提前（同书5—6页）。金子民雄《ヘディン交遊録　探検家の生涯における17人》，东京：中公文库，2002年，271—272页。

㉖ 金子民雄《第二次大谷探検隊・橘瑞超の楼蘭調査とその波紋》，211页。

细研读了到达楼兰遗址的赫定、斯坦因、伊斯沃思·亨廷顿（1876—1947）等人的报告后，深入挖掘其历史真相一样㉗，笔者也希望通过自己多年来追踪的大谷光瑞的“亚洲广域调查活动”，即“大谷探险队”的研究成果㉘，进一步探究王树枏留下的“前凉西域长史李柏书”。因为遗憾的是，自1959年（昭和三十四年）森鹿三论考发表以来，无论是支持还是反对这项新说的各种观点，都未曾涉及王树枏的《访古录》。事实上，若当时已经开放阅览的《访古录》能够得到参考，笔者也认为也许我们就不会“被1959年提出的‘L.K.遗址出土说’引向这样无益的绕路之途了。”㉙

二、《新疆访古录》的出版年份

正如前文所述，笔者初次接触到《访古录》是在1973年前后，但当时让笔者感到困惑的是，该书的出版年份和出版社均未能查明。笔者仅勉强将其出版时间认定为民国初期的1918年㉚，始终无法得到明确的判断，直到多年后依然存疑。然而，近期在撰写有关“李柏相关文书”的研究论文时㉛，笔者想起小笠原宣秀的旧藏书中曾有一本《访古录》（图2），于是重新对其进行了讨论。

这本资料被收纳在一个疑为自制的“帙”中，其中包含王树枏的另两部著述《新疆

㉗ Ellsworth Huntington, *The Pulse of Asia*. UK:London,1907.

㉘ 请参考后文中的白须淨眞《20世纪的日本亚洲广域调查活动》（JV-Campus，参见注46）。相关论文参考《清末民初めのウルムチ(廸化城)の景観と大谷探検隊の記録—1987年訪中報告(3)》，《東洋史苑》30・31合并号，1988年；《大谷光瑞と羅振玉—京都における敦煌学の興隆と第３次大谷探検隊—》，高田时雄编《草創期の敦煌学》，东京：知泉书馆，2002年；《外務本省における「公信」の接受と発遣—第三次大谷探検隊に係わる「公信」と唐代官文書との対比》，《唐代研究史》7，2004年；《清国外務部の第二次大谷隊（1908—1910）への護照発給とその関係檔案の紹介—1908（光緒三十四年）年次の護照発給事例から垣間見る外務部官制と外務部の意思決定》；《清国の檔案資料が語る第二次大谷隊（1908—1910）の当初の計画—在清国公使・林権助の公信、清国・新疆省の檔案との関係—（上）》，《龍谷史壇》155，2022年；《野村栄三郎と福井瑞華の内陸アシ゛ア・河西域の調査計画(1909—1910)の消滅とその波紋—清国新疆省檔案(官文書)にみえる野村と福井の〈転発護照〉》，《敦煌寫本研究年報》17,2023年；《清国の檔案資料が語る第二次大谷隊（1908—1910）の当初の計画—在清国公使・林権助の公信、清国・新疆省の檔案との関係—（下）》，《龍谷史壇》156，2023年；《〈李柏文書〉と〈李柏尺牘稿〉（上）—その二つの呼称がはからずも導出してしまった誤解》；《〈李柏文書〉と〈李柏尺牘稿〉（下）—その二つの呼称がはからずも導出してしまった誤解》。相关书籍参考《大谷探検隊研究の新たな地平—アジア広域調査活動と外務省外交記録》，东京：勉诚出版，2012年；《大谷光瑞とスヴェン・ヘディン—内陸アジア探検と国際政治社会》；《シルクロードの来世観》，东京：勉诚出版，2015年；《古代インドのアングリマーラ伝承—歎異抄十三条・漢訳経典・仏伝図像から読み解く》，京都：法藏馆，2023年。

㉙ 金子民雄《橘瑞超の楼蘭調査に関するスタインの記録—ハンガリー科学アカデミー所蔵メモ》，白须淨眞编《大谷光瑞とスヴェン・ヘディン—内陸アジア探検と国際政治社会》,382页。

㉚ 拙稿《高昌門閥社会の研究—張氏を通じてみたその構造の一端—》27页中提到的“文献・论文等略称”，当时所参考的是由东洋文库敦煌文献研究委员会于1964年编《スタイン敦煌文献及び西域出土を漢文分類目録初稿　非佛教文献之部　古文書類》Ⅰ（东京：东洋文库，1964年）的《书目・概说（略目）》。该书中将类似书名的《新疆稽古录》（《中国学报》）与《新疆访古录》分为两类（377页），均未标注出版年份。这一细节表明，当时编者或已同样面临这一出版信息不详的问题。

㉛ 白须淨眞《〈李柏文書〉と〈李柏尺牘稿〉（上）—その二つの呼称がはからずも導出してしまった誤解》。

礼俗志》和《新疆小正》。这三本书合计为三册，均采用包背装装订形式，其版式与装帧尺寸完全一致，为线装书。因此可以推测，这三部作品可能是同时刊行的。这三册中，《新疆礼俗志》和《新疆小正》的卷首题名（内题）上附有"陶廬叢書"的标注，表明它们属于同一丛书系列，而"陶庐"正是王树枏晚年的雅号。然而，《访古录》的卷首题名则未标注"陶庐丛书"，仅标明"新畺訪古錄"，并在其书名旁手书添加"孝胥"与"▢"两个字印（图2）。由此推测，这本《访古录》并未被纳入"陶庐丛书"，而是一部独立的单行本，并且其题名很可能出自郑孝胥（1860—1938）之手[32]。值得注意的是，这三本书虽然装订相同，但在每本书的"中柱"处（即正页与背页[33]中间折缝的版心部分）均印有"聚珍倣宋印書局印"的字样（图3）。由此可以推断，这三本书是由聚珍仿宋印书局在相近的时间内印行的。"聚珍"一词可以推测源于乾隆帝（1735—1796年在位）时期，由紫禁城内武英殿收集并刊行珍贵书籍的"武英殿聚珍版"。武英殿版采用的是仿宋代书体的木活字印刷，因此，线装本中央柱所印的"聚珍倣宋印書局"中的"倣宋"，可理解为印书局使用了仿宋活字。这一印书机构可以认定为民国时期的出版单位，并与后来发展成为中国著名大型出版社之一的"中华书局"有着一定的渊源[34]。基于此，笔者得以确认《访古录》与《新疆礼俗志》和《新疆小正》这两本系列丛书不同，应将其看作为由聚珍仿宋印书局刊行的民国时期私家版单行本。

然而，对于此前勉强认定的1918年这一出版年份，尽管进行了努力，仍未能找到更为准确的依据，这始终让笔者感到困惑。然而，庆幸的是，2019年出版的朱玉麒《瀚海零缣：西域文献研究一集》中收录的《王树枬与西域文书的收藏和研究》一文提供了重要线索[35]。根据该文得以推测，《访古录》的出版时间为1919年，即中华民国八年，由上海的聚珍仿宋印书局印行[36]。此外，根据刘芹《王树楠史学研究》中的"王树楠学术年谱概略"：

1910年60岁

自《新疆图志》开局以来，王树楠撰成《国界志》8卷、《山脉志》6卷、

㉜ 孝胥（郑孝胥）是清朝最后一任皇帝宣统帝（爱新觉罗·溥仪）的近臣之一，身为清朝遗老。然而，他与王树枏之间究竟存在怎样的交往，目前尚不清楚。此外，在后述的刘芹（《王树楠史学研究》，天津：天津人民出版社，2012年）整理的王树枏交友关系中，也未见郑孝胥的名字。

㉝ 线装本的装订方式是将每张纸（一叶）对折后装订，因此每一叶纸分为正面和背面，分别称为正叶和背叶。若以现代仍常用的"横格纸"装订方式为例来想象，理解这一点会更加直观。

㉞ 长泽规矩也《和漢書の印刷とその歴史》，东京：吉川弘文馆，1952年，90—91页。

㉟ 朱玉麒《王树枬与西域文书的收藏和研究》，原文最初刊载于《国学的传承与创新：冯其庸先生从事教学与科研六十周年庆贺学术文集》"西域敦煌出土文献研究"卷，上海：上海古籍出版社，2012年，1075—1100页。

㊱ 朱玉麒的论考引用了民国时期精通金石与目录学的顾燮光（1875—1949，字鼎梅）在其著作《梦碧簃石言》（顾燮光撰、王其祎校点，沈阳：辽宁教育出版社，2001年，192—193页）中提到的内容："新城王先生树枬《新疆稽古录》一书，附刊于壬子年（1912年）北京《中国学报》，惜未刊毕。"朱玉麒通过此书的小字注释即"己未〈1919年〉上海聚珍仿宋局排印单行本"，推测《新疆访古录》可能于1919年下半年正式刊行。朱玉麒《瀚海零缣：西域文献研究一集》，455页。也参照同书435页的注1。此外，根据《新疆图志·索引（西域文库·典籍编）》（王树枏等纂修、朱玉麒等整理，上海：上海古籍出版社，2017年）中朱玉麒撰写的《整理前言》，《访古录》的内容与《新疆图志》的《金石志》部分相对应。

《兵事志》2卷、《访古录》2卷、《新疆小正》2卷、《礼俗志》1卷、《道路志》1卷、《土壤志》1卷。[37]

可知王树枏早在1910年时就已完成了《访古录》2卷，以及此前推测为同期出版的《新疆小正》2卷、《礼俗志》1卷的定稿。由此可以合理推测，这些著作的内容早已成型，直至1919年才正式出版。刘芹的这份“年谱概略”是依据王树枏本人所撰的《陶庐老人随年录》整理而成，因此可视为王树枏的自我整理，其准确性高。因此，可以确认，这部虽已完成准备工作，但在因1911年10月10日（宣统三年八月十九日）后的革命，中国社会整体发生的剧烈变动中，错失了出版时机的《访古录》，实际上是王树枏在担任新疆省布政使期间[38]，于省会迪化府编纂并于1910年（清宣统二年）完成定稿的著述。由此可以推测，《访古录》中收录的“前凉西域长史李柏书”的相关信息，至少在1910年（清宣统二年）之前已经收集齐全。

朱玉麒根据顾燮光提及的信息，追踪到《中国学报》第九期（1913年3月）发表了《新疆稽古录》（以下称“《稽古录》”）的部分内容（图4），与《访古录》卷二《上元二年买马私契》之前的内容基本一致；此后该刊载1916年复刊，《稽古录》也陆续刊载，只是随着该刊出版五册后再次停刊，《稽古录》的内容也在《元中统元宝交钞》的标题后戛然而止。可知《稽古录》确实是后来以《访古录》出版的著作的前身，《前凉西域长使李柏书》见于《中国学报》第九期《稽古录》的14—15页。因此王树枏关于李柏文书的研究最早发表的时间是1913年。更为有趣的是，“李柏相关文书”的释文及解说的最早介绍，即前文提及的内藤湖南于1910年8月发表的《西本愿寺的发掘物》，其时间节点恰与《稽古录》及后来的《访古录》的成稿时间并行。

三、王树枏所称“前凉西域长史李柏书”为龙谷大学所藏538B文书

王树枏在《访古录》的“前凉西域长史李柏书”一处中提到“破城中掘得古物甚夥，内有前凉西域长史李柏书数纸，一纸尚为完整”（第13正、背页），这一记载与本文开头提及的龙谷大学的现藏状况相对照，出入较少。换言之，即使王树枏未完全了解橘瑞超从楼兰遗址带出来的全部出土文书，但他对“李柏相关文书”的整体出土情况是有所掌握的。此外，王树枏用“完整”一词描述的这一纸，其释文如下所示。

1　五月七日駐西域長史關下缺

2　侯李栢頓首別來

3　恒不去心今奉臺使來西月

4　二日到海頭比未知王消息想國中

㊲ 刘芹《王树楠史学研究》，342页。

㊳ 据《新疆图志》卷二七《职官六》记载：“光绪三十二年三月，补授，九月到任”，王树枏担任布政使的时间可确定为1906年（光绪三十二年），这一记载与其他信息并无矛盾。关于其卸任时间，请参见注释75。

金石

新疆稽古錄 新城王樹枏

漢張博望侯殘碑

西域水道記云張博望殘碑在伊犂南山中文字剝蝕尚餘二十字進鴻鈞於七五遠蕪西以八千南接火藏北握大宛

方士淦東歸日記云伊犂西南卡倫外那林河草地羣山圍繞中有大海海沿有碑相傳漢張騫所立松公筠遣人摩榻字在有無閒不可辨識　案大海即圖斯庫勒碑已無存

漢李陵題字

宋王延德使高昌行記云自夏州歷樓于山都督山唐回鶻之地又經駿山望鄉嶺嶺上石龕有李陵題字處　案其地當在哈密城東鐵爾版金莊及

目使人驟見精絕徐而視之其意態愈無窮盡故使後世得之以爲奇玩而想其人六朝人書別具一種嫣媚姿態愈醜愈姸今人學之便造作失天然風趣

金石史跋東魏李仲璇修孔子廟碑云筆力勁駿如偏面驕嘶又如辮髮章甫殊俗揖讓即是書之謂也

六朝草書殘經

草書殘經一紙出吐魯番其中多言絕欲知足精修之法夾行爲畏吾兒字畏吾兒書多見佛經卷子紙背及夾行之中豈其時紙貴而缺與

前涼西域長史李栢書

光緒二十四年日本橘瑞超在羅布淖爾東北五百餘里破城中掘得古物甚夥內有前涼西域長史李栢書數紙一紙尚爲完整蓋破城即古伊循城也書凡九行第一行五月七日駐西域長史關下缺第二行侯李栢頓首別來第三行恒不去心今奉臺使來西月第四行二日到海頭比未知王消息想

國中第五行平安王使迴復羅從北虜第六行中與嚴參軍往想是到也第七行今遣使符大往相聞通第八行知消息書不盡意李栢頓九行首案晉書張駿時李栢爲西域長史戊己校尉趙貞不附于駿討之爲貞所敗議者以栢造謀致敗請誅之駿減死羣心咸悅書中所謂北虜當指趙貞而言海頭即蒲昌海今之羅布淖爾也

北魏金剛經殘碑

碑出吐魯番廳北一百二十里木頭溝光緒三十四年土人掘地得之碑高二尺餘寬二尺五寸厚一尺共二十二行行二十三字書法秀逸的是北魏時筆意同知曾炳熿移庋廳署中

北涼且渠安周造寺功德刻石

首行爲撰文姓名曰中書夏侯粲作碑文一行闕十字形廓始興於度孝終著飛悲然望樹理翰者用遊其方幡宗研味者莫究其極豈玄沖邃二行闕八字見頹其城壍天明鄣其神慧故使陵天之舉不出於三界斋六之韻莫闡

图4　《中国学报》发表的《新疆稽古录》

5 平安王使迴復羅從北虜

6 中與嚴参軍往想是到也

7 今遣使符大往相聞通

8 知消息書不盡意李栢頓

9 首

这份记录无疑对应于龙谷大学现在所藏的“李柏相关文书”中的538B文书。文中将“李柏”书写为“李栢”（第2行和第8行），“栢”是“柏”的通用别字体，因此不存在问题（本文以下论述，统一作“柏”，特此说明）。而“参軍”（第6行）一词，虽然后来罗振玉也释读为“参軍”[39]，但现今多以“参事”释读，笔者亦遵从这一说法[40]。然而，正如前文反复阐述，橘瑞超发现的“李柏相关文书”并不仅限于这份538B文书，还包括538A文书以及其他随同发现的文书残片。然而，王树枏并未对这些文书的释文作出任何提及，也未对其具体情况作出记录。这意味着，尽管王树枏知悉有文书“数纸”，但他的释文仅限于538B文书这一份。这是为何？

或许可以解释为纯属巧合。然而，正如接下来将逐步阐述的，这一选择实际上是有其明确理由的。

四、1910年内藤湖南与1911年羽田亨对“李柏相关文书”的公开方式

关于王树枏展示的这一释文，需要再确认的一点是，他仅展示了538A和538B两份文书中的538B一份，而且这与“李柏相关文书”最初在日本公开时的公开方式非常相似。如前所述，最早公开“李柏相关文书”释文的是1910年（明治四十三年）8月内藤湖南在《大阪朝日新闻》上发表的题为《西本愿寺的发掘物》的文章[41]：

古文书中最为珍奇的莫过于西域长史关内侯李柏所写的书牍草稿，有两份几乎相同的文献。即其中之一如左所示……

五月七日鎮西域長史關内侯李栢頓首頓首別來□□恆不去心今奉臺使來西月二日到此未知王消息想國中平安王使廻復羅從北虜中與嚴参事往想是足到也今遣使苻大往相聞通知消息書盡意李栢頓首頓首（仅释文保留旧字体形式录入原文）

另一份文献内容也大同小异。关于李柏此人，羽田文学史士通过研究发现，他出现在《晋书》第八十六卷的张骏传中……此文书是在昔日的蒲昌海，即现在的罗布泊的入口处的塔里木河支流的コンチダリ河畔所发现的。

---

[39] 罗振玉的释文，请参见本文末尾的“附录：王国维与罗振玉的‘李柏相关文书’”。

[40] 白须淨眞《〈李柏文書〉と〈李柏尺牘稿〉（上）—その二つの呼称がはからずも導出してしまった誤解》，25页。

[41] 内藤湖南《西本願寺の発掘物》，213页。该文章也收录在《新西域记》下册的附录一中。参考上原芳太郎《新西域記》上下卷，东京：有光社，1937年。

也就是说，内藤湖南在1910年8月的文章中虽然表明“有几乎相同的两份李柏的书牍草稿”，但他只公开了其中的一份的释文。而这正是1949年（昭和二十四年）龙谷大学开始收藏时首次被编号为538B的文书[42]。这一文书与王树枏在《访古录》中的记载相同。此外，内藤湖南提到的羽田亨博士的研究，指的正是其在1911年1月发表的《大谷伯爵所藏新疆史料解说（第一回）》。羽田亨的释文如下。

1 五月七日、駐鎮西域長史關內

2 侯李柏、頓首頓首、別來○○

3 恒不去心、今奉臺使來西、月

4 二日到此（海頭）、未知王消息、想國中

5 平安、王使廻（迴）復羅、從北虜

6 中、與嚴参事往、想足至也、

7 今遣使苻大、往相聞、通

8 消（知）息、書不悉意、柏頓首頓

9 首

内藤湖南虽然提到有几乎相同的两份文书，但实际上并非公开了538A和538B两份文书，而只是其中一份，即538B而已。这与王树枏的做法相同。若将只公开了538B的释文这一行为，基于内藤湖南所说的两份“李柏相关文书”几乎相同这一说明，就认为是为了省去重复书写两遍相似释文的麻烦而做出的选择，这种随意的解读显然会让人有所顾虑。如此一来，就无法解释王树枏为何只对538B进行释文的原因。

此外，羽田亨的论文中还刊登了内藤湖南先前公开的538B的释文的照片（图5）。这张照片实际上是将“李柏相关文书”首次公开于世界学术界。然而，这张照片中附带了相关文书残片的照片（现在龙谷大学所附编号8018），尽管照片中包含了8018的文书残片，但羽田亨并没有讨论其内容，也没有提供释文。或许他只是想表明这些文书的书法风格相似，但既然作为插图照片呈现，至少应当提供一些相关的说明。然而，原载于《东洋学报》第一卷第二号中的页面排版混乱，可能与此有关，但具体原因尚不明确[43]。除此之外，文书残片的释文（8036和8033）也被展示，但没有附上照片。尽管这些内容此前没有被详细讨论，但它们无疑是当初在日本公开“李柏相关文书”时的情况，值得我们对这一过程有所了解。

由此可见，尽管“李柏相关文书”存在两份汉文纸文书，即为保存完整的538A和保存比较完整的538B，但在1915年（大正四年）《图谱》将所有文书公开之前的约五年时间里，无论是释文还是照片都仅是保存比较完整的538B文书被优先公开。而这种趋

㊷ “李柏相关文书”曾长期下落不明。因为主导大谷探险队的大谷光瑞在1914年（大正三年）辞去了法主职务，随后带至日本的资料四散。资料的四散情况非常复杂，但其中涉及的“李柏相关文书”的资料群，在大谷光瑞去世后的1948年（昭和二十三年）被发现在西本愿寺的仓库中，随后于1949年转交至龙谷大学，成为该大学的馆藏。参见白须淨眞《〈李柏文書〉と〈李柏尺牘稿〉（上）—その二つの呼称がはからずも導出してしまった誤解》，29—30页的注释1、2、6、7。

㊸ 羽田亨《大谷伯爵所藏新疆史料解説（第一回）》，《東洋学報》第一卷第二号，1911年。参照⑧。

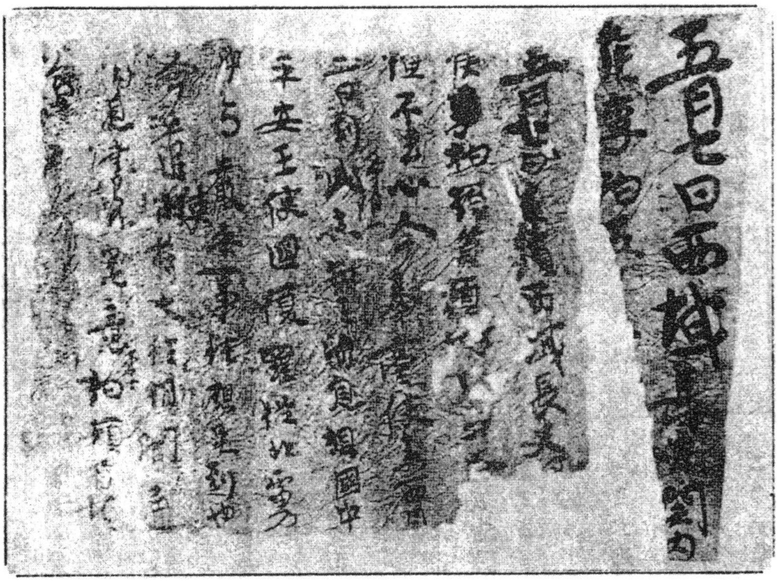

图5　羽田亨公开的李柏文书538B照片
出自《东洋学报》第一卷第二号

势不仅仅体现在日本的内藤湖南和羽田亨身上，实际上，也可以在王树枏的《访古录》中清楚地看到。最初当笔者意识到这一点时，感到非常意外，并且无法理解其背后的原因，感到有些困惑。因此，笔者决定更进一步探讨这个问题。

当羽田亨公开专论时，以《大谷伯爵所藏新疆史料解说（第一回）》为题，明确指出这些史料是大谷伯爵（即大谷光瑞）私人收藏的。如果将此作法视是为对资料提供者的谢意或考虑，也许并不值得特别关注。然而，考虑到与先前内藤湖南公开方式的相似性，我们不得不思考，决定公开哪些文书、附上哪些照片时，可能存在资料收藏者大谷光瑞当时的某种意图或考虑。这种可能性不容忽视。

确实，《图谱》与内藤湖南和羽田亨的介绍不同，它收录并公开了橘瑞超在楼兰遗址发现的所有文献。然而，考虑到其出版时间是1915年（大正四年）6月，我们必须特别留意的是，大谷光瑞在前一年的1914年5月因西本愿寺的巨大债务及相关丑闻事件辞去了西本愿寺第22世法主、管长和住持的职务，并在同年11月陷入失意，离开了日本。到了1915年《图谱》出版时，大谷光瑞正身处中国江南一带旅行[44]。因此，在这种情况下，大谷光瑞能参与《图谱》的编辑工作到如何程度，显然是值得怀疑的。我们可以认为他直接参与编辑的可能性非常小。《图谱》的编辑者并非大谷光瑞或与他有深厚关系的内藤湖南，而是香川默识。香川默识是周防三田尻（现山口县防府市）明觉寺的住持，同时也是西本愿寺的职员，并未直接参与大谷探险队的活动。若大谷光瑞确实有意限制“李柏相关文书”的公开，这种意图的实现可能只是在资料被带至日本的1910年到1915

[44] 镜如上人七回忌法要事务所《鏡如上人年譜》，京都：本愿寺镜如上人七回忌法要事务所，1954年，77页。

年《图谱》出版的这短短一段时间内。更重要的是，这段时间内大谷光瑞的意图通过橘瑞超，也波及王樹枏的《访古录》。如果这一点可以得到证明，那么王樹枏究竟从谁那里获得了信息，就可以被大大缩小范围。因为大谷光瑞的这种意图不仅限于王樹枏，还同样影响了斯坦因以及爱德华·沙畹（1865—1918）通过斯坦因进行的对“李柏相关文书”的研究。

不过，要将大谷光瑞、橘瑞超直接与斯坦因、沙畹联系起来，仍然需要更多的说明。这是因为需要深入探讨当时以西方世界为中心的世界史所称的“内陆亚洲探险的时代”与大谷光瑞作为“亚洲广域调查活动”的“大谷探险队”之间的相互关系㊺。然而，在此深入讨论这些内容，会使本文更加复杂。因此，这部分内容请参照笔者近年公开的“日本发起的在线国际教育平台”（日本発のオンライン国際教育プラットフォーム·JV-Campus）中的“20世纪日本的亚洲广域调查活动”（20世紀の日本のアジア広域調査活動）一文㊻。本文在此仅追溯大谷光瑞带着发现“李柏相关文书”的橘瑞超，从印度直接前往伦敦的经历。

五、大谷光瑞携橘瑞超前往伦敦

大谷光瑞在第二次大谷探险队（1908—1910）派遣原始计划中，原本拟在内陆亚洲调查结束后，让野村荣三郎和橘瑞超前往印度。其中，计划继续启用野村荣三郎，并让其与在印度等待的福井瑞华会合，再次派遣至内陆亚洲进行调查㊼。该计划还包括让他们从塔克拉玛干沙漠的南部地区前往俄罗斯探险家彼得·库兹米奇·科兹洛夫不久前调查过的西夏古址（黑水城）。然而，楼兰遗址的调查这一原计划之外的任务被临时加入，探险队抵达印度的时间被大幅延误，导致原计划难以实施。大谷光瑞不得不调整策略，拟定了由野村荣三郎单独执行的新计划。但英属印度官厅拒绝了野村荣三郎通过喀喇昆仑山口再次进入新疆的许可。

对此，大谷光瑞试图通过驻加尔各答日本代理总领事平田知生展开外交交涉，但未能扭转局势。平田知生对此事的详细情况，以《关于大谷光瑞一行动向的事项》（大谷伯一行ノ動静ニ関スル件）为题，通过密报向外务大臣小村寿太郎进行了汇报㊽，表达了其对大谷探险队的活动与第二次日英同盟条约中英属印度领地保全条款相冲突的担

㊺ 白须淨眞《大谷光瑞と羅振玉—京都における敦煌学の興隆と第3次大谷探検隊—》，17—18页。收录于白须淨眞《大谷探検隊研究の新たな地平—アジア広域調査活動と外務省外交記録》。现如今，需进一步细化，并加入“内陆亚洲探险的时代”一节。

㊻ JV-Campus（Japan Virtual Campus）网址为https://www.jv-campus.org/jvc-content/348853/。

㊼ 这一计划的细节在追踪新疆维吾尔自治区档案馆的档案资料过程中得以明晰。根据档案显示，野村荣三郎曾在迪化府申请护照的再次签发，这一文件为计划的实施提供了佐证。关于此计划的全貌，可参见白须淨眞《野村栄三郎と福井瑞華の内陸アジア·河西域の調査計画（1909—1910）の消滅とその波紋—清国新疆省檔案（官文書）にみえる野村と福井の〈転発護照〉》，《敦煌寫本研究年報》17，2023年。此外，其概要已于2023年夏季，在福井瑞华所在寺院（三重县桑名市的法盛寺）举办的夏季大学中，以讲座形式向公众介绍。

㊽ 白须淨眞《大谷探検隊研究の新たな地平—アジア広域調査活動と外務省外交記録》，123—133页。

忧。因此，大谷光瑞放弃了从英属印度出发的内陆亚洲调查计划，转而决定让橘瑞超经由英国前往俄罗斯，再通过西伯利亚铁路进入新疆执行任务。为此，大谷光瑞安排已经完成调查任务的野村荣三郎先行回日本，并将随行的调查资料一并带回[49]。随后，大谷光瑞于1910年1月下旬携橘瑞超从孟买出发前往英国[50]。

抵达伦敦后，大谷光瑞拜访了1906年12月在橘瑞超之前率先到达楼兰遗址并进行精密考古调查的斯坦因，双方就“李柏相关文书”的出土地点进行了详细确认[51]。随后，大谷光瑞还同橘瑞超一起前往斯德哥尔摩，拜会了1908年12月应大谷光瑞邀请访日并在西本愿寺亲自为其标示楼兰遗址精确位置（经纬度）的斯文·赫定[52]。大谷光瑞在整个过程中始终携橘瑞超同行。

1. 斯坦因与大谷光瑞及橘瑞超在伦敦的会面

大谷光瑞抵达伦敦后与橘瑞超一同会见斯坦因的具体日期虽无法确知，但根据当天的“斯坦因备忘录”，金子民雄与王冀青都推测此会面应不晚于1910年5月11日[53]。备忘录的内容主要涉及橘瑞超往返楼兰遗址的行程，以及在楼兰遗址发现“李柏相关文书”的经过。该备忘录属于斯坦因捐赠给其母国匈牙利的科学院的资料群的一部分。这份“斯坦因备忘录”可以认为是*Serindia*第一卷中关于橘瑞超在楼兰遗址的活

㊾ 然而，这并非第二次大谷探险队收集的全部资料，其中寄存于喀什噶尔的英国驻在官处的部分并未涵盖在内。虽然未被明确提及，但大谷光瑞之所以必须派遣第三次大谷探险队，其原因之一应包括这些资料的回收工作。至于“李柏相关文书”究竟是如何被运送至日本的，目前尚无确切结论，也许是由野村荣三郎携带而来。然而，这仅是一种基于情境的推测，尚缺乏明确的依据支持。内藤湖南提到，“那些行李中，有一部分是通过京都文化大学的榊亮三郎君委托送来的。”然而，出土情况的传言被托付给野村荣三郎这一点是不容忽视的。

㊿ 关于此时大谷光瑞对英国的考量或对抗行为，可参考白须淨眞《大谷探検隊研究の新たな地平—アジア広域調査活動と外務省外交記録》第二章（117页及之后）。不过，这次欧洲之行也是大谷光瑞从一开始便计划的一部分。这次欧洲之行还融入了包括法主之妻的同行，以及与九条良致结婚的妹妹·武子夫妇的新婚旅行，某种程度上可以看作大谷家族的私人旅行。由于大谷光瑞的行动中夹杂了难以与法主行动明确区分的私的成分，现代意义上的公私界限在当时并不适用。要理解大谷光瑞的行为，还必须体察其宗教贵显身份与明治宪法下的贵族地位，这种特殊的地位，以及由此孕育出的独特意识，若不加以解读，便难以理解其行为逻辑。关于此次欧洲之行，还可参考笔者的相关研究《九条武子与柳原白莲的指鬘外道（央掘魔罗）——两人截然不同的苦恼及其各态，兼论武子与白莲》（九条武子と柳原白蓮の指鬘外道（アングリマーラ）—相違する二人の苦悩とその諸相、武子・白蓮論をかねて），收录于白须淨眞编《古代インドのアングリマーラ伝承—歎異抄十三条・漢訳経典・仏伝図像から読み解く》，367—368页。

51 金子民雄《橘瑞超の楼蘭調査に関するスタインの記録—ハンガリー科学アカデミー所蔵メモ》，378—383页。

52 大谷光瑞与赫定之间的深厚关系，可以参阅白须淨眞编《大谷光瑞とスヴェン・ヘディン—内陸アジア探検と国際政治社会》的“序言”。关于大谷光瑞访问赫定的情况尚不完全清楚，但抵达伦敦后的大谷光瑞于1910年3月8日，向赫定写了一封私人信件，信中提到他计划在夏季访问斯德哥尔摩。有关此信件的详细内容，见金子民雄在白须淨眞编《大谷光瑞とスヴェン・ヘディン—内陸アジア探検と国際政治社会》的234页的No.5信件，以及同书250—251页。需要注意的是，关于这次访问的具体情况，金子民雄所提供的信息仅限于从橘瑞超那里直接获得的口述。详细内容请参阅金子民雄《ヘディン　人と旅》，220—222页，及金子民雄《ヘディン交遊録　探検家の生涯における17人》。

53 金子民雄《橘瑞超の楼蘭調査に関するスタインの記録—ハンガリー科学アカデミー所蔵メモ》，379页；王冀青《斯坦因与日本敦煌学》，兰州：甘肃教育出版社，2004年，96页。

动及其确认的原始资料的一部分。这本*Serindia*是斯坦因在1921年出版的关于第二次内陆亚洲学术调查（1906—1908）的报告书，内容庞大。在第一卷中，记录了即将提及的榎一雄、金子民雄、王冀青等人提到的橘瑞超在L.A.Ⅱ.ⅳ地点的调查详细情况[54]。可以认为该调查详情正是在面谈当天得以确认的吧。当时的情形部分地被橘瑞超本人记载在由榎一雄介绍的德富苏峰纪念馆所藏的《沙漠漫游记》中［其被附带在1911年（明治四十四年）9月12日大谷光瑞写给德富苏峰的信中，为橘瑞超的《漫游记》的抄写］，其中写道：

> 赫定听了卡尔·希姆来的说法，说这是楼兰，但斯坦因否定了这个说法，认为楼兰之城应该在更南方。我（橘瑞超）曾在一日访问斯坦因。那时，斯坦因询问了我的看法，他问我："你如何看待这个古址呢？"我回答说："从我在这个古址获得的古纸来看，即使这地方或许不是楼兰的王城，也该是楼兰国的某一座城池。"这就是当时的情况。
>
> （HedinハKarl Himlyノ説.ヲ聞キテ此を楼蘭と云ヒ、Steinハ此ヲ否定シテ楼蘭ノ城ハ之ヨリ南方ナリシ云フ。予〔橘〕ハ一日英京ニSteinヲ訪ヘリ。時ニStein予ノ説を敲キテ曰ク、「君此ノ古址ヲ果シテ如何トナス」ト。答ヘテ云フ、「此ノ古址ニ獲タル故紙ヲ見ルニ蓋〔二文衍〕楼蘭ノ王城ニアラズト雖モ、楼蘭国ノ一城ニハ非ルカ」ト云ヘルモノハ、即チコレナリ。）[55]

这段文字记录了橘瑞超和斯坦因当天的对话一部分。卡尔·希姆来是最早研究赫定从楼兰遗址带回资料的德国语言学家[56]。曾调查楼兰遗址的赫定与斯坦因对该遗址是否为楼兰国持有不同的见解，而斯坦因也将这一问题向橘瑞超提出。橘瑞超对此作出回答，称"古址获得的古纸"即"李柏相关文书"表明，即便此地并非楼兰国的王城，恐怕也是楼兰国的一座城池。完成调查活动后归国的橘瑞超，于1912年（明治四十五年）6月17日在东京地学协会的讲演中也提到了这一话题，说明这一经历对他留下了深刻的印象[57]。无论如何，可以确定的是，这次对话深入探讨了许多细节。文中提到的"一日"，或许应解释为"一整天"更为恰当。因此，大谷光瑞与橘瑞超对斯坦因的访问并非仅仅是礼节性拜访，而是一次内容详尽的交流。从中可以看出，斯坦因也希望深入了解"李柏相关文书"以及橘瑞超对楼兰遗址的调查细节。正因如此，可以推测，此次

---

[54] 王冀青《斯坦因与日本敦煌学》，60—61页；Stein,Marc Aurel. *Serindia:detailed report of explorations in Central Asia and western most China*.vol.1, p. 377、p. 409；榎一雄《橘瑞超氏沙漠漫遊記》，377页；金子民雄《楼蘭への旅—ロプ・ノール旧湖床南北縦断記》，东京：JTB，2002年，72—79页；白須淨眞《〈李柏文書〉と〈李柏尺牘稿〉（上）—その二つの呼称がはからずも導出してしまった誤解》，29页。

[55] 榎一雄《橘瑞超氏沙漠漫遊記》，257页。

[56] 因病倒下的希姆来之后，接手研究并撰写了《斯文·赫定氏在楼兰发现的汉文文书及其他遗物》的是孔好古（August Conrady）。详见August Conrady. *Die Chinesischen Handschriften-und sonstigen Kleinfunde Sven Hedins in Lou-lan.* vol. 1, Sweden:Stockholm Generalstabens Litografiska Anstalt, 1920. 关于当时楼兰出土文书研究的出版情况，可参阅金子民雄《スヴェン・ヘディンによって発見された、楼蘭文書に関する報告書に対し、オウレル・スタインよりヘディン宛てて出された礼状》，荒川正晴・柴田幹夫编《シルクロードと近代日本の邂逅—西域古代資料と日本近代仏教》，东京：勉诚出版，2016年，363—365页。

[57] 橘瑞超《中央亜細亜探検談》，《地学雑誌》285号，1912年，606页。

会面期间，“李柏相关文书”的照片是不可或缺的。这一点在*Serindia*第三卷的“附录A”中体现得十分清楚。

2. 大谷光瑞向斯坦因提供的“李柏相关文书”照片

“附录A”的标题为“由爱德华·沙畹翻译并注释的中文碑文与文书”。在这一附录中，首先对“李柏相关文书”进行了探讨，并公开了沙畹对该文书研究的成果。然而，需要注意的是，沙畹的研究成果发表之时，已距离大谷光瑞、橘瑞超与斯坦因的会面过去了十余年。为了准确理解当时的面貌，必须结合当时的研究背景和发展状况进行细致阅读与分析。

沙畹在研究中首先展示了“李柏相关文书”的两个释文，具体内容如下[58]。

1　五月七日〇鎮西域長史關内
2　侯李柏五

1　五月七日〇鎮西域長史關内
2　侯李柏頓首頓首別〇〇〇
3　恆不去心今奉臺使來西月
4　二日到此未知王消息想國中
5　平安王使迴覆羅從北虜
6　中與嚴参事往想是到也
7　今遣使符大往相聞通
8　知消息書不盡意、(李)柏頓首頓
9　首

沙畹的这两段释文，并非现由龙谷大学所藏的“李柏文书”，以及被指定为重要文化财后公称为“李柏尺牍稿”的两篇文书（538A和538B）所对应的内容。根据斯坦因本人在“附录A”中所作的注释，这份“Transcript（释文）”源自沙畹于1910年10月6日致斯坦因的书信。在信中，沙畹提到，他所完成的这份释文，是基于“Count Otani（大谷光瑞伯爵）”代替发现者橘瑞超提供给斯坦因的“a photograph of the originals（原始文书资料群中的其中一张照片）”而完成的。此外，斯坦因还在注释中补充说明，此处所刊载的内容是1913年4月沙畹进一步补充后的成果[59]。因此，对于“附录A”中关于“李柏相关文书”的研究，需要分为两个阶段来进行，并应重点关注其中涉及的前半部分。

---

[58] Stein, Marc Aurel.*Serindia:detailed report of explorations in Central Asia and western most China.* vol. 3, pp. 1329-1330.

[59] 这一点在斯坦因的NOTE.（追记）中如下记载。[NOTE.—Transcript, translation, and notes were first received with a letter of M. Chavannes, dated October 6, 1910, having been prepared from a photograph of the originals which Count Otan had presented to me on behalf of the discoverer. Transcript and annotated translation are reproduced here as revised by M. Chavannes in April, 1913, together with a supplementary note then furnished. For the probable provenance of the documents and the historical import of the draft letter of the Chang-shih Li Po found in the complet one,……. Stein, Marc Aurel. *Serindia:detailed report of explorations in Central Asia and western most China.* vol. 3, p. 1329.

首先，1910年10月6日沙畹向斯坦因提供的报告，是基于1910年5月11日左右大谷光瑞在伦敦亲自赠予斯坦因的一张照片。这张从原始文书拍摄的照片（“a photograph”），应当包含两份文书作为一个整体一起拍摄。这两份文书分别对应沙畹提出的两行释文和九行释文，根据现今龙谷大学的编号，可以与8018和538B对应。也就是说，大谷光瑞赠送的照片，是将这两份文书作为一个整体拍摄的单张照片。因此，斯坦因在收到照片后立即将其寄给沙畹进行研究。而沙畹首次回复斯坦因的信件日期为同年10月6日，由此可知，沙畹在不到五个月的时间内就完成了对这两份文书的释文整理以及内容的理解。

由此，浮现出一个值得关注的问题。那就是，之前提到的羽田亨在1911年1月发表的论文中所附的插图照片（图5），即并排拍摄的两份文书的照片，正好与大谷光瑞赠送给斯坦因的那张照片完全一致，正是8018和538B。因此，538A显然并不包括在内，这一点必须引起足够的关注[60]。这必然引发一个问题，即为什么沙畹所提供的两份文书的释文，与最早公开的羽田亨的那张两份文书合并的照片完全吻合？

3. 538A的除外

如同538A和538B作为一组被指定为重要文化财的情况一样，如果我们摒弃当今将这两份文书视为一组的普遍认知，实际上答案意外地简单。笔者认为大谷光瑞在最初公开“李柏相关文书”时，并没有选择将538A和538B作为一组，而是选择了将8018和538B作为一组的照片，并让研究人员使用这张照片[61]。这一假设得到了内藤湖南最初介绍“李柏相关文书”时的表述的印证，内藤湖南曾提到几乎相同的内容有两份，但并没有展示另一份的释文，而那份正是538A。尽管这可能是内藤湖南的独立判断，但羽田亨也仅公开了538B的释文，而保留了538A的释文。此外，正如前面提到的，经由斯坦因的来自沙畹的释文也正是如此。如果结合这些情况来看，这绝非巧合。尽管对残片8018的处理可能存在不同，但关于能够知晓其整体的最完整状态的538A资料的处理，大谷光瑞并未提供其照片。换句话说，大谷光瑞公开的所有文书照片都排除了538A。因此，笔者认为，在存在几乎相同的两份文献的情况下，东西方的研究者们普遍将538A排除在外，仅限于使用538B的照片和释文，这一做法反映了大谷光瑞的意图[62]。

根据1910年10月6日的信件之后，1913年4月17日沙畹致斯坦因的信件，可以更加明

---

[60] 然而，需要明确的是，羽田亨的原载论文《大谷伯爵所藏新疆史料解说（第一回）》与后来收录在《羽田博士史学论文集 上卷历史篇》（1957年）中的《大谷伯所藏新疆史料解说》并非完全相同。当前讨论的插图也属于同样情况。原载论文中的插图将龙谷大学所附编号为8018和538B的两份资料合并为一张插图，但在后者版本中，作为“第九图”，分别以a（No.538）、b（No.8018）和c（No.8036）单独呈现，因此两者并不完全相同。原载论文中的插图将8018和538B合并为一张照片，这一点必须注意。尽管这一点看似多余，但正如本文接下来要讨论的，这一事实在本稿中至关重要。

[61] 正如羽田亨在论题中所指出的，这些到底还是个人的“大谷伯爵所藏”资料。

[62] 尽管我们无法确切了解大谷光瑞的意图，但可以推测，他可能是在观察“李柏相关文书”研究进展的过程中，看到时机成熟后，主动提供了另一份文书资料，旨在提升其重要性和话题性。由于这只是推测，因此无法作为讨论的对象。

确这一点。斯坦因将信件作为“与沙畹的信件一起收到的补充备忘录”，并将其加入到同一“附录A”中。在1910年10月6日的信件中，沙畹尚不知晓内藤湖南在《大阪朝日新闻》上的《西本愿寺的发掘物》一文以及羽田亨的论考，然而在得知这些信息的法文翻译后，沙畹意识到李柏的信件草稿似乎存在两份，这一发现也印证了大谷光瑞有意不提供538A这一意图。这段对内藤湖南及羽田亨发表内容的法文介绍实际上早已被介绍过，它们被刊登在法国的远东学院的学术期刊*B.E.F.E.O.*，1910-X上（图6）[63]。

— 652 —

Parmi les manuscrits, le plus remarquable est un brouillon de lettre de Li Pai 李柏, tch'ang-che 長史 de Si-yu 西域. Chose assez curieuse, il y en a deux exemplaires à très peu près identiques. Voici le texte donné par M. Naitō :

五月七日鍾西域長史[關內]侯李柏頓首頓首別來恒不去心今奉臺使來西月二日到此未知王消息想國中平安王使廻復羅從北虜中與嚴參事往想足到也今遣使苻大往相聞通知消息書不盡意李柏頓首頓首.

Cé Li Pai n'est d'ailleurs pas un inconnu. Voici ce qu'en dit le *Tsin chou*, 86e *kiuan*, vie de Tchang Ts'iun 張駿 :

西域長史李柏。請擊叛將趙貞。爲貞所敗。議者以相造謀致敗請誅之。駿曰。吾每以漢世宗之殺王恢。不如秦穆之赦孟明竟以減死論。群臣咸悅。初戊巳校尉趙貞不附于駿。至是駿擊擒之。以其他爲高昌郡。

Il en est parlé aussi dans le *Che lieou kouo tch'ouen tsieou* 十六國春秋, édition en 100 chapitres ; mais ce passage paraît tiré du *Tsin chou*.

Dans plusieurs fragments trouvés avec ces brouillons, on lit les expressions : 臣柏言焉耆王龍 ; 達海頭 ; 逆賊趙. Cela permet de conjecturer que cette lettre fut adressée au roi de Yen-K'i 焉耆王, c'est-à-dire au roi Long-hi 龍熙 qui gouvernait la région actuelle de Karachar. On y trouve aussi le nom de Tchao Tchen 趙貞 (ou Tchao Tchen 趙眞), qui aurait été son adversaire et aurait combattu contre lui. Tous ces manuscrits ont été recueillis sur les bords du Konte-daria, affluent du Tarim qui se jette dans le Lobnor, l'ancien Pou-tch'ang hai 蒲昌海. Le kai-t'eou 海頭 dont il est question dans un fragment, désigne-t-il le Lobnor, ou le Bakrakh koul, lac voisin de Karachar ? Rien ne permet encore de le décider. Quant à la date de ces écrits, ils doivent remonter aux commencements des Tsin orientaux, aux années *hien-ho* 咸和 (326-335). Ce seraient donc les plus anciens manuscrits sur papier connus. La forme générale de l'écriture est intermédiaire entre le *kiai chou* 楷書 et le *hing chou* 行書 actuels ; cela semble indiquer que ce qu'on appelait alors *li chou* 隸書 ne différait pas sensiblement de l'écriture actuelle. Il en sera d'ailleurs question un peu plus loin, à propos d'un écrit encore un peu plus ancien. L'époque de ces lettres est celle de la jeunesse de Wang Hi-tche 王羲之. Sans doute leur auteur était d'une région très écartée, un peu sauvage, et on ne peut les prendre comme type de l'écriture de ce calligraphe ni de celle des bons lettrés du même temps. Cependant tous les autres fragments montrent les mêmes formes. L'intérêt historique mis à part, il y a là de précieux documents pour l'histoire de l'écriture.

图6　1910年伯希和关于“李柏相关文书”的介绍

出自*B.E.F.E.O.* -X（广岛大学图书馆藏书）

63　森鹿三《李柏文書の出土地》，作者著《東洋学研究・居延漢簡篇》，214页。需要注意的是，法国远东学院（EFEO，École française d'Extrême-Orient）是隶属于法国高等教育研究部的研究机构，位于越南河内，直属于法属印度支那联邦总督。《B.E.F.E.O》是该学院的学术期刊。

因此，得知大谷光瑞没有公开538 A的存在后，沙畹获得了该538A的释文信息，并通过1913年4月17日的信件对1910年10月6日信中所示的早期研究进行了补充。虽然沙畹是如何获取538 A的信息并没有明确说明，但如果我们参考接下来提到的王冀青的报告，可以推测，斯坦因可能要求大谷光瑞提供相关资料，而根据大谷光瑞的指示，第三次大谷探险队的橘瑞超从俄国的鄂木斯克寄出了一封致斯坦因的信件。这表明，斯坦因向沙畹提供了相关信息的可能性很大，但由于尚未见到鄂木斯克书信的相关资料，暂时只能保留这一观点[64]。无论如何，在这里值得确认的是，在大谷光瑞与斯坦因会面的大约1910年5月时，大谷光瑞并未向研究者提供538 A的照片，而是主要公开了538 B。

综上所述，通过梳理可以发现，王树枏的《访古录》中的释文，与内藤湖南、羽田亨以及通过斯坦因转交给沙畹所提出的释文或其所依据的照片，均共同指向了编号为538B的文书资料。这一点显得尤为重要。这并非偶然现象，而更可能是大谷光瑞有意为之的结果。

六、橘瑞超从伦敦再赴内陆亚洲终抵达迪化府

根据橘瑞超的《新疆通信抄》记载[65]，1910年，橘瑞超在会见了斯坦因和赫定之后，于当年8月16日离开伦敦。他在英国雇佣了一名年轻的英国随从霍布斯，并与其在俄国首都圣彼得堡会合。8月31日，橘瑞超从莫斯科乘坐西伯利亚铁路东行，于9月5日抵达西伯利亚西部的重要枢纽鄂木斯克。次日，他从该地启程，乘船沿额尔齐斯河逆流而上，前往清朝的新疆省。

王冀青对牛津大学博德利图书馆保存的斯坦因收信进行了调查，他对橘瑞超在鄂木斯克期间的行为提出了重要的见解。这正是前文提到的鄂木斯克书信。据说，橘瑞超曾写信给斯坦因，并寄去了“李柏相关文书”的钢笔手抄件（保存在博德利图书馆的第88张）[66]。由于目前尚未见到这封信的具体内容，其寄信日期不得而知，但可以推测，寄信时间大约在1910年9月5日。此外，如果鄂木斯克书信中所包含的确实是538A的“李柏相关文书”的钢笔手抄件，那么至1913年4月17日沙畹致斯坦因的补充回信时，沙畹可能已经通过斯坦因获知了这份信息。然而，“附录A”中并未增加新的相关记录，正如之前所述，这一点仍不甚明了。

随后，橘瑞超经过了塞米巴拉金斯克（当时俄国塞米巴拉金斯克州的州治，与清朝新疆省接壤），进入了清朝的领地。关于橘瑞超在此之后的行踪，幸运的是，通过新疆维吾尔自治区档案馆（以下简称新疆档案馆）的档案资料，可以了解到如下信息：

---

⑥④ 王冀青《斯坦因与日本敦煌学》，99页。如果能够公开大谷光瑞致斯坦因的私人信件以及橘瑞超从鄂木斯克寄给斯坦因的私人信件，这一问题或许能够更加清晰。期待更加详细的相关报告。

⑥⑤ 橘瑞超的行程参考自《新西域记》下卷中收录的《新疆通信抄》。见上原芳太郎《新西域記》，725页。

⑥⑥ 王冀青《斯坦因与日本敦煌学》，99页。荣新江《海外敦煌吐鲁番文献知见录》，南昌：江西人民出版社，1996年，35页。

> 日商橘瑞超，已于本年九月十八日由北路塔城一带经昌吉游历到迪。[67]

根据档案记载，橘瑞超于“本年九月十八日”，即宣统二年九月十八日，公元1910年10月20日，从北路的塔城（塔尔巴哈台，新疆省的直隶属厅）一带经昌吉（位于天山山脉北麓、准噶尔盆地南缘的城镇，新疆省昌吉县的治所）到达“迪”地。“迪”指的是迪化府（乌鲁木齐）。然而，橘瑞超在其《新疆通信抄》中记录为“十月十九日，到达省城乌鲁木齐”，与档案记载存在一天的出入。鉴于档案资料的权威性，可以理解为橘瑞超在迪化府下属的迪化县办理护照确认手续的日期为次日，从而解释了这一时间差。此外，《新疆通信抄》中又明确记载道：“十一月二日，向吐鲁番出发。”[68]这一点可以通过新疆档案馆的另一份档案记录加以确认：

> 日商橘瑞超，由北道昌吉游历到迪，兹拟于十月初一日经南路吐鲁番一带回国。[69]

即橘瑞超计划经南路吐鲁番一带返回日本，明确表明他在宣统二年十月初一日，即1910年11月2日离开迪化府。这与橘在《新疆通信抄》中所记载的出发日期完全吻合。因此，可以确认橘瑞超在迪化府的停留时间为1910年10月19日至11月2日。

值得注意的是，这两份档案将橘瑞超称为“日商”而非“日僧”，这一点颇为奇特。结合此前提到的第三次大谷探险队的实际情况，这一称谓显得更加耐人寻味[70]。此外，还应补充另一份相关档案，即塔城直隶属厅同知向炳麟向按察使荣霈提交的报告。报告中提到：

---

⑰ 根据新疆档案馆、日本佛教大学尼雅遗址学术研究机构《近代外国探险家新疆考古档案资料》（乌鲁木齐：新疆美术摄影出版社，2001年）的资料，第226页的档案记录中提到，日商橘瑞超似乎是从天津出发前往新疆。这与橘的实际行程存在较大出入，但在此不作深入讨论。以下是该档案的全文内容：

张华龄为报橘瑞超入迪化县日期事给荣霈的申文

1910年11月4日

憲台札開：案准撫憲札開，案准北洋大臣、直隷総督部堂陳咨，抛津海関道蔡紹基呈称，六月十二日 准駐日本国総領事小幡酉吉送到護照内開，兹有日商橘瑞超由津赴新疆、甘粛、陜西、直隷、安徽、青海、 陜西、河南、湖北、江蘇遊歴，限十三個月繳銷，請蓋印前来。除印発併分行外，咨請転飭照約妥為保護 具報。等因。層転到県。奉此，卑県遵査該日商橘瑞超已于**本年九月十八日**由北路塔城一帯経昌吉游歴到 迪，俟該日商橘瑞超出境照約妥為護送前進另行申報外，理合先将入境日期備文申報憲台鑑核査考。除通 報外，為此具申，伏乞照験施行。須至申者。右申欽命甘粛新疆鎮迪糧務兵備道兼按察使司按察使陸軍督 練処参議官兼参謀処総弁栄［霈］。

⑱ 根据金子民雄与白须淨眞编《大谷光瑞とスヴェン・ヘディン—内陸アジア探検と国際政治社会》255页的记载，大谷光瑞于1911年2月11日写给赫定的一封信中提及了第三次大谷探险队成员橘瑞超的行踪。从信中可以得知，橘瑞超曾给大谷光瑞写信报告其动向。这封信表明，橘瑞超通过俄国的路线到达了乌鲁木齐，并在前一年（1910年）12月抵达了吐鲁番。

⑲ 《近代外国探险家新疆考古档案资料》，225—226页。

⑳ 这一暗示包括以下几个方面：其一，1910年4月在英国学术刊物上公布的第三次大谷探险队的调查路线及其成员与实际情况存在显著差异；其二，橘瑞超在从伦敦出发时雇佣了一名英国籍少年霍布斯作为随行人员。这些细节均值得深思（参见白须淨眞《大谷探検隊研究の新たな地平—アジア広域調査活動と外務省外交記録》，118、164—171页）。此外，还有一个需要进一步研究的问题，即橘瑞超可能同时持有僧侣护照和商人护照两种身份。这些问题反映出研究中的巨大挑战与潜在的重要线索。

随从英国人一人，名好不苏，查无护照。[71]

报告显示，橘瑞超所带的英国随行人员“好不苏”竟然没有护照。这显然是明确的违规行为。这类档案资料作为记录当时实际情况的第一手原始材料，具有重要意义，不容忽视。因此，对于大谷探险队的研究，已进入无法脱离清代档案资料的阶段。这些档案资料应与此前揭示的日本外务省关于大谷探险队的外交记录一道，被视为最重要的研究资料之一[72]。

七、在新疆省都迪化府期间的橘瑞超与王树枬

橘瑞超曾三次前往迪化府，并至少两次与王树枬会面。第一次是在1908年10月至11月期间，与野村荣三郎共同参加第二次大谷探险队的活动。然而，在此时，橘瑞超本人尚未知晓前往楼兰遗址的计划，自然与“李柏相关文书”无关。而橘瑞超通过包含加密符号的大谷光瑞电报接到前往楼兰遗址的探索指令，并于实际到达楼兰遗址后，于1909年3月下旬发现了“李柏相关文书”，这是发生在第二次大谷探险队活动次年的事情。

第二次是橘瑞超发现了“李柏相关文书”并已将该文书的照片提供给斯坦因之后，于1910年10月19日至11月2日期间携霍布斯一同滞留迪化府，因此，这一时期正是需要深入探讨的重点。至于第三次，则是在1912年4月10日之后，橘瑞超与吉川小一郎一起返程时途经迪化府。此次行程与他们的去程相反，他们经由塔城和塞米巴拉金斯克，搭乘西伯利亚铁路返回日本。吉川小一郎是大谷光瑞经由上海派遣的第三次大谷探险队成员，旨在接替橘瑞超的职务。橘瑞超在与吉川小一郎于敦煌汇合后[73]，向迪化府进发。然而，此时距离辛亥革命爆发已经过去半年，乌鲁木齐不仅正处于混乱之中[74]，而且布政使王树枬也已经卸任，因此二人并未有任何接触[75]。因此，对于橘瑞超与王树枬的接

---

[71] 《近代外国探险家新疆考古档案资料》，224页。

[72] 其集成见白须淨眞《大谷探検隊研究の新たな地平—アジア広域調査活動と外務省外交記録》。

[73] 此前曾有一种说法认为，吉川小一郎之所以被派遣，是因为橘瑞超失联且辛亥革命爆发，为了救援他而采取的措施。然而，这种说法并不正确。关于吉川小一郎的派遣以及他与橘瑞超的会合，可参阅白须淨眞《大谷探検隊研究の新たな地平—アジア広域調査活動と外務省外交記録》第四编的第二章《第三次大谷探検隊員・橘の消息不明とその探索》（第250页之后的内容）。

[74] 最后一任新疆巡抚袁大化在辛亥革命后，被袁世凯任命为新疆都督。然而，作为保皇派的他未能有效掌控受到革命影响的新疆局势，于1912年推举杨增新为都督后逃往天津。当时乌鲁木齐的情景，曾由大谷探险队队员的日记详细记录过。这些日记出自直接见闻，堪称重要的历史资料。参见白须淨眞《清末民初のウルムチ（迪化城）の景観と大谷探検隊の記録—1987年訪中報告（3）》，《東洋史苑》30・31合并号，1988年，99—102页。此外，昝玉林的《辛亥风暴》一文同样生动传达了当时的情形，收录于《乌鲁木齐史话》，乌鲁木齐：新疆人民出版社，1984年（初版为1983年），85—88页。

[75] 关于王树枬的卸任，《新疆图志》第27卷“职官六”中记载为“宣统二年十月卸事”（王树枬等纂修、朱玉麒等整理《新疆图志・索引》，538页注23）。此“十月”指的是1910年11月2日到12月1日期间，属革命前的事件。值得注意的是，革命后的吉川小一郎在其日记《支那纪行》中1912年4月16日的记录中提到：“上午八时前往按察使衙門拜访。因橘氏的楼兰問題烦恼，托病未能见面。”（上原芳太郎《新西域記》下，610页）这里提到的“按察使”在清朝末期已改称为“提法使”，应指荣霈。从这一记载推测，革命后橘瑞超的楼兰问题已成为争议的焦点，因而可能受到当地官员的回避。

触，只需聚焦于橘第二次前往迪化府期间，也就是1910年10月19日至11月2日的这段时间。

接下来，让我们从橘瑞超本人所著的《中亚探险》中，探寻当时的情形。

王布政使是中国的大官中最为明理之人，我在许多方面得到了他的帮助，在这里我深表感谢。前些年我到达迪化时，与野村君一同住在王布政使的衙门里，而这次林出君也不在，住在衙门里略显心中不安，因此我选择住在城内的中国客栈。然而，王布政使多次派人来告诉我："前年你也住在我这里，已经很久没有见面了，我有很多话想和你聊，所以一定要住在我这里。虽然我也可以去找你，但考虑到我的身份，这样不体面，所以最好还是住在我的衙门。"他如此亲切地邀请我，但因为这次我不仅是一个人，还带着霍布斯等人一起，若是麻烦到他实在会让我过意不去，最后我还是决定谢绝了他的好意。[76]

根据这段内容，橘瑞超因为带着霍布斯以及林出君不在等原因，婉拒了王樹枏的热情邀请。仅从橘瑞超的文面来看，这似乎是出于谦逊的拒绝，但正如之前所指出的，随行的英国人霍布斯（好不苏）似乎并没有持有护照，仅这一点就足以使得其一行在王布政使的衙门中住宿一事变得困难。将此与橘瑞超的护照上标明"日商"的头衔相结合，可以进一步说明橘瑞超的第三次大谷探险队与之前的大谷探险队相比，处于一种异常复杂的情形。

另一个理由，"林出君"不在，这里的林出君是指前年与橘瑞超一同活动的第二次大谷探险队的成员野村荣三郎所著《蒙古新疆旅行日记》中提到的林出健二（贤次）郎。

〔1908年〕10月26日……抵达乌鲁木齐

……立即前往衙门租了一间房子。这间房子是去年日野少佐住过的，打扫之后，正准备解开行李时，橘氏一行人到达。晚饭后，将我们的名片附上青木少佐、日野少佐、松井大尉的名片，向林出先生报告我们到达的情况。……（到月底前缺记）

〔1908年〕11月1日

由于布政使王方伯先生的厚意，我们被允许租用布政使衙门的一间房，并迁入其中。王布政使派人前来帮忙搬运、打扫房间并更换壁纸，我们对此深表谢意。午饭后，和林出贤二郎先生一起前往衙门拜访巡抚联魁先生。……五点半返回住所，王布政使回访，并赠送了巴里坤的汉唐碑石拓。[77]

这里提到的"布政使王方伯氏"即为王树枏。方伯是布政使的简称。当时，即在1908年11月1日，王树枏的欢迎礼遇非常隆重，从中可以看出林出健二郎与王樹枏之间的关系起到了重要作用。林出健二郎，是于1906年（光绪三十二年）在迪化府设立的官立法政学堂以及次年设立的官立陆军小学堂的教师，他在1910年（宣统二年）之前一直

---

[76] 橘瑞超《中亜探検》，东京：博文馆，1912年，43—44页；橘瑞超著、柳洪亮译《中亚探险》，乌鲁木齐：新疆人民出版社，1993年。《中亚探险》在这一部分同样没有标注日期。而王树枏的退职，恰好也是在这个时期。参见注释75。

[77] 上原芳太郎《新西域記》下，493页。

在迪化府工作，与王树枏有着直接且深厚的关系[78]。

无论如何，1908年第二次大谷探险队的野村荣三郎与橘瑞超在当时受到了王树枏的热烈欢迎这件事无可置疑的。这不仅因为他们是曾直接赴新疆的日本伯爵、传统宗门法主大谷光瑞门下的人，还因为他们持有由清朝中央政府·外务部颁发的护照，上面明确标明他们是“地理学士”，即具有高深学识的日本学者[79]。当然，日俄战争后日本在国际社会中的地位急剧上升，西太后以日本的立宪政治为模范实施的新政，以及与这一新政相关的清日交流的巅峰时期，这些历史背景也是不容忽视的。然而，笔者认为，我们不应忽视的是，王树枏不仅是清朝新疆省的高官，还是深谙金石学和书法，且具有文雅风骨的士人。这种文人的身份和气质使得王树枏对能即兴吟诵汉诗的野村荣三郎产生了深切的共鸣。因此，王树枏才将巴里坤的汉唐碑石拓托付给野村荣三郎和橘瑞超，送给大谷光瑞。

巴里坤是指位于哈密北部、巴里坤湖东岸的地区。该地正是“汉唐碑”遗存的地方，对于获取古老的石拓本来说，是一个极为理想的地点。然而，野村荣三郎与橘瑞超却因某些不可避免的原因未能对该地进行调查[80]。王树枏深知这一点，因此他将本应由野村荣三郎与橘瑞超采拓的拓本赠送给他们。这应该被视为一种极为细致的关照。其中一块巴里坤的汉唐碑石拓，便是曾在龙谷大学图书馆确认存在的唐代《姜行本纪功碑石拓》（图7），这一点是毫无疑问的[81]。王树枏在其《访古录》第二卷开头部分，详细考证了这块碑文。此外，关于巴里坤的众多纪功碑，朱玉麒在《汉唐西域纪功碑考述》一文中进行了详细探讨，亦可了解到纪功碑的现状[82]。

---

⑱ 《新疆图志》卷三九《学校一》中记载，林初（林出之误写）贤次郎曾受邀在法政学堂教授“法学通论”。参见白须淨眞《野村栄三郎と福井瑞華の内陸アジア・河西域の調査計画（1909—1910）の消滅とその波紋—清国新疆省檔案（官文書）にみえる野村と福井の〈転発護照〉》，37页及其脚注31。根据片冈一忠的资料，林出健二郎于1908年2月到任，1910年9月返回东京。片冈一忠《林出賢次郎将来　新疆省郷土志三十種》，京都：朋友书店，1986年，216页注释。而佐佐充昭则指出，林出健二郎于1910年3月离开迪化府，因此在橘瑞超的第二次迪化府停留期间，即1910年10月19日至11月2日，林出健二郎确实不在当地。佐佐充昭《林出賢次郎の生涯—大本教と道院・紅卍字会との提携を仲介した外交官》，《立命館文学》676，2021年，49页。

⑲ 遗憾的是，这是伪造的。关于当时护照的状况，请参照白须淨眞《清国の檔案資料が語る第二次大谷隊（1908—1910）の当初の計画—在清国公使・林権助の公信、清国・新疆省の檔案との関係—（上）》11页。

⑳ 从蒙古前往新疆省的野村荣三郎和橘瑞超，按照乌里雅苏台参赞大臣副都督奎焕的建议，改变了原定的路线。护照上记载的原路线是从乌里雅苏台经镇西（巴里坤）前行，但他们改道从科布多前往古城子（奇台县），因此未能经过该地。参见白须淨眞《清国の檔案資料が語る第二次大谷隊（1908—1910）の当初の計画—在清国公使・林権助の公信、清国・新疆省の檔案との関係—（上）》，17页。

㉑ 白须淨眞《清末民初めのウルムチ（廸化城）の景観と大谷探検隊の記録—1987年訪中報告（3）》，120页。然而，关于王树枏赠送的其他石拓是否存在，尚未进行调查。

㉒ 其被收录于笔者的退休论文集《シルクロードと近代日本の邂逅—西域古代資料と日本近代仏教》（荒川正晴、柴田幹夫编）中的《汉和堂藏〈裴岑碑〉旧拓考》一文也是这项考证的内容。在此，再次表示感谢。姜行本碑的拓本作为“石刻拓本资料”文件编号TOU0039X，现保存在京都大学人文科学研究所。

图7　《姜行本纪功碑石拓》与其碑石

左侧是1908年，王树枏通过第二次大谷探险队的野村荣三郎和橘瑞超将《姜行本纪功碑石拓》赠送给大谷光瑞的拓本，目前保存在龙谷大学的大宫图书馆。图片来源：白须淨眞《清末民初めのウルムチ（廸化城）の景観と大谷探検隊の記録—1987年訪中報告（3）》。右侧的碑石的图片来自朱玉麒《翰海零缣—西域文献研究一集》19页。该碑的内容记载了贞观十四年（640年），唐太宗李世民任命侯君集为交河道行军大总管，远征高昌国时的情况，姜行本为其副总管。原石现在保存在新疆维吾尔自治区博物馆。需要注意的是，原石的右侧为民国时期的追刻

八、《访古录》中“前凉西域长史李柏书”的信息提供者为橘瑞超

那么，如此整理王树枏与橘瑞超的深厚关系后，王树枏在《访古录》中收录的“前

凉西域长史李柏书”，与内藤湖南、羽田亨、沙畹等人的共同资料，即538B，也自然而然地成为了一个研究课题。正如之前所指出的，刘芹的研究指出王树枏在1910年（宣统二年）已经完成了作为定稿的《访古录》，这一点非常重要。由此可以推断，王树枏在那个时候，已经通过某种方式获取了538B的照片，并独立完成了释文的编写。如果没有538B的照片，王树枏就无法提供自己完成的独立的释文。因此，我们必须探讨王树枏是否有可能获得了这张照片。笔者认为，基于王树枏与橘瑞超之间的直接交流的背景，可以推测橘瑞超在第二次停留于迪化府期间，即1910年10月19日至11月2日之间，正如1910年在伦敦赠予斯坦因一样，他也将大谷光瑞允许提供给研究人员的538B的照片同样提供给了王树枏，并且在那个时候，他还可能提到了楼兰遗址的发掘情况。重要的是，这些信息来自于发掘的当事人。与依据通过野村荣三郎传达的橘瑞超的口信的内藤湖南和羽田亨的信息来源之间的不同，正是在这一点上显现出来。发掘当事人橘瑞超与面谈过的事实，以及他自己调查并绘制的遗址地图，证实了“李柏相关文书”的出土地点是在楼兰遗址（L.A.）的Ⅱ的Ⅳ区，这与斯坦因的确定地点相近。当然，王树枏并未亲自前往楼兰遗址，但他所听到的信息正是来自当事人。因此，我们应当探讨这直接信息的质量，并评估它的准确性。

幸运的是，在展示“前凉西域长史李柏书”的释文之前，王树枏已经提供了一些颇为有趣的信息：

> 二十四年，日本橘瑞超在罗布淖尔东北五百余里破城中掘得古物甚夥。内有前凉西域长史李柏书数纸，一纸尚为完整。盖破城即古伊循城也。

这一点已经多次提及，但在此需要再次整理和梳理。

光绪二十四年

根据“斯坦因备忘录”的确认，橘瑞超获得“李柏相关文书”的时间是1909年3月末。如果将其换算为清代的历法，恰好对应于宣统元年闰二月，因此王树枏将其记为光绪二十四年显然是一个错误。那么，王树枏为什么会犯下这样的错误呢？

根据《新西域记》所收录的野村荣三郎《蒙古新疆旅行日记》记载：

〔1908年〕11月20日 晴

> ……崩殂，西太后与皇帝相隔一日驾崩。

〔1908年〕11月25日 晴

> 拜访衙门中的曾氏，得知两宫西太后驾崩确有其事。……

由此可见，继光绪帝驾崩后，第二天西太后也随之去世。“衙门”指的是吐鲁番直隶厅，“曾氏”即曾炳熿。野村荣三郎与橘瑞超在吐鲁番活动时，听闻了这一消息，并在当地的衙门内加以确认。继光绪帝之后，爱新觉罗·溥仪于光绪三十四年十一月初九日（1908年12月2日）即位。由于清朝实行改元以次年正月为始的逾年改元制度，宣统元年的一月一日对应的是次年的1909年1月22日。因此，橘瑞超于1909年3月下旬获得“李柏相关文书”一事，按照清朝纪年，应准确为宣统元年闰二月。然而，王树枏却误记为光绪二十四年。然而，笔者认为王树枏并非完全在没有信息的情况下犯了这个错误，而是因为一系列误解的交织。根据前述野村荣三郎的日记，橘瑞超于1908年12月2日，也就是光绪三十四年十一月九日，和先行的野村荣三郎在吐鲁番会合。这意味着，橘瑞超是在宣统改元前的光绪最后一年离开迪化府的。因此，笔者推测王树枏可能认为橘瑞超是在光绪最后一年，即光绪三十四年，前往楼兰遗址并发现了"李柏相关文书"。然而，将其误写为光绪二十四年，可能单纯是因为他把光绪三十四年写错了，或者是二与三之间的简单笔误。

罗布淖尔东北五百余里的破城

而"破城"毫无疑问指的是作为遗迹的楼兰遗址，但正如之前所指出的，只有发掘当事人橘瑞超才能明确知道"罗布淖尔东北五百余里"这一方位和距离。因此，这必定是王树枏从橘瑞超那里直接得知的。不过，问题在于，即使说到位于广阔的内陆盐湖罗布淖尔的东北五百余里，如果不知道是以罗布淖尔的哪一部分作为起点，就无法确定该破城的具体位置。

然而，我们不能忽视的是，王树枏在宣统三年（1911年）冬季完成的《新疆图志》是其编辑工作的中心。正如前述，橘瑞超在作为第三次大谷探险队队员在迪化府停留期间，大约是在1910年10月19日至11月2日左右，此时王树枏正处于编辑《新疆图志》的过程中。因此，我们可以通过确认王树枏在《访古录》中提到的罗布淖尔在《新疆图志》中的记载方式来进一步确认。

在《新疆图志》中，关于罗布淖尔的相关记载有很多，其中尤其值得关注的是《新疆图志》卷二"建置"中的"吐鲁番"部分：

> 其〔吐鲁番直隶厅〕界东九十里胜金台接鄯善之连木沁南二百里至怕沙布拉克山，接婼羌之罗布淖尔。

这里提到了"婼羌之罗布淖尔"，也就是说，这一部分将罗布淖尔与婼羌直接联系起来。这段描述了吐鲁番直隶厅的界域，并将其所辖的鄯善县与南部相接的婼羌县（隶属于焉耆府）的罗布淖尔联系在一起[83]。根据这一描述，鄯善县的连木沁向南约200里，便会到达怕沙布拉克山，并与婼羌县的罗布淖尔相接。这个怕沙布拉克山，位于从鄯善县南下，通过库姆塔格（砂山）并进入罗布沙漠（库姆塔格沙漠）的"鄯善支路"上。在清末的地图中，的确可以确认这个山名及其相关地名[84]。如果是这样的话，那么从吐鲁番出发，沿着被称为鄯善支路的道路南下，最终会到达罗布淖尔的北岸地区。在《新疆图志》的"建置"条目中将罗布淖尔的北岸地区称作"婼羌之罗布淖尔"，可以看作是效仿了清代官方地志如《大清一统志》中的"建置沿革"这一描述方式。因此，这里提到的罗布淖尔明确隶属于婼羌，即新疆省焉耆府下辖的婼羌县。

根据清末的《婼羌县乡土志稿》，婼羌县是在清末的光绪二十九年五月二十四日

---

⑧③ 王树枏等纂修、朱玉麒等整理《新疆图志·索引》，1526页。

⑧④ 关于发音相近的"白沙布拉克"这个地名，在《新疆全省舆地图》（宣统元年）中的吐鲁番厅图和《新疆图志》卷80的"吐鲁番厅总图"中都有出现"白沙布克拉"（布克拉可能是布拉克音译的变体）这一地名。这个地名位于库姆塔格和罗布沙漠的交接处附近。

新设置的，并以婼羌，即“卡克里克”（Charklik）为县治的县名[85]。因此，《新疆图志》中的其他地方提到的“接婼羌之罗布淖尔”[86]、“今婼羌县在罗布淖尔之旁”等冠有婼羌一词的罗布淖尔也是同类的表述[87]，且其中的婼羌指的就是县治所在的婼羌。

由此整理来看，王树枏在提到“罗布淖尔东北五百余里”时，所使用的“罗布淖尔”并非指一个没有明确起点的广泛湖区，而是指位于婼羌县的罗布淖尔，即以婼羌县治所在作为参考点或起点的罗布淖尔。其含义就是，破城（楼兰遗址）位于婼羌县东北五百余里之处。因此，如果以当前地图上的婼羌，即卡克里克为起点，那么将破城的方向标注为东北是完全没有问题的。而且从这个地方测量到楼兰遗址的距离为五百余里即大约250千米，虽然可能会有些许偏差，但将其视为不准确并加以忽略是不可取的。五百余里本就是一个大致的估算值[88]。因此，王樹枏所提到的罗布淖尔的东北五百余里，考虑到它是以清末新疆省的婼羌县为起点所标注的罗布淖尔的东北五百余里，这一方向和大致的距离是合理的。而且，根据新疆档案馆中的档案资料，橘瑞超的实际行动毫无疑问地表明，他确实到达了婼羌县，并且在离开婼羌县时，他曾告知县瑞山，自己将调查婼羌县蜜远一带的古迹。根据瑞山的报告，橘瑞超确实返回到婼羌县了。因此，王树枏所使用的“婼羌之罗布淖尔”这一表述，可以得到其准确性的支持[89]。

此外，王树枏将破城认定为伊循城。这一判断与《汉书·西域传》（卷九十六上）中鄯善国的记载相对应：“鄯善国，本名楼兰。王治打泥城。……国有伊循城。”据此推测，王树枏似乎并未将该楼兰遗址视为楼兰（即汉代改名为鄯善之前的国名）的王治所在地。无论如何，这应被视为依据编纂史料对楼兰遗址进行最早比定的案例之一，值得铭记在心。

接着，王树枏在《访古录》中以“案晋书”为前置，提出了他独到的见解。他认为，《晋书·张骏传》中提到的西域长史正是李柏本人，并且淡然指出，他曾讨伐戊己校尉赵贞而战败。这一观点的提出，正与羽田亨的研究几乎同时，是最早的见解之一。除此之外，王树枏还进一步推测，这份文书中提到的“北虏”即是指赵贞[90]。

此外，王树枏还将后来因王国维的指摘而引发讨论的“海头”中的“海”，解释为蒲昌海，即清末的罗布淖尔。这一观点值得一并补充说明。

至此，对于王树枏在《访古录》中所载的“前凉西域长史李柏书”的论述已基本详

---

[85] 中国社会科学院中国边境史地研究中心主编《新疆乡土志稿》，北京：全国图书馆文献缩微复制中心，1990年，543页。

[86] 《新疆图志》卷四《建置四》，106页。

[87] 《新疆图志》卷七九《道路一》，1508页。

[88] 测量所使用的工具包括《中国道路地图集》等多种地图。

[89] 《近代外国探险家新疆考古档案资料》，214页。

[90] 类似的观点藤枝晃也有提出，但藤枝晃并未指出王树枏提出过这一见解（参见藤枝晃《楼蘭文書札記》，《東方学報》41，1970年，207页；藤枝晃《李柏文書》，龙谷大学350周年纪念学术企划出版编辑委员会企划·编辑，1991年，88页）。而王素则提及了王树枏的这一看法（参见王素《高昌史稿：统治编》，北京：文物出版社，1998年，125页，注释1）。此外，王素将《访古录》的出版年份定为1918年。然而，将曾任前凉戊己校尉且很可能是汉人的赵贞视为“虏”，仍然显得颇为困难（参见白须淨眞《〈李柏文書〉と〈李柏尺牘稿〉（上）—その二つの呼称がはからずも導出してしまった誤解》32页，注释29）。

尽无遗。可以说，王树枏能够在《晋书・张骏传》中发现李柏这一点，与羽田亨所提出的见解相并列，应当给予高度评价。这正是本文的结论所在。

然而，若说本文仍留有些许违和感，恐怕在于对王国维（观堂）在“李柏相关文书”中所提出的重要见解未作任何探讨。这并非毫无理由地回避此问题。这一现象实际上与大谷光瑞在最初公开“李柏相关文书”时，对其中的538A文书刻意隐匿有着深刻的关联。尽管如此，王国维自始至终同时使用了538A和538B两份文书。这一现象的原因若要揭示，不仅需要对其进行如同王树枏情况般复杂的分析，更需结合王国维的特殊背景——他曾追随罗振玉东渡，旅居日本。此外，不仅是大谷光瑞，作为大谷探险队所带回资料整理与研究核心人物的内藤湖南，其与罗振玉的关系，以及其通过罗振玉与王国维的关联，也在这一问题中显得尤为重要。因此，围绕“李柏相关文书”的大谷光瑞、橘瑞超与斯坦因、沙畹、王树枏之间的关系，必定与其他学者有所不同。最后，在强调这一点的同时，笔者想对这一问题做出补充并结束本文。

附　王国维与罗振玉的“李柏相关文书”

有一本著名的书籍，初版于1914年出版，名为《流沙坠简》。过去，这本书常常只被归于罗振玉的名下，但现在，它通常被视为王国维与罗振玉的合著。斯坦因在第二次探险（1906—1908）期间收集的内陆亚洲诸多资料中，包括楼兰和敦煌长城遗址等地出土的古代汉文文书群，这些资料经过高水平的再次验证，成为了《流沙坠简》的重要内容。再次验证这个表达可能不太容易理解，实际上它指的是法国的沙畹在1913年出版的研究报告《新疆沙漠地区由奥莱尔・斯坦因爵士发现的汉文文书》中的独立验证工作[91]。这是在该报告的稿本阶段所进行的独特检验。沙畹在其自著出版之前，将其手稿提供给了罗振玉，而罗振玉与王国维共同进行了验证，并将成果以《流沙坠简》为题独立出版[92]。这就是为何该书的开头有罗振玉和王国维两篇序文的原因。罗振玉的序文末尾写道：

宣統甲寅正月上虞羅振玉序於日本東山僑舍之建安雙鏡齋　羅振王（玉）印

表明该序文是在宣统甲寅正月完成的。罗振玉避开辛亥革命，作为清朝的遗臣东渡至日本，在日本期间仍然继承使用清历。因此，他所使用的清历与西历（公历）不同。清历的甲寅元旦是1914年（大正三年）1月26日，即清历正月开始的日子。东山的侨舍指的是罗振玉在日本的临时住所，名为永慕苑。而“建安双镜斋”可能是指他在这座住所内设立的书房，书房中摆放了两面以东汉献帝时期的建安年号命名的古镜。可以推测，罗振玉是在这间书房中完成了他的书写工作。根据《流沙坠简》卷头书名的背面所印的

---

[91] Edouard Chavannes. *Les documents chinois : decouverts par Aurel Stein dans les sables du Turkestan oriental*. UK: Oxford, 1913.

[92] 虽然无法确切知道该手稿何时到达罗振玉手中，但蔡渊迪认为，可以将其视为“癸丑岁暮”，并推测宣统甲寅正月应当比其早一个多月。因此，可以推测这大约是在1913年末。蔡渊迪《〈流沙坠简〉考论》，上海：中西书局，2017年，75页。

“上虞罗氏宸翰楼印”一版[93]，可以确认该书是由罗振玉在宸翰楼印行出版的。宸翰楼是罗振玉在日本的东山侨舍内设置的附属建筑之一，与“大云书库”并列[94]。《流沙坠简》这本书不仅在序文的形式上具有独特之处，在成书、印刷、版本、修订等方面也存在许多细致的讨论，因此它被认为是一本相当难以把握的书籍[95]。尽管笔者在查阅的版本中发现了“上虞罗氏宸翰楼印”的印记，但笔者仍然对其是否为最早版本有所犹豫。不过，可以明确的是，这本书的版本无疑属于较早的版本。

《流沙坠简》如前所述，确实是针对斯坦因在楼兰遗址发掘的资料进行的研究。然而，王国维的序文部分，明确提到了与斯坦因资料无关的橘瑞超在楼兰遗址中发现的前凉“西域长史李柏二书”，也就是“李柏相关文书”。在这些文书中，有这样两段文字：“今奉臺使來西，月二日到此（此字旁注海頭二字）”（538B）和“詔家見遣□來慰勞諸國月二日來到海頭”（538A）。王国维提到这些内容，是为了阐明，斯坦因资料的楼兰遗址发掘地点与“西域长史李柏二书”中提到的海头并不是同一地点。当时，由于赫定带走的楼兰遗址出土资料以及斯坦因第三次探险（1913—1915年）的资料尚未公开，因此王国维的考察无法避免基于这些有限的资料进行。现在我们不再认为楼兰遗址与海头是两个不同的地点。然而，笔者在此关注的并非这个问题，而是《流沙坠简》中王国维的序文中，引用了两份“李柏相关文书”，即538B和538A这一事实。特别值得注意的是，王国维在1914年1月26日（清历元旦）之后的清历正月中写的序文中，已经引用了538A，而这一点与之前整理的内藤湖南、羽田亨、沙畹、王树枏等学者对“李柏相关文书”资料的处理方式不同，大谷光瑞本应对研究者进行限制的538A，王国维却在此引用了。

王国维的序文中写道：

甲寅正月之晦，海甯王國維序於日本京都之吉田山東麓庚廬。[96]

这意味着，王国维在甲寅正月的晦日，即正月最后一日，于日本京都吉田山东麓的庚庐（临时住所）中撰写了这篇序文。该纪年是王国维遵循与罗振玉一同东渡时使用的干支纪年，因此是太阴太阳历的清历的继承。换算为西历，则为1914年（大正三年）2月24日。这意味着，王国维在此日期之前，已经确实看过了538B和538A这两份“李柏相关文书”。

---

[93] 笔者查阅的是广岛大学图书馆的杉本文库中的三册《流沙坠简》。后述的附录并未包含在该版本中。关于是《流沙坠简》的哪个版本以及何时出版仍然不太清楚，但罗振玉曾写信给王国维，提到“《流沙坠简》样本已来，奉览。竟与法人原书无二（几过之）”，意思是样本的书已送达，并且与法国的沙畹的原书无异（略微损坏了些）。这一私信为研究提供了一个线索。私信的编辑者王庆祥等人推测，样本书送达的时间是1914年5月，而祭则认为是1914年2月24日（甲寅正月）。王庆祥、萧立文校注，罗继祖审订《罗振玉王国维往来书信》，北京：东方出版社，2007年，17页；蔡渊迪《〈流沙坠简〉考论》，81页。

[94] 关于罗振玉的东渡问题，笔者曾经进行过详细的研究。相关内容见白须淨眞《清国外務部の第二次大谷隊（1908～1910）への護照発給とその関係檔案の紹介—1908（光緒三十四）年次の護照発給事例から垣間見る外務部官制と外務部の意思決定》（收录于高田时雄《草創期の敦煌》，东京：知泉书馆，2002年、白须淨眞《大谷探検隊研究の新たな地平—アジア広域調査活動と外務省外交記録》）。

[95] 参照蔡渊迪《〈流沙坠简〉考论》。

[96] 罗振玉、王国维编著《流沙坠简》，北京：中华书局，1993年，12页。

王国维所见的“李柏相关文书”的释文，在《流沙坠简》中附有附录，前文如下所述，前文之后展示出完整的释文。

附錄

斯坦因博士發掘羅布淖爾北古城後，日本西本願寺主大谷伯爵光瑞所派遣之橘瑞超氏繼至其地，復行發掘所得簡紙頗多，中有前涼西域長史李柏表文一通，書稿三通，惟二書稿頗完善，曩曾見寫真影片，録其文字。表文僅存十三字，即自羽田學士亨李柏書攷中趍録者也。此一表三書關係史事甚鉅。故並攷之，附於墜簡之後。甲寅三月海甯王国維。[97]

根据这份附录，王国维公开的“李柏相关文书”的释文包含了李柏的一通“表文”和三通“书稿”。其中两通“书稿”是非常完整的，因此这两通“书稿”正是指538B和538A。这一点通过王国维即将提出的释文与其一致性得到了确认。另外，剩下的那一通根据王国维所提供的释文，被确认是龙谷大学附上的编号为8018的文书。

然而，在王国维的这段前文中，特别值得注意的是，“曩曾见写真影片，录其文字”，也就是说，他明确提到是通过观看照片影片，即通过照片的印刷，来记录这些文字的。这意味着这并不是直接来自原文书的释文，而是通过观看照片影片后所作的释文。不仅如此，根据后文展示的王国维的释文可知，这些照片影片很可能是一组，包括538A与8018+538B。也就是说，后者，即8018+538B，正是羽田亨最早向世界学界公开的文书照片（见本文图5）。因此，王国维无疑是通过查看这组包含8018+538B的照片影片，随后才进行了释文。这些照片与1910年5月11日左右，大谷光瑞在伦敦提供给斯坦因，并由沙畹附上释文的照片完全一致。换句话说，这就是“李柏相关文书”最初被拍摄的照片的拍摄方式[98]。因此，王国维是通过查看仅包含538A的照片和包含8018+538B的照片影片来提取释文，并将其作为《流沙坠简》中的“附录”发布的。王国维并未查看其他的照片影片。这是因为仅有十三个字的“表文”（对应龙谷大学编号8036）是从《羽田学士亨的李柏书考》（《羽田学士亨の李柏書攷》，《大谷伯爵所藏新疆史料解说（第一回）》）中趍录取出的，这一点可以通过明确的表述得以确认。

《流沙坠简》“附录”中的纪年，记录在王国维释文之前的前言的末尾，即甲寅三月。这个甲寅三月（1914年3月27日之后的一个月内）大约是王国维序文中提到的甲寅正月之晦的两个月后的时间。这意味着王国维在甲寅正月之晦之前，肯定已经看过538A和8018+538B的照片。然而，令人困惑的是，关于他看到这些照片的时间点能追溯到多久之前的线索突然断绝了。因此，接下来将转向最接近王国维的罗振玉，探讨他当时的情况，以进一步追溯这个问题。

罗振玉也有一篇题为《李柏致西域王书》的“李柏相关文书”的释文。这篇释文的结构与王国维在《流沙坠简》所写的“附录”中的538A和8018+538B的组合完全相同，这一点值得注意。接下来，笔者将把罗振玉的释文与前面展示的王国维在甲寅三月时期

---

[97] 罗振玉、王国维编著《流沙坠简》，277页。

[98] 这个“8018+538B”与《图谱》中的照片一致。很可能最初拍摄的照片原板被借用或引用了。

从照片影片中提取的释文并列展示，以供参考。不过，王国维从《羽田学士亨的李柏书考》写下的内容（李柏的“表文”一通，龙谷大学编号8036）并非来源于照片影片，因此应当排除。此外，（538A）与（8018+538B）是为了方便起见而附上的标号。

［罗振玉的释文］《归梦寮日笺（残稿）》	［王国维的释文］《流沙坠简》[99]
五月七日西域长史关内	五月七日西域長史關内
矦李柏五	矦李柏五
五月七日□□西域长史关内	五月七日□□西域長史關内
侯李柏顿首顿□□□思□	矦李柏頓首頓首□□□□
恒不去心今奉台使来西月	恒不去心今奉臺使來西月
二日到此□□头未知王消息想国中	海頭 二日到此未知王消息想國中
平安王使回复罗从北虏	平安王使迴復羅従北虜
中与严参事往想是到也	中與嚴参事往想是到也
今遣使持□往相聞通	今遣使苻太往相聞通
知消息书不悉意李柏顿首顿	知消息書不悉意李柏頓首頓
首	首
（8018+538B）	（8018+538B，对应插图5）
五月七日西域长史关内矦	五月七日西域長史關内矦李
柏顿首〃(反复符号)阔久不知闻常	柏頓首□□闊久不相門？□
怀思想不知□想念	懷思想不知親相念□
□□忘也诏家见遣	□見忘也詺家見遣□
口慰劳诸国此月二日来到	来慰勞諸國月二日来到
海头不知□问邑（下面非“巴”而為“已”）	海頭不知王問邑〻天熱
〻天热	想王國大小平安王使
想王国大小平安王使	□遂俱共發従北虜中與
□遂俱共发从北虏中与	嚴参事往未知到未今
□□事往不知到来今	□使苻太往通消息
□□苻□往通消息	書不盡意李柏頓
书不尽意李柏顿	首〻〻
首〻〻	（538A）
（538A）	

左侧的［罗振玉的释文］取自2003年由辽宁教育出版社出版的，罗振玉撰述、肃文立编校《雪堂类稿：甲 笔记汇刊》中的《归梦寮日笺（残稿）》部分[100]，选自其中的残稿。

---

⑲ 罗振玉、王国维编著《流沙坠简》，277—279页。

⑳ 罗振玉撰述·肃文立编校《雪堂类稿：甲 笔记汇刊》，沈阳：辽宁教育出版社，2003年，133—134页。

该《归梦寮日笺（残稿）》未曾出版，因此在2003年之前应该不为人知。“归梦寮”大概指的是罗振玉在异乡宿舍中所做的关于回到故乡的梦的日记或类似备忘录的残稿，因此推测是他在日本期间（东渡时期为1911～1919年8年间）写的。罗振玉在这篇释文前言中写道：

大谷氏游历中亚时，并得李柏与西域王书二通于昆知达里雅乾川左岸之古城址此城在北纬四十七度、英国绿威东经九十度。……西京大学教授内藤博士虎曾以影本见贻，录之如左。

“昆知达里雅”可能是罗振玉根据当时的新疆地理和地图资料，对橘瑞超给野村荣三郎的留言中的“コンチダリア（Kontsch-daria）”一带地区的音译。在当时新疆的地志和地图中，这条河流（ダリア）多被标记为“孔雀河”，因此在这种情况下，“昆知达里雅”这一汉字音译可能是罗振玉个人的独特表述。此外，“北纬四十七度，英国绿威东经九十度”这一表述也与之前提到的金子民雄所揭示的大谷光瑞电报中楼兰遗址的加密代码“东经90度，北纬41度”相近。“北纬47度”很可能是“北纬41度”的误记。这是因为，当时西本愿寺内部涉及加密代码的信息应该属于机密事项。因此，内藤湖南作为法主大谷光瑞指派的大谷探险队带回资料的研究整理负责人，可能仅被告知了解读后的经纬度信息。尽管代码是机密，但解读后的经纬度信息似乎并非如此。罗振玉似乎并非通过大谷光瑞，而是在收到西京（“西之京”的京都）大学教授内藤博士·虎次郎提供的“影本”时得知了这一信息。因此，如果将罗振玉所提到的“影本”视为“李柏与西域王书二通”的影印件，即类似于照片的材料[101]，并且即便“东经90度，北纬47度”这一信息被不准确地传达，但若将其与1908年末赫定访问西本愿寺后不久大谷光瑞得到的机密信息结合起来，同时考虑到“李柏相关文书”传入日本以及内藤湖南与羽田亨对“李柏相关文书”的整理完成的时间，那么可以推测内藤湖南当时可能将相关的照片转交给了罗振玉。如果这个时间点处于，内藤湖南和羽田亨能够公开前述的538B，但538A的照片及其释文尚无法公开的时期的话，那么可以推测，即便罗振玉从内藤湖南那里获得了照片（影印），他也必然遵守相关限制。因此，这些资料未曾发表，便被搁置于《归梦寮日笺（残稿）》之中。此外，罗振玉还识别出李柏在《晋书·张骏传》中有所记载的事实。

如果是这样，那么很可能王国维是从罗振玉那里看到了内藤湖南转赠的照片，并借此参阅，在初版《流沙坠简》的“甲寅正月之晦”（1914年2月24日）的序文中引用了其中的一部分内容。然后，王国维迅速在两个月后再版的《〔流沙〕坠简》（1914年3月27日之后）中，在“附录”中公开了全部的释文。然而，在那个时候，很可能大谷光瑞通过橘瑞超将538A的释文从鄂木斯克提供给斯坦因了。这表明大谷光瑞很可能亲自解除了对这些内容的限制。此外，《流沙坠简》的出版恰逢大谷光瑞即将辞去法主职务的前夕，大谷光瑞当时应该已经无暇再关注“李柏相关文书”的具体事务。因此，可以认为在

---

[101] 罗振玉所使用的术语，如“影本”“影印本”“印本”等，究竟能够在多大程度上进行严格区分，目前尚不明确。结合其以往在提及这些概念时的语境，我们可以将其统一理解为与照片相关的材料。参见白须淨眞《大谷探検隊研究の新たな地平—アジア広域調査活動と外務省外交記録》，246页，注释58。

1915年《图谱》出版之前，关于538A的限制已经完全消失。

无论如何，可以推测出这一复杂的过程与1910年11月前后橘瑞超在新疆省迪化府会见王树枏时的情况毫无关联。对此一无所知的橘瑞超，仍然按照大谷光瑞的意图行事，仅向王树枏提供了538B的照片。这也正是本文未涉及罗振玉与王国维所提及的“李柏相关文书”的原因所在。

结　语

至此，本稿结束对王树枏《访古录》中所收录的“前凉西域长史李柏书”的考察。考察之所以变得如此繁琐，主要原因在于试图揭示大谷光瑞在“李柏相关文书”中仅公开了538B而隐瞒538A的意图。然而，这也反倒成了推动王树枏的“前凉西域长史李柏书”浮出水面的契机。

附记：我在将拙稿寄呈《西域文史》主编朱玉麒先生之后，先生于今年4～6月间以访问学者身份在德国海德堡大学从事研究工作。其间，他于柏林国立图书馆翻阅了民国年间发行的《中华学报》全部刊物，并确认王树枏在该刊连载的《新疆稽古录》于1916年第5册截止，此文正是1919年出版的《新疆访古录》的前身。由此可知，《中华学报》因停刊而使《新疆稽古录》未能完结，王树枏遂将其改题为《新疆访古录》，作为单行本出版。朱先生不仅将这一详实信息慷慨提供于我，更指示我可据此补充于拙稿之中。谨遵教示，在此文中加以援用。对于先生将其亲自发现的崭新成果先行惠允予我发表之恩，谨致以最深切之谢意。此外，《中华学报》未能继续刊行、最终停刊，据先生教示，亦系因袁世凯势力的衰落所致。

白須淨眞2025年7月5日

Regarding the *Writings of Li Bai, Former Liang's Xiyu Chief Inspector* included in *Xinjiang Fanggu Lu*: When, Where and from Whom did Wang Shunan Obtain This Information?

Shirasu Joshin (translated by Yang Liu)

Writings of Li Bai, Former Liang's Xiyu Chief Inspector 前凉西域长史李柏书included in Wang Shunan's王树枏 *Xinjiang Fanggu Lu* 新疆访古录refers to a transcription and commentary on a group of Chinese paper documents discovered at the ruins of Loulan by Tachibana Zuicho, a member of the Second Otani Mission dispatched by Otani Kozui in late March 1909. These documents, currently housed at Ryukoku University, have been uniformly catalogued as 538A, 538B, and 8001-8039, collectively known as the *Li Bai Documents*, with document 538B corresponding to the one described by Wang Shunan. Because the catalogue numbers were assigned about 40 years after their discovery, the research history is complex. Even after more than 110 years of scholarly inquiry, some issues remain unresolved, particularly regarding when, where and from whom Wang Shunan obtained the information that led to the inclusion of document 538B in his *Xinjiang Fanggu Lu*.

In my view, Wang Shunan directly obtained the information from the excavator Tachibana at Dihua Fu in Xinjiang between October 19 and November 2, 1910. Then he finalized his draft in the same year and subsequently published it in 1919 by the Ju Zhen Imitation Song Printing Bureau. The research reveals several points: (1) Wang Shunan's designation about the official title and personal name"Xiyu Chief Inspector – Li Bai"was perfectly coincide with that of Li Bai recorded in Volume 86 of *Jin Shu* 晋书in the biography of Zhang Jun of the Former Liang dynasty. If his final draft was completed in 1910, this conclusion was almost concurrently with Haneda Toru's findings. It's a pity that Wang Shunan's work had to be postponed for publication until 1913(1919) due to the loss of his office as Xinjiang Administrative Commissioner following the 1910 Xinhai Revolution. (2) Tachibana Mizuchao, as a member of the Third Otani Mission, traveled to Xinjiang via the Trans-Siberian Railway through Omsk and reencountered Wang Shunan at Dihua Fu in 1910. Thereby he could directly tell Wang the information concerned. (3) As to the nearly identical texts of 538A and 538B, Tachibana only provided information of 538B, reflecting Otani Mitsuaki's specific intention as disclosing *the Li Bai Documents*. (4) Wang Shunan's commentary includes a unique clue"The Japanese Tachibana Mizuchao excavated it from within the ruins of a broken castle over 500 ri northeast of Luobuna'er", which could only be obtained directly from the excavator. Moreover, Luobuna'er should be narrowly understood as the administrative center of Ruoqiang County. (5) Luo Zhenyu and Wang Guowei transcribed both 538A and 538B concurrently, likely because Otani Mitsuaki was forced to cease his exploratory activities, thereby nullifying his original intent.

Furthermore, documents 538A and 538B should not be regarded as private drafts written directly by Li Bai but rather as official texts produced by the governmental office of the Xiyu Chief Inspector. Therefore these fragments are generally designated as"Documents Concerning Li Bai."

中国国家博物馆藏黄文弼所获高昌墓砖考述

李守义

引　言

中国西北科学考查团成立于1927年5月，由中国、瑞典等多个国家的数十名科学研究人员组成，中国学者主要有徐旭生、袁复礼、黄文弼等人，中国学者徐旭生和瑞典探险家斯文・赫定共同担任团长。黄文弼以唯一一名中国考古学者的身份加入考查团，在内蒙古和新疆地区进行了为期三年多的野外考察。1930年春，黄文弼在吐鲁番考古发掘获得高昌墓砖“共计一百二十四方”①。目前，这批墓砖分别收藏在故宫博物院与中国国家博物馆。国家博物馆共计藏有8方高昌墓砖，其中赵荣宗墓表、唐元護妻令狐氏墓表、刘保欢墓表、唐耀谦墓表、翟那宁昏母康波密提墓志、唐蘓志铭6方墓砖来源于当时的中国科学院考古研究所，田元初墓表、任谦墓表2方墓砖来源于故宫博物院。

国家博物馆藏黄文弼所获高昌墓砖的整体情况，一直不为学界所了解，甚至有部分墓砖被误认为藏于故宫博物院和国家图书馆。如穆舜英、王炳华主编的《隋唐五代墓志汇编——新疆卷》，记述田元初墓表、赵荣宗墓表藏国家图书馆②，唐元護妻令狐氏墓表、任谦墓表、刘保欢墓表、唐耀谦墓表、翟那宁昏母康波密提墓志、唐蘓志铭藏故宫博物院③。郎绍君、王玉池等主编的《中国书画鉴赏辞典》，记述刘保欢墓表藏故宫博物院④。张铭心编著的《吐鲁番出土墓志汇考》，记述赵荣宗墓表藏故宫博物院⑤。

国家博物馆收藏的高昌墓砖，各种出版物对收藏机构记录不一，甚至互有抵牾的情况，造成了学者的困惑。1997年，王素在《吐鲁番出土高昌文献编年》中写到：“黄文弼先生两次到吐鲁番考古发掘，获得的高昌文献，后来分藏于故宫博物院、北京图书馆和中国历史博物馆。但这一院二馆，究竟各有哪些高昌文献，我们却不甚清楚，怎样处理非常棘手。”“如延寿八年（631）十月廿一日唐耀谦墓表，《书法》1991年第6期发表图版，称为故宫提供；但1994年日本柳原书店出版的《中国历史博物馆藏法书大观》第12卷《战国秦汉唐宋元墨迹》，收有该墓表的彩版和黑白图版，又表明为历博（笔者

---

① 黄文弼《高昌砖集・原序》（增订本），北京：科学出版社，1951年，4页。

② 穆舜英、王炳华主编《隋唐五代墓志汇编——新疆卷》，天津：天津古籍出版社，1991年，42页。

③ 穆舜英、王炳华主编《隋唐五代墓志汇编——新疆卷》，84、99、111、119、160、175页。

④ 郎绍君等主编《中国书画鉴赏辞典》，北京：中国青年出版社，1998年，1316页。

⑤ 张铭心编著《吐鲁番出土墓志汇考》，桂林：广西师范大学出版社，2020年，74页。

注：中国历史博物馆，今中国国家博物馆）收藏。”[⑥] 2020年，王素一度认为这一困惑已有答案，他在为张铭心编著的《吐鲁番出土墓志汇考》一书所写的序中提到：“黄文弼1930年春在吐鲁番考古发掘所获一百二十四方高昌墓砖，究竟藏于何处，一直存在藏于北京图书馆（今国家图书馆）和藏于中国历史博物馆（今中国国家博物馆）二说。1991—1993年，铭心君尚在故宫博物院工作，前揭文章和图书所刊数十方高昌墓砖[⑦]，均为黄文弼当年掘获品。这无疑清楚告诉我们：黄文弼掘获高昌墓砖，实际藏于故宫博物院，从而破解了这一陈年旧案。”[⑧]侯灿、吴美琳在编写《吐鲁番出土砖志集注》时，也曾遇到同样的问题：“黄文弼挖掘的砖志据说主要收藏在北京故宫博物院，少量收藏在中国历史博物馆和北京图书馆（今国家图书馆)。据有的刊布资料，同一方砖志注明藏处互有抵牾，这一院二馆究竟各藏有哪些砖志，我们不甚清楚。”[⑨]

国家博物馆藏高昌墓砖数量，学界的了解也存在误区。有学者认为只有2方，其余皆藏故宫博物院。如：2010年郭玉海、方斌在《故宫博物院藏历代墓志汇编》前言中写到：“故宫博物院收藏的高昌砖部分，全部为北京大学考古学家黄文弼于1930年在新疆吐鲁番地区发掘所得，当时出土总计124方，1956年拨交到故宫博物院收藏，后故宫博物院又将其中二方拨交给了当时的中国历史博物馆（今中国国家博物馆）。”[⑩]2013年王素在《故宫博物院藏敦煌吐鲁番文献述评》中写到：“（黄文弼）吐鲁番考古发掘共获墓砖124方，其中仅2方藏于中国国家博物馆，其余122方均藏于北京故宫。”[⑪]也有学者认为国家博物馆藏有墓砖6方。张铭心在《吐鲁番出土墓志汇考·编写说明》中提到：“历博（笔者注：中国历史博物馆，今中国国家博物馆）编集《中国历史博物馆藏法书大馆》之《战国秦汉唐宋元墨迹》（东京：柳原书店，1994年12月）和《碑刻拓本》（同，1997年3月）出版后，才确定了中国历史博物馆（今国家博物馆）所藏高昌墓砖为六件。”[⑫]“黄文弼发掘的高昌墓砖除了借给中国历史博物馆的六件，全部收藏在故宫博物院。”[⑬]

国家博物馆藏高昌墓砖的来源及来源途径，有学者认为单一来自故宫博物院，并且是由故宫博物院借出而非拨交。如王素提出：“黄文弼所掘获高昌墓砖一百二十四方，故宫博物院藏有一百二十二方，中国国家博物馆藏有两方（应是故宫博物院早年借给中国历史博物馆办展览，中国历史博物馆没有归还）。”[⑭]张铭心在《吐鲁番出土墓志汇考·编写说明》中提到：“通过笔者1998年秋在故宫博物院的调查可知，中国历史博物馆的高昌墓砖均是从故宫博物院借出。”[⑮]

---

⑥ 王素《吐鲁番出土高昌文献编年》，台北：新文丰出版公司，1997年，5页。

⑦ 文章指张铭心《高昌砖书法浅析》，《书法》1991年第6期，44—45页；图书即张铭心《高昌砖书法》，桂林：广西师范大学出版社，1993年。

⑧ 张铭心编著《吐鲁番出土墓志汇考·序》，2页。

⑨ 侯灿、吴美琳《吐鲁番出土砖志集注》，成都：巴蜀书社，2003年，24页。

⑩ 郭玉海、方斌主编《故宫博物院藏历代墓志汇编·前言》，北京：紫禁城出版社，2010年。

⑪ 王素《故宫博物院藏敦煌吐鲁番文献述评》，中国人民大学国学院编《国学的传承与创新——冯其庸先生从事教学与科研六十周年庆贺学术文集》，上海：上海古籍出版社，2013年，932页。

⑫ 张铭心编著《吐鲁番出土墓志汇考·编写说明》，8页。

⑬ 张铭心编著《吐鲁番出土墓志汇考·编写说明》，8页。

⑭ 张铭心编著《吐鲁番出土墓志汇考·序》，2页。

⑮ 张铭心编著《吐鲁番出土墓志汇考·编写说明》，8页。

为增进学界对国家博物馆藏高昌墓砖的了解，解答学者对国家博物馆藏高昌墓砖的数量、来源、来源途径等问题的困惑，本文在系统整理国家博物馆藏西北科学考查团文物的基础上，对国家博物馆藏高昌墓砖的来源、数量、播迁、研究与刊发等相关内容进行了较为深入、细致的梳理，勾勒了国家博物馆藏高昌墓砖采集、收藏、研究的轨迹，呈现出国家博物馆藏高昌墓砖的基本情况，以期为学界进一步探索相关问题提供便利。

一、国家博物馆藏高昌墓砖概述

1. 田元初墓表（图1）⑯

志文

永平元年歲在鶉/尾三月朔丙辰廿/四日己卯交河郡/鎮西府兵曹參軍/但旻天不吊享年/六十有四字元初/田氏之墓表

注：

高昌永平元年（549）

高36.7厘米，宽37厘米，厚4.5厘米。

刻字填朱。7行47字。

1930年新疆吐鲁番雅尔湖沟西田茔1出土。

著录：《高昌砖集》图版4。

来源：1959年由故宫博物院拨交。

2. 赵荣宗墓表（图2）

志文

延昌十三年水巳歲/二月朔丁酉十六日/壬子今補撫軍府主/簿復為内幹將更遷/為内行參軍痳疾於/交河堓上春秋八十/字榮宗趙氏之墓表

注：

高昌延昌十三年（573）

高36厘米，宽36厘米，厚4.5厘米。

刻字填朱。7行56字。

1930年新疆吐鲁番雅尔湖沟西赵茔2出土。

著录：《高昌砖集》图版18。

来源：1959年中国科学院考古研究所拨交。

⑯ 本文墓砖彩色图片（图1、图2、图3、图5、图7、图9、图11、图12，本辑用“彩色”标记），除图11为笔者拍摄自中国国家博物馆“古代中国”展厅外，其余均采自中国国家博物馆藏品大数据平台；墓砖黑白图片（图4、图6、图8、图10、图13，本辑用“黑白”标记）采自中国历史博物馆编《中国历史博物馆藏法书大观》第十二卷，上海：上海教育出版社，2001年。图14（中国科学院拨交文物《清册》）为笔者拍摄中国国家博物馆藏品档案。

图1　田元初墓表（彩色）

图2　赵荣宗墓表（彩色）

3. 唐元護妻令狐氏墓表（图3、图4）

志文

延和二年癸亥歲三/月朔壬寅廿九日庚□/内將唐元護妻令狐/氏寢疾薨亡春秋卅/有五令狐氏夫人之墓表

注：

高昌延和二年（603）

高36.5厘米，宽36.5厘米，厚4.5厘米。

朱书。5行43字。

1930年新疆吐鲁番雅尔湖沟西唐茔3出土。

著录：《高昌砖集》图版39。

来源：1959年中国科学院考古研究所拨交。

图3　唐元護妻令狐氏墓表（彩色）

图4　唐元護妻令狐氏墓表（黑白）

4. 任谦墓表（图5、图6）

志文

延和十一年壬申歲/五月朔己卯廿三日辛/丑鎮西府内將任謙遇患/殞喪春秋七十有三以/虯車靈柩殯喪於/墓任氏之墓表

注：

高昌延和十一年（612）

高36厘米，宽36.2厘米，厚4.2厘米。

朱书。6行49字。

1930年新疆吐鲁番雅尔湖沟西任茔12出土。

著录：《高昌砖集》图版44。

来源：1959年故宫博物院拨交。

图5　任谦墓表（彩色）

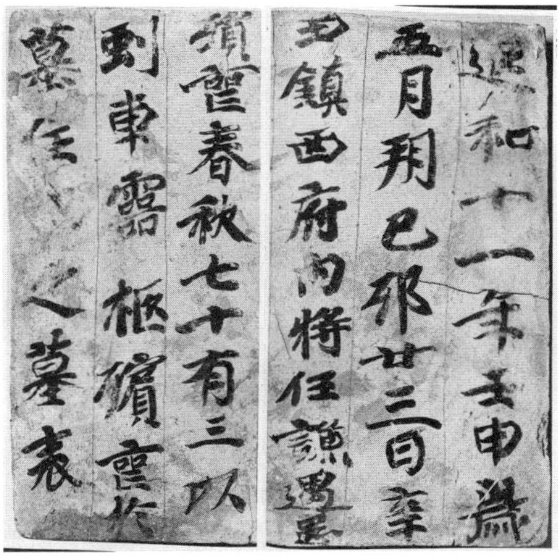

图6　任谦墓表（黑白）

5. 刘保欢墓表（图7、图8）

志文

重光元年庚/辰歲十一月廿/三日劉保歡/之暮表焉。

注：

高昌重光元年（620）

高36.5厘米，宽37厘米，厚4.5厘米。

朱书。3行20字。

1930年新疆吐鲁番雅尔湖沟西刘茔3出土。

著录：《高昌砖集》图版49。

来源：1959年中国科学院考古研究所拨交。

图7　刘保欢墓表（彩色）

图8　刘保欢墓表（黑白）

6. 唐耀谦墓表（图9、图10）

志文

延壽八年辛卯歲/十月丁亥朔廿一/丙午鎮西府府門/散望將唐耀謙春/秋七十有七以蚪/車靈柩殯斯於墓/唐氏之墓表

注：

高昌延寿八年（631）

高31.8厘米，宽32.5厘米，厚4.2厘米。

朱书。7行47字。

1930年新疆吐鲁番雅尔湖沟西唐茔1出土。

著录：《高昌砖集》图版53。

来源：1959年中国科学院考古研究所拨交。

图9　唐耀谦墓表（彩色）

图10　唐耀谦墓表（黑白）

7. 翟那宁昏母康波密提墓志（图11）

志文

維麟德元年/四月卅日翟郍/寧昏母康波/密提墎至既。

注：

唐麟德元年（664）

高33.8厘米，宽32.7厘米，厚5厘米。

朱书。4行21字。

1930年新疆吐鲁番阿斯塔纳古坟茔出土。

著录：《高昌砖集》图版67。

来源：1954年从中国科学院考古研究所借。

图11　翟那宁昏母康波密提墓志（彩色）

8. 唐䕸志铭（图12、图13）

志文

唐故西州交河縣唐君誌銘/君諱䕸字護平陽人也古五帝唐堯之體胤也志/表溫寬性存貞簡履恭順而匪倦踐忠讓以無隙黨/遂可稱里巳嘉譽君幼彰遊藝長顯景昌之功/情慕夷齊不羡角哀之仕行藏之志可略言也祖諱/謙任為學博士三冬之畯久著為初五柳之才標於茲/代父諱明任為學博士並門襲英風代傳文石積/善之慶其在茲乎君谷性自娛年餘七紀不期/遘疾餌藥無療忽爾彌加俄焉斯逝至使秦/和妙術寂寞無徵醫緩神功便成虛說粵以上元/二年十二月五日寢疾卒於私第春秋八十有四即/以其年其月十日葬於交河縣城西原禮也嗚/呼哀哉窆乾茲墓/上元二年歲次乙亥十二月庚午朔十日題。

注：

唐上元二年（675）

高32.1厘米，宽33.5厘米，厚4厘米。

朱书。14行244字。

1930年新疆吐鲁番雅尔湖沟西唐茔7出土。

著录：《高昌砖集》图版69。

来源：1959年中国科学院考古研究所拨交。

图12　唐䕸志铭（彩色）

图13　唐䕸志铭（黑白）

二、国家博物馆藏高昌墓砖的来源

国家博物馆藏8方高昌墓砖，其来源有三个途径：一是1954年向中国科学院考古研究所借来1方；二是1959年故宫博物院拨交2方；三是1959年中国科学院考古研究所拨交5方。

1. 1954年向中国科学院借来墓砖1方

据保存于国家博物馆《借考古所吐鲁番出土清单》（1954年11月13日）的著录，翟那宁昏母康波密提墓志为北京历史博物馆1954年11月从中国科学院考古研究所借来⑰。

1953年年底，当时的北京历史博物馆在筹备“中国通史陈列”过程中，拟定了《“中国通史陈列”原则》三条，其中第二条明确规定：“陈列的‘实物’，基本上应该是有科学根据的考古发掘文物。”⑱为解决“中国通史陈列”科学发掘“文物缺乏的问题”，1954年11月13日，北京历史博物馆向中国科学院考古研究所借来新疆吐鲁番地区出土文物共计10件，并造具《借考古所吐鲁番出土清单》一册，登记所借文物名称、数量、出土地、文物现状等基本信息。

《借考古所吐鲁番出土清单》32开，共计2页，第一页为封面，钢笔书写“借考古所吐鲁番出土清单，1954.11.13”；第二页为文物登记簿，登记簿为表格形式，表格最上面印有“北京历史博物馆借来文物登记簿”字样，表格分有“借来日期、原来号、名称、数量、附件、出来地、物品现况、退还日期、经手人、备考”等多栏。

在登记簿第十行登记有所借墓砖的信息记录。“借来日期”为“1954.11.13”；“原来号”处填写“7368 11：277”；“名称”处填写“康波密提砖墓志”；“数量”为“1”方；“附件”有“木盒”；“出来地”为“中国科学院考古所”；“物品现况”内写“吐鲁番出土”；“退还日期”处空白，没有填写；“经手人”处空白，没有填写；“备考”处空白，没有填写；“备考”栏外右侧写“借285”，应为借来文物的编号。

2. 1959年故宫博物院拨交墓砖2方

1959年故宫博物院向中国历史博物馆拨交高昌墓砖2方，即田元初墓表、任谦墓表。

1958年9月，为迎接中华人民共和国成立10周年，中共中央决定在天安门广场东侧建设中国历史博物馆新馆。1959年年初，在新馆建设的同时，中国历史博物馆在国家有关部门的支持下，为筹备“中国通史陈列”向全国各地相关单位征集文物。同年，故宫博物院向中国历史博物馆拨交文物多件，其中包括2方高昌墓砖。

通过国家博物馆藏品大数据平台，可以获得2方墓砖移交的基本信息（表1）。

⑰ 北京历史博物馆为中国国家博物馆前身，成立于1912年。中华人民共和国成立后，名称几经变更，1950年名称为国立北京历史博物馆，1951年更名为北京历史博物馆，1959年更名为中国历史博物馆，2003年中国历史博物馆与中国革命博物馆合并组成中国国家博物馆。

⑱ 《北京历史博物馆改进草案》（1954年），中国国家博物馆档案室藏，档案号：195403508400065。

表1　故宫博物院向中国历史博物馆拨交高昌墓砖信息

藏品名称	藏品编号	质地类别	件数	来源方式	来源	完残程度	原号
高昌永平元年田元初墓表	保C09.0217	砖瓦	1	拨交	1959年故宫博物院拨	基本完整	故382
高昌延和十一年朱书任谦墓表	保C09.0219	砖瓦	1	拨交	1959年故宫博物院拨	基本完整	故383

3. 1959年中国科学院拨交墓砖5方

据保存于国家博物馆的中国科学院拨交文物《清册》（第三本，1959年5月13日）的著录可知，1959年中国科学院考古研究所向北京历史博物馆拨交墓砖5方，分别为赵荣宗墓表、唐元護妻令狐氏墓表、刘保欢墓表、唐耀谦墓表、唐蕤志铭。

1959年5月，为支持中国历史博物馆筹备“中国通史陈列”，中国科学院考古研究所向北京历史博物馆移交文物一万多件。据统计，“考古所四本清册计9930件（另有未抄册6287—6610号324件，共应10254件），这次统计以册上‘件数’栏写明的数字为准，凡一个、一双、一半、一对、一付等，均以1件计，栏内未写明数字的，以1件计”⑲，文物实际数量要比清册上记载的要多。在清册第三本中登记有黄文弼在吐鲁番地区所获墓砖5方。

根据国家博物馆藏1959年中国科学院考古研究所移交文物清册的第三本，我们可以得知墓砖移交的相关情况。清册为32开，封面第一行标写“考古所清册”，第二行标写“第三本”，第三行标写“1959.5.13”。清册内文以表格形式登记了文物的基本信息（图14），

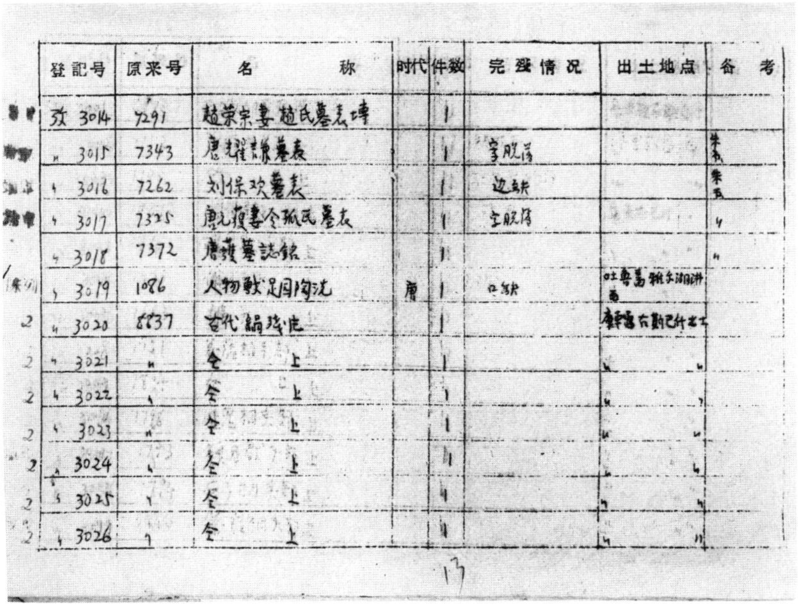

登記号	原来号	名称	时代	件数	完残情况	出土地点	备考
3014	7291	趙荣宗妻趙氏墓表塼		1			
3015	7343	唐耀謙墓表		1	字脱落		朱书
3016	7262	刘保欢墓表		1	边缺		朱书
3017	7325	唐元護妻令狐氏墓表		1	字脱落		〃
3018	7372	唐蕤墓誌銘		1			〃
3019	1086	[illegible]	唐	1	口缺	[illegible]	
3020	8837	古代[illegible]		1		[illegible]	
3021	〃	仝上		1		〃 〃	
3022	〃	仝上		1		〃 〃	
3023	〃	仝上		1		〃 〃	
3024	〃	仝上		1		〃 〃	
3025	〃	仝上		1		〃 〃	
3026	〃	仝上		1		〃 〃	

图14　中国科学院考古研究所移交文物清册

⑲ 以上信息记载在国家博物馆藏《中国科学院考古研究所移交清册》封面的便签纸上。

内文每页内容由“登记号、原来号、名称、时代、件数、完残情况、出土地点、备考”8部分构成。“登记号”栏为北京历史博物馆对新入馆文物的编号，“原来号”栏是中国科学院考古研究所对文物的编号，“名称”栏就是文物的具体名称，“时代”栏内填写文物的时代，“完残情况”栏写明文物保存现状，“出土地点”栏填写文物发掘地，“备考”栏填写未尽事宜。5方墓砖的具体登记信息如下（表2）：

表2　中国科学院考古研究所移交文物清册中登记的吐鲁番墓表

登记号	原来号	名称	时代	件数	完残情况	出土地点	备考
考3014	7291	赵荣宗妻赵氏墓表		1			
考3015	7343	唐耀谦墓表		1	字脱落		朱书
考3016	7262	刘保欢墓表		1	边缺		朱书
考3017	7325	唐元护妻令狐氏墓表		1	字脱落		朱书
考3018	7372	唐䕶志铭		1			朱书

这里需要说明的是，国家博物馆现存有赵荣宗墓表，而无赵荣宗妻赵氏墓表。这两方墓砖，在黄文弼《高昌砖集》中分别著录为图版18和图版40，并刊布了文物尺寸、出土地、墓砖录文等基本信息。至于为何会出现这种情况，是文物拨交时清册登记信息有误？还是实物拨交有误？根据目前所掌握的材料看，前一种情况的可能性大，1930年黄文弼掘获的高昌墓砖由新疆随同其他采集品一同运回北平，存于北京大学。1956年，高昌墓砖由北京大学拨交故宫博物院，中国科学院考古研究所并无该墓砖收藏记录。

三、高昌墓砖的采集与播迁

1930年春，黄文弼在“吐鲁番所获墓砖，共计一百二十四方”[20]。其发掘过程，在《高昌陶集》的《雅尔崖古坟茔发掘报告》中有详细记载。

1930年2月19日，黄文弼从乌鲁木齐出发，经柴窝堡、达坂城于24日抵达吐鲁番的雅尔湖古城。29日起，黄文弼开始发掘高昌墓葬。3月1日，黄文弼首次从墓葬中掘得高昌墓砖，得到年号为重光、延昌、延寿墓砖4方；5日至7日，得到章和、永平、延昌、永徽、义和、建昌、和平、贞观、延和、义和、延寿、仪凤、咸亨等年号墓砖36方；12日至16日，得有延昌、延寿、义和、延和、贞观、重光、显庆、乾封、仪凤、章和等年号的墓砖数十方；17日，发掘南坟群索家院，得砖2块；18日，黄文弼在雅尔湖的工作结束，共得到“三十五箱古物，即墓砖一百二十余方，陶器八百余件”[21]。之后，黄文弼又在吐峪沟发掘土墩和墓葬遗址，得墓砖2方。在一个月左右的时间里，黄文弼获得了大量考古发掘品，以陶器及墓砖最多。

采集品装箱后，由考查团团员白万玉“押送采集品七拾箱，取道古城、甘边草地前

⑳　黄文弼《高昌砖集·原序》（增订本），4页。

㉑　黄文弼《高昌砖集·吐鲁番发现墓砖记》（增订本），3页。

往北平”[22]。

1930年4月26日，在新疆省政府就检查西北科学考查团采集物品事给交涉署的电文中，对运输物品有详细记载。

学术团箱只物件数目列下：（1）地质化石；（2）地质化石；（3）化石；（4）化石；（5）化石；（6）化石；（7）化石；（8）化石；（9）瓦器；（10）瓦器；（11）瓦器；（12）瓦器；（13）瓦器及古砖；（14）瓦器；（15）瓦器及古砖；（16）古物；（17）瓦器；（18）土器；（19）（此处空白）；（20）瓦器；（21）古砖；（22）瓦器；（23）瓦器；（24）古砖；（25）土器；（26）瓦器；（27）瓦器；（28）恐龙骨；（29）恐龙骨；（30）瓦器；（31）瓦器；（32）瓦器及古砖；（33）瓦器；（34）土砖；（35）瓦器；（36）古砖；（37）瓦器；（38）瓦器；（39）化石；（40）地质化石；（41）化石；（42）化石；（43）龙骨及化石；（44）化石瓦罐；（45）化石；（46）恐龙骨；（47）自用书籍一箱；（48）化石；（49）瓦器；（50）瓦器；（51）化石；（52）瓦器；（53）瓦器；（54）瓦器；（55）古砖；（56）土器；（57）书籍一箱；（58）照相器；（59）衣服及书籍；（60）地质化石；（61）化石；（62）化石；（63）衣服；（64）衣服；（65）乐器；（66）新旧衣服；（67）缠头衣服；（68）衣服及仪器；（69）衣服及仪器；（70）书籍及仪器。[23]

“计查得地质采集品五十八箱，衣物十二箱，共七十箱。”[24]其中35箱属于黄文弼所采集古物，在这35箱采集品中，有8箱标明了“古砖”或“土砖”。

采集品运回北平后，“在中国学术团体协会理事会的组织下，北京大学和清华大学曾经拨出房间、配备工作人员以支持整理野外考察的采集品和编写研究报告”，“考察团成立了4个文献资料整理小组：甲组，由马衡、刘复负责整理汉简。乙组，由黄文弼（1893—1966年）负责整理考古资料。这两组的工作地点都在北京大学。丙组，由袁复礼负责整理地质资料，地点在清华大学地学系；丁组由丁道衡负责整理地质资料，地点在北京大学地质系”[25]。据此，黄文弼在新疆所获包括墓砖在内的所有考古资料都存于北京大学。

1949年1月31日，北平宣告和平解放。同年11月，中国科学院成立。12月21日，中国科学院办公厅召开西北科学考查团结束会议。会议宣布“西北科学考察团自即日起宣

---

[22] 《省政府就白万玉运送采集物品返回北平事给交涉署的指令》（1930年5月7日），新疆维吾尔自治区档案馆、日本佛教大学尼雅遗址学术研究机构编《中瑞西北科学考察档案史料》，乌鲁木齐：新疆美术摄影出版社，2006年，110页。

[23] 《省政府就检查考察团采集物品事给交涉署的快邮代电》（1930年4月26日），新疆维吾尔自治区档案馆、日本佛教大学尼雅遗址学术研究机构编：《中瑞西北科学考察档案史料》，105—106页。

[24] 《交涉署为查验考察团带回地质采集品事致省政府的呈》（1930年5月8日），新疆维吾尔自治区档案馆、日本佛教大学尼雅遗址学术研究机构编：《中瑞西北科学考察档案史料》，110页。

[25] 《中科院接管西北科学考察团的有关文件》第1册，中国科学院办公厅档案处档案：50-2-27。转引自张九辰《中国科学院接收“中国西北科学考查团”的经过》，《中国科技史杂志》第27卷，2006年第3期，239—240页。

告解散”，中国科学院接收“已经整理研究完了的古物及地质标本”，“尚待整理研究的古物及地质标本，暂请黄文弼、袁复礼两先生负责保存”，“此项资料整理完成时，陆续交由中国科学院接收”[26]。实际上，在1951年底开展的“反对贪污、反对浪费、反对官僚主义”运动不久，黄文弼负责保存整理的西北科学考查团文物就已上交中国科学院考古研究所。据《夏鼐日记》记载，1952年2月9日，中国科学院考古研究所“贾敬颜、傅乐焕二君至东四七条，点收黄文弼君交出之西北考察团古物”[27]。至此，由黄文弼负责整理的考古资料，其中包括部分高昌墓砖，全部由中国科学院接收。

除此之外，还有部分高昌墓砖留存于北京大学。至于这部分高昌墓砖为何没有随西北科学考查团其他采集品一同拨交中国科学院，目前还没有看到相关材料，情况不得而知。1956年，文化部文物管理局将留存于北京大学的高昌墓砖全部拨交故宫博物院。

四、高昌墓砖的研究与刊布

黄文弼对考古资料的整理与研究投入了极大的热情。1930年10月，黄文弼在结束了他对新疆的第一次考察返回北平后不久，在北京大学欢迎会上的演讲中表示：“历长途而归，虽一方谋休息，然所得之古物，非一一注其渊源年代及发现之地点，他人欲求研究，亦无所适从。而所经历过之一切山川故址，民俗遗迹，苟不躬自记述，日久亦或忘之。故深冀多得暇日，以尽科学之义务，方不负此行也。”[28]

经过系统的整理，1931年2月，黄文弼根据墓砖所载“年号与官阶，作《高昌麹氏纪年》，及《高昌官制表》，并叙述发现状况”[29]，刊于西北科学考查团丛刊《高昌》第一分本中。5月，黄文弼“择原砖之字迹显明者八十四方，付之影印，并注明原砖之尺寸、墨色及出土地，为《高昌》第二分本。盖欲使读者，不惟于古人墓表之方式，可收直觉之效，而对于当时通行之俗字土语，亦可作进一步之研究也。其有砖文虽可识，而影印不显者，则录释其文于下，以作比验”[30]，这一“第二分本”，即初版之《高昌砖集》。

1951年，在中国科学院的支持下，黄文弼在原书的基础上重新修订，出版了《高昌砖集》增订本。黄文弼将出土墓砖“按照年代次序，和初出土时记录，全部重写重编，成墓砖录文，并附考订，作为本书主体。综计所收墓砖一百二十二方，计有图版的七十方，无图版而只录文的五十二方（这里面属于麹氏有国时代的九十五方，属唐西州时代

㉖　《中科院办公厅1949年至1950年汇报、会议记录》，中国科学院办公厅档案处档案：50-2-5；《中科院接管西北科学考察团的有关文件》，第2册，中国科学院办公厅档案处档案：50-2-28。转引自张九辰《中国科学院接收“中国西北科学考查团”的经过》，《中国科技史杂志》第27卷，2006年第3期，241—242页。

㉗　《夏鼐日记》（1946—1952）卷四，上海：华东师范大学出版社，2011年，463页。

㉘　黄文弼《略述内蒙古、新疆第一次考古之经过及发现》，《国学季刊》第2卷第3号。又收入作者著《西北史地论丛》，上海：上海人民出版社，1981年，29页。

㉙　黄文弼《高昌砖集·原序》（增订本），4页。

㉚　黄文弼《高昌砖集·原序》（增订本），4页。

的二十七方）”[31]。

1991年，穆舜英、王炳华主编的《隋唐五代墓志汇编·新疆卷》由天津古籍出版社出版，该书把黄文弼与新出的吐鲁番墓志都收在一起，但只有图版没有录文。2001年，中国历史博物馆编《中国历史博物馆藏法书大观》一书由上海教育出版社出版，该书第12卷为《战国秦汉唐宋元墨迹》，收入了中国历史博物馆藏6方高昌墓砖的图版及墓砖的名称、时代、尺寸、出土时间和地点、释文及对释文的解读等相关信息。2003年，侯灿、吴美琳主编的《吐鲁番出土砖志集注》由巴蜀书社出版发行，该书把历年在吐鲁番出土的墓砖、墓志资料汇编到一起。这是一部图版与录文对照本，并且提供了相关的重要研究参考文献。

2010年，故宫博物院编辑出版了《故宫博物院藏历代墓志汇编》，收录“高昌砖志122方（附图66幅）”[32]，包含国家博物馆藏8方墓砖。鉴于部分墓砖文字已模糊不清的情况，该书“全部参照《高昌砖集》补字，然后再加识标点、改正讹字，标注质地、尺寸、出土和著录情况，其图版部分则只选择一些文字清晰者重新照相（刻砖除照片外仍附拓片），而非如中原出土墓志那样与文字对应一一附图”[33]。2020年，张铭心编著的《吐鲁番出土墓志汇考》由广西师范大学出版社出版。该书收录了吐鲁番历年出土的高昌墓砖，将墓砖的“质地、书写形式、尺寸大小、出土时间、出土地点、收藏地点”[34]等基本信息以及相关的著录和研究情况整理刊布。

结　语

至于国家博物馆藏黄文弼所获高昌墓砖虽在出版物中刊发，在“中国通史陈列”“古代中国”等展览中进行过展示，但部分学者依然对国家博物馆藏高昌墓砖的数量、来源、来源的方式（借还是拨交）等问题存在一定的困惑，究其原因，笔者分析主要有以下几点：

一是墓砖拨交的相关信息没有公开刊布。中华人民共和国成立初期，国家为支持北京历史博物馆举办的“社会发展史陈列”，中国历史博物馆筹办的“中国通史陈列”，向全国各地借调文物，当时各地支援的文物多达3万多件，中国科学院考古所、故宫博物院所藏高昌墓砖就是在这一背景下拨借给历史博物馆的。但墓砖拨交的数量、文物的基本信息为相关单位所掌握，不为学界所了解。

二是对部分出版物相关信息解读的误判。1989年中州古籍出版社出版的北京图书馆（国家图书馆）金石组编写的《北京图书馆藏中国历代石刻拓本汇编》，该书第10册收录了高昌砖志拓片10方，其中包括国家博物馆藏田元初墓表、赵荣宗墓表2方墓砖的拓

㉛ 黄文弼《高昌砖集·增订本序》（增订本），1951年，1—2页。

㉜ 郭玉海、方斌主编《故宫博物院藏历代墓志汇编·前言》，14页。

㉝ 郭玉海、方斌主编《故宫博物院藏历代墓志汇编·前言》，14页。

㉞ 张铭心编著《吐鲁番出土墓志汇考·序》，4页。

片，使部分学者误认为拓片的文物本体亦藏国家图书馆；2001年出版的《中国历史博物馆藏法书大观》只收录了馆藏唐元護妻令狐氏墓表、任谦墓表、刘保欢墓表、唐耀谦墓表、翟那宁昏母康波密提墓志、唐蕤志铭等6方墓砖，并非馆藏高昌墓砖全貌，田元初墓表及赵荣宗墓表2方墓砖没有被收录，这使部分学者误解读中国历史博物馆只藏有6方墓砖。

三是受到部分出版物错误出版信息的误导。2001年，郭玉海在《故宫收藏的高昌砖》文中表述："黄文弼等在这次考古工作中共掘得三十五箱古物，包括陶器八百余件及墓砖（即高昌砖）124方，收藏于北京大学文科研究所。1960年9月（笔者注：1956年），国家文物局将这批高昌砖全部拨交故宫博物院收藏。"[35]2010年，郭玉海、方斌主编的《故宫博物院藏历代墓志汇编》出版，收录"高昌砖志122方（附图66幅）"[36]。根据书名理解，该书收录的高昌墓志应全部为故宫博物院藏品，但实际上并非如此，其中藏于国家博物馆的8方高昌墓砖也被收录其中。

受这些因素的影响，使国家博物馆藏高昌墓砖的基本情况一直不被学界所了解，并由此导致了部分学者对国家博物馆藏高昌墓砖数量、来源等产生了困惑，制约了相关学术研究的展开。本文通过对各类相关资料的收集与整理，其目的就是勾勒出国家博物馆藏8方高昌墓砖采集、收藏、播迁、研究的轨迹，呈现出墓砖的基本情况，以期为学界进一步探索相关问题提供便利。

Gaochang Tomb Bricks Acquired by Huang Wenbi in the Collection of the National Museum of China

Li Shouyi

The National Museum of China possesses eight Gaochang tomb bricks acquired by Huang Wenbi. For a considerable period, scholars have harbored questions concerning the quantity, provenance and acquisition pathways of these Gaochang tomb bricks within the museum's collection. Based on a systematic arrangement of the artifacts collected by the Sino-Swedish scientific Expedition to the North-Western Provinces of China and housed in the National Museum of China, this paper provides an in-depth and detailed examination of the source, quantity, dispersal, research, publication and other pertinent aspects of the Gaochang tomb bricks in the museum's collection. It traces the path of acquisition, preservation and research of the Gaochang tomb bricks at the National Museum of China, thereby presenting a comprehensive overview of these bricks.

㉟ 郭玉海《故宫收藏的高昌砖》，《收藏家》2001年第9期，25页。

㊱ 故宫博物院编，郭玉海、方斌主编《故宫博物院藏历代墓志汇编·前言》，14页。

胡适与斯坦因关系研究*

王冀青

胡适（1891—1962）是近代中国著名的哲学家、教育家、外交家，一生友朋遍天下，与同时代许多学者、官员等都有书信往来。奥莱尔·斯坦因爵士（Sir Aurel Stein，1862—1943）是近代英国著名考古学家、印度学家，也同样交际广泛，遗留下他与数百人的往来通信（图1）。奇怪的是，胡适与斯坦因之间的往来书信，至今尚未发现一封。胡适被公认为近代中国重要的敦煌学家之一①，而斯坦因与法国汉学家保罗·伯希和（Paul Pelliot，1878—1945）同为国际敦煌学的奠基人。斯坦因于1907年将敦煌文物劫往伦敦，伯希和于1908年将敦煌文物劫往巴黎，而胡适与伯希和关系密切，与斯坦因则无深交，这一现象值得关注。但胡适和斯坦因两人毕竟都是近代名人，他们之间的任何直接、间接联系，都会吸引今人的好奇心。由于缺乏往来通信资料，我们今天想要系统探究胡适与斯坦因之间的关系，显得十分困难。但在胡适、斯坦因的日记里，在胡适、斯坦因与他人的通信里，仍能找到一些有关对方的记录。尤其是在斯坦因1930年4

图1　胡适（左）与斯坦因（右）

* 本文是国家社科基金冷门绝学研究专项“印度国家博物馆藏吐鲁番石窟寺壁画溯源与数字化复原”（23VJXG063）的阶段性成果。

① 荣新江《胡适（1891—1962）》，季羡林主编《敦煌学大辞典》，上海：上海辞书出版社，1998年，896—897页。

月22日日记里，还记录下两人当日下午在上海晤谈的事实，可证明他们至少见过一次面。为了初步探究胡适与斯坦因之间的关系，笔者不揣浅陋，试对迄今已知有关记录加以梳理，缀成此文，希望能为胡适研究或斯坦因研究提供点滴资料。文中不足之处，万望方家补正！

一、胡适初闻“斯坦因”之名的经过

胡适第一次听说“斯坦因”这个名字，时在1914年。当时，胡适刚从美国康奈尔大学毕业。胡适于1906年考入上海的中国公学，1910年考取第二批留美官费生，从此使用不规范的英文名Suh Hu。当年8月，胡适从上海登轮赴美留学，当年9月到达美国纽约州绮色佳（Ithaca），入康奈尔大学学习农科，1912年转修哲学。就在胡适赴美留学的这一年，斯坦因开始在中国新疆、甘肃进行其第二次中国考察（1906—1908年）。其间，斯坦因于1907年3—6月在敦煌莫高窟考古，将大批藏经洞出土文物劫往英国伦敦。斯坦因所获敦煌文书于1909年1月入藏大英博物馆，该博物馆东方写本与印本部汉文图书管理员莱昂纳尔·翟理斯（Lionel Giles，1875—1958）自1910年起管理、整理、研究敦煌文书（图2）。

图2　大英博物馆敦煌文献管理员翟理斯

1914年7月出版的英国《皇家亚细亚学会会刊》1914年卷第3期上，发表了翟理斯的《〈敦煌录〉：关于敦煌地区的记录》一文②，刊布了第一件斯坦因获自敦煌的汉文写本《敦煌录》。翟理斯在该文前言中介绍说：

> 汉学研究在本国的衰败落后，通过一个事实便可以太过清晰地表现出来了。这个事实就是，在奥莱尔·斯坦因爵士（Sir Aurel Stein）于5年前带回家的那批浩如烟海的汉文写本当中，我们现在所讨论的这部典籍，实际上是将被刊布的第一部典籍③。

翟理斯在文中明确提示，《敦煌录》系由斯坦因获自敦煌，是公布于世的第一件英藏敦煌汉文写本。

翟理斯刊布《敦煌录》时，胡适刚于1914年6月从康奈尔大学毕业。此后数月间，闲来无事的胡适在图书馆里浏览各国汉学杂志，于8月2日无意间看到《皇家亚细亚学会会刊》上发表的翟理斯文。因为翟理斯文配有《敦煌录》的全部照片，胡适在对照之下，看出翟理斯文在断句、英译等方面存在不少错误。于是，胡适对翟理斯的部分释

② Lionel Giles, “Tun Huang Lu: Notes on the District of Tun-huang”, *The Journal of the Royal Asiatic Society of Great Britain and Ireland (JRAS)*, July 1914, pp. 703-728.

③ Lionel Giles, “Tun Huang Lu: Notes on the District of Tun-huang”, *JRAS*, July 1914, p. 703.

文、断句和英译进行纠谬，用英文撰写了一篇驳斥翟理斯的短文。胡适在8月2日日记（“解儿司误读汉文”）中对此事记录说：

偶读《英国皇家亚洲学会报》（*The Journal of the Royal Asiatic Society*，1914，Part Ⅲ，pp. 703-729），见彼邦所谓汉学名宿Lionel Giles者所作《燉煌录译释》一文，附原稿影本十四页。《燉煌录》者，数年前燉煌石室发见古物之一也，所记燉煌地理古迹，颇多附会妄诞之言，钞笔尤俗陋，然字迹固极易辨认也。不意此君（解儿司）所释译，乃讹谬无数。……

彼邦号称汉学名宿者尚尔尔，真可浩叹！余摭拾诸误，为作文正之，以寄此报。④

胡适所说的“解儿司”，即翟理斯。胡适为《皇家亚细亚学会会刊》撰写的纠误文章题为《论莱昂纳尔·翟理斯博士关于〈敦煌录〉的文章》，写完后从美国投寄到伦敦的皇家亚细亚学会。数月之后，在1915年1月出版的《皇家亚细亚学会会刊》1915年卷第1期上，既发表了胡适的《论莱昂纳尔·翟理斯博士关于〈敦煌录〉的文章》⑤，也发表了翟理斯的《〈敦煌录〉重译》⑥。

《皇家亚细亚学会会刊》1915年第1期上发表了胡适的文章后，胡适于1915年2月11日收到该期杂志以及几份论文抽印本，得意之余，对翟理斯勇于改正错误的做法也大加赞赏。胡适2月11日日记（“西方学者勇于改过”）中记载道：

去年八月二日，余读英人Leonel Giles所译《燉煌录》，为摘其谬误，作一校勘记寄之，至今数月，未得一字之答复。今日英国邮来，乃得英国国家亚洲学会（The Royal Asiatic Society）书记寄赠所刊余所作文单行本若干份。译者已自认其误，另译《燉煌录》一本，亦刊于《亚洲学会杂志》内（*Journal of the Royal Asiatic Society*，Jan. 1915），则西人勇于改过，不肯饰非，亦足取也。（参看卷五第三五则。）⑦

胡适因翟理斯刊布斯坦因所获《敦煌录》而为其纠谬这件事，是胡适第一次接触“斯坦因”其人其事。但在胡适日记中，在其发表的纠谬文章中，只论敦煌写本《敦煌录》，只针对解儿司（翟理斯），而只字未提将《敦煌录》带回英国的斯坦因。

胡适的《论莱昂纳尔·翟理斯博士关于〈敦煌录〉的文章》一文，是其第一篇纯学术论文，而且刊登世界顶尖级学术刊物上。在此之前，胡适只是在中学的内部校报、美国的一些报纸上发表一些时评类文章。虽然胡适写这篇文章是出于偶然的机会，主要目的是纠正翟理斯文中的错误，但这篇文章也开启了胡适对敦煌文献的兴趣，使胡适闯入了敦煌学的殿堂。但胡适记录了1915年2月11日日记后，再也没有提

④ 胡适1914年8月2日日记（“解儿司误读汉文”），胡适《胡适留学日记》，上海：商务印书馆，1947年，第2册，323页。

⑤ Suh Hu, “Notes on Dr. Lionel Giles’ Article on ‘Tun Huang Lu’”, *JRAS*, January 1915, pp. 35-39. 胡适著，王冀青译《论莱昂纳尔·翟理斯博士关于〈敦煌录〉的文章》，《敦煌学辑刊》2010年第2期，62—64页。

⑥ Lionel Giles, “The Tun Huang Lu Re-Translated”, *JRAS*, January 1915, pp. 41-47.

⑦ 胡适1915年2月11日日记（“西方学者勇于改过”），胡适《胡适留学日记》，第2册，549页。

及《论莱昂纳尔·翟理斯博士关于〈敦煌录〉的文章》一文，也没有将该文收入自编的任何文集中[⑧]。

1915年9月，胡适离开绮色佳的康奈尔大学，转入纽约的哥仑比亚大学研究院，跟随约翰·杜威（John Dewey，1859—1952）研究哲学。1917年，胡适离美回国，就任北京大学教授。而翟理斯则依然在大英博物馆整理英藏敦煌文献，并于1919年正式接手为斯坦因所获敦煌汉文写本编目的任务[⑨]。

二、斯坦因初闻"胡适"之名的背景

斯坦因第一次听说"胡适"这个名字，时在1926年。当时，斯坦因正在为其第四次中国考察（1930—1931年）寻求英国退还庚子赔款基金的资助，而胡适是英国确定的退还庚款基金咨询委员会的3名中国委员之一。

斯坦因于1925年3月16日向英国副外交大臣弗朗克·阿什顿·瓜特金（Frank Ashton Gwatkin）呈交了第四次中国考察申请书，希望得到英国退还庚款基金的资助。1925年6月30日，英国议会通过《1925年中国赔款用途法案》（*The China Indemnity Application Act*，1925），其中第一条第二项规定："特设一咨询委员会，以十一人组织之，由外交总长任命，至少有女子一名，中国人两名。"[⑩]法案通过后，英国外交部于1925年底正式成立退还庚款基金咨询委员会，首先任命了9名英国委员：主席为南非总督布克斯顿伯爵（Earl Buxton，1853—1934），委员为加拿大总督惠灵顿子爵（Viscount Willington，1866—1941）、前英国驻华公使约翰·朱尔典爵士（Sir John Jordan，1852—1925）、英格兰银行行长兼汇丰银行伦敦委员会主席查尔斯·阿迪斯爵士（Sir Charles Addis，1861—1945）、英国海外贸易部审计长威廉·克拉克爵士（Sir William Clark）、曼彻斯特大学校长克里斯托弗·尼德海姆爵士（Sir Christopher Needham）、牛津大学汉语教授苏慧廉（威廉·爱德华·苏提尔［William Edward Soothill］，1861—1935）、英国外交部远东司司长西德尼·菲利普·华特罗爵士（Sir Sidney Philip Waterlow）和上海童工调查委员会助理阿戴莱德·安德森夫人（Dame Adelaide Anderson，1863—1936）。

在该咨询委员会的英国委员中，斯坦因与苏慧廉私交最好。苏慧廉系英国偕我公会传教士出身，1882年来华传教，1906年担任山西大学堂西斋总教习，1911年返回英国，1920年被牛津大学聘为汉学教授，1924年向英国政府建议成立退还庚款基金咨询委员

---

⑧ 关于胡适与翟理斯就《敦煌录》进行的这场辩论，参见王冀青《胡适与翟理斯关于〈敦煌录〉的讨论》，《敦煌学辑刊》2010年第2期，54—62页；王冀青《胡适与〈敦煌录〉》，《文史知识》2010年第7期，107—113页；王冀青《翟理斯两种〈敦煌录〉译释本与胡适校勘记之对比分析》，《文献研究》第2辑，北京：学苑出版社，2011年，100—110页。

⑨ 王冀青《伯希和为英藏斯坦因所获敦煌汉文文献编目始末》，朱玉麒主编《西域文史》第十五辑，北京：科学出版社，2021年，291—335页。

⑩ 《1925年中国赔款用途法案》译文，录自财政部财政年鉴编纂处编《财政年鉴》，第11编"国债"，第4章"庚子赔款"，上海：商务印书馆，1936年，1431页。

会，1925年被任命为咨询委员会委员。斯坦因于1925年与苏慧廉相识，此后多次请苏慧廉在申请庚款基金资助方面提供咨询与帮助（图3）。

图3　牛津大学汉学教授苏慧廉

1925年12月，英国外交部任命惠灵顿、苏慧廉和安德森夫人3位英国委员，到中国会同即将任命的中国委员，组成所谓的“英国庚款委员会代表团”（British China Indemnity Delegation），实地考察未来资助项目的环境。1926年初，英国方面根据英国驻华公使馆的推荐，首先确定前农商部地质调查所所长、时任北票煤矿总经理的丁文江（1887—1936）和北京大学教授胡适为两名中国委员。1926年2月11日，丁文江给胡适写信说，已接到英国驻华公使正式通知函，说英方聘胡适、丁文江为庚款基金咨询委员会中国委员，并告英国庚款委员会代表团即将访华之事[11]。由于朱尔典已于1925年9月14日去世，英方决定减去英国委员1人，增加中国委员1人，将中东路会办王景春（1882—1956）增添为中国委员[12]。

英国庚款委员会代表团成立后，印制了专用信纸，在英、中文信头“British China Indemnity Delegation（英国庚款委员会代表团）”下，罗列了该委员会3名英国成员、3名中国成员的名单。其中，3名中国成员的姓名如下：“科学博士丁文江（V. K. Ting, D. Sc.）；文学学士、哲学博士胡适教授（Professor Hu Shih，B. A.，Ph. D.）；总工程师、哲学博士王景春（C. C. Wang，C. E.，Ph. D.）。”[13]胡适的名字第一次被拼作Hu Shih，从此废弃了他留学美国前开始使用的Suh Hu。

图4　英国作家谢福芸

英国庚款委员会代表团于1926年1月15日离开英国，前往中国。苏慧廉带着全家故地重游，包括其妻苏路熙（Lucy Soothill，1856—1931）和女儿谢福芸（Dorothea Hosie，1885—1959）。谢福芸闺名多罗西亚·苏西尔（Dorothea Soothill），出生于中国浙江宁波，1913年嫁给原英国驻华公使馆商务参赞亚历山大·霍西爵士（Sir Alexander Hosie，汉名“谢立山”，1853—1925），遂改名多罗西亚·霍西，汉名“谢福芸”。谢立山于1925年3月10日在英国桑当（Sandown）病逝后，谢福芸郁郁寡欢，于是决定跟随父母一起到中国旅行（图4）。

苏慧廉在旅行途中，于1926年1月21日给斯坦因写了一封信，说他到中国后，要设法做胡适、丁文江、王景春的

⑪　耿云志《胡适研究论稿》，成都：四川人民出版社，1985年，407—408页。

⑫　H. G. W. Woodhead (Ed.), *The China Year Book, 1931*, Shanghai: The North-China Daily News & Herald, Ld., p. 380.

⑬　1926年6月21日苏慧廉致斯坦因信，英文手写原件藏牛津大学包德利图书馆（以下简称“牛包图”），斯坦因手稿第313号，第60张。

工作，让他们接受斯坦因的中国考察计划。按照斯坦因于3月3日给苏慧廉回信时所说：“您想设法让您的中国同行支持我的计划，或者按照您说的，让他们迫切地需要我的计划，您的这个主意使我深受感动，这再次证明您能够洞察西方人和中国人的心理。”⑭代表团于3月8日在上海会齐后，在中国各地进行了为期4个月的考察。在中国旅行过程中，苏慧廉一家三口与胡适朝夕相处，无话不谈。谢福芸一路上还对胡适进行采访，其内容构成谢福芸著《一位中国女士的画像：另附其同时代的一些人》一书的第21章⑮。

但苏慧廉争取胡适等人支持斯坦因考察项目的愿望，最终没有实现。当时中国许多机构、学校、名人都要求英国退还庚款基金提供资助，代表团中方团员疲于应付。譬如中华教育改进社总干事陶行知（1891—1946）、南开大学教务主任凌冰（1894—？）等人于3月27日给胡适、惠灵顿写了建议信，胡适于4月25日给二人回信时说：“我们三个中国委员虽无他长，至少有一点可以与国人共见，就是都肯细心考虑，为国家谋永久利益；都有几根硬骨头，敢于秉着公心对国人对外人说话。”⑯在这种情况下，苏慧廉代表斯坦因提出的中国考察项目，根本不可能得到胡适等人的考虑。

英国庚款委员会代表团结束在中国的考察后，苏慧廉于1926年6月21日从北京给斯坦因写了一封信。这封信写在代表团专用信笺上，上面印有包括“胡适”在内的代表团成员的名字和头衔。苏慧廉在信中汇报说：

> 我不止伸出一根触角，去试探一下是否能够立即处理您和我讨论过的计划。但很快就发现，我的努力肯定是徒劳无获的。明智的中国人很不情愿，反对的情绪一直压制着我。他们看上去想把考古学研究抓在他们自己的手中。对于中国人来说，恐惧和憎恨外国人并不是什么新的现象。在此地仍有这种精神。如何才能克服这种精神呢，现在还不明确。……我回国时，将和中国代表中的一位同行，届时我将设法引起他的兴趣，但又不能激起他的嫉妒心。嫉妒心是我们的主要障碍。中国人讨厌外国人做他们不能做的事情，并且肆意贬低外国人的成就。可悲啊！⑰

苏慧廉提到将与他一同旅行的“中国代表中的一位”，指的就是胡适。苏慧廉从中国返回英国的时候，胡适随他一起去英国，主要目的在英国参加庚款基金咨询委员会的全体会议。

三、胡适在伦敦研究斯坦因搜集品的过程

胡适于1926年7月17日乘火车离开北京，于7月22日在哈尔滨与苏慧廉相会，又于

---

⑭ 1926年3月3日斯坦因致苏慧廉信，英文炭纸复写抄件藏牛包图，斯坦因手稿第108号，第6张。

⑮ Dorothea Hosie, *Portrait of a Chinese Lady, and Certain of Her Contemporaries*, New York: William Morrow and Company, 1930.

⑯ 1926年4月25日胡适致陶行知、凌冰信，胡适著，耿云志、宋广波编《胡适书信选》，北京：外语教学与研究出版社、上海：上海三联书店，2012年，115页。

⑰ 1926年6月21日苏慧廉致斯坦因信，英文手写原件藏牛包图，斯坦因手稿第313号，第60—61张。

7月30日在莫斯科分手。胡适在莫斯科逗留一段时间后，于8月4日到达英国伦敦，先到的苏慧廉、王景春等到火车站迎接。随后，胡适在伦敦四处游览会友。他于8月16日第一次参观大英博物馆，目的是拜会翟理斯和斯坦因所获敦煌绢画编目者亚瑟·魏礼（Arthur Waley，1889-1966）。胡适当日日记记录说："第一次出游，去看British Museum（大英博物馆）。匆匆得其大略，以后仍当来细细研究。访Arthur Waley（亚瑟·魏礼），谈了一会。访Lionel Giles（莱昂纳尔·翟理斯），不遇。Waley（魏礼）甚可爱。"⑱8月19日，胡适再访大英博物馆，再会魏礼⑲。

1926年8月21日，胡适从伦敦到法国巴黎游历。8月24日，胡适第一次拜会伯希和。他在当日日记中记录说："下午去看M. Pelliot（伯希和先生），也是西洋治中国学者的泰斗，成绩最大，影响最广。我们谈了两点钟，很投机。"⑳8月26日，胡适在伯希和的引荐下，开始在法国国家图书馆阅览敦煌文献。胡适当日日记中记录说："早半点半到Pelliot（伯希和）家中，与他同到Bibliotheque Nationale（国家图书馆）。他给我介绍，得进'写本书室'，看敦煌各卷子。"㉑8月27日，胡适从巴黎给好友徐志摩（1897—1931）写信时说："见着Walay（魏礼），我很爱他。在此见着Pelliot（伯希和），我也很爱他。昨天在Bibliotheque Nationale（国家图书馆）里看见敦煌卷子，很高兴。"㉒

胡适在研究法藏伯希和搜集品过程中，从伯希和口中得知斯坦因敦煌考古的事情。胡适1926年9月19日的日记记录说：

> 上午去看M. Pelliot（伯希和先生），谈了两点钟。他说一九〇七年，Sir Aurel Stein（奥莱尔·斯坦因爵士）先到敦煌，发现石室藏书。但Stein（斯坦因）不懂中文，带了一个"师爷"，姓王，大概也不很高明。他买了几大捆的藏书而去，未加检择。到次年春间（1908），Pelliot（伯希和）才到敦煌，他把所有写本检择一遍。……所以巴黎写本是选择过的，故有用的卷子较多。㉓

斯坦因当时带的师爷是蒋孝琬（1858—1922），二人在敦煌莫高窟欺骗的对象是王圆禄（1850—1931）。胡适说斯坦因的师爷姓王，可见他到此时仍对斯坦因敦煌考古事迹不甚了解。

胡适于1926年9月23日离开巴黎，返回伦敦。9月24日，胡适前往大英博物馆，拜访翟理斯，请求研究斯坦因所获敦煌写本。胡适当日日记记录说："到British Museum（大英博物馆），看见Lionel Giles（莱昂纳尔·翟理斯），他允许我来此看敦煌卷子。我很高兴。"㉔在翟理斯的帮助下，胡适从9月27日开始，在大英博物馆研究斯坦因所

---

⑱ 胡适1926年8月16日日记，胡适著、曹伯言整理《胡适日记全编》第4卷，合肥：安徽教育出版社，2001年，247页。

⑲ 胡适1926年8月19日日记，《胡适日记全编》第4卷，249页。

⑳ 胡适1926年8月24日日记，《胡适日记全编》第4卷，257页。

㉑ 胡适1926年8月26日日记，《胡适日记全编》第4卷，260页。

㉒ 1926年8月27日胡适致徐志摩信，《胡适书信选》，126页。

㉓ 胡适1926年9月19日日记，《胡适日记全编》第4卷，342页。

㉔ 胡适1926年9月24日日记，《胡适日记全编》第4卷，358页。

获敦煌禅宗文献和文学典籍，拍摄英藏敦煌文献的照片。据胡适于10月16日写给美国女友艾迪斯·克利福德·韦莲司（Edith Clifford Williams，1886—1971）的信中说：

> 我想在9月5日的信里，已经告诉了你，我在（法国）国家图书馆研究的一批材料，使我大感兴趣，这批材料与我所作佛教禅宗史的研究是相关的。我花了16天的时间在这些材料上，因而打消了瑞士之旅的念头。我回到英国以后在大英博物馆中研究，该馆藏有斯坦因爵士（Sir Aurel Stien）1907年带来的6000卷这类材料。目前我只完成了目录的研究，并作了一个为我自己便于使用的目录。光是这项工作就花了我几乎8天的时间。我希望博物馆中还有许多可供我（研究）的收藏。㉕

根据胡适日记，他当年在大英博物馆翻检英藏敦煌文献全部目录5000号，并通过翟理斯阅览敦煌文献97件。胡适1926年9月30日日记中说："Stein（斯坦因）当日吃亏在不懂得中国文字，胡乱装了多少捆回来。其中偶有好材料，但大部分是没有用的。"㉖这说明他对斯坦因1907年所获敦煌文物的来源并不清楚，也没有查阅过斯坦因的著作。

胡适在伦敦逗留期间，与俄藏敦煌文物搜集者、苏联科学院终身干事谢尔盖·鄂登堡（Serge d'Oldenburg，1863—1934）有过交往。鄂登堡于1926年夏、秋之际访问英国㉗，英国汉学家瓦尔特·珀西瓦尔·颜慈（Walter Perceval Yetts，1878—1958）于10月2日邀请胡适、鄂登堡两人同时到家中做客，胡适有机会第一次见到鄂登堡。据胡适10月2日日记记录："到Dr. Yetts（颜慈博士）家吃饭，见着Prof. Serge d'Oldenburg（谢尔盖·鄂登堡教授），Secretaire perpetuel de l'Academie des Sciences, de l'Union des Républiques Sovietiques Socialstes（苏维埃社会主义共和国联盟科学院终身干事）。他是一个梵文大学者。"㉘胡适于10月4日给徐志摩写信时也说："前天见着苏俄科学院（Academy of Sciences）的永久秘书Oldenburg（鄂登堡）博士。"㉙至此，胡适认识了法藏敦煌文物搜集者伯希和、俄藏敦煌文物搜集者鄂登堡等人，唯独没有与斯坦因见过面。斯坦因于1925年11月从英国返回印度后，1926年一直在克什米尔等地撰写著作、进行考察，失去了在大英博物馆与胡适晤面的机会。

1926年10月，英国退还庚款基金咨询委员会在伦敦召开了数次会议，最终于10月18日提交最后报告书。12月18日，胡适最后一次去大英博物馆阅览敦煌写本。胡适在伦敦参加了庚款委员会会议后，完成了在大英博物馆阅览斯坦因搜集品的计划后，于1926年12月31日离开英国，乘船前往美国。

㉕ 1926年10月16日胡适致韦莲司信，周质平编译《不思量自难忘——胡适给韦莲司的信》，合肥：安徽教育出版社，2001年，158—159页。

㉖ 胡适1926年9月30日日记，《胡适日记全编》第4卷，366页。

㉗ 王冀青《英国牛津大学包德利图书馆藏斯坦因与鄂登堡往来通信研究》，朱玉麒主编《西域文史》第八辑，北京：科学出版社，2013年，329—331页。

㉘ 胡适1926年10月2日日记，《胡适日记全编》第4卷，369页。

㉙ 1926年10月4日胡适致徐志摩信，《胡适书信选》，131页。

四、胡适向谢福芸表达对斯坦因的看法

胡适逗留英国期间，与苏慧廉夫妇及其女儿谢福芸交往最多。1926年11月下旬，胡适在牛津度过一星期时间，并于11月21日拜访了苏慧廉家。胡适11月21日日记记录说："早十时十分，去Oxford（牛津）。Prof. W. E. Soothill（苏慧廉教授）在站上接我。……到他家，见着Mrs. Soothill & Lady Hosie（苏慧廉夫人和谢福芸夫人）。"㉚

苏慧廉在与胡适、丁文江、王景春接触的过程中，已充分理解他们对待外国人来华考古的强硬态度。胡适离开牛津后，苏慧廉于1926年底某日给斯坦因写信，介绍退还庚款基金董事会的情况。苏慧廉在介绍了退还庚款基金的未来用途后，又向斯坦因建议说：

> 倒霉的是，中国的混乱局面阻碍了我们采取更进一步行动。您将会看到，在法案被修订之前，在董事会被任命并开始工作之前，什么事情也做不成。当然，也有一种可能，即董事会这个团体在下一个夏天（1927年夏天）就可以产生。如果是那样的话，您便可以设法通过该董事会主席与该董事会接触，那位主席也许还要兼任永久性的董事长。如果我的同事王景春被任命为主席的话，那好办些，他的嫉妒心比丁文江、胡适等科学家们要小一些。但是我敢肯定一点，会见他们的目的就是要打消他们的敌意。对于我们这方面取得的任何成功，他们都怀有强烈的嫉妒心；他们对我们所做的一切都要设法贬低；一有机会就要阻挠我们，尤其是要阻挠那些他们本人并不认识的人。由于这个缘故，我才坚信，当董事会建立起来后，您必须要和董事会成员亲自接触一下。现在的实际情况是，这些中国人想要在他们自己的国家里亲自做他们自己的工作，在这方面一如既往地反对外国人。但是，在计划本身招致反对的情况下，人情往往会起作用，而且无所不能。㉛

按照苏慧廉的判断："他（王景春）的嫉妒心比丁文江、胡适等科学家们要小一些"，说明胡适对待斯坦因的态度要更加强硬一些。

谢福芸既是斯坦因的朋友，也是胡适的朋友。她在与胡适交往时，让胡适看了斯坦因的照片，与胡适讨论过斯坦因。1927年3月17日，谢福芸给斯坦因写信，报告胡适针对他的态度：

> 您知道，在"少年中国"流行着一种观点，说是我们想要将他们的所有古代珍宝都运往大英博物馆；如果他们让我们都进入中国了，那么当他们自己适合进行考古学研究的时候，我们将不会给他们留下任何东西。甚至在退还庚子赔款委员会的三名中国委员中，也存在着这种感情。他们的这种感情之强烈，真让人感到非常难堪。胡适博士算是比较有理智的人吧，去年11月份他来到这里和我们住了一段时间。一天晚上，我们谈起了您，因为我让他看了您的

㉚ 胡适1926年9月30日日记，《胡适日记全编》第4卷，366页。

㉛ 1926年底某日苏慧廉致斯坦因信，英文手写原件藏牛包图，斯坦因手稿第313号，第93—94张。

照片，当时他就和我争论起这个问题来。他对您的照片感到非常惊奇，我不知道他以前把您想象成怎样的一个妖魔鬼怪了，大概长着一副帝国主义者的狰狞面目吧！……现代中国的许多领导人，尤其是那些在大不列颠和欧洲留过学的人，都是些非常聪明的人，有能力进行非常好的科学研究工作，但他们也部分地去添油加醋，但愿我斗胆这样说没有显露出“帝国主义分子的”面目来。我可以说，眼下对于外国的学问和学术，还有一点出于嫉妒的贬低声，如果不算是悲哀的话，也算是幽默了。㉜

这段话表明，胡适迟至1926年11月才第一次看到斯坦因的照片，显示他之前对斯坦因的漠视态度。斯坦因收到谢福芸的1927年3月17日信后，于5月2日给谢福芸回了一封信，其中有一段话说：“您在信中告诉我说，由于‘少年中国’的民族主义分子现在对待外国人科学事业和考古学探险的态度很强硬，会带来种种困难，我对您所说的一切都完全赞赏。”㉝

谢福芸收到斯坦因的1927年5月2日信后，于5月25日给斯坦因写信，建议斯坦因多与丁文江交流。信中说：

中国政府到底打算怎样去资助一支科学考察队呢，我真是难以想象！那一定是我亲爱的朋友丁文江博士的计划。丁文江博士是格拉斯哥大学的地质学金质奖章获得者，他爱憎分明，对外国人干涉中国考古学的做法恨之入骨。但是，丁文江博士又是一位真正的科学家，我的确感觉到，一旦他认识了您，他是会通情达理的，即便有人和他争蜜饼吃。我对他简直敬佩极了，而且也肯定爱着他。但是他这个人非常高傲！……

如果您能到北京去，您会发现北京的变化很大！但是天哪，北京的所有历史美，您怎能爱得过来？您是否真能到那里去，我很想知道，我希望您能去。……我真希望我能够更好地向您汇报一下中国民族主义对待考古学的关注态度。㉞

从这封信中可以看出，谢福芸和比她小两岁的丁文江关系很密切，不但称之为“我亲爱的朋友丁文江博士”，而且表示敬爱。

胡适于1926年12月31日离开英国后，于1927年1月11日到达美国纽约。胡适在美国逗留期间，于3月4日在哈佛大学讲演，也认识了最后一位步斯坦因后尘劫掠敦煌文物的人，即哈佛大学福格艺术博物馆（Fogg Art Museum）东方部主任兰登·华尔纳（Langdon Warner，1881—1955）。4月12日，胡适从西雅图乘船，途经日本，于5月20日回到上海。1928年4月30日，胡适接任上海中国公学校长兼文理学院院长，从此开始了在上海的两年生活。

胡适居留上海期间，与南京国民政府首席政治顾问弗里德里克·怀特爵士（Sir Frederick Whyte，1883—1970）关系密切。怀特是英国政治家、外交家，1920—1926年任英属印度立法院院长。1927年4月18日南京国民政府成立后，于1928年聘怀特为首席

㉜ 1927年3月17日谢福芸致斯坦因信，英文手写原件藏牛包图，斯坦因手稿第313号，第95—97张。

㉝ 1927年5月2日斯坦因致谢福芸信，英文炭纸复写抄件藏牛包图，斯坦因手稿第313号，第100—102张。

㉞ 1927年5月25日谢福芸致斯坦因信，英文手写原件藏牛包图，斯坦因手稿第313号，第126—128张。

政治顾问。怀特虽在南京任职，但平时一家人住在上海。胡适甫任上海公学校长，便于1928年5月与怀特相识。当日本人于5月3日杀害蔡公时（1881—1928）的“济南事件”发生后，胡适于5月13日晚给怀特写了第一封信。据胡适5月14日日记记录：“昨夜作一书与Sir Frederick Whyte（弗里德里克·怀特爵士），论济南事件。此君为英国要人，故作此书。”[35]从此，两人一直保持着密切的联系。至1930年春，两人已成挚友。胡适1930年2月12日日记记录说：“下午，Sir Frederick Whyte（弗里德里克·怀特爵士）约我会谈，谈了一点半钟。大概三月一日的三中全会上，蒋介石要提出一个政治改革案。据Whyte（怀特）说，此案有两要旨，一是政府内部组织的改革，一是要政府和舆论接近。”[36]怀特能将国民政府机密透露给胡适，可见他们关系之深。

五、胡适与斯坦因的1930年上海会晤

由于英国退还庚款基金董事会的成立工作迟迟不能完成，斯坦因申请庚款基金资助其第四次中国考察的愿望化为泡影。从1928年起，斯坦因将寻求经费的目标转向了美国哈佛大学。1928年2月7日，华尔纳从哈佛大学福格艺术博物馆给斯坦因写了一封信，主要目的是为《东方美术》（*Eastern Art*）杂志创刊号约稿，顺便也谈起了美国人对中亚考察的兴趣。信中说：

> 在投稿人名单中（我本人并不掌握这份名单），有斯特里斯戈斯基（Stryzgowski）、伯希和、劳费尔、宾雍（他在几年前就答应投稿了）、胡适、关野贞，还有日本、法国、德国、荷兰、瑞典、中国、印度支那和印度的另外十几个人。
>
> ……
>
> ……在与东方学研究有关的领域里，您的姓名也许是许多美国人所知道的唯一大名。帮助激发我国人对东方学研究的兴趣，其成果是无限辉煌的。因为您知道，我的同胞们对于外国的研究和对于我们自己国家的研究是同样慷慨大方的。我相信，如果您能助我们一臂之力，您将会得到一个意想不到的、可喜的反响，其结果也许是非常重要的。[37]

斯坦因对“胡适”等投稿者的兴趣不大，但对华尔纳的最后一段话很感兴趣，因为它暗示美国人有可能资助斯坦因的考察工作。

就在斯坦因打算从哈佛大学寻获考察经费之际，中国政府、学术界对待外国人来华考古的抵制态度与日俱增。南京国民政府成立后，大学院院长蔡元培（1868—1940）于1928年4月在南京组织“古物保管委员会”，行使全国最高文物考古管理行政职能。古物保管委员会所聘委员包括19人：主任委员张继（1882—1947），委员傅斯年（1896—

㉟ 胡适1928年5月14日日记，《胡适日记全编》第5册，109页。

㊱ 胡适1930年2月12日日记，《胡适日记全编》第5册，668页。

㊲ 1928年2月7日华尔纳致斯坦因信，英文手写原件藏牛包图，斯坦因手稿第111号，第144张。

1950）、蔡元培、张静江（1877—1950）、易培基（1880—1937）、胡适、李四光（1889—1971）、李宗侗（1895—1974）、李煜瀛（1881—1973）、高鲁（1877—1947）、徐炳昶（1888—1976）、沈兼士（1887—1947）、陈寅恪（1890—1969）、李济（1896—1979）、朱家骅（1893—1963）、顾颉刚（1893—1980）、马衡（1881—1955）、刘半农（1891—1934）、袁复礼（1893—1987）[38]。胡适作为文化名人，也名列其中。随着北伐军的胜利，北京自6月28日起该称北平，古物保管委员会于1929年1月将总部从南京迁到北平，成为中国政、学界抵制外国人来华考古的大本营。

1928年1月4日，哈佛大学与燕京大学合作创建哈佛—燕京学社。华尔纳等人希望斯坦因能利用哈佛—燕京学社基金的资助，代表哈佛大学进行第四次中国考察，为福格艺术博物馆搜集中国西北文物。1929年初，哈佛大学校长阿伯特·劳伦斯·洛维尔（Abbott Lawrenvce Lowell，1856—1943）邀请斯坦因访美讲学。斯坦因赴美之前，于1929年7月与返回伦敦休假的怀特相识，怀特建议斯坦因实施四考前先访问南京，以获取国民政府外交部发放的中国护照，并答应将来在南京为斯坦因的访问做准备。1929年12月至1930年1月，斯坦因在美国讲学、旅行。其间，福格艺术博物馆为斯坦因筹措到10万美元的考察经费，其中半数来自哈佛—燕京学社理事会。

考察经费问题解决之后，斯坦因于1930年3月8日离开英国，经美国、加拿大、日本，于4月22日下午到达上海，怀特专程到码头迎接。斯坦因一到达住处，怀特就安排他与胡适会晤。4月22日下午，在怀特夫人举办的下午茶会上，斯坦因见到了胡适（图5）。关于这次会晤，只有斯坦因4月22日小日记中保存了短短的数行记录：

> 4时30分以后，和怀特夫人一起吃茶。……和胡适先生（Mr. Hu Shih）谈论运往北京的千佛洞写本。6000两来自私人捐款。非佛经的佛教典籍。如何禁止盗墓活动。[39]

图5　南京国民政府首席政治顾问怀特（左）及其夫人（右）

㊳　《大学院公报》第1年第4期，上海，1928年4月，99—100页。

㊴　斯坦因1930年4月22日小日记，英文手写原件藏牛包图，斯坦因手稿第250号，第73v张。

根据斯坦因的这条记录，他与胡适见面时主要谈论清朝学部于1909—1910年将劫余敦煌文献赎买后解运至北京的事情（图6）。胡适告诉斯坦因说，购经款“6000两来自私人捐款”，并不准确。据罗振玉（1866—1940）于1910年春季某时写给缪荃孙（1844—1919）写信中说：“又敦煌之书，尚余六千卷，未为西人购去。玉不揣冒昧，再四请于部长，通电毛方伯悉数购买。现已六千金购得，大约二月内当可到部。”[40]学部给甘肃省政府拨付的购经款6000两银子，系学部支付的经费。

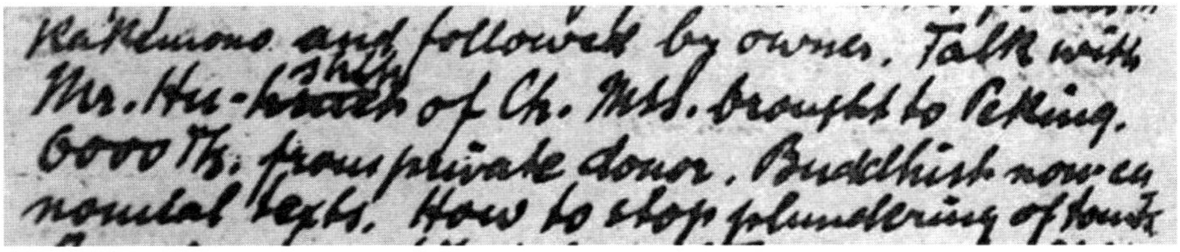
and followed by owner. Talk with
Mr. Hu-Shih of Ch. MSS. brought to Peking.
6000 Tls. from private donor. Buddhist now
texts. How to stop plundering of

图6　斯坦因日记中有关他与胡适会谈的记录

有关胡适与斯坦因于1930年4月22日进行的上海会晤，我们没有看到其他任何记录。在斯坦因的1930年4月20—22日大日记中，没有记录他与胡适会面之事[41]。由于胡适3月18日至7月13日的日记失记，我们也看不到胡适对这次会晤的记录。胡适于7月14日恢复写作的日记最后补记说：“久不作日记，今天又想续作下去。”[42]第二天，即7月15日，胡适便在日记中记录说：“与Sir Frederick Whyte（弗里德里克·怀特爵士）同饭，谈中国政治，他也认中国的唯一出路是造成一种文治的势力。他极赞成编译的事业。”[43]胡适与斯坦因的上海会晤，斯坦因只有两句话的记录，胡适没有记录，可见他们双方都没有太看重对方。

斯坦因在上海逗留5天后，于1930年4月27日晚和怀特一起乘夜班火车，于4月28日早晨到达南京。在英国驻华公使迈尔斯·蓝普森爵士（Sir Miles Lampson，1880—1964）的斡旋下，国民政府外交部部长王正廷（1882—1961）于5月1日下午接见了斯坦因[44]，斯坦因于5月7日收到国民政府外交部礼宾司发放的中国护照。斯坦因拿到护照之后，按照蓝普森的建议，于5月10日晚乘火车离开南京，前往上海。

斯坦因离开南京后，中国知识界从1930年5月12日开始发起抗议斯坦因来华考古的运动，主要由全国最高文物考古主管机构古物保管委员会和全国最高学术主管机构中央研究院轮番向国民政府抗议。12月21日，古物保管委员会用英文给英、美相关外交、学术

㊵ 1910年某月日罗振玉致缪荃孙信，顾廷龙校阅《艺风堂友朋书札》，上海：上海古籍出版社，1981年，罗振玉来函2，下册，1000页。

㊶ 斯坦因1930年4月20—22日大日记，英文手写原件藏牛包图，斯坦因手稿第224号，第102张。

㊷ 胡适1930年7月14日日记，《胡适日记全编》第5册，727页。

㊸ 胡适1930年7月15日日记，《胡适日记全编》第5册，728页。

㊹ 王冀青《王正廷与奥莱尔·斯坦因爵士1930年南京会晤内幕》，《西北第二民族学院学报》1999年第3期，9—14页。

机构写了一封反对斯坦因新疆考古的抗议信，题为《关于奥莱尔·斯坦因爵士在中国新疆进行考古学考察的声明书》[45]，签名者包括第二届古物保管委员会委员张继、蔡元培、李煜瀛、易培基、翁文灏（1889—1971）、傅斯年、朱家骅、袁复礼、李四光、李宗侗、徐炳昶、马衡、李济、刘半农、袁同礼（1895—1965）、陈垣（1880—1971）、沈兼士、俞同奎（1876—1962）、黄文弼（1893—1966）等19人。通过与1928年第一届古物保管委员会委员名单对比可知，委员中少了张静江、胡适、高鲁、陈寅恪、顾颉刚5人，新增了翁文灏、袁同礼、陈垣、俞同奎、黄文弼5人。已不再是古物保管委员会委员的胡适，对待斯坦因第四次中国考察的态度究竟如何，我们至今找不到答案。在古物保管委员会、中央研究院的强大压力下，国民政府外交部于1931年1月8日从南京给北平英国驻华公使馆寄发备忘录宣布："为了保护具有历史意义的文物，中华民国外交部不得不吊销已经发放给奥莱尔·斯坦因爵士的游历护照。"[46]至此，斯坦因的第四次中国考察实际上已经失败。

胡适与斯坦因于1930年4月22日在上海会晤后，胡适于5月15日辞去中国公学校长职务。1931年1月，北京大学聘胡适为文学院院长兼中文系主任。抗日战争爆发后，胡适于1938年9月至1943年9月任中国驻美大使。二战后期，斯坦因于1943年10月26日病逝于阿富汗喀布尔。胡适于1945年9月至1948年12月任北京大学校长，1949年后流亡海外，1957年11月回台湾任"中央研究院"院长，1962年2月24日病逝于台北。

A Study of the Relations between Hu Shi and Sir Aurel Stein

Wang Jiqing

Hu Shi acquainted himself with the name of Stein in 1914 when he published an article in the *Journal of the Royal Asiatic Society* on *Dunhuang Lu* acquired by Stein from Dunhuang. Stein got acquainted with the name of Hu Shi in the Spring of 1926 when he endeavoured to contact Hu for his fourth China expedition through W. E. Soothill, who was also the member of the British China Indemnity Delegation as Hu. Hu Shi examined Dunhuang Manuscripts acquired by Stein in the British Museum in the second half of 1926, showing indifference to Stein's archaeological details in Dunhuang. When Hu Shi talked about Stein with Dorothea Hosie at Oxford in November 1926, he expressed an opinion of opposition to Stein's activities. Hu Shi's only interview with Stein happened in Shanghai on 22th April 1930, through introduction by Frederick Whyte, Political Adviser of the Nanking Government. While the Chinese academia raised a series of movements against Stein's fourth China expedition in 1930-1931, Hu Shi failed to make any statement of his own position.

---

[45] 王冀青《大英博物院藏中国古物保管委员会反对斯坦因来华考古声明书之研究》，敦煌研究院编《段文杰敦煌研究五十年纪念文集》，北京：世界图书出版公司，1996年，474—489页。

[46] 1931年1月8日中华民国外交部致蓝普森备忘录，英文打字抄件藏大英博物院档案部，CE32/24/30/4。

《西域文史》第十九辑著译者单位及文章索引

（按著译者姓名首字拼音排序）

《西域文史》简介与稿约

《西域文史》是由北京大学中国古代史研究中心与新疆师范大学西域文史研究中心合办的学术论集，由科学出版社出版，每年一辑。本论集立足西域，以增强和提高西域研究的综合水平为己任，发表具有原创性的学术研究论文、科学报告、书评和综述等。

《西域文史》以中国新疆与中亚等地区的文化和历史为主要研究对象，内容涵盖政治、经济、民族、法律、社会、宗教、美术、文学、语言、地理、考古等多个方面。欢迎中文稿件；如系其他文字稿件，请授予本论集中文首发的权利，由我们聘请专家翻译为中文发表。

《西域文史》的稿件欢迎各方面的自由投稿；也依托于研究中心不定期组织的敦煌吐鲁番学、丝绸之路、中亚史、中外文化交流、文物考古、历史地理文献等专题研讨会，约请专家、学者参与研究，组成专稿。

《西域文史》一经出版，将向作者寄赠样书2册与论文抽印本25册；中国大陆作者，酌付稿酬。

《西域文史》自第十一辑起，每年上半年出版。

来稿务必参照所附《稿件书写格式》、以纸版与电子版两种形式，并附作者简历与详细的通信地址、邮编、电子邮件或其他联系方式，赐寄至以下地址（收到即发回执）：

100871　北京市海淀区颐和园路5号
北京大学中国古代史研究中心
朱玉麒　收
电话：010-62757481　传真：010-62765040
电子信箱：serindia@263.net；zyq001@pku.edu.cn

《西域文史》编委会
2011年12月12日

Introduction to the *Literature & History of the Western Regions*

Literature & History of the Western Regions is an academic journal devoted to researches on the ancient Western Regions, covering politics, economy, peoples, society, religion, arts, literature, languages, geography and archaeology.

The journal founded by the Center for Research on Ancient Chinese History of Peking University and the Center for Studies on the Western Regions of Xinjiang Normal University. It is published annually by the Press of Science, Beijing, aims to enhance and upgrade the academic level of the interdisciplinary research to encompass all scholarship on the ancient Western Regions, or closely related. The journal publishes original research papers, book reviews and review articles. Contributions in Chinese or other languages are welcomed. Manuscripts in other languages should not be published or under consideration for publication elsewhere in China. The editorial department will have it translated into Chinese by the experts specially invited once the paper is accepted.

The journal considers all relevant submissions, and also publishes papers presented to the forums or seminars initiated by the Center on Dunhuang-Tupanology, the Silk Road, the history of Central Asia, cultural exchanges between China and foreign countries, archaeology and cultural heritages, historical geographic documents.

Authors will be supplied free of charge with two copies of the relevant issue of the journal and twenty-five offprints of their contributions. Certain remuneration will be paid to the authors of Mainland China.

The journal is published at the first half of each year start with the No. 11.

Please prepare your paper according to the format guidelines of the journal. Manuscripts should be submitted both in print and electronic versions, and your brief biographical sketch, full postal and e-mail address should also be attached.

For contributions and further information, please contact:

Dr. Zhu Yuqi
Center for Research on Ancient Chinese History
Peking University
Beijing 100871
P. R. China

Tel: 0086-10-6275-7481
Fax: 0086-10-6276-5040
E-mail: serindia@263.net;
zyq001@pku.edu.cn

附

稿件书写格式

一、《西域文史》将以简体中文字版发表（必须使用的繁体、异体、俗体字除外），以A4幅面打印。请使用与方正系统排版兼容的WPS、Word等软件。来稿根据研究需要，字数不限。

二、一律使用新式标点符号，除破折号、省略号占两格外，其他标点均占一格。中文书刊与论文题目均用《》括示，此点尤请海外作者注意。

三、第一次提及帝王年号，须加公元纪年，公元前纪年加“前”字，如：乾隆二十一年（1756）、五凤二年（前56）；第一次提及外国人名，须附原名。中国年号和古籍卷、叶数，用中文数字表示，如开元十五年、《旧唐书》卷一四八《李吉甫传》、《新疆识略》卷五叶二三正；其他公历和期刊卷、期、号、页等均用阿拉伯数字。引用敦煌文书，用S.、P.、Φ.、Дx.、千字文、大谷等缩略语加阿拉伯数字形式。

四、注释号码用阿拉伯数字表示，作①、②、③……其位置标记在标点符号前（引号除外）的右上角。再次征引，用“同上，××页”、“同注×，××页”或“同注×，××文，××页”格式，不用合并注号方式。

五、注释一律采用页下脚注方式；除常见的《旧唐书》《新唐书》《册府元龟》《资治通鉴》等外，引用古籍，应标明著者、版本、卷数、页码；引用专书及新印古籍，应标明著者、章卷数、出版地、出版者及出版年代、页码；引用期刊论文，应标明期刊名、年代卷次、页码。如：

1.（清）和宁《回疆通志》，民国十四年（1925）沈瑞麟校印本，卷三叶一三背。

2.（唐）杜佑《通典》卷一六“选举”，王文锦等点校，北京：中华书局，1988年，389页。

3. 吴玉贵《突厥汗国与隋唐关系史研究》，北京：中国社会科学出版社，1998年，429页。

4. 王素《高昌戊己校尉的设置》，《新疆师范大学学报》2005年第3期，5—10页。

引用西文论著，依西文惯例，书刊名用斜体，论文加引号。如：

1. Helen Wang, *Money on the Silk Road: The evidence from Eastern Central Asia to* c. *AD 800*, London, The British Museum Press, 2004, p. 94.;

2. E. G. Pulleyblank, “A Sogdian Colony in Inner Mongolia”, *T’oung Pao*, 41, 1952, pp. 317-356.

以上引用，再次出注时，可以省略版本、出版者、出版年代、期刊名、年代卷次等项。

六、论文须附英文题目及简短的英文摘要。

（《西域文史》的创办宗旨特别受到《唐研究》学术理念的影响，格式也主要参照该刊第十卷“简介与稿约”而有所变通，特此说明）

“文兰地图”（The Vinland Map）

图版2

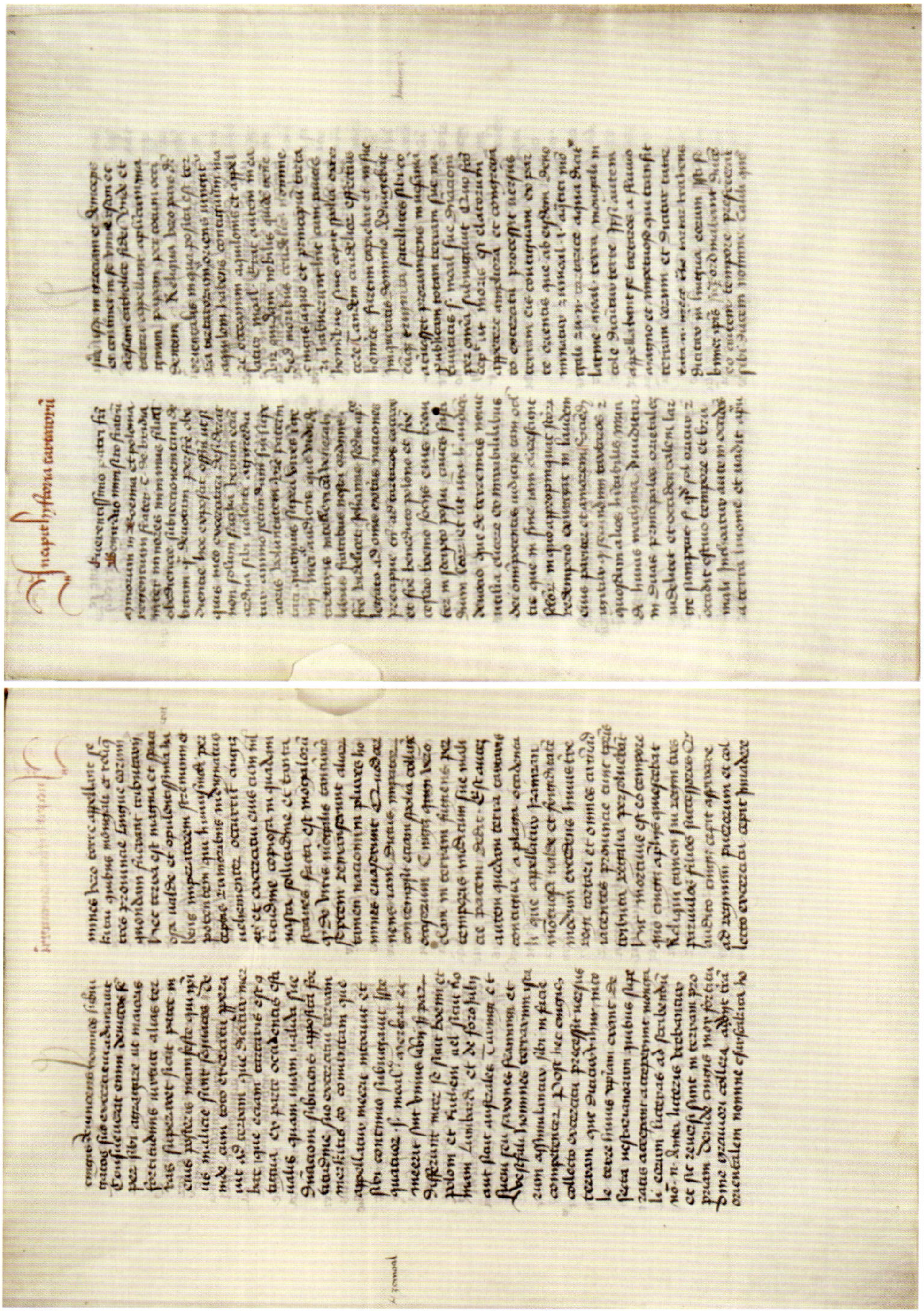

《鞑靼记述》（Hystoria Tartarorum）抄本

（以上图版1、2正文，见徐晨翔《〈鞑靼记述〉研究编》）

MIK B 657［西北的石窟］及现状

图版4

北

俄国队遗址号码以及德国队老照片拍摄地点与拍摄方向

（以上图版3、4正文，见西村阳子等《舒尔楚克·锡克沁寺院遗址调查与德国吐鲁番探险队老照片——德国探险队摄影地点以及奥登堡、斯坦因地图与现状的对比》）